이재 황윤석 연구

이재 황윤석 연구

頤齋 黃胤錫 硏究

하우봉 · 박순철 · 최영성 · 구만옥 · 이현창 저

재단법인 실시학사 편

실시학사
실학연구총서 18

학자원

황윤석 생가(전라북도 지방민속자료 25호)

이재 고택

이재 고택 현판

귀동사

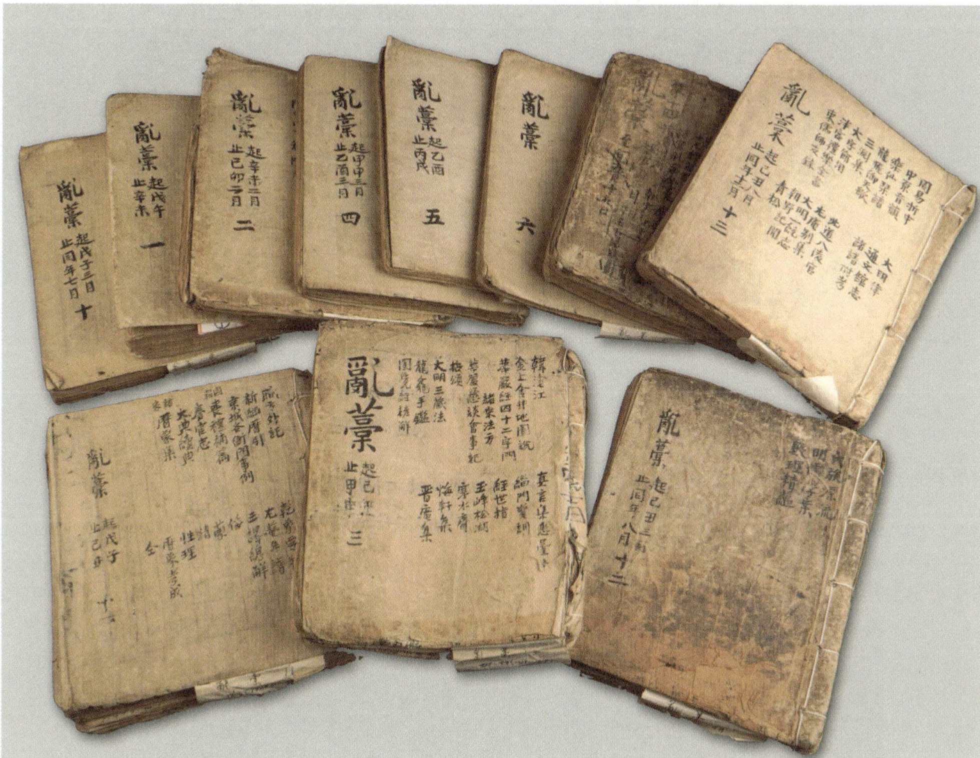

이재난고(전라북도 지방문화재 111호)

이재유고 목판(전북대학교박물관)

이재유고 목판

實學研究叢書를 펴내며

실학(實學)이 우리나라 학계에 연구주제로 떠올라, 정식의 학술논문으로 학술지에 등재(登載)되기 시작한 것은 1952년 이후의 일이다. 천관우(千寬宇)의 「반계 류형원(磻溪 柳馨遠) 연구」가 『역사학보(歷史學報)』 2·3집에 발표된 것이 그 시발점이다. 지난 계몽기(啓蒙期)의 몇몇 선학(先學)들이 실학에 대한 관심을 표명해 왔으나 일반 신문 잡지에 논설조(論說調)로 내놓은 것이 고작이었던 것에 비하면, 천관우의 글은 당시 비록 한편에서 저널리스트식 필치로 써내려온 것이란 비판이 있었지만 일단 수미정연(首尾整然)한 체제를 갖춘 논문으로 주목할 만하였다. 그러나 당시 연구자의 수가 많지 않고 학계의 관심도 분산되어 있어서 개별 실학자에 대한 연구가 간헐적으로 있는 정도였고 그리 활발한 편은 아니었다. 그중에서 1961년에 한우근(韓沽劤)의 성호(星湖) 이익(李瀷)에 관한 연구가 『이조후기(李朝後期)의 사회(社會)와 사상(思想)』이란 책으로 나와, 그의 실증사학(實證史學)으로서의 견고한 학풍을 보여주었다.

그러다가 1970년에 이우성(李佑成)의 「실학연구서설(實學研究序說)」

이 나와, 그동안 유동적이었던 실학의 명칭문제가 일단 타결된 듯이 보이고, 나아가 실학의 내용을 경세치용(經世致用) · 이용후생(利用厚生) · 실사구시(實事求是)의 세 파로 나누어 설명함으로써 그 학문의 성격을 용이하게 파악할 수 있게 하였다. 또한 경세치용파를 근기지방(近畿地方)의 농촌토착적 환경에서, 그리고 이용후생파를 서울의 도시적 상황 속에 형성된 것으로 이해하면서 「18세기 서울의 도시적 양상」을 묘사하여 이용후생파의 성립 배경을 밝히려고 하였다. 다시 나아가 다산(茶山) 정약용(丁若鏞)에 이르러 위의 양파(兩派)가 회합(匯合)되는 동시에 호한(浩汗)한 경전해석(經典解釋)으로 실사구시파(實事求是派)를 추동(推動)시킨 느낌이 있어, 다산학이 실학의 대성을 의미하는 것이라고 언급하였다. 이후 계속해서 실학의 후속 학자로 최한기(崔漢綺)와 최성환(崔瑆煥)을 연구하여 최한기가 『기학(氣學)』과 『인정(人政)』을 저술하는 한편 서양과학지식을 대폭 수용하고, 최성환은 중인(中人) 출신으로 국왕(國王)의 자문에 응한다는 취지에서 『고문비략(顧問備略)』을 저술하여 전반적 제도 개혁을 주장한 것을 높게 평가하였다. 특히 최성환의 바로 뒤에 중인층의 후배들이 개화운동의 배후 공작자로 활약하게 된 것을 말함으로써 실학사상(實學思想)과 개화사상(開化思想)의 연결 관계를 미루어 알게 하였다.

한편 '실학국제회의(實學國際會議)'를 구성하여 한 · 중 · 일 삼국의 학자들이 각자 자국의 실학을 중심으로, 2년마다 돌아가면서 국제회의를 개최하도록 함으로써 동아시아세계로 실학의 지평을 넓혔다. 그리고 '한국실학학회(韓國實學學會)'를 조직하여 국내 학자들을 수시로 발표시키고 1년에 두 차례 학보를 발행하여 우리나라 실학연구를 다소 진작되게 하기도 하였다.

실시학사(實是學舍)가 서울에서 근기(近畿) 쪽으로 옮긴 뒤에도 나는 젊은 학도들과 강독 및 연토(硏討)를 지속해오고 있지만 연로신쇠(年老身衰)한 처지에서 불원 철수 은퇴할 것을 생각하고 있었다. 뜻밖에 나의 친구 모하(慕何) 이헌조(李憲祖) 형이 거액의 사재를 출연하여 실시학사를 재단법인으로 만들고 그 기금으로 실학연구에 박차를 가해 줄 것을 권유해 왔다. 나는 사회와 학문에 대한 그의 열정에 감동하여 사양치 않고 그의 뜻에 따랐다. 즉시 연구계획을 세우고 국내학자들을 널리 동원하여 1차 연도에 성호·다산을, 2차 연도에 담헌(湛軒)·연암(燕巖)과 실학파 문학을, 그리고 3차 연도에 반계와 초정(楚亭)을 다루기로 하였다. 각 팀에 5명을 한 단위로 하여 1년 동안의 공동연구 끝에 각자 논문을 제출하여 한 권의 책을 내기로 하였다.

이제 2년의 세월이 흘렀다. 각기 1년씩의 기간이 끝나 논문들이 함께 나와, 무려 5책을 한꺼번에 출판하게 되었다. 집필자들은 모두 해당 분야의 전문 연구자로서 가장 정예(精銳)로운 분들이라고 생각한다. 독자 여러분의 보살핌을 바란다. 앞으로 3차에 이어, 4차, 5차로 계속 진행될 것이다. 국내외 학계 여러분의 성원과 협조를 기대하여 마지않는다.

이 글을 마치려 함에 있어, 거듭 모하(慕何) 형에게 고마움을 표하면서 앞으로 그 뜻을 살려 더욱 성과를 내게 될 것을 다짐한다.

2012년 임진 4월 3일

李佑成

| 이 책을 내면서 |

재단법인 실시학사에서는 "조선 후기 실학의 재조명"이라는 목표 아래 2012년도부터 '실학연구총서'를 발간해왔다. 현재 진행하고 있는 『이재 황윤석 연구』도 그 일환인데, 제18권으로 출간될 예정이다. 우리보다 앞서 「여암 신경준(旅庵 申景濬) 연구」가 진행되어 발간되었고, 그 다음으로 황윤석이 선정되었다. 이재 황윤석이 호남실학을 대표할 수 있는 학자인 만큼 실학의 지역적인 전개 양상을 조망할 수 있는 기회라고도 여겨진다.

먼저 본서의 기획 의도와 연구진 구성, 연구수행과정을 간략히 소개하고자 한다. 그동안의 경과를 정리해보면 다음과 같다. 2019년도 가을 무렵 송재소 실시학사 원장님으로부터 이재 황윤석에 대한 기획과 연구진 구성을 의뢰받았다.

황윤석은 다방면에 걸쳐 연구하고 호한(浩瀚)한 저술을 남긴 실학자이다. 따라서 문학, 역사, 철학, 자연과학, 경세학(經世學) 등의 분야로 나눠서 그의 사상을 면밀히 살펴보자는 의도로 학계에서 관련 분야의 연구 활동을 활발하게 하시는 5분을 모셔서 연구팀을 꾸렸다. 문학에는 박순철 전북대학교 중어중문학과 교수, 역사에는 하우봉 전북대학교 사학과 명예교수, 철학에는 최영성 한국전통문화대학교 무형유산학과 교수, 자연과학 분야는 구만옥 경희대학교 사학과 교수, 경세학에는 이헌창 고려대학교 경제학과 명예교수에게 부탁하였다.

2개월에 걸쳐 이재 황윤석 연구팀을 선정하였고, 원장님의 승인을 받았다. 송재소 원장님과 연구자들은 2020년 1월에 상견례를 겸한 첫 모임에서 연구 방향에 대해 협의하였다. 연구자들은 연구진행과정에서 자율적인 판단하에 세부주제를 정할 수 있는 것으로 일정한 자율성을 보장하였다. 연구자들은 그 후에도 여러 차례 모여 각자의 연구주제를 구체화하면서 의견을 교환하였다. 그 결과 하우봉과 이헌창의 경우 연구주제에서 상당한 변화가 있었다.

2021년 11월 5일에는 제11회 실학연구공동발표회 "조선 후기 실학사의 재조명 : 이재 황윤석 연구"라는 제목으로 그동안의 연구 성과를 점검하는 중간발표회를 가졌다. 지정토론자로는 권오영 한국학중앙연구원 교수가 '생애와 사상(하우봉)', 김봉곤 원광대학교 교수가 '문학(박순철)', 이상성 홍익대학교 교수가 '철학(최영성)', 박권수 충북대학교 교수가 '자연과학(구만옥)', 문석윤 경희대학교 교수가 '학설사와 경세학(이헌창)' 분야에 관해 예리한 질문과 문제 제기를 해주었다. 당시 코로나가 유행한 시기라서 중간발표회는 제한된 인원만 참석해서 진행할 수밖에 없었는데, 실시학사의 김시업 이사장님과 송재소 원장님께서 참석해서 깊이 있는 지적과 함께 귀중한 제언을 해주셨다. 이 자리를 빌려 두 분과 토론자 여러분께 깊은 감사의 마음을 전한다.

연구자들은 중간발표회에서 제기된 지적과 제언을 수용해 각자의 연구논문을 재검토하였고, 2022년 2월 15일 실시학사 연구실에서 집담회를 개최하였다. 여기에서 각자의 연구결과에 대한 요약 발표와 함께 허심탄회하게 의견을 나누었다. 약 2년에 걸친 이상의 과정을 통해 연구자들은 2022년 7월 최종적인 원고를 작성해서 제출하였다. 참고로 집담회의 녹음과 녹취록 정리는 경희대학교 사학과 대학원생인 편소리 씨가 수고해주었다. 「이재연보」는 그동안 『이재난고(頤齋亂藁)』 번역을 담당해왔던 박순철 교수가 담당하였고, 「연구논저목록」은 논문을 서술하면서 연구 성과 정리를 해왔던 필자가 담당하였다.

연구논문은 모두 200자 원고지 기준으로 250매를 넘는 것으로 일반적인 논문보다 거의 두 배 가까운 분량의 논문을 작성한 셈이다. 통상적인 연구논문보다 많은 분량을 서술한 까닭은 단순히 하나의 개별 논문을 넘어서 실학연구총서의 취지에 맞게 기존의 연구 성과를 면밀하게 검토해 종합하고, 나아가서는 앞으로의 연구에 대한 전망이나 과제도 정리해보자는 의도에서 나온 것이다.

개별적인 연구주제의 내용과 문제제기 등을 간략히 소개해 보면 다음과 같다.

제1주제는 하우봉의 「이재 황윤석의 생애와 사상」이다. 필자는 당초 '이재의 사회사상'을 주제로 잡았는데, 우리 연구팀의 취지와 함께 전체 주제의 서론 격에 해당하는 글이 될 것 같아 보다 포괄적인 제목인 "이재 황윤석의 생애와 사상"으로 바꾸었다. 여기서는 우선 황윤석에 관한 기존의 연구 성과를 정리하고 주제별 연구사와 시기별 연구동향을 살펴보았다. 황윤석에 관한 기존의 연구논저는 단행본 14권, 번역서 14권, 학위논문(석사 8편, 박사 6편) 14편 등 연구논문이 도합 225편에 달하였다. 이것은 개인에 대한 연구저술로서는 결코 적지 않은 숫자이다.

두 번째로 황윤석의 생애와 학문 형성 과정을 연보와 행장을 중심으로 상세히 고찰하였다. 가문적 배경과 가학(家學), 수학(修學)과 사환(仕宦), 학문 형성 과정, 실학적 지식인 14인과의 교류를 새롭게 밝혀내었고, 또한 인간적인 면모와 황윤석에 대한 세평(世評)도 분석하였다. 다음으로 필자는 황윤석의 학문 체계와 특성을 세 가지로 나누어 보았는데, 첫째는 보수적인 성리철학, 둘째는 박학 지향, 셋째는 국학의 연구로 정리하였다. 이재는 상수학 연구를 통해 박학의 세계를 지향했으며, 그 목표는 경세치용과 이용후생의 실용정신으로 파악하였다. 특히, 황윤석은 자연과학을 중시하면서 서양과학을 과감하게 수용했는데, 양자를 포괄하기 위해 '박학반약(博學反約)', '유박구정(由博求精)', '명체적용(明體適用)'을 목표로 추구하였다. 또 황윤석은 국학의 연구, 즉 한국의 역사와 지리에 깊이 있게 천착하였다. 특히 역사에서는 많은 독서 위에 언어학적인 지식을 바탕으로 '방언역자지설(方言譯者之說)'이라고 하는 독자적인 연구방법론을 제시하기도 하였다. 언어학에서도 독창적인 접근을 시도했으며, 음악과 율려(律呂)에도 상당한 조예를 지니고 있었다.

황윤석은 보학(譜學)에도 의미 있는 저작을 남겼다. 그가 지은 『평해황씨세계(平海黃氏世系)』에서는 조선 전기와 같이 아들과 딸, 내·외손을 동일시하는 관념을 세계도에 표시했는데, 당시로서는 보기 드문 사회의식을 소유했다고 볼 수 있다. 향유(鄕儒)로서 느낀 호남에 대한 차별의식과 해결방안 제시 등도 상당한 의미를 지니고 있다.

다음으로 황윤석의 사회개혁론을 정치개혁안, 사회관습개혁론, 국방개혁안으로 나누어 살펴보았다. 그의 정치개혁안은 저술의 형태로까지 나아가지 못했고, 주로 토론하는 과정에서 '구시책(救時策)'의 형태로 제시되었다. 총체적으로 보면 체계성이 부족하고, 전인미발의 독창성이 미흡하다고 여겨지는데, 위로부터의 의식 개혁이 그의 정치개혁안의 본질이 아닐까 생각한다. 마지막으로 이재 사상의 성격과 의미를 정리해 보았다. 그는 "군자는 한 가지 사물이라도 알지 못하는 것을 부끄러워한다(君子恥一物之不知)"라 해서 격물치지적인 박학성을 중시하였다. 「자제문(自祭文)」에서 자신의 학문에 대해 '박이약(博而約)'과 '실학(實學)'을 지향했다고 회고하였다. 이재의 학문에 대한 당대의 심정진(沈定鎭)이나 송헌진(宋獻鎭)과 같은 친구와 후학들은 "육경(六經)에 근본을 두면서 백가(百家)에 통달하였다. 규모가 크면서도 잡박하지 않고 세밀하면서도 번잡하지 않으니 세상에 보기 드물게 박학하다", "유용지학(有用之學)으로 세상에 드물게 보는 통유(通儒)이다" 등으로 평가하였다. 필자는 이재의 학문과 사상의 특징으로 성리학과 실학을 동시적으로 지향했다고 보고, 제3의 길을 추구한 독특한 지식인으로 평가하였다.

제2주제는 박순철의 「이재 황윤석의 시가 연구」이다.

박순철 교수는 기존의 연구 성과가 거의 대부분 황윤석 시의 문학적 가치, 시 내용의 종류와 특징, 개별 시 작품에 나타난 내용과 표현의 특색, 시의 사상적 특색, 시의 실학적 의의, 「목주잡가(木州雜歌)」와 시조 및 한역의 기교에 대한 것이고, 그의 시 전편을 관통하는 시풍(詩風)에 대해 연구한 논문이 없다는 문제의식에서 연구를 출발하고 있다. 그래서 『이재난고』와 『이재유고(頤齋遺稿)』 및 『이재속고(頤齋續稿)』에 수록되어 있는 모든 시를 심층적으로 분석하고, 나아가 그의 학시(學詩) 과정, 사승관계, 탐독한 서적, 시의 표현과 풍격을 종합적으로 고찰함으로써 이재 시의 특징과 시풍을 밝히고자 하였다.

그는 머리말에서 "이재는 성리학자, 박물학자이자 실학자이지만 또한 1,600여 수 이상의 시를 남긴 뛰어난 시인이었다. 그런데 지금까지 그의 시적 성취는 성리사상과 박물적(博物的) 실학의 성취만큼 조명을 받지 못하였다. 이를 위하여 본 논문에서는 학시 과정과 교류 및 시작

(詩作)의 전범(典範)이라는 항목을 설정해 이재가 독자적인 시 세계를 갖추게 된 과정을 추적해보았다."고 취지를 밝혔다.

본론에서의 분석을 바탕으로 박 교수는 "이재는 시를 창작할 때 형상사유를 통하여 형상으로 성정을 표현하고 이치를 시 속에 담아 논리적으로 표현하는 방법을 주로 사용하였다. 이로 인하여 그는 시를 쓸 때 새로운 형상과 논리를 창조하여 정경교융(情景交融)과 영물탁정(詠物托情)의 수법으로 성정을 표현하고, 설리(說理)와 이취(理趣)의 수법으로 시 속에 이치를 담아 표현하였던 것이다. 이 때문에 그는 자연스럽게 당시(唐詩)와 송시(宋詩)의 시풍을 겸비한 시를 쓸 수 있다. 이로 인하여 이재의 시풍은 초년의 학시 과정을 거쳐 중년 이후는 당풍(唐風)과 송풍(宋風)이 융합된 양상을 보여주고 있다. 따라서 이재는 한국한문학사에서 조선 후기에 당풍와 송풍를 겸비한 뛰어난 시인으로 자리매김 되어야 할 것이다."라고 결론지었다.

박 교수의 논문은 기존 소주제 중심의 내용 분석에서 탈피해서 이재 황윤석의 시와 시풍에 대한 종합적인 특성을 발견하려는 연구라는 점에서 큰 의의가 있다고 여겨진다. 또 이재가 왕양명(王陽明)의 문장을 평가하고 불교의 심성설과 권선징악설을 긍정적으로 보았다는 사실을 지적한 것도 흥미롭다.

제3주제는 최영성의 「이재학의 철학적 구조 – 철학과 경세의 관계를 중심으로」이다.

최영성 교수는 머리말에서 "황윤석의 학문과 사상을 연구하면서 성리학과 박물학을 둘로 나누어 보는 것은 정당한 관점이 아니다. 체(體)만 있고 용(用)이 없는 것은 공허하고, 용만 있고 체가 없는 것은 그 뿌리가 부실하기 마련이다. 조선 후기 이른바 실학자 중에는 용만 있고 체가 없는 경우가 적지 않다. 철학성과 이념성이 없는 학문은 오래 가지 못한다. 그런 점에서 황윤석의 경우는 새삼 돋보인다."라고 지적하였다. 이러한 문제의식 아래 본고에서는 황윤석의 성리학에 대한 견해를 중심으로, '이재학(頤齋學)'의 철학적 구조에 대하여 고찰하였다. 순수하게 철학만을 다루는 것이 아니라, 철학과 현실 간의 관련성을 고려하면서 살펴보고자 하였다. 구체적으로 기호낙학(畿湖洛學)의 학문 전통을 계승한 황윤석의 낙론적 입장이 청조(淸朝) 문물의 수용과 어떻게 연결되는지도 주목하였다.

최 교수는 황윤석의 철학과 경세학 및 박물학을 상호 유기적으로 연결하여 이재학의 철학적 구조를 밝히고자 하였다. 이재학의 철학적 구조를 밝히는 문제는 황윤석의 학문과 사상의 실체를 바로 보는 데 그 목적이 있으며 '철학적 구조'를 밝히는 문제는 이재학 연구에서 선행되어야 할 주제라고 강조하였다.

최 교수에 의하면 황윤석은 『성리대전(性理大全)』의 가치를 무척 중시하였다. 이재가 보는 『성리대전』은 체용과 본말이 잘 구비된 교재였다. 그는 종래 성리학자들이 지나칠 정도로 '체'를 중시하고 '용'을 소홀히 하던 폐단을 자각하고, 체용해비(體用該備)의 본래 정신을 되찾을 것을 강조하였다.

본론에서의 분석을 통해 최 교수는 "황윤석은 성리학의 가치를 재인식하였다. 성리학으로 조선의 중흥을 꾀할 수 있는 것으로 보았다. 이 과정에서 그는 『성리대전』의 중요성을 다시 부각시켰고, 『성리대전』에 수록된 『황극경세서(皇極經世書)』·『율려신서(律呂新書)』·『홍범황극내편洪範皇極內篇』·『역학계몽(易學啓蒙)』 등을 집중적으로 연구하였다. 이 4대 저술은 황윤석이 성리학적 경세론을 펴는 데 근간이 되었다. 『주자대전(朱子大全)』·『주자어류(朱子語類)』에 밀려났던 『성리대전』을 다시 역사의 전면에 불러낸 것은, 『성리대전』에 담긴 이념으로 조선을 일으킬 수 있다는 신념 때문이었을 것이다. 황윤석에게는 '탈성리학이 곧 실학'이라는 공식적 규정이 성립되지 않는다. 그에게는 도(道)와 기(器)를 고르게 갖춘 성리학의 본령으로 돌아가는 것이 곧 실학이었다."라고 결론지었다.

최 교수는 황윤석이 추구했던 박물은 궁극적으로 경세치용(經世致用)을 위한 것이라고 하였다. 황윤석은 성리학을 '체'로, 박물학을 '용'으로 여겨 당면한 과제를 해결하고자 했으며, 이른바 '체용해비'를 제대로 실천한 사람이라고 평가하였다. 나아가 최 교수는 황윤석의 학문과 사상을 '학'으로 자리매김해야 한다고 강조하였다. 중요한 문제제기라고 할 수 있으며 이재 사상의 철학적 구조와 경세학과의 관련성에 대해 논리적으로, 정합적으로 서술한 노작이라고 여겨진다.

제4주제는 구만옥의 「『이수신편(理藪新編)』의 편찬과 내용 구성」이다.

구만옥 교수는, 『이수신편』은 황윤석의 또 다른 저작인 『성리대전주해(性理大全註解)』와 함께 그의 학문 체계와 학문적 지향을 보여주는 매우 중요한 저술인데, 『성리대전주해』가 현존하지 않는 상황에서 그와 밀접한 관련을 지니고 있는 『이수신편』에 대한 탐구는 중요한 과제라고 강조하였다. 『이수신편』의 핵심은 역시 『성리대전』으로, 『성리대전』을 새로운 시대적 환경에 맞춰서 리(理)와 관계있는 주요 논의를 새롭게 편찬해 보겠다는 취지이다. '이수(理藪)'라는 것은 이치의 모임이라는 뜻이고, '신편(新編)'은 새롭게 편집했다는 뜻이다.

그런데 구 교수는 지금까지 『이수신편』 전체의 체계나 구성에 대해서 깊이 있게 다룬 본격적 연구를 찾아보기 어렵다고 하면서, 황윤석이 『이수신편』의 저술에 착수하게 된 배경과 저술 시점, 『이수신편』의 내용 구성 방식, 그리고 이 책이 지니고 있는 몇 가지 특징에 대해 세밀하게 분석하였다.

구 교수는 황윤석이 『이수신편』에서 인용한 문헌 가운데는 서경덕의 『화담집(花潭集)』을 비롯한 조선 학자들의 시문집, 이수광의 『지봉유설(芝峯類說)』과 같은 유서(類書), 『주자대전차의(朱子大全箚疑)』와 같은 주석서 등 조선 학자들의 저술도 다수 포함되어 있다. 이 점에서 조선 학계의 연구 성과를 적극적으로 수용하고자 한 그의 태도를 강조하였고, 반면에 서학서(西學書)의 활용은 생각만큼 풍부하지 않았다는 사실을 지적하였다. 또 『이수신편』의 편목 설정과 내용 구성을 살펴보면 유기적이거나 치밀하지 못하고, 때로는 중복이 되었거나 일관성이 없다고 느껴지는 부분도 있는데, 그 이유는 황윤석이 필생의 작업으로 여겼던 『성리대전주해』의 편찬 작업과 관련된 것으로 추정하였다. 즉 그는 『이수신편』과 『성리대전주해』는 성리학을 집대성하겠다는 공통의 목표를 지니고 있었는데, 1760년대 후반 이후 황윤석의 학문적 관심은 『성리대전』을 주해하는 작업으로 중심이 이동하고 있었다고 파악하였다. 그 과정에서 그는 『율력연원(律曆淵源)』을 비롯한 최신의 율력학(律曆學) 관련 서적을 적극 활용하고자 하였다. 황윤석은 『이수신편』의 편집과 『성리대전』의 전주(箋注) 작업을 자신의 '일생가계(一生家計)'로 생각했다고 지적하였다.

구만옥 교수의 논문은 『이수신편』에 대해 서술 목적, 내용, 구성 등을 상세하게 분석하고, 관련된 문헌들을 치밀하게 비교 검토한 글이다. 논리를 전개하는 가운데 새로운 가설도 제시하였고, 논란의 여지가 있는 주장도 제기한 논문이라고 여겨진다.

제5주제는 이헌창의 「조선시대의 학술과 황윤석의 위상」이다.

이헌창 교수가 처음 권유받은 주제는 황윤석의 경제사상을 중심으로 한 경세학에 관한 것이었다. 그런데 연구를 진행하면서 이 교수는 경제사상을 알기 위해서는 경세학을 알아야 하고, 나아가 황윤석 학술의 전체 구조를 이해할 필요가 느꼈다고 한다. 또 조선 전체의 학술적 배경이나, 유학의 동향을 알아야 해서 여러 문제를 해명하려 시도했다고 하였다. 그러한 과정에서 주제가 계속 확산되면서 제목을 네댓 번 바꾸었다.

기획자로서 에피소드를 덧붙이자면, 이헌창 교수가 중간발표회 때는 "세계사 시야로 고찰한 황윤석의 학술"이란 제목으로 발표하였다. 서양 고대 그리스의 학술부터 시작해 중국 춘추전국시대의 제자백가(諸子百家)의 학술사조를 거쳐 유럽 근세 르네상스와 과학혁명, 근대 이전 동아시아의 학술사조를 개괄적으로 정리했고, 이어 조선시대의 학술동향, 조선 후기의 실학 등을 고찰한 후 이재의 경세관과 경제사상을 고찰하였다. 원고의 분량이 1천 5백 매를 초과하였다. 이에 필자가 다른 논문과의 균형성에도 문제가 있고, 너무 방대해 황윤석의 경제사상과 학술이라는 처음 주제와 동떨어진다는 우려를 전하며 조선시대의 학술, 좀 더 확장하더라도 전근대 동아시아의 학술사조 정도를 도입부로 한정해주면 좋겠다고 권유하였다. 이에 이 교수도 제안을 수용해 원고를 절반으로 줄여주었다. 최종적으로는, 조선시대 학술의 동향만 정리한 다음 황윤석의 경세학을 서술했지만, 그래도 분량이 1천 매를 넘어섰다. 이 교수의 학술적 열정에 감복할 따름으로 더 이상의 감축 제안은 차마 제기하지 못하였다. 논문의 구성을 보면 ① 황윤석 학술의 위상과 의의를 파악하기 위해 조선시대 학술 동향을 개관하고,

② 황윤석이 성리학도 개방적으로 탐구한 주자학자로서, 실학과의 '상충' 문제를 해소하고자 했는데, 그와 관련해 황윤석의 학문 방법론에 유의하고, 실학 업적에 대한 이해의 진전도 도모하였다. ③ 황윤석 학술의 전반적 성격과 결부하여 그의 경제정책론을 중심으로 하는 경세론을 고찰하였다.

이 교수는 결론적으로 "18세기에는 의리학, 경세학, 사장학 및 명물도수학이라는 분류가 성립했는데, 황윤석의 학문은 모두를 포괄하되 핵심은 명물도수학을 중심으로 하는 박학이었다. 조선이 한글 등 음운을 활용한 명물 고증으로 중국 고증학에 비견할 성과를 거두는 데에 황윤석은 동참하였다. 황윤석의 경제론은 명물도수학을 활용한 성과를 거두어 이용후생에 이바지하는 지식을 제공하였다."고 보았다. 나아가 "황윤석은 성리학도 개방적으로 탐구한 유연한 주자학자여서, 이학을 묵수하지 않고 진전시켰다. 황윤석의 중국과 서양 과학에 대한 지식과 과학적 사유는 당대 정상급이었다."라고 평가하였다.

이학(理學)은 도덕 담론을 위주로 하는데, 황윤석의 성리학 탐구는 도덕 담론의 사변철학이라기보다 『성리대전』 주석과 자연학 탐구의 지식 담론 위주였다. 황윤석은 도(道)에서는 성리학설이, 기(器)에서는 서양의 천문학 · 수학 · 수리기술이 가장 우월하다고 주장한 선구적 동도서기론자(東道西器論者)였다. 문호개방 이전 조선 학계에 가장 절실한 것은 서학에까지도 개방적인 학문 자세, 과학 · 기술 지식, 그리고 과학적 사유인데, 황윤석을 그런 장점을 갖추었다고 높이 평가하였다.

이 논문은 조선시대 전반에 걸친 학술적 동향을 동아시아까지 시야에 넣으면서 정리하였고, 특히 이재 학문의 방법론에 주목하였다. 해박한 지식 위에 포괄적인 조망과 세밀한 분석을 겸비해 서술한 이 논문은 우리 학계에도 큰 도움이 될 수 있을 것으로 여겨진다.

이상 세부주제의 내용을 간략하게나마 소개하였는데, 전반적으로 보면, 기존의 연구 성과에 대해 종합 정리를 시도했다는 점, 구체적 논문에서는 대담한 가설과 새로운 문제를 학계에 제기하면서 '이재학'으로서의 위상을 정립할 필요가 있다는 점, 나아가 황윤석의 학문의 방법론에 대한 재조명과 학설사와 지성사적 시야에서 이재의 사상을 바라볼 필요가 있다는 전망을 제시했다는 점 등은 적지 않은 의미가 있으며 본 연구의 성과라고 생각한다.

이재 황윤석에 대해 재조명할 기회를 주신 재단법인 실시학사에 감사드리고, 방대한 원고의 편집과 교정에 노고를 다해 준 고전번역원의 하정원 박사께 특별히 감사드리며, 출판에 수고를 해주신 학자원의 편집진 여러분께도 고마운 마음을 전하고자 한다.

2022년 7월 20일

집필진을 대표하여 하 우 봉

| 차 례 |

이재 황윤석의 생애와 사상

| 하우봉 |

이재 황윤석의 시가(詩歌) 연구

| 박순철 |

이재학의 철학적 구조
- 철학(哲學)과 경세(經世)의 관계를 중심으로 -

| 최영성 |

『이수신편(理藪新編)』의 편찬과 내용 구성

| 구만옥 |

조선시대 학술과 황윤석의 위상

| 이헌창 |

부록

頤 齋

이재 황윤석의 생애와 사상

하우봉 | 전북대학교 사학과 명예교수

1. 연구사 검토
2. 생애와 학문 형성
3. 학문의 체계와 특성
4. 역사와 사회에 대한 인식
5. 사회개혁론
6. 이재 사상의 성격과 의미

1. 연구사 검토

1) 황윤석의 저술목록과 간행본

(1) 저술목록

이재 황윤석이 10세 때인 1738년(영조 14)부터 63세 때인 1791년(정조 15)까지 일기 형식으로 기록한 『이재난고(頤齋亂藁)』를 비롯해 『이재속고(頤齋續稿)』의 「연보(年譜)」에 나타난 저술을 보면, 『산뢰잡고(山雷雜考)』·『이수신편(理藪新編)』·『자지록(資知錄)』·『양금신보(梁琴新譜)』[1]·『역대운어(歷代韻語)』·『성씨운휘(姓氏韻彙)』·『성리대전주해(性理大全註解)』·『구경잡록(九經雜錄)』·『군서정변(群書訂辨)』·『상위지요(象緯指要)』·『해동이적보(海東異蹟補)』·『소학강의(小學講義)』·『여지승람수기색인(輿地勝覽修起索引)』·『황극경세서사상체용성음괘수도해(皇極經世書四象體用聲音卦數圖解)』·「국조오례보편후본척도설(國朝五禮補編後本尺圖說)」·「윤종기(輪鍾記)」·「화음방언자의해(華音方言字義解)」·「자의혼와변(字意混訛辨)」 등이 있으며, 잡저(雜著)에도 「왕양명대학친민변(王陽明大學親民辨)」·「문자어의급자모고(文字語義及字母攷)」·「전한서율력지해(前漢書律曆志解)」·「율려신서해(律呂新書解)」 등 다수의 논설이 수록되어 있다.[2]

---

1 『梁琴新譜』는 梁德壽의 작으로 1747년 이재가 이것을 필사하면서 자신의 견해를 덧붙여 『玄鶴琴譜』라고 명명하였기 때문에 앞으로 수정할 필요가 있다.

2 하성래(1975), 3쪽.

(2) 정리된 저서 목록

①『이재난고』: 초서본 57권으로 본래 60권 60책으로 추정되지만 현재는 57권 6,000여 장이 남아있다. 앞부분은 해서(楷書)와 행서(行書)로 써졌지만 24세 이후부터는 거의 초서(草書)체로 되어 있다. 직접 쓴 일기는 46권까지이고, 47권은 역수잡기(曆數雜記), 48권은 평해황씨와 관련된 자료, 49권부터 52권까지는 일기를 근거로 해 정리한 「연보」이다. 53권부터 56권까지는 원문절초(原文節抄) 부분으로 구성되어 있고, 57권은 1567년(선조 즉위년)부터 1622년(광해군 14)까지 왕실과 조정에 관한 사항을 정리해 둔 역사기록 내용이다. 『이재난고』의 원본은 1984년 9월 20일 전라북도 지방문화재 제111호로 지정되었으며, 현재 전라북도 고창군에서 소장하고 있다.

이재가 10세부터 죽기 이틀 전까지 53년간에 걸쳐 거의 매일 쓴 일기로 조선시대 개인의 저술로서는 가장 방대하다. 내용은 단순한 일기가 아니라 생활사와 독서 및 학문 활동을 종합적으로 보여준다는 점에서 비망기에 가까운 성격을 띠고 있다. 따라서 당대의 사회상을 상세하게 반영하고 있으며, 18세기 향촌지식인의 내면을 보여주는 자료로서 생활사 및 지식사 연구의 보고라고 평가된다.

②『이재유고』: 목판본 26권 13책으로 1829년(순조 29) 후손들이 『이재난고』의 내용에서 문체별로 가려 뽑아 편찬한 것이다. 또 형식이 없는 산문들은 잡저(雜著)와 만록(漫錄)에 뽑아 수록하였다. 그의 손자 황수경이 당시 전라관찰사 조인영의 재정적 도움과 서문을 받아 12권 7책으로 된 『이재집』을 목판본으로 간행하였다. 현재 초간본은 규장각(奎4154), 장서각(4-6407), 국립중앙도서관(한46-가1295), 간송미술관에 소장되어 있다.

③『이재유고』: 석판본 12권 6책이다. 1943년 조선춘추사에서『이재속고』를 간행할 때 앞서 간행했던 목판본『이재유고』도 석인본으로 간행되었다.(重刊本)

④『이재속고』: 석판본 14권 7책이다.『이재유고』를 간행한 지 114년 후인 1943년에 후손 황서구가『이재유고』에 수록되지 못한 시문을 모아 14권 7책을 편집하여 조선춘추사에서 석인본으로 간행했는데 이를『이재속고』라고 한다. 또한『이수신편』도 23권 10책으로 정리하여 간행하였으며,『자지록』과『양금신보』등을 3책으로 합본하여 간행하였다.[3]

⑤『이재전서』: 1975년 경인문화사에서『이재유고』(12권 6책)와『이재속고』(14권 7책)를 비롯하여『이수신편』(23권 10책),『자지록』,『양금신보』등을 모아 축쇄 영인해『이재전서(頤齋全書)』3책(호남실학총서 2집)을 간행하였다.

⑥『이재선생문집』: 영인본 5권으로 1999년 경인문화사에서『이재선생문집』(1~5)을 영인해 발간하였다.

⑦『이재유고』: 영인본 1권으로 2000년, 한국고전번역원에서 한국문집총간 246권으로 간행하였다.

⑧『이재난고』: 활자본 10책이다. 한국학중앙연구원에서 필사본 초서로 되어 있는『이재난고』를 1990년부터 2003년까지 10년간에 걸쳐 탈초하고 활자화하여 1994년부터 2004까지『이재난고』10책(색인 포함)을 출간하였다.

⑨『홍덕 평해 황씨 황윤석종가 고문서』: 2012년 한국학중앙연구원에서 고문서집성 101권으로 간행하였다.

---

3 민족문화추진회,「이재유고 해제」『한국문집총간』246, 2000.

2) 연구저서(단행본)

① 최삼룡 외, 『이재 황윤석 : 영 · 정시대의 호남실학』(1994, 민음사)
② 노혜경, 『조선 후기 수령 행정의 실제 : 황윤석의 『이재난고』를 중심으로』(2006, 혜안)
③ 강신항 외, 『이재난고로 보는 조선 지식인의 생활사』(2007, 한국학중앙연구원)
④ 이재연구소, 『이재 황윤석의 학문과 사상』(2009, 경인문화사)
⑤ 이재연구소, 『이재 황윤석 학문과 박학의 세계』(2013, 신성출판사)
⑥ 이재연구소, 『이재학의 제 양상』(2015, 신성출판사)
⑦ 하우봉 · 이선아, 『백과전서파 실학의 거목 이재 황윤석』(2016, 이재연구소)
⑧ 성영애, 『이재 황윤석의 학문과 음악』(2016, 학고방)
⑨ 유기상, 『조선 후기 실학자의 풍수사상』(2017, 경인문화사)
⑩ 이재연구소, 『문 · 사 · 철을 통해 본 이재 황윤석의 학문세계』(2017, 신성출판사)
⑪ 이재연구소, 『조선 후기 박학지사 이재 황윤석의 생애와 학문』(2019, 흐름)
⑫ 이재연구소, 『이재 황윤석 연구의 새로운 모색』(2020, 흐름)
⑬ 한국실학학회, 『동아시아의 백과전서파 실학 : 이재 황윤석을 중심으로』(2021, 학자원)

3) 번역서

① 『국역 이재유고 Ⅰ』(2011, 신성출판사)
② 『국역 이재만록 상』(2012, 신성출판사)
③ 『국역 이재만록 중』(2012, 신성출판사)
④ 『국역 이재만록 하』(2013, 신성출판사)

⑤ 『국역 이재선생문집』(2014, 신성출판사)
⑥ 『국역 이재난고 상 · 하』(2015, 신성출판사)
⑦ 『국역 이재난고 Ⅲ』(2016, 신성출판사)
⑧ 『국역 이재난고 Ⅴ』(2017, 신성출판사)
⑨ 『국역 이재난고 Ⅵ』(2018, 신성출판사)
⑩ 『국역 이재난고 Ⅶ』(2019, 신성출판사)
⑪ 『국역 이재난고 Ⅷ』(2020, 신성출판사)
⑫ 『산학입문 I, II』, 강신원 역(2006, 교유사)
⑬ 『산학본원』, 강신원 역(2006, 교유사)[4]

이상 『이재난고』의 번역과 주해 작업은 전북대학교 부설 이재연구소에서 주로 이루어졌음을 알 수 있다.[5] 이밖에 부산대학교 한문학과 연구팀에서 한국연구재단의 지원(기초학문육성지원사업)을 받아 2005년부터 2008년까지 3년간 「황윤석의 『이재난고』 교감 · 번역 및 연구(1) – 서행일력을 통해 본 18세기 한 향촌 지식인의 삶과 그 사회」라는 주제로 연구를 진행하였다. 특히 이 연구에서는 『이재난고』 중에서 「서행일력」을 교감 · 표점 및 번역 · 주해하였다. 그런데 발췌 번역이며, 단행본으로 출간되지 않고 한국연구재단에 파일상태로 등록되어 있다.

4 한국수학사학회에서 『이수신편』 중에 수학과 관련된 2권을 번역 출간하였다.

5 2007년에 전북대학교 부설 이재연구소가 설립되어 황윤석의 학문과 사상을 중심으로 호남실학과 전통사상을 체계적으로 연구하기 시작하였다. 이재연구소에서는 매년 학술대회를 개최하여 이재 황윤석의 학문과 사상에 대한 연구와 대중화에 기여하고 있다.

4) 연구 동향 분석

(1) 현재까지의 연구 성과

황윤석에 관한 저서와 논문에 대해 2021년 12월 현재까지 필자가 조사한 것을 바탕으로 정리해 보면 아래와 같다.

연구저서 13책, 번역서 13책, 석사학위논문 8편, 박사학위논문 6편, 연구논문 225편(석박사학위 논문 포함)이다. 개인에 대한 연구로서는 상당히 많은 수량이라고 할 수 있다.[6]

해방 후 이루어진 최초의 학술적 연구 성과로는 황원구가 1953년 황윤석의 유고를 정리해 학계에 소개한 「황윤석 – 그 유고의 정리」를 들 수 있다.[7] 본격적인 연구논문으로는 1959년 강신항의 서울대학교 석사학위 논문을 시작으로 석사학위 논문이 8편이고, 1986년 강헌규의 경희대학교 박사학위 논문을 비롯해 6편의 박사학위 논문이 발표되었다. 양자 모두 처음 발표된 논문의 주제가 국어학 분야임이 주목된다. 그 후 문학 · 역사 · 과학 · 경제 · 음악 · 풍수 등 이재의 박학다식한 지적 성향에 맞추어 다양한 주제가 다루어졌다.

연구저서로는 1994년 최삼룡을 비롯해 전북대 교수 5인이 공동으로 저술한 『이재 황윤석 : 영 · 정시대의 호남실학』과 2007년 한국학중앙연구원 교수들이 주축이 되어 저술한 『이재난고로 보는 조선 지식인의 생활사』가 대표적이고, 그 밖에 박사학위논문을 정리해 출간한 저서가 노혜경의 『조선 후기 수령 행정의 실제 : 황윤석의 『이재난

---

6 연구논문의 주제별, 시기별 동향에 대한 통계표 참조. 구체적인 논문의 목록은 첨부자료 「황윤석 연구 저술, 논문목록」 참조.

7 황원구(1953)

고』를 중심으로』(2006, 혜안)를 비롯해 3종이 있다.

2009년부터는 전북대학교 부설 이재연구소에서 펴낸 단행본이 6종으로 주류를 차지하고 있다. 또 이재의 저술에 대한 번역서도 이재연구소에서 간행한 것이 11종에 달한다. 이재에 관한 연구에서 위 연구소가 중심적인 역할을 하고 있음을 보여주는 사례이다.

(2) 주제별 연구 성과

① 어학과 문학

연구가 가장 먼저 시작되었고, 그 이후에도 가장 활발하게 진행되는 분야이다. 숫자로 보면 어학이 24편, 문학이 48편이다. 어학에서는「자모변」,「화음방언자의해」등을 통해 문자와 음운에 대한 연구에서 출발하였다.『이재난고』에 산재해 있는 한글 표기 지명 320여 개를 대상으로 한글 표기 지명의 성격과 유형, 형태론적 구성, 음운론적 특성 등을 고찰한 논고도 있다.

한편 문학에서는 황윤석의 학문적 경향과 작품 양상, 문학론 등에 대한 연구가 많이 이루어졌다. 그의 시조인「목주잡가(木州雜歌)」28수에 대한 연구도 활발하게 진행되었으며, 또 이재의 시조 한역(漢譯)의 양상과 의미를 고찰한 논문도 상당수 있다. 이상봉은「이재 황윤석의 서행(西行) 한시(漢詩) 연구」로 부산대학교에서 박사학위를 받았다. 2000년대에 들어와서는 서행일력(西行日曆), 부직일기(赴直日記) 등을 바탕으로 기행문학에 대한 연구가 활발하게 진행되고 있다.

② 유학과 실학사상

황윤석의 유학에 대한 논고는 11편, 실학사상에 대한 것은 20편에 달한다. 유학에 관해서는 황윤석의 학문체계와 범주화 문제, 학풍과 성리학, 인물성동이론과 낙학(洛學)의 계승, 『성리대전』에 대한 인식, 성리학적 경세관 등을 주로 고찰하였다.

실학에 관해서는 황윤석의 수리에 기초한 낙학(洛學)의 수용과 박학정신, 이재 실학의 특성과 상수학적 기반, 서학(西學)에 대한 인식과 특징을 다루었고, 또 호남실학이라는 관점에서 접근한 연구도 적지 않다.

③ 자연과학

황윤석은 서양과학을 적극적으로 수용해 연구하였고, 수학과 과학기술 분야에서 독보적인 경지를 개척하였다. 그런 만큼 그의 자연과학에 대한 논문은 1970년대부터 시작해 현재까지 꾸준하게 이어져 오며 28편에 달한다. 이재의 과학사상, 『이재난고』를 통해 본 조선 후기의 과학, 이재의 천문 역법, 산학 등에 관한 연구가 이루어졌으며, 나아가 그의 박학 지향과 자연학 연구, 서양과학 수용과 전통학문의 변용, 동서양 자연학의 절충과 한계, 홍대용과의 관계 등에 대한 구체적 성과가 축적되었다. 『산학입문』과 『산학본원』이 번역 출간되었고, 이를 바탕으로 이재의 수학과 산학, '천원술'에 대한 연구도 있으며, 『이재난고』의 분석을 통해서 조선 후기 의약생활의 변화 과정과 이재의 의약생활을 정리한 연구도 있다. 특히 자연과학과 수학에 대한 연구는 『이재난고』보다는 『이수신편』을 중심으로 이루어졌다는 특징이 있다.

④ 역사인식과 대외인식

역사와 대외인식에 관한 연구도 3편 있는데, 황윤석이 남긴 저술과 관심에 비해서는 연구가 상대적으로 빈약한 편이다.

⑤ 정치, 사회, 경제의식과 사회개혁론

정치와 사회에 대한 의식과 경제생활과 의식, 사회개혁론 등 복합적인 주제를 합쳐서 분류했는데, 관련 연구는 40편에 달한다. 18세기 후반 정국의 동향과 이재의 정치적 입장과 추이, 18세기 향유(鄕儒) 황윤석의 호남 학맥과 인적 관계와 전라도 흥덕 평해 황씨의 가계와 사회적 관계, 18세기 노론의 집권과 이재의 서원 활동 등을 고찰한 연구, 이재와 경화사족의 교유와 지방의식에 대한 연구가 있다. 이재의 경제관 및 경제 관련 자료 정리, 『이재난고』를 통해 본 조선 후기의 경제관과 경제생활을 고찰한 연구가 있고, 이재의 화폐경제 생활과 조선 후기 능참봉의 경제생활의 실제 등 경제사적인 접근을 시도한 성과도 있고, 또 그의 사회사상과 사회개혁론을 정리한 연구 성과도 있다.

⑥ 생활사

2007년 한국학중앙연구원에서 간행된 『이재난고로 보는 조선 지식인의 생활사』 이후로 일상생활사라는 시점에서 접근하는 연구가 많아졌다. 「능참봉직을 통해 본 황윤석의 사환(仕宦)의식」, 「향유 황윤석의 반촌(泮村) 기식(寄食)과 복첩(卜妾)」, 「과장(科場) 출입 풍경과 경과(京科) 응시」 등 조선 후기 관료지식인의 일상생활을 미시적으로 고찰한 연구가 다수 있고, 22회에 걸쳐 한양을 다녀온 기록인 「서행일력」에 나타난 18세기의 향촌 지식인의 일상과 당시의 지식사를 재구성하려는 문제제기도 있었다. 한편 이재의 풍수지리에 대한 인식과 풍수생활을 고찰한 연구도 있다.

⑦ 예술

음악과 복식 등 예술에 관한 논문도 10편이 있다. 황윤석은 악률(樂律)에 깊은 조예를 지니며 『이재난고』에서 상당한 음악 관련 기술을 남겼다. 음악학적 측면에서 본 『이재난고』의 사료적 가치를 검토한 연구, 조선 후기 악률론과 황윤석의 악률론을 정리한 내용으로 『이재난고』에 언급된 악률에 대한 논문이 있으며, 성영애는 2012년 "황윤석의 음악관"이란 주제로 한국학중앙연구원에서 박사학위를 받았다. 그 밖에 『이재난고』에 나타난 18세기 족두리의 제법과 사용에 대해 정리한 논문도 있다.

⑧ 생애

황윤석의 생애와 활동에 대한 연구는 14편에 달하는데, 그의 생애와 가족관계, 학맥, 족보편찬에서부터 목천현감과 전의현감 등 수령 재직 시의 활동과 사회상에 이르기까지 다양한 분야에서 이루어졌다. 특히 그가 목천현감을 지낸 시기의 일기는 조선 후기 목민관의 생활과 실상을 파악하는 데 귀중한 자료를 제공하고 있으며, 18세기 향촌사회사를 규명하는 데 매우 중요한 사료로서의 가치가 있다.

(3) 시기별 연구동향

1960년대까지는 국어학에 관한 연구가 주류를 이루었다. 황원구(1953)의 자료 소개에 이어, 강신항(1959), 이숭녕(1964) 등은 「자모변」, 「화음방언자의해」 등을 분석하면서 이재의 국어학적 성과를 실학의 기초 작업으로 평가하였다.

1970년대에는 자연과학 분야의 연구가 돋보이며 당시 실학 연구라는 시대적 조류에 편승하여 실학적 측면에 주목하였다. 이강오, 유재영, 정구복 등은 황윤석의 고증적 학문태도와 박학적 백과전서파의 면모를 지적하며 실학자로 평가하였다. 나일성(1978), 하성래(1983) 등은 천문역상학적 성과에 주목하며 자연과학과 서양과학의 수용 등을 평가하고, '호남실학'을 이룩한 학자로 자리매김하였다.

1980년대에는 이재문집의 모태로서의 『이재난고』가 정리되기 시작하였고, 동시에 탈초작업이 진행되기 시작하였다. 이강오는 1988년 「이재난고제목집록」에서 『이재난고』에 대한 최초의 목록을 작성하였다.

1990년대에는 최초의 본격적 연구서로서 『이재 황윤석 : 영·정시대의 호남실학』(1994)이 간행되었다. 5인의 전북대 교수들의 공동저작으로 이재의 학문과 사상에 대한 재조명을 시도했는데, 황윤석을 학계에 알리는 최초의 본격적인 학술서라고 할 수 있다. 이 시기 이재는 실학자로서 본격적으로 주목받았고, 반계 유형원의 개혁적 사상과 달리 백과전서적인 성향이 부각되었다. 철학적 관점에서는 철저한 성리학자라는 평가와 함께 기존의 실학자들과는 다른 모습이라는 평가도 있었다. 한편 자연과학 연구를 비롯해 그의 박학성에 주목하며, 호남실학의 대표주자로 평가하였다. 목주잡가와 시조 한역 등에 대한 조명이 이루어지면서 문학적 성취도 재조명되었다.

2000년대에 들어오면서 무엇보다 중요한 기념비적인 성과는 『이재난고』의 활자본이 한국학중앙연구원에서 10년간에 걸친 탈초작업 결과 간행된 사실이다. 이를 바탕으로 2007년에는 한국학중앙연구원에서 8인의 공동저작물인 『이재난고로 보는 조선 지식인의 생활사』가 간행되었다. 『이재난고』를 토대로 조선 후기 지식인들의 생활모습을 언어와 문학, 학문과 정치, 경제생활과 지식의 소통으로 나누어 종합적으로 고찰하였다. 이 책은 이재에 대한 실학자로서의 자리매김에서 벗어나 조선 후기 생활사 자료로서 『이재난고』에 접근했다는 점에서 연구사적인 의의가 크다. 이후 『이재난고』를 기본 자료로 삼아 다양한 연구가 이루어졌다. 한국학중앙연구원의 한국학대학원에서 3편의 박사학위논문도 배출되었다.

또 2005년부터 3년간 진행된 부산대학교 이재난고역주사업단의 "『이재난고』 역주, 교감 및 연구 : 서행일력을 통해 본 향촌지식인의 삶과 그 사회"도 생활사적 연구의 성과물이다. 2007년 전북대학교 부설로 이재연구소가 설립되었다는 사실도 의미가 크다. 이재연구소는 설립 이래 황윤석에 대해 전방위적 주제를 다루었으며, 연구 활성화를 주도하고 있다. 매년 학술회의를 개최하면서 그 성과를 이재연구총서로 발간하고, 『이재난고』를 축차적으로 역주해 '이재국역총서'로 각각 10여 권씩 발간하였다.

2010년대에는 연구 성과가 폭발적으로 늘어나며, 주제가 다양화한다는 점이 특징이다. 과학사에 대한 연구도 심화하였고, 일상생활사와 정치·경제·사회와 관련된 다양한 주제들, 경학과 상수학에 대한 연구도 심화되었다. 문학에 대한 연구도 기행문학을 비롯해 가장 많은 성과를 배출하였다. 한국고문서학회를 중심으로 한 문헌학적 연구 성과도 나왔다. 이재에 대한 평가도 실학자에서 "심성론에서는 주자학적 이해를 체(體)로 삼고, 자연과학에 대한 수용과 이해를 용(用)으로 삼았던 학자"로 보다 복합적인 사상가로 재조명되었다.

이재 황윤석 관련 연구논문 성향분석 통계표(2021년 12월 현재 기준)

주제/연대	생애	어학	문학	유학·실학	자연과학	역사	정치·사회·경제	생활사	예술	서지·고문서	소계
1950		1								1	2
1960		4		1							5
1970	2	2	1		5						10
1980	11	5	1		4					2	11
1990	2	4	6	2	2		2	1			19
2000	7	4	9	13	7	1	23	10	5	1	79
2010	3	5	26	13	10	2	14	8	5	3	88
2020			5	2	1		1			1	10
소계	14	24	48	31 (11+20)	28	3	40	19	10	8	225

2. 생애와 학문 형성

1) 가문적 배경과 가학(家學)

황윤석의 본관은 평해(平海)로 고려 말 참찬의정부사를 지낸 평해군(平海君) 황숙경(黃淑卿)이 시조이며, 황윤석은 시조의 13대손에 해당한다. 숙경의 며느리가 태조 이성계의 생질녀이고, 손자 황곤(黃坤)이 공조참의를 지냈는데 춘천에 자리를 잡았다. 8대손 황수평(黃水平)은 1545년 을사사화가 일어나자 1549년 처가가 있는 전라도 홍덕의 구수동으로 내려왔으며, 여기서 별세해 묻혔다. 9대손 황뉴(黃紐)는 지역의 강진 김씨(金若愚의 딸)와 결혼하였는데, 이후 후손들이 호남에 세거하게 되었다. 그의 아들이자 황윤석의 6대조인 황처중(黃處中, 1569~1609)이 환로로 나아가 제용감 첨정을 역임하면서 서울과 춘천에서 일시 살았으나 임진왜란을 당하여 1599년 다시 홍덕으로 내려와 호적에 편입하면서 완전히 정착하였다. 황윤석의 5대조 황이후(黃以厚, 1589~1642)는 1624년 이괄의 난과 1627년 정묘호란 때 지역의 지사들과 함께 자금을 모아 의병을 일으켰다. 그 후 5세대 동안 크게 현달하지는 못했으나 문장과 학행으로 알려지며 호남의 사족으로 성장하였다. 증조부 황세기(黃世基, 1628~1680, 호 醉隱)는 송시열을 매우 존숭했으며, 장성의 기정익(奇挺翼)과 깊이 교류하였다. 조부 황재만(黃載萬, 1664~1716, 호 山村)은 시부(詩賦)에 능하고 명필이었으며 행의(行誼)로 높이 평가받았다. 그는 송시열이 유배당하자 상소를 올렸고, 1689년 6월 송시열이 정읍에서 사약을 받고 졸하자 동생 황재중, 기정익과 함께 가서 통곡하며 조문하였다. 황윤석에게는 종조부인 황재중(黃載重, 1664~1718, 호 龜巖)은 김창협(金昌協, 1651~1708, 호 農巖)과 기정익의 문인으로 학문이 뛰어났고, 죽은 후 1736년 그를 모시는 구암사(龜巖祠)가 설립되었다. 이로써 이재의 가문은 호남 사족의 반열에 들게 되었다.[8] 아버지 황전(黃壥, 1704~1771, 호 晩隱)은 7차례 생원시의 초시에 입격했으나 복시에 합격하지 못하자 과거를 포기하고 여생을 학문연구에 매진하는 한편 아들 윤석이 대성하기를

---

8 황윤석의 가문은 영조의 승지로부터 "호남의 유서 있는 집안으로 대대로 학문과 행적이 있었다(南中故族, 世有學行.)"라는 평을 받았을 만큼 4대에 걸쳐 학식과 덕망이 높이 칭송된 명문이었다. 특히 숙조부인 載重은 김창협의 문인 중에서도 석학으로 평가받았으며, 부친인 만은공 전도 학덕으로 이름이 높았다. 이재의 가까운 선조들은 학자로서 문집을 남겼는데, 황세기는 『醉隱遺稿』, 황재만은 『山村遺稿』, 황재중의 『龜巖集』, 황전의 『晩隱集』, 『晩隱遺稿』 등이다.

기대하며 엄하게 교육하였다. 황전은 다방면에 걸쳐 책읽기를 좋아했으며 박학을 지향하였다. 숙부인 황재중이 운영하는 소요산서당에 가서 공부했으며, 송시열·기정익으로 이어지는 학맥을 계승하였고, 당시 호남에서 문명을 떨쳤던 태인의 은정화(殷鼎和) 문하에서 시문을 배웠다. 그는 정읍에 있는 고암서원을 중심으로 활동을 했는데, 태인 현감 조정(趙晸)과 지역 명사 양응수(楊應秀)와 같이 고암서원 강회(講會)를 주도하였다. 황윤석도 아버지를 따라 고암서원에서 소학 강의에 참여하였다. 황전은 육경(六經)을 위주로 공부했으며 성리학에도 조예가 깊었다. 또 송시열·김창협·김창흡의 저술을 애독하면서 그들을 계승하는 학통의식을 지니고 있었다.[9] 후일 황윤석이 김원행의 문하에 입문하는 요인도 황재중, 황전으로 이어지는 가문의 유대가 배경에 있었다.

황윤석은 1729년(영조 5) 4월 28일에 전라도 흥덕현 구수동(龜壽洞, 지금의 고창군 성내면 조동)에서 출생해 1791(정조 15) 4월 17일 63세를 일기로 졸하였다. 황윤석의 자는 영수(永叟)이고, 호는 이재(頤齋)를 비롯해 이재여인(頤齋旅人)·산뢰주인(山雷主人)·서명산인(西溟散人)·운포주인(雲浦主人)·소요주인(逍遙主人)·소요산인(逍遙散人)·순양자(純陽子)·월송외사(越松外史) 등 다양하다. 이름과 자호(字號)의 유래를 살펴보면, 이름 윤석(胤錫)과 자 영수(永叟)는 『시경(詩經)』「기취(旣醉)」편에서 따온 것이다. 호인 이재와 산뢰주인은 주역의 산뢰이괘(山雷頤卦)에 근거한 것으로 아버지가 지어준 것이다. 항상 말을 삼가고 음식을 조절해야 한다[愼言語, 節飮食.]는 의미를 지니고

9 『晩隱遺稿』 권4, 부록 「家狀」

있다.[10] 서명산인 · 운포주인 · 소요주인 · 소요산인 등은 홍덕 주변의 지명에서 유래한 것이고, 월송외사는 역사에 대한 관심과 자부심을 나타내는 의미를 지닌다.

그는 위로 누나들이 여럿 있었고, 형도 있었으나 요절해 실질적인 장남 노릇을 하였다. 남동생으로는 주석(胄錫)이 있으며, 여동생이 김인후(金麟厚)의 9대손 김익휴(金益休)에게 출가하였다. 이재는 20세 때 남원의 정원혁(丁遠爀)의 딸과 결혼해 4남 3녀를 두었으며, 소실과의 사이에서도 2남 1녀를 얻었다.

연보와 행장을 중심으로 그의 일생을 간략히 정리해보면 다음과 같다.

그는 5세 때 할머니 도강 김씨(道康金氏)로부터 글자를 배우기 시작해 6세에 시를 짓는 등 총명함을 드러내 할머니의 큰 기대를 모았다. 어려운 곳은 여비(女婢)의 등에 업혀 백시덕(白時德)에게 물어 배웠다고 한다. 그 밖에 이이정(李頤正), 노세극(盧世極), 양응수 등 지역의 유학자들로부터 가르침을 받았다.[11] 조모는 이재가 9세가 되던 1737년 가을 운명했는데, 윤석을 불러 "네가 성취하는 것을 보지 못하고 가는 것이 한이다"라고 하였다.[12] 7세에 『소학』을 읽었고, 이어 『사기』와 『통감절요』, 『자치통감강목』 등 역사서적을 섭렵했으며, 14세까지 사

---

10 황윤석은 후일 목천현감 시절 지은 「木州雜歌」에서 아버지가 지어주신 이재라는 호를 생각하며 지은 구절이 있다. "언어도 不可不愼 / 음식도 不可不節 / 언어로 문자의 미뤄보고 / 음식으로 財祿의 미뤄보라 / 聖人의 頤卦大象이니 / 우리 先訓 더욱 조타"

11 『이재유고』 권16, 「漢上錄」, 백시덕은 유형원의 외손자로 동지첨중추부사를 역임하였고, 호남의 사류로부터 존경받은 인물이다. 이재는 백시덕에게 자주 서신을 보내고 교류하였다.

12 『이재속고』 권13, 「行狀」

서삼경과 제자백가를 독파하였고, 한유(韓愈)의 글을 익혔다고 한다.

그는 평생 독서를 놓은 적이 없다고 하며, 3,4일 동안 밤을 세워가며 읽었고, 또 그것을 잊지 않을 수 있었다고 한다. 8,9세 때부터 책을 베껴 쓰는 초서벽(抄書癖)이 있었는데, 이것은 평생 지속되었다. 또 10세에 문장 쓰는 법을 성취하였고 이해부터 매일 일기를 쓰기 시작하였다. 이후 일기는 운명하기 이틀 전까지 지속했는데, 그것이 『이재난고』로 60책에 이르렀다.

1736년 8세 때 부친과 함께 황재중의 위패를 모시는 구암사 봉안제(奉安祭)에 참가하였다. 이때 이재가 벽에 구암서원(龜巖書院)이라는 큰 글자를 쓰니 자리에 있던 사람들이 크게 놀랐다고 한다.[13] 9세에 홍덕의 시사(試士, 군수가 베푼 시험)에서 고풍(古風)을 지어 수석으로 입격하였고, 이어 고부 · 전주 · 남원 등의 문회(文會), 순시(巡試)에서 시문으로 장원을 해 '홍덕의 왕발(王勃, 당나라 초기의 대표적 문장가)'이라는 별명을 얻으며 문명(文名)을 떨치기도 하였다. 평생 지은 시문이 2천 수에 이른다고 하는데, 『이재난고』에서도 시문이 매우 많으며 주된 부분을 차지하고 있다.[14] 이 무렵 『성리대전(性理大全)』을 보고서는 의심나는 부분을 기록하고 주해하는 일을 하였다. 스스로 이 일을 '평생의 사명[一生家計]'로 생각하며 주력하였다. 14세에 임영(林泳)의 『창계집(滄溪集)』을 읽고 이기(理氣)와 상수(象數)에 대해 관심을 가지

---

13 『이재속고』 권13, 「年譜」

14 『이재난고』의 기사를 보면 시문이 매우 많이 나오는데, 내용이 풍부하고 다양한 소재와 주제를 각종의 형식으로 지었으며, 격조가 아주 높음을 알 수 있다. 이재가 지은 시의 수에 대해서는 연구자에 따라 차이가 있다. 최삼룡은 1,807수, 이종묵은 1,600수인데 연작시까지 모두 합하면 5천 수가 넘을 것이라고 하였고, 이상봉은 『이재난고』에 수록된 시가 1,600여 제에 이른다고 한다.

게 되었다.[15] 여기에는 호남의 대학자인 임영이 11세에 서경(書經)의 기삼백(朞三百)을 풀었다고 하면서 너는 할 수 있겠느냐고 독려한 아버지 황전의 훈계가 큰 영향을 주었다. 이재는 16세인 1744년부터 『이수신편』을 편찬하기 시작해 평생의 작업으로 삼았다. 18세인 1746년 고암서원에서 송시열의 영정을 참배한 후 존경의 염을 시로 읊었다. 이후 송시열을 자신의 사상적 사표로 삼았고, 고암서원에서 학문 활동을 전개하였다. 20대 초반에는 『주역』, 『서경』을 비롯해 율력, 산술에 이르기까지 다양한 분야에 흥미를 가지고 공부하였다. 특히 역법에 관심이 많아 『율려신서(律呂新書)』·『역학계몽(易學啓蒙)』·『전한서(前漢書)』·『원사(元史)』·『금보(琴譜)』 등을 읽었고, 중국사서의 율력지(律曆志)를 열심히 읽으며 주해하였다.

이재가 학자로서 대성하게 된 배경에는 아버지의 열정과 지도에 힘입은 바 크다. 가장도서가 수천 권에 이르렀다고 하는데, 이재의 학문이 박람강기(博覽强記)의 박학성을 띠는 것도 이러한 가정적 배경이 있었기 때문에 가능했다고 여겨진다. 이재 또한 종조부, 아버지로 이어지는 가학(家學)의 영향을 받아 송시열－김창협－김창흡으로 연결되는 학통의식을 지니고 있었다.

28세인 1756년 9월 부친의 명으로 미호(渼湖) 김원행(金元行, 1702~1772)을 방문해 배알하였다.[16] 이 자리에서 학문하는 규모와 순서, 이재(李縡)와 한원진(韓元震)의 심성론의 구별 등에 대해 문의하였다.

---

15 『이재속고』 권13, 「年譜」

16 22세인 1750년 부친이 서울 장동의 승지 金文行을 방문했는데, 科文 지도는 자기가 할 수 있지만 經學 지도는 6촌 아우인 김원행이 적임자라고 소개하였다. 이재는 24세인 1752년 庭試에 응시하러 가는 길에 교리 김문행을 방문해 인사하였다.

30세인 1758년 고암서원 소학 강회에 참석했으며[17] 5월에는 부친의 서신을 가지고 가 전주에서 호론계의 윤봉구(尹鳳九, 1861~1767)를 배알하였다. 이때까지 이재가 호락(湖洛)의 양대학파 중에 확실히 선택하지 못하고 방황하고 있었던 듯하다. 그러다가 31세인 1759년 2월 진사 복시에 합격한 뒤 동생 주석과 함께 상경해 회시(會試)에 입격하였다. 3월 11일 왕궁에 들어가 백패(白牌)를 받을 때 영조를 배알했는데, 감읍하였다고 토로하였다. 이어 3월 16일 미호에 있는 김원행을 방문해 폐백을 바치고 사제의 의를 맺었다. 8월에 다시 미호로 가서 『대학(大學)』을 수강하면서 전편을 마쳤다. 이때부터 이재는 낙론계로 방향을 결정하였다.

32세인 1760년 11월에 백양사 백련암에 가서 『주역』을 공부했는데, 불경에 대해서도 관심을 가지고 읽어보았다. 이때 승려 민숙(旻肅)과 시문을 창화했는데, 당시 지은 시 3편이 정경순(鄭景淳)과 서명선(徐命善)[18]에 의해 소개되면서 이재의 문명이 중앙에 알려지는 계기가 되었다.[19] 이 시문으로 인해 정경순과의 평생 교류의 계기가 되었

---

17 이때 조정이 태인현감으로 와 강회를 개설해 문답내용을 기록해 강의록을 만들었다. 이것을 계기로 이재는 조정을 평생 어른으로 모셨고, 그 형제는 물론 아들대인 조진택, 조진술 등과도 밀접하게 교류하였다.

18 서명응의 동생인데, 이재는 서명선에 대해 부친과 친구라고 하였다.(『이재난고』 권6, 병술년(1766) 3월 8일) 이러한 인연으로 이재가 서명응에게 보다 쉽게 접근할 수 있었다고 여겨진다.

19 이른바 「白羊山僧軸詩」인데, 미호에게도 보고한 두 번째 수를 소개하면 다음과 같다.(『이재난고』 권7, 병술년(1766) 7월 13일)

구름 속에 산 십년 세월 마음 편안히 보내었겠으나	雲居十載遣心安
어찌 우리 유가의 체와 용의 완전함과 같으리오	爭似吾家體用完
최후의 공부는 진실로 완숙함을 귀히 여기나니	至竟工夫渾貴熟
훗날 다만 곡식인지 돌피인지 비교해 보리라	他時只較穀稊看

고, 나아가 장릉참봉이라는 최초의 관직을 하게 되는 요인이 되기도 하였다.

36세인 1764년 2월 전주의 이기경(李基敬, 1756~1819)을 방문해 호락심성이기변(湖洛心性理氣辨)에 관해 토론하였다. 3월에는 정시(庭試)에 응시한 후 성균관에서 머물며 주역을 공부하였고, 4월에 미호를 방문해 석실서원에 유숙하면서 공부하였다. 1765년 12월에는 장성부에 가서 유배온 전임 장성부사 정경순을 만나 주역·오례·삼전(三傳)을 논하고 한당(漢唐) 이후의 문장과 당론의 본말 등 광범위한 주제에 관해 토론하였다. 이때 정경순은 김석문의 『역학도해(易學圖解)』를 소개하고, 자신이 지은 고문시 3책에 대한 평론을 이재에게 부탁하였다.

38세인 1766년 정월 석실서원을 방문했는데, 이때 미호가 이재에 대한 기대를 밝히면서, "사장유(詞章儒)에 만족하지 말고 군자유(君子儒)가 되라"고 권면하였다. 4월에는 참판 서명응을 방문해 역상(易象)·역학(曆學)·범수(範數)·자서(字書)·팔선구수(八線九數)에 대해 토론하였다. 6월에 장릉참봉을 제수받고 부임하였다.

40세인 1768년 3월 미호를 방문해 인물성동이론, 『주자어류』와 『성리대전』 등에 관해 토론하였다. 7월에는 조정(趙晸)을 방문해 방례(邦禮)에 관해 토론하였고, 감찰 윤창정과 마테오 리치의 지원설(地圓說)을 토론하였다. 8월에는 정지순(鄭持淳)을 방문해 역상·율력·경제사무에 관해 토론하였고, 12월에는 직장 이속(李涑)과 율려의 법에 관해 토론하였다.

41세인 1769년 정월 김익휴에게 호남의 도학·문장·충효와 정렬(貞烈)을 빛낸 사람을 뽑아 '호남인물록'이란 책을 편집하려는 의도를 밝혔고, 3월 김익휴와 함께 미호를 방문해 소개하였다. 5월 김용겸을 만나 『중용(中庸)』의 비은(費隱)과 역범(易範)·율력·전병(田兵)·관직·산수·음악의 설에 관해 토론하였다. 이때 김용겸이 "그대는 먼 지방고을 사람인데 어찌 이처럼 박식하고 정밀한가"라고 칭찬하고, 한 자리에서 토론하니 속이 시원하다고 감탄하였다.

7월에는 칠석제에 장원해 영조를 배알하였다. 영조는 "황윤석의 말을 들으니 목소리가 홍대(洪大)하고 사람됨도 풍석(豊碩)하다"라고 평하였다. 이어 신경준을 아는지, 집 사이의 거리는 얼마나 되는지 등을 물어본 후 "신경준은 대과에 합격해 재주를 펼치고 있지만 황윤석은 홀로 불우하니 내가 다른 날에 누구를 쓰겠는가"라고 하면서 애석해 하였다.

42세인 1770년 4월 7일 입직관으로 집경당에서 영조를 알현하였다. 이 자리에서 세 대신이 이재를 칭찬하며 소개하였고, 승지 조정이 태인현감으로 있을 때부터 이재 부자의 문행(文行)을 알고 있다고 하면서 남쪽지방에서 구하기 힘든 인재이자, 일세에 비할 사람이 드물다고 칭찬하였다. 영조가 대통력(大統曆)이 시헌력(時憲曆)으로 바뀐 이유에 대해 하문해 답변하자, "소문대로 학문이 깊고 넓구나"라면서 칭찬하였고, "오늘에야 비로소 인재를 얻었다. 이 사람의 이름을 마땅히 잘 새겨 잊지 않을 것이다. 나는 어찌 황윤석을 이다지도 늦게 알았는가"라고 탄식하였다. 16일에 다시 특교를 받고 신경준과 함께 근정전의 옛터에서 영조를 배알하였다. 왕이 이재에게 안인전(安仁殿)의 옛터와 건국 초기에 수도를 전한 경위 등에 관해 하문하였다.

43세인 1771년(영조 47) 4월 종묘대제 예행연습 시에 봉조관으로 입시해 영조를 배알하였다. 영조가 "너는 일찍이 신경준과 동시에 입시하였고 사람들이 다재하다고 한 자로구나"하고 말하자, 지경연 서명응이 "그렇습니다. 참으로 박식한 선비입니다"라고 말했고, 영조가 "정말 그러하다. 어제 너를 추천한 사람이 있었다"라고 하였다. 이 해 6월 6품으로 승진해 사포서 별제로 옮긴 후 다시 영조를 알현하였다. "어저께 신경준과 더불어 함께 거명해 진달한 자가 있었는데 그가 이 사람이구나"라고 하며 "네가 박학하다고 들었는데, 아는 것이 무엇이냐?"라고 묻고는 "이 사람이 대답하는 바는 매우 인사가 있다. 이 사람은 반드시 깊은 지식이 있는자로다"라고 평하고, 또 "아뢰고 대답하는 말과 음성이 시원시원하여 들을 만하다"라고 하였다.

이때 우의정 김상철이 변무사(辨誣使)로 연경(燕京)에 가게 되었는데, 문학인재로서 종사관으로 같이 갈만한 인재를 구하니 판서 조엄이 이재를 추천하였다. 이재가 칠십 넘은 양친이 있다는 이유로 사양하니, 영의정 김치인이 소식을 듣고 탄식하며, "만약 내가 사명을 받들어 이번 사행을 갔다면 종사관 제1후보는 틀림없이 황윤석이었을 것이다"라면서 안타까워하였다.

11월 낙향한 뒤 12월 부친상을 당하였고 이듬해 장례를 치른 후 『만은유고(晩隱遺稿)』와 『구암유고(龜巖遺稿)』를 편찬하였다. 7월에 미호의 부고를 들었으며, 주석과 함께 심상(心喪) 1년을 행하고, 9월 미호로 가서 장례식에 참여하였다.

46세인 1774년 7월 미호 묘에서 대상(大祥)을 지내고 귀로에 서울에서 정언 기정언(奇彦鼎) 등과 구시책(救時策)을 토론하였으며, 8월에는 동문인 심정진(沈定鎭)과 경전 · 역법 · 산수 · 성위(星緯) · 병진법(兵陣法) 등에 관해 토론하였다.

48세인 1776년 3월에 정조가 즉위하였고, 7월에 영조의 장례에 참여하였다. 8월에는 귀향하기 전에 감찰 홍대용을 방문해 역법, 상수에 대해 토론하였다.

49세인 1778년(정조 2) 동부도사(종5품)를 제수받았고, 6월 윤대관(輪對官)으로 희정당에서 정조를 배알하였다. 우의정 서명선이 자신이 병조판서로 있을 때 익찬으로 천거한 사람이며 문학으로 세상에 유명하다고 소개하였고, 왕의 하문에 미호 문하에 출입했다고 대답하였다. 7월에 「호락이학시말기(湖洛二學始末記)」를 저술하였고, 8월에 예조 정랑 이가환을 만나 문장 · 전고(典故) · 글자 · 그림 · 성률(聲律) · 역법 · 수를 계산하는 법 등을 토론하였다.

51세인 1779년 장악원 제조 김용겸이 정조에게 이재를 천거해 주부를 겸하게 하려 했으나 사양하였다. 김용겸과 『주자대전(朱子大全)』의 유집(遺集, 『주자대전』 권2 유집을 가리킴)을 교정하고, 또 금보(琴譜) 4종류 16책을 교정하였다. 8월에 목천현감을 제수받아 10월에 부임하였다.

52세인 1780년(정조 4) 6월 신임 도백 심이지로부터 하고(下考)를 받아 그만두고 귀향하였다. 56세인 1784년 1월 장악원 주부를 제수받았으나 담제(禫祭) 전이라는 이유로 부임하지 않았고, 2월에 정경순이 계방(桂坊)에 천거하였다.

58세인 1786년 4월 전생서 주부를 제수받아 상경하자 조진택 · 김이안 · 판서 홍양호 · 참판 김용겸이 축하하면서 권면하였다. 6월 전의현감을 제수받았는데, 정조가 이재를 거명하면서 추천할 것을 명해 낙점받은 것이다. 이에 이재는 왕의 은혜에 감축하고 목숨을 다해 보답할 것을 맹세하였다. 7월 희정당에서 입시해 알현하자, 정조가 "저 사람은 문장의 선비이고 순실(淳實)한 사람이다"라고 하였다. 3일 후

다시 배알할 때 "내가 너를 계방에 두고자 했는데 이제 동궁이 운명해 버렸으니 너를 보니 비통하구나"라고 하였다. 그래서 지방관으로 임명한 것이라는 뜻이다.

59세인 1787년 정월 암행어사 심환지의 보고에 의해 파직당하고 귀향하였다. 1787년 11월 「자서설(自敍說)」을 지어 일생과 학문을 회고하였다. 60세인 1788년 4월 『만은유사(晩隱遺事)』를 편찬하였고, 10월에는 고암서원 강장(講長)을 위촉받았다. 61세인 1789년 2월 「자경잠(自警箴)」 1편을 지었고, 10월에는 「자만시(自挽詩)」(자신의 죽음을 애도하는 시로서 꿈에 지은 것) 1수를 지었다. 62세인 1790년 11월 자신에 대한 제문인 「자제문(自祭文)」을 지었다. 63세인 1791년 4월 17일 만은재 서쪽 별실에서 별세하였다.

1798년(정조 22) 왕이 특별히 교지를 내려 "고 익찬 황윤석은 옛것을 상고하는 데 힘을 많이 써서 내가 늘 우대하였던 사람이다"라고 하였다. 1820년(순조 20)에 아들 칠한(七漢)이 「행록(行錄)」을 완성하였고, 1821년(순조 21) 송헌진이 「행장(行狀)」을 지었다. 1824년(순조 24) 이서구가 「묘갈명(墓碣銘)」을 지었으며, 1843년에는 홍직필이 「묘지명(墓誌銘)」을 찬하였다. 1867년(고종 4) 호남유생들이 왕에게 글을 올려 선대 포상과 증직을 요청하였다.

2) 수학(修學)과 사환(仕宦)

이재의 일생은 학자와 관리로서의 한평생이라고 할 수 있겠는데, 크게 두 시기로 구분해서 볼 수 있다.

제1기는 출생에서부터 30대 후반까지의 시기로 수학기(修學期)라고 할 수 있다. 그는 김창협의 문인인 조부의 학문적 전통과 수천 권의 가장도서를 바탕으로 일찍이 학문에 접할 수 있었다. 5세 때부터 조모의 지도 아래 가학을 계승하였으며 13세에 이미 사서삼경을 독파하였다고 한다. 그는 일찍이 과거학에 뜻을 두지 않고 경학과 이수학(理藪學)에 관심을 두었다. 14세에 이수학에 뜻을 두어 16세부터 『이수(理藪)』를 저술하기 시작하였다. 한편 이 해부터 성리학에도 본격적인 관심을 가지고 『성리대전』 주해작업에 힘을 기울였다. 18세 때 당시 성리학의 대가인 박필주(朴弼周, 1665~1748)에게 편지를 보내 성리학을 공부하겠다며 사사 받고자 했는데 박필주의 죽음으로 인해 이루어지지 못했다.[20] 21세 때는 「호락학심성설(湖洛學心性說)」을 쓸 정도로 성리학에 조예를 보였다.[21] 1758년 5월에는 당시 고암서원 강회를 주도하고 있었던 호론계 학자인 윤봉구(尹鳳九, 1681~1767)를 전주에서 직접 만나 아버지의 서신을 전하고 존경의 뜻을 표하기도 했다.

일정한 사문(師門)을 정하지 못하고 독학하였던 이재에게 학문적으로 큰 전기가 된 것은 미호 김원행과의 만남이었다. 28세 되던 해인 1756년 윤9월 28일 아버지의 명을 받아 미음촌(渼陰村, 지금의 양주)에 있는 김원행을 처음 찾아갔다. 첫 만남에서 미호는 선대로부터 내려오는 세의(世誼)를 이야기하였고, 이재의 학문에 대해 물어보고 박학성을 인정하면서도 학문의 순서로는 『소학(小學)』이 가장 기본이라고 읽기를 권하였다. 31세 되던 1759년 3월 동생 주석과 함께 부친의 서

---

20 『이재속고』 권3, '書', 「擬上黎湖朴公弼周書」

21 『이재속고』 권13, 「年譜」

신을 가지고 미호를 다시 찾아가 집지례(執贄禮)를 행하고 정식으로 입문하였다. 이후 이재는 서울에 올라갈 때마다 빠지지 않고 양주의 석실서원을 방문해 미호를 뵙고 가르침을 받았다. 석실서원에 유숙하면서 『대학』과 『중용』을 배웠고, 『주역』은 독습하면서 질의를 하였다. 경우에 따라서는 1개월 이상 석실서원에서 체류한 적도 있었다. 이후에도 평생 동안 자주 서신을 교환하였다. 그의 미호 문하로의 입문은 학문 성숙에 큰 전환점이 되었다. 미호는 이재의 자질과 성실성에 큰 기대를 하면서 과거를 준비하는 것은 형편상 어쩔 수 없다 하더라도 올바른 학문에 힘써야 한다는 권고를 끊임없이 해주었다. 미호 문하로의 입문과 석실서원 강회 참석을 계기로 이재는 서울, 경기지역의 학자들과 폭넓은 학문적 교류를 가질 수 있었다. 이후 이재는 미호의 학문을 수용하였으며 그의 자연과학에 관한 연구가 꽃피는 계기가 되었다.[22] 그러는 한편으로 이 시기에 이재는 고향의 선운사와 백양산 등에서 『주역』을 비롯한 경서를 읽으며 성리학의 연구에 정진하였다. 36세 때에는 전주로 나가 당시 호남의 대표적 성리학자로 이름 높았던 이기경(李基慶, 1713~1787)과 호락심성이기설(湖洛心性理氣說)에 대해 토론을 벌이기도 하였다.[23] 이재의 학문이 본격적으로 무르익는 것은 40세 이후부터라고 할 수 있지만 이 시기까지 기초가 형성되었고 이수학과 성리학에 관해 6,7권의 저술을 남기는 등 상당한 경지에 이르렀던 것으로 보인다.

---

22 미호와의 만남과 석실서원에서의 교류에 대해서는 『이재속고』 권6, 「渼上錄」에 상세하게 기술되어 있다.

23 『이재속고』 권13, 「行狀」. 李基慶의 성리철학과 정치사상에 대해서는 『木山 李基慶 硏究』(1991, 전북대 전라문화연구소) 참조.

제2기는 38세에 관계로 진출한 이후 58세까지 20여 년간 관직생활을 한 시기로서 사환기(仕宦期)이기도 하지만 동시에 학문적 난숙기라고 할 수 있다. 그의 관력을 보면 29세에 진사시에 합격한 뒤, 38세에 은일(隱逸)로 추천을 받아 장릉참봉(莊陵參奉)이 된 것이 시작이다. 그가 역임한 관직을 순서별로 정리해 보면 다음과 같다.

> 장릉 참봉(莊陵參奉) - 의영고 봉사(義盈庫奉事) - 사포서 직장(司圃署直長) - 종부시 직장(宗簿寺直長) - 사포서 별제(司圃署別提) - 세자익위사 익찬(世子翊衛司翊贊) - 사복시 주부(司僕寺主簿) - 동부도사(東部都事) - 장릉령(長陵令) - 목천현감(木川縣監) - 장악원 주부(掌樂院主簿) - 창릉령(昌陵令) - 전생서 주부(典牲署主簿) - 전의현감(全義縣監)

21년 동안 총 14개의 관직을 역임하였다. 중앙과 지방관을 골고루 역임하였으나 대체로 6품에 해당하는 낮은 직책에 머물렀음을 알 수 있다. 이는 그가 문과급제를 하지 못해 음관(蔭官)으로 진출했다는 점과 또 가정적 배경이 권문세가와는 거리가 있는 만큼 불가피하게 주어진 제약이기도 하였다.

한편 그는 이 기간 중 홍계희 · 김용겸 · 신경준 · 서명응 · 조정 · 정경순 · 김이안 · 홍대용 · 이가환 등 당대 일류의 관료학자 내지 실학자들과 교류하게 되었다. 그가 서양서적을 본격적으로 연구한 것도 이 시기였고, 저술이 집중적으로 나온 것도 40대 전반기였다. 특히 40대는 그의 인생에 있어서의 전성기라고 할 수 있을 것이다.

말년의 이재는 교육과 저술에 몰두하며 여생을 정리하였다. 즉 59세 되던 해인 1787년(정조 11) 벼슬길을 그만두고 향리에 돌아온 이후부터 그는 고향에서 후학들을 가르치며 저술을 정리하다가 1791년 4월

63세를 일기로 생을 마쳤다.

이재는 학자로서는 성취한 바가 크고도 많았지만 관료로서는 성공하지 못한 편이었다. 천성적으로 학문을 좋아한 그는 평생 관직에 별 뜻이 없었다. 38세 이후 관계에 나갔지만 부친의 명에 순종하고 경제생활을 부양하기 위한 수단이었을 뿐이었다. 그는 관직 생활 중에도 언제나 책을 가까이하고 학자들과 교류하는 것을 더 즐겨하였다. 평생 많은 벗을 사귀었으나 모두 학문적으로 맺어진 인물들이었고, 그것도 대부분 실학자들이었다. 이재는 관계에 들어서던 해인 1766년에 스승 미호로부터 호남의 호걸선비로서 '사장유'가 되지 말고 '군자유'가 되라는 권고를 받았다. 여기서 말한 군자유는 과거나 벼슬길에 연연하지 않고 도학의 본원을 탐구하는 학자를 뜻한다고 볼 수 있을 것인데, 이재는 이것을 평생의 좌우명으로 삼았던 것 같다.

이재는 당색으로 보면 노론에 속한다고 할 수 있다. 당시 호남지역은 독자적인 당파를 형성해 중앙정계에서 권력투쟁을 할 만큼 세력이 크지 못했으며, 대개 서울의 어느 권문(權門)과 친분이나 학맥이 연결되느냐에 따라 당색이 정해지곤 했다.[24] 그런데 이재의 집안은 선대부터 당시 노론의 핵심인물이었던 농암 김창협의 문하로서 수학하였고, 이재는 농암의 손자인 미호 김원행의 제자로서 입문한 이후 평생을 스승으로 모시고 학문적 영향을 받았다. 보다 더 정확하게 말한다면 노론 기호학파 안에서도 낙론계라고 할 수 있다. 그래서 이재는 우암 송시열을 존숭하여 그의 예설(禮說)을 따랐고, 호락논쟁에서는 미호를 계승하여 인물성동론(人物性同論)의 입장을 확고히 견지하였

---

24 송준호(1971) 참조.

다. 그러나 이재의 교우관계를 보면 그가 당색에 얽매인 것 같지는 않다. 그의 남인계 실학자와 소론계 학자들과도 친밀하게 교류하였다. 그가 평생을 두고 가장 가깝게 지냈던 정경순은 소론이었으며, 서명응도 소론이고 이가환은 남인이었다.

3) 학문의 형성과정

이재의 학문이 형성된 과정을 보면 크게 세 단계로 나눌 수 있을 것이다. 첫째는 가학의 전수이고, 둘째는 미호 문하로의 입문이며, 셋째로는 38세 이후, 즉 중앙정계에 진출한 이후 실학자들과의 교류이다. 각 단계에 있어서 이재의 학문은 내용적으로도 일정한 변화를 겪으며 발전되어 갔다.

이재의 가계는 대대로 학행(學行)으로 유명했으며 수천 권의 장서를 소장하고 있었던 학자집안이었다. 특히 숙조부인 재중은 기호노론계의 대학자인 김창협의 제자로서 학문적 분위기가 좋았다. 이재가 성리학의 연구와 이수학에 대한 관심이 있었던 것은 가학의 영향이 크다고 여겨진다.

이재는 18세 때 박필주에게 편지를 보내 성리학을 공부하고자 하였으며, 21세에는 정후(丁垕)와 호락학심성설에 관해 토론하고 그 후 「호락학심성설」을 쓸 정도로 성리학에 조예를 보였다. 36세 때는 당시 호남의 대표적인 성리학자로서 이름 높았던 이기경을 찾아가 호락심성이기설에 대해 토론하였다고 한다.[25] 이로 보아 성리학에 대해

25 『이재속고』 권14, 「年譜」

서는 미호를 만나기 이전에 가학의 영향과 본인의 독자적 연구로 상당한 수준에 달하였음을 알 수 있다. 한편 이수학에 대해서도 일찍부터 관심을 가졌다. 이재는 14세 때 임영의 『창계집』을 보고 자극을 받은 이후 처음으로 이수학에 뜻을 두었다고 하였다. 그리하여 16세 때부터 『이수신편』을 집필하기 시작하였다. 18세에는 자명종을 구해 분해해 보기도 하면서 「관자명종(觀自鳴鐘)」이란 기록을 남기기도 하였다.[26]

이재에게 학문적으로 큰 전기가 된 것은 미호 문하로의 입문이었다. 미호 김원행은 농암 김창협의 양손자로서 농암의 제자인 이재(李縡, 1680~1746)의 제자였다. 그는 이이－송시열－김창협－김창흡－이재로 이어지는 기호노론계의 정통을 이은 학자로서 호락논쟁에서는 인물성동론을 주장하였던 낙론의 대가였다. 그는 특히 호론과의 논쟁을 하면서 이수에 약하다는 것을 느끼고 역학과 율려, 상수학에 대해 관심을 가졌고, 제자들에게도 연구의 필요성을 강조하면서 장려하였다. 미호는 평생 관직에 나아가지 않고 경기도 양주군에 있는 석실서원에서 학문연구에만 전념하였는데, 이 서원은 고문(古文)운동을 중심으로 한 새로운 학풍과 함께 상수학에 대한 깊은 연구로 후대에 크게 영향을 끼쳤다.[27] 당시 이 서원에는 김이안(金履安)·홍대용(洪大容)·박윤원(朴胤源) 등이 모여 성리학 및 자연과학 연구에 독보적

26 『이재속고』 권14, 「年譜」

27 석실서원은 1654년(효종 5) 경기도 양주군 석실리에 세워졌고, 賜額을 받은 서원으로서 병자호란 때의 斥和臣 三學士를 봉안한 곳이다. 이 서원은 노론 기호계의 핵심적인 서원 가운데 하나이면서도 정계와 일정하게 거리를 두면서 古文運動과 상수학을 깊이 연구하는 등 독특한 성격을 지니고 있었다.

인 경지를 보이며 하나의 학파를 이루고 있었다. 그 점에서 이 석실서원학파는 조선 후기 남인계의 성호학파, 소론계의 강화학파와 더불어 대표적인 학파로 평가할 만하다. 이재는 미호 문하에 입문한 이래 석실서원파의 일원으로 큰 영향을 받았고, 미호의 학문적 지향과 학설을 이어받았다. 또 이미 성리학과 상수학에 상당한 경지를 이룩하고 있던 이재로서는 석실서원 안에서도 선두권을 유지하면서 이 학파의 학풍 형성에 중요한 역할을 담당하였다.

이재는 부친의 박학을 중시하는 개방적인 학문관과 스승 미호의 무실(務實)적 학풍의 영향을 받았다. 38세 이후 중앙에 진출하면서 실학자들과의 교류를 통해 경세적 실용학의 중요성을 인식하고 다양한 학문을 수용하면서 경세치용을 지향하는 백과전서파적 박학자로 대성하였다.

4) 실학자들과의 교류

이재의 학문형성에 있어 보다 중요한 요소는 관계에 진출한 이래 내직에 있으면서 홍계희, 서명응 등 중앙정계의 유명학자를 비롯해 새로운 학문경향을 대표하는 지식인들, 특히 실학자들과 교류한 것이다. 이 점은 그의 학문과 사상의 형성에 중요한 의미를 지니고 있으므로 그가 교류한 학자들과의 관계에 대해 살펴볼 필요가 있다.

(1) 이익(李瀷, 1681~1763)

성호 이익은 이재와 직접 만난 바는 없지만 양주군의 석실서원과 멀지 않은 광주군 첨성리에서 1763년까지 학문을 연구하고 있었다.

이익의 학문에 대한 당시 신진기예들의 존숭감은 대단하여 북학파 실학자들도 대부분 『성호사설(星湖僿說)』을 읽었다고 한다. 이재는 1786년 전의현감 재직 시에 이익의 『성호사설』을 초록하면서 자신의 견해를 주석으로 붙였다. 정인보의 「담헌서 서문[湛軒書序]」에 의하면 이재도 홍대용과 함께 성호의 학문에 큰 영향을 받았다고 한다. 이재가 서학에 관심을 가지고 깊이 연구한 이유의 하나도 성호와 그 학파의 서학 연구에 일정한 영향을 받았을 것으로 추정된다. 이재는 지원설(地圓說)을 독신했으며, 한역서학서인 『천주실의(天主實義)』와 『직방외기(職方外記)』를 읽고 그에 대한 논평을 남겼다. 그의 입장은 서양과학은 수용하되 천주교는 부정하는 이원적 태도를 취하였는데, 이 점도 이익과 비슷하다고 할 수 있다.

(2) 김용겸(金用謙, 1702~1789)

교교재 김용겸은 안동 김씨 출신으로 김수항(金壽恒, 1629~1689)의 손자이자 김창집(金昌緝, 1662~1713)의 아들이다. 그는 이재의 부친인 황전 때부터 친분이 있었던 사람으로 이재의 학문적 성장과정에서 큰 도움을 주었다. 김원행의 당숙이지만 나이는 동갑으로 박학을 지향했으며 북학에도 앞장서 당시 박학계의 최고거물로 평가받았다. 이재의 「연보」에는 김용겸과의 교류 기사가 많이 나온다. 이재를 만나 대화한 김용겸은 27세의 나이 차이에도 불구하고 박학이라는 공통적 지향에 의기투합하였고, 이재를 높이 평가하며 평생 교류하면서 많은 도움을 주었다. 1769년(영조 45, 41세) 5월 이재는 김용겸을 처음 만나 『중용』의 비은(費隱)과 역범 · 율력 · 전병 · 관직 · 산수 · 음악의 설에 관해 토론하였다. 김용겸이 “그대는 먼 지방고을 사람인데 어찌 이처럼 박식하고 정밀한가"라고 칭찬하고, 한 자리에서 토론하니 속이 시원하다고 감탄하였다. 이후 김용겸은 이재의 학문을 인정하면서 많은 도움을 주었다. 이재 또한 박학다식하며 진지한 김용겸을 존경하였고 그와 가진 학술토론에 대해 감격하였다.[28] 이 무렵 이재는 김용겸을 통해 많은 책을 구해보았다.[29] 『용비어천가』 주석본·『대명일통지』·『삼연집(三淵集)』도 빌려 초록하였다. 1771년에 김용겸과 사서(四書)에 대한 다양한 학설, 전병(田兵), 관직에 대한 의견, 해방론(海防論), 역범(易範)과 음악에 이르기까지 다방면에 걸친 주제를 놓고 토론을 벌이며 교류하였다. 1779년(정조 3) 장악원 제조였던 김용겸이 정조에게 율려에 밝은 이재를 천거해 주부를 겸하게 하려 했다. 이에 이재가 외직에 있다고 사양했으며, 이해 4월에는 김용겸과 『주자대전』의 유집을 교정하였다. 이재는 그의 아들인 김시간(金時侃)·김시찬(金時粲) 형제와도 천문역상학에 관해 토론하고 서신을 교환하면서 교류하였다. 김용겸은 이재와 동년배인 원중거(元重擧, 1719~1790), 심유신(沈有鎭, 1723~?)과 같은 박학자, 또 홍계희와 서명응 부자를 소개하였다.

(3) 홍계희(洪啓禧, 1703~1771)

담와 홍계희는 영조 대에 병조판서와 이조판서를 역임하면서 균역법 제정과 청계천 준설 등 경세정책을 주도한 개혁지향적 관료였다.

---

28 『이재유고』 권8, 「與金士謙益休書」에서 이 만남과 토론에 대해 이재는 '千古의 一大快事'라고 하였다.

29 이재가 김용겸에게 빌려보거나 함께 검토한 책의 서명에 대해서는 박현순(2013), 326쪽 각주 72번 참조.

그는 또 1748년(영조 24) 무진통신사행(戊辰通信使行)의 정사로서 일본에 다녀왔고, 1760년(영조 36)에는 경진동지연행(庚辰冬至燕行)의 정사로서 중국사행을 한 인물로서 당시 대외관계에 정통한 인물이었다. 이재는 김용겸의 주선으로 1770년 2월 홍계희를 방문하였으며 이후에도 수차례 방문해 교류하였다. 두 사람은 모두 전라도 출신이었고, 노론 낙론계의 학문적 기반 위에 상수학을 비롯해 박학을 추구했다는 점에서 공통적이다.[30] 홍계희의 상수학에 대한 깊은 관심과 조예가 균역법과 같은 경세론으로 연결되었다고 볼 수 있다. 또 그는 『삼운성휘(三韻聲彙)』를 저술한 음운학자로서 이재의 재주를 아꼈으며 학문적 교류를 하였다.[31] 『이수신편』에서도 이재는 홍계희가 지은 『삼운성휘』를 가끔 인용하고 있으며, 1770년(영조 46, 42세)에는 홍계희, 김용겸과 『주자대전』을 함께 교정하기도 하였다.[32] 이재는 홍계희의 장서에 깊은 관심을 가졌고 다양한 정보를 얻고자 하였다. 홍계희는 1748년 무진통신사행 때 일본에서 가져온 『이등인재문집(伊藤仁齋文集)』을 이재에게 빌려주었다. 이는 이재가 일본에 관해 관심을 가지고 일본인식을 형성하는 데 도움을 주었다. 또 1760년 연행 때 홍계희 일행은 북경에서 서천주당을 방문해 독일인 선교사 유송령(劉松齡, 1703~1774, Augustinus von Halberstein)과 만나 필담으로 교류했으며, 천상도(天象圖)와 곤여도(坤輿圖) 등 서양지도와 악기, 망원경 등을 구경하였다. 이 교류는 후일 홍대용 · 박지원 · 이덕무 · 박제가 등에게

30 홍계희는 노론계에서 당대 최고의 박학자로 김용겸과 쌍벽을 이루며 교류하였다. (박현순(2013), 327쪽)

31 두 사람의 교류에 관해서는 김승대(2013) 참조.

32 『이재속고』 권14, 「年譜」

모델이 되었으며, 이들의 연행과 북학론 형성에 큰 영향을 주었다. 홍계희는 서양과학에 관심이 많았고, 귀국할 때 다량의 서학서를 구입해 돌아왔는데, 이들 서적을 이재에게 구경시켜주었다. 또 서양인과의 교류내용에 대해서도 상세하게 이야기해주었음을 『이재난고』를 통해 확인할 수 있다.[33]

(4) 안정복(安鼎福, 1712~1791)

순암 안정복은 남인계 실학자로서 이재가 직접 대면하지는 못했지만 존경하였으며, 『이재난고』의 여러 곳에서 논평을 남기고 있다. 이재는 안정복에 대해 많은 저술을 남긴 대학자로 유명하다고 하며, 그가 쓴 『대록지(大麓誌)』에 대해 긍정적인 논평을 하였다.[34] 또 그가 자신이 처음 지방관으로 부임했던 목천현감의 전임지로서 훌륭한 치적을 남겼다고 높이 평가하였다.[35] 특히 순암의 역사지리연구에 대해 "일찍이 우리나라의 고금사실을 살피고 여지(輿地)와 관제에 이르기까지 사학으로 일가를 이루었다."라고 평하면서 특히 패수(浿水)의 위치를 순암이 요동지역의 니하(泥河)로 비정한 것에 대해 찬의를 표시하였다.[36]

---

33 『이재난고』 1768년(무자) 8월 17일; 1769년(기축) 4월 3일; 1770년(경인) 3월 13일, 4월 2일 등의 기사 참조.

34 『이재속고 권6, 「跋安侯鼎福大麓誌」

35 『이재속고』 권14, 「年譜」

36 『이재속고』 권11, 『漫錄』 中. 이재가 남인 안에서도 순암을 존경한 이유는 자신보다 앞서 목천 현감을 지낸 인연도 있었겠지만 순암의 명분중시적 · 보수적 사회사상에 공감하는 바 많았기 때문이라고 여겨진다. 경학사상에서도 두 사람 모두 주자학에 충실했으며 海防論을 강조한 점도 유사하다.

(5) 서명응(徐命膺, 1716~1787)[37]

보만재 서명응은 예조참판 · 규장각 제학 · 홍문관 대제학을 역임한 정치가로 당색은 소론이다. 그는 역상학과 수리에 정통했으며 『고사신서(攷事新書)』 · 『보만재집(保晩齋集)』과 같은 백과전서적인 유서(類書)를 저술한 고증학자로 북학의 비조로 평가받기도 한다. 당대의 박물학자로 이름이 높았으며, 아들인 서호수 · 조카 서형수 · 손자 서유구도 모두 박학을 지향했으며 많은 업적을 남긴 실학자들이다. 그는 1754년 연행을 다녀오면서 대량의 서적을 구입해 왔으며 수천 권의 도서를 소장하였다. 『수리정온(數理精蘊)』과 『기하원본(幾何原本)』 등 서명응이 소장한 서양과학서적은 이재에게는 큰 관심을 끌었다. 이재와의 교류를 보면 이재가 38세 때 조정에 처음 나아간 첫해인 1766년 4월 당시 참판이던 서명응 댁을 방문해 역상학에 대해 토론하였다. 어떤 경전을 좋아하느냐는 서명응의 질문에 이재는 "주역을 어려서부터 좋아했으며 상수와 도서에 대해서도 완벽하지는 않지만 이해하고 있으며 성리대전을 항상 숙독하고 있다"고 대답하였다.[38] 그는 이재를 높이 평가하며 상수학과 서양역법에 관해 다시 토론하자고 제안하였다. 이재는 그의 아들 서호수(徐浩修, 1736~1799)와도 몇 차례 만나 서양역법과 역상학에 대해 토론했으며, 그의 소개로 관상감 주부인 문광도를 만나 대화를 나누었다. 이재가 43세(1771, 영조 47) 4월 종묘대제 예행연습 시에 봉조관으로 입시해 영조를 배알할 때 지경연(知

---

37 『攷事新書』는 15권 7책에 달하는 방대한 책으로 내용은 天地門 이하 醫藥門에 이르기까지 12門으로 분류되어 있으며, 백과사전적인 성격을 띠고 있는 類書이다.

38 『이재난고』 권6, 병술년(1766) 3월 25일.

經筵) 서명응이 '실로 박식한 선비'라고 소개하였다.[39] 역상과 수리학에 대한 공통된 관심과 조예를 지녔던 두 사람이었던 만큼 신분과 직책상의 간격을 두지 않고 밀접하게 교류하였던 것 같다.[40]

(6) 신경준(申景濬, 1712~1781)

여암 신경준은 전라북도 순창 출신으로 본관은 고령이고, 신말주(申末舟)의 10세손이며 당색은 소북계이다. 이재와 거의 동시대를 살았으며 이재와 함께 이른바 호남파 실학을 대표하는 인물이다. 이재와는 같은 시기에 조정에 있으면서, 같은 호남 학자로서 라이벌 의식도 있었다. 그는 1754년 증광시에 합격하면서 관계에 진출하여 25년간 중앙의 청요직을 두루 역임하였다. 특히 언어학과 지리학에 독보적 경지를 개척하여 많은 저술을 남겼다. 지리서로는 『강계지(疆界志)』·『산수고(山水考)』·『도로고(道路考)』, 언어학 관계로는 『훈민정음운해』·『오성운해』 등이 있고, 천문학서로도 『의표도(儀表圖)』·『부앙도(俯仰圖)』를 저술하였다. 이재는 22세 때인 1750년 10월 순창의 남산당에 있는 신경준 댁을 방문해 하룻밤 유숙하면서 토론하였다. 또 1759년 2월 과거응시차 상경했을 때 신경준의 댁을 방문하였다. 그 후에도 몇 차례 만나 언어학·천문학 등에 대해 토론하였다.[41]

---

39 『이재속고』 권13, 「行狀」

40 『이재속고』 권11, 『漫錄』 中에도 판서 서명응과의 象緯說에 대한 토론기사가 나온다. 또 『이재속고』 권2, '書'에 보면 서명응이 판서를 하고 있던 때인 1766년 이재가 서명응에게 보낸 2통의 서간문이 있다.

41 신경준과 교류를 한 사실과 토론내용은 『漫錄』과 「年譜」에 상당히 많이 기술되어 있다.

(7) 조엄(趙曮, 1719~1777)과 조정(趙瞰, 1719~1775)

이재는 조정과는 평생 밀접하게 교류하였다. 조정이 태인현감으로 있을 때 황전과 함께 고암서원 강회를 주도하면서 인연을 맺었고, 이를 계기로 세교를 맺은 황전은 이재의 한양생활을 조정에게 부탁하였다. 조정은 김원행과 함께 이재가 교류한 경화사족의 핵심으로 두 사람은 평생 후원자로 도와주었다. 조돈(趙暾, 1716~1790) · 조엄 · 조정 3형제는 당대의 명문으로 고위직을 다 지냈다. 조돈은 대사헌과 이조판서를 역임했고, 조엄은 조정의 쌍둥이 형으로 통신사 정사, 이조판서, 조정은 이조참의를 역임하였다. 이재는 조엄의 아들인 조진관(趙鎭寬, 1739~1808), 조정의 아들인 조진택(趙鎭宅)과 대를 이어가며 교류하였다. 이재는 상경할 때마다 두호에 있는 조정의 집에 들렀고, 조엄 또한 이재에게 우호적으로 대해주며 관직에도 신경써주면서 도움을 주었다. 덕분에 이재는 1765년 3월 통신사행원들이 저술한 일본사행록인 식파록(息波錄) 30권을 보기도 했다. 조진택은 이재의 요청에 따라 서양역법에 대한 책을 구해주었고 사후 만가(輓歌)를 지어주었다. 1829년에 조진관의 아들인 전라관찰사 조인영(趙寅永, 1782~1850)이 『이재유고』의 발간에 재정을 들어 경비를 도왔고, 서문을 써 주었다. 그는 1841년 영의정이 되어 풍양 조씨의 세도정치의 중심이 된 인물로서 저서로 『운석유고(雲石遺稿)』가 있고 시호는 문충(文忠)이다.

(8) 정경순(鄭景淳, 1721~1795)

소론 출신의 학자 겸 관리로서 문장과 덕망으로 이름이 높았던 인물이다. 영의정 태화(太和)의 현손이며 음관으로 관계에 진출한 이후 교하군수·장성부사·양주목사를 거쳐 형조판서를 역임하였다. 이재는 37세 때(1765년) 장성에 유배 중인 정경순을 방문해 경서와 문장에 관해 토론하였다. 이때부터 의기투합하여 이재와 정경순은 평생의 지우로서 사귀었다. 두 사람은 학문뿐만 아니라 사회현실에 대한 문제 등에 대해서 많은 의견을 교환하였다는 기록이 「연보」와 『만록(漫錄)』에 많이 나온다. 두 사람은 주역·오례·삼전을 비롯해 한당 이후의 문장과 시가, 율력과 경제 등 다양한 분야에 걸쳐 토론하고, 구시책(救時策) 등 사회개혁에 관해서도 긴밀하게 의견을 교환하였다. 이재의 최초 관직인 장릉 참봉도 정경순이 외숙부인 이조참판 서지수(徐志修)에게 추천해 이루어진 것이며 그 후에도 관료생활을 하는 동안 많은 도움을 주었다.[42] 이재는 1779년 정경순의 동생인 정지순(鄭持淳)과도 구시책을 비롯해 역사·경학·예학을 논하는 등 정경순 집안과 두루 교제하였다. 정경순의 아들인 정동기(鄭東驥, 1750~1787)와 조카 정동유(鄭東愈, 1744~1787, 『주영편(晝永編)』의 저자)와도 교류했으며 그들을 통해 『수리정온』 등 천문역산학 서적을 빌려보았다.[43]

(9) 김이안(金履安, 1722~1791)

김이안은 미호 김원행의 아들이자 석실서원의 핵심적인 학자이기도 하다. 김이안은 이재의 평생지우로서 석실서원학파의 학풍을 주도

---

42 유영옥(2007), 61~76쪽. 이재가 56세인 1784년 1월 장악원 주부를 제수받고, 얼마 지나지 않아 昌陵令으로 옮겼는데, 2월에 정경순이 桂坊에 천거하면서 '韓愈와 柳宗元의 문장, 寇準과 富弼의 경륜을 갖춘 인물'이라고 하였다.

43 구만옥(2010), 418~424쪽.

해 나갔다. 특히 김이안에 대해서는 이재의 「연보」나 「행장」에 기사가 많이 나와 있으며, 그의 4촌 동생인 태인현감 김이신(金履信)과도 밀접하게 교류하였다. 김이신은 황윤석 집안의 산송(山訟) 문제를 해결하는 데 도움을 주었고, 이 과정에서 그의 소개로 정경순을 만나게 되었다. 이재는 그 밖에 석실서원 동문인 정철조(鄭喆祚)·박윤원(朴胤源, 1734~1799)·이운영(李運永, 1722~1794)·심정진(沈定鎭, 1725~1786) 등과도 교유하였다.

(10) 이만운(李萬運, 1726~1797)

본관은 함평, 당색은 노론으로 김원행의 처남인 김이직의 처남이다. 전고(典故)에 밝은 박물학자로서 홍봉한(洪鳳漢)과 함께 1779년 『증보문헌비고』를 완성하였다. 이재는 1778년 5월 23일 이만운으로부터 『청일통지』를 빌려보고 필사하였다. 『동국문헌비고』 편찬을 주도하고 오류를 수정할 때 이재에게 수정작업에 참여해 달라는 부탁을 하였고, 서신을 통해 간접적으로나마 도움을 받았다.[44] 『기년아람(紀年兒覽)』·『장릉지(莊陵誌)』 등의 저술을 남겼으며 이덕무와도 막역하게 교류한 인물이다.

(11) 정철조(鄭喆祚, 1730~1782)

당색은 남인이고, 이가환의 처남이다. 박지원, 홍대용과도 교류하면서 서양에 대한 지식과 정보 면에서 당대 최고였다고 한다. 20여년간 마테오 리치의 저술에 몰두했으며, 방안에 서학서를 쌓아두고,

44 『이재난고』 권35, 계묘년(1783) 8월 24일.

해시계를 제작할 정도였다고 한다. 동생 정후조(鄭厚祚)와 함께 미호 문하에서 수학했는데 이재와 교류하였다. 1768년(영조 44) 정철조를 처음 만난 이재는 그를 통해 『수리정온』과 『역상고성(曆象考成)』을 빌려보았으며, 그가 평생 서양의 역상학에 전념한 인물이라고 평하였다.[45]

(12) 홍대용(洪大容, 1731~1783)

홍대용은 북학파 실학자 안에서 이용후생의 논리와 자연과학 연구에 대한 철학적 기반을 마련한 인물로 평가되고 있다. 이재와 홍대용은 김원행 문하의 동문이었다. 『이재난고』에 나오는바, 두 사람의 교류 사실은 1776년 기사에 나온다. 이때 이재는 영조의 장례에 참석하기 위해 상경했는데, 8월 5일 정동에 있는 사헌부 감찰이었던 홍대용의 집을 방문하였다. 홍대용은 이재를 보고 기뻐하며 반갑게 맞이하였다. 그는 이재에게 세자익위사 익찬에 임명되었다가 바로 체직된 사실에 대해 매우 안타까워했으며 이어 역학과 『율력연원』에 대해 자세히 대화를 나누었다. 7일에도 다시 만나 역범과 상수의 설에 관해 토론하였고, 다음 날에 다시 방문해 달라고 하였다. 이때 이재는 홍대용으로부터 『역상고성 후편』 7책을 빌리고, 『수리정온』·『팔선대수표』·『대수천미표』·『태서곤여전도』를 구경하였다.[46] 8일 이재가 다시 홍대용의 집을 방문했을 때는 이덕무·박지원·박제가를 같

45 『이재난고』 권11, 무자년(1768) 8월 23일.

46 『이재속고』 권3, 「答洪泰仁大容書」. 내용은 1777년(정조 1) 태인 현감으로 나가 있던 홍대용에게 이재가 『曆象後編』을 빌려준 데 대해 감사하고 『前編』을 다시 빌려주도록 청하는 것이다.

이 만났다. 이재는 이들에 대해 모두 '잠부(潛夫)'이면서 견문이 넓고 박식해 대화할 만하다고 하였다. 대표적인 북학파 실학자들인 이 세 사람과의 만남은 이재에게 새로운 학문세계를 열어주는 계기가 되었을 것이다.[47] 이후로 두 사람은 서신 왕래를 통해 교류를 이어갔으며, 1778년(정조 2) 2월에도 홍대용을 만나 대화를 나누었다. 이듬해인 1779년 이재가 목천현감으로 부임할 때 홍대용이 현감으로 있던 태인현을 지나게 되는데 이때 홍대용이 목천현의 사정과 목민관의 임무 등에 관해 많은 조언을 해주었다.[48]

두 사람은 석실서원의 동문으로서 자연과학을 중심으로 학술적 교류를 지속하였다. 이재는 홍대용을 통해 자명종과 세계지도, 서양과학서를 열람하고 빌려보았다. 특히 천문 역상과 수학에 관해 토론하였고, 자명종에 대해 홍미를 가져 각기 제작하기도 하였다. 이재의 「윤종기(輪鐘記)」를 보면 그가 시계에 대하여 고대로부터 당시 서양에서 나온 자명종에 이르기까지 체계적으로 연구하였음을 알 수 있는데, 이것은 홍대용의 자명종 연구와 깊은 관계가 있다. 또 이재의 『이수신편』의 「산학입문」·「산학본원」·「산학문답」 등 수학에 관한 저술에는 홍대용의 『주해수용(籌解需用)』과 비슷한 내용이 많이 있는 것으로 보아 서로 활발한 의견교환이 있었던 것으로 추측된다. 정인보는 「담헌서 서문」에서 홍대용과 황윤석을 김원행 문하에서 양대 고족(高足)이라고 평가하였다.

---

47 이재는 김이안에게 보낸 서신에서 이번 상경에는 홍대용을 만나 교류했으니 행차가 헛되지 않았다고 말했다.(『이재난고』 권22, 병신년(1776) 8월 10일, 「與金正郎正禮書」)

48 『이재난고』 권35, 계묘년(1783) 12월 22일.

(13) 이덕무(李德懋, 1741~1793)

이덕무는 이른바 사검서(四檢書)의 한 사람으로서 서얼 출신이며 이재와 마찬가지로 벼슬길에서 현달하지 못했다. 학문적 성향도 이재와 비슷한 백과전서파였으며 성리학과 사회개혁론에서는 보수적인 입장을 견지하였다. 이재가 이덕무를 직접 만난 것은 1776년 홍대용의 집에서였다. 그 후 1777년 7월부터 1779년 12월까지 홍대용이 태인 현감으로 재직할 때 이덕무를 태인으로 불러 같이 지냈다. 이 시기는 이재와 홍대용이 깊은 교류를 하고 있을 때이다. 이재와 이덕무는 서로 호감을 가지고 우의를 유지했던 것 같다. 즉 이재가 1780년(정조 4) 1월 목천 현감으로 있을 때 이덕무가 진사 이응정에게 보낸 서신에서 "목천 태수 황공은 도학과 문장이 우뚝한 대유(大儒)로서 참으로 지금 세상의 숙도(叔度, 후한대의 황헌(黃憲)으로 학생으로 이름이 높았던 인물)입니다. 그의 성대한 치적이 후일 꼭 이루어질 것입니다. 이 사람은 저에게 평생 추대하여 표준으로 삼으려는 사람입니다"라고 하면서 충청관찰사에게 소개하도록 하였다.[49] 한편 이재도 서얼 문제에 대해 강경한 입장의 개혁론을 주장했는데, 여기에는 이덕무에 대한 배려도 작용한 것으로 보인다.

(14) 이가환(李家煥, 1742~1801)

성호의 종손자로서 남인계 실학파의 중심인물 중의 한 사람이었으며, 정조의 신임을 받아 대사성·형조판서 등의 요직을 역임하였다.

---

49 『이재속고』 권14, 「年譜」, "李檢書德懋與李進士應鼎書曰: 木川太守黃公, 道學文章磊落大儒, 眞今世之叔度也."

문장에도 능했고 조선천주교회 초창기의 핵심적인 인물로서 천주교와 서양과학에 대한 조예가 깊었다. 이재의 「연보」에 의하면 이재가 49세 되던 해인 1778년 8월 동부도사로서 예조정랑 이가환을 만나 문장·전고·글자·그림·성률·역법·산수 등에 관해 종일 토론하였다.[50] 당시 이가환은 명나라의 화약제조법과 『왜한삼재도회(倭漢三才圖會)』에 수록되어 있는 망원경[窺遠鏡] 제작법을 소개하였고, 서호수집에 소장된 지도에 대해 알려주었다. 양자의 공동관심사가 서양과학이었고 모두 학문적 정열이 컸던 인물들이었던 만큼 보다 깊은 교류가 있었을 것으로 여겨진다.

5) 인간적 면모와 세평(世評)

이재를 이해하기 위해서는 그의 인간적인 측면과 당시 혹은 후대인들의 평가를 살펴볼 필요가 있다.

그의 인간적인 면모로서는 학문과 일상태도에 있어서 엄격함과 성실성, 학문적 호기심과 정열, 깐깐한 선비기질, 효자로서의 면모 등을 들 수 있으리라 여겨진다.

송헌진(宋獻鎭)이 쓴 「행장」에 의하면 그는 남달리 학문에 취미와 정력을 쏟아 5살 때 학문을 배운 이래 평생 동안 책을 손에서 놓아본 적이 없었으며, 학문과 일상태도에서도 엄격하고 성실했다고 한다. 10세부터 일기를 쓰기 시작해 운명하기 이틀 전까지 빠지지 않고 기록한 점으로 보아 아주 꼼꼼하고 성실했음을 알 수 있다. 게다가 암

50 『이재난고』 권26, 무술년(1778) 8월 3일.

기력이 뛰어나 한번 보면 바로 외어 쓰는 놀라운 재주가 있었다고 한다.

8세 때 지은 「술지부(述志賦)」에서 이재는 자신의 학문적 목표와 인생 진로에 대해 밝혔다. 즉 세상 사람들이 명예와 이익을 추구하는 모습을 불쌍히 여기면서 자신은 성인의 도를 목표로 삼아 경계하고 스스로 반성하겠다고 다짐하였다. 또 이익을 보면 옳음을 생각하는 것이 군자의 태도이고 명예를 위해 힘쓰지 않는 것이 철인(喆人)이 생각해야 할 바라고 하였다.[51] 요컨대 학문의 목표를 도의 실현에 두고 이를 통해 성인의 길을 가고자 하였다.

19세에 『성리대전』을 읽고 난 후 성현의 학이 과거학 밖에 있음을 알았다고 하며 이후 주역 · 홍범 · 율력 · 성운의 설에 침잠했으며, 박학을 지향했다고 하였다. 그는 항상 말하기를 "하늘이 남자를 만든 것이 어찌 우연이겠느냐. 그러므로 옛날의 군자는 한 가지 사물이라도 알지 못하는 것을 부끄러워하였다"라고 하였다 한다. "또한 한유(韓愈)와 같이 예악 · 음양의 말을 애송하면서 이와 같이 하지 않으면 대유(大儒)가 될 수 없다"고 여겼다. 그리하여 예악 · 형정 · 홍범 · 음악 · 태현경 · 성력 · 병진 · 삼식(三式) · 서화 · 의약 · 풍수 · 농사 · 법률 · 도교 · 불교의 책으로부터 우리나라의 도량형 · 방언 · 보계(譜系) · 전고(典故) 및 천하의 군국(郡國) · 산천 · 인물 · 가요 · 풍속의 류에 이르기까지 모두 꿰뚫었으며 한번 눈으로 보면 곧바로 이해하고 회통하여 평생토록 잊지 않을 수 있었다."[52]

51 『이재유고』 권1, 「述志賦 幷序」

52 『이재속고』 권13, 「行狀」, "常曰: 天生男子, 豈偶然哉? 故古之君子, 恥一物不知. 又愛韓子禮樂陰陽之語, 以爲不如是不能爲大儒, 自禮樂 · 刑政 · 範疇 · 律呂 · 太玄 ·

그는 또한 학문적 호기심과 열정이 대단하였다. 어려서부터 일정한 사문을 정하지 못했을 때 박필주에게 직접 편지하기도 하고, 김원행과 이기경을 찾아갔으며, 가까운 곳에 귀양 온 유명한 학자가 있으면 반드시 찾아가 질의하고 토론하였다. 관직생활 중에도 자명종이나 농수각을 보기 위해 먼 길을 여행하면서도 결코 싫증내지 않았다. 자신의 학문이 어느 정도 이루어진 후에는 다른 사람이 학술적인 문제를 질문해 오면 적극적으로 대답해 주며 토론하기를 즐겨하였다. "음성과 낯빛은 매우 온화하고 소탈하여 만난 사람들이 모두 감복하였고, 담론은 지극히 정치하고 해박하여 듣는 사람들이 만족하지 않는 자가 없었다"고 한다.[53]

"차라리 진실로 사대부가 될지언정 가짜 도학자가 되기를 바라지 않는다"를 좌우에 써서 제자(諸子)들을 격려하였다. 관리가 된 후에는 관청 벽에 "진실한 마음 바탕 위에서 각고의 공부를 해야 하며 이치를 자세히 살펴야 한다"는 장횡거의 명(銘)을 써 붙여두기도 하고, 자경문(自警文)을 지어 붙여 스스로 경계하였다. 「숙흥야매잠(夙興夜寐箴)」도 항상 암송하며 경(敬)의 정신에 따른 실천을 평생 일관하였다.

이재는 말수가 적었고 다른 사람과 장난치는 일도 드물었다고 한다. 술을 즐기거나 기생을 가까이하지 않았으며 세간의 음악을 즐기지 않고 화려한 완물(玩物)은 더러운 것을 보듯이 하였다. 30세 이후에는 조금씩 노숙해지려고 노력하였고, 재능을 감추고 실력을 기르며

聖曆 · 兵陣 · 三式 · 筆畵 · 醫藥 · 風水 · 農形 · 仙佛之書, 以至我國衡尺 · 方言 · 系譜 · 典故, 及天下郡國 · 山川 · 人物 · 謠俗之類, 亦皆泛濫貫穿, 而一過目輒能領略會通, 終身不忘."

53 『이재속고』 권13, 「行狀」, "聲色極其和易, 而見者無不深服, 談論極其精博, 而聽者無不充然."

모난 성격을 버리고 평범해지려고 노력하였다.[54]

이재의 인물에 대해서는 영조가 "목소리가 홍대(洪大)하고 그 사람됨도 풍석(豊碩)하다"고 평하였다. 또 얼굴에는 천연두를 앓아 얽은 흔적이 있고 콧대도 컸던 것으로 묘사되어 있다.[55] "자질이 크고 두터우며 지기(志氣)가 고매하며 체구가 크고 눈동자는 빛나며 풍채가 뛰어났다."[56]고도 한다.

문장은 굉박(宏博)하면서 심원하였고, 시 또한 웅건하고 원만하며 통창(通暢)하고 격식이 뛰어났으며, 중년에 지은 시는 당(唐)의 시풍(詩風)에 가까웠는데 가행(歌行)에 더욱 뛰어났다고 한다.[57]

그가 59세인 1787년에 지은 「자서설(自敍說)」에서는 자신의 학문적 노력과 지향을 토로했는데, 관직생활을 하면서 기록해 놓은 것을 정리하고, 체계화하는 작업을 하지 못했음을 한탄하였다.[58] 삼라만상에 대한 지적 호기심과 학구욕이 뛰어났고, 박학자로 대성하였으나 독서에 몰두하느라 두통과 안질로 평생 고생하며 노년에는 결국 실명할 지경에 이르렀다.

61세인 1789년에 지은 「자경잠(自警箴)」에서는 자신의 학문 공부를 회고하면서 "천지간 삼재의 하나로서 우주 삼라만상의 상세한 이치에

---

54 『이재속고』 권11, 「漫錄」 中

55 『이재속고』 권14, 「年譜」

56 『이재속고』 권13, 「行狀」. 1766년 장릉참봉을 제수받고 사은숙배하기 위해 상경했을 때 조정의 댁을 방문했다. 이때 이재의 머리가 커서 별도의 사모를 만들어야 했는데, 조정의 사모는 작고, 조돈의 큰 사모를 얻어 썼다는 기사가 『이재난고』에 나온다.(『이재난고』 권7, 병술년(1766) 7월 14일)

57 『이재속고』 권13, 「行狀」, "文章宏博奫深, 詩又雄健圓暢, 調格超詣, 中年製作駸駸逼唐, 尤長於歌行."

58 『이재유고』 권23, 「自敍說」

대한 탐구를 평생의 본분으로 삼았다"고 고백하였다. 이해 11월에 지은 「자만시(自挽詩)」에서 "현인이 되길 바란 것이 평소의 힘쓴 일이요, 나라를 걱정하는 것이 만년의 마음이라(希賢平日事 憂國晩年心)"고 했는데, 그의 충심이 느껴지는 고백이다.

이재는 성품이 겸손하면서도 실질을 중시하였다. 그는 해박한 지식을 가지고 있으면서도 아는 체를 하지 않고 겸손하였으므로 영조가 '참으로 지식이 있고 실질이 있는 사람', '사람됨이 두텁고 큰 인물'이라고 칭찬하였다. 정조도 이재를 아껴 춘계방의 익찬으로 염두에 두었는데 동궁이 갑자기 운명하자 전의현감을 제수하였다.

한편 42세 때인 1770년(영조 46) 9월 임금 앞에서 친시(親試)를 볼 때 친책십조(親策十條)를 써냈는데, 과거 남설의 폐해를 비판하고 왕실비용의 절감을 주장하는 책문을 올려 시관이 이를 급히 감추었다고 한다. 그의 깐깐한 선비기질을 엿볼 수 있는 일화이다. 물질이나 공명심도 그의 안중에는 없었다. 20여 년의 관직생활을 했어도 청렴하여 54세 때에는 부인의 병을 치료하는 비용을 제대로 부담하지 못할 정도였으며, 자식들에게 『삼국사』라는 책을 사주기 위해 돈을 빌려야만 했다.[59]

지극한 효자로서의 면모도 빠트릴 수 없다. 그는 일찍부터 과거학에 뜻이 없었으면서도 부친의 명에 따라 계속 과거를 보았으며, 부친이 돌아가신 이후에 바로 과거 응시를 그만두었다. "과거시험은 부친의 명으로 열심히 보기는 했지만 즐기는 바는 아니었다."라고 고백하였고,[60] 41세인 1769년 정월 김익휴에게 "내가 비록 부모 봉양을 위해

---

59 『이재속고』 권14, 「年譜」 및 권13 「行狀」

벼슬하려고 뛰어다니며 보잘것없는 봉록에 얽매어 있지만 결코 좋아서 하는 것은 아니라네"라고 심경을 토로하기도 하였다.[61] 부친의 소원이었던 과거학과 성현의 학[大儒之學]의 사이에 고민하는 이재의 내면이 『이재난고』의 곳곳에 서술되어 있다.

그의 인생에 하나의 주요 계기일 수도 있는 사건을 살펴보자. 43세 때인 1771년 6월 이재는 청의 수도 연경(燕京)에 사행원으로 갈 수 있는 기회가 있었다. 즉 우의정 김상철이 변무사(辨誣使)로 북경에 갈 때 판서 조엄에게 문학인재를 구해달라고 요청하였다. 이에 조엄은 이재를 추천하였는데 이재가 70세 된 양친이 있다는 이유로 사양하였다. 뒤에 영의정 김치인이 그 이야기를 듣고 이재야말로 최적임자였다며 안타까워했다고 한다.[62] 이재가 당시 천문 역상과 서양과학에 관한 학문적 호기심이 얼마나 컸었던가를 상상한다면, 또 당시 새로운 학문을 선호하던 학자들에게 북경사행이 얼마나 선망의 대상이었던가를 생각한다면, 그의 효심을 짐작해 볼 수 있다. 이 사건 다음 달인 7월 부친의 질환 소식을 듣고 고향에 다녀오게 되는데 기일을 넘겨 해직을 당하기도 하였다.[63]

---

60 『이재속고』 권13, 「行狀」

61 『이재속고』 권14, 「年譜」

62 『이재속고』 권14, 「年譜」

63 『이재속고』 권14, 「年譜」. 이재는 관리나 학자로서 현달할 수 있는 기회를 몇 번이나 놓치고 있는데, 이 사건도 그 가운데 하나이다. 만일 그가 북경사행을 갔다 왔다면 그의 안목을 넓히고 학문에 큰 발전을 보았을 것이다. 또 해직당한 후 鄭景淳 등이 복직운동을 벌였으나 이재가 극구 사양했는데, 만일 이때 정경순의 권유대로 春桂坊으로 들어갔었다면 동궁이었던 정조를 만나게 되었을 것이다. 그래서 후일 호학군주가 된 정조와 인연을 맺을 수 있었다면 그의 인생이 전혀 달라졌을지 모를 일이다.

당대 및 후세인들의 이재에 대한 평가를 살펴보면 다음과 같다. 그의 스승인 김원행은 이재에 대해 "황군의 학문은 언행이 반드시 미덥고 문과 질이 서로 조화를 이루니 참으로 호남의 호걸선비이다."[64] 라고 평하였다. 또 이재가 장릉참봉으로 부임할 때 막냇동생인 원주판관 김탄행(金坦行)에게 써준 서신에서 "황윤석은 박학하고 문장에 능하며 언행이 충실하여 김이신이 걸핏하면 남쪽에서 제일이라고 일컫는 사람이다"라고 평하였다.[65] 당시의 박물학자인 서명응은 '박학한 선비(博學之士)'라고 영조에게 소개하였고, 영조도 이재를 보고 '박식자(博識者)'라고 평하였다. 정조는 '문장의 선비로서 순실한 사람(文章之士 淳實之人)'이라고 하였다. 1771년 영의정 김치인(金致仁)이 정조에게 황윤석의 재능을 소개할 때 "황윤석은 역학에 조예가 있고 백가(百家)에 회통하였으며, 여력으로 문장에 능하다"라고 하였다. 1789년(정조 13) 2월에는 한계익(韓啓翼)이 이재를 '일세의 대유(大儒)'라고 평가하였다.

조정에서도 그가 천문 역상에 있어서 당대 제일이라는 평가는 일반적으로 공인되었던 것 같다. 1770년(영조 46) 『동국문헌비고』를 편찬할 때 조정의 공론이 이재를 편집청에 특별히 뽑고자 했을 때 그가 음관이라는 이유로 참여하지는 못했으나 후일 천문 역상 등의 분야에 있어서는 항상 이재에게 문의하였다 한다.[66] 또 1782년 『동국문헌비고』를 수정할 때 조정에서 이재에게 총책을 맡기자는 논의가 나올 정

64 『이재속고』 권13, 「學行」

65 『이재난고』 권7, 병술년(1766) 8월 12일.

66 『이재속고』 권13, 「李書九撰 墓碣銘」, 권14, 「年譜」. 이재의 算學에 대해서도 당시 산학의 대가인 李子敬이 이재의 독특한 이론인 立天元一法에 대해 평하면서 "아주 정밀하여 당세에 견줄 사람이 없는 독보적인 존재"라고 칭찬하였다 한다.

도로 천문 · 지리 · 역사에 능통하다고 인정받았다.

사후에 그에 대한 평가는 더욱 높았다. 이재가 63세를 일기로 사망했을 때 당시의 전라도 관찰사 조진택(趙鎭宅)은 만사(輓詞)에서 그를 평하여 "호남의 인물을 볼 때 하서 김인후의 도덕이 가장 높았는데 오직 황공만이 그 자리에 따르며 박문약례의 학행은 같은 경지에 있다."라고 하였다. 1798년(정조 22)에는 정조가 특별히 교지를 내려 "고 익찬 황윤석은 옛것을 상고하는 데 힘을 많이 써서 내가 늘 우대하였던 사람이다"라고 하였다.[67] 1824년 「묘갈명」을 찬한 이서구(李書九)는 "그가 벼슬하여 경성에 노닐 때에는 사대부들이 그와 한번 사귀기를 다투어 원하였고, 조정에서 『동국문헌비고』를 편집할 때 서국(書局)에서 여러 신하들이 의심나거나 어려운 곳이 있으면 그에게 물어보았다"고 소개하였다. 또 임금과 네 차례 사대(賜對)하면서 비상한 인정을 받았으니 또한 후세에 영예를 드리운 것으로 불우하다고 할 수는 없을 것이라고 하였다. 총괄적으로 명(銘)에서 "아름다운 황공은 남쪽지방의 호걸이었네. 빛나는 신실함이 속에 있으니 그 빛이 사방으로 두루 미쳤네"라고 평하였다.[68] 1829년 조인영(趙寅永)은 「이재유고 서문」에서 "아아, 공이 비록 직위는 낮고 업적은 소략하여 자신의 뜻을 펼치지 못한 바가 있지만 그를 왕이 중시한 것에는 경상대부(卿相大夫)가 감히 바랄 수 없는 것이 있었으니 공의 실덕(實德)과 실행(實行)이 아니면 어찌 그럴 수 있겠는가? 또한 유자의 영광이라고 할 수 있을 것이다."라고 하였다.[69] 1843년 「묘지명」을 찬한 홍직필(洪直

---

67 『이재속고』 권14, 「年譜」, "上特教曰: 故翊贊黃胤錫, 多資稽古, 予所常加優待."
68 『이재속고』 권13, 「李書九撰 墓碣銘」, "有美黃公, 南土之傑, 孚尹在中, 其輝旁達."
69 『이재유고』 「頤齋集序」

弼)은 이재에 대해 미호 선생의 문하 가운데서도 우뚝했으며 남쪽지방의 명유가 되었다고 하면서 근년의 호남선비 가운데 제일이라고 평하였다.[70]

3. 학문의 체계와 특성

이재의 학문의 체계와 특성을 성리철학, 박학 지향과 실용성 중시, 국학의 연구라는 세 분야로 정리해 볼 수 있을 것 같다.

1) 성리철학

이재의 학문과 사상의 바탕을 이루는 것은 조선 후기의 대부분의 유학자와 마찬가지로 경학 특히 성리학이다. 그는 10세 무렵부터 과거학 외에 성리학이 있다는 말을 듣고 마음속 깊이 느낀 바 있어 여기에 종사할 뜻이 있다고 밝혔다. 이후 평생 주자서를 읽었고 『성리대전』을 애독하며, 그 주석작업에 매달렸다.

이재는 성리학에 있어서 철저하게 주자 존신의 입장을 고수하였다. 즉 "주자를 높이는 자는 성현이 될 수 있지만, 주자를 배반하는 자는 요망한 자나 역적이 된다"고 하였다.[71] 중국역사에 대해서도 송나라 말기에 주자학을 위학(僞學)으로 배척하면서 국운이 부진하게 되었는

70 『이재속고』 권13, 「洪直弼撰 墓誌銘」, "余嘗謂: 挽近湖南之士, 當推公爲第一, 後有子雲堯夫, 亦不以余言爲過也."

71 『이재난고』 권27, 기해년(1779) 정월 15일.

데 비해, 원나라는 비록 외이(外夷)였지만 주자를 높여 90년 동안 통일의 번성을 이루었다고 평가하였다. 명나라가 건국된 후 300년 동안 설선(薛瑄)을 제외하고는 모두 육구연(陸九淵)에서 벗어나지 못했고, 왕수인(王守仁) 이후에는 괴론과 요설이 일어나 천하가 다시 오랑캐로 변하게 되었다고 하였다. 청에 대해서는 명대 말기 고헌성(顧憲成)·고반룡(高攀龍)·여유량(呂留良) 등 동림학파(東林學派)가 주자설을 제창한바 이를 청나라가 수용하였고, 강희제가 주자학을 지배이념으로 채택하면서 130년 동안 태평무사한 시대를 맞이하고 있다고 평하였다.[72] 이재는 1769년 고반룡의 『양계유서(梁溪遺書)』와 1771년에는 청나라에서 편집한 『이학종전(理學宗傳)』 10권을 구입해 숙독하였다. 이를 통해 그는 명나라 말기에 주자학을 제창하며 경세치용의 학풍을 지향한 동림학파의 학설에 깊이 공감하였다.[73] 그 결과 청나라에 대해서는 이적시했지만 청대의 학술에 대해서는 긍정적으로 평가하였다.

이재는 성리학을 연구하는 기본자세에 대해 "성리학을 논함에 이르러서는 주자 이후에 이미 논의가 정해졌으니 후세사람들은 오로지 마땅히 독실히 믿고 체험할 따름이다."라고 하였다.[74] 또 박세당과 같이 주자설에 대해 비판하거나 새로운 학설을 제시하는 데 대해서는, "후학들이 선유(先儒)의 설을 대함에 있어서 만일 의심스러운 바가 있으면 마땅히 스스로 적어둠으로써 잊어버릴 것에 대비할 따름이다. 만

---

72 『이재속고』 권11, 「漫錄」 中

73 권오영(2007), 215~224쪽.

74 『이재속고』 권13, 「行狀」, "至於論性理則, 以爲朱子以後, 旣有定論, 後人但當篤信體驗而已."

일 (새로운) 말을 내세워 천하를 바꾸고자 함은 어리석지 않으면 망령된 것이다."라고 하면서 비판하였다.[75] 이와 같이 그는 주자의 설에 대해서는 추호의 의심도 허락하지 않았으며 비판도 용납하지 않았다. 특히 주자학설에 대한 비판적인 경전 주석으로 한국 유학사상 중요한 위치를 점하고 있는 윤휴나 박세당의 고학적 경전 해석에 대해서 맹렬하게 비판하였으며, 허목이 강조한 육예학(六藝學)에 대해서도 소극적이었다. '고학(古學)'이 실학파의 경학적 특성이라고 볼 때 이재의 성리학은 그와 반대이다. 이 점에서는 석실서원의 동문인 홍대용과도 대조적인 면모이다.

이러한 그의 입장은 평생을 두고 변하지 않았던 것 같다. 51세 때 김광한(金光漢)과 주륙학(朱陸學)을 토론할 때에도 같은 입장을 제시하고 있다. 즉 "주자를 존중하면 나라가 잘 다스려지고 집안이 평안하지만 주자를 배척하면 나라가 어지러워지고 집안이 위태롭다."[76]라고 단정하면서 명나라가 망한 이유도 중기 이후 주자학을 배척했기 때문이라고 하였다. 그는 성리학에서 송시열의 인식을 그대로 수용하였다. 그는 공자를 계승한 이는 주자이고 주자의 정통을 계승한 이로는 조선의 송시열이며, 그 학통을 이어받은 것이 김창협－이재(李梓)－김원행이라고 보았다.[77]

인물성동이론에 관해서 30대 이전까지는 호론계의 윤봉구를 존경

---

75 『이재속고』 권13, 「行狀」 및 권14 「年譜」, "後學之於先儒說, 如有可疑則, 惟當私箚記, 以備遺忘而已, 若欲立言以易天下, 非愚則妄也." 이는 이재가 38세 때 鄭東鎭과 토론하는 과정에서 나온 주장이다. 이재가 박세당을 비판하고 특히 송시열과 관련하여 그를 격렬히 비난한 것은 그의 당색과 학맥으로 볼 때 당연한 바 있다.

76 『이재속고』 권14, 「年譜」, "尊朱者國治而家安, 背朱則國亂而家危."

77 『이재전서』, 「記湖洛二學始末」, 1975, 경인문화사, 447쪽.

하는 등 상대적으로 자유로웠으나 미호 문하에 입문한 이후로는 철저한 낙론의 입장에 섰다. 그는 인과 물의 성은 근본적으로는 차이와 다름이 없으며 성인과 범인의 본심은 같다고 주장하였다. 천지본연의 입장에서 보면 성(性)이 곧 이(理)이니 이는 하나일 따름이라고 하였다. 당시 낙론계를 대표하는 미호의 견해를 거의 그대로 계승한 것이라고 할 수 있다. 이재는 인물성동이론에 관한 이러한 자신의 입장을 「목주잡가(木州雜歌)」에서 노래로 표현하기도 하였다.

성리학에 대한 이재의 입장은 매우 진지하였지만 독창적인 학설을 제시한 바는 크지 않다고 평가받는다. 물론 실학자들이 다 철학적으로 탈성리학적이거나 극주자적인 지향을 띠는 것은 아니다. 조선 후기의 실학은 철학에서 출발한 것이 아니고 현실사회의 모순에 대한 제도적 대안의 모색이라는 차원에서 시작되었다. 실학이 철학적으로 체계화되는 것은 그러한 개혁론들이 양적으로 충분히 축적된 다음 질적인 변화로 옮겨지는 단계로서, 시기적으로는 18세기 말 내지 19세기에 들어와서이다. 구체적으로는 홍대용·정약용·최한기 등의 단계에 와서 비로소 주자성리학과는 다른 철학체계를 형성하였다고 생각된다. 그 이전 단계의 실학자들은 대부분 사회사상에 있어서는 주목할 만한 개혁론을 제시하면서도 철학적으로는 여전히 성리학을 연구하였고 주자설을 정면으로 거부하지 못하였다. 그렇다고 하더라도 '원시경전에의 회귀'라는 방법을 통해 정도의 차이는 있지만 주자학에 대해 간접적인 비판을 하며 '실학적인 지향'을 하였다는 점에서는 공통적이다. 그런데 이재의 경우에는 주자일존주의 내지 주자도통주의를 신봉하는 철저한 '주자학자'였다고 여겨진다.

2) 박학 지향과 이용후생의 정신

이재의 사상에서 주목할 점은 그가 성리학의 이론적 추구에 머물지 않았다는 사실이다. 그는 "진짜 사대부가 될지언정 가짜 도학자가 되기를 바라지 않는다", "명(明)과 성(誠)을 모두 닦고 박(博)과 약(約)을 서로 참조한다." 등의 글을 써붙여 좌우명으로 삼고 참된 도학의 길을 추구하였다.[78] 그가 생각하는 진유(眞儒)는 수기와 치인, 내성(內聖)과 외왕(外王)을 겸비해야 하며 성리(性理)와 실사(實事)를 겸해야 하는 것이었다. 이재는 성리학을 넘어서 실학의 길을 모색하고 있었던 것이다. 성리학과 박학을 연결해 주는 사상적 고리가 상수학과 인물성동론이다.

부친 황전은 역법 · 예악 · 서수(序數) · 성력(星曆) · 병형(兵刑) 등의 설이 모두 선비가 힘써야 할 실리(實利)의 학이라고 하였고, 당시의 학자들이 성리학과 예학 이외의 다양한 학문에 대해 잡술(雜術)로 몰고 있으니 한심한 노릇이라고 주장하였다.[79] 이러한 부친의 영향을 받아 이재는 어릴 때부터 상수학을 비롯해 다양한 학문영역에 관심을 가졌다. 18세기 근기학계(近畿學界)에서는 성리학에 한계를 느끼고 그 대안으로서 박학(博學)을 지향하는 학문적 경향이 풍미하였다. 여기에는 청대의 고증학과 서양과학의 영향도 적지 않다. 이러한 학계의 흐름에 미호를 중심으로 하는 석실서원학파도 주요한 역할을 하였다. 미호는 실리의 학을 강조했으며 상수학을 중시하였다. 그는 "사람에게 실심(實心)이 있어야 이에 실사(實事)가 있게 되며, 실사가 있

---

78 『이재속고』 권13, 부록 '行錄', 「請贈職疏」

79 『晩隱遺稿』 권3, '雜著', 「日識」

어야 이에 실공(實功)이 있게 된다. 학문을 함에 있어서 실제로 볼만한 공이 없으면 이는 실심이 없는 것이다."라고 강조하였다.[80] 또 "학문이란 별다른 것이 아니다. 일용사에 나아가 배울 것이요, 사정에 어두워 일상생활에 적용할 수 없다면 참된 학문이 아니다"[81]라고도 하였다. 그는 제자들에게 "이제 제군들은 이미 그 일을 시작했으니 한갓 그 이름만 사모하지 말고 반드시 그 실을 힘써야 한다. 장구에 빠지지 말고 암송하는 데 골몰하지 말고, 반드시 마음으로 체득해 궁행해야 한다."라고 권유하였다.[82] 요컨대 참된 학문이란 일상생활에 유용한 실용적인 학문이요 마음과 몸으로 체득해 실천해야 한다는 것이다. 요약하자면 '박실(博實)'이라고 할 수 있다. 또 미호의 입장인 인물성동론에서 자연과학과 물리를 중시하는 학풍이 형성되었다.

이재는 부친의 교훈과 미호의 가르침을 받아 독자적인 학문체계를 구축하였다. 종래 성리학의 도덕과 이론을 바탕으로 하되, 그 기반 위에서 경세치용과 실천이 수반되는 학문을 이룩하고자 하였다. 이러한 학문이 실제생활에 도움이 되는 다양한 학문 공부, 바로 박학으로 연결되는 것이다. 이재도 당대의 박학 풍조에 동참했으며 후일에는 주도하는 선도학자가 되었다. 이재는 호남 흥덕에 거주한 향유(鄕儒)의 불리한 여건에도 불구하고 박학과 격물치지를 위해 다양한 분야를 공부하고 서적을 구해 집념어린 노력, 중앙학계의 주요 인사들과의 적극적인 교류를 통해 한계를 극복하고자 노력하였다.

이재의 박학 지향과 자연과학 연구에 있어서 주목되는 바는 서학

---

80 『渼湖集』 권14, '잡저', 「陶谷隨記」

81 『渼湖先生言行錄』, 「遺事」

82 『渼湖集』 권14, 「論石室書院講生」

(西學)에 관한 연구와 입장이다. 저술분량 면에서나 적극적인 수용과 높은 수준의 이해 등 18세기 후반 당시 누구와 비교해서도 독특한 면을 지니고 있다. 조선시대 서양에 관한 정보와 지식은 한역서학서(漢譯西學書)라는 형태로 중국을 통해 전해졌다.[83] 이재 또한 서학서에 깊은 관심을 가졌다. 그가 주로 본 것은 천문과 역법, 지리학에 관한 서책이었다. 조선에 전래된 서학서 가운데 이 분야에 관해서는 거의 다 구해보았다고 해도 과언이 아니다.[84] 서학서를 향한 이재의 노력은 대단하였다. 그가 서양서적을 집중적으로 보았던 시기는 그의 나이 38세인 1766년경부터이다. 이 시기 이재는 한양에서 관리로 재직하면서 경화세족과 실학적 지식인들과 교류를 하면서 그들이 지닌 가장도서를 빌려보고 필사하였다. 구하기 어려운 책을 필사하는 것은 당시 많이 행해지는 방식이기도 했는데, 이를 '초서(抄書)'라고 한다. 『이재난고』의 상당 부분은 이런 '초서'의 기록으로 구성되어 있다. 그 점에서 『이재난고』는 서학서에 대한 이재의 눈물겨운 노력의 흔적이라고 할 수 있다. 그가 본 서학서는 『역상고성(曆象考成)』·『역상고성후편(曆象考成後編)』·『역상고성 상하편(曆象考成 上下編)』·『율력연원(律曆淵源)』·『혼개통헌(渾蓋通憲)』·『수리정온(數理精蘊)』·『율려

---

83 한역서학서란 명말청초 시기 중국에 포교하던 예수회 선교사들이 천주교 교리와 서양문명을 전파하기 위해 서양의 종교·윤리와 지리·천문·역사·과학·기술 관계의 서적을 한문으로 저술하거나 번역한 서책을 가리킨다. 최초의 한역서학서인 『天主聖教實錄』을 필두로 발간된 서학서는 400여 종에 이른다. 17세기 초반 李之藻(1565~1629)가 한역서학서를 체계적으로 분류해 1628년에 "天學初函"이란 이름으로 간행하였는데, 理編 10종과 器編 10종으로 구성하였다. 이것이 1631년 鄭斗源이 북경에 사행을 갔다가 로드리게스(P. Rodrigues Johannes) 신부로부터 얻어왔다. 이를 필두로 그 후 연행사들에 의해 한역서학서들이 계속 유입되었다.(배현숙(1981))

84 정성희(2007)

정의(律呂正義)』·『기하원본(幾何原本)』·『동문산지(同文算指)』·『신법역인(新法曆引)』·『팔선표(八線表)』·『삼각비례(三角比例)』·『태서수법(泰西數法)』·『표도설(表度說)』·『환용교의(圜容較義)』·『직방외기(職方外記)』·『천주실의(天主實義)』·『수학문답(數學問答)』·『수리역상(數理曆象)』 등이다. 주제별로 분류하면, 천문·산법·지리·의학·명물도수 등 다양한 분야에 걸쳐있음을 알 수 있다.

서학에 대한 인식을 보면 그는 서양과학에 대해 매우 긍정적이었다. 특히 서양의 천문학과 역학 및 수학에 대해서는, "대개 서양 사람들은 역산(曆算)과 수법(數法) 등에 있어서는 천고에 아주 뛰어나다. 역산의 여러 가지 법은 서양 것보다 나은 것이 없으니, 이는 아마도 바꿀 수 없는 이론일 것이다."라고 하면서 극찬하였다.[85] 그러나 천주교에 대해서는, "처음에 나는 천주실의가 가히 볼 만한 것이 있다고 생각하였다. 그런데 오늘에 이르러 그 문장을 살펴보니 심히 천박하다. 이른바 천당지옥설이나 영혼불멸설은 아주 해괴하다. 그런데 이지조가 어찌하여 이처럼 표창했는지 알지 못하겠다"[86]라고 하면서 부정적으로 평하였다. 결론적으로 그는 "성현의 성리학문의 설에 있어서는 주자학을 숭상함보다 나은 것이 없다"고 하면서 서학의 종교적 내지 정신적 측면의 수용을 거부하였다. 이원론적 접근 내지 동도서기적인 입장에서 과학지식은 선택적으로 수용한다는 실용적 태도라고 할 수 있다.

---

85 『이재속고』 권11, 「漫錄」 中, "大抵西洋之人, 惟曆算數法等, 千古卓絶. 蓋聖賢性理學問之說, 莫尙於濂洛關閩, 以曆算諸法, 又莫尙於西洋, 此或可爲不易之論歟?"

86 『이재속고』 권11, 「漫錄」 中, "始余以天主實義謂有可觀, 及今攷之, 乃甚淺陋, 其謂天堂地獄人魂不滅之說, 尤極可駭, 不知李之藻何爲表章如此也."

한편 이재는 학문연구방법에 있어서 귀납법적인 태도를 견지하였다. 특히 『이수신편』이나 『만록』의 경우 철저하게 고증학적인 방법에 입각하여 서술하고 있다. 『이재난고』, 『이수신편』, 『만록』 등을 보면 그의 학자로서의 치밀성과 성실성이 약여하다. 평생에 걸친 자료수집과 정리는 감탄하지 않을 수 없을 정도이며 새로운 지식의 흡수에도 적극적이었음을 알 수 있다.

황전은 이재의 학문에 대해 너무 박학에 치중한다고 우려하면서 박(博)과 약(約)을 함께 갖추어야 한다고 하였다. 미호에게 보낸 서신에서도 이러한 점을 강조했고, 미호 또한 이재의 박학지향성에 대해 다소 우려 섞인 충고를 하였다. 이재는 박학을 추구하는 학풍에 대해 부친과 스승, 동학들로부터 '잡학'에 빠질 수 있다는 충고를 많이 들었다. 그래서 스스로 경계하면서 박학을 추구하면서도 수렴과 궁리를 놓치지 않으려고 약례(約禮)와 반약(反約)을 지키려 노력하였다. 그러나 이재는 당시 조선의 지식인사회의 학풍이 체(體)와 본(本)을 중시하는 반면 용(用)과 말(末)에 대해 도외시하거나 소홀히 하는 경향성에 대해서는 강한 비판의식을 지니고 있었다. 결국 양자를 통섭하는 명체적용(明體適用)을 목표로 삼았으며 그것이야말로 유자의 대전지학(大全之學)이라고 하였다.[87]

이에 이재는 '박학반약(博學反約)', '유박구정(由博求精)'을 자신의 학문적 목표로 삼았다. 박(博)을 위해 많은 고전에 대한 독서를 하였고, 약(約)을 위해 변별과 비판을 중시했으며 그 목적은 실(實)의 추구였다. 사실 이것은 주자를 비롯해 많은 유학자들이 지향한 목표이기도

---

87 『이재유고』 권12, 「題數理精蘊寫本」

하다. 이재 또한 성리학과 박학의 관계를 체용(體用)의 관계로 인식하였다. 성리학이 체이고 상수학 즉 천문역상과 수학 등을 용으로 생각하였다. 체에 해당하는 성리학에 대해서는 주자학 존숭을 내세우며, 역점을 둔 것은 박학의 세계였다. 여기에 그의 독창성이 발휘되었고, 특장점이 있으며, 그가 평생 힘을 기울인 분야이기도 하다.

이재의 학문은 가장 큰 특징은 박학성이다. 그는 어려서부터 고학(古學)에 뜻을 두어 주역을 비롯한 경전과 사서를 공부했으며, 이후 학문적 관심을 역범 · 경세 · 율력 · 산수의 설로 확장해 나갔다. 항상 "군자는 한 가지 사물이라도 모르는 것을 부끄러워 한다(君子恥一物之不知)"라고 강조한 바와 같이 그는 격물치지적인 박학을 중시하였다. 특히 종래 성리학자들이 여기(餘技)로 취급하거나 잡학이라고 천시하던 천문학이나 역법 등 자연과학에 집착한 것은 강한 의지의 표현이라고 볼 수 있다.

동시에 그의 박학에는 단순한 학문적 호기심이나 지적 유희를 위한 것이 아니라 실용적인 학문에 대한 지향성을 찾아볼 수 있다. 학문 연구의 최종적인 목표는 경세치용이었다. 그는 역상학에 뜻을 두고 탐구한 동기에 대해 그것이 국가의 정치에 시급히 필요한 일이기 때문이라고 하였다.[88] 즉 천문역상학은 농업을 주된 산업으로 하는 농본국가에서는 가장 긴요하고 실용적인 학문이라는 것이다. 그럼에도 불구하고 우리나라에서는 학자들이 이 시급한 학문을 소홀히 하는 상황에 대해 강하게 비판하였다. 이재는 40세 때인 1768년 정지순과의 토론에서 "주역과 역상학이야말로 천고에 걸쳐 도학의 근본"이라

88 『理藪新編』 권3, "按欽天授時之法, 在帝王政令, 誠急務也."

고 답하였다. 또 역상학의 가치에 대해 묻자, 이재는 "역대의 사서(史書)는 각기 천문지(天文志)를 가지고 있다. 이것은 유학자의 격물치지하는 한 단서이며, 명유(明儒)들이라면 서로 함께 강구해서 방해되지 않을 것"이라고 하였다.[89] 또 산학을 연구함에 있어 그는 순수학술 차원에 그치지 않고 양곡과 금전을 계산하는 방법[粟布], 세금을 산정하는 방법[衰分], 토목공사에 소요되는 인부와 비용 등의 산출방법[商功], 물자수송에 드는 비용과 노역의 산출방법[均輸] 등 수학적 지식을 실용적으로 응용하는 독창적 업적을 남겼다. 수리에 대해서도 수학적 지식을 일상생활에 활용하기 위한 것이었다. "산수는 만물의 벼리이며, 토지제도는 국가의 근본이니 수령칠사(守令七事)가 모두 그런 것들과 연관되지 않는 것이 없다. 따라서 선비는 가감승제(加減乘除)에서 시작되는 산수를 잘 알아야 한다."[90] 이런 차원에서 이재는 도량형의 통일을 강력히 주장하였다. 나아가 서양의 천문역상학을 수용하는 이유는 나라를 운용하고 천하를 다스리는 데 유용하기 때문이었다. 여기에는 이재의 실용적인 정신이 바탕에 있음을 알 수 있다.

3) 국학의 연구

조선 후기 실학사상의 핵심은 크게 두 가지로 나눌 수 있다. 하나는 당시 사회의 여러 모순에 대한 사회개혁론을 제시한 것이고, 다른 하나는 중국문화에 대응하여 조선의 전통문화를 재발견하고자 했던

---

89 『이재속고』 권13, 「行狀」

90 『이재난고』 권10, 무자년(1768) 6월 26일.

이른바 국학(國學)의 연구이다. 유교사상이 전래된 이래 한국에서는 유교사상의 문화적 보편주의에 입각하여 중국적인 문화를 보편적이고 우수한 것으로 인식하는 대신 한국의 전통문화를 특수하고 후진적인 것으로 간주하는 경향이 있었다. 특히 조선시대에는 유교사상사에 있어서도 가장 강렬한 중화주의적 성격을 띤 주자학의 영향을 받자 이러한 모화주의 내지 문화적 사대주의 경향이 강화되었다. 그런데 조선 후기에 와서는 이러한 세계관에 변화가 오게 되었다. 17세기 초반 이래 유교문화의 정통을 우리가 계승하게 되었다는 조선중화주의 내지 중화계승 의식이 생겨나게 되었다. 17세기에서 18세기 전반기까지 풍미한 이 조선중화의식은 아직 숭명반청적인 성격을 충분히 탈피하지 못한 것이었다. 그러나 18세기 후반에 이르러 이익·안정복·홍대용·박지원·정약용 등의 실학자들에 의해 그러한 한계성이 일정하게 극복되면서 '근대적 민족주의 의식'의 싹을 보게 된다. 이러한 바탕 위에서 중국문화와 구별되는 독자적인 우리 문화에 대한 가치의 재발견, 즉 역사·지리·언어·민속 등 전통문화에 대한 연구가 활발히 진행되었다. 이 점에 있어서 이재는 적지 않은 업적을 남기고 있다.

그는 우리나라의 역사와 지리에 깊은 관심을 가졌다. 이에 관한 기록을 보면, 「동국역대향년도(東國歷代享年圖)」·「동국지지략(東國地誌畧)」·「본조조종진전사실변(本朝祖宗眞殿事實辨)」·「월송황씨선적고(越松黃氏先跡考)」(이상 『자지록』), 「의증수동국여지승람예인(擬增修東國輿地勝覽例引)」·「기자조선급마한세계(箕子朝鮮及馬韓世系)」·「여사잡초(麗史雜抄)」·「삼한소통칠십팔국명호(三韓所統七十八國名號)」·「논삼한고적적(論三韓古跡蹟)」·「발해국5경15부62주(渤海國五京十五

府六十二州」·「잡록(雜錄)」(이상 『이재유고』), 「금옥토석초목고(金玉土石草木考)」·「온천초천급이적고(溫泉椒泉及異蹟考)」(이상 『이재속고』), 『이수신편』 제6권 「지리 · 조석」 등과 그 밖에 『만록』에서의 기사가 있다.[91] 비록 체계적인 저술은 아니라 하더라도 그는 서양과 중국 및 우리나라 역대의 사서와 지리서를 참고하면서 한국의 역사와 지리에 관해 연구하였다. 특히 백제와 발해에 대해 별도의 저술을 남겨 깊은 관심을 가졌고, 연구방법상으로는 방언 분석을 통해 역사를 복원하고자 하는 시도를 하였다. 즉 그는 「논삼한고적적」·「삼한소통칠십팔국명호」에서 삼한 각국의 국호 · 지명 · 관제 등에 대해 고찰한 후 역사지리를 연구함에 있어서 음운학 내지 언어학적 고찰이 필요함을 강조하였다.[92]

음운학과 어학에 관한 그의 연구도 중요한 의의를 지니고 있다. 이 방면에 관한 저술로는 『이수신편』 12권과 20권, 그리고 『잡저』 등에 상세히 기술되어 있다. 그중에서도 특히 중요한 것으로는 「화음방언자의해」·「자모변」·「훈민정음」·「문자음의급자모고」·「운학본원」 등이 있다. 「화음방언자의해」에서는 과학적인 비교방법으로 우리말의 어원을 연구하였고, 「자모변」과 「운학본원」에서는 음운학적인 입장에서 훈민정음을 중국과 인도, 몽골 및 일본문자와 비교 고찰하였다. 또 최세진의 『사성통해(四聲通解)』를 참고해서 연구한 「통고사성도(通考四聲圖)」도 학술적 가치가 높은 연구서이다. 이재는 평생

---

91 예를 들면, 「東國輿地勝覽」, 「箕子八條」, 「帶方軍의 위치」, 「女眞族 위치」, 「三韓의 역사」, 「白頭山定界」, 「興德邑誌」, 「姜邯贊將軍」, 「墓制」, 「道詵國師」 등과 우리나라의 여러 제도에 대한 역사적 고찰을 한 기사가 많다.

92 『이재속고』 권11, 「漫錄」 中

‘국어’(한글)를 의식하며 되살리고 활성화시키기 위해 노력하였다. 그는 여행길에 나서서는 우리말로 된 지명을 최대한 기록하였고, 세밀한 고증을 통해 어원을 규명하고자 하였다. 이 과정에서 한자의 중국음과 우리말의 새김을 통하거나 『삼운성휘(三韻聲彙)』를 비롯한 중국 음운학에 대한 지식을 활용해 150여 항목의 걸쳐 우리말의 어원을 밝혀내었다. 국어학에 대한 그의 연구는 비교연구의 효시가 되며, 여암 신경준의 그것과 함께 쌍벽을 이루는 것이라고 평가받고 있다. 한편 『자지록』과 『잡저』에 수록되어 있는 「심의회통신제(深衣會通新制)」·「산뢰심의제식(山雷深衣制式)」·「부인회두제도설(婦人繪頭制度說)」 등은 한국 복식제도사 연구에 귀중한 참고문헌이라 할 수 있다.

한편 이재는 음악에 대한 조예가 깊었고 상당한 수준의 이해수준을 보여주었다.[93]

영·정조 시기에는 예악에 대한 관심이 고조되었다, 악률(樂律)은 유가의 음악이론으로서 상수학과 역학에 조예가 있어야 이해할 수 있는 분야이다. 당대의 실학자들은 악률에 대한 저술을 많이 남겼는데, 이익·김용겸·서명응·홍대용·정약용 등이 음악에 깊은 조예를 지녔던 인물이다. 정조도 『악통(樂通)』이라는 악률서를 남길 정도로 큰 관심을 보이자 박학적 지향을 지닌 지식인 사이에서는 악률에 대해 논하는 것이 하나의 유행처럼 되었다.[94] 서명응은 『동국문헌비고』의 「악고(樂考)」를 편찬하였고, 1780년에는 『시악화성(詩樂和聲)』을 저술하였으며, 아들 서호수는 장악원 제조를 역임하였다. 홍대용도 거문고

---

93 이에 관해서는 김수현(2015)와 임미선(2008)이 참고된다.

94 송지원(2007), 27쪽.

의 장인으로서 음악에 깊은 조예를 지니고 있었으며, 정약용은 『악서고존(樂書孤存)』을 편찬하였다. 이재도 이러한 시대적 분위기에 부응한 유학자 중의 한 사람이다. 이재는 미호와의 대화 중에도 율려에 관해 토론했지만 그가 악률에 관해 가장 많은 대화를 나눈 사람은 김용겸이다. 1769년(41세) 장악원 정으로 있던 김용겸을 만나 율려 등 다양한 주제를 토론했는데, 그는 “평생 이런 대화를 할 사람이 없었다. 유일하게 홍대용이 있지만 의견이 어긋났는데, 오늘 그대를 만나 문답을 하니 너무 기쁘다”고 하였다.[95] 이후에도 두 사람은 여러 차례 만나서 악률에 관해 대화를 나누었다. 김용겸은 장악원의 책임자로서 악률에 해박한 이재에게 도움을 받았고, 이재는 『악선금보(樂仙琴譜)』·『대악원음(大樂元音)』·『송풍각금보(松風閣琴譜)』 등 악률서를 빌려보았다. 1779년(정조 3, 51세)에는 장악원 제조로 있던 김용겸이 이재를 장악원 주부로 정조에게 천거하기도 하였다.[96]

이재는 『성리대전』의 주해에 평생 주력했다고 한다. 『성리대전』 안에서도 황극경세, 역학계몽과 함께 『율려신서(律呂新書)』가 나오는데, 이것을 아주 중시하였다. 그래서 18세에 『율려신서』를 읽고 「율려신서해」라는 주석을 짓기도 하였다. 그 후 율려와 악률에 대한 관심은 평생 지속되었는데, 『이재난고』에도 음악에 관한 내용이 매우 큰 비중을 차지하고 있으며 그중에서도 악률에 관한 것이 많다.[97] 이재는 고금의 악률서를 가능한 널리 구해보았는데, 가장 많이 언급한

---

95 『이재난고』 권50, 기축년(1769) 3월 23일.

96 『이재난고』 권28, 기해년(1779) 4월 2일, 그런데 이때는 목천현감으로 제수받았던 상황이라 사양했는데, 5년 후인 1784년에는 장악원 주부를 제수받기도 하였다. 그러나 이때도 모친상을 치르고 난 뒤 禫祭 전이라는 이유로 부임하지 못하였다.

97 김수현(2015), 12~20쪽.

것은 중국의 『율려신서』와 조선 초기 박연(朴堧)이 1493년에 편찬한 『악학궤범(樂學軌範)』이다. 『율려신서』는 1187년 채원정(蔡元定)이 저술한 것으로 성리학적 음악이론의 교과서라고 할 수 있는 악률이론서로 이재가 가장 신뢰하고 의존하였다. 『악학궤범』에 대해서는 40세의영고 봉사로 재직할 때부터 보고 인용하였다. 그는 20여 년간에 걸친 관직생활 가운데 장릉참봉을 비롯해 여러 왕릉의 제관을 지내며 종묘대제에도 수차례 봉조관으로 참여하는 등 유교적 제사의식과 음악과 관련된 일에 종사하였다.

이재는 평생 거문고를 즐겼으며, 시문 가운데에도 거문고와 음악에 관한 구절이 아주 많다. 이재는 19세 때인 1747년(영조 23) 양덕수(梁德壽)의 『양금신보(梁琴新譜)』를 구해보고 필사하였다. 그런데 단순히 그대로 필사한 것이 아니라 체재를 달리하였고, 자신의 독자적인 견해를 각주로 붙여서 편찬했으며 책 이름도 『현학금보(玄鶴琴譜)』라고 지었다.[98] 책의 말미에는 발문을 썼는데, 여기에는 자신의 음악에 대한 입장과 가치관을 제시하고 있다. 중국의 칠현금(七絃琴)보다는 조선의 거문고에 대한 인식과 애호감을 피력하였고 각 장의 악곡명을 한글로 표기하였다. 이 점도 한국문화에 대한 자부심과 실용적 태도를 엿볼 수 있는 요소이다. 이재는 악률에 관해서 독자적 저술을 남긴 서명응과 정약용을 제외하고는 가장 많을 정도로 방대하며, 『자지록』에는 기존 악률에 대한 논의와 자신의 해석을 피력하고 있다.

98 이에 관해서는 성영애(2021) 참조. 지금까지 이재의 저술목록에는 대부분 '양금신보'로 나와 있는데, 앞으로 '현학금보'로 고쳐야 할 것으로 여겨진다.

4. 역사와 사회에 대한 인식

1) 역사인식

연보에 따르면, 이재는 7세부터 강지(江贄)의 『소미가숙통감절요(少微家塾通鑑節要)』, 주희(朱熹)의 『자치통감강목(資治通鑑綱目)』과 제자백가서를 읽었고, 8세에 『사략』과 『소학』을 공부하였다. 이후 『사기』·『한서』·『후한서』·『진서』 등 중국 역대의 사서를 탐독하였다. 16세에는 『전한서』와 『후한서』의 율력지를 주해하였다. 박학을 지향한 그의 학문적 성향을 고려해 볼 때 경학에 머물지 않고 역사에 관심을 가지는 것은 당연하다고도 볼 수 있다. 그 후 성년이 되어서도 이재의 역사에 대한 관심과 탐구는 이어졌다. 『이재난고』에는 중국의 사서를 두루 인용하면서 자신의 견해를 밝히거나 논변하는 사례가 많다. 장릉참봉을 제수받아 부임하는 길에도 『사기』를 읽고 그 내용을 초록하였다.

이재가 우리나라의 역사에 관심을 가지게 된 것은 중국사서에 비해 늦었다고 여겨진다. 26세인 1754년 과거길에 오르면서 금산에서 조헌(趙憲)의 순절지와 의총, 재각을 보고 제문을 기록하여 임진왜란에 대한 소회와 역사인식을 피력하였다. 이재는 상경 기행일지의 성격을 지닌 서행일력(西行日曆)을 비롯해 호남 일원과 전국으로 여행을 많이 하였고, 기행기록을 충실하게 남기고 있다. 이러한 여행을 통해 우리나라의 역사에 대한 지식과 인식을 넓히는 계기가 되었던 것으로 보인다. 원주에서는 궁예의 고사와 원천석의 회고시, 상경 때마다 들린 황화정에서는 견훤 묘소에 대한 감회를 시로 표현하였다.

1766년(영조 42, 38세) 장릉참봉에 부임하면서 보다 역사에 대한 관심을 가지게 되었다. 그가 한국사에 관해 본격적으로 탐구하기 시작한 계기는 장릉참봉에 재직할 때 허목의 『기언(記言)』을 보면서였다. 처음 『기언』을 본 것은 30세인 1760년이었지만 본격적으로 탐구한 것은 1767년 영월부사 정술조(鄭述祚)로부터 『기언』 20책을 빌려보면서부터였다. 정술조는 남인으로 안정복과 친구였는데, 이재는 가끔 영월을 방문해 정술조와 함께 『동사강목』을 비롯해 역사고증에 관해 많은 대화를 나누었다.[99] 장릉참봉 재직 기간 동안 이재는 여유있는 시간을 역사서 탐독에 할애하였다. 이재는 1768년까지 전질을 독파하면서 고사(故事)를 비롯해 필요한 사항을 초록하였다.[100] 곧이어 정운경의 『탐라견문록』을 얻어보고 내용을 자세히 옮겨놓았다.[101] 1769년 11월에는 김용겸으로부터 『대명일통지』와 『용비어천가』를 빌려보고 내용을 필사하였다.[102] 이를 통해 명의 역사, 지리와 조선초기의 역사에 대한 이해를 심화시켰다. 1770년(영조 46, 42세) 정월 이재는 『삼국사기』를 읽었다. 정술조로부터 『삼국사기』 50권을 빌려서 보고 신라의 왕명과 관직명, 삼국의 개략적인 역사를 상당히 자세히 초록하였으며, 그 과정에서 자신의 견해를 덧붙이거나 주석을 붙였다.[103] 이어

---

99 『이재난고』 권7, 병술년(1766) 9월 9일.

100 『이재난고』 권10, 무자년(1768) 6월 5일, 이재는 허목의 『기언』에 대해 “인물 · 산천 · 고적 · 고사에 가히 법으로 삼을 만하고, 가히 경계로 삼을 만하며, 고찰해 볼 만한 것으로, 요약해서 한번 읽을 만한 책이다”라고 호의적으로 평가하였다.

101 『이재난고』 권10, 무자년(1768) 6월 11일.

102 『이재난고』 권13, 기축년(1769) 11월 17일.

103 후일 1779년(정조 3, 51세) 4월에는 돈을 빌려 삼국사기 전질을 구입하였는데, 궁핍한 가운데 값의 고하를 논하지 않은 것은 두 아이의 견문을 넓히기 위함이라고 하였다.(연보)

정술조로부터 『동사보유(東史補遺)』 2책을 빌려보았다. 마찬가지로 초록해 두었지만 『동사보유』의 내용이 『삼국사기』를 바탕으로 해서 중국사와 고기(古記)를 채록해 보완한 것은 있지만 별로 새로운 내용이 없다고 평가하였다. 이보다 앞서 이재는 이서(李恕)로부터 임상덕의 『동사회강(東史會綱)』을 빌려 읽었다.[104] 특히 신라 진흥왕대의 신라와 가야의 역사, 가야의 우륵과 거문고, 화랑 등에 관해 상세히 초록하였다.

종부시 직장으로 있던 1770년 종부시 제조인 정회(鄭會)의 부탁에 따라 『고려사』에 대한 색인[檢識]을 만들게 되었다. 정회는 이를 위해 『선묘보감(宣廟寶鑑)』·『휴와잡찬(休窩雜纂)』·『삼국사기』 등을 보내주었고, 이재는 이를 바탕으로 색인을 만들어 보냈다. 이후에도 그는 이재에게 다양한 역사서를 보내주었다. 정회와의 대화에서 이재는 조선 이전의 고사를 정리하기 위해서는 『동국통감』·『동국사략』·『동사회강』·『여사제요』 등의 사서보다 『삼국사기』나 『고려사』가 낫다는 의견을 제시하였다. 이를 계기로 고려사와 삼국사에 대한 독서와 탐구가 이루어졌을 뿐 아니라 조선시대의 관찬사서와 사찬사서, 야사 등을 두루 섭렵하면서 넓은 역사지식과 인식을 심화시켰던 것으로 여겨진다. 이재가 우리나라 역사서를 탐독하면서 초록에 힘을 기울인 시기는 30세로부터 40세까지에 집중되어 있다. 그러나 역사에 대한 관심은 그 이후에도 꾸준히 이어졌으며 상당한 수준의 역사인식을 소유하게 되었다.

이재는 역사지리에 깊은 관심을 가져 한백겸의 『동국지리지』를 보

---

104 『이재난고』 권11, 무자년(1768) 11월 24일.

면서 북방의 국경문제에 관해 나름의 깊은 이해를 가졌다. 그는 1778년(정조 2, 50세) 5월 『대청일통지』를 보면서 방대한 분량을 초록해 두었다. 이때 그는 김용겸에게 빌려본 『대명일통지』와 『대청일통지』를 통해 얻은 중국과 만주의 역사지리에 관한 지식을 바탕으로 지명 비정 등 독자적인 해석과 견해를 제시하였다.[105]

이재의 호 가운데 월송외사(越松外史)가 있다. 역사에 대한 관심과 자부심을 나타내는 의미이다. '외사(外史)'란 일반적으로 정식 사관이나 사가가 아니라 개인적으로 역사를 수집하거나 정리하는 재야의 역사가라는 의미로 사용한다. 일종의 겸칭이라고 할 수 있지만 동시에 나름대로 일가견을 지닌 역사가라는 자의식이 내재되어 있는 명칭이다. 그런데 흥미로운 사실은 이재가 이 호를 역사적 고찰이 바탕이 된 저작물인 전기(傳記)에만 사용했다는 점이다. 1781년(정조 5, 53세) 목천현감에서 물러나 귀향한 후 이재는 주위의 부탁과 권유에 따라 가장(家狀)·발문·묘갈명·행장·제문·전기 등을 많이 지었다. 이 가운데 전기는 역사지식을 필요로 하는데, 11편에 달하는 전기의 말미에 논평할 때만 월송외사라는 호를 사용하였다. 사론이나 논찬과 같은 의미로 자신의 의견을 제시하면서 이 호를 사용하였다는 점은 매우 흥미롭다. 여기에 자신의 역사지식과 함께 역사의식을 피력하고 있다.

이재의 역사해석에서의 독창적인 시도는 방언의 분석을 통한 역사적 사실 고증이다.[106] 그는 이것을 '방언역자의 설(方言譯者之說)'이라

---

105 『이재난고』 권25, 무술년(1778) 5월 25일~윤6월 8일.

106 하태규(2009), 144쪽.

고 불렀는데. 역사지리에 대한 언어학적 접근이라고 할 수 있겠다. 이것은 우리나라의 음운과 방언에 대한 이재의 지식에 바탕을 둔 것이다. 이를 통해 『삼국사기』에 나온 왕호(王號) · 관직명 · 지명 등의 고유명사에 대해 어원적 시도를 하였고, 후세의 사가들이 자신의 말에 유의해야 할 것이라고 주장하였다.[107]

이뿐만 아니라 이재는 사료의 해석과 변증을 통해 역사적 사실을 고증하고자 하였다. 「기자8조(箕子八條)」에서 일실된 5개조에 대해 『한서(漢書)』의 본문과 『지봉유설』 등을 검토하면서 8조를 추정해 복원하였다.[108] 이것은 중국과 조선의 여러 사료의 비교 분석을 통해 역사해석을 시도했다는 점에서 독창적인 연구방법으로 주목할 만한 가치가 있다.

한편 이재는 보학(譜學)에도 깊은 관심과 조예를 가졌다. 젊을 때부터 자기 가문인 기성 황씨의 가계에 관심을 가졌다가 점차 보학 일반으로 확장되었다. 중요한 계기가 된 것은 40대 전반인 1769년 종부시 직장으로 재직할 때였다. 그는 이때 김용겸으로부터 『씨족원류(氏族源流)』 1질을 빌려 독파하였다.[109] 이를 계기로 타성들의 보학뿐 아니라 왕실의 계보에도 관심을 가졌다. 보학에 대한 이러한 지식을 발휘해 그가 만든 「기성황씨내외보(箕城黃氏內外譜)」는 매우 독창적이며 뛰어난 족보라고 평가받는다.[110]

---

107 『이재난고』 권15, 경인년(1770) 6월 5일.
108 『이재난고』 권11, 기축년(1769) 1월 4일, 「箕子八條辨」
109 『이재난고』 권12, 기축년(1769) 3월 17일.
110 송준호(1980), 105쪽.

또 이재가 직접 작성한 「평해황씨세계(平海黃氏世系)」는 시조 황숙경 이하 자신의 아들대까지의 계보를 그린 것이다. 직계뿐 아니라 외손의 외손까지 기록하였으며, 딸의 이름과 조카딸의 이름까지 수록한 것은 물론 출생한 순서대로 기록하였고, 생몰년과 거주지 등도 기록하였다.[111] 이런 세계도의 형식은 조선 후기에는 매우 드문 사례이다. 이재는 조선 전기와 같이 아들과 딸, 내외손을 동일시하는 관념을 세계도에 선명하게 표출하였다는 점에서 주목된다. 그의 사회의식이 개방적이고 조선 후기 당시 남녀 관계에 대한 일반적인 관념에 비해 평등한 의식을 지니고 있었음을 보여준다.

이재의 역사에 대한 관심과 역사인식의 폭과 깊이는 조선시대 유학자들이 통상적인 소양으로 가졌던 경사(經史)의 수준을 훨씬 뛰어넘는 것이었다. 그가 『기언』을 비롯해 각종 역사서를 읽고 초록해 둔 내용은 매우 방대하다. 사서에 대한 독서량과 폭은 타의 추종을 불허한다. 특히 상고사와 역사지리에 관해 깊은 관심을 표시했으며, 초록하는 과정에서 자신의 역사적 지식을 바탕으로 주석을 달아 비판하거나 고증하는 부분이 적지 않다. 이 점 학술적 의미가 있고 이재의 역사지식과 인식을 나타내주는 것이다. 하지만 그 내용이 체계성이나 계통을 세워 편찬하는 것이 아니라는 점에서 한계가 있다. 이재의 역사에 대한 관심과 이해는 상당하지만 독자적인 사서를 편찬하는 수준에까지는 이르지 못하였다.

111 노혜경(2006), 61쪽.

2) 호남에 대한 의식

이재는 전라도 흥덕 출신으로 평생 거주한 선비로서 과거를 위해 상경한 이후 수도권의 주요인사들과 누구보다 활발하게 교류하였다. 이를 통해 수도권 인사들이 가진 호남과 호남의 유학계에 대한 편견과 차별적 인식을 알게 되었다. 처음 미호를 뵈었을 때 호남의 유학계에 대한 선입견을 느꼈고, 그 후 관료생활을 하면서 5년이 지난 후에는 호남이 얼마나 소외되었는가에 대해 명확하게 자각하게 되었다.[112] 『이재난고』에 의하면 그가 향사(鄕士)로서 느낀 어려움과 소외감을 처절하게 느끼며 토로한 기사가 가끔 나온다.[113] 한편 호남의 사족으로서 그러한 편견을 타파해야 한다는 의무감과 함께 해결해야 할 과제로 삼고 평생 노력하였다.

이재는 스승 미호를 처음 만났을 때 그가 호남선비들은 과거공부에만 열중한다고 하는 소문에 대해 질문하자 "호남은 선조 이후 비록 이전 같지는 않지만 효종과 숙종 연간부터 융성하게 일어났습니다. 지금도 그러한 유풍은 없어지지 않고 있습니다. 이는 조정에서 어떻게 진흥시키느냐의 여부에 달려있을 따름입니다."라고 대답하였다.[114] 나름 적극적으로 해명한 셈인데, 여기에는 이식(李植, 1584~1647)이 호남의 풍속에 대해 영남과 비교하면서 부박하고 불교를 숭상한다고

---

112 이지양(2008), 89~90쪽.

113 1766년 3월 15일 참판 서명응과 아들인 서호수의 집을 방문했을 때 소장된 방대한 서양과학서와 서양역법에 대한 지식을 듣고는 "진실로 사람은 불가불 한양에 살아야 한다. 만약 먼 지방에서 태어나면 비록 영민한 재주가 있어도 어찌 지름길을 곧장 찾을 수 있겠는가?"라고 감탄 겸 한탄을 하였다.(『이재난고』 권6, 병술년(1766) 3월 15일)

114 『이재속고』 권6, 「渼上錄」

혹평한 이래 경향의 인사들이 대부분 호남인들이 교활하고 간사하다는 편견을 지니게 되었다는 자신의 평소 생각을 피력한 것이다. 이 문제에 대해 이재는 사회문화적 측면에서 접근하여 근본적 요인을 해명하려고 시도하였다. 첫째 호남인의 기질에 대한 편견, 둘째 호남은 변괴가 많이 발생하는 지역이라는 지적, 셋째 호남에는 역적이 났으므로 읍호를 강등해야 한다는 주장 등이다. 이러한 이재의 인식은 『만록』에 잘 나타나 있는데, 그는 호남 인심이 부박하다는 편견이 생긴 이유는 정치적, 학술적 논쟁에서 영남학자들이 단일한 주장을 하는 반면 호남학자들은 다양한 목소리를 내왔기 때문이라고 보았다. 예컨대 영남은 퇴계 이황(1502~1571)을 모두 추숭하는 데 비해 호남에서는 하서 김인후(1510~1560)에 대한 평가에서도 나누어진다는 것이다. 이러한 결속력의 차이에 대해 지리적 조건에서 찾는 기존의 인식에도 일정하게 동의하였다. 즉 영남 72주에는 낙동강이 큰 물줄기로 흐르는 데 반해 호남지역은 물줄기가 네 방향으로 흘러나와 민심이 흩어지고, 그러한 자연환경에 의해 경박한 풍속이 생기게 된다고 하였다. 또 호남에서 변괴나 역적이 많이 발생했다는 것도 사실과 다르며 흉역한 무리들이 호남의 도서로 유배 와서 벌인 사례가 대부분이며, 이러한 주장이 나오는 이유는 근본적으로 호남의 정치적 세력이 약하기 때문이라고 보았다. 그 결과 호남은 나라의 부고(府庫) 역할을 하면서도 홀대받고 있다고 주장하였다.

호남에 대한 기존의 편견을 극복해 가는 방법으로 이재는 첫째, 호남의 인물과 사적을 도학·문장·충효·정렬로 분류해 전기로 만들어 현창하는 일, 둘째 하서 김인후를 호남유학의 상징으로 내세워 문묘에 종사하도록 하는 일, 셋째 호남인사들의 문집을 간행하는 일, 넷째 호남의병의 역사와 전기를 편찬해 배포하는 일 등을 주창하였다. 첫째와 관련해서는 1769년 3월 4일 김사겸에게 가칭 '호남인물지'를 편집해 책으로 만들자고 제안하였다.[115] 둘째 사업은 이재가 가장 주력한 일이었다. 그는 김인후에 대해 도학과 문장, 절의를 다 갖춘 뛰어난 인물로서 '일대의 유종(儒宗)이며 백세의 사표(師表)'라고 추앙하였다.[116] 그는 또 고봉 기대승(1527~1572)의 사단칠정론이 하서에 기인했으며, 주자학의 진수를 깊이 아는 분은 오로지 하서로서 퇴계에 뒤지지 않는다고 주장하였다.[117] 이재는 32세인 1760년과 57세인 1785년 하서의 묘를 참배하였고 감회를 시로 읊었다.[118] 『이재난고』에서 하서에 관한 기사는 최대한 빠트리지 않고 기록하고 있다. 그는 하서의 문묘 배향을 위한 다양한 노력을 기울였다.[119]

하서 김인후를 모신 필암서원은 조선 후기 호남지역 노론의 중심지가 되었다. 원장들의 명단을 보면, 송준길 · 유척기 · 김원행 · 김이안 · 김종수 · 심환지 · 홍직필 · 송병선 등 노론계의 핵심인물이다. 송시열은 김인후의 신도비명에서 도학과 절의, 문장을 겸비하였다고 높이 평가하였다.[120] 이후 하서의 후손은 대부분 송시열이나 김창협 계열의 노론에 속하였다. 김원행도 문인들에게 "지금 종사되지 못한 선현 가운데 오직 하서만이 우뚝하여 비할 사람이 드물다"라고 하면서 호남은 하서를 존숭하는 것이 영남의 퇴계에 미치지 못한다고 개탄하

115 『이재속고』 권14, 「年譜」
116 『이재유고』 권13, 「請先正臣文靖公金麟厚從享文廟疏」
117 『이재속고』 권10, 「漫錄」 上
118 『이재속고』 권14, 「年譜」
119 이에 관해서는 배우성(2006); 김봉곤(2017) 참조.
120 『宋子大全』 권154, 「河西金先生神道碑銘 幷序」

였다. 이재는 하서의 9대 후손인 김익휴와는 인척지간으로 평생 교류하였고, 그를 석실서원으로 데려가서 미호에게 소개하기도 하였다. 이재는 미호의 지원을 바탕으로 하서를 호남유학계의 구심점으로 삼고자 하였다. 미호가 죽은 이후 낙론계의 정통을 계승하고자 한 이재에게 하서는 호남뿐 아니라 유학계 전체의 중심축으로 인식되었을 수도 있다. 1780년(정조 4) 필암서원을 중심으로 하서를 문묘에 종향하자는 논의가 일어나 성균관에 통문을 보냈다.[121] 이후에도 수 차례 상소를 올려 요청하였으나 수용되지 않았다. 이재는 하서의 후손인 김직휴, 익휴 등과 함께 상경해 적극 노력하였다. 이재는 김이안과 김용겸에게도 도움을 청했으며, 하서의 도학과 문장, 절의를 선양하기 위해 문집을 인출해 배포하였다. 61세인 1789년(정조 13)에는 병석에서 '하서사우록(河西師友錄)'의 편집에 착수하였다.[122] 하서의 문묘종사는 이재의 생전에는 이루어지지 못했지만 1796년(정조 20) 드디어 실현되었다. 그러한 노력의 결과 이재 사후에 전라도관찰사 조진택은 만사(輓詞)에서 "호남의 인물을 볼 때 하서 김인후의 도덕이 가장 높았는데, 오직 황공만이 그 자리에 설 수 있으며, 박문약례의 학행은 같은 경지에 있다"고 평가하였다.

셋째 호남의 중요문집을 간행하는 일에 대해서도 이재는 각별한 노력을 기울였다. 또 그는 호남의 문화 창달에 남다른 애정을 지니고 있었다. 태인 출신인 조선 초기의 문사 정극인의 문집인 『불우헌집(不憂軒集)』 교열에도 힘썼다. 넷째 사업과 관련해 임진왜란과 병자호

121 『이재난고』 권16, 경자년(1780) 12월 22일.

122 『이재속고』 권14, 「年譜」

란 때 의병활동을 하였던 호남지역 인사들의 기사를 정리하는 데도 심혈을 기울였다. 그가 찬술한 14인의 전기류도 대부분 국난극복에 앞장섰거나 모범적인 행적을 남긴 호남 인사들에 관한 것이었다. 관직에서 은퇴한 후 그가 주력한 일은 호남의 역사와 선현들의 문집에 서문과 발문, 제사 등을 쓴 것이었다. 이를 통해 1589년의 기축옥사 이후 분열된 호남사족의 대립을 비판하고 양 세력의 봉합을 위해서도 나름의 노력을 기울였다.

18세기 당시 호남에 대한 차별문제를 본격적으로 다룬 실학자들은 거의 없다. 이재와 동시대에 활동했던 신경준도 여기에 대한 문제의식은 보이지 않으며 정약용도 정면으로 제기하지 않았다. 그런 점에서 이재의 호남에 대한 자의식과 차별문제에 대한 인식, 그에 대한 해결책의 제시와 실천적인 활동은 나름대로 중요한 의미가 있다고 볼 수 있다. 비록 그것이 차별 자체를 구조적으로 해결하자는 수준에 이르지 못하고 차별당하지 않으려는 차원에 머무르고 있다는 한계성을 감안하더라도.

5. 사회개혁론

이재의 사회사상과 관련한 자료로서는 『이수신편』 16권 「군도(君道)」, 17권 「치도(治道)」, 『자지록』, 『잡저』, 『만록』 등이 있다. 「군도」의 목차를 보면 총론 · 군덕(君德) · 성학(聖學) · 저사(儲嗣) · 군신 · 신도(臣道)의 6항목으로 되어 있다. 「치도」는 총론 · 예악 · 종묘 · 종법 ·

시법(諡法) · 봉건 · 학교 · 용인 · 인재 · 논관 · 이정(莅政) · 간쟁 · 법령 · 상벌 · 왕백(王伯) · 전부(田賦) · 남무종횡도(南畝縱橫圖) · 정경계지제(定經界之制) · 조도비지제(造都鄙之制) · 위구혁부거마지제(爲溝洫賦車馬之制) · 교내육향권민성속지제(郊內六鄕勸民成俗之制) · 육향육수회민출병지제(六鄕六遂會民出兵之制) · 구기(九畿) · 구복(九服) · 봉강(封疆) · 이재(理財) · 절검 · 진휼 · 논병 · 논형 · 이적 등 32개 항목으로 구성되어 있다. 위의 내용을 보면 통치의 정신과 원리에서부터 관료제도 운용, 토지제도와 사회제도, 향촌자치제, 재정운용방안, 대외관계에 이르기까지 다방면에 걸쳐 자세하게 수록되어 있음을 볼 수 있다. 그런데 「군도」와 「치도」의 서술내용은 『이수신편』의 내용이 대부분 그러하듯이 주로 고금의 명언을 수록한 것이다. 그것도 대부분 송대 성리학자들의 일반론적인 말을 그대로 옮겨놓은 것이다. 국내학자로는 지봉 이수광의 말이 한 번 인용된 것뿐이다. 인용되는 사례도 중국 고대의 것들이 대부분이다. 한국역사 속의 이야기는 물론 당시 조선의 현실 진단에 기초한 내용이나 개혁안의 제시는 거의 없다. 이 점에서 『이수신편』의 「군도」와 「치도」는 이를 통해 이재의 관심범위를 볼 수 있을지는 몰라도 그의 사회사상을 구명할 수 있는 직접적인 자료로서는 부족하다.

이에 비해 『자지록』의 「본국경제대요」 · 「이조」 · 「병학지남진법변통도」 · 「혈록(穴錄)」 · 「수록(隨錄)」 등의 기사와 『잡저』의 「곡석설(斛石說)」 · 「전화경중설(錢貨輕重說)」 등이 그의 경제 및 군사사상을 엿볼 수 있는 자료이다. 또 『만록』[123]과 「연보」, 「행장」 등에는 제목이

123 『漫錄』은 원래 『이재난고』 권57의 『잡지』에 속하는데, 『이재선생문집』을 편찬하면

붙어 있을 정도의 체계적인 기사는 없지만 주목할 만한 내용이 많다. 특히 『만록』에는 이재의 사회인식과 거기에 바탕을 둔 대책 제시 등이 되어 있어 그의 사회개혁론을 구명하는 데 가장 좋은 자료이다. 여기서는 이상의 자료를 바탕으로 이재의 사회개혁론을 정치 · 행정, 사회관습, 국방에 대한 개혁안을 중심으로 살펴보고자 한다.

1) 정치개혁안

이재의 정치 행정 및 과거제 개혁안은 '구시책(救時策)'의 형태로 제시되어 있다. 그의 구시책은 상소문으로 조정에 진언된 것이 아니고, 개인과의 토론과정에서 제시된 형태로 되어 있는 것이 대부분이다. 「연보」와 『만록』을 보면 구시책을 제시한 사례가 상당히 많이 나오는데 그 가운데 중요한 것을 살펴보도록 하겠다.

(1) 1767년(영조 43, 39세) 정경순과의 토론

이해 2월 이재는 정경순을 방문하여 토론하면서 도량형의 불통일에서 오는 폐해를 지적하고 도량형을 통일해야 한다고 주장하였다.[124] 이어 이재는 군사제도의 개혁, 무능한 관리의 도태, 내수사와 궁방전의 정리와 엄격한 운용을 통한 종실의 비용 낭비 억제 등의 변통책을 제시하였다.

서 『만록』이라고 불렀다. 그 형식은 수필로 이재 황윤석이 평소에 관심을 가진 다양한 분야와 듣고 본 사건 및 자신의 생각과 관점을 기록한 내용이다. 수록 내용이 매우 광범위하여 당시 사회와 문화의 흐름과 특색을 알 수 있다.

124 이에 관한 자료로서는 『이재속고』 권12, 『雜著』 「斛石說」, 「錢貨輕重說」이 참고된다.

(2) 1769년(영조 45, 41세) 영조에게 올린 건의와 「시폐십조(時弊十條)」

이재에게 있어서 정치의 개혁은 무엇보다 임금의 마음을 바로잡는 것이었다.[125] 이해 6월 종부시 직장으로 재직 시 영조에게 입시할 때 이재는 제도개혁보다는 임금의 마음이 근본에 바탕하고 근원을 깨끗이 하는 것이 중요하다고 하면서 그러한 후에 비로소 정치에 힘써지고 공도가 넓혀지며 교화가 존숭되고 유술(儒術)이 중시되고 인재가 모이며 언로가 열리고 행문(倖門)을 막고 염치가 길러지며 탐장(貪贓)이 막아지는 등 개선이 가능하다고 하였다.[126]

이어 9월 8일 영조가 친히 신하들을 모아 책문을 짓게 했을 때 이재가 「시폐십조」를 건의하였다. 여기서 이재는 영조에게 "청컨대 다시는 아래로 실무자들이 할 일을 하시지 말고, 관방(官方)을 명령하거나 과거를 남발하시지 말 것이며, 잦은 행차로 인해 비용을 소모하지 마십시오."라고 하였다. 이때 참시관 원인손(元仁孫)이 그 내용을 보고 놀라 소매에 숨겨서 가버렸다고 한다.[127]

『만록』에는 내용이 보다 자세히 기록되어 있다. 즉 근래 과거가 너무 자주 행해지고 관방(官方 : 관리가 지켜야 할 규율 내지는 관리가 자기직무를 관장하는 법례)이 너무 남용되기 때문에 백성들이 곤궁해지고 재정이 고갈되었다는 것이다. 특히 이재는 여기서 과거제에 대한 나름의 대안을 제시하였는데, 식년시(式年試)보다 별시(別試)가 남설되어 운용되는 것에 대해 맹비판하였다.[128] 그 결과 식년시의 권위가

---

125 『이재속고』, 권14, 「年譜」
126 『이재속고』, 권14, 「年譜」
127 『이재속고』 권13, 「行狀」
128 『이재속고』 권11, 「漫錄」 中

떨어지고 별시가 더 중심이 되었으며, 지방에 있는 응시자들은 아주 불리한 대신 서울 부근 사람이나 유력자의 자제에게 유리하다는 것이다. 아마도 이재 자신의 체험에서 나온 불만이라고도 여겨지는데, 이것은 실제 큰 부작용을 초래하고 과거제를 유명무실하게 하는 큰 폐단이 되었다.

이해 11월 이재는 과거제 개혁에 관해 논하였다. 그는 다시 유력자가 문한(文翰)의 일대기요를 망라하는 현상을 우려하면서 모두에게 평등하게 시험에 응시할 기회를 주고자 하는 과거제의 취지가 유명무실해지는 것을 비판하였다. 이에 대한 구체적인 대안을 제시하지는 않았으나 당시 과거제의 운용실태가 문제가 많음을 비판하고 본래 취지에 합당한 운영을 촉구하는 것이었다.[129]

(3) 1774년(영조 50, 46세)「구시책」

이해 7월 이재는 미호 김원행을 조문하고 서울로 돌아와 구시책을 제시하였다. 이때는 과거를 완전히 포기하고 귀향한 직후였기 때문인지 가장 대담하고 구체적인 개혁안을 제시하였던 것 같다. 그 내용을 보면, "오늘날의 제일 중요한 바는 오직 먼저 만화(萬化)의 근원을 바로잡은 연후에 도모할 바가 있을 것이다. 그러나 그것은 대인을 기다려 온 후에 살필 수 있을 것이다."라고 하여 치도의 근원을 '격만화지원(格萬化之源)'·'격군심(格君心)'·'풍화위본(風化爲本)'에 두는 지론을 주장하였다. 이어 '여사(餘事)로서 말해본다면' 하고 내외정에 걸쳐 나름의 개혁안을 제시하였는데 정리해 보면 다음과 같다.

---

129 『이재속고』 권14, 「年譜」

① 용관(冗官)의 도태와 비용 절감 : 나라의 재정이 심히 군색한 만큼 급하지 않은 관리를 도태시키고 쓸모없는 비용을 축소해야 한다.

② 과거제 개혁 : 명경과 제술을 반분하고, 또 『주자사의(朱子私議)』에 의거해 매 식년시마다 하나의 경전만을 보게 한다면 과거를 보는 선비의 경쟁에서 막힘이 줄어들 것이다.

③ 지방행정기구의 축소 : 외방의 경우 소현을 병합하고 아주 커서 통치하기 힘든 읍은 혹 영장에서 떼어 주고 계수관으로 겸하도록 한다.

④ 군사제도 정비 : 중앙의 오위사군직아문의 경우 을묘왜변과 임진왜란 이래 영직(影職)이 많이 생겼는데, 이를 도태시키고 감축해야 한다. 그렇지 못하면 옛날 제도에 따라 군병을 오위사(五衛司)에 돌려 실직으로 하게 하고 새롭게 세워진 군문은 혁파하는 것이 옳다.

⑤ 중앙행정기구의 축소 : 공상아문(供上衙門)의 경우 사옹원 하나만 남기도록 하는 것이 옳다. 능관(陵官)에는 능침서(陵寢署)를 설치하여 그 관원이 총괄하도록 하며 때에 따라 두루 살피고 수호하면 될 것이다. 종부시와 종친부는 병합해야 한다. 예문관 · 승문원 · 춘추관 · 홍문관의 장은 겸하도록 해야 한다.

이재는 이상과 같은 조치들이 시행된다면 국가의 재정에 여유가 생길 것이며 백성들의 힘이 크게 곤해지는 지경에 이르지 않을 것이라고 하였다.[130] 전체적인 내용을 보면 대개 행정 · 군사기구의 축소와 효율적 운용을 통해 경비 절감을 도모하자는 것이다. 과거제에 대해서도 마찬가지로서 앞의 구시책들과 대동소이하며 특별한 개혁안은 아니다. 그러나 지금까지의 그의 주장을 집대성한 느낌을 준다.

---

130 『이재속고』 권13, 「行狀」

(4) 1778년(정조 2, 50세) 「논치도(論治道)」

이해 8월 이재는 김종후(金鍾厚)와 '치도'에 대해 토론하면서 당시의 폐해로 과거법과 탐장률을 들고 시급히 해결해야 한다고 하였다. 여기서 그는 과거제에 천거제를 보완할 것을 주장하였다. 천거를 통해 전제 · 법률 · 병법 등 각 부문에 재능 있는 인사를 고루 등용할 수 있다고 보았으며, 그렇게 하면 천하의 경륜이 성대해질 것이라고 하였다.[131]

이상 이재의 정치개혁안을 보면 체계성이 부족하며 전인미발의 독창성이 돋보이는 것도 아니다. 이 정도의 개혁안은 이미 여러 사람들에 의해 제시된 바이며, 이른바 '실학적 개혁론'과는 거리가 있다. 고위직에서 정책을 논의 · 운영한 경험이 없었던 이재로서는 국가경영적인 차원에서의 제도개혁안이나 당시의 사회모순을 구조적인 문제로 파악하는 시야를 갖추기 어려웠던 것 같다. 그의 정치개혁론이 행정운영상의 부분적인 문제에 국한되어 있고, 상당 부분은 자신의 체험이나 입장이 반영되어 있는 점도 이에 기인한다고 여겨진다. 이재의 논의 속에서는 당시 농촌경제의 기본문제인 토지소유관계에 대한 개혁안이나 도시 상공업에 관한 언급을 찾아볼 수 없다. 또 영 · 정조기 급격하게 변동하고 있었던 사회저류의 움직임에 대한 인식이 박약하며, 그들이 겪고 있었던 제도적인 질곡을 외면하고 있다는 점에서

---

131 『이재속고』 권14, 「年譜」, 이재의 과거제 개혁론은 반계나 성호의 그것과 유사한 점이 많다. 반계도 과거제 대신에 貢擧制의 도입을 주장하였으며, 성호는 과거제 개혁안으로서 '科薦合一'을 강조하였다. 이재가 이들 개혁안의 영향을 받았는지는 확실하지 않으나 이재가 이 두 사람의 개혁사상을 존중하였던 만큼 참고했을 가능성은 충분히 있다고 생각된다.

기존의 실학자들과는 차이가 있다. 농촌문제에서는 지주적인 입장에 서있었고, 공업과 상업 면에서는 관영 중심의 기존 질서를 옹호하고 있었을 뿐이다. 이 점은 그의 다른 구시책에서도 마찬가지이다.[132]

이재의 경제적 여건을 보면 그의 집안은 재지중소지주적 성격을 띠고 있었던 것 같다. 현재 생존해 있는 8대 종손 황병무의 말에 의하면 이재의 선대에는 천석군이었다고 하는데 연보상으로도 이재의 유년시기에는 상당한 부를 소유한 토착지주였던 것으로 보인다. 그런데 이재 당대의 말년에 이르러서는 경제적 곤궁을 한탄하는 시와 연보의 기사가 나오는 것으로 보아 다소 어려워졌던 것 같다. 이와 같은 경제적 여건이 그의 사회인식에 일정하게 영향을 주었을 것이다. 그가 민생의 어려움을 무시한 것은 아니었지만 그 원인에 대한 진지한 성찰이나 적극적인 개혁론을 제시하지는 않았다. 또 도시 상공업계의 현실이나 모순에 대해서도 거의 관심을 보이지 않았다는 사실은 그의 경제적 기반과 관련이 있었을 것으로 여겨진다.

기본적으로 이재는 만화(萬化)의 근원을 바로 잡는 것이 정치의 근본이고, 제도개혁은 '여사(餘事)'로 인식하고 있음도 주목해야 한다. 여기서 만화의 근원이란 위로는 임금의 마음을 바로잡는 것이고, 아래로는 백성의 풍속을 교화하는 것이다. 요컨대 명본원주의(明本源主義)에 입각한 '위로부터의 의식개혁'이 그의 정치개혁론의 본질이다.

---

132 토지제도에 관해『이수신편』에서 중국 周代의 井田制 · 箕田制를 소개했지만 어디까지나 이를 지식으로 이해하였을 뿐 당시 조선의 토지제도를 개혁해야 한다고 생각하지는 않았던 것 같다. 그는 기존의 토지제도는 그대로 인정하였으며, 수취관계의 모순에 대한 제도적 개혁안도 제시한 바가 거의 없다. 오직 절검과 운용의 개선을 통한 국가재정의 안정을 우선적으로 도모하였을 뿐이다. 民力에 대한 언급도 있기는 했지만 이차적이었다.

위로부터의 제도개혁에도 소극적이었고, 밑으로부터의 개혁에 대해서는 기대도 하지 않았다. 이재의 개혁안은 제도적인 개혁이 아니라 현실에서의 말폐에 대한 운용상의 개선을 도모하는 차원에 머물고 있다.

2) 사회관습 개혁론

이재는 1771년 부친의 사망과 이듬해 스승 미호의 사망 후 3년간 고향에 머무는 기간 중 재가 금지, 서얼 차대, 노비세습제 등 법률이나 사회적 관례로 지켜져 왔던 악습에 대해 그 폐해를 논하면서 철폐할 것을 주장하였다. 이재는 『만록』에서 이 문제에 대해 집중적으로 검토하면서 이러한 비인간적 제도에 대해 신랄하게 비판하였다.[133] 여기서 이재는 부녀자 재가금지와 서얼차별제도에 상당한 분량을 할애하여 집중적으로 논의하였다. 서술방식은 먼저 제도의 유래와 관련하여 중국과 우리나라의 고금의 제도를 살펴보고, 구체적인 사례를 나열한 뒤 자신의 의견을 '여왈(余曰)', '안(按)', '근안(謹按)' 등의 방식으로 제시하고 있다. 이 부분은 그의 고증적이고 실증적인 학문방법이 약여한 대목이다. 특히 중국과 우리나라의 각 시대별 제도와 변천상, 해당되는 구체적 인물과 사례, 종실과 신분에 따른 제도적 차이점 등에 대해 상세하게 기술되어 있어 서얼과 재가문제를 연구하는 데 귀중한 자료로서의 가치가 있다.

---

133 『이재속고』 권10, 「漫錄」 上

(1) 재가 금지 문제

재가 금지 문제에 대해 이재는 국초에 고려 말의 풍습을 없애기 위해 만들었다고 하였다. 그러나 지금으로서 본다면 그러한 우려는 기우일 뿐 고려 말 재가하기 위해 부녀자가 지아비를 살해한 사건은 그 여자의 성행의 선악에 연유할 따름이지 재가금지 여부와 관계없는 일이라고 하였다. 중국에서는 송대의 정자·주자 이래 재가금지를 논하지 않았다고 하면서 당시 재가를 못한 부녀자들이 실은 노비나 근친들과 음행하는 현실을 지적하였다. 우리나라의 재가금지법은 너무 지나치게 엄격하다고 비판하면서 고금에 남자들의 재취를 금한 바는 왜 없는가? 라고 반문하였다. 그는 또 송시열이 재가의 허락을 주장한 예를 인용하면서 조선 후기 당시 '억지열녀'들이 양산되는 상황을 애석해하였다. 그는 당시 인간의 본성을 무시하는 이러한 비인간적 제도와 그나마 실질적으로 지켜지지 못하는 위선적인 실상에 대해 매우 냉소적으로 보았으며 신랄하게 비판하였다. 이러한 모순을 터주는 것이야말로 어진 정치가 마땅히 해야 할 바요 우선적으로 변통해야 할 것이라고 하였다.[134]

이재는 또한 재가녀 자손들에 대한 차별에 대해서도 비판하였다. 성종대부터 재가녀 자손을 청현직(淸顯職)에 기용하지 못하게 함으로써 신라·고려 이래의 재가풍습은 변했다고 지적하면서, 그 제도 자체의 취지는 긍정하면서도 예외적인 경우를 인정해야 한다고 하였다. 따라서 지금은 마땅히 법령을 고쳐 일찍이 과부가 되어 쫓겨 나와 의탁할 곳이 없는 자의 재가를 허락하고 그 자녀는 차별제도에 예외로

---

134 『이재속고』 권10, 「漫錄」 上

인정해야 한다고 주장하였다. 이것 또한 인정(仁政)의 한 변통이라고 하였다.

(2) 서얼 차대 문제

서얼 차대에 대해서 이재는 『만록』에서 그 유래와 연혁에 대해 서술하였다. 그는 서얼 차대에 의한 당시의 현실적인 폐해에 대해 지적하면서 사대부가의 자손들 중 특별한 재주가 있는 자라도 작란하거나 도거하거나 하며, 한학이관(漢學吏官)·학관(學官) 등의 자리는 서얼들이 모이는 곳이라고 하였다. 이어 어숙권·송익필 등 유명한 행적을 남긴 서얼들을 예로 들고, 따지고 보면 황희나 김종직도 서자라고 하였다. 그는 율곡의 서얼허통안을 소개하면서 "이것은 실로 나라를 위하고 인재를 얻고자 하는 공의로운 마음에서 나온바"라고 하였다.[135] 이재는 중국에는 역대로 본래 고얼의 법(錮孼之法)이 없었다고 하면서 "하늘이 사람의 재주를 내는데 어찌 적서 간에 구별이 있겠는가?"라고 하였다. 또 우리나라의 서얼차대 제도가 너무 엄격하게 적용되는 현상에 대해 우리나라의 규정은 한번 정해지면 변통할 줄 모른다고 비판하였다.

이재는 나아가 인재 등용에 있어서 서얼 차대의 완전한 철폐와 함께 문벌에 의한 차별을 폐지할 것을 주장하였다. 즉 그는 "대개 우리나라는 사람을 씀에 있어서 오로지 문벌을 숭상한 지 오래되었다. 그러나 하늘이 인재를 내는 데 있어 실로 적서(嫡庶) 간에 구별이 없다.

135 『이재속고』 권10, 「漫錄」 上, "大抵許通之論, 如栗谷諸賢本意, 則是一團公心爲國家, 爲世道愛惜人才故也."

임금이 인재를 씀에 있어서는 마땅히 관을 위해서 사람을 택해야 할 따름이다"라고 당시의 문벌 숭상 풍조와 미온적인 서얼 허통에 대해서 비판하였다. 이와 함께 이재는 영조대에 서얼 허통을 위한 정책을 시도하였는데 그것이 제대로 실현되지 못한 데 대해 안타까움을 표시하였다.

(3) 노비세습제 문제

그는 또 노비제의 세습에 대해서도 비판하였다.

"세상에서 말하기를 우리나라에는 세 가지 원통함이 있다고 한다. 하나는 서얼이 죄가 없으면서도 버림을 당하는 것이요, 하나는 부녀자의 개가를 금하는 것이요, 또 하나는 노비들이 세습적으로 매매되는 것이다. 이는 천하고금에 없는 바이고 우리나라의 풍속에만 있는 것으로 또한 인인(仁人)과 군자가 마땅히 측은히 여기는 바이다."라고 하였다.[136]

노비제에 대한 이재의 주장은 이것뿐으로 서얼이나 재가 문제에 비해 소략하고 구체적인 안을 제시한 바가 없다. 이 논의도 노비제의 폐지를 주장한 것은 아니라고 보인다. 그러나 목천현감 재직시에는 「관노계안(官奴契案)」을 작성하기도 하여 노비 문제에 대해 지속적인 관심을 보여주었다. 그는 여기서 생계유지가 어려운 관노비들의 생계대책을 마련해 주려고 노력하였으며, 관노비들의 결혼을 허락해 주고 재산취득 시 손실이 없도록 조치해 주기도 하였다.[137]

---

136 『이재속고』 권10, 「漫錄」 上

137 『이재속고』 권4, '題跋', 「題木川縣官婢契案」

3) 국방개혁안

이재는 국방 문제에 대해 깊은 관심을 가지고 독자적인 대책을 제시하였다. 이에 관한 자료로서는 『자지록』 「병학지남진법통변도」·「혈록」·「수록」과 「설론방비어모지책」·「연보」·「행장」 등이 있는데, 특히 42세 때 지었다는 「설론방비어모지책」은 그의 국방사상을 이해하는 데 아주 중요하다. 「연보」에 의하면 43세 되던 해인 1771년 3월에도 김용겸과 병서와 해방에 대해 토론하였다는 기사가 있다.[138]

그의 국방개혁안의 요체는 을묘왜변과 임진왜란 이후 변칙적으로 설치 운영되던 군사제도를 정비할 것과 더불어 수도권 수비, 축성법, 관진수비, 해방론 등에 대한 대안을 제시한 것이다.

(1) 산성 수비

이재는 우리나라가 전통적으로 산성이었고, 지세상 산성 수비를 해야 하는데 근세 100년 이래 승평이 계속되면서 산성을 버리고 평지성으로 옮기는 현상에 대해 우려하면서 비판하였다. 또 수도권의 성에 대해서는 북한산성의 지세는 박약한 데 비해 남한산성의 지세는 금성탕지로서 수도권 방위의 요처라고 하였다. 그럼에도 불구하고 병자호란 시 무너진 것을 애석해하였다. 이재는 자신이 본 성 가운데 홍덕과 고부의 성이 훌륭하다고 하면서 그 구조를 자세히 소개하였다.

---

138 이때 이재는 安鄭老의 『演機新編』의 내용에 대해 탁월한 식견이라고 칭찬하였다. 즉 상권에서 唐·宋 이래의 陣法의 오류를 고쳤고 중편의 三十六韜와 하편의 孤虛旺相이 또한 天時·地利·人和의 핵심을 잘 이해하였다고 평가하면서 효종의 북벌계획의 자료로 이용될 만하다고 하였다.

(2) 관진(關津) 수비

이재는 당시 화평한 때를 만나 육지에서의 관과 연안의 진에 대한 수비가 허술함을 지적하였다. 특히 서울 부근의 진 수비는 어린아이 장난과 같다고 비판하면서 지켜야 할 관진을 제시하였다. 대표적인 관(關)으로는 북으로는 마운령 등 4곳, 서로는 우항 등 5곳, 동으로는 대관령 등 3곳, 남으로는 조령 등 4곳을 들었다. 또 대표적인 진(津)으로는 서로는 청천강 등 6곳, 동으로는 용진강 등 4곳, 남으로는 한강 등 7곳을 들었다. 이들은 요충필쟁지로서 평화로울 때 대비해 두지 않으면 난이 일어날 때 결국 버리게 된다고 하면서 임진왜란과 병자호란 때의 예를 들었다.

(3) 축성법

성은 높고 험한 지역에 거하는 것이 제일 요건이라고 보았다. 이재는 몽골 침략, 임진왜란, 병자호란 등의 경험과 사례를 인용해 가면서 지형과 성의 상관관계를 따지고 전국의 주요 성을 분석하고 축성방안을 논하였다. 이런 기준에서 볼 때 남원성이 가장 좋다고 하였으며, 인근의 성으로서 입암성과 적상산성의 구조와 전란 시 경험을 자세히 살펴 전략적으로 분석하기도 하였다. 이재는 또 서울 근교의 축성방위안 중 북한산성을 중시한 조정의 논의를 비판하였고, 또 당시 경성 수비를 축소하자고 하는 논의에 대해 반대하였다.

이밖에 험지로서는 개성의 청석동과 전주의 만마동을 들었다. 전자는 천애의 험지로서 병자호란 때 용골대도 공략하지 못하고 후퇴한 곳인데 그것을 제대로 활용치 못했음을 비판하였고, 후자는 남원의 인후로서 견훤이 잘 이용하였고 임란 시 지세를 잘 이용해 방어해 냈다고 하였다. 또 그는 정유재란 때 조경남이 사용한 무성총의 제조방법이 전수되지 못함을 한탄하였다.

(4) 해방론(海防論)

이재는 해안방위의 중요성을 지적하면서 해방론에 상당한 관심을 가졌다. 우리나라는 삼면이 바다로 동남은 일본과 접하고 서로는 중국의 산동 · 강남 · 절강 지역과 가까워 해안방위가 중요하다고 하였다. 그는 특히 우리나라의 지정학적 위치와 당시의 상황에 대해 위기의식을 가지고 있었다. 즉, "동래 왜관에 있는 일본인은 우리나라 정세를 손바닥 안의 무늬 보듯이 알고 있는데 아름다운 일이 아니다. 관서(關西)와 해서(海西) 연해지역에는 중국 산동 사람들이 고기 잡으러 와 우리나라 사람과 자주 접하고 있으며, 호서 · 호남 · 영남 연해에는 섬이 가장 많아 중국인 · 일본인과 원방의 여러 나라 사람들이 표류해 오는 경우가 적지 않다. 만일 그들 중 해적이 있어 그 섬들에 소굴을 만든다면 어찌되겠느냐? 이로써 보건대 우리나라는 실로 하나의 부서진 집에 각 면마다 바람이 불어오는 것과 같은 형세일 따름이니 어찌 춥지 않겠는가?"라고 하였다.[139] 그래서 이재는 해방론에 깊은 관심을 가졌던 것 같다. 그는 당시 조정이 울릉도나 거제도를

139 『이재속고』 권11, 「漫錄」 中, "余聞日人館于東萊者, 知我情勢, 若掌內視紋, 已非美事, 而關西 · 海西沿海之地, 則山東人自謂漁採海蔘, 往來頻數, 我人至相交驩, 爲之寄食沽酒, 有期必至……湖西南 · 嶺南沿海, 最多島嶼, 而漢人 · 日人及遠方諸國人, 風漂揭來者不少, 若有一種海賊窟穴其間, 巧扮相誑, 孰知非其荒唐者乎? 以此觀之, 我國實一破屋面面皆風者耳. 寧不凜然?"

비롯한 도서지역에 백성들을 보내 살게 하지 않고 버려두는 공도(空島)조치에 대해 “그 결과 태평시에는 황폐화되고 유사시에 해적의 근거지가 되면 어찌 회복할 것인가?”라고 하면서 비판하였다. 그는 관서해와 남해 연안 이외의 도서에도 진을 치거나 백성들이 읍·촌으로 살 수 있는 곳 가운데 사람이 살지 않는 곳이 아주 많다고 지적하였다. “우리나라는 삼면이 바다로 해적들이 이런 섬들에 정박할 수 있는데 지금 조정의 관리들은 민호를 옮겨 진읍(鎭邑)을 설치하지 않고 있으니 어찌 두렵지 아니한가?”라면서 우려를 표하였다.

그는 해방의 중요성을 누차 강조하면서 “현재 사람들이 고담준론만 좋아하고 고려조 사람을 배척하지만 고려시대에는 일찍이 흑산도에 압해제현(押海諸縣)을 설치하였다. 신라 또한 그러했음이 『삼국사기』를 살펴보면 알 수 있다. 이로써 보건대 본조의 먼 것을 경영하는 계책이 앞 시대보다 훨씬 못 미친다.”라고 지적하였다.[140]

이재는 또한 대청사행 시 국가기밀이 누설되고 있는 사실에 대해 우려를 표하였다. 이에 비해 우리나라 사신이 청나라의 정보를 제대로 알아오지 못하는 현실을 비판하면서 당시 사신들이 가져오는 별단서계가 그 실정을 얻지 못한다고 하였다. 그 결과 우리나라는 나라 밖의 한 걸음 벗어난 지역의 소식도 잘 모른다고 한탄하였다.

이재의 국방개혁안과 대책을 보면 물론 해방론도 강조하였지만 대체로 대청 방어책이 중심이 되고 있음을 알 수 있다. 그의 국방사상의 핵심을 이루는 「설론방비어모지책」도 주로 병자·정묘호란 시 당한 사실에 대한 것이 많으며, 따라서 이 책의 주 내용도 청을 가상적

---

140 『이재속고』 권11, 「漫錄」 中

으로 해서 그에 대한 방비책을 논한 것이 많다. 이재가 살고 있었던 당시에는 청으로부터의 침략에 대한 우려가 거의 없었음을 감안해 볼 때 그의 대청 인식과 결부시켜 이해해 볼 수 있을 것 같다. 이러한 그의 인식은 북벌론의 연장선상에 있다고도 보이는데, 이것은 송시열 이래의 노론의 정책노선이었다.

6. 이재 사상의 성격과 의미

1) 18세기 조선 지식사회의 '박학(博學)'과 사상사적 의미

17세기 이후 동아시아 삼국의 학계에서는 실증과 고증을 중시하는 학풍이 하나의 조류를 형성하였다. 선구적 저작으로는 1609년 중국에서 간행된 왕기(王圻)의 『삼재도회(三才圖會)』를 들 수 있는데, 조선과 일본으로 전해져서 많은 영향을 주었다. 1614년 조선에서는 이수광의 『지봉유설(芝峯類說)』이 완성되었고, 일본에서는 100년 정도 후인 1713년에 데라시마 료안(寺島良安)의 『왜한삼재도회(倭漢三才圖會)』가 간행되었다. 이 세 책은 비슷한 시기 동아시아 삼국에서 백과전서적 학술의 선구로서 세계인식의 새로운 시도를 보여준 계몽적 의의를 지닌다.

17세기 이래 명말청초에 제고된 경세치용학은 청조가 정치적으로 안정되면서 상대적으로 쇠퇴하고 대신 고증학이 발전하였다. 청대의 고증학은 훈고학의 발전이라는 면에서 '한학(漢學)', 혹은 송대 성리학에 대비해 '명물도수학(名物度數學)으로 불렸다.'[141] 명말의 경세치용학에 이어 청대의 고증학이 조선의 지식인사회에 전해지면서 상당한 호응을 불러일으켰다. 이어 서양의 학술서인 한역서학서가 전해지면서 신선한 충격을 주었다. 조선의 일부 지식인들은 청대의 고증학과 서양과학서적을 수용하면서 일본학술서에 관심을 기울이기도 하였다. 이들 학자들은 사변 위주의 성리학에서 고거(考據)와 실측(實測)에 의한 학문방법과 객관적 사실 탐구를 중시하는 방향으로 선회하였고, 박물학과 자연과학에 관심을 기울였다. 이것은 성리학을 해체하고 고증학을 성립시키는 출발점이 되었다.

조선 후기 실학자들도 대부분 고전경학적 인식과 고증학적인 경향성을 지녔다. 이들은 청대 고증학과 그 원류인 한대의 훈고학 내지 명물도수학의 가치를 주목하고, 상수학과 자연학 분야에 대한 재인식으로 나아갔다. 또 자연과학에 대한 최신의 지식과 정보를 담고있는 서양과학도 적극적으로 수용하였다. 남인계의 이익은 천문학과 역상학 등 서양과학기술의 우수성과 실용성에 주목하였고, 이가환도 명물도수학의 중요성을 역설하였다. 노론계에서도 김원행·홍대용·황윤석 등의 석실서원파 그룹과 소론계의 서명응과 서호수·정경순·정철조도 이런 흐름을 주도하였다.

이들은 주자학일변도의 풍토에서 기존의 학문적 위계를 일부 해체하여 자연학의 독자적 가치를 긍정하였고, 서양과학의 수용을 통해 물리를 탐구함으로써 독자적인 지식체계를 구축하고자 시도하였다. 18세기에 들어 주자학에서 독자적 가치를 인정받지 못했던 자연학의

---

141 1677년 김창흡은 명물도수에 대해 '禮樂·律曆·兵刑·山川·官制·食貨의 류'로 규정하였다.

학문적 가치와 중요성을 인정하는 논의가 출현하였다. 이에 따라 종래 '소도(小道)'로 치부되었던 자연학이 유학자들의 필수적 교양으로까지 격상하였다.[142]

홍대용은 조선의 학문이 청에 비해 지나치게 성리학일변도임을 지적하면서 학문의 다양화의 필요성을 역설하였고, 박학다식을 군자가 반드시 추구해야 할 학문이라고 강조하였다. 그는 상수·명물·음악·천문학·산학 등 실용적인 자연학에 깊은 관심을 가졌고 육예(六藝)를 중시하였다.[143] 홍대용에게 명물도수는 '경제학(經濟學)'의 중요한 도구로 인식되었다. 즉 명물도수가 목적이 아니라 수단으로, 목적은 경세치용학이 되는 것이다. 청대의 고증학자들은 성리학의 사변성과 비실용성을 비판하면서 과학성을 제고했지만, 대신 경세치용을 멀리 함으로써 또 다른 의미에서 허학(虛學)이 되어버린 오류도 있다. 이 점에서 조선 후기의 실학과는 다르다.

18세기 조선 사상계의 주요변화상은 도덕담론인 주자성리학에서 지식담론인 고증학·명물도수학·박학으로 변화해 간 것이다. 후자의 지식인 그룹에서는 경학보다 박학을 중시하였고, 도(道)보다는 기(器)와 예(藝), 즉 도덕과 무관한 지식과 기술의 중요성을 강조하였다. 성리와 의리보다는 명물도수와 격물치지를 더 중시하였고, 연구방법에서는 고증과 실측을 강조하였다. 주자성리학을 극복하기 위해 이들이 내세운 '본원유학의 실제성 추구 정신의 회복(=고학, 실학경학, 고

---

142 구만옥(2018)

143 홍대용은 1765년 연행을 마친 후 "학문을 義理之學·經濟之學·詞章之學으로 흔히 나누는데, 의리를 버리면 經濟가 功利에 빠지고, 경제가 없으면 의리가 쓸모없다"고 하였다. 1799년 서형수는 이 세 분야에 名物之學을 추가해 章學誠의 4분류법과 부합시켰다.

전경학)'이라는 목표와 새로운 방법론으로서의 훈고학 · 고증학 · 명물도수학 등은 서로 연결되어 있다.[144]

현실에 대한 변화와 개혁을 도모하였던 실학파에게 두드러지게 나타나는 특징의 하나가 백과전서파적인 성향이다. 이것은 그들의 실용적 · 이용후생적인 학문적 지향과 직결될 뿐만 아니라 박학성 그 자체로서 이미 그것을 경시하였던 당시의 정통주의적 학문 경향에 대한 적극적 대응의 형태를 지니고 있다. 즉 박학에는 단순한 지식의 집적이 아니라 보다 적극적이고 실천적인 사상운동으로서의 의미가 있는 것이다.

박학의 중요성을 재인식한 실학자들은 백과전서파에 비견될 정도로 '박물학의 학풍'을 일으켰으며 많은 유서(類書)를 저술하였다. 박학운동은 성리학에서 벗어나 학문대상을 확대하는 것이고, 정학(正學)과 잡학(雜學), 상학(上學)과 하학(下學), 본(本)과 말(末) 등으로 표방되는바 학문의 위계성을 부정하고 해방시키는 것이다. 그 지향하는 목적으로는 경세치용과 이용후생, 방법으로는 실사구시가 있다. 실학자들이 의도적으로 행한 방법론의 전환이다. 이들 백과전서파 실학자들은 결과적으로 거대한 학술사적 전환을 수행했다고 볼 수 있다.

2) 이재 사상의 특징과 의의

이재의 학문에 대해 심정진(沈定鎭, 1725~1786)은 "육경에 근본을 두면서 백가에 통달하였다. 규모가 크면서도 잡박하지 않고 세밀하면

---

144 윤사순(2009)은 '박학정신의 추구'를 실학자들의 의도적인 '학문방법론 전환'으로, 즉 학문의 대상과 시야의 확대에 해당된다고 파악하였다.

서도 번잡하지 않으니 세상에 보기 드물게 박학하다"라고 평하였다.[145] 이재는 좌우명으로 "군자가 되어 한 가지 일이라도 알지 못하는 것이 있다면 부끄러운 일이다"라고 할 정도로 격물치지적인 박학성을 중요시하였다.[146] 실제 저술목록과 『이수신편』, 『자지록』, 『문집』 등을 통해 볼 때, 그의 관심 분야는 성리학뿐만 아니라 천문역상학 · 산학 · 기하학 · 역사학 · 지리학 · 경세치용학 · 국어학 · 자연과학 등 다양하고, 저술의 양은 호한하여 당대의 박물학자 내지 백과전서파라고 할 만하다.

1787년에 지은 「자서설」에서 이재는 "내가 나이 어렸을 때 책읽기와 옮겨쓰기에 노심비력(勞心費力)하였는데, 경사자집(經史子集)부터 심성(心性) · 이기(理氣) · 성음(聲音) · 전예(篆隸) · 도화(圖畫) · 의약(醫藥) · 상수(象數) 등 구류백가(九流百家) 모두가 사색의 대상이 아닌 것이 없었다"라고 하였다.[147] 61세인 1789년에 지은 「자경잠(自警箴)」에서는 천지간 삼재(三才)의 하나로서 삼라만상에 대한 탐구를 자신의 평생 일로 자임했다고 자신의 학문을 회고하였다. 어릴 때부터 박학을 지향했음을 고백한 것이다. 1790년 죽음을 대비해 지어 두 아들에게 준 「자제문(自祭文)」에서는 "나의 학문은 박학을 거쳐 축양함으로

---

145 『이재속고』 권13, 「行狀」, "本六經而達百家, 大而不雜, 細而不繁, 曠世罕有, 盡知言也."

146 『이재속고』 권13, 「行狀」, "古之君子, 恥一物不知."
'恥一物不知'란 표현은 『後漢書』 권58, 「張衡傳」에 처음 나온다. 남송시대 『山堂群書考索』을 지은 章如愚는 "군자는 한 가지라도 모르는 것을 부끄러워한다. 그러므로 박학은 고금을 통하는 소이이다.(總論君子恥一物之不知, 則博學以通古今者也.)"라고 하면서 박학에 대한 신념을 제시하였다. 즉 古와 今을 통하는 것이 박학이라고 정의하였다.

147 『이재유고』 권23, 「自敍說」, "余少時讀書寫字, 勞心費力, 其於經書史集, 心性理氣聲音篆隸圖畫醫藥象數, 一切九流百家, 無非思索之地."

나아갔다.……스승이 넓게 공부하되 실되게 하라 하셨고, 아버지가 삼가하고 절제하라고 하신 훈계를 따랐다"라고 하여 박이약(博而約)과 실학을 지향했다고 밝혔다. 자신의 인생관과 학문관을 솔직하게 토로한 글인데, 자기가 남긴 학문에 대한 자부심도 엿볼 수 있다.

이재는 당대에 이미 박학다식한 박물학자로서 명성이 높았다. 사후에는 더 높은 평가를 받았다. 이재가 63세를 일기로 사망했을 때 당시의 전라도관찰사 조진택이 만사(挽詞)에서 "밝은 저 남두성 이남에서는 하서 김인후의 도덕이 가장 높았는데, 오직 황공만이 거의 비슷하며 박문약례의 학행은 같은 경지에 있다"라고 평하였다.[148] 1821년 문인인 송헌진(宋獻鎭)은 이재 학문의 성격에 대해 총체적으로 "유용지학(有用之學)으로 세상에 드물게 보는 통유(通儒)라야 할 수 있는 것이다"라고 평하였다.[149] 통유는 학과 도를 구비해야 하고, 이에 머물지 않고 하나의 원리로 되돌려 통섭[反約]할 수 있어야 진정한 통유라고 정의하고 이재가 그에 합당한 인물이라고 높이 평가한 것이다.

1829년 『이재유고』의 서문에서 조인영은 "본과 말이 갖추어지면 그것을 학(學)이라 하고, 체와 용이 갖추어지면 그것을 도(道)라고 하며, 이 두 가지를 겸한 사람을 통유(通儒)라고 한다. 그러나 통유라고 해도 되돌려 요약하는(反約) 노력을 기울이지 않는다면 성인의 법문과는 차이가 날 것이다. 이것이 참으로 우리 유학자들이 어려워하는 점이다. 내가 듣기에 이재 황윤석 선생이 아마도 이에 가까울 것이다. (중략) 어찌 옛날의 통유로서 널리 배움을 거쳐 되돌려 요약한 분

---

148 『이재속고』 권13, 「行狀」, "睍彼南斗南, 河西道最尊, 惟公其庶幾, 博約同所存."
149 『이재속고』 권13, 「行狀」

이 아니겠는가"라고 평하였다.[150]

1843년 홍직필은 묘지명에서 "위대하도다 황공이여 맑은 기운을 타고 태어났도다. 널리 배워 요약하고 여러 말들을 절충하였네"라고 평하였다.[151] 이어 1844년 구동사(龜洞祠)를 세우고 이재의 위패를 봉안하면서 지은 축문에서는 이재 학문의 요체에 대해 '박학반약(博學反約)'으로 요약하였다.

이재에 대한 평가 가운데 '통유'란 표현이 자주 나온다. 이재 사상과 학문의 특징을 가장 잘 드러내는 규정이 통유라고 할 수 있다. 18세기 후반기 조선의 지식인사회에서는 군자유(君子儒)나 진유(眞儒)보다는 통유를 추구하는 흐름이 있었다. 이것은 실학적 지향성과도 연결된다. 통유란 천 · 지 · 인 삼재에 두루 통달한 지식인의 의미로 박학과 친화적이다.[152]

이재는 박학다식(博學多識)이 원시유가의 전통으로서 군자가 잊지 말아야 할 덕목이라고 주장해 당시의 학문적 풍토에 대해 비판적 입장을 표명하였다. 그러나 이재의 박학에는 단순한 학문적 호기심이나 지적 유희를 위한 것이 아니라 실용적인 학문에 대한 지향성을 찾아볼 수 있다. 그의 박학 추구는 경세치용과 이용후생의 정신으로 연결되어 있다.

---

150 『이재속고』 권14, 「年譜」, "本末該而謂之學, 體用備而謂之道, 博於斯二者而謂之通儒, 雖然, 不加之以反約之工, 則實與聖人法門相差, 此眞正吾儒之難也. 以余所聞, 黃頤齋先生殆庶幾焉.……豈古通儒由博而反約者, 非也?"

151 『이재속고』 권13, 「洪直弼撰 墓誌銘」, "偉哉, 黃公! 淑氣挺生. 博而反約, 折衷群語."

152 김상현은 「남병철문집 서문」에서 "유자는 詞章之學, 箋註之學, 經濟之學과 함께 曆算術數之學에까지 미치면 이를 通儒라고 한다"라고 통유의 개념을 정의하였다. 이수광은 이를 '博學의 眞儒'라고 표현하였으며 스스로 자부하기도 하였다.

60여 평생을 학문 연구에 바치고 호한한 저술을 남긴 이재의 학문과 사상은 어떻게 평가되어야 하고 또 조선 후기 사상사에 어떻게 자리매김 되어야 할까?

이재는 현재 학계에서 호남실학의 거목으로, 또 한국과학사에서 빼놓을 수 없는 학자로 평가받고 있다. 그런데 이재의 저술과 학문은 얼핏 볼 때 전체적인 일관성과 체계성이 다소 부족하다고 느껴지기도 한다. 그런데 이러한 면모는 18세기 중 · 후반의 과도기적 단계에서 나타나는 실학사상의 한 특징이라고도 할 수 있다. 조선시대의 실학이 철학적인 차원에서 볼 때 주자성리학을 탈피 내지 극복해 나가는 단계는 18세기 말 내지 19세기 전반기 홍대용 · 정약용 · 최한기에 이르러 비로소 가능해지기 때문이다.

이재 학문의 특징은 성리학과 실학을 동시적으로 지향했다는 점이다. 당대에 '한학(漢學)의 명물도수(名物度數)와 송학(宋學)의 이기심성(理氣心性)을 겸비'했다는 평가를 받았다. 성리학적 측면에서도 상당히 깊이 있는 연구를 하여, 인물성동이론에도 일가견을 가지고 논쟁에 참여하였다. 사회개혁론에 있어서는 전반적으로 개량적이며 소략하다.[153] 스스로는 '박이약'을 지향했지만, 유형원 · 홍대용 · 정약용처럼 체계적인 저술이나 사회개혁론을 제시하는 데 이르지 못했다. 이것은 이재가 처한 열악한 환경에서 기인한바 있다고 생각된다. 반계나 다산처럼 장시간 학문에 주력하지 못한 여건에서 자신의 저술을 종합적으로 정리할 기회를 얻지 못했고, 유서 편찬을 위한 기초적 준비는 했지만 충분한 결실을 맺지 못하였다. 또 정치적 기반이 취약한

153 하우봉(2015)

지방선비로서 송시열을 맹주로 기호학파의 본류를 근본적으로 탈피하기 어려운 점도 체계적인 사회개혁론을 제시하지 못한 요인이 되었을 것으로 여겨진다.

그의 학문의 궁극적인 목표는 '성현의 학'을 닦아 대유(大儒)가 되는 것이었다. 그러나 그가 생각하는 성현의 학은 이학(이학=성리학)과 박학(=실학)의 조화를 도모한다는 점에서 전통적 성리학자와는 궤를 달리한다. 참된 유자는 널리 배워 해박한 지식을 갖추고, 그것을 바탕으로 경세치용을 이루는 것이었다. 이기심성론과 예학에 국한되지 않고 폭넓게 모든 학문을 수용해 치국과 평천하를 이룰 수 있는 경세치용과 백성들의 일상생활에 도움을 줄 수 있는 이용후생을 지향하였다. 실제 그의 학술적 작업과 지향도 백과전서파적 박학을 추구한 것으로 실학의 논리와 연결되는 것이다. 성리학과 실학을 겸비한 학자였다고 볼 수 있으며, 과도기적 사상가, 혹은 제3의 길을 모색한 사상가라고도 할 수 있겠다. 그러나 성리학에서는 전반적으로 기존의 정통적 학설을 계승하였고, 아주 새롭고 독창적인 업적을 세웠다고 보기는 어렵다. 대신 백과전서적인 박학의 추구에서 정채를 발하였다. 그의 주된 학술사적 업적과 위상은 여기에 있다. 이재는 18세기 조선에서 성리학을 기본으로 삼으면서도 박학을 추구한(서양의 새로운 과학 적극적 수용까지 하면서) 새로운 지식인의 한 유형이었다고 할 수 있다. '명체적용(明體適用)'이 이재의 구상이자 당대 및 후대학자들에게 그렇게 평가를 받은 바이기도 하였다.

參考文獻

『이재난고』, 활자정서본 10책, 한국학중앙연구원, 1994~2004.

『이재유고』, 석판본 12권, 조선춘추사, 1943), 『이재유고』, 영인본 1권, 한국고전번역원, 2000.

『이재속고』, 석판본 14권 7책, 조선춘추사, 1943.

『이재전서』, 영인본, 3권, 경인문화사, 1975.

『이재선생문집』, 영인본 5권, 경인문화사, 1999.

『국역 이재유고 Ⅰ』, 신성출판사, 2011.

『국역 이재만록 상』, 신성출판사, 2012.

『국역 이재만록 중』, 신성출판사, 2012.

『국역 이재만록 하』, 신성출판사, 2013.

『국역 이재선생문집』, 신성출판사, 2014.

『국역 이재난고 상 · 하』, 신성출판사, 2015.

『국역 이재난고 Ⅲ』, 신성출판사, 2016.

『국역 이재난고 Ⅴ』, 신성출판사, 2017.

『국역 이재난고 Ⅵ』, 신성출판사, 2018.

『국역 이재난고 Ⅶ』, 신성출판사, 2019.

『국역 이재난고 Ⅷ』, 신성출판사, 2020.

강신항 · 이종묵 · 권오영 · 정순우 · 정만조 · 이헌창 · 정성희 · 강관식(2007), 『이재난고로 보는 조선 지식인의 생활사』, 한국학중앙연구원.

구만옥(2010), 「『晝永編』을 통해 본 정동유의 자연인식」, 『진단학보』 110, 진단학회.

_____(2018), 「조선 후기 과학사 연구에서 '실학'의 문제」, 『한국실학연구』 36, 한국실학학회.

권오영(2007), 「이재 황윤석의 학문생활과 사상경향」, 『『이재난고』로 보는 조선 지식인의 생활사』, 한국학중앙연구원.

_____(2019), 「이재 황윤석의 생애와 학문편력」, 『조선 후기 박학지사 이재 황윤석의 생애와 학문』, 흐름.

김봉곤(2017), 「하서 김인후의 문묘종사와 이재 황윤석」, 『문·사·철을 통해 본 이재 황윤석의 학문세계』, 신성출판사.

김수현(2014), 「황윤석의 일기 『이재난고』에 언급된 樂律에 대한 고찰」, 『유교사상문화연구』 58, 한국유교학회.

김승대(2013), 「담와 홍계희와 이재 황윤석의 교류」, 『이재 황윤석의 학문과 박학의 세계』, 신성출판사.

김승룡(2007), 『이재 황윤석 연구의 추이와 과제 : '실학'에서 '일상'으로」, 『동양한문학연구』 25, 동양한문학회.

_____(2020), 「『이재난고』와 새로운 18세기 지성사의 구도」, 『이재 황윤석 연구의 새로운 모색』, 흐름.

노혜경(2006), 『조선 후기 수령 행정의 실제 : 황윤석의 『이재난고』를 중심으로』, 혜안.

박현순(2013), 「지방 지식인 황윤석과 경화사족의 교유」, 『한국사연구』 163, 한국사연구회.

배우성(2006), 「18세기 지방 지식인 황윤석과 지방의식」, 『한국사연구』 135, 한국사연구회.

배현숙(1981), 「17~18세기에 전래된 천주교 서적」, 『교회사연구』 3, 교회사연구소.

성영애(2021), 「이재 황윤석의 『현학금보(玄鶴琴譜)』에 나타난 자료적 성격과 풍류생활」, 『고창의 풍류문화 · 전통가요 전승과 문화적 활성화 방안』, 민속원.

송준호(1971), 「이조시대의 전라도-그 정치 및 사회적 지위」, 『이조시대의 전라도』, 전북대학교 박물관.

_____(1980), 「한국에 있어서 가계기록의 역사와 해석」, 『역사학보』 87, 역사학회.

송지원(2007), 『정조의 음악정책』, 태학사.

유영옥(2007), 「능참봉직 수행을 통해본 이재 황윤석의 사환의식」, 『동양한문학연구』 24, 동양한문학회.

윤사순(2009), 「이재(황윤석) 학문의 범주화 문제-그의 사상의 실학성격 규정을 중심으로」, 『이재 황윤석의 학문과 사상』, 경인문화사.

이지양(2008), 「호남선비 황윤석이 본 '호남차별' 문제」, 『동양한문학연구』 27, 동양한문학회.

이희권(1991), 『목산 이기경 연구』, 전북대학교 전라문화연구소.

임미선(2008), 「음악학적 측면에서 본 『이재난고』의 사료적 가치」, 『한국음악연구』 44, 한국국악학회.

정성희(2007), 「조선 후기 서양과학의 수용」, 『『이재난고』로 보는 조선 지식인의 생활사』, 한국학중앙연구원.

최삼룡 · 윤원호 · 최전승 · 김기현 · 하우봉(1994), 『이재 황윤석 : 영 · 정 시대의 호남실학』, 민음사.

최영성(2008), 「황윤석 실학의 특성과 상수학적 기반」, 『유교사상연구』 32, 한국유교학회.

하성래(1975), 「해제」, 『이재전서』, 경인문화사.

하우봉(2015), 「이재 황윤석의 사상과 사회개혁론」, 『건지인문학』 14, 전북대학교 인문학연구소.

______(2019), 「호남실학의 전개양상과 성격」, 『한국실학연구』 36, 한국실학학회.

______(2020), 「동아시아의 백과전서파 실학과 황윤석」, 『한국실학연구』 40, 한국실학학회.

하태규(2009), 「이재 황윤석의 역사탐구와 이해」, 『이재 황윤석의 학문과 사상』, 경인문화사.

한문종(2021), 「『이재난고』의 연구현황과 과제」, 『이재 황윤석의 西行日曆과 科學 : 제14회 이재연구소 학술대회』

황원구(1953), 「황윤석 – 그 유고의 정리」, 『학림』 2, 연희대학교 사학과.

頤 齋

이재 황윤석의 시가(詩歌) 연구

박순철 | 전북대학교 중어중문과 교수

1. 들어가는 말

이재 황윤석(1729~1791)은 영·정조 시대를 대표하는 '박학지사(博學之士)'이자 '실학자'이다. 또한 그는 뛰어난 문장지사(文章之士)인데 『이재난고』를 통하여 그의 시적 재능과 성취를 엿볼 수 있다. 이재의 학문과 문학적 재능은 여러 사람들로부터 평가를 받았다. 영조는 '재주가 많은 사람(多才者)'[1], 정조는 '문장을 갖춘 순실한 사람(文章之士, 淳實之人)'[2]이라고 일컬었다. 또한 그의 스승 김원행(金元行)은 '호남의 호걸지사(湖南豪傑之士)'[3]라고 하였고, 이덕무(李德懋)는 '도학과 문장이 우뚝한 대유(大儒)'[4]라고 평하였다. 이서구(李書九)는 '남쪽지방의 호걸(南士之傑)'[5], 홍직필(洪直弼)은 '근년의 호남선비 가운데 제일'[6]이라고 평하였다. 이와 같은 다양한 평가를 통하여 이재는 박학다식하며 문장에 뛰어난 학자임을 알 수 있다.

「이재선생연보」에 의하면, 그는 5세에 조모에게 문자와 소시(小詩)를 배웠고, 6세에 이웃 마을의 백시덕(白時德)에게 시를 익혔다. 이후에 『당시품휘(唐詩品彙)』[7], 『당시선(唐詩選)』[8]을 읽고, 이식(李植)의 『두

---

1 "上曰: 予適忘之, 爾是黃家, 曾與申景濬同時入侍, 人謂多才者乎? 賤臣愧悚, 不敢遽對. 知經筵, 徐命膺啓, 曰: 然矣, 果是博識之士也."(『頤齋亂藁』 권18)

2 "獨惟肅拜之日, 已承天褒, 文章之士淳實之人, 八箇字."(『頤齋亂藁』 권39)

3 "君之本質, 若初無可言則已矣, 旣是湖南豪傑之士, 豈可甘作詞章儒哉?"(『頤齋亂藁』 권6)

4 "李檢書(德懋)與李進士(應鼎)書曰: "木川太守黃公, 道學文章磊落, 大儒, 眞今世之叔度也."(『頤齋亂藁』 권32)

5 "銘曰: 士無遐邇, 維材之良. 懷寶韞玉, 雖闇必章. 有美黃公, 南士之傑."(박순철·노평규·김영 역(2011), 333쪽.)

6 "余嘗謂: 挽近湖南之士, 當推公爲第一, 後有子雲·堯夫, 亦不以余言爲過也."(위의 책, 346쪽.)

시비해(杜詩批解)』[9]를 애독하였다. 또한 명대(明代) 호응린(胡應麟)의 『시수(詩藪)』을 읽으며 비평의 안목을 넓혔다. 산문은 당송팔대가 중에서 구양수(歐陽修)의 문장을 좋아하였고 왕양명(王陽明)의 문장과 전겸익(錢謙益)의 문장에도 관심을 가졌다.[10]

---

7 "夕歸借孟玉唐詩品彙一帙三匣而來"(『頤齋亂藁』 권18)라는 기록이 있다. 이재는 이 책을 尹孟玉에게 빌렸다. 『唐詩品彙』는 明 나라 때 高棅이 편찬한 唐詩集이다. 모두 90권에 拾遺 10권으로 구성되어 있다. 시인 620명의 작품 5,700여 수를 형식별로 수록하였다.

8 "嚴君■「健中叔」携唐本一小匣五■來示余, 卽皇明李攀龍所編唐詩選, 而蔣一葵箋釋者也. 倚枕閱之, 便覺稍安, 是時嚴琠, 亦同來, 移時俱去, 約以再明更來."(『頤齋亂藁』 권9)라는 기록을 통하여, 이재가 李攀龍이 편찬하고 蔣一葵가 箋釋한 당시 선집을 읽었음을 알 수 있다. 원래 이반룡은 『古今詩刪』을 편찬하였으나 출판업자가 이 책에서 唐詩 부분만 뽑아서 『당시선』을 만든 것이다. 이 책은 명대 전후칠자의 견해를 잘 반영하고 있다고 한다. 한편 蔣一葵는 明 나라 사람으로 일찍이 『堯山堂記』와 『堯山堂外紀』를 편찬한 바 있는데, 『당시선』에도 전석을 붙였다.

9 『杜詩批解』의 원명은 『纂注杜詩澤風堂批解』이다. '纂注'는 『纂注分類杜詩』의 약칭으로 세종 때 두시를 모아 만든 두시주석 총집이다. 따라서 『찬주두시택풍당비해』는 이식이 『찬주분류두시』에 대하여 비평하여 만든 책인데 이를 『두시비해』 또는 『택풍당두시비해』로 약칭하여 부르기도 한다. 이 책은 이식이 57세인 인조 18(1640)에 완성하였는데 그 증손인 李其鎭이 영조 15년(1739)에 간행하였다. 이 책은 총 26권이다. 책 앞부분에는 『新唐書』「杜工部傳」과 王琪, 王安石, 黃庭堅, 蔡夢弼, 嚴羽, 文辰翁, 虞集 등이 평론한 「杜詩總評」이 있다. 그 다음에는 목록과 본문이 있는데 목록은 두보 시 중에서 선별한 시를 연대순으로 나열하고 있다. 본문은 먼저 두시를 초록하고 매구 아래 작은 글씨로 여러 사람의 주를 인용하여 수록한 뒤 그 아래 자신의 주석과 비평을 부기하였다. 책 뒷부분에는 「章國華杜詩集注跋」, 송시열의 「杜詩点注跋」, 택당의 「杜詩批解跋」, 이기진의 跋이 있다. 이식은 이 책으로 杜詩 공부에 전념하였고, 「學詩準的」에서도 杜甫의 시를 가장 먼저 공부해야 한다고 강조하였다. 이 때문에 澤堂의 시에는 杜甫의 시를 차운하거나 주제를 모방해 지은 작품이 적지 않다.

10 "金報恩正禮, 亦來陪坐, 有頃退去. 余踵至其私處相話, 正禮曰: 於古詩文, 所愛者誰氏也? 摸擬者誰氏也? 余曰: 自幼非不欲染指古文詞, 而中年多病, 不能如意, 但於澤堂所爲杜詩批解及胡元瑞詩藪, 頗爲之愛玩矣. 八大家則歐文可愛, 十大家則陽明 · 新都似可愛玩, 而牧齋之文, 亦是文之變化者矣. 正禮曰: 牧齋之文, 雖極繁光, 而近於鄙

이재는 많은 시문을 남겼는데 그 종류는 사(辭)·부(賦)·시(詩)·악부(樂府)·가(歌)·행(行)·사(書)·서(序)·기(記)·제발(題跋)·명(銘)·잠(箴)·찬(贊)·소(疏)·혼서(婚書)·상량문(上梁文)·축문(祝文)·제문(祭文)·애사(哀辭)·비(碑)·묘표(墓表)·묘갈명(墓碣銘)·행장(行狀)·유사(遺事)·전(傳)·잡저(雜著)·전(箋)·만록(漫錄) 등이다. 이 중에서 운문은 사(辭)·부(賦)·시(詩)·악부(樂府)·가(歌)·행(行)·명(銘)·잠(箴)·찬(贊)이고 운문과 산문이 혼합된 양식은 상량문(上梁文)·축문(祝文)·묘갈명(墓碣銘)이다. 시의 편수에 대하여 최삼룡은 1,171제(題)로 추정하였고[11], 이상봉은 1,600수로 산정하면서 10세에서 63세까지 나이별로 시의 편 수를 계산하여 제시하고 매년 대략 30수씩 지었다고 추정하였다.[12]

俚, 但能盡變, 亦非効人嚬笑者耳."(『頤齋亂藁』 권7, 652쪽)과 "「渼上問答」向陪渼上丈席時, 胤錫偶及杜詩語, 因稟曰: 古人云, 不讀萬卷書, 不行萬里道, 不能讀杜詩, 如良友昔相於一句. 所謂相於二字出處, 古今註杜者無一拈出. 近世澤堂批解甚好, 而於此只註云: 當考. 胤錫頃嘗偶見『儀禮經傳通解』, 「續補服論」, 朋友服處所載古註疏, 有云: 士自相於正, 是杜詩出處, 未如果然否? 先生曰然."(『頤齋亂藁』 권4, 395쪽)

11 최삼룡은 1,171제에 1, 786수(목주잡가 21수 포함)라고 보았다. 사 5제 5수, 부 4제, 악부 3제 3수, 오절 68제 113수, 칠절 597제 1070수, 오율 196제 244수, 칠율 108제 244수, 오고 62제 62수, 칠고 11제 19수, 잡체(연구시 포함) 17제 22수이다. 이 중에서 칠언절구가 597제 1,070수로 절반 이상이다.(최삼룡·윤원호·최전승·김기현·하우봉(1994). 67쪽.)

12 이상봉(2018)에서 10세 1수, 14세 2수, 15세 1수, 16세 7수, 17세 16수, 18세 58수, 19세 39수 20세 85수 21세 14수 22세 42수 23세 69수 24세 37수 25세 5수 26세 36수 27세 19수 28세 22수, 29세 17수, 30세 10수, 31세 65수, 32세 35수, 33세 10수, 34세 8수, 35세 22수, 36세 47수, 37세 16수, 38세 87수, 39세 88수, 40세 57수, 41세 48수, 42세 74수, 43세 21수, 44세 0수, 45세 1수, 46세 13수, 47세 16수, 48세 8수, 49세 5수, 50세 132수, 51세 119수, 52세 37수, 53세 16수, 54세 0수, 55세 0수, 56세 28수, 57세 10수, 58세 56수, 59세 27수, 60세 22수, 61세 39수, 62세 34수, 63세 2수로 파악하였다.(이상봉(2018), 19쪽 참조)

그가 지은 수많은 시문에 대하여 이재와 교류하였던 황대구(黃大厚), 김이탁(金履鐸), 원중거(元重擧), 김용겸(金用謙), 김시찬(金時粲), 정범조(丁範祖), 심정진(沈定鎭), 정경순(鄭景淳) 등이 모두 높게 평가하였다. 그중에서 김이탁은 이재의 시풍에 대하여 "자신의 증조부 김창흡(金昌翕)은 근체시가 당풍(唐風)에 이르지 못한 점이 있는데 황윤석은 출당입송(出唐入宋)의 경지에 이르렀다."[13]라고 평하였고, 김용겸은 "이재는 학문이 깊어서 범중엄(范仲淹)처럼 시문에 힘쓰지 않아도 그 시가 뛰어나다."[14]라고 하였으며, 정경순은 을유년(1765년) "윤2월 19일(갑자)에 이재의 시 3편을 전라감사 심리지[15]에게 소개하면서 "그 기이함은 백양산 암벽에 뒤지지 않는다."[16]라고 평하였다.

지금까지 발표된 이재의 학문과 사상에 대한 연구에서 시문에 대한 연구만을 한정하여 주요 논문을 살펴보면, 학술논문은 시문의 전반적인 문학적 가치에 대한 연구, 시문의 개별적 내용에 대한 연구, 시조 한역에 대한 연구, 시의 사상적 측면에 대한 연구, 시의 실학적 측면에 대한 연구 등으로 분류할 수 있다.

전반적인 문학적 가치에 대한 연구 논문으로는 최삼룡의 「이재 황

---

13 "又曰: 吾曾祖三淵集中所載詩, 其五言古體覺有漢魏氣, 七言古體亦超東方諸家, 惟律絶終是自家口語, 非唐語也. 大抵唐語未易吐出, 盛作亦頗出唐入宋, 而所可愛者."(『頤齋亂藁』 권13)

14 "元君爲余誦其近體一律, 余亦爲誦怊悵 · 梅花二篇. 元君爲金丈言曰: 黃奉事學富, 而詩又如許, 未易當也. 金丈曰: 詩律於自己, 雖非專門, 而亦不可及. 此猶范希文不以詩自命, 而其詩絶倫, 盖多積薄發故耳."(『頤齋亂藁』 권12)

15 심리지는 전라감사를 1763년 12월(영조 39)~1765년 11월까지 역임하였다. 이 때 전주판관 金尙默과 장성부사였던 鄭景淳은 치적이 으뜸이어서 陞敍하였다.(전라북도 · 전북향토문화연구회 편(2008), 268쪽)

16 "山中又有大奇者, 卽興德黃進士僧軸詩也. 其奇不下於岩壁一賞, 又如何?"(『頤齋亂藁』 권5)

윤석의 문학연구」(1994)[17], 이종묵의 「이재난고의 문학적 가치」(2004)[18] 등이 있다. 최삼룡은 「이재 황윤석의 문학연구」에서 『이재유고』와 『이재속고』를 근거로 그 내용을 주제별로 한정(閑情) 159제, 교유(交遊) 128제, 향수(鄕愁) 123제, 서경(敍景) 122제, 자탄(自嘆) 105제, 회고(懷古) 99제, 여정(旅程) 95제, 만시(挽詩) 60제, 선불(仙佛) 55제, 관물(觀物) 53제, 송별(送別) 47제, 충심(忠心) 42제, 성리(性理) 26제, 수덕(修德) 23제, 송축(頌祝) 17제 등 15종류로 분류하고 그 내용 특징을 전반적으로 분석하여 이재 시 연구의 기초를 마련하였다.

시문의 개별적 내용에 대한 연구로는 유재영의 「頤齋의 打魚賦에 대한 考察」(1989)[19], 이상봉의 「황윤석 詩論 연구」(2008)[20], 「청년 황윤석의 한시에 나타난 經世 포부와 자기반성」(2014)[21], 「이재 황윤석 한시의 두보시어 활용 양상」(2015a)[22], 「황윤석 한시에 나타난 가족애의 양상－「월주가」를 중심으로」(2015b)[23], 「이재 황윤석 한시에서의 '絲' 意象 연구」(2017)[24], 「황윤석 한시에 나타난 官職에 대한 고뇌와 그 극복 양상」(2018)[25], 박순철의 「頤齋 黃胤錫의 詩書畵觀 硏究」(2015)[26], 이은주의 「頤齋 黃胤錫의 卜姓詩 연구」(2016)[27], 김도형의 「이재(頤齋)

17 최삼룡(1994)
18 강신항, 이종목, 권오영, 정순우, 정만조(2007)
19 유재영(1998)
20 이상봉(2008)
21 이상봉(2014)
22 이상봉(2015a)
23 이상봉(2015b)
24 이상봉(2017)
25 이상봉(2020)
26 박순철(2015)

황윤석(黃胤錫)의 문학론 : 서발(序跋)을 중심으로」(2010)[28], 「『이재만록』 연구-문학 기사를 중심으로」(2012)[29], 「황윤석의 기문(記文) 연구」(2013b)[30], 「황윤석의 학문적 경향과 작품 양상」(2013c)[31], 「이재(頤齋) 황윤석(黃胤錫)의 기(記) 연구」(2014)[32], 「황윤석의 작가적 정체성과 글쓰기」(2015)[33] 등이 있다. 위의 연구를 종합해 보면, 연구 내용은 시와 산문으로 대별되는데 산문 연구가 상대적으로 매우 미진함을 알 수 있다. 시에 대한 연구는 개별 시 작품 특색에 대한 연구, 시의 소재에 대한 연구, 시의 내용 특색에 대한 연구, 시의 표현에 대한 연구 등으로 나눠 볼 수 있다. 이 중에서 이상봉은 「황윤석 한시에 나타난 가족애의 양상-「월주가」를 중심으로」에서 이재 황윤석이 38세 때 지은 「월주가」에서 가족에 대한 사랑이 어떻게 형상화되었는지를 살펴보았다.

시조 한역에 대한 연구로는 유재영의 「이재(頤齋) 황윤석(黃胤錫) 목주잡가(木州雜歌)에 대한 고찰」(1970)[34], 정소연의 「황윤석의 「목주잡가」에 나타난 시(詩) 지향성의 시조사적 조명」(2014)[35], 김하나의 「목주잡가」의 구조적 성격과 내적 의미」(2017)[36], 박명희의 「이재 황

---

27 이은주(2016)
28 김도형(2010)
29 김도형(2012)
30 김도형(2013b)
31 김도형(2013c)
32 김도형(2014)
33 김도형(2018)
34 유재영(1970)
35 정소연(2014)
36 김하나(2017)

윤석의 시조 한역시(漢譯詩)에 나타난 지향(指向)의식과 의의」(2014)[37]와 「이재 황윤석의 시조 한역에 나타난 창작정신」(2018)[38], 손찬식의 「이재 黃胤錫의 時調漢譯의 性格과 意味」(1998)[39], 김명순의 「황윤석(黃胤錫)의 시조한역(時調漢譯)의 성격과 의미」(1997)[40], 김문기 · 김명선의 「조선조 시가 한역의 양상과 기법」(2005)[41]과 「조선조 한역시가의 유형적 특징과 전개양상 연구(2) – 한역기법과 전개양상을 중심으로」[42], 조해숙의 「조선후기 시조 한역과 시조사」(2005)[43], 진동혁 · 김정년 · 오종각의 「고시조문학론」(2000)[44], 김태주의 「『이재난고』를 통해 본 시조 작가의 진위」[45](2018), 전재강의 「황윤석 시조의 교술적 성격과 작가의식」(2003)[46], 최강현의 「시조 작가로서의 황윤석을 살핌」(1990)[47] 등이 있다.

이 중에서 정소연은 황윤석의 「목주잡가」에 나타난 시(詩) 지향성을 시조사적으로 조명하였고, 손찬식과 김명순은 이재 황윤석의 시조 한역(時調漢譯)의 성격과 의미를 정리하였으며, 김문기 · 김명선은 황윤석의 시조 한역의 방법에 대하여 논하였다.

---

37 박명희(2014)
38 박명희(2018)
39 손찬식(1998)
40 김명순(1997)
41 김문기 · 김명순(2005)
42 김문기 · 김명선(1996)
43 조해숙(2005)
44 진동혁(2000)
45 김태주(2018)
46 전재강(2003)
47 최강현(1990)

시의 사상적 측면에 대한 연구로는 최삼룡의 「황윤석 문학의 도교적 측면에 대하여」(1993)[48], 박순철의 「頤齋 黃胤錫의 『周易』詩 연구」(2017)[49], 「이재 황윤석의 백양사 학술활동과 교류」[50] 등이 있다. 최삼룡은 그 논문에서 황윤석이 정통 유가이면서도 사상의 편폭이 한정되어 있지 않음을 밝혔고, 박순철의 주역 시 연구에서는 이재가 쓴 역 관련 시를 중심으로 역에 대한 이재의 견해와 특징을 분석하였고, 「이재 황윤석의 백양사 학술활동과 교류」에서는 이재 황윤석의 백양사에서의 행적을 통해서 그의 불서에 대한 주석과 시문창작 활동 및 불교, 승려에 대한 인식 등을 고찰하였다.

시의 실학적 측면에 대한 연구로는 박명희의 「18세기 호남실학문인의 시 세계와 지향 의식」(2015)[51], 「이재 황윤석(黃胤錫)의 천문(天文) 관찰과 시적 함유(含有)」(2007b)[52], 「이재 황윤석(黃胤錫)의 시에 나타난 유기체적(有機體的) 자연관」(2007a)[53], 백원철의 「頤齋 黃胤錫 漢詩의 實學文學的 照明」(2008)[54] 등이 있다. 이 중에서 백원철은 그 논문에서 이재 황윤석은 중화중심주의에 매몰되지 않고 자국적인 것을 중시하는 주체성을 보여주었고 도본문말(道本文末)의 재도적 문학관을 탈피하여 도와 문이 대등한 위치에서 공존하고 합일된 존재로 여겼다고 주장하였다.

---

48 최삼룡(1993)
49 박순철(2017)
50 박순철(2019)
51 박명희(2015)
52 박명희(2007b)
53 박명희(2007a)
54 백월철(2008)

학위논문을 살펴보면, 석사학위논문으로는 이상봉의 「황윤석 한시에 나타난 孤意識 연구」[55], 김대하의 「頤齋 黃胤錫의 詩 硏究」[56], 임화신의 「목주잡가(木州雜歌)의 창작배경과 시적 인식」[57], 김도형의 「이재 황윤석 문학론 연구」[58] 등이 있고, 박사학위논문으로는 이상봉의 「頤齋 黃胤錫의 西行 漢詩 硏究」[59]가 있다. 이 중에서 김대하는 그 논문에서 이재 시 중 '존사정도(尊師正道)의 의지(意志)', '애민의식의 발로(愛民意識의 發露)', '자연한정의 추구(自然閒靜의 追求)'의 주제를 담은 시를 발췌하여 그 의미를 분석하였다. 김도형은 그 논문에서 『이재유고』와 『이재속고』의 서발류와 『이재속고』의 「만록」과 「미상록(渼上錄)」을 중심으로 이재 학문에서 문학적 측면을 규명하여 이재 학문의 지향과 문학론은 박문약례(博文約禮)의 지향, 인문오도(因文悟道)의 중도(重道) 견지, 온유돈후를 통한 풍교의 구현, 중정(中正)과 시의(時義)의 조화 추구라고 하였다. 즉 학문은 박문약례를 지향하고 문을 수단으로 도를 깨달아 온유돈후한 풍격을 구비하여 시기적절하게 풍교를 구현하고자 했다고 주장한 것이다. 이상봉은 석사 논문에서 이재가 도학위주의 문학관을 가지고 있으며 시에서는 호응린의 『시수』와 택당 이식의 『두시비해』의 영향을 받아 풍신과 홍상의 풍격을 위주로 한 당시를 전범으로 삼았다고 밝혔다. 또한 시의 주제에 대해서는 고의식을 중심으로 역사고적을 통한 자의식의 반추, 가족에 대한 그리움을 통한 자기

55 이상봉(2008)
56 김대하(2012)
57 임화신(2013)
58 김도영(2013a)
59 이상봉(2018)

위안이라고 설명하였다. 박사학위 논문에서는 22차례 서행일력에서 쓴 시를 중심으로 '서행을 통한 지식의 확장과 교유', '서행의 정감과 가족애'를 중심으로 그 내용과 사상의 특징을 연구하였다.

이상의 학술 논문과 학위 논문에서 살펴본 것처럼 지금까지 연구는 시의 전반적인 문학적 가치, 시 내용의 종류와 특징, 개별 시 작품에 나타난 내용과 표현의 특색, 시의 사상적 특색, 시의 실학적 의의, 목주잡가와 시조 및 한역의 기교에 대하여 주로 연구하고 이재 시 전편을 관통하고 있는 시풍에 대하여 연구한 논문은 없다. 이재의 시풍을 밝히려면 그의 학시 과정, 사승관계, 탐독한 서적, 시의 표현과 풍격을 종합적으로 분석해야만 한다. 다만 이재의 시풍에 대하여 김리탁은 '출당입송(出唐入宋)의 경지에 이르렀다.'라고 평하였고, 송헌진은 '중년 이후에 지은 시는 당풍에 근접하였다.'라고 말하였다. 그런데 이들은 이런 평가를 뒷받침하는 논거를 거의 제시하지 않았다. 따라서 본 논문에서는 이들의 평가를 참고하면서 『이재난고(頤齋亂藁)』와 『이재유고(頤齋遺稿)』 및 『이재속고(頤齋續稿)』에 수록되어 있는 시를 심층적으로 분석함으로써 이재 시의 특징을 구체적으로 규명하여 그 시풍을 밝히고자 한다.

2. 학시(學詩)와 전범(典範)

1) 학시(學詩)와 교류(交流)

이재는 성리학과 박학으로 명성이 있었을 뿐만 아니라 문장 또한 크게 인정을 받아 널리 알려졌다. 이재의 학문과 사상은 그동안 많이 연구되어 그 학문 계통과 사상의 특색[60]은 밝혀졌으나 어떻게 시문을 배워 뛰어난 문사(文士)가 될 수 있었는가 대한 연구는 보이지 않는다. 『이재난고』와 그가 남긴 기록 및 연보와 행장, 행록, 묘갈명을 통하여 그의 시적 재능과 학시 과정을 추론할 수 있다.

이재 연보에 의하면, 이재는 태어날 때부터 모친의 태몽과 조부 묘의 기이한 현상이 있었다.[61] 또한 모친은 자신이 두려울 정도로 눈빛이 빛났다고[62]하였다. 또한 송헌진(宋獻鎭)은 행장에서 "자질이 굉후(宏厚)하고 지기(志氣)가 고매하며 풍채가 크고 눈이 밝으며 신채(神彩)가 특이하게 뛰어났으니 어려서 놀 때부터 뭇 아이들과는 달랐다."[63]라고 하여, 이재의 타고난 자질이 뛰어났음을 언급하였다.

이재의 시적 재능과 학시 과정을 알아보기 위해서는 그가 학문과 시를 익히는 데 크게 영향을 미친 인물과 서적을 추적해 볼 필요가 있다. 영향을 미친 인물은 내부와 외부로 나눠 볼 수 있는데 내적으로는 조모와 부친 및 조부와 숙부를 포함한 가학이고, 외적으로는 이재가 만나서 배우거나 사숙한 사람들이다.

---

60 이재의 학맥은 일반적으로 기호학파 노론낙론계열의 학통을 계승한 것으로 여긴다. 그 학통은 율곡 이이－우암 송시열－농암 김창협－미호 김원행－숙부 황재중－부친 황전－이재 황윤석이다.

61 "去年七月, 母夫人金氏受娠于泰仁古縣(今合于井邑郡)之寓舍. 夢東南越川黃榜山頂, 有旭日湧出, 正臨川上. 日光水色, 蕩瀁晶煌, 直射窓壁, 一室爲之洞明, 而一身都在紅彙中. 又祖考山村公墓, 在古縣東北龍頭山, 而山下澗草盡枯, 人皆異之."(박순철 외 역(2011), 9쪽.)

62 "先生歧嶷出凡孩, 笑不常, 眼光射人. 母夫人每夜乳哺, 輒曰: "此兒目光燁燁, 可怕也."(위의 책, 9쪽)

63 "蓋先生資質宏厚, 志氣高邁, 偉幹明眸, 神彩儁異, 自在童孺嬉戲, 不類凡兒."(위의 책, 293쪽)

내적 인물 중에서는 조모 김씨, 부친 황전, 숙조 황재중이 중요한 사람이다. 그는 5세에 조모에게 문자를 배우고 6세에 소시(小詩)를 익혔다. 부친에게는 7세에 『소학』을 읽은 뒤 『사기』와 사서를 읽었다. 8세에는 부친과 함께 구암사(龜巖祠)에 모셔진 숙조 구암(龜巖) 황재중(黃載重 : 1664~1718)의 제사에 참가하고 10세~15세까지 그곳에서 공부하고 계속 오가며 시를 지었다.[64] 부친 황전(黃壥 : 1704~1771)은 15세까지 숙부 황재중에게 배웠는데 황재중은 농암 김창협과 편지로 인연을 맺어 교류하며 학문을 토론한 적이 있다. 또한 부친은 김창협의 손자인 김원행과 교류하였고 숙부가 죽은 뒤에는 은정화(殷鼎和 : 1650~1724)의 문하에서 수학하였다. 따라서 이재 학문의 연원은 농암 김창협까지 이어져 있고 문장 또한 영향을 받았다고 말할 수 있다.[65]

외부의 인물들로는 묵당(默堂) 백시명(白時明), 수촌(壽村) 백시덕(白時德), 김문행(金文行)[66], 미호(渼湖) 김원행(金元行), 하서(河西) 김인후(金麟厚) 등이다. 그중에서 수촌 백시덕은 이재가 시를 배우는 데 가장 큰 영향을 미친 사람이다. 그는 이재가 홍덕에서 자랄 때 배운 사람으로 반계 유형원의 외손이다. 『이재난고』와 『연보』에 의하면, 이재는

---

64 이재는 10세에 「沈丈(泳道)來自福峽呼韻」를 썼고, 14세에 「寒食雨」라는 칠언절구 시를 썼는데 뛰어난 시라고 이를 만하다. 15세에는 「遊逍遙庵」(5율)을 쓰고, 16세에는 回文體의 「暮春」(7율), 藏頭體의 「詠懷」(7절)을 썼다.

65 이재는 일찍이 농암 문장의 수준에 대하여 “余曰: 以文論之, 文谷勝於清陰, 農淵又勝於文谷, 而卽今渼上丈席, 亦兼道學文章而有之矣. …… 宋曰: 洪啓能之文如何 ? 余曰: 雖未見其累篇而近乎奇矣. 宋曰: 奇則奇矣, 未知渼上後進如何 ? 余曰: 家中自有正禮, 門下又有李城輔 · 沈定鎭, 此三君文學, 早晩將必加進, 只今亦鮮有其比矣.”라고 하였다.

66 金文行은 金昌翕의 손자인데 이재의 부친이 22세에 장동에서 찾아보았을 때 이재에게 科文을 지도하겠다고 하였다. 이후 이재는 24세에 壯洞을 찾아가 校理 金文行과 그의 아들 金履鐸 등을 만나 교류하였다.

6세에 백시덕(白時德)에게 시의 어려운 곳을 물어 배웠다. 또한 14세(1742) 12월에는 묵당(默堂) 백시명(白時明), 수촌(壽村) 백시덕(白時德, 1681~?)을 따라 백씨 태산(台山) 분암(墳菴)[67]에서 글을 읽었다. 이재는 미호 김원행과 대화할 때, 가정(家庭) 이외에 특별히 말할 만한 곳은 없지만 나이 들고 덕 있는 2~3명의 사람으로 수촌(壽村) 백시덕(白時德), 돈옹(遁翁) 이순정(李順正), 임당(林塘) 노세극(盧世極)을 거론하였고 동류는 김천근(金天根), 김필태(金必泰), 김익휴(金益休)을 열거하였다.[68] 수촌은 바로 백시덕의 호이다. 이재는 또한 관찰사에게 『여지열람』에 증보하기를 청하는 편지(上城主請勝覽增補書)」에서 "수촌 백시덕은 경서에 밝고 수행을 하며 옛 도를 매우 좋아하였다. 묵당 백시명은 학문을 좋아하고 문장력이 있으며 후진을 격려하였다."[69]라고 하였다. 이재가 수촌에 대하여 읊은 시는 적지 않은데[70], 이 중에서 대표적인 시를 1수 살펴보면 다음과 같다.

무진년 68세 신생은 얼굴이 푸르고 머리가 희니　　蒼顏鶴髮戊辰歲
장수하여 세 번 포상 받은 후 11년이 되었네　　高壽三章十一年
구름 사이로 달빛이 창 가득하니 실로 부귀하고　　雲月滿窓眞富貴

---

67 홍덕의 태산이다. 홍덕현 동북쪽과 구수동 서쪽 2리 및 고부군 남쪽 20리에 있다.

68 "胤錫曰: 家庭以外, 別無他處可言. 而二三耆德, 或洞內, 或道內, 亦有之矣. 因擧壽村遁翁李丈順正 · 林塘盧丈世極, 掌令丈曰: 儕流中可言者又誰也? 胤錫又歷擧金上舍天根 · 金君必泰 · 金君益休曰: 此名是也. 餘或知名者, 要不出場屋手段也. 掌令丈曰: 河西先生後孫有同志乎 ? 曰: 俄所稱金益休是也."(『頤齋亂藁』 권2)

69 "白壽村時德, 經明行修, 酷好古道. 白默堂時明, 好學有文, 奬成後進."(『頤齋亂藁』 권20)

70 이 밖에도 「畫梅」(默堂壽村二白丈有次), 「奉次白丈贐行之作, 上呈三章, 父親亦用是題」(次壽村白丈), 「西山八詠」(壽村白丈及白思馥思■兄弟有次, 壽村白丈次)라는 시가 있다.

평지풍파에도 신선처럼 유유자적하네	風波平地自神仙
마음은 고요하여 늘 흔들린 적 없고	心從靜裏無參貳
손끝에 닿는 일마다 선후에 따라 잘 처리하네	事到手頭識後先
덕 높은 공이건만 되레 부족한 듯 여기니	邵德公猶如不足
감히 시구를 지어 그 까닭을 묻노라	敢憑詩句問其然

이재는 이 시를 지은 이유에 대하여 "백씨 어른이 설에 시를 한 편을 지었는데 너무 겸손하여 삼가 차운하여 뜻을 표한다."[71]라고 말하고 이 시 아래에 백시덕의 원시[72]를 부기하였다. 이재는 18세 때 이 시를 지어 신유년(辛酉年, 1681)에 태어나 무진년(1748)에 68세가 된 백시덕의 풍모가 신선처럼 청아하다고 칭송하였다. 주목되는 시어는 '창안학발(蒼顔鶴髮)'과 '운월만창(雲月滿窓)'이다. '창안학발'은 나이 든 수촌의 얼굴이 젊고 그 모습이 학처럼 고고함을 표현한 말이고, '운월만창'은 백시덕의 거처가 신선이 사는 곳처럼 안개구름이 자욱한 가운데 달빛이 은은함을 형용한 말이다. 이재는 이처럼 시속에 형상을 창조하여 신비롭고 운치가 뛰어난 시를 썼다.

이재는 28세에 김원행을 처음으로 뵙고 29세에 재차 방문한 후, 31세에 폐백을 드리고 스승으로 모셨다. 31세에 『대학』과 『중용』을 수강하였고, 38세 1766년 6월에 장릉참봉(莊陵參奉)으로 제수 받은 뒤에도 스승 김원행을 자주 찾아뵙다. 이런 과정에서 미호 선생은 이재에게 『혼벽당유고(混闢堂遺稿)』[73]를 교정시키고 시가 문장보다 뛰어나

71 "白丈元日有詩, 又疊成一章. 自謙太過, 故敬次以示意焉「時德號壽村」"(『頤齋亂藁』 권1)

72 "原韻. 干辛支酉吾由降, 屈指七旬少二年. 學道妄期師聖喆, 鍊精猶愧學神仙. 然於物事昧終始, 敢云爲知後先任天然."(『頤齋亂藁』 권1)

다고 하면서 이재가 지은 시를 비평해 주었다.[74] 이로 인하여 미호 선생은 "황 진사의 문학(文學)은 미치기가 매우 어렵다."[75]라고 인정하기에 이르렀고, 이재는 미호 선생에 대하여 "도학과 문장을 겸하여 두었다."[76]라고 말하였다.

이재는 김인후를 호남의 대표적 학자로 추앙하며 사숙하였다. 이재는 31세에 미호 선생에게 대화할 만한 사람으로 김익휴(金益休, 하서(河西)의 후손이자 미호의 문하생)를 거론하였고[77], 32세 1760년 2월에는 하서(河西) 선생의 묘소를 배알하고 4월에는 김방덕(金邦德, 하서의 손자)을 방문하여 인종(仁宗)의 어필 묵죽(墨竹)과 하서의 수필(手筆)을 봉람(奉覽)하였다. 또한 그에 관한 여러 기록들을 수집하여 「서김하서집후(書金河西集後)」, 「하서집후지(河西集後識)」 등의 글을 썼다.

이재는 학시 과정에서 서서히 시문으로 이름을 날리기 시작하였다. 9세에 흥덕현(興德縣) 시사(試士)에서 고풍(古風)을 지어 수석을 하고 고부현(古阜縣) 시사(試士)에서 이사정(李師程)에게 왕발(王勃)의 재주

---

73 金敏積이 지은 책으로 『太極通書』에서 『經世啓蒙』, 律呂, 洪範, 八陣, 心性說에 이르기까지 논하였다.

74 "書畢奉呈, 執義丈曰: 詩又勝於文, 此處想多工夫矣. 對曰: 未知或無不成語處否? 執義丈曰: 豈可論以如許. 若有前日所作, 願更見之. 遂以前日所作絶澗梅杏在 · 長江來劈峽山青 · 廣陵城山送人愁三絶, 及夢殘出古驛 · 自門纔過又青門二律錄呈. 執義丈覽畢曰: 梅花一絶, 旨趣最好, 而自閑還自落一句, 已含結句意, 唐人則不如是露出也. 錦江一絶, 結句意好, 而人過景中還閣眼一句, 無氣魄, 非以合眼爲不好也. 礪山夢殘一律, 則紅日壺中曉之曉字無精神, 改以出字似好, 而反與起句有犯, 起句之出字改之爲好. 忘憂一律, 格調意趣俱圓轉, 殊是好詩, 大凡筆勢又方正可愛也."(『頤齋亂藁』 권2)

75 "因言聞諸先生, 則黃進士文學, 甚不易及矣."(위의 책, 권2)

76 "卽今渼上丈席, 亦兼道學文章而有之矣."(위의 책, 권13)

77 "掌令丈曰: 儕流中可言者又誰也. 胤錫又歷擧金上舍天根 · 金君必泰, 金君益休曰: 此名是也. 餘或知名者, 要不出場屋手段也. 掌令丈曰: 河西先生後孫有同志乎. 曰: 俄所稱金益休是也."(위의 책, 권2)

가 있다는 칭찬을 받았으며, 10세에는 심영도(沈泳道)에게 "큰 솜씨가 있다."[78]라는 인정을 받았다. 12세에는 고창현의 식년시(式年試)에 참가하였고, 17세에는 상량문을 지을 수 있었다. 20세에는 남원문회에서 장원을 하였고, 21세에는 순시(巡試)에 합격하였다. 28세에는 6월의 전주 승보시(陞補試)에서 장원, 12월의 담양 승보시에서 장원을 하였다. 31세에는 진사 복시(進士覆試)에 합격하였고, 41세(1769년 7월)에는 칠석제(七夕製)에서 장원으로 뽑혀 왕명을 받들어 입시(入侍)하여 사제(賜第)을 받을 뻔했는데 두 글자가 약간 잘못되는 바람에 2등으로 강등되어 초시(初試) 합격에 그쳤다. 55세(1783년 8월)에는 도백(道伯)이 문학에 가장 명망 있는 사람으로 뽑아서 천거하려다 이재가 상중이어서 그만두었다.[79]

이재는 뛰어난 학문과 시문으로 많은 사람들과 교류하였다. 시적으로 교류한 대표적인 사람으로는 처숙(妻叔)인 정관혁(丁觀爀)과 정사혁(丁師爀), 친구 이사영(李思永)[80], 매제 김익휴(金益休)[81], 양응수(楊應秀), 김시찬(金時粲), 정경순(鄭景淳), 서명선(徐命善), 이가원(李家源) 등이 있다.

---

78 "先生文章已就, 沈公泳道試韻語, 目之以大手段."(박순철 외 역(2011), 13쪽)

79 내용은 왕이 문학에 가장 명망 있는 선비들을 뽑아서 『文獻備考』를 다시 편찬할 것을 명하니 도백이 선생을 가장 먼저 천거하려다가 居喪 중에 있음을 듣고 멈추었다는 것이다.

80 이사영은 황윤석과 가까운 벗인데 이재는 「次寄李公孝思永」이라는 시를 써서 저녁 무렵 방문한 이사영의 재능을 기리며 술을 함께 마시고 창가에 앉아 시를 읊는 모습을 표현하였다.

81 김익휴는 이재와 처남과 매부 사이로 일생 동안 교분이 두터웠다. 그는 하서 김인후의 후손으로 선대부터 세교가 있었다. 이재는 그에게 두터운 우의를 읊은 「送秀才益休」라는 시를 남겼다.

정관혁과 정사혁은 이재가 가장 친하게 지낸 사람이다. 이재는 젊은 시절에 그들과 연작시를 지었다.[82] 이 중에서 「유계당야좌연구(幽溪堂夜坐聯句)」의 일부를 살펴보면 다음과 같다.

扁留遂翁筆 山帶武夷名「啓甫」
편액엔 수옹 권상하의 필적이 남아 있고 산에는 무이라는 이름이 있네「계보」
心法印何處 寒江霽月明「氷叟」
심법인이 어디에 있는가, 차가운 강에 밝은 달이 깨끗하네「영수」

地僻人居靜 山深水去閑「師道」
외진 곳에 사람 고요한데 산은 깊고 물은 한가로이 흘러가네「사도」
悠悠仁智樂 終日不知還「氷叟」
유유한 인지의 즐거움에 종일토록 돌아갈 줄 모르네「영수」

春風二月時 客子尋春來「啓甫」
봄바람 부는 2월에 나그네가 봄 구경을 나왔네「계보」
石榻明燈坐 新詩取次裁「氷叟」
석탑의 밝은 등불 아래에 앉아 새로운 시를 찾아 차례로 짓네「영수」

이 연구(聯句)는 이재가 1751년(23세) 2월에 남원(南原) 지리산 뒤쪽 화악산(華嶽山)의 유계당을 찾아 유람하며 지은 것이다. 계보는 정관혁이고 영수는 황윤석이며 사도는 정사혁이다. 이재의 시적 재능을 엿볼 수 있는 시구들이다. '寒江霽月明'이라는 시구를 통하여 이재가

---

82 연작시는 「馬峙聯句」, 「幽溪堂夜坐聯句」, 「晨興聯句」, 「東樓酬唱」, 「又呼韻」, 「都督亭聯句」, 「東樓」, 「歸時路中」, 「偶見路傍石面有人書, 人間所頑物, 孰如此石堅, 十字以次分韻」 등이 있다.

형상(形象)를 창조하여 자신의 뜻을 표현하는 데 뛰어났음을 알 수 있다. 차고 맑은 강에 비친 달로써 맑고 순수하여 사심과 사욕이 없는 본연의 순결한 마음을 구체적으로 표현한 것이다. '仁智樂'은 공자가 말한 "인자는 산을 즐기고 지혜로운 자는 물을 즐긴다.(仁者樂山, 智者樂水)"라는 말을 축약하여 만든 시어이다. 이재는 경전의 말을 인용하여 시어를 만들어 쓰기도 하였는데 이재의 많은 다른 시에서 이와 같은 현상을 발견할 수 있다.

순창 출신 양응수는 이재가 일생 동안 교류했던 사람이다. 이재는 31세 되던 1759년 5월에 순창에 있는 양응수를 방문하여 여러 젊은이들과 달밤에 배를 타고 백호(白湖)를 유람하였다. 합강정(合江亭)까지 가면서 아이들에게 「관저장(關雎章)」을 읊조리게 하고 자신은 주문공(朱文公)의 「수조가(水調歌)」와 「감춘부(感春賦)」로부터 「감흥시(感興詩)」[83], 「미월장(微月章)」까지 읊조렸다.

이재는 1760년(32세) 봄 정월에 장성(長城)의 폄적지(黑山島에서 육지로 나옴)에 있는 정신재(靜愼齋, 金時粲)를 찾아가 꿩을 폐백으로 드리고 만났다. 1762년(34세) 12월에는 그를 만나 『주역(周易)』과 성상(星象), 일식(日食) 등에 대해 논하였다. 1763년(35세) 정월에는 다시 그와 음변양화(陰變陽化), 서칠괘팔(筮七卦八)의 설을 논하였고, 1764년(36세) 봄 2월에는 그가 사면을 받아 북쪽으로 돌아가자 전주까지 가서 배웅하였다.

이재는 36세인 1764년 12월에 장성부(長城府)로 가서 정경순(鄭景

---

83 주자의 「감흥시」는 20首인데 모두 五言으로 총 1천 2백 60字이다. 이 시는 천지만물의 이치와 만고 성현의 마음과 고금 만사의 변천을 읊고 있으며 音韻이 잘 조화되고 홍취가 悠遠하다.

淳)을 적소(謫所)에서 만났다. 두 사람은 『주역』의 제가(諸家)와 오례(五禮), 삼전(三傳)으로부터 한당(漢唐) 이후의 문장(文章), 시가(詩歌), 국가 유현(儒賢)의 출사와 은거, 당론(黨論)의 본말에 대하여 논하였다. 이 때 정경순은 자신이 지은 고문 시 3책을 꺼내어 평론을 부탁하였다. 1784년 2월에 정경순(鄭景淳)은 이재(56세)를 조정에 천거하여, "한유(韓愈)와 유종원(柳宗元)의 문장, 구준(寇準)과 부필(富弼)의 경륜이 있다."라고 하였다.

이재는 51세 1779년 2월에 사복시(司僕寺) 일제조(一提調)이자 우상(右相)인 서명선(徐命善)을 배알하였다. 이때 그는 이재에게 기축년(1769, 41세) 칠석절(七夕節) 시험에서 이재가 제출한 답안지와 관련 있는 뒷얘기와 견해를 말해주었다.[84] 또한 서명선은 이재가 백양산(白羊山)에서 지은 시어(詩語)를 듣고 싶다고 하였고 이재가 읊어주자 두세 번 읊조리다 감탄하여 말하기를 "음절(音節)은 물론이고 진실로 어의(語意)가 사람을 감동시킨다."라고 하였다.

이재는 자신에게 시미(詩迷)가 있다고 말했듯이, 시에 빠져 모든 시체를 사용하여 시를 지을 수 있었다. 이재의 이러한 시적 능력은 타고난 재능과 수많은 독서를 기반으로 다져진 것이다. 연보에 의하면

---

84 이 때 서명선은 "시문 짓기에서 당신(황윤석)의 四六文이 뽑혔는데 영의정 金尙喆은 처음엔 거의 돌아보지 않았고 내가 우연히 '빼어난 感賞이 있다'고 홀로 생각하고서 '이 사륙문은 과거에 골몰한 사람의 솜씨가 아니고 반드시 古文에 유의한 사람일 것입니다.'라고 했네. 영의정이 이로 인하여 장원으로 뽑으려고 했는데, 마침 한 글자를 잘못 썼다는 이유로 2등으로 밀려날 수밖에 없었고 급제를 할 수 없었네. 이후에 밖에 나아가 세상 사람들에게 물어보니 모두가 '당신은 과거 문장뿐만이 아니라, 古詩, 古文도 잘하며, 師友들과 교류하며 經學에 유의한다.'고 했네. 이것이 鄭時晦(정경순)가 당신을 公誦하기에 앞장선 이유이네."라고 하였다.(박순철 외 역(2011), 123쪽)

이재는 60세에 “집에 수 천 권의 책을 소장하고 있었는데 경전 주소(註疏)에 구두점을 찍고 잘못된 곳은 바로잡았다. 1만여 책을 읽고 이해했으며 이수(理數), 사물(事物)에 관계된 긴요한 것은 기록하여 300권에 이르렀다.”[85]라고 하였다. 이런 공부를 바탕으로 그는 자유자재로 다양한 시를 써서 남겼는데, 이 중에서 특이한 형식의 시는 회문체(回文體)와 장두체(藏頭體)이다. 회문체는 앞뒤로 읽어도 모두 말이 되는 시이고, 장두체는 첫 시구 끝 글자를 파자(破字)하여 그 다음 시구 첫 글자로 삼아서 시를 쓰는 방법이다.

장두체(藏頭體)

깊은 겨울 눈 오다 개어 추운데	玄冬雲雪霽寒天
타향에서 고향 생각 아득하네	人在他鄉意渺然
화급히 서포로 돌아가고 싶은데	火急歸心西浦上
창가에 새벽달이 스러지고 있네	一窓晨月政休弦

이 시는 첫 시구 마지막 글자가 ‘天’ 자인데 둘째 구 첫 자는 ‘天’ 자에서 위쪽 ‘一’ 자를 떼어 낸 ‘人’ 자를 썼다. 그 다음 ‘然’ 자와 ‘火’ 자, ‘上’ 자와 ‘一’ 자는 위의 설명처럼 모든 글자를 이런 방식으로 선택하여 사용하였다. ‘겨울 눈 내리는 찬 하늘’은 이재의 객지에서의 쓸쓸한 마음을 형상화하고 ‘창에 새벽달이 졌다’는 것은 이재가 고향 생각에 새벽까지 잠들지 못하고 깨어있음을 시적으로 표현한 것이다.

이재는 학문과 시적 재능으로 이름이 널리 알려져 영조와 정조 및 당대의 유명 학자들에게 인정을 받기에 이르렀다. 영조는 ‘박학질실

85 “家藏累千卷, 經傳註疏之精切者點之, 句讀之訛誤者釐之. 歷覽萬餘冊, 無不領會, 而理數事物之關涉者謄之, 緊要者錄之, 手書藏弆, 殆過三數百卷.”(위의 책, 202쪽~203쪽)

(博學質實)', 정조는 '문장지사', 김원행은 '호걸지사', 서명응은 '박학지사', 이덕무는 '대유(大儒)'라고 평가하였다. 사후에는 이서구에게 '남토지걸(南土之傑)', 홍직필에게 '명유(名儒)[86]', 조인영에게 '통유(通儒)'라는 평가를 받았다. 이 중에서 '통유'라는 명칭에 주목할 필요가 있다. 이 말은 조인영이 『이재유고』의 서문에서 사용한 말이다. 그는 '통유'의 의미에 대하여 "학은 본말(本末)을 갖춘 경우를 말하고 도는 체용(體用)을 갖춘 것을 말하는데 이 두 가지에 해박하면 통유라고 할 수 있는데 이재선생은 그 경지에 도달하였다."[87]라고 하였다. 본말에서 본(本)은 이기(理氣)와 상수(象數), 말(末)은 사장(詞章)을 지칭하고 체(體)는 경전과 훈고, 용(用)은 명물(名物)과 제도(制度)를 말한다. 따라서 조인영은 이재가 성리학과 문장 그리고 경전과 문물제도를 두루 섭렵한 통유라고 본 것이다.

시문과 관련된 구체적인 평가를 살펴보면, 정경순(鄭景淳)는 이재를 "한유(韓愈)와 유종원(柳宗元)의 문장, 구준(寇準)과 부필(富弼)의 경륜이나"라고 하였고, 김이탁은 "자신의 증조부 김창흡(金昌翕)은 절구와 율시의 근체시가 당풍(唐風)에 이르지 못했는데 황윤석은 출당입송(出唐入宋)의 경지에 이르렀다."[88]라고 하였으며, 김용겸은 "범중

---

86 홍직필은 묘지명(1843년)에서 이재를 名儒라고 하면서 "근래 호남의 선비들 중에서는 마땅히 공을 제일로 쳐야 하니 후에 子雲과 堯夫가 다시 태어난다할지라도 나의 말이 지나치다고 여기지 않을 것이다.(挽近湖南之士, 當推公爲第一, 後有子雲 · 堯夫, 亦不以余言爲過也.)라고 하였다."

87 "本末該而謂之學, 體用備而謂之道, 博於斯二者而謂之通儒. 雖然, 不加之以反約之工, 則實與聖人法門相差, 此眞正吾儒之難也. 以余所聞, 黃頤齋先生殆庶幾焉."(『頤齋遺稿』 序)

88 "又曰: 吾曾祖三淵集中所載詩, 其五言古體覺有漢魏氣, 七言古體亦超東方諸家, 惟律絶終是自家口語, 非唐語也. 大抵唐語未易吐出, 盛作亦頗出唐入宋, 而所可愛者."

엄(范仲淹)과 비슷하다."[89]라고 하였다. 송헌진은 이재의 행장(1821년)에서 "문장은 굉박(閎博)하고 심원하였고 시 또한 웅건하고 원만하며 통창하고 격식이 뛰어났는데 중년에 지은 시는 점점 당풍(唐風)에 가까워졌다. 가행(歌行)에 더욱 뛰어났고 모든 시체를 두루 구비하여 정련함으로써 우뚝 대가의 반열에 올랐다."[90]라고 하였다. 이덕무(李德懋)는 "목천 태수 황공(黃公)은 도학과 문장이 우뚝한 대유(大儒)로 참으로 지금 세상의 숙도(叔度)이다."[91]라고 하였고, 김원행은 "황군의 문학은 그 경지에 이르기가 쉽지 않다"라고 하였으며 "문질(文質)이 서로 어울리고 언행(言行)이 충신하다."라고 하였다. 이서구는 묘갈명(1824년)에서 "그 학문은 박학으로부터 약례를 추구하였고 의론은 근본이 갖춰져 있었다.(其學蓋將由博而趨約. 議論具有原本.)"라고 하였고, 영상(領相) 김치인(金致仁)은 왕에게 아뢰어 말하기를 "황윤석은 주역에 조예가 깊고 제자백가를 회통(會通)하였으며 문장을 잘 짓습니다."라고 하였다. 또 심정진(沈定鎭)은 이재의 본말(本末)에 대하여 "육경(六經)에 근본하고 여러 백가(百家)까지 통달하여 크면서도 잡되지 않고 자세하면서도 번잡하지 않다"라고 하였는데 당시 식자들이 그를 인정하여 평가한 말이라고 여겼다.

(『頤齋亂藁』 권13)

89 "元君爲余誦其近體一律, 余亦爲誦怊悵 · 梅花二篇. 元君爲金丈言曰: 黃奉事學富, 而詩又如許, 未易當也. 金丈曰: 詩律於自己, 雖非專門, 而亦不可及. 此猶范希文不以詩自命, 而其詩絶倫, 盖多積薄發故耳."(위의 책 13권)

90 "文章閎博黼深, 詩又雄健圓暢, 調格超詣, 中年製作駸駸逼唐. 尤長於歌行, 衆體咸備該 而能整, 蔚然爲大家數."(박순철 외 역(2011), 308쪽)

91 "木川太守黃公, 道學文章磊落, 大儒, 眞今世之叔度也."(『頤齋亂藁』 권31). 원문에 나오는 叔度는 후한의 黃憲을 가리키니 자가 叔度인데 낙양사람으로 학행으로 이름이 높았다.

2) 시작(詩作)의 전범(典範)

이재는 타고난 시적 재능으로 어릴 때부터 시를 써서 명성을 얻었다. 그는 시를 창작하는 과정에서 이전 한·중 문인들의 시를 전범으로 삼아 자신의 시풍을 만들어 가며 자신만의 특색을 드러냈다. 이재 이전의 시사(詩史)의 흐름을 살펴보면, 고려와 조선 초기까지는 송시가 유행하였고, 조선 중기에 이르러 비로소 당시를 좋아하는 경향이 나타났다. 김종직(金宗直)이 당시(唐詩) 영역에 접근하면서 그 문하에서 나온 박상(朴祥)이 당시의 풍격을 숭상하는 시작을 남겼다. 이후에 호남의 임억령(林億齡, 해남)과 김인후(金麟厚, 장성)가 당시(唐詩) 영역을 드나들었고, 선조 시대 시단을 대표하는 소재(蘇齋) 노수신(盧守愼)은 노두(老杜)의 격율(格律)이 뛰어났다. 이 때 노수신을 포함한 호음(湖陰) 정사룡(鄭士龍)과 지천(芝川) 황정욱(黃廷彧)은 관각 세걸로 일컬어졌는데 당풍의 시를 썼다. 본격적으로 당을 익혀 당풍을 일으킨 사람은 박순(朴淳)으로 삼당시인으로 불리는 최경창(崔慶昌, 영암), 백광훈(白光勳, 장흥과 해남), 이달(李達) 등이 모두 박순으로부터 당시를 배워 고경명(高敬命, 광주)·임제(林悌, 나주)와 더불어 호남시단을 빛나게 했다.[92] 윗글에서 주목되는 내용은 호남의 시인들이 주로 당풍의 시를 지었다는 것으로 이 중에서 이재와 관련하여 중요한 사람은 김인후와 고경명이다. 김인후는 장성 출신으로 송순의 문하인데 그는 학문이 깊었고 당시를 좋아하였는데 그 시는 침착(沈着), 준위(俊偉)하다[93]는 평가를 받고 있다. 이재는 김인후를 추숭하였고 그 후손 김익

---

92 閔丙秀(2014), 265쪽.

93 위의 책, 253쪽.

휴와 처남과 매부 사이로 친히 지냈고 송순의 행장을 썼으므로 김인후와 송순으로부터 영향을 받았음을 짐작할 수 있다. 고경명은 광주에서 시작에 전념하였는데 그 시는 자연경물을 보고 느낀 감회를 노래한 것과 자신의 회포를 읊은 것이 많다.[94] 이재는 고경명에 대하여 적지 않게 언급하며 그의 충절을 흠모하였고 그에 대한 시문을 썼기 때문에 적잖은 영향을 받았을 것으로 여겨진다.

이재의 시풍을 형성하는 데 직접적인 영향을 미친 사람으로 농암을 고려하지 않을 수 없다. 이재는 농암 김창협－숙조 황재중－부친 황전－이재로 이어지는 학맥을 형성하고 있다. 농암 김창협은 당시(唐詩)를 선호하여 "시는 마땅히 당시를 배워야 하고 당시는 성정과 흥기를 주로 하였다."[95]라고 하였다. 또한 "시는 성정의 표현이자 천기(자연의 기밀)을 깨우쳐 흘러나온 것이다. 당시에는 이런 것을 터득한 것이 있고 자연스럽게 표현 되어 있다."[96]라고 하였다. 농암은 시란 성정과 천기를 자연스럽게 표현하여 흥기가 담겨 있어야 한다고 주장한 것이다. 또한 농암은 "송시는 고실과 의론을 위주로 하였고 당시는 성정과 흥기를 주로 하였다."[97]라고 하여, 송시와 당시의 차이점을 분명하게 지적하였다. 고실(故實)은 용사(用事)와 전고(典故)이고 흥기(興寄)는 영물탁정(詠物托情)으로 형상(形象)을 창조하여 그 속에 성정(性情)를 시적으로 표현하는 것이다. 송시는 용사와 전고를 활용

94 위의 책, 291쪽

95 "詩固當學唐, 亦不必似唐. 唐人之詩, 主於性情興寄, 而不事故實議論, 此其可法也." (강명관(2007), 108쪽.)

96 "詩者, 性情之發而天機之動也. 唐人詩, 有得於此. 故無論初盛中晚, 大抵皆近自然." (위의 책, 78쪽.)

97 "宋人之詩, 以故實議論爲主, 此詩家大病也."(위의 책, 101쪽)

하여 논리적으로 의론을 표현하고, 당시는 사람의 성정을 형상을 통하여 자연스럽게 표현하여 흥취가 있다. 이재의 시에는 바로 농암이 말한 당시의 특색이 구비되어 당풍의 특색을 드러나 있다.

다음으로 이재의 시풍을 짐작함에 있어 이재의 묘갈명을 쓴 이서구의 평가를 주목하지 않을 수 없다. 이서구는 조선후기 사걸(後四傑)의 한 사람으로 당시(唐詩)를 선호하였는데 그는 김수항의 다섯 째 아들인 김창집(金昌緝)의 아들 김용겸(金用謙)과 교류하였다. 이를 통해 볼 때 김창협과 김창흡 형제의 영향을 받았을 것으로 판단된다.[98] 이서구는 이 때문에 당시를 선호하여 시에 당풍의 색채가 짙다. 따라서 이서구가 이재의 묘갈명을 썼다는 것은 그가 이재의 시풍에 대하여 자신과 유사한 점이 있다는 동감과 더불어 이재가 김창협 집안과 세의(世誼)가 있다는 점도 고려한 것으로 보인다.

시풍 형성에 있어서 학맥을 통한 직접적 영향도 있지만 시집을 통한 학습의 영향도 있다. 이재는 22차례 서행에서도 항상 두율(杜律), 송율(宋律), 명율(明律)[99]을 읽으며 감상하였다. 이를 통하여 이재가 평상시에 당시, 송시, 명시의 장점을 수용하여 융합하고자 하였음을 알 수 있다. 특히 이재가 명시를 즐겨 읽었다는 것은 그 자체가 당시와 송시의 특색을 수용하고자 한 것이다. 이재는 명대의 전겸익을 선호하였다는데 그가 바로 당시와 송시의 특징을 모두 수용하고자 노력한 사람이기 때문이다. 이재는 시를 배우고 창작할 누구를 전범으로

98 閔丙秀(2014), 265쪽.

99 이재가 병술년(1766년, 38세) 7월에 동대문－미음－가평 읍내까지 일정을 기록한 내용에는 그가 서행에 구비한 물품이 기록 되어 있고 그중에는 그가 여행 도중에도 지니고 다닌 책으로 “杜律一, 宋律一, 明律一.”라는 기록이 있다.

해야 하는가에 대한 관점을 다음과 같이 서술하였다.

> 보은 김정례가 와서 배석하고 있다가 잠시 후에 물러갔다. 내가 그의 사저로 가서 대화를 했는데, 정례가 말하기를, "고시문 중에서 누구를 좋아하고 누구를 모방하는가."라고 물었다. 내가 답하기를, "어려서부터 고문사(古文詞)를 맛보려고 하지 않은 것은 아니지만 중년에 질병을 많이 앓아서 뜻대로는 되지 않았다. 다만 택당 이식이 만든 『두시비해』와 호응린의 『시수』를 자못 애독하며 즐겼다. 당송팔대가에서는 구양수의 문장은 사랑할 만하고 명대 십대가에서 왕양명의 문장엔 새로운 생각이 있어서 애독하여 즐길만한 것 같다. 그리고 목재 전겸익의 문장은 다시 한번 변화된 시문이다."라고 했다. 정례가 말하기를, "목재의 문장은 극히 변화하여 빛나지만 비근에 가까우니 단지 변화만 다 했다고 한다면 다른 사람의 비웃음을 살 뿐만이 아니다."

이재는 전범으로 삼을 만한 사람으로 역대 중국의 문인에서 자신의 이전 시대 사람과 동시대의 사람을 같이 거론하였다. 이를 통하여 이재는 고대 문인을 전범으로 삼으면서 동시대인에 대해서도 관심을 가지고 시대의 조류를 따라 가려고 했음을 알 수 있다. 이전 사람으로는 두보와 구양수를 전범으로 삼았고 동시대인으로는 명나라의 호응린, 전겸익, 왕양명을 배워서 자신만의 시와 산문 세계를 창조하고자 하였다.

또한 이재는 항상 두율(杜律)을 몸에 지니고 다녔고 택당 이식이 쓴 『두시비해』[100]를 애호한다[101]라고 하였기 때문에 그가 두보 시를 좋

---

100 이 책은 택당 이식이 두보 시에 대하여 비평을 하고 해설을 한 것이다. 또 그는 杜詩 공부에 전념하여 만년에 「學詩準的」을 저술하여 이 책에서 "杜詩變體, 性情詞意, 古今爲最. 記行及吏別等作, 分明可愛者, 不可不熟讀摹襲, 以爲準的."라고 하여

아하고 전범으로 삼았음을 알 수 있다. 이 점은 송헌진이 쓴 이재의 행장에서도 지적된 바 있다. 이에 따라 이재는 두보시를 직접 차운하여 시를 쓰기도 하였다. 그 대표적인 시로 「노종금야백(露從今夜白)」 5수[102]를 들 수 있다.[103] 제1수에서는 도성 객지에서 세월이 너무 빨리 흘러 벌써 흰 이슬 내리는 가을이 되었음을 읊었고, 제2수에서는 고인을 사모하여 그 남긴 자취를 따랐으나 이제 머리가 희어졌으니 누구를 추종하야 하는가라고 슬퍼하였다. 제3수에서는 만물이 변화하여 가을이 되었음을 느끼고 나이를 잊으려고 하였다고 읊었다. 제5수에서는 귀뚜라미 울고 달도 지는데 귀향하는 날짜가 눈 내리는 겨

杜甫의 변체를 모범으로 삼아야 한다고 주장하였다. 또한 그는 "宋詩雖多大家, 非學富, 不易學, 非是正宗, 不必學. 惟兩陳 后山, 簡齋 律詩, 近於杜律者, 時或參看. 大明詩, 惟李崆峒夢陽, 善學杜詩, 與杜詩參看."라고 하여, 송시는 학문이 풍부하지 않으면 쉽게 배울 수 없고 정종이 아니어서 배울 필요가 없다고 하였다.

101 이재가 『두시비해』에 대하여 말한 주요 내용을 살펴보면, "예전에 『杜詩批解』 신본을 얻어 간혹 옛 사람의 마음 쓴 곳을 터득함이 있으면 시부를 지어 읊조리며 경솔하게 우쭐거리며 스스로 즐거워하였다.(往得杜詩批解新本, 或有窺得古人用意處, 發之詠吟, 粗昂然自喜.)"라고 하였다. 또 이재는 "金碩士請得吾家杜詩批解冊借覽, 余許之. 俄而主倅請來相話, 主倅曰: 吾則本無文學之名, 而左右則旣有大名, 曩時巡使已於山中大贊, 長城尤大贊之."라고 하였는데 이를 통하여 이재가 집에 『두시비해』를 소장하고 있으면서 김 석사(고부 현령 김리신)에게 빌려 주었음을 알 수 있다. 다시 "(二十七日壬申) …… 金君言: 杜詩批解旣蒙惠借, 而借來之後, 始聞此邑近處, 亦有此冊矣. 余曰: 鄙冊頗有落板, 雖以新紙塡入, 而未得他本塡書矣. 金君曰: 此則當自此塡書還送矣."라고 말하였는데, 이를 통하여 이재가 소유하고 있는 『두시비해』에 낙판이 있어서 이를 채워 넣었음을 알 수 있다.

102 "其一. 卻憶青陽節, 慕古希遺蹤. 公然髮已菻, 嘆息將誰從. 其二. 端居感物化, 淸商爲散襟. 吾年庶不感, 聖言傳到今. 其三. 忽忽望南天, 孤雲逶親舍. 斗祿竟何爲, 輾轉仍寒夜. 其四. 蟋蟀鳴近床, 簷牙月死魄. 歸歟勿愆期, 恐見飛雪白."(『頤齋亂藁』 권7)

103 이재는 이 밖에도 「次杜律示旻鼒」라는 시를 쓰고 이재는 이 시 아래에 두보의 원시를 부기하였다. 그 시는 "不見旻公三十年, 封書題寄淚潺湲. 舊來好事今能否, 老去新詩誰與傳. 棊局動隨幽澗竹, 袈裟憶上泛湖船. 憑君話我餘生在, 頭白昏昏只醉眠."이다.(위의 책, 권3)

울까지 연기되지 않기를 소망하였다. 제4수를 살펴보면 다음과 같다.

홀연히 남쪽 하늘을 바라보니	忽忽望南天
외로운 구름이 고향 집을 감도는 듯하네	孤雲遶親舍
적은 녹봉을 위하여 무엇을 하고 있는가	斗祿竟何爲
차가운 밤에 이리 뒤척 저리 뒤척 하노라	輾轉仍寒夜

이재는 이 시 서문에서 "백로에 홀로 앉아 있는데 이웃에 사람도 없고 하여 두시 '이슬이 오늘부터 희어지다'라는 시구를 따라 5수를 나눠 짓다."[104]라고 하였다. 이재가 언급한 시구는 두보의 「월야억사제(月夜憶舍弟)」 시[105]의 일부이다. 이 시는 두보가 달밤에 동생 영(穎), 관(觀), 풍(豊), 점(占) 4명을 그리워하며 읊은 내용이다. 이재의 시는 바로 이 시를 차운하여 쓴 것이다. 이재는 이 시를 통하여 가족에 대한 그리움을 표현하였다. 시에서 이재는 '고운(孤雲)'으로 자신의 외로운 신세와 고향으로 거칠 것 없이 내달려가고 싶은 심정을 표현하였다.

호응린(1551~1602)은 『시수(詩藪)』의 저자로 자는 원서(元瑞)인데 만년에는 명서(明瑞)로 바뀌었고 호는 소실산인(小室散人), 석양생(石羊生)이다. 『시수』는 내편 6권, 외편 6권, 잡편 6권, 속편 2권으로 구성되어 있는데 내편은 시체별로 서술한 시학 개론이고 외편은 시대별로 서술한 시사(詩史)이며, 잡편은 보유(補遺)이고 속편은 명나라의 시사를 서술한 것이다. 『시수』의 기본 관점은 명대 전후칠자가 주장한

---

104 "白露日獨坐無俚, 用杜詩露從今夜白, 分成五首."(위의 책, 권7)

105 이 시의 전체 내용은 "戍鼓斷人行, 邊秋一雁聲. 露從今夜白, 月是故鄉明. 有弟皆分散, 無家問死生. 寄書長不達, 況乃未休兵."이다.

'시필성당(詩必盛唐), 문필진한(文必秦漢)'을 중시한 것이다. 그러나 그는 엄우가 《창랑시화》에서 강조한 '오(悟)'와 명나라 이몽양이 강조한 '법(法)'을 거론하며 천고(千古) 사장(詞場)의 대관건(大關鍵)이다. 이 둘은 어느 한쪽으로 치우쳐 한쪽을 폐할 수 없는 중요한 것이라고 하였다. 이런 맥락에서 그는 또한 시의 바른 격조(格調)를 중시하고 시대마다의 변조(變調)를 인정하여 시체를 구분하여 격조(格調)를 살피고 시대를 나눠 그 변화를 논하였다. 호응린의 시론의 특징은 성당시를 전범으로 하고 시대에 따라 나타난 새로운 특색을 높이 평가하며 시문의 창작에서는 자신이 깨달은 것을 법도에 맞게 잘 표현하여 새로운 격조를 창출해야한다는 것이다.

명말에는 많은 유파가 있었는데 전겸익은 명말 청초의 사람으로 명대의 전후칠자의 의고주의를 반대하고 경릉파의 섬교(纖巧)를 비판하고 묘오설(妙悟說)을 반대했는데 그는 여러 측면에서 공안파에 가까웠다.[106] 그는 시에 대하여 명대의 전후칠자의 '시필성당(詩必盛唐)'의 태도를 반대하고 새로운 시의 국면을 개척하여 공안파와 당송파의 성과를 모아서 새로운 시세계를 열었다. 시문에는 진선(眞善)이 구비되어야 시문에 생명력이 있다고 역설하였고 송·원시를 높이 평가함으로써 '종송파'의 시발이 되었다. 그는 이 때문에 소식과 원호문의 시를 좋아하였다. 끝으로 전겸익은 『전주두시(錢注杜詩)』라는 책을

106 공안파는 원종도·원굉도·원중도가 중심인물이다. 그 주장은 첫째, 문학의 시대적인 진화를 중시하여 문학은 시대에 따라 변화하고 시대마다 독특한 특징을 지닌다. 둘째, 시대가 진화한다는 인식을 바탕으로 復古와 擬古을 반대하였다. 셋째, 오직 性靈을 추구하며 격식에 구애받지 않는다. 넷째, 소설과 희곡 및 민간가곡의 문학적인 가치를 중시하였다. 이재는 공안파와 전겸익의 영향을 받아 문학은 시대에 따라 진보하고 진심을 표현해야 하며 雜歌도 주목할 가치가 있다고 하였다.

써서 주로 사회와 역사배경을 조사하여 역사와 시를 결합시켜 작품의 의의를 설명함으로써 새로운 견해를 제시하였다. 이런 점에서 전겸익은 두시를 상당히 좋아 했다고 할 수 있다. 결론적으로 전겸익은 당대까지 있었던 모든 시파를 검토하고 비판하면서 법고창신의 자세로 새로운 시세계를 모색하여 시에 심령(心靈)과 진선(眞善)을 표현해야 한다고 하였다.

이상에서 이재는 결국 당대(唐代)의 두보와 명말 청초의 전겸익을 선호함으로써 당·송시를 동시에 섭렵하고 동시대의 전겸익의 시풍까지 수용하는 방법을 취한 것이다. 따라서 이재는 두보 시를 정점에 놓고 호응린과 전겸익이 시대에 맞게 변화시킨 법고창신의 자세를 본받아서 자신만의 새로운 시문을 창작하여 당시와는 다른 당풍의 시를 창작하였다고 할 수 있다.

이재는 중년까지 당시를 좋아하여 『당시품휘(唐詩品彙)』, 『당시선(唐詩選)』 두율(杜律), 『두시비해(杜詩批解)』, 『전주두시(錢注杜詩)』을 읽으며 당풍의 시를 썼는데 말년에는 송시를 좋아하여 송풍의 시를 많이 창작하였다. 그가 말년에 송시를 선호가 된 이유는 『성리대전』의 주해와 『이수신편』의 편찬 및 완성의 영향이 큰 것으로 보인다. 또한 『염락풍아』의 영향을 무시할 수 없고 이 중에서 주희의 영향이 가장 큰 것으로 여겨진다. 이재는 『성리대전』을 모방하여 『이수신편』을 편찬했는데 이 책에는 『성리대전』의 「고문」편을 모방하여 시문을 증감한 내용이 있다. 그 내용은 주로 성리학자들이 지은 시문을 수록한 것으로 성리학적 깨달음과 성정을 읊은 것이다. 『염낙풍아(濂洛風雅)』는 송말 원초에 활동한 김이상(金履祥 : 1232~1303)이 편찬한 책인데 이후 당량서(唐良瑞)가 문체별로 분류하여 완성시켰다. 이 책에는 송나라 유학 계통에서 중요한 위치를 차지하는 주염계(周濂溪), 정호(程顥)와 정이(程頤), 주희(朱熹) 등 48명의 작품이 수록되어 있는데 시뿐만 아니라 명(銘), 잠(箴), 찬(贊), 부(賦) 등 다양한 시체가 선별되어 있다. 이재는 중년 이후에 이 책을 애독하고 주희의 「감춘부(感春賦)」는 자주 암송하였다.[107] 이로 인하여 이재는 송시를 좋아하게 되었고 송풍의 시를 창작하여 남겼다.

이재는 1,600수 이상의 시를 쓰면서 자연스럽게 시에 대한 관점을 가지지 않을 수 없었다. 이재의 시문관은 한마디로 도체문용론(道體文用論)이다. 이는 이재가 유학자이자 성리학자였던 관계로 전통적인 유가 문학관인 시교(詩教), 문이재도(文以載道)의 관점을 계승하여 시문의 효용성을 중시한 관점이다. 이재는 도와 문의 관계에 대하여 중국의 전통적인 관점인 '문이재도론(文以載道論)'과 '관도론(貫道論)' 중에서 어느 한쪽에도 치우치지 않으려고 절충을 시도하였다. 그 방안으로 그는 '문이재도'에서의 '도'의 개념을 확대하여 유가의 '도'뿐만 아니라 모든 사물에 구비되어 있는 도 또한 도이고 문장에 표현된 것 또한 '도'라고 인식하였다. 이재는 이렇게 '도'를 이중적으로 해석함으로써 문장의 가치를 높이 평가하고 유가의 도와 문장의 도의 관계를 거의 대등하게 보았다.

---

107 『이재난고』에는 이재가 주로 암송한 시편이 나오는데 권3에는 "余又自詠朱文公水調歌頭及感春賦, 以至於感興詩微月章而止", 권11에는 "近者夜無寐, 偶誦朱先生感春賦, 水調歌頭「富貴有餘樂詞」迤及杜詩秋興八首, 流連忼慨, 歸思益激, 因成一絶如右.", 권26에는 "連曉, 客懷耿不能寐, 因誦夙興夜寐箴 · 易乾卦 · 朱子感春賦 · 陶令歸去來辭 · 杜子美秋興八首, 亦聊以自慰而已.", 권37에는 "(十四日甲寅)曉陰. 曉誦歸去來辭感春賦.", 권44에는 "曉起, 月色滿庭, 誦太極圖 · 西銘 · 感興詩 · 感春賦 · 尤庵像贊「農岩撰」."라는 내용이 있다.

이재는 "문(文)은 도(道)의 나머지이고 시(詩)는 또 문의 나머지이다."라는 말을 인용하여 비판하며 이치는 일상일용(日常日用)의 사물에 있으니 이치를 따라 멀리하지 않는다면 경서의 문장과 문장가의 문장 그리고 『시경』시와 이백, 두보의 시에 도가 있기는 마찬가지라고 하였다. 여기에서 이재는 도에 대하여 두 가지로 인식하고 문장에 대해서도 두 가지로 나눠 인식하고 있었음을 알 수 있다. 이재가 우선 생각하는 도는 유가의 도이지만 일상일용지간에 이치에 맞는 것도 도라고 보았음을 알 수 있다. 따라서 이재는 유가의 도뿐만 아니라 문장에 표현되어 있는 도 또한 도라고 본 것이다. 그리고 문장에 대해서도 경서자집의 문장, 문장가의 문장이 있다고 봤지만 둘 다 모두 도가 구비되어 있다고 봤다. 이러한 이재의 관점을 유가의 문학관인 문이재도론(文以載道論)과 비교해 보면 상이점이 있음을 알 수 있다. 문이재도 관점에서 문장은 유가의 도를 싣기 위해서 쓰는 것이라고 한다면 이재의 관점은 쓰여 진 문장에는 이치를 담은 도가 있다는 것으로 도의 개념을 확대한 것이다. 그는 유가의 도만 도가 아니고 문장 속의 도 또한 도로써 가치가 있다고 한 것이다. 이렇게 보면 이재는 도에 대하여 상위 개념의 유가의 도와 하위 개념의 문장의 도로 나눠 이중적으로 이해하여 문장의 도 또한 높게 평가하여 문장의 가치와 효용성을 인정한 것이다. 이로 인해 이재는 근본적으로 유도(儒道)가 실려 있는 경서나 제자백가의 글이 우수하다고 보았지만 문장가들이 쓴 문장 속에도 도는 얼마든지 있기 때문에 시문 또한 높이 평가하여 홀대하지 않는 것이다.

그렇다면 이재는 시문의 창작행위에 대하여 어떤 관점을 가지고 있었는가. 다음 문장에서 그 일단을 살펴볼 수 있다.

> 옛 말에 이르기를 "문장은 하나의 기예이지만 천지운기(天地運氣)와 서로 더불어 올라갔다 내려갔다 한다."라고 하였으니, 여기에서의 문장은 '경사자집(經史子集)'을 가리키는 것으로 대가들이 자주 일컬었을 따름이다. 오늘날 과거 문장은 기예 중에서 더욱 천한 것이지만 또한 세상을 볼 수 있는 것이다. 무릇 조종(祖宗) 중세 이전에는 그 문체가 오히려 옛 뜻이 있어서 시는 반드시 고시(古詩)를 위주로 하였고 부(賦)도 역시 고부(古賦)를 위주로 하였으며 표(表)와 책(策) 등 여러 문장도 그러하였다. 이 때문에 포서(鋪敘)가 회복되어 여유롭고 심후하여 여운의 맛이 있었다. 근래에는 촉박하고 급하여 병자가 기운이 다하여 목구멍으로 숨이 넘어가는 것과 같으니 이를 통하여 세도(世道)와 관계가 있음을 볼 수 있지 않겠는가!

이재는 고인의 말을 인용하여 '문운수시(文運隨時)'의 관점을 말하고 시문의 창작행위는 하나의 기예이지만 시운을 따라서 지금의 문장은 이전 보다 훨씬 못하다는 것이다. 특히 과거를 보기 위해 배우는 시문은 더욱 못하지만 그래도 이를 통해 세상을 알 수 있다고 하면서 시문은 옛 것일수록 좋다는 상고주의(尙古主義) 입장을 피력하였다. 그렇다고 시문을 추구하여 이름이 널리 알려져 문호(文豪)가 되는 것은 좋게 평하지 않았다. 그렇다면 이재는 왜 『이재난고』라는 방대한 책을 써서 많은 시를 남겼는가. 그 이유는 첫째, 그가 평소에 기록하는 버릇이 있었고, 둘째, 그 자신이 말한 것처럼 꿈속에서도 시를 쓸 정도로 시를 짓는 창작열이 있었다. 셋째, 당시의 충렬(忠烈)의 내용을 기록하지 않으면 사라질까 하는 우려가 있었다. 『이재만록』에는 "그러하니 나와 같은 사람은 비록 시골에 있지만 또 마땅히 충효, 정열(貞烈)의 실제를 밝게 나열하여 기록함으로써 백세 뒤에도 징험함이 있도록 하고 또 관작이나 사필에 기대하는 것이 없어야 할 것이다. 세상의 군자여, 이 말이 어떠한가?"[108]라는 기록이 있는데, 이재는 이처럼 시문을 실용적 관점을 가지고 창작한 측면이 강하여 자신의 사상과 감정만을 표현할 목적으로 시문을 창작하지 않았다. 이는 도체 문용의 관점 아래에서 나올 수밖에 없는 현상이고 더 나아가 시문의 실용성과 교화기능을 중시한 것이다.

3. 시가(詩歌)의 특색

1) 형상(形象)과 흥기(興寄)

이재가 쓴 시의 전체적인 특색을 시풍의 차원에서 살펴보는 것은 이재 시의 특징을 규명하는 효율적인 작업이다. 『이재난고』 권13에는 기축년(1769) 10월 2일에 김리탁(金履鐸)을 방문하여 시에 대하여 얘기한 내용이 수록되어 있다. 그 때 김리안은 이재의 「초창(怊悵)」시에 대하여는 '당기(唐氣)'있다고 평하였고, 「귀차동진(歸次東津)」에 대하여는 '당조(唐調)'가 있다[109]고 평하며 그 시풍이 '출당입송(出唐入宋)'[110]의 특색이 있다고 하였다. 송헌진은 이재의 행장에서 "시는 웅건원창(雄健圓暢), 격조는 초예(超詣)하고 중년에 점점 당풍에 가까졌

---

108 "然則如余者, 雖在田間, 亦宜昭列忠孝貞烈之實, 使百世有徵, 亦無待於官爵史筆矣. 世之君子, 其謂此何?"(박순철 · 노평규 · 김영 역(2012b), 205쪽)

109 "又誦江上樓高纔數層一律, 聖循曰: 一二三四俱好矣. 又誦招悵韶華晚景前一絶, 聖循曰: 此詩漸有唐氣. 又誦安穩東津水一律, 聖循曰: 一二三四誠唐調, 而結語亦有韻."(『頤齋亂藁』 권13)

110 "大抵唐語未易吐出, 盛作亦頗出唐入宋, 而所可愛者."(『頤齋亂藁』 권13)

다."[111]라고 하였다. 김리탁과 송헌진은 모두 이재의 시풍에 대하여 당풍과 송풍의 특색이 있다고 개괄적으로 말하였을 뿐 그 이유에 대하여 구체적으로 설명하지 않았다. 김리탁이 말한 '출당입송'의 의미는 당시의 특색으로 정경(情景)을 시에서 함께 읊어 성정을 표현하고 시 속에 형상을 창조하여 비유적으로 표현한 특징을 언급한 것으로 여겨진다. 이는 한마디로 '정경교융(情景交融)'과 '영물탁정(詠物托情)'으로 지칭할 수 있다. 그 구체적인 내용을 살펴보고자 한다.

(1) 정경교융(情景交融)

최삼룡은 이재 시의 내용을 한정(閑情) 159제 교유(交遊) 128제, 향수(鄕愁) 123제, 서경(敍景) 122제, 자탄(自嘆) 105제, 회고(懷古) 99제, 여정(旅程) 95제, 만시(挽詩) 60제, 선불(仙佛) 55제, 관물(觀物) 53제, 송별(送別) 47제, 충심(忠心) 42제, 성리(性理) 26제, 수덕(修德) 23제, 송축(頌祝) 17제 15종류로 분류하였다.[112] 이재는 이처럼 많은 내용의 시를 쓰면서 정경교융의 수법을 사용하여 당시의 특색을 드러냈다. 정경교융은 정경상생(情景相生)이라고도 부르는데, 정(情)과 경(景)을 번갈아 읊어서 서로 잘 어울리게 하여 시의를 표현하는 것이다. 좁은 뜻의 경은 자연경물을 가리키고 넓은 뜻의 경은 예술 작품 속의 형상을 가리킨다.[113] 또한 시인의 머릿속에 떠오르는 사물의 표상을 '경'이라고 하고 가슴 속에 있는 사상 감정을 '정'이라고 할 수 있다.[114] 이

111 "詩又雄健圓暢, 調格超詣. 中年製作駸駸逼唐"(박순철 외 역(2011), 308쪽.)

112 최삼룡 외(1994). 68쪽.

113 張少康 저, 李鴻鎭 역(2000), 348쪽.

114 이병한 편저(1992), 100쪽 참조.

수법은 상·하구 중에서 상구에서 경을 읊었다면 하구에서 정을 읊고 이와 반대로 할 수도 있다. 상·하구의 경과 정은 서로 밀접하게 연관되어 시의를 풍부하게 할 때 좋은 시가 될 수 있다. 또 다른 수법은 동일한 시구에 경과 정을 동시에 읊어 경물 속에 정을 함축하여 표현하는 것이다. 이러한 수법으로 지어진 대표적인 시를 살펴보면 다음과 같다.

면산에 개자추의 원혼이 가련하니	寃魄綿山正可憐
그 마음을 알아줌은 예부터 푸른 하늘이었네	知心終古有蒼天
이에 한 밤에 아득한 비를 뿌려서	故將一夜冥冥雨
천촌만락의 연기를 사라지게 하네	消却千村萬落烟

이 시의 제목은 「한식우(寒食雨)」로 이재가 14세에 지은 시이다. 이재는 이 시에 대하여 부친의 화답시가 있다고 하였다.(父親有俯和詩) 이 시는 제1, 2구의 정과 제3, 4구의 경을 융합하여 개자추의 억울한 마음을 표현하였다. 개자추의 비통한 눈물을 한식의 비로 형상화하고 그 비는 그 마음을 아는 창천(蒼天)이 내려 주는 것이다고 표현하였다.

푸른 소나무 숲에서 땔나무를 베고	斫得松林碧
산꽃을 꺾어 머리에 가득 꽂았네	山花揷滿頭
세상의 영욕 밖에서 노니나니	世間榮辱外
그대는 풍류를 아는 가장 멋진 사내라네	知爾最風流

이 시의 제목은 「초동(樵童)」이다. 이 시는 길에서 본 것을 쓴 5언절구 4수(途中記見 四絶) 중에 제1수이다. 1, 2구는 경이고, 3, 4구는 정이다. 경과 정을 융합시켜 머리에 꽃을 가득 꽂은 사내의 순정을

잘 표현하여 그 모습이 눈에 선명하게 떠오르게 하였다.

강이 휘돌아 감싸 안고 있는 청령포 산에는	三面長江一面山
흰 구름 가을빛이 소나무 사이에 어지럽네	白雲秋色亂松間
천심도 막막하여 밤마다 번개 치며 바람 불고	天心漠漠雷風夕
단종의 곤룡포와 면류관 용안은 여전히 은은하네	地府依依袞冕顔
서쪽으로 돌아가는 길 끊어져 두견새 슬피 울고	路絶西歸鵑亦苦
고봉에 올라 동쪽 보며 눈물 흘려서 대나무 얼룩졌네	峰高東望竹應斑
영조의 거룩한 공렬로 규장(奎章)이 있게 되었으니	今王聖烈奎章在
한가한 틈타서 비석을 찾아가 배알하리라	趨拜龜趺擬趁閒

이 시의 제목은 「청령포를 바라보며 감회를 씀(望淸泠浦志感)」이다. 이재는 '봉고동망(峰高東望)'에 대하여 스스로 주를 붙여 "정순왕후(定順王后)가 궁에서 쫓겨나 거처한 정동(貞洞) 집 뒤에 봉우리가 있기 때문에 동쪽을 바라본다라는 이름을 얻었다."[115]라고 하였다. 이는 단종의 왕비였던 정순왕후가 집 뒤 산봉우리에 올라 영월에 있는 단종을 바라보았다는 뜻이다. 시에 나오는 '죽응반(竹應斑)'은 '반죽(斑竹)'의 전고[116]를 사용하여 만든 표현이다. 이재는 이 전고를 활용하여 정순왕후가 순(舜)임금의 아황(娥皇)과 여영(女英)처럼 단종을 그리며 슬피 울고 그 눈물이 집 뒤 대나무에 떨어져 그 대나무가 눈물자국에 얼룩져 반죽(斑竹)이 되었다고 표현하였다. 시는 전체적으로 정(情)과 경(景)을 적절하게 배합하여 단종과 정순왕후의 원한을 표현한 뒤 지

---

115 "定順王后出居貞洞, 宅後有峯, 因東望得名."(『頤齋亂藁』 권7)

116 舜임금이 남쪽 지방을 순수하다가 사망하여 蒼梧에서 장사지냈는데, 부인인 娥皇과 女英이 湘江에 이르러 슬피 울다가 그 강물 빠져 죽었다. 그때 두 부인이 흘린 눈물이 대나무에 떨어지자 대나무가 눈물자국에 얼룩져 斑竹이 생겼다고 한다.

금은 영조가 규장(奎章 : 임금이 쓴 글이나 글씨)을 내려 설원(雪冤)해 주어 다행이라고 하면서 이재 자신도 청령포에 있는 어제(御製)의 비석에 나아가 배알할 것이라고 다짐하였다. 구체적으로 제2시구 "白雲秋色亂松間"은 경에 정을 함축하여 이재 자신의 혼란하고 복잡한 심경을 함축적으로 표현하였다. 경련의 "路絶西歸鵑亦苦, 峰高東望竹應斑"은 정과 경을 교융시켜 표현한 시구이다. '두견'과 '반죽'은 경이다. '불여귀(不如歸)'라고 우는 두견새와 눈물로 얼룩진 대나무로 형상(竹斑)[117]을 만들어 단종과 정순왕후의 마음과 슬픔을 매우 효과적으로 표현하였다. 이재는 단종의 유배지 청령포에 대하여 다시 「청령포가(淸冷浦歌)」라는 시를 지었다.

청령포에 달이 밝을 땐	淸冷浦上月明時
두견새가 밤새도록 슬피 운다네	徹夜哀鳴有子規
사육신의 원한을 이해하는가	能解六臣冤恨否
아득한 천지에서 알기가 어렵네	冥冥天地已難知

1, 2구의 경과 3, 4구의 정을 융합하여 뜻을 잘 표현하였다. 이재는 달 밝은 밤에 우는 두견새의 경관을 묘사하여 단종의 슬픔을 표현하고 단종을 위하여 죽은 사육신의 원한은 두견새외에 천하의 모든 사

117 이재는 죽반과 같은 의미의 '湘竹'을 소재로 "湘竹斑斑已幾枝, 九嶷魂斷白雲遲. 多情徹曉神靈雨, 將淚蕭騷柳北池."라는 시를 지었다. 이재는 이 시를 짓게 된 배경에 대하여 '古閨怨詩'를 꿈꾸었는데 이 날이 붕어한 영조의 생일이었다. 자신이 白首로 아직 죽지 못하고 영조의 성은을 생각하였기 때문에 꿈속에서 부인이 남편을 기리는 시를 꿈꾸었고 이는 군주를 연모하는 것과 관련이 있다고 여겨서 원시의 "西風憾憾動梧枝. 碧落冥冥鴈去遲. 斜倚綠囪仍不寐, 一眉新月下西池."를 차운하여 이 시를 지었다고 설명하였다.

람들은 잘 알지 못한다고 말함으로써 단종에 대한 자신의 감회를 피력하였다. 이재는 영·정조 시대를 살았다. 영조가 탕평책을 써서 당쟁을 혁파하고자 하였지만 여전히 미진한 점이 있었다. 이로 인하여 여러 가지 당쟁의 피해가 드러났다. 이재는 이와 관련하여 "근래에 도성에서 낙화시를 많이 짓는다.(近聞都下多賦落花詩)"라고 하면서 다음과 같은 시를 지었다.

하루아침에 맑은 하늘에 천둥과 벼락 치니	一朝霆霹降晴空
광풍이 꾀꼬리를 몰아내고 비가 벌을 때리네	風捲流鸎雨打蜂
끝없이 떨어지는 꽃을 누가 감히 애석해하는가	無限落花誰敢惜
다만 동서로 내던져 떨어져 질뿐이네	只應抛擲任西東

이 시는 동인(남인)과 서인(노론)의 당쟁으로 인한 피해를 비유한 것으로 여겨진다. 영조가 탕평책을 써서 당쟁을 해결하려고 했지만 뜻대로 되지 않은 경우가 많았다. 이재는 '맑은 하늘에 천둥과 벽락', '비바람이 꾀꼬리와 벌을 몰아내다.', '끝없이 떨어지는 꽃이 동서로 날리다.'라는 경관을 읊어서 격심한 당쟁의 처절함을 구체적으로 표현하였다. 이재가 시를 통하여 교류한 사람은 위에서 살펴본 것처럼 적지 않지만 이재의 시에 대하여 직접 평을 한 사람은 김리탁이다. 그는 이재가 지은 「초창(怊悵)」과 「귀가 길에 동진에 머물며(歸次東津)」라는 두 편의 시에 대하여 평을 하였다.

근심스런 늦봄의 경치 앞에 서면	怊悵韶華晚景前
쉽게 흘러간 세월을 아쉽게 한다	教人容易惜流年
서주의 버들 꿈은 3천개 실타래로 나부끼고	西洲柳夢三千縷

동각의 거문고 심사는 12줄에서 울리네　　東閣琴心十二絃
가랑비가 내리지 않는데 산은 어둡고　　小雨不來山黯黯
남은 꽃이 다 떨어지는데 물은 졸졸 흐르네　　殘花向盡水娟娟
다만 봄새가 다정하게 울면서　　多情只有啼春鳥
평지 숲에서 그대를 전송하여 아득히 사라지네　　相送平林更渺然

이 시의 제목은 「초창(怊悵)」인데 김리탁이 당기(唐氣)가 있다고 평하였다. 당기는 당시의 특색 즉 당시에서 느낄 수 있는 비애의 정서가 있다는 말이다. 이재는 이를 표현하기 위하여 쇠잔해 가는 봄 경치를 묘사하여 이별하는 슬픈 감정을 경과 정을 잘 융합시켜 구체적으로 표현하였다. 1. 2구 수련은 정이고, 3, 4구 함련은 경이다. 늦봄에 이별하는 복잡한 심사를 3천개 실타래 같은 버들가지와 거문고 12줄로 표현하였다. 5, 6구 경련은 경이고 7, 8구 미련은 정이다. 어두운 산빛, 다 시들어 가는 봄꽃, 졸졸 흐르는 시냇물로 이별 앞에 기운이 빠지는 슬픈 심정을 구체적으로 표현하였다.

편안한 동진강에　　安穩東津水
다시 15년 만에 왔네　　重來十五年
석양은 눈 같은 물억새에 물들고　　斜陽明荻雪
기러기는 안개 갠 물가에 아득하네　　落鴈杳汀烟
고향엔 노란 국화꽃이 피었겠지　　故里應黃蘂
나그네는 이미 머리가 희었네　　羈人已白顚
남북원은 다정도 한데　　多情南北院
떠남에 더욱 의연하네　　臨發更依然

이 시의 제목은 「귀가에 동진에 머물며(歸次東津)」인데 김리탁이 당조(唐調)가 있다고 평하였다. 이는 당시의 격조(格調)가 있다는 뜻이다. 격조는 시의 운율과 리듬을 통하여 체득할 수 있는 정사(情思)와 풍격(風格)이다.[118] 김리탁은 이 시에 나타난 정사(情思)와 풍격(風格)을 평가하였다고 할 수 있다. 이 시는 경으로 석양에 물든 동진강의 가을 경관을 읊어서 늙어버린 나그네의 귀향의 감회를 표현하였다. 제3, 4구 함련은 경물로 흰 물억새와 흰머리를 연결시켜 흐르는 세월 속에서 늙어가는 자신의 신세를 읊고 늘그막에 고향에서 편안히 지내고 싶은 심정을 표현하였다.

이재가 도가(道家)의 신선사상 대하여 관심을 가진 것은 최삼용이 논문에서 밝힌 바 있다. 이재가 도가에 대하여 관심을 가진 것은 젊은 시절부터 시작된 것으로 보인다. 이재가 반계 유형원의 외손인 수촌 백시덕을 스승으로 삼아 시를 배우고 수창한 사실은 위에서 이미 언급하였다. 이재는 수촌에게 반계의 실학사상과 신선사상의 영향 받은 것으로 여겨진다. 반계가 일찍이 단학의 대가 권극중(權克中)으로부터 「참농계」를 베껴 읽고 도가에 대한 소양이 깊었기 때문이다. 이로 인하여 이재가 영향을 받았다는 사실을 알 수 있는 시가 있는데 다음과 같다.

술을 권하며 연못가에서 거문고를 타고	酌酒橫琴池上
골짜기에서 꽃을 기르며 약을 재배하네	栽花蒔藥谷間
좋구나, 이것이 백년의 청복이니	好是百年淸福
구름 속 사람 또한 한가롭구나	雲間人亦閒閒

118 "要透過韻律節拍來體會情思, 接觸到風格, 還是講到格調"(周振甫(2007), 403쪽.)

이 시의 제목은 「욕천의 모잠당시를 차운하다.(次浴川慕潛堂韻)」이다. 이재는 모잠당 즉 '도연명을 사모한다.'라고 이름 지은 정자에 걸려 있는 시[119]를 보고 차운하여 이 시를 썼다. 제1, 2구에서 신선이 사는 곳의 경을 읊고 제3, 4구에서 정을 읊어서 정경교융의 수법으로 신선처럼 자연 속에 묻혀 살고 싶은 심정을 표현하였다.

처음 추위에 이별한 뒤 다시 봄이 되니	初寒一別轉春分
빈산에 꽃피려고 날마다 날씨는 따듯해지네	花動山空日自曛
이상하게도 신세가 사마상여와 같아서	卻怪身同司馬令
당뇨로 병든 마음만 어지럽네	文園病緖極紛紛

이재는 이 시를 쓴 이유에 대하여 "근래에 소실의 언찰을 받았는데 힘쓰라 말하고, 또 영양(榮養 : 부모를 영화롭게 봉양함)을 기대한다고 하였다. 형편상 그렇게 되어야 하지만 알 수 있는 바는 아니다. 붓 가는 대로 7언 절구 5수를 썼다."[120]라고 하였다. 제1, 2구는 경(景)으로 세월의 흐름을 경물의 변화를 통하여 표현하고, 빈산에 날씨가 따뜻해져 꽃이 피려고 하는 모습으로 생동하는 자연의 모습을 표현하였다. 그런데 나는 오히려 사마상여처럼 당뇨병에 걸려 생기를 잃어가고 있으니 슬프기만 하다. 1, 2구의 경과 3, 4의 정(情)을 잘 융합하여 소실과 떨어져 있는 자신의 신세를 잘 표현하였다.

---

119 "聞君一茅屋, 留佳白雲間, 相望湖山迥, 那分半日閒."(『頤齋亂藁』 권2)

120 "近得小室諺札,有僶勉且期致榮養語, 情勢固然, 亦非乃所知, 漫成五絶."(『頤齋亂藁』 권28)

「새벽의 감상(曉覺有感)」

닭은 밝고 산 고요하여 닭마저 울지 않는데	月白山空鷄未鳴
밤기운 또한 이렇게 청량하네	誰敎夜氣此時清
말도 없이 스며들어 홑이불이 찬데	不辭沁入孤衾冷
길을 잘못 들어 정이 얽히네	爲有迷塗獨復情[121]

이 시는 정경을 잘 배합하여 뭔가 잘못 되어가는 인생길에서 느낀 슬픔을 잘 표현하였다. 이재는 이러한 자신의 서글픈 감정을 달밤의 고요하고 차가운 공기가 홑이불에 스며드는 객관적인 사실과 경관을 묘사하여 더욱 두드러지게 하였다. 이재가 결구의 복(復)자에 대하여 특별히 주석을 붙인 것은 자신의 감정이 천 갈래 만 갈래로 얽히고설킨 심정을 강조하고자 했던 것이다.

(2) 영물탁정(詠物托情)

영물탁정은 한마디로 시속에서 형상(形象)을 만들어 자신의 감정과 사상을 읊는 수법이다. 물은 물상(物象)인데 물상이 시속으로 들어오면 형상이 되고 그 형상에 비유와 함축의 의미가 부여되면 의상(意象)이라고 부른다. 따라서 외부의 물상과 시속의 형상은 닮은 점이 있지만 똑같지 않다. 진백해(陳伯海)는 『당시학의 이해』에서 "당시의 본질 중에 하나는 홍기(興寄)와 홍상(興象)이라고 하면서 홍기의 함의(含意)는 비홍기탁(比興寄託)이다."[122]라고 하였고, 홍상에 대하여는 "요즘

---

121 이재는 스스로 "復자는 음이 복이다.(復音服)"라고 주를 달았다.

122 陳伯海 저, 이종진 역(2001), 32쪽. 한편 그는 다시 "비홍의 수법으로 시인의 정치적 회포를 기탁했음을 가리킨다.", "比란 사물에 비유함이며", "興이란 사물에 사실을 기타함이다.", "비와 홍은 비교적 완곡하게 뜻을 함축하는 표현형식이다."라고 부연

사람들은 「감동을 일으키는 힘을 갖춘 형상」[123]"으로 해석하지만, 본인은 "「상」이란 물상으로서 문학작품 속에 묘사된 사물의 형상이고, 「홍」이란 말은 쉽게 했으나 뜻이 심오하여 여운이 끝없는 미학속성과 예술정취를 가리킨다."[124]라고 하였다. 한편 김창협은 『농암잡지』에서 "당나라 시인은 성정의 홍기에 주안점을 주었고 고실과 의론을 일삼지 않다."[125]라고 하였는데, 홍기는 한마디로 감정이입의 수법으로 어떤 사물과 대상을 읊으면서 그 속에 자신의 감홍을 기탁하는 것이다.[126] 이상의 설명은 한마디로 '영물탁정'로 명명할 수 있다. 이 방법은 시속에서 경관과 경물을 읊어 형상을 만들어 자신의 뜻과 감정을 그것에 의탁하여 비유적으로 표현하는 수법이다. 이 중에서 경물을 주로 읊어서 자신의 뜻과 감정을 표현한 시가 영물시이다. 영물시는 중국에서 위진남북조 시대에 유행하여 전파되었는데, 특정 경관과 경물을 특별히 선호하여 읊을 경우 이를 통하여 작시자의 정서와 사상을 알 수 있다. 이재가 읊은 경물은 홍안(鴻雁), 강수(江水), 유수(流水), 금뢰(錦瀨), 월(月), 자규(子規), 선(扇), 송(松), 죽(竹), 국(菊), 매(梅), 포곡(布穀), 회(檜), 양류(楊柳), 백일홍(百日紅), 반송(盤松), 불도화(佛頭花), 비자(榧子), 초(椒), 시(柹)」, 행(杏), 벽도(碧桃), 삼색도(三

설명하였다.

123 陳伯海 저, 이종진 역(2001), 53쪽.

124 陳伯海 저, 이종진 역(2001), 55~56쪽 참조.

125 강명관(2007), 108쪽. "唐人之詩, 主於性情興寄, 而不事故實議論."

126 강명관은 『농암잡지평석』에서, 홍기는 "시인이 외부의 어떤 사물이나 상황과 마주쳐 내부에 모 종의 정서적 반응을 일으키는 것이 홍이다. 사물과 상황을 말하면서 자신의 홍을 담게 되는데 이것이 홍기이다. 즉 시인이 어떤 객관적 대상에 대한 시인 자신의 정서적 움직임, 감정을 이입하는 것이다."라고 하였다.(강명관(2007), 109쪽 참조)

色桃), 석류(石榴), 임금(林檎), 고죽(苦竹), 담죽(淡竹) 등이 있다. 이재는 이러한 경관과 경물을 읊음으로써 시 속에 형상을 만들어 냈는데 그 형상은 전통적인 것과 새로 창조한 것으로 대별해 볼 수 있다. 이러한 형상 중에서 대표적 것을 중심으로 살펴보면 다음과 같다.

매화가 깊은 산골 그윽한 곳에서	絶澗梅杳在
봄추위에 뒤늦게 꽃을 피웠네	春寒晩作花
절로 피었다 절로 지며	自開還自落
세상에 뽐내고 싶어 하지 않네	未欲向人誇

5언 절구 중에서 가장 뛰어난 시 중의 하나이다.[127] 이 시는 이재가 노령(蘆嶺)을 경유하여 귀가 할 때 지은 시이다. 이재는 이 시를 쓰게 된 이유를 "노령을 지나 귀가하는 도중에 골짜기에서 매화가 홀로 피어 사랑스러웠다."[128]라고 주석하였다. 이 시의 시상은 김소월의 「산유화」와 비슷하다. 자연의 순리에 따라 노령에서 고아하고 아름답게 핀 매화를 묘사하여 자족자락(自足自樂)하는 형상을 자연스럽게 그려냈다. 이재의 시에 자주 등장하는 형상 중의 하나는 두견새와 귀뚜라미이다.

달 밝은 숲속에 안개가 자욱한데	月明林杪渺烟霏
스님 말 잠잠해지자 객은 선잠 들었네	僧語沉沉客睡微
두견새 새벽까지 또 울어대며	還有杜鵑啼到曉
집으로 돌아가라 정성껏 권하네	盡情相勸不如歸

---

127 이 시에 대하여 미호 선생은 "執義丈覽畢曰: 梅花一絶, 旨趣最好, 而自開還自落一句, 已含結句意, 唐人則不如是露出也."라고 평하였다.(『頤齋亂藁』 권2)

128 "蘆嶺途中, 見澗中有梅樹, 開花孤絶可憐."(위의 책, 권2)

이 시의 제목은 「두견(杜鵑)」으로 2수에 제1수이다. 이재는 이 두 시를 아래 "주자가 일찍이 「밤에 자규 울음을 듣다.(夜聞子規)」라는 시에서 '홀로 고재에서 이불 펴고 누우니, 남산에서 밤마다 두견새가 우네.'라고 말했다."[129]라고 주석을 붙여 이 시를 지은 이유를 설명하였다. 이재는 시 속에서 스님 말이 잠잠해지자 두견새가 대신 나서 울면서 빨리 귀향하라고 권하는 '두견새' 형상을 빚어내어 귀향하고 싶은 간절한 심정을 비유적으로 표현하였다. 달뜨고 이슬비 내리는 암자에서 수도하는 것도 좋지만 그래도 따듯한 가족이 있는 집만 못하다는 것이다.

경성의 구름 빛이 새 가을 하늘인데	洛城雲物又新秋
맑은 비가 백로에 뽀얗고 자욱하네	淸雨空濛白露遒
밤 되어 어찌 차마 귀뚜라미 소리 들으랴	入夜那堪聞蟋蟀
귀향하고 싶은 마음 물과 함께 천리를 흐르네	歸心千里水同流

이 시는 「만서(漫書) 6절(六絶)에서 제1수이다. 가을 비가 내려 안개 자욱한 귀뚜라미 가 우는 밤에 한없이 고향으로 돌아가고 싶은 심정을 '청리를 흐르는 물'로 형상화하여 구체적으로 표현하였다. 또한 이재는 이별의 슬픔을 여울물로 형상화하였는데 다음과 같다.

산비가 보슬보슬 내리는데 홀로 가는 사람 전송하니	山雨霏霏送獨行
새벽하늘이 어찌 이별의 슬픔이 없으리오	曉天無那別離情
문 앞 비단 같은 여울도 근심스러워 하니	門前錦瀨應愁樣
몇 구비 애간장 돌듯하여 몇 번이나 울까요	幾曲腸回幾度鳴

---

129 "朱子嘗言「夜聞子規」: 獨向高齋展衾臥, 南山夜夜子規啼."(위의 책, 권3)

외로운 나 단란하게 모일 날을 다시 묻나니　一隻團圓更問期
밝고 밝은 추석 보름달은 어찌 어떻게 더디게 오는가　明明三五月猶遲
뜬 구름처럼 변하는 인간 세상 다하지 않으니　人間不盡浮雲變
말을 전해오는 광풍을 함부로 불어내지 마라　傳語狂風莫浪吹

이재는 「무제(無題)」 제1수에서 이별의 슬픔을 긴 여운 물로 형상화하였다. 즉 굽이굽이 돌아 흐르는 여울물을 애간장으로 형상화하여 이별의 슬픔을 눈앞에서 보듯 구체적으로 표현하였다. 제2수에서는 '단원', '부운변', '광풍'이라는 시어를 사용하여 뜬구름처럼 변화무상한 인생사에서 추석에 귀향하여 보름달처럼 둥글게 가족이 단란하게 모여 즐겁게 지내고 싶은 심정을 선명하게 형상화하여 구체적으로 표현하였다. 특히 뜬구름과 광풍은 모순적 조화를 이루고 있다. 광풍의 이미지는 좋지 않지만 그러나 뜬구름을 몰아낼 수 있는 바람이다. 광풍이 불어야 뜬구름처럼 변화 많은 인생을 바꾸어 안정되게 할 수 있다. 이재는 이렇게 묘하게 서로를 연결시켜 시적으로 표현하는 능력을 가지고 있었다.

이재는 「초가을에 세 가지를 읊음[孟秋三詠]」 이라는 시에서는 휘파람새, 매미, 귀뚜라미에 대하여 읊고, 「탁목음(啄木吟)」 시에서는 다음과 같이 읊었다.

도가의 부인[130]을 쪼아 만드는 장인처럼　道家符印啄成工
날마다 수많은 나무를 탁탁 쪼아대네　日日丁丁萬木中
어찌하면 뾰족하게 쪼아서 곧은 선비에게 보내　安得啄尖輸直士
영원히 사람 배속의 벌레를 제거할까　永除人世腹心蟲

130 이재는 원문에 "古云啄木畵印(옛날에는 탁목화인으로 불렀다.)"라고 주석을 붙였다.

이재는 시에 나오는 '부인'에 대하여 "옛날에는 탁목화인으로 호칭하였다.(古云啄木畫印)"라고 주를 붙였다. 시속에 나무를 뾰족하게 쪼아 침을 만드는 딱따구리 형상을 창조하여 세상의 죄악을 제거하고 싶은 포부를 표현하였다. 이 시를 통하여 이재의 기발한 착상과 뛰어난 재능을 여실히 엿볼 수가 있다.

작고 작은 오랜 떨기로 숲을 이루지 못하니	短短枯叢不作林
가지 사이로 어떻게 저녁에 돌아오는 새를 불러오랴	枝間那引夕歸禽
애써 보호하고 아끼지만 발길만 방해하는데	煩君護惜防人踏
되레 서리와 눈을 이겨내는 마음이 있네	猶有凌霜傲雪心

시의 제목은 「고죽(苦竹)」이다. 고죽은 산죽대이다. 이재는 많은 종류의 아름다운 대나무를 버려두고 보잘 것 없는 고죽을 읊어서 독특한 형상을 창조하여 한벽(寒僻) 한 집안의 보잘 것 없는 선비도 오상고절이 있음을 비유하였다.

송(松)

요즘 사람들은 옛 도로 처신하지 않아	世人不古處
오래도록 우의를 지키기 어렵네	交誼難久堅
그대에게 푸른 소나무의 절조를 힘쓰기 권하니	勗君青松操
추운 날에 서로에게 도움이 된다네	相保歲寒天

팥배나무(棠梨)

한 번 비에 아름다운 꽃 다 떨어져서	一雨韶華盡
눈부신 서리가 땅에 빛나는 듯하네	光光滿地霜
아침에 왔다가 차마 밟지 못하니	朝來不忍踏

가련한 향기 아직 남아 있네 猶是可憐香

모란(牧丹)

정말 한바탕 비에 피고 지니 榮悴渾因雨
겨우 십 일 동안 아름다웠네 英英十日纔
그윽한 가지는 아직 남아 있어 幽枝猶有續
다시 몇 송이 필 수 있겠네 更得幾番開

세 편의 시에서 이재는 늘 푸른 소나무를 통하여 변함없는 우정을 형상화하였고, 팥배나무 꽃이 땅에 가득 떨어져 서리처럼 희다는 표현을 통하여 그림 같은 영상이 눈 앞에 떠오르게 하면서 조락의 아쉬움을 진하게 느끼도록 하였다. 다시 모란꽃을 통하여 단축한 아름다움에 대한 아쉬움과 기대를 형상화하여 보여주었다.

2) 설리(說理)와 이취(理趣)

당시와 비교된 송시의 특색을 거론하면, 내용은 설리적이고 표현은 산문적이며 논리적이고, 풍격은 평담(平淡)하고 소재는 확대되어 생활주변까지 읊었다는 것이다.[131] 이재는 당시와 송시의 특징을 모두

131 송시의 특징에 대해서는 嚴羽가 『滄浪詩話』에서 “송대 시인들은 이치를 숭상하여 뜻과 흥취에 병폐가 있다.(本朝人尙理而病於意興.)”라고 하였고, 陳子龍은 「與人論詩書」에서 “송인은 시에서 이치만 말하고 정을 말하지 않아서 송나라에는 시가 없었다고 말하겠다.(其爲詩也, 言理而不言情, 終宋之世無詩.)”라고 하였으며, 吳喬는 『圍爐詩話』에서 “당인은 시로써 시를 지었으나 송인은 산문으로 시를 지었다. 당시는 정을 전달하는 것을 위주로 하여서 『시경』에 가까웠지만 송시는 의론을 위주로 하여 『시경』에서 멀어졌다.(唐人以詩爲詩, 宋人以文爲詩, 唐詩主於達情, 故於三百篇近, 宋詩主於議論, 故於三百篇遠.)”라고 하였다. 상기한 말은 모두 당시가 전아하

보여주고 있는데 본장에서는 이재 시의 설리적 측면을 살펴보고자 한다. 이재의 설리시는 두 가지 양상을 보여주고 있다. 하나는 시속에서 이치를 직접 읊는 철리시이다. 다른 하나는 이치를 시적으로 표현하여 깨달음을 비유적으로 표현한 시이다. 이러한 시에는 이취가 담겨서 시적인 운치가 있다. 이취는 경물을 묘사하는 가운데 이치를 함축적으로 표현하여 드러나는 시적 운치이다. 시로 이치를 말할 때 개념화하지 않고 시적인 풍미가 있게 하는 것인데 주로 구체적인 사물을 통하여 표현한다.[132] 이는 예술 형상(形象)을 통하여 리(理)를 표현하는 수법이다.

이재가 설리시를 많이 쓴 배경은 그의 학문과 도(道)에 대한 관점과 관련이 있다.[133] 이재는 다재하고 박학하였다. 그는 박학을 바탕으로 많은 분야에 대하여 관심을 가졌는데 이러한 경향은 사상적 측면에도 엿볼 수 있다. 그가 주희의 성리학을 기반으로 불교와 도교를 섭렵한 사실은 그가 남긴 여러 시문에서 확인 할 수 있다. 시문에 나타난 도교적 색채는 최삼룡이 「황윤석 문학의 도교적 측면에 대하여」(1993)라는 논문에서 지적하였다. 불교적 색채는 그가 많은 불서를 읽고 초록하고 주를 단 사실에도 알 수 있고[134] 백양사에 들어가 역을

고 화려한 표현과 여리고 애틋한 감정을 표현한 것에 비해 송시는 이치를 담고 산문적으로 표현하여 감정과 흥치가 적었음을 지적하는 말이다.

132 就是要在描寫景物中含有理趣, …… 用詩來說理要寫得不槪念化而有詩意, 主要還在于透過具體事物."(周振甫(2007), 150~151쪽)

133 이재는 道에 대하여 유가의 도뿐만 아니라 만물과 만사에 구비된 道도 중요하다고 보았다. 이에 따라 이재는 문학에는 도가 이미 갖추어져 있는데 시에서는 詩敎와 諷刺가 중요하다고 보았다. 이는 이재가 문학의 가치를 평가하여 인정한 것이라고 할 수 있다.

134 『이재난고』 권3 계미년 7월 기록에 의하면 이재는 주역을 읽고 난 한가한 때 승려

공부하며 승려와 교류하며 화답한 시에서도 엿볼 수 있다. 필자는 일찍이 그의 불교적 색체에 대하여 「이재 황윤석의 백양사 학술활동과 교류」[135]라는 논문에서 설명하였다.

송헌진이 쓴 행장에는 "이재는 매일 깊은 밤이 되어야 잠자리에 들고 닭이 울면 일어나서 『역(易)』 건괘(乾卦), 『태극도설(太極圖說)』, 『통서(通書)』, 「서명(西銘)」, 「경재잠(敬齋箴)」, 「감춘부(感春賦)」, 「숙흥야매잠(夙興夜寐箴)」을 항상 암송하였다."[136]라고 하였다. 역과 『태극도설』, 『통서』는 성리학 관련 서적이고 「서명(西銘)」, 「경재잠(敬齋箴)」, 「감춘부(感春賦)」, 「숙흥야매잠(夙興夜寐箴)」은 성리학자가 쓴 운문이다.[137] 이재는 매일 이러한 운문을 암송하여 시의 내용과 표현에서

가 소장하고 있던 『치문경훈』, 『진언집 · 실담장』, 『원각경언해』(본조세조조), 『용감수감』, 『대명삼장법수』, 『염송』, 『화엄현담회현기』, 『현수제승법수』, 『화엄경』, 『사십이자문제서』 등을 읽고 초록하고 유자에게도 도움 될 만한 것이 있다고 하였다.(讀易之暇, 試閱僧家所藏緇門警訓, 眞言集悉曇章, 圓覺經諺解「本朝世祖朝」, 龍龕手鑑, 大明三藏法數, 拈頌, 華嚴懸談會玄記, 賢首諸乘法數, 華嚴經, 四十二字門諸書, 其有可資於吾儒.)(『頤齋亂藁』 권3). 이 중에서 『치문경훈』에 나오는 「司馬溫公解禪偈」는 다시 별도로 초록하였고, 『진언집 · 실담장』에서는 범어의 음운을 초성 · 중성 · 종성으로 분석하여 표로 설명하였다.

135 박순철(2019)

136 "夜深就寢, 鷄鳴而起, 易乾卦太極圖說通書西銘敬齋箴感春賦夙興夜寐箴, 常常念誦." (박순철 외 역(2011), 306쪽)

137 「西銘」은 張載가 지은 銘으로 『張子全書』 권1에 실려 있다. 그 내용은 천지는 부모와 같고 천하는 한집안과 같으며, 백성은 우리의 동포라는 것이다. 「敬齋箴」과 「感春賦」는 朱子가 지었는데, 「경재잠」은 『心經附註』 4권에 全文이 수록되어 있는데, 張栻의 「主一箴」의 미흡한 부분에 대하여 보충하기 위해 敬의 성격과 공부에 대한 방법론을 사언시로 지은 것이다. 「감춘부」는 『朱子大全』 권1에 실려 있는데, 천하에 도를 펼칠 만한 경륜을 지니고 있음에도 불구하고 세상길이 험난하여 나가지 못하고 은거하여 옛 성현의 가르침을 되새기고 있는데 아름다운 봄날은 마냥 흘러가고 구중궁궐 임금은 불러주지 않음을 한탄한 내용이다. 「夙興夜寐箴」은 南塘 陳栢이 지은 것으로 성리학의 수양 방법을 시간대별로 제시한 箴이다.

자연스럽게 설리적 경향을 드러내지 않을 수 없었다.

이재는 자신의 시에서 뿐만 아니라 사람을 만나 놀 때도 유학과 관련이 깊은 시문을 읊조리며 놀았다. 연보에 의하면, 기묘년(1759, 선생 31세) 5월에 순창의 양백수(楊白水)를 방문하고 뱃놀이를 하였다. 그때 "아이들은 「관저장(關雎章)」을 읊조리게 하고 자신은 주문공(朱文公)의 「수조가(水調歌)」[138]와 「감춘부(感春賦)」로부터 「감흥시(感興詩)」[139]의 제9수인 「미월장(微月章)」까지 읊조렸다."[140]라고 하였다. 이재는 주희를 존숭하여 그의 학설뿐만 아니라 그 시를 차운하여 시를 썼는데, 「삼가 주자의 자경운을 차운하다.(敬次朱子自警韻)」[141]라는 시가 있다.

방자하게 굴어 스스로 가볍게 하지 마라야 하는데	不用將身浪自輕
줄곧 다정한 대로 흘러 들어가 버렸네	向來流注爲多情
하루아침에 갑자기 깨달아 평이함으로 돌아와서	一朝頓覺收歸易
조심하고 조심하여 이 생을 헛되게 하지 마라	戰戰無令失此生

정(情)은 의(義)로 다려야 하는데 그렇게 하지 못하여 몸을 가볍게 움직이고 말았다. 그렇지만 어느 날 도는 평이함 속에 있다는 것을

138 「수조가」는 주희가 武夷山 滄洲精舍에서 지은 3수의 樂府詩이다. 제1수 말구에는 "영원히 인간 세상일을 버리고, 나의 도를 창주에 부치려 하노라.(永棄人間事, 吾道付滄洲.)"라는 시구가 있다.

139 感興詩는 주자가 五言로 지은 20수로 총 1천 2백 60字이다. 시는 천지 만물의 이치와 만고 성현의 마음과 고금 만사의 변천을 읊고 있으며 音韻이 잘 조화되고 홍취가 悠遠하다.

140 "是夕, 令兒童誦關雎章, 自詠朱文公水調歌及感春賦, 以至感興詩微月章."(박순철 외역(2011), 37쪽~38쪽)

141 주자의 자경시는 "十年浮海一身輕, 歸對黎渦却有情, 世路無如人欲險, 幾人到此誤平生."이다. 이재는 일찍이 차운시는 그 운자를 따라 시를 짓는 것이 아니라 그 詩意를 따라 짓는 것이라고 말한 적이 있다.

깨닫고 매사에 조심하며 산다면 삶이 헛되지 않을 것이라고 읊었다. 주자는 일찍이 "호랑이 꼬리를 밟는 듯 봄 얼음을 건너 듯 하며 살아라."라고[142] 읊었다. 주희는 삶에서 가장 중요한 것은 조심하고 또 조심하는 것이 제일 중요하다고 강조한 것인데 이재가 바로 이 점을 시로 표현한 것이다. 이재의 설리시는 유가, 불가, 도가로 나눠 볼 수 있다. 먼저 유가에 대한 설리시는 이치를 직접 읊은 시와 시적으로 비유하여 읊은 시가 있다. 우선 역(易)에 대한 시를 살펴보면 다음과 같다.

대자리에 한가하게 누워 좋으니	策中閑臥好
세상이 나를 어찌 하랴	世上如余何
역상이 침상 끝에 있어	易象床頭在
반복하여 대과괘를 음미하였네	丁寧味大過

이 시의 제목은 「자첩(自疊)」으로 제5수이다. 이재는 이 시에 대하여 "나는 독립하여 세상에서 은둔하는 상을 음미하여 이를 언급하였다."[143]라고 하였다. 이재의 설명은 대과괘(大過卦) · 상(象)에, "못이 나무를 없애는 것이 대과이니, 군자가 보고서 홀로 서서 두려워하지 않으며 세상을 피하여 은둔하여도 근심하지 않는다."[144]라는 말을 근

---

142 이 말은 『서경』「周書 · 君牙」에 나오는데, "마음에 근심하고 위태롭게 여기는 것이 마치 호랑이 꼬리를 밟는 듯이 하며 봄의 얼음을 건너 듯한다.(心之憂危, 若蹈虎尾, 涉于春氷.)"라는 구절이 있다. 주희는 이 말을 근거로 「택지가 화답한 生자 운의 시가 몹시 경책되어 차운하여 사례하고, 아울러 백숭에게도 올린다.(擇之所和生字韻, 語極警切, 次韻謝之, 兼呈伯崇.)라는 시에 "不是譏呵語太輕, 題詩只要警流情. 煩君屬和增危惕, 虎尾春冰寄此生?"라고 읊었다.(『朱子詩集』 권5)

143 "余有味乎獨立遯世之象, 故及之."(『頤齋亂藁』 권8)

144 "澤滅木, 大過. 君子以獨立不懼, 遯世无悶."(『頤齋亂藁』 권8)

거한 것이다. 이 시를 통하여 이재가 『주역』을 늘 침상 곁에 두고 읽으며 자신의 행동을 돌아보고 세상에서 물러나 쉬고 싶었음을 알 수 있다. 이재는 영·정조 시대에 역의 대가를 알려졌고 당시 여러 유명한 학자와 역을 토론한 내용이 『이재난고』에 많이 수록되어 있다. 그가 역을 읽고 공부하기 위하여 백양산 암자에 들어간 것은 익히 알려진 사실이다.[145] 그가 쓴 역(易)의 이치를 설명한 시를 살펴보면 다음과 같다.

『역학계몽』을 읽고 읽어 보니	讀來啓蒙易
현묘한 이치가 하늘에 있지 않네	玄理不在天
하도의 용 그림은 1과 6이 함께 벌려 있고	龍圖一六列
낙서의 거북은 8과 3이 옆으로 연결되어 있네	龜範八三連
다만 효를 거듭하는 것을 엿본 이후에	但覰重爻後
괘를 그리기 이전의 세상을 알게 되었네	因明未畫前
아, 눈이 어둠침침하게 되어	所嗟昏蘂眼
역(易) 읽는 것을 방해하네	妨此絶韋編

이재가 시에서 읊은 것은 하도와 낙서의 숫자 배치에 대한 것이다. "「하도」는 7이 위에 있고 6이 아래에 있으며 8이 왼쪽에 있고 9는 오른 쪽에 있다. 「낙서」는 9가 위에 있고 1이 아래에 있으며 3이 왼쪽에 있고 7이 오른쪽에 있으며 4가 왼쪽위에 있고 2가 오른 쪽 위에

---

145 이재는 『주역』을 백양산 백양사의 여러 암자를 돌며 읽었는데 『이재난고』에 수록된 내용에 의하면, 경진년(1760, 32세, 영조 36년) 11월 30일에 백양산에 들어가 12월 1일부터 白羊山의 白蓮菴에서 역을 읽기 시작하여 3년 동안 지내며 계미년(1763, 35세, 영조 39년) 7월 22일에 기제괘와 미제괘를 읽음으로써 하경을 마치고 23일에 백양산을 나왔다.

있으며 8이 왼쪽 아래에 있고 6이 오른쪽 아래에 있다."[146]라는 『역학계몽』의 내용을 참조한 것이다. 시에서는 이재가 하도의 6은 아래 북쪽에 1과 함께 있음을 지적하였고 낙서의 8은 왼쪽 아래에서 왼쪽이자 동쪽인 8과 이웃하여 있음을 지적한 것이다. 이재는 황하에서 하도가 발견되고 낙수에서 낙서가 발견됨으로써 현묘한 이치가 하늘에서 인간에게 내려오게 되었음을 읊었다. 그러면서 이를 바탕으로 선천팔괘도와 후천팔괘도를 그리게 됨으로 팔괘 이전의 세상을 훤하게 알 수 있게 되었다고 읊었다. 선천팔괘도는 복희가 하도를 본받아 자연의 운행원리에 부합하도록 그린 것이고 후천팔괘도는 선천팔괘도를 바탕으로 문왕이 이어서 그린 것이다. 후천팔괘는 천명에 따르고 천시에 순응하여 음양이 사귀어 화성(和成)하고 오행이 생극(生剋)하여 조화를 이루는 이치를 표현 그림이라고 할 수 있다. 이재는 이러한 하도와 낙서 그리고 선·후천 팔괘를 보고 태극에서 음양이 분리되기 이전의 태초의 세계를 알게 되었다고 읊었다. 이재는 『역학계몽』에 대해서는 『역학계몽해』라는 제목으로 첫 줄에 "『역학계몽』에 대한 여러 주에서 오직 옥재 호방평의 설이 가장 분명하지만 복희가 괘를 그렸다는 설은 알기가 쉽지 않다. 훗날을 기다려 잘 아는 사람에게 물어야 할 것이다."[147]라고 하고, 중간에 다시 "옥재 호방평의 『계몽통석』은 『역학계몽』의 매우 긴요한 것들에 대하여 설명하였으니 호씨가 역학에 공이 크다."[148]라고 하여, 호방평의 『역학계몽』에 대한

146 朱熹 저, 김상섭 역(1994), 47쪽.

147 "啓蒙諸註, 惟胡玉齋說最明, 而伏羲則圖畫卦之說未易曉, 姑俟後日質於明者."(『頤齋亂藁』 권1)

148 "玉齋胡氏啓蒙通釋, 付甚緊於啓蒙, 胡氏之有功於易學也多矣."(『頤齋亂藁』 권1)

해석을 매우 크게 평가하였다. 이재는『역학계몽』을 보고 선후천 세계를 깨닫게 되었고 역을 계속 읽어서 우주와 자연의 운행 질서와 인간 세계의 흥망성쇠의 운수를 알고 싶은데 눈이 침침해져 계속 읽기 어려운 신세를 한탄하였다. 이재가 성리학자로서 이기(理氣)에 대하여 읊은 시는「일기음(一氣吟)」2율이 있다. 또한 유자(儒者)의 수양에 대하여 읊은 시로는「종고오절(從古五絶)」,「우음일절(偶吟一絶)」,「비일불승경외, 시이지지(比日不勝競畏, 詩以識之.)2절」,「자성(自省)」등이 있다. 이 중에서「우음일절」을 살펴보면 다음과 같다.

사람으로서 홀로 있을 때 삼가지 않고	人不愼於獨
누가 알 수 있을까라고 말하지 마라	莫言誰得知
하늘에서 듣는 것이 멀다고 하지만	天聽縱云遠
문득 옆의 장막에서 듣고 있도다	却只在房帷

『대학』에 나오는 '신독(愼獨)'을 시적으로 잘 표현한 시이다.『중용(中庸)』「수장(首章)」에 "숨는 것보다 더 드러나는 것이 없고 세미한 것보다 더 나타나는 것이 없다. 그러므로 군자는 그 홀로 있을 때를 삼간다."[149]라고 하였고,『대학(大學)』「성의장(誠意章)」에는 "이른바 뜻을 성실히 한다는 것은 자기를 속이는 것(自欺)이 없는 것이다. 악을 미워하되 악취를 미워하듯 하고 선을 좋아하되 미색(美色)을 좋아하듯 하는 것을 자겸(自謙)이라 한다. 이 때문에 군자는 반드시 그 홀로 있을 때를 삼간다."[150]라고 하였다. 혼자 있을 때 경계하지 않고

149 "莫見乎隱, 莫顯乎微, 故君子愼其獨也."(成百曉 譯註, 傳統文化硏究會『大學 · 中庸集註』中庸章句, 83쪽)

150 "所謂誠其意者, 毋自欺也. 如惡惡臭, 如好好色, 此之謂自謙. 故君子必愼其獨也."(成

나쁜 짓을 하면 세상 사람들이 모를 것 같지만 끝내 알게 된다는 이치를 하늘이 바로 옆 장막에서 들어 안다고 비유적으로 표현하였다.

궁핍한 것이 분수에 맞으니	固窮應是分
걸어 다니는 것도 사양치 말아야지	徒步不須辭
골짜기는 고요한데 샘물은 졸졸거리고	谷靜泉猶響
구름이 피어오르니 산이 더욱 기이하네	雲蒸岳更奇
시서엔 천고의 뜻이 담겨 있고	詩書千古意
세월은 새로운 장기판 같네	歲月一新碁
다만 바라건대 명덕을 드높이며	只願崇明德
깊이 숨어서 세월을 기다리리라	深藏共待時

이 시는 「청연암증박형옥(靑蓮庵贈朴泂玉)」 3율에서 제3수이다. 청련암은 안정사(安定寺)라고 하는데 경기도 화암산(華巖山)에 있는 암자이고, 박형옥은 이재와 친한 벗이다. 이 시는 이재와 형옥이 안정사의 법당에서 얘기할 때 형옥이 이재에게 7언시 2수와 5언시 1수를 지워주어 이재가 5언 율수 3수로 화답하기 위해 지은 것이다.[151] 시의 내용은 분수를 지키고 명덕을 밝혀서 지선(至善)에 이르고 때를 기다려 자신의 포부를 펼칠 날을 기다리겠다는 다짐을 읊은 것이다. 앞날은 장기판처럼 알 수 없다는 표현에서 이재의 시적 표현 능력을 알 수 있다. 이재는 청연암 뿐만 아니라 백양산의 암자에 들어가 역을 읽었다. 이 때 그가 승려와 교류하면서 백양사에 소장되어 있는 불서

百曉 譯註, 傳統文化硏究會『大學 · 中庸集註』大學章句, 45쪽)

151 "是午, 又大雨. 數三次, 相話于法堂, 泂玉贈余七言二絶 · 五言一絶, 余亦贈五言三律."(『頤齋亂藁』 권4)

를 읽고 주를 달았음은 위에서 이미 언급하였다. 이재는 백양사 암자에 있을 때 시를 지었는데 정경순(鄭景淳)은 백암산보다 더 값진 시라고 극찬하였다.

구름 속에서 십년 동안 마음 편히 보내고 있지만	雲居十載遣心安
어찌 우리 유가의 체용과 같아 온전하리오	爭似吾家體用完
결국 공부는 진실로 완숙을 귀하게 여기니	至竟工夫渾貴熟
훗날 다시 피와 곡식을 비교해 보세	他時且較穀稊看

이재는 이 시로 인하여 정경순에게 호평을 받아 전국적으로 알려졌고 그 스승 김원행까지 이 시를 언급하였으며 당시 재상 서명선도 높이 평가하였다. 『이재난고』의 기록에 의하면, 정경순은 을유년(1765년) 윤2월 19일(갑자)에 이재가 5년(1760) 전에 쓴 3편의 시를 전라감사 심리지[152]에게 "산중에 또 대단히 훌륭한 것이 있으니 흥덕(興德) 황진사(黃進士)의 승축시(僧軸詩)입니다. 그 기이함은 백양산의 암벽에 뒤지지 않으니 한번 감상하는 것이 어떠하겠습니까."[153]라고 하였고, 이후에 정경순은 전라감사와 함께 백양산(白羊山)의 백연암(白蓮庵)에 갔을 때, "승축시 가운데 3수(首)를 찾아서 그에게 시의(詩義)를 풀이해 주었고, 감사는 입이 마르도록 칭찬하며 이 시들을 기록하여 경성에 가면 다른 사람에게 보여주겠다."[154]라고 하였다.[155] 정경순은 또

---

152 전라감사를 1763년 12월(영조 39)~1765년 11월까지 역임하였다. 이 때 전주판관 金尙默과 장성부사였던 鄭景淳은 치적이 으뜸이어서 陞敍하였다.(전라북도 · 전북향토문화연구회 편(2008), 268쪽

153 "山中又有大奇者, 卽興德黃進士僧軸詩也. 其奇不下於岩壁, 一賞又如何."(『頤齋亂藁』 권4)

154 "鄭使君卽覓僧軸中三首, 爲巡使解釋詩義, 大贊不容口. 巡使亦錄一通而去, 欲以歸

이 시는 “매우 아름다워서 호남의 보통 사람이 쓴 솜씨는 아닌 듯하였다.”[156]라고 하였다. 이재는 백양사에서 승려들을 만나서[157] 적지 않은 시를 섰는데[158] 이 시는 이재가 백양사 암자로 들어가[159] 본격적

示京中.”(위의 책, 권4)

155 이 내용은 고부 현감(김리신)이 이재에게 전해 주어 알게 되었고 이에 이재가 기록을 한 것이다.

156 “偶見寺中一詩軸, 中有一人詩筆極佳, 似非南中尋常人手段.”(『頤齋亂藁』 권3)

157 이재가 백양사에서 만나거나 언급한 승려 또한 적지 않은데 민숙, 창유, 방호, 수은, 채헌, 둔기, 진구, 필현, 민보, 승민, 승일 등이다.

158 이재가 백양산과 백양사 및 주변 암자에 남긴 시는 주로 「오산록」과 「양산록」에 수록 되어 있다. 「오산록」에 수록 된 시에서는 ‘운문암에 대한 시’를 별도로 취급할 수 있고 「양산록」에 수록된 시에서는 ‘쌍계루에 대한 시’를 별도로 논할 수 있다. 「오산록」은 경진년(1760, 32세, 영조 36년) 11월 30일에 쓴 시이고 「양산록」은 계미년(1763, 35세, 영조 39) 6월에 백양산의 백련암에 들어온 이후에 쓴 것이다. 「오산록」에는 총 8편이 수록되어 있는데 1.「十六日丙辰曉寫」(7언율시), 2.「夜偕旻肅拈韻詠三庵」(物外藥師靈泉, 7언율시), 3.「旻肅次」(7언율시), 4.「賦殘雪」(7언율시), 5.「夜偕旻肅韓友呼韻」(7언율시), 6.「吟示旻肅」1편(7언율시), 7.「能友次」(7언율시), 8.「次能友韻贈旻肅」(7언절구) 등이다. 「양산록」에는 총 12편이 수록되어 있는데 1.「聞高居士游金剛以歸, 亟欲一見, 渠亦方住此山, 而僧徒皆未的知故, 有懷而作.」(7언절구), 2.「次杜律示旻肅」(7언율시), 3.「附杜律元詩」(7언율시), 4.「詠鸎」(7언절구), 5.「寄白蓮庵諸師」(7언절구), 6.「次僧韻詠畫佛」(7언절구), 7.「杜鵑二絶」(7언율시), 8.「寺夜」(5언율시), 9.「附旻甫和杜鵑 一絶」(7언율시), 10.「出羊山, 得二絶, 擬寄旻肅未果. 後追寄云.」(7언율시), 11.「鼇山途中」, 12.「又爲閔叔作」(7언율시) 등이다. ‘쌍계루에 관한 시’는 1편으로 「次雙溪樓韻」(7언율시)이다. ‘운문암에 관한 시’는 2편으로 1.「上雲門庵」(山之東崖石壁萬仞夕照最奇)(5언율시), 2.「到雲門呈金令公」(5언율시)이다. 이외에 백양사와 관련 시로 1. 先是, 金令公與秋城李使君箕重及其子運永及同遊諸人迭相唱和, 有詩軸出示, 余亦次軸中韻.(7언율시), 2.「和旻肅」, 「又贈」, 「又贈一律」 3편(2편 7언절구, 1편 7언 율시), 3.「又贈一律」(7언율시) 등이다. 따라서 총 편수는 28편이다. 시의 형식은 다양하지만 7언 절구와 7언 율시가 많고 시의 내용은 암자에서 느낀 서정과 자신의 사상을 서술한 것으로 서정성과 사상상이 매우 뛰어나다.

159 이재가 쓴 「오산록」의 기록에 의하면, 경진년(1760, 32세, 영조 36년) 11월 30일에 백양산에 들어가 12월 1일부터 白羊山의 白蓮菴에서 『주역』을 읽기 시작하여 3년 동안 거처하며 주역을 읽었다. 또 그가 쓴 「양산록」에 의하면, 계미년(1763, 35, 영조 39) 7월 22일에 기제괘와 미제괘를 읽음으로써 하경을 마치고 23일에 백양산을

으로 역을 읽기 3개월(11월 30일) 전인 경진년 초가을(1760, 9월 13일)에 「화민숙(和旻肅)」이라는 제목으로 쓴 것이다. 그는 이 시에 소서(小叙)를 병기하여 이 시를 쓰게 된 이유를 설명하여 "경진년 초가을에 우연히 백양사 백연암에 유람을 갔는데 민숙의 이름을 들은 지 오래되었다. 그를 우연히 만났고 그가 나에게 시를 지어주었는데 뜻이 매우 깊었다. 이에 예부터 시로 화답한 선례에 따라 시를 지어 감사를 표하면 훗날 입산했을 때 낯선 나그네는 되지 않을 것이다."[160]라고 하였다. 이 시에 대하여 서명선은 "음절은 물론 시어의 뜻이 정말 사람을 놀라게 한다."[161]라고 평하였다. 구체적으로 살펴보면, 운자는 완(完)과 간(看)으로 상평성 제14번째 한운(寒韻)에 속한다. 운율은 '평평측측측평평, 평측평평측측평, 측측평평평측측, 평평측측측평평'으로 7언 절구 평기식평성운정식(平起式平聲韻定式)에 정확히 부합하는데 다만 제2구 첫 자가 평으로 쓰였을 뿐이다. 그러나 이것은 7언 절구에서 각 구는 평측이 2, 4자가 같지 않아야 하고 2, 4자는 서로 같아야 한다는 원칙에 부합하여 큰 문제는 아니다. 시어는 대부분 이재가 새로 만들어 낸 것이다. 시의 내용은 민숙이 안개 낀 백양산 암자에서 10년을 수행하여 마음 편한 경지에 올랐지만 어찌 체용의 갖추어진 유가의 학문만 하겠는가. 따라서 서로 수양과 학문이 온전하게 완성된 뒤에 서로 옥석을 겨루어 보자고 읊은 것이다. 체용은 유가에서

나왔다.

160 "庚辰杪秋, 偶遊羊山白蓮庵, 旻肅聞名久矣, 邂逅有贈, 寄意良厚, 用古和詩例草謝, 庶他日入山, 不爲生客也."(『頤齋亂藁』 권3)

161 "右相詠歎再三曰: 無論音節, 信乎語意之警人."(『頤齋亂藁』 권24)

심(心)을 논할 때 심(心)의 체(體)는 성(性)이고 심(心)의 용(用)은 정(情)으로 설명하는 것을 말한다. 이재는 대학의 '명덕(明德)'을 논하면서 명덕은 본심(本心)으로 본심은 성(性)과 허령한 기(氣)의 결합으로 기가 만사에 응하여 정(情)이 된다고 하였다. 이를 바탕으로 이재는 불교의 심관(心觀)이 유가의 심의 체용관 만큼 온전하지 못하다고 한 것이다. 유가는 체용의 논리에 따라 만사에 관심을 가지고 이론과 실제를 겸비하여 현실 문제를 해결하는 반면, 불가는 세속을 떠나 마음만을 다스리며 수행하기 때문에 훗날 다시 만나면 서로 유가와 불가의 장단점에 대하여 서로 비교하여 견주어 보자고 제안 한 것이다.

백일홍은 비 맞은 뒤 아롱지고	赬桐過雨尙斑斑
물든 석양에 스님 왔는데 문 닫혀 있지 않네	僧到斜陽門不關
구름 속에 살아 가을이 마침 좋다고 하는데	見說雲居秋正好
불대산은 온갖 향기에 비단처럼 단풍 들었네	衆香楓錦佛臺山

이 시의 제목은 「불대산의 스님 영일이 시를 구하다」, 2절.(佛臺山僧永日求詩, 二絶)이다. 이재는 이 시 제목 옆에 "이 산이 장성에 있고 하청사가 있다."[162]라고 주를 붙였고, 또 시에 나오는 "정동(赬桐)은 백일홍이다.(赬桐卽百日紅)"라고 주석을 달았다. 백일홍에 석양은 빛나고 절문은 열려 있다. 짙은 백일홍 향기와 비단 같은 붉은 단풍이 어우러진 불대산은 이 세상이 아니 피안에 있는 극락세계이다. 한편의 그림 같은 풍경화를 보는 듯하다.

---

162 "山在長城有下淸寺"(『頤齋亂藁』 권5)

진기한 세상 밖은 비고 푸르다 말하며　　奇珍世外說空靑
한 폭에 온갖 사람과 하늘을 담아 그렸네　　一幅人天種種形
신통하다고 하지만 나의 일은 아니니　　直到神通非我事
어떻게 하면 종일토록 경서를 읽을 수 있을까　　何如盡日讀羲經

이 시의 제목은 「스님의 시를 차운하여 불화를 읊다.(次僧韻詠畫佛)」이다. 이재는 한 폭의 불화를 보면서 공(空) 사상과 도솔천을 생각하며 온갖 사람과 이상세계를 묘사하여 신통함을 느낀다고 평하였다. 그러한 세계가 신통할지는 몰라도 내가 일삼을 일은 아니니 종일토록 유가 경서를 읽으며 세상을 다스릴 경륜을 키우는 것만 못하다고 비평하였다. 이재의 불교에 대한 관점을 엿볼 수 있는 시이라고 할 수 있다. 이재는 도가에 관심이 많아서 38세에 한국의 신선전이라고 할 수 있는 홍만종의 『해동이적』를 읽고 이 책을 증보할 목적으로 『해동이적보』를 편찬하였다. 이런 관계로 인하여 이재는 선가에 대한 시를 남겼는데 그 대표적인 시를 살펴보면 다음과 같다.

세상의 모든 풍파에도 놀랄 필요 없으니　　萬事風波不用驚
한가한 자연의 소리는 누구를 위해 울리는 걸까　　等閒天籟爲誰鳴
단로의 불을 밤마다 단전 속에 지펴서　　丹爐夜夜黃家裏
용처럼 읊고 호랑이처럼 휘파람을 불고 싶네　　惟戀龍吟虎嘯聲

시 제목은 「만영(漫詠)」이다. 깊은 밤에 한가롭게 울리는 자연의 소리를 들으며 단전에 정신을 집중하여 세상의 잡념을 끊고 오직 용호가 뒤얽혀 단이 이뤄지기를 기대하였다. '등한천뢰(等閒天籟)'와 '용음호소(龍吟虎嘯)'를 절묘하게 배합하여 두 소리가 울려 퍼지는 가운데 신선이 되어 가는 이재의 모습을 짐작할 수 있다.

잠시 동쪽에 있는 방을 빌려 자니　　暫借東房宿
속진의 뿌리가 한꺼번에 반은 사라진 듯　　塵根一半淘
달은 밝고 선어는 부드러우니　　月明禪語軟
하늘이 싸늘하여 졸음이 도망치네　　天冷睡魔逃
우뚝 앉아 나의 일을 부끄러워하니　　兀兀羞吾事
한가로운 너희들이 부럽구나　　閒閒羨爾曹
가을바람에 여윈 학의 그림자는　　秋風臞鶴影
조만간에 피안의 강 언덕에 도착하겠지　　早晩看江皐

시 제목은 「지감(志感)」이다. 이재의 신선에 대한 갈망을 엿볼 수 있다. 선가의 동방에서 하룻밤 자며 선어를 듣는 것만으로 속진이 씻겨 나가 반쯤은 신선이 된 듯하다. '올올(兀兀)'과 '한한(閒閒)'의 형용사를 절묘하게 구사하고 미련의 시적인 표현에서 이재의 시적 표현 능력이 매우 뛰어남을 알 수 있다. 미련은 참선으로 수척해진 수행자가 조만간 학을 타고 신선세계로 날아가는 광경을 비유적으로 읊어서 이취(理趣)를 느끼지 않을 수 없다.

오랜 사업은 예부터 부침이 있었으니　　悠悠事業古浮沉
한번 산수에 누우니 세월이 깊었네　　一臥湖山歲色深
경성에서 오래 놀아 웃음꺼리가 되었고　　洛下舊遊成笑柄
책 속의 좋은 벗은 지음이 될 수 없네　　卷中佳友隔知音
높이 오 가는 구름은 정말 무슨 일 때문일까　　高雲去住渾何事
노해하다 우는 새 소리는 내 마음과 같네　　幽鳥歌啼只自心
참선하면 종일토일 환상이라고 말하지 마라　　禪宿莫談終日幻
인생은 살만하니 오늘을 귀하게 여긴다네　　人生從好貴如今

시 제목은 「연사잡영(煙寺雜詠)」 중의 「우성(偶成)」이다. 이재는 부모를 공양할 목적으로 지방과 경성에서 관직을 수행하다가 경화사족(京華士族)들에게 웃음꺼리가 되기도 하였다. 현실세계에는 좋은 벗이 없으므로 책을 읽으며 지음을 알았으나 만날 수는 없었다. 오가는 구름처럼 덧없는 인생에서 기쁘기도 하고 슬프기도 하였다. 그렇다고 유자(儒者)로서의 수기치인(修己治人)의 본분을 잊을 수 없고, 참선(參禪)과 연단(鍊丹)을 통하여 신선처럼 오래 사는 것도 좋지만 현실이 되기는 쉽지 않다. 오로지 현실에 충실하여 자신의 분분을 다하는 것이 신선이 되는 첩경이다. '부침(浮沉)', '소병(笑柄)', '去住(거주)', '가제(歌啼)'라는 시어에서 이재가 인생을 바라보는 관점과 심사를 짐작할 수 있다.

3) 비애(悲哀)의 지양(止揚)

송시의 하나의 특징은 비애의 극복이다. 당시가 비애를 읊어서 비장(悲壯)의 미(美)를 마음껏 발산했다면 송시는 이학(理學)을 바탕으로 비애를 극복하여 슬픔을 갈무리하였다. 이재는 당시처럼 다양한 감정을 읊기도 하였지만 송시에서처럼 비애를 극복하였다. 그 대표적인 시를 살펴보고자 한다.

상죽과 섬등의 종이로 만들어 광색이 새로운데	湘竹剡藤光色新
풍류를 즐기는 정읍태수가 나에게 부쳐주었네	風流太守寄騷人
가을이 와서 은정이 각박하다고 원망하지마라	秋來無怨恩情薄
내년 맑은 더위에 손수 다시 친히 하리라	淸暑明年手更親

이 시의 제목은 「제초산소선(題楚山小扇)」이다. 이재는 부채에 대

하여 이 시뿐만 아니라 「제왜선향추(題倭扇香墜)」[163], 「화매학선자가(畵梅鶴扇子歌)」[164] 등의 시를 써서 자신을 감회를 서술하였다. 시에 나오는 상죽은 상비죽(湘妃竹)의 약칭으로 반죽(斑竹)을 가리킨다. 섬등은 섬계(剡溪)에서 생산된 등(藤)으로 만든 종이인데 품질이 좋기로 유명하다. 반첩여(班倢伃)는 단선시(團扇詩)를 지어서 여름철에는 사랑을 받다가 가을이 되면 버림받는 부채에 자신의 신세를 비유하여 슬퍼하였다. 그러나 이재는 사계절의 운행질서를 긍정하고 순리에 따라 대처함으로써 반첩여와는 다른 평정한 마음을 표현하였다. 이재는 22차례의 서행으로 인하여 객지 생활을 많이 함으로써 항상 고향을 그리워하고 고향으로 되돌아가 싶은 귀소본능이 강했다. 이재에게 고향은 항상 어머니 품처럼 따뜻하고 편안한 이상향이었다. 이재의 객수와 향수는 모친으로 인하여 더욱 깊어진다. 그는 이 때문에 자위시를 썼는데 이 시의 서문에서 1788년(50세)에 동부도사를 맡고 다음해 기해년(1779년, 51세) 8월에 장릉령을 제수 받았지만 모친을 봉양할 수 없음에 이 시를 쓴다고 하였다.[165] 이 시는 2수인데 그 내용을 살

163 "神崧遺製古杭流, 夾竹冰牋自聚頭. 卻是和人天下一, 水禽香獸共颼■."(『頤齋亂藁』 권35)

164 "畵梅不可無白鶴, 畵鶴不可無明月. 梅馨鶴舞月又白, 畵格方爲楊州鶴. 孤山處士, 昔以梅爲妻, 鶴爲子. 更求愛黃昏明月色. 梅的皪, 鶴蹁躚, 月亦來照, 成三絶. 梅亭鶴亭今在否, 處士去後空明月. 此景何來上我之小扇. 弄珠戛玉神怳惚, 畵工揮筆無窮意. 夢聽孤山處士說, 覺來天風入纖末. 芭蕉颯颯玄機活, 玉羽鬖毵丹爲頂. 古幹崢嶸鐵爲骨, 孤査暗香欲浮動. 九皐淸音聞髣髴, 乃知良工心慘惔. 丹靑貌, 一鶴啄蘂一鶴舞, 何事無兮何事啄. 最怜冰玉柯, 或橫或斜靑突兀. 一點兩點初吐英, 畵中無亦逢臘雪. 獨恨瑤臺玉眞妃, 不喚銀蟾映皓鶴. 莫是參橫曉, 已落金樞窟. 還疑有窮妻, 正妬痩王潔. 梅鶴雖兩美, 奈此無明月. 恐是龍眠初畵時, 卻乏驅使纖阿力. 畵箑風光太半減, 梅孤鶴孤眞堪惜. 誰能爲我不用一錢買, 玉輪細分霜毫末. 長教月照梅鶴圖, 悄然坐我西湖宅."(『頤齋亂藁』 권1)

펴보면 다음과 같다.

제1수

동부도사로 이은(吏隱)하여 머리가 희어졌는데 青門吏隱髮渾星
누가 서릉의 백리 길을 전송하는가 誰送西陵百里程
자식은 지금 부모님을 봉양해야하니 爲子秖今須養母
어찌 상고시대에 명경을 숭상했겠는가 知渠先古尙名卿
반열은 낮고 뽑히기는 어려워 현직에 만족하니 班卑擢峻官猶足
산으로 멀고 한가하여 복되고 또한 청렴할 수 있네 山逈投閑福更淸
딴 마음을 어찌 할 수 없어 늙지 않은 나이에 늙어 버렸으니 不奈他心非老老
하늘의 기러기 따라 남쪽 고향으로 돌아가리라 南歸且逐一鴻冥

제2수

눈 앞 어디인들 산루가 아니겠는가 眼中何處不山樓
얼음도 녹을 때가 있고 신기루도 거칠 때가 있네 氷有消時蜃有收
성문엔 옛 수레바퀴 자욱 남아 있건만 수레는 이미 부셔지고 古轍城門車已敗
도시엔 비린내가 남아 피가 아직도 흐르고 있네 餘腥都市血猶流
어지러운 득실은 원래 일정함이 없고 紛紛得失元無定
끊임없는 부침에 누가 자유로우랴 袞袞飛沈孰自由
이재 너는 마땅히 이치로 헤쳐나아가 하나니 勸爾頤翁宜理遣
이 세상에서 온전한 사람으로 산다면 무엇을 근심하랴 完人此世亦奚愁

---

165 "余在東部十二朔矣, 於法準限已久, 會大政將行, 佇一養方, 而忽有先移余長陵, 豈以陞五品若將爲德耶? 將謂性愛山林, 不妨屛處耶? 抑知其植孤根弱, 無堪一縣耶? 畢竟恝我八耋, 母氏云不必官奉耶? 嗚呼! 人孰無親, 彼乃若是, 曷副我聖朝孝理之化哉? 然可哀者彼, 可慰者我, 詩以志之, 又可已耶?"(『頤齋亂藁』 권27)

이재는 정조 2년 무술년(1778, 50세) 3월 5일에 동부도사를 제수 받아 12개월을 재직하고 그해 겨울 12월에 장릉령(長陵令)으로 옮겼다. 이 때 이재는 "능령(陵令)은 반드시 6개월을 지내야 옮길 수 있으니 몇 년간 고을을 다스리며 봉양하려던 계획은 이제 어긋났다."라고 하였다. 장릉(長陵)은 파주에 있는 인조(仁祖)와 인열왕후(仁烈王后)의 능이고, 능장(陵令)은 종5품이다. 이재가 벼슬을 한 이유는 관찬의 음식으로 부모를 봉양하기 위해서였다. 이 때문에 낮은 벼슬이지만 제수받고 나아가 이은(吏隱)하는 심정으로 관직을 수행했던 것이다. 이은은 낮은 관직에 몸담고 은자(隱者)처럼 산다는 뜻이다. 예부터 세상을 피해 사는 방법으로 은둔과 은거가 있었고 세상 속에 살면서도 은거하는 것처럼 사는 방법으로 시은(市隱)과 이은(吏隱)이 있었다. 이 중에서 이은은 과거급제나 음직으로 출사하여 하직관리로 욕심내지 않고 만족하며 사는 한 가지 삶의 방식이었다. 제2수에 나오는 이견은 이성적으로 사리를 살펴 이해함으로써 슬픈 감정을 해소하는 것을 말한다. 소견(消遣)과도 비슷한 측면이 있지만 이견은 모든 일에 대하여 이치를 따져 이치에 맞게 생각하고 행동하여 감정을 억제하고 조절하여 무탈하게 사는 방법이다. 이제는 이 두 가지 방법을 사용하여 관직생활을 영위하여 관찬음식으로 부모님께 효도하고 관직 생활에서 느끼는 향수를 달래며 극복하고 원만하게 삶을 이끌어 가는 달관적 태도를 보였다.

이재는 「화민숙」이라는 시에서 불교적 사상으로 슬픔을 극복하는 모습을 보여 주고 있다.

백양계곡 풍류는 백련암이니　　　白谷風流又白蓮

종문엔 자고로 등불 하나가 전하네　　宗門今古一燈傳
부생이 잠시 이별한 들 어찌 한을 알리오　　浮生少別知何恨
공(空)임을 안다면 모든 인연을 이해하리라　　須更觀空了衆緣

이 시는 이재가 1760년(경진년, 32세) 9월 13일에 백양산 백련암에 거처하고 있을 때 「민숙에게 화답함(和旻肅)」라는 제목으로 승려 민숙(旻肅)에게 준 시이다. 생사이별의 인연마저 '공(空)'이라는 한마디로 압축하여 더 이상 할 말을 없게 하였다.

흰 구름 이는 세 갈래 샛길 앞　　三叉微徑白雲前
지팡이와 신을 메고 앞서거니 뒤서거니 하네　　一杖一鞋相後先
손을 펼치니 은하가 지척에 있고　　拂手星河咫尺地
적삼 가득 이슬 바람 하늘에서 불어오네　　滿衫風露上方天
서너 잔 술로 세속과의 인연을 끝내고　　俗緣巳了三盃酒
둥근 평상에서 한나절을 잤네　　佛榻仍圓半日眠
귀재로 돌아와 다시 『주역』을 보노라니　　歸去龜齋更觀易
밝은 달 아래 매화 향기 안개처럼 피어나네　　月明梅下伴香烟

이 시의 제목은 「차유우유소유산제암운(次柳友遊逍遙山諸菴韻)」으로 제3수이다. 이재는 이슬 자욱한 어느 날 소요산에 있는 은하수가 손에 잡힐 듯한 높은 암자에 올랐다. 서너 잔의 술로 세상과 잠시 인연을 끊고 불력(佛力)이 깃든 둥근 평상에서 잠에 들어 세속의 번뇌를 잊었다. 그런 다음 구암 서당으로 돌아와 밝은 달 아래 매화 향기가 자욱한 곳에서 역을 읽으며 끝없이 변하는 세계를 관조하였다. 이 시를 통하여 '음주단연(飮酒斷緣)', '숙면망우(熟眠忘憂)', '독역예지(讀易預知)'가 이재의 소우(銷憂)의 방법임을 알 수 있다.

고요한 오동나무 꽃 저녁 무렵 날리는데	寂歷桐花向晩飛
바다가 깊은 산에서 떠나가는 그대를 전송하네	海山深處送君歸
이별에 즈음하여 웃으며 조수를 가리키나니	臨分笑指前潮水
어느 날 서로 만나 다시 옷자락을 잡을까	幾日相逢更摻衣

이 시의 제목은 「송유우귀명양(送柳友歸鳴陽)」인데 2절 중 제1수이다. 이재는 사귐에 대하여 군자지교(君子之交)와 소인지교(小人之交)[166] 및 시교(市交)와 기교(妓交)[167]를 말한 적이 있다. 이재가 사귄 벗 유씨도 아마 이재의 이와 같은 사교관이 따라 사귄 절치한 친구일 것이다. 이런 벗과 헤어짐에 이재는 바다의 조수가 오가는 것처럼 만나면 헤어지고 헤어지면 다시 만난다는 담담한 마음으로 임하여 평정심을 유지하였다. '조수'라는 시어에서 '이별은 조수와 같다.'라고 속삭이는 이재의 나즈막한 목소리를 들을 수 있다.

---

166 "군자의 사귐은 담박하기가 물과 같고 소인의 사귐은 달기가 꿀과 같다. 천하에 담박한 것으로 물 만한 것이 없다. 그러나 그 맛은 영원하고 끝내 변함없이 짭짤하다. 세상에 단 것으로는 꿀 만한 것이 없다. 그러나 그 맛은 잠깐이고 끝내는 변하여 시어진다. 지금 사람들은 맛없는 것이 맛있는 것임을 모르고 일시적인 맛을 맛있는 것으로 여기니 또한 무슨 이유인가?(君子之交淡若水, 小人之交甘如蜜. 夫天下之淡莫如水, 然其味也永, 終不變而鹹焉. 天下之甘莫如蜜, 然其味也短, 終必變而酸焉. 今之人不知無味之爲味, 而乃以一時之味爲味, 亦曷故焉?)"(『頤齋亂藁』 권18)

167 "돈과 곡식으로 사귀는 자가 있으니 이것을 시교(市交)라 하고 과거시험을 인연으로 사귀는 자가 있으니 이것을 기교(妓交)라 한다. 어째서 시교(市交)라고 하는가? 형세가 비슷하면 시기하고 이익이 다하면 끊어지기 때문이다. 어째서 기교(妓交)라고 하는가? 욕망이 실현되면 소원하게 대하고 사랑이 느슨해지면 물리치기 때문이다. 40년 동안 나는 많은 것을 보아왔다. 아! 어찌 유독 두 부류의 사람만이 그러하겠는가?(有以錢穀而交者, 是曰市交. 有以科場而交者, 是曰妓交. 何謂市交? 勢均則猜, 利竭則絶故也. 何謂妓交? 欲售則疎, 愛弛則黜故也. 四十年來, 吾見多矣, 噫, 豈獨二者爲然?)"(『頤齋亂藁』 권18)

4) 생활의 밀착

이재가 생활과 밀착된 시를 많이 쓴 것은 시의 소재 및 제재의 확대와 관련이 있고 이는 송시의 특징이다. 송시의 특징 중의 하나는 당시에 비해 시의 소재와 제재가 확장되어 생활 주변에서 일어나는 모든 일과 사물을 시로 읊어 낸 것이다. 이재는 50년 간 일기를 쓴 것처럼 매일 자신이 보고 들은 주변의 일들을 시에 담아 표현하였다. 그는 「도중일기(途中記見)」 4절(四絶)에서 「초동(樵童)」[168], 「합부(饁婦)」, 「어상(魚商)」[169], 「화랑(貨郞)」[170]라는 4수의 5언 절구시를 썼다. 「초동」은 나무꾼에 대한 시이고, 「합부」는 들밥을 내오는 부녀자를 읊은 시이며, 「어상」은 생선장수에 대한 시이고, 「화랑」은 구멍가게 주인에 대한 시이다. 이러한 시들은 이전에는 시로 잘 쓰지 않은 생활과 밀착된 제재이다. 이 중에서 「들밥 내오는 부인(饁婦)」를 살펴보면 다음과 같다.

아침에 밭 갈러 나간 지아비를 위해	夫壻朝耕去
정오 쯤 광주리에 들밥을 가져 오네	筐飡日正中
서로 마주보고 서로 권하면서	相看亦相勸
풍성한 팔진의 음식 같다고 미소 짓네	應笑八珍豊

이 시는 마치 『시경(詩經)』「칠월(七月)」의 "사양(四陽)이 생기는 날(2월)에 밭갈이 할 때 내 아내와 아들과 함께 저 남쪽 밭두둑에서 들

---

168 "斫得松林碧, 山花揷滿頭. 世間榮辱外, 知爾最風流."(『頤齋亂藁』 권3)

169 "背上乾魚婢, 行忙趁曉虛. 營營名利路, 得失較何如."(『頤齋亂藁』 권3)

170 "雜貨山村店, 零星只自誇. 君看大都市, 百隊控荊巴."(『頤齋亂藁』 권3)

밥을 먹으면 전준(田畯, 권농관)이 와서 기뻐하네."[171]라는 내용을 세심하게 표현을 한 듯하다. 한 쌍의 부부가 소박한 들밥을 먹은 광경을 묘사하여 세상의 영욕을 모르고 행복해 하는 정겨운 정경을 표현하였다. 따라서 이 시는 경(景)를 묘사하여 정(情)을 표현하는 정경교융의 수법이라고 할 수 있다. 다음으로 이재가 「즉사(卽事)」라는 제목으로 자신의 일상생활 중 식사하는 모습을 읊은 시가 있다.

해가 삼장이나 높이 떠 아침밥 때를 알리니	日高三丈報初炊
주발의 밥과 소반의 푸성귀에 더디게 손이 가네	椀食盤蔬到手遲
문득 호수 위로 부는 가을바람을 생각하니	忽憶秋風湖海上
허기를 채울 수 있는 몇 가지 맛있는 찬거리가 있겠네	幾多佳味可充飢

늦잠에서 깨워 무슨 밥맛이 있겠는가. 반찬 또한 푸성귀뿐이지만 호수 위로 부는 시원한 가을바람을 생각해보니 식욕이 돋을 수 있는 몇 가지 찬거리가 있음을 비로소 깨달았다는 것이다. 이재 시에서 생활과 밀접한 내용을 읊은 운문으로 안경과 시계에 대한 것이 있다. 안경에 대해서는 「동경수정안경명(東京水晶眼鏡銘」을 썼고 시계에 대해서는 「윤종기(輪鐘記)」와 「자명종」이라는 시를 썼다.

서양의 묘한 물품이 우리나라에도 생겼으니	西洋妙制落吾東
12의 종소리는 백동을 삐걱거리며 울리는 소리네	十二鍾聲軋白銅
달은 30일이 찰 때까지 이지러지지 않고	月自三旬盈不缺
하늘은 백 년 동안 변한 뒤에 통하네	天從百歲變須通
쇠와 고리가 서로 어긋나게 원래부터 배분되었고	鐵環鉏鋙元排分

171 "四之日擧趾, 同我婦子, 饁彼南畝, 田畯至喜"(『詩經』「七月」)

시계 침이 움직임에 어이 바람이 이는가　金秤動搖豈爲風
이 공간에 무한한 묘함이 있음을 알겠으니　倘識此間無限妙
그대가 최씨와 홍씨를 직접 가서 뵈기를 청하노라　許君親往見崔洪

이재가 자명종에 대하여 처음 들은 것은 1746년(영조 22년 병인년) 8월로 18세 때 일이다. 이재는 "국내에는 자명종이 드물었는데 상사(上舍) 이언복(李彦復)의 집에서 처음 보았다. 그 후에 비싼 가격으로 다른 사람에게서 자명종을 구입하여 그 전체를 해체하여 구조를 관찰하고 기문(記文) 한 편을 지었다."[172]라고 하였다. 『이재난고』권19을 보면, "이재는 갑오년(1774년, 49세) 정월 20일에 염영서(廉永瑞)가 처음 윤종(輪鐘, 자명종)을 가지고 와서 먼저 다섯 량을 주고 샀고 3월에 와서 병통이 있는 곳을 고쳐 주기로 하였다."[173] "그 후 2월 2일부터 3월 27일까지 염영서, 백상로(白尙魯)가 고쳐봤으나 고치지 못했고 마침내 3월 27일에 야장(冶匠) 송귀백(宋貴白)이 고쳐서 4냥을 주었다."[174]라고 하였다. 또 "이 때 이재는 36일 동안 자명종을 수리하는데 골몰하여 왼손 엄지와 검지에 굳은살이 생겨 아팠고 오른쪽 손가락 또한 굳은살이 베겼다. 이 물건이 뜻을 상하게 하는 해로움이 있

172 "秋八月, 觀自鳴鐘. 國內罕有此鐘, 始見於李上舍彦復家. 其後, 以重價購於人, 解其全體, 察其制度, 爲記一篇."(박순철 외 역(2011), 10쪽)

173 "甲午正月二十日, 廉君永瑞始以輪鐘, 來留五日, 以二十四日歸. 先給價五兩, 期以三月來理病處, 而有難色."(『頤齋亂藁』 권19). 이재는 또 다른 기록에서 염영서에 대하여 "瑞原廉生永瑞, 松京忠敬公悌臣雲耳也. 自錦城轉寓菖山, 採蔘種黍以自給. 餘力叔夜柳下業, 嘗與羅老景績, 偕製輪鐘, 又偕爲籠水閣主人洪大容德保, 製大璣衡于錦城館, 功費四五萬文. 德保有中國杭州故人陸飛者爲記其閣, 而羅老以璣衡附見, 生實有助焉."라는 기록을 남겨 놓았다.(『頤齋亂藁』 권19)

174 "三月二十七日, 改理略完, 宋冶之歸, 給手價四兩, 而銅鐵雜價, 又不許焉."(『頤齋亂藁』 권19)

으니 어찌 경계하지 않겠는가."[175]라고 하였다. 이재는 자명종이 우리 나라에 들어오게 된 과정과 제조법에 대하여 『이재난고』권19에서 "윤종은 조선에서 자명종이라고 부른다. 서양 여러 나라에서 만들어졌는데 명나라 만력 중에 예수회 이마두(마테오리치)에 의해 중국에 유입되어 연경의 시장를 거쳐 조선에 전해졌다. …… 그 제조 방법은 동, 주석, 철로 만든 것이 있는데 동과 주석으로 만든 것은 중국 것이다. 오직 강철로 만든 것이 오래가서 갑자기 마모되지 않는다. 그러므로 내가 염영서에게 취득한 것은 바깥은 중국식이지만 내부는 강철로 되어 있고 그 외부는 조용하지만 내부는 많이 움직인다."[176]라고 하였다."라고 하였다. 시에 나오는 최씨와 홍씨는 서울에 살았던 최천약(崔天若)과 홍수해(洪壽海)인데 자명종을 만들 수 있는 사람이었고 이들 외에 또 한 사람은 호남 동복(同福)에 사는 라경훈(羅景壎)이었다. 함련의 "월자삼순영불결, 천종백세변수통(月自三旬盈不缺, 天從百歲變須通)"은 자명종의 운행에 관한 설명으로 해와 달의 운행을 보지 않너라도 시간과 운수의 변화를 알 수 있다는 뜻이다. 달은 30일 동안에 둥그러졌다 이지러졌다는 하는데 자명종에는 그런 현상이 없이 일정하다는 것이고 하늘의 운행은 백 년을 주기로 변화되어 바뀌는데 자명종을 통하여 시간과 연수의 축적을 통하여 운행의 변화를 짐작할 수 있다는 것이다. 이 시는 자명종의 모양과 작동하는 모습에 대하여 매우 신기하다는 심회를 표현하였다. 또한 이재는 책을 너무

---

175 "是時三十六日間, 余實汨沒此役, 左手大指 · 次指幷成胝頑, 因又隱疼, 右指亦覺胝頑, 此皆喪志之害, 可不戒哉 ! "(『頤齋亂藁』 권19)

176 "輪鐘者, 東俗所呼自鳴鐘也. 刱自泰西諸國, 明萬曆中, 耶蘇會士利瑪竇傳入中國, 歷燕市而東. …… 其制或銅 · 或錫 · 或鐵, 而銅錫華而已. 惟鐵剛耐久, 不遽磨損. 故余所得諸廉生者, 外以其華, 內以其剛, 爲其外多靜而內多動也."(『頤齋亂藁』 권19)

많이 읽어서 눈이 나빠지고 눈병에 자주 걸렸는데 말년에는 거의 눈이 보이지 않을 정도였다. 이 때문에 이재는 안경을 애용하였고 안경에 대하여 「저씨안경명(褚氏眼鏡銘)」과 「동경수정안경명(東京水晶眼鏡銘)」이라는 2편의 명(銘)을 남겼는데 서문(序文)을 병기하였다.

생활과 밀착된 소재로 읊은 흥미로운 시로 그림을 보고[177] 읊은 「만제만주화족(漫題滿洲畫簇)」 4절(四絶)이 있다. 제1수를 살펴보면 다음과 같다.

만주 여자 검푸른 족두리를 쓰고 있으니	滿洲兒女黲姑姑
달을 보는 눈가는 주름지고 입술은 붉네	看月眸波口是朱
꽃모양 비녀는 게을러 정리하지 않았으니	花亞釵頭慵不整
누구를 위해 장막 걷고 전신을 드러내고 있는가	爲誰褰帳現全軀

이 시 아래에는 "그림 속의 여관은 검은 비단 머리이니 우리나라 족두리와 같다."[178]라는 주석이 있다. 이 시는 만주 여인이 그려진 그림을 보고 자신의 고절(苦節)한 신세를 읊은 내용이다. 이재는 또한 생활과 밀접한 관련이 있는 물품으로 「봉화용호김장회겸분매이률(奉和龍湖金丈會謙盆梅)」이라는 2편의 율시를 지어서 「분매(盆梅)」의 기이함에 대하여 읊었고, 「문방사우(文房四友)」라는 시를 4수(四首)」를 지어서 붓·먹·벼루·종이에 대하여 순차적으로 읊었다. 또한 「국침편(菊枕篇)」이라는 시에서는 산국화를 따서 베개로 만들어 베니 두

177 이재가 화폭을 보고 쓴 산문으로는 「題西洋畫簇」이 있다. 그 내용은 "彼形形是眞是假, 彼色色是腐是神. 有人焉, 仙耶？佛耶？魔耶？抑西儒天主氏將其人耶？其道載乎實義, 而吾不觀; 其數具乎幾何, 而吾有取. 噫！不先振之邀以遠矣, 按同文通憲之遺, 而吾誰與？噫！崇禎戊辰後百四十一年春季海東頤齋."이다.(『頤齋亂藁』 권9)

178 "畫中女冠, 卽黑繒頭兒, 如我國宮樣."(『頤齋亂藁』 권41)

통에 효과가 있고 자신처럼 '국침'이라는 시어를 쓴 "육유와 전겸익이 생각난다."[179]라고 하였다.

이재는 지방과 서울을 오가며 많은 여행과 객지 생활을 경험하여 가족과 관련된 시가 많다. 이 중에서 눈에 띄는 시는 부인과 애첩, 그리고 동생 주석(胄錫)과 하인에 대한 시이다. 이재는 부인과 소실에 대한 여러 편의 시를 남겼는데, 부인에 대해서는 「몽망실재여강지감(夢亡室在驪江志感)」, 「효몽망실(曉夢亡室)」, 「유도망실(有悼亡室)」 등의 시를 남겨서 이재의 부인에 대한 애절한 감정을 엿볼 수 있다. 소실에 대해서는 「효몽소실이절(曉夢小室二絶)」, 「근득소실언찰 유민승(近得小室諺札 有僶勉)」 등의 시를 남겨서 부인 못지않은 애정이 있었음을 알 수 있다. 그 대표적인 시를 살펴보면 다음과 같다.

효몽망실(曉夢亡室)

이별하여 3년 지나 꿈결에도 드물었는데	一訣三年夢亦稀
서늘한 하늘의 초승달 속에 희미하게 보이네	涼天微月忽依俙
말 없음은 진정 정 때문일 것이니	無言定有關情處
집에 편지를 보내 딸 결혼을 의론하고자 하는 것이네	知爲家書議女歸

2월 4일에 죽은 아내를 슬퍼함(二月四日有悼亡室)

슬프다, 그대 죽은 날 오늘인데	憐君懸帨卽今辰
이백산의 서쪽 풀은 다시 봄이 찾아 왔네	二柏山西草又春
멀리서 네 아이가 추모하는 곳을 생각하니	遙想四兒追慕地
귀거래사 읊으며 돌아오는 사람을 기다리겠지	只應還待賦歸人

179 "於焉想陸錢, 古人忽不遐. 「放翁牧齋二詩, 有菊枕語」"(『頤齋亂藁』 권8)

이재는 월주가 제7장에서 아내는 젊어서부터 야위고 병든 체 농사일로 고생하고 충분히 먹지도 못했지만 서행 때마다 옷을 지어 다려주었다. 그런데도 잠시나마 편안하게 해주지 못했다고 미안한 심정을 표현했다. 본 두 편의 시에는 아내의 제사일과 죽은 지 3년 만에 꿈속에서 만난 처를 그리워하며 슬퍼한 심정이 표현되어 있다. 이를 통하여 이재의 아내에 대한 애정은 살아서 뿐만 아니라 죽어서도 변함이 없음을 알 수 있다.

근래에 소실의 편지를 받으니 근무에 힘을 쓰고 관찬 봉양을 기대한다는 말이 있었다. 상황은 정말 그렇게 될 수 있을 것 같은데 또한 알 수 없는 일이다. 멋대로 5수를 지었다.(近得小室諺札 有僶勉 且期致榮養語 情勢固然 亦非乃所知 漫成五絶)

제1수(其一)

처음 추위에 이별한 뒤 다시 봄이 되니	初寒一別轉春分
빈산에 꽃이 피려 하고 날마다 날씨는 따듯해지네	花動山空日自曛
이상하게도 신세가 사마상여와 같아서	卻怪身同司馬令
당뇨로 병든 마음만 어지럽네	文園病緒極紛紛

효몽소실(曉夢小室) 제1수

죽은 지 3년 만에 그대에게 곡을 하고	絃斷三年鳳哭凰
백발로 위로하며 그대를 의지하네	白頭相慰賴秋娘[180]

180 唐나라 때 金陵의 少女 杜秋娘이 15세에 李錡의 妾이 되었는데, 일찍이 이기를 위해 詞를 지어 노래하기를 "그대에게 권하노니 금루의를 아끼지 말고, 모쪼록 젊은 시절을 아끼시기를. 꽃이 피어 꺾을 만하면 곧바로 꺾어야지, 꽃 없는 때에 공연히 가지만 꺾지 마소서.(勸君莫惜金縷衣, 勸君須惜少年時. 花開堪折直須折, 莫待無花空折枝.)"

하늘 끝에서 어찌 무정하랴 天涯豈是無情緒
등불 아래에서 나와 남은 밤을 함께 하네 燈髻殘更忽在旁

상기한 시에서는 처와 소실에 대한 애정에 차별이 없음을 알 수 있다. 이재는 처와 소실에 대한 애정이 매우 깊어서 똑같이 3년 동안 꿈속에서 처와 소실을 그리워하며 슬퍼하였다. 이를 통하여 이재는 전통적 가족관을 가지고 있어서 가족을 읊은 「월주가」에서는 소실에 대하여 읊지 않았으나 소실에 대한 적지 않은 시를 남겨서 애정만큼은 처와 소실을 평등하게 대하였음을 알 수 있다.

경차사제온수(敬次舍弟溫叟)

한 그루 두견화가 옆 언덕에 피었는데 一樹鵑花傍岸開
홀로 예쁘게 피어 티끌 먼지가 없네 婷婷獨立絶塵埃
바르고 곱게 단장을 하였으니 明粧只合存貞靜
미친 듯 좇아다니는 벌과 나비를 허하랴 肯許狂蜂逐蝶來

소식과 소철은 우애가 돈돈하였다고 한다. 이재는 이를 흠모하였고 동생 주석과 함께 과거 시험에 응시하기도 하면서 우애 있게 잘 지내며 동생에 대한 시를 14수 쯤 남겼다. 본 시는 동생 주석(胄錫)의 시를 차운하여 쓴 시이다. 시에 나오는 진달래, 나비, 별은 일상생활에서 흔히 볼 수 있는 자연물이다. 그럼에도 불구하고 이재는 이 꽃에 주목하여 별과 나비가 날아들지 않는 이유가 진달래꽃에 향기가 없어서가 아니라 바르고 얌전하기 때문이라고 읊었다. 참으로 새롭고 재밌는 관점이라고 아니할 수 없다.

라고 한 이야기가 당나라 杜牧의 「杜秋娘詩」 序文과 自註에 나온다.(『全唐詩』 권520)

너를 집으로 돌려보내니	送爾歸庭去
너 같이 못함이 부럽네	令吾羨不如
하찮은 벼슬로 어찌 봉양하랴	薄官那有養
긴 말은 편지 속에서나 해야지	長語只憑書
응당 초강(楚江) 건너 멀어지면	應度楚江遠
고향 생각은 영월 골짜기에서 허망하겠지	還思越峽虛
떠나기 전에 하늘에 아직 눈 내리지 않았으니	前期天未雪
아무래도 가을 푸성귀는 남아 있겠지	且爲將秋蔬

이재는 시의 제재로 심지어 하인까지 확대하여 시를 썼다. 이 시의 제목은 「송노귀정(送奴歸庭)」이다. 자신이 자유로운 하인보다 못하고 풍성귀가 가장 생각난다는 표현에서 짙은 감동을 느낄 수 있다.

5) 용사(用事)와 조어(造語)

(1) 용사

이재의 시문은 난해하기로 유명하다. 이재가 박학강기하여 아는 것이 많고 시문을 지을 때 그 지식을 활용하여 시문을 지었기 때문이다. 그의 시문에 인용된 용사와 전고는 매우 많아서 일일이 셀 수 없을 정도이다. 인용된 내용이 어디의 무엇을 근거로 하였는지 조차 파악하기 힘든 곳도 있다. 시중에 인용된 용사와 전고는 사리를 설명하고 감정을 서술하는 표현수법이다. 이를 잘 활용하면 시가의 내용을 함축적이고 심각하게 만들어 언외지미와 운율을 느끼게 한다. 이재가 시문에 인용한 용사와 전고는 다양하다. 첫째, 경전을 인용한 것이다. 그 예로 '仁智樂', '愼獨' 등 있다. 둘째, 역사고사를 인용한 것이다. 그

예로 '斑竹', '知音', '杜鵑', '司馬令' '寃魄綿山' 등이 있다. 본 절에서는 위에서 살펴본 것을 제외하고 대표적인 내용을 살펴보고자 한다.

만사(漫寫)

기억컨대, 옛날 조주에 손님이 드물어	憶昔潮州人客稀
한유가 태전을 만나 옷을 남겨 주었네	太顚相見便留衣
미관말직은 폄적 당한 경우와는 다르지만	微官可是殊遷謫
외진 곳에서 가끔 홀로 생각이 뒤틀리네	幽獨時時一念非

시에 나오는 '태전(太顚)'은 당나라 한유(韓愈)가 조주 자사(潮州刺史)로 있을 때 친하게 지냈던 노승 태전(太顚)을 말한다. 한유가 그와 작별하면서 자신의 의복을 남겨 주기까지 했던 이야기가 「여맹상서서(與孟尙書書)」에 실려 있다. 이재는 이를 인용하여 자신의 장릉 참봉은 폄적은 아니지만 그만큼 적적하다고 하면서도 자신을 알아 줄 한유 같은 사람을 기다린다고 표현하였다.

영월 깊은 곳 하늘 끝에서 그윽이 물으며	天涯幽問越山深
남쪽으로 돌아가면 오랜 우정에 감사하려고 했네	南國歸來感舊心
부친에게 배운 어린 학 같은 그대가 있어서	聞道庭前雛鶴在
다시 백아의 거문고에 맞춰 춤출 수 있다고 여겼네	可能重舞伯牙琴

이 시의 제목은 「황군종렬추만(黃君宗烈追挽)」으로 4수인데 이재가 쓴 서문이 있다. 서문에 의하면, 이재는 김사겸(金士謙)을 통하여 황종렬의 이름을 오래 전에 알고 있었다. 이후 춘당대 시험을 함께 보았고 그 뒤 뜻밖에 그가 1개월 후에 이재가 장릉에 있을 때 요절하였다. 이재는 그가 죽은 사실을 모르고 있다가 후에 알게 되었고 그를

위해 이 만사(挽詞)를 쓴 것이다.[181] 시에는 전고가 두 개가 나오는데 '문도정전(聞道庭前)'과 '백아금(伯牙琴)'이다. 전자는 추정(趨庭)이라는 말을 달리 표현한 것이다. 이는 공자가 홀로 뜨락에 서 있을 때에 아들 백어(伯魚)가 종종걸음으로 뜨락을 지나가자 공자가 그를 불러 세우고서 시(詩)와 예(禮)를 배워야 한다고 가르침을 내렸던 고사가 『논어(論語)』「계시(季氏)」에 실려 있다. 후자는 백아와 종자기의 고사를 시어로 만들어 사용한 것이다. 이재는 황종렬과 지음(知音)의 친구로 지냈는데 그가 갑자기 죽자 이제는 세상에 자신을 알아주는 벗이 없게 되었다고 슬퍼하였다.

무제(無題)

올 땐 무엇을 보고 갈 땐 무엇을 듣는가	來時誰見去誰聞
냇가엔 물 흐르고 골짜기엔 구름 있네	川有流波谷有雲
다정하게 반년을 함께 지냈으니	自是多情因半歲
서로 기억하기 위해 회문시를 지을 필요가 없네	未要相憶織回文

제2수(其二)

어찌 올 때는 느리고 갈 때는 바쁜가	來時何緩去何忙
홑적삼에 바람 불고 치마에 이슬 내리네	風在單衫露在裳
가장 아름다운 기약은 칠석이니	最是佳期還七夕

---

181 "余從金士謙, 識君名久矣. 去歲, 余伯季在西泮, 君不以鄙, 儼然先施, 左顧高叟, 實與偕焉. 既就試春塘臺下, 又獲同周旋甚驩, 意自此至老追逐也. 嗟乎！孰謂君一別逾月, 遂奄然逝. 余在莊寢, 得余季書, 乃聞. 嗟乎！以君之秀而文, 其誰不如窮且夭耶？有父矣不終養, 有子矣不卒教, 天亦不可問矣, 宜余之不能忘, 況士謙久要, 又況君大人乎？屬余歸覲, 君已入地, 無以相斥苦, 則尤爲之愴涕. 士謙爲致君親命曰：先輩亦有追輓者, 盍一言以慰？余于是不忍辭. 嗟乎！君乎！其知也耶？其不知也耶?"(『頤齋亂藁』 권9)

서로 바라보며 애간장을 녹게 하지 마라　　莫教相望斷離腸

산영(散詠)

잠자는 맛과 시에 빠지는 것 모두 마귀이니　　睡味詩愁兩作魔
꿈속에서 조차 나비가 되어 또 시를 읊네　　夢中蝴蝶亦吟哦
남들에게 주렴 걷어 올릴 듯 교란을 당하고　　被人攪起簾猶歛
가련하고 수척한 내 인생은 먹으로 갈아빠진 것이네　　憐我瘦生墨反磨
자못 무형의 어려움이 멸망을 재촉하니　　自是無形難促滅
무슨 힘으로 잘못을 끊어내야 할지 모르겠네　　不知何力斷來過
정신을 애호하며 은근히 경계하는 것이　　精神護惜慇懃戒
이 몸을 보호하는 창임을 알겠네　　須認渠身衛病戈

「무제」 2개의 시는 이재가 장릉참봉으로 재직할 때인 1767년 7월 2일에 지은 시이다. 제1수는 이재가 영월 산속에서 장릉참봉을 수행할 때 반년을 함께 지낸 여인에 대해 읊은 것이다. 시 속에 나오는 '회문(回文)'은 '회문선도시(回文旋圖詩)이다. 전진(前秦) 때 소혜(蘇蕙)가 유사(流沙)에 가 있는 낭군 두도(竇滔)를 그리워하며 비단을 짜서 '회문선도시(回文旋圖詩)'를 보냈다는 고사가 있다. 이재는 이 전고를 활용하여 누군지 밝히지 않은 여인에 대한 자신의 감회를 읊었다. 제2수에는 '칠석(七夕)'이라는 시어가 있다. '칠석'은 견우와 직녀가 1년에 한번 만나는 날이다. 이재는 이 날 만이라도 서로 바라보며 애타지 않게 했으면 좋겠다고 읊었다.

「산영(散詠)」 시를 통하여 이재가 시미(詩迷)가 있었음을 알 수 있다. 이로 인하여 꿈속에서도 나비가 되어 시를 읊음으로써 수척해져 여윈 모습이다. 장자의 호접몽(胡蝶夢)을 시속에 도입하여 활용한 이재의 시적 재능을 엿볼 수 있다.

산영(散詠) 제2수

예부터 마포의 비석 때문에 가슴 아팠는데	終古傷心痲浦碑
지금 생사의 초상화는 무엇을 위한 것인가	祗今絹幅更何爲
효종의 사당에 신령이 계시고	宣文廟上神靈在
대보단 가에 일월이 드리워 비추네	大報壇邊日月垂
깨끗한 국토에 어쩔 수 없이 가재 왔으나	不奈東來猶淨土
또 북쪽으로 달려가야 하는 조짐인가	還應北走有前期
강호에서 백발로 근심이 얼마인가	江湖白髮憂多少
비오기 전에 미리 대처하면 때에 맞게 할 수 있다네	陰雨綢繆幸及時

이 시는 이재가 청나라 연경으로 갔던 사신이 건융부처화상(乾隆夫妻畵像)을 가져 왔다는 소식을 듣고 북쪽으로 달려가 빌붙어야 하는 조짐은 아닌가라고 한탄하며[182] 지은 시중에서 제2수이다. 미련에는 "음우주무행급시(陰雨綢繆幸及時)"라는 시어가 나온다. 이는 『시경(詩經)』「치효편(鴟鴞篇)」의 "하늘에서 장맛비가 아직 내리지 않을 때, 저 뽕나무 뿌리껍질을 벗겨서 출입구를 단단히 얽어 막는다면, 저 아래에 있는 사람들이 혹시라도 감히 나를 업신여길 수 있겠는가"[183]라는 내용을 근거로 만들어 쓴 시구이다.

강남에서 반겨주었던 백련암 동료들이 생각나서	江南青眼憶蓮寮

182 "聞赴燕便臣賫乾隆夫妻畵像, 歸以投進. 頃者趙顯命, 修問瀋中得駿馬金鞍至曰: 皇恩罔極, 四方傳笑, 鞍馬尚爾, 矧畵像乎? 此殆淸主所貽, 雖其然否, 有未可知. 風泉之義亦掃地盡矣. 無或北走之兆歟? 感歎成詩聊且以俟."(『頤齋亂藁』 권9)

183 "迨天之未陰雨, 徹彼桑土, 綢繆牖戶. 今此下民, 或敢侮予."(『詩經』「鴟鴞篇」)

맑은 서재에서 한 번 웃으며 밤을 지새웠네　　一笑淸齋暮復朝
뜬세상에서 인연은 몇 번이나 끊어지고 이어지는가　浮世幾回緣斷續
장차 현담을 나누며 쓸쓸함을 위로해야겠네　　且將玄話慰寥寥

시에 나오는 '청안'은 '청안시(青眼視)'와 같은 말로 다정한 눈길이라는 뜻이다. 이와 관련된 고사는 『진서(晉書)·완적열전(阮籍列傳)』과 『세설신어(世說新語)·간오(簡傲)』에 수록되어 있다. 위(魏)나라 완적(阮籍)은 속된 사람을 만나면 백안(白眼) 즉 흰 눈자위를 드러내어 경멸하는 뜻을 보이고, 의기투합하는 사람을 만나면 청안 즉 푸른 눈동자로 대하며 반가운 뜻을 드러냈다고 한다.

재첩(再疊) 제3수

유하혜는 공손하지 못한 점이 있고　　不恭聞柳惠
소하는 스스로 더럽힘이 있었네　　自汚有蕭何
내가 앞으로 중용을 택한다면　　中道吾將擇
훗날 과실을 줄일 수 있을 것이네　　他時可寡過

재첩(再疊) 제4수

맹자는 웅변이 뛰어났고　　辯雄鄒孟子
말을 잘한 사람은 수하였네　　頰緩漢隨何
천 년 전에 이룬 수사의 의리를　　千載修辭義
몇 사람이나 잘못하여 놓쳐 버렸을까　　幾人錯放過

2개의 시에는 네 사람에 대한 전고가 인용되었는데 이재의 이들에 대한 인물 평가를 엿볼 수 있다. 제3수에 나오는 유하혜는 노나라의 현사로 절조가 곧아 속세와 단절하여 임금에게 공손하지 못한 점이 있었다. 소하는 권세가 극성(極盛)하였지만 물러나지 않고 자리를 고수하여 자신의 몸을 욕되게 하고 공신들을 죽게 만들었다. 이재는 이런 점을 비판하고 중용을 실천하여 과실을 줄이겠다는 다짐을 읊었다. 제4수에 나오는 맹자는 웅변에 뛰어나 이단을 물리쳤고 수하는 (漢)나라 때 변설을 잘하여 회남왕(淮南王) 경포(黥布)를 설득하여 초(楚)나라 항우(項羽)를 배반하고 유방의 한나라에 귀순하게 하였다. 이를 통하여 이재는 맹자와 수하의 공로를 후대 사람들이 알지 못하고 놓쳐 버린 과오를 비평하였다.

(2) 조어(造語)

이재는 시의 창작 면에서 새로운 시구를 만드는 능력과 시어를 만드는 재능이 뛰어났다. 이는 이재의 다양한 시 창작 방법과 시어의 출전과 의미를 끝까지 추적하여 밝히는 탐구력, 깊은 학문에서 나오는 기발한 착상과 창의력에서 나오는 것으로 보인다. 이재는 일반적 시 창작 방법 이외에 다른 시인의 시를 보고 감동을 받아 시를 짓기도 하고 다른 시인의 시를 몇 글자 바꿔어 시를 짓기도 하였다. 전자의 방법은 이미 앞에서 살펴본 것이 있으므로 생략하고 후자의 예로 「만사(漫寫)」라는 시를 살펴보면 다음과 같다.

서편의 달이 주포로 돌아와 빛나고	西月還珠浦
동풍은 금천에 불어 씻기우네	東風濯錦川
백발로 바라보는 뜻은	白頭相望意
석류 핀 고향으로 가고 싶어서라네	歸及石榴天

이재는 이 시를 쓰게 된 동기를 설명하여, "여행 도중에 우연히 당

시의 '밝은 달은 주포에 지고 가을바람은 씻기 운다.'라는 시구를 기억하여 마음에 맞는 바가 있어서 대략 3, 4개 글자를 고쳐서 지었다."[184] 라고 하였다. 이재가 인용한 시구는 왕발이 쓴 「중별설화(重別薛華)」 시의 일부이다.[185] 이재는 "명월침주포(明月沈珠浦), 추풍탁금천(秋風濯錦川)"에서 '명월(明月)'를 '서월(西月)'로, '동풍(東風)'을 '추풍(秋風)'으로, '침(沈)' 자를 '환(還)' 자로 고치고 나머지 3, 4구는 독자적으로 지었다. 이재의 이러한 방법은 환골탈태의 한 방법으로 송대에 유행했던 새로운 시 창작법이다.

한편 이재는 다른 시인의 시에서 난해한 시어를 끝까지 추적하여 밝힌 사례가 있다. 이재는 일찍이 「미상문답(渼上問答)」에서 미호 선생과 두보의 시구 중에서 '양어석상어(良友昔相於)'[186]의 '상어(相於)' 의미에 대하여 묻고 답한 적이 있다. 이재는 '상어'에 대하여 이전의 주석서를 모두 찾아보았는데 분명하지 않았고 이식의 『두시비해』가 좋지만 이 시어에 대해서는 단지 '고찰해봐야 한다.'라고만 말했다고 하면서 우연히 『의례경전통해(儀禮經傳通解)』의 「속보복론(續補服論)」의 옛 주소를 보니, '선비는 스스로 바른 지 살펴봐야 한다.(士自相於正)'라는 말이 있는데 이 시의 출전으로 여겨진다고 하자 미호 선생도 긍정하며 인정하였다.[187]

---

184 "客中偶記唐詩明月沈珠浦, 秋風濯錦川之句, 有會于心, 畧改三數語, 因以足之."(『頤齋亂藁』 권9)

185 이 시의 전편은 "明月沈珠浦, 秋風濯錦川. 樓台臨絶岸, 洲渚亘長天. 旅泊成千裏, 棲遑共百年. 窮途唯有淚, 還望獨潸然."이다.

186 이 시구는 두보의 「贈李八秘書別三十韻」에서 인용하였는데, 전후 시구는 "此行非不濟, 良友昔相於. 去旆依顔色, 沿流想疾徐."이다.

이재는 새로운 시구와 시어를 만들어 시를 창작하였는데 그 방법은 주로 네 가지가 있었다. 첫째, 경전과 역사고사를 활용하는 것이다. 특히 『시경』에서 많이 인용하여 시어로 만들어 썼다. 둘째, 다른 사람의 시문을 축자 또는 축약하는 것이다. 셋째, 이어(俚語)의 사용이다. 이어는 속어(俗語, 口語)와 방언(方言)이다. 넷째, 산문적 표현을 하는 것이다. 이재가 시구와 시어를 만드는 재능은 이미 앞에서 많은 시를 분석할 때 엿볼 수 있었다. 대표적인 시구는 「노령도중(蘆嶺途中)」의 “자개환자락, 미욕향인과(自開還自落, 未欲向人誇)”, 「탁목금(啄木吟)」의 “안득탁첨수직사, 영제인세복심충(安得啄尖輸直士, 永除人世腹心蟲)”, 「산영(散詠)」의 “피인교기염유렴, 연아수생흑반마(被人攪起簾猶斂, 憐我瘦生墨反磨)”, 「만제만주화족(漫題滿洲畫簇)」의 “간월모파구시주(看月眸波口是朱)” 등이다. 또 대표적인 시어는 「지감(志感)」의 ‘올올(兀兀)’, ‘한한(閒閒)’, ‘소병(笑柄)’, 「화민숙(和旻肅)」의 ‘곡제(穀稊)’, 「만제만주화족(漫題滿洲畫簇)」의 ‘고고(姑姑)’ 등이다. 본 절에서는 대표적인 시를 중심으로 이러한 특징을 알아보고자 한다.

무제(無題) 제2수

구름 짙어 달빛 희미하고 생각이 번잡한데　　雲濃月細意葳蕤
한번 웃고 3년이 지났으니 옛 친구는 누구인가　　一笑三年舊是誰
서글프다, 꿈속에서 다시 만난 뒤로　　惆悵夢中還見後

---

187 “「渼上問答」向陪渼上丈席時, 胤錫偶及杜詩語, 因稟曰: 古人云, 不讀萬卷書, 不行萬里道, 不能讀杜詩, 如良友昔相於一句. 所謂相於二字出處, 古今註杜者無一拈出. 近世澤堂批解甚好, 而於此只註云: 當考. 胤錫頃嘗偶見『儀禮經傳通解』, 「續補服論」, 朋友服處所載古註疏, 有云: 士自相於正, 是杜詩出處, 未如果然否? 先生曰然.”(『頤齋亂藁』 권4)

실제 일이 된다고 해도 꿈인가 의심하리 縱成眞境亦還疑

'운농월세(雲濃月細)'는 마치 조조의 '월명성희(月明星稀)'와 같은 구조로 이재가 새롭게 만들어 낸 표현이다. '종성진경역환의(縱成眞境亦還疑)'는 운문이 아니니 산문적 표현이다. 절대로 친구를 다시 만날 수 없는 현실을 이렇게 표현한 것이다. '일서(一笑)'와 '삼년(三年)'는 속어이다. 이재는 이렇게 새롭게 시어를 만들고 산문적 표현과 속어를 사용하여 자신의 뜻을 효과적으로 표현하였다.

재첩(再疊) 제5수

학문은 정주(程朱)를 바라지 않고 學無希洛建
시는 음하를 사모하지 않았네 詩不慕陰何
스스로 한스러움이 길고 긴 것은 自恨悠悠者
부질없이 세월을 빠르게 지나가게 한 것이네 空敎隙驥過

시에 나오는 '음하'는 남북조 시대 진(陳)나라의 시인 음갱(陰鏗)과 양(梁)나라의 시인 하손(何遜)을 말한다. 두 사람은 이 시기에 시(詩)로 명성이 높았다. 이재는 낙건(洛建)과 음하(陰何)라는 시어를 만들었다. '자한유유자(自恨悠悠者)'는 산문적 표현이고 '공교극기과(空敎隙驥過)' 또한 산문적 표현인데 '극기과(隙驥過)'는 이재가 만든 시구로 천리마가 문틈을 지나간다는 뜻이다.

삼례지감(參禮志感)

젊었을 때 기약은 명예에 있지 않았는데 少小幽期不在名
지금은 사정이 있는 듯 분주하게 다니네 秖今奔走若爲情
붉은 얼굴은 점점 하늘 끝에서 손상되고 朱顔漸向天涯損

백발은 대부분 말위에서 생겨났네 白髮多從馬上生
연못의 향기로운 연꽃은 시들어가고 香沼芙蓉應晚色
옥강의 기러기는 찾아와 울겠지 玉江鴻鴈且新聲[188]
서풍을 타고 가고 가면 고향 집과 가까워져서 西風去去庭闈近
내일 아침엔 아들들이 웃으며 맞이하겠지 明日兒童一笑迎

동진강을 건너며(渡東津)」

가을바람 불 때 동진강을 세 번 건너니 秋風三度涉東津
가고 오는 데 열흘 정도 걸리네 去去來來浹一旬
선리와 만나 얼굴이 익숙하니 船吏相逢顔色慣
평생토록 장부로 살까 우습구나 百年堪笑丈夫身

두 개의 시에서 새로운 표현으로 주목되는 시구는 "백발다종마상생(白髮多從馬上生)", "서풍거거정위근(西風去去庭闈近)", "거거래래협일순(去去來來浹一旬)" 등이다. "백발다종마상생"은 객지로 돌아다니다가 늙어서 흰머리가 많이 났다는 의미를 시적으로 잘 표현한 시구이다. "서풍거거정위근"과 "거거래래협일순"은 동일한 시구에서 같은 글자를 잘 쓰지 않는데 만약 사용하여 뜻과 운치가 묘하게 되면 더욱 좋은 것이다. '거거래래'라는 표현에서 열흘 동안 바쁘게 오고가는 모습을 연상하여 눈앞에 그려볼 수 있다. 속어로는 백발(白髮), 서풍(西風), 명일(明日), 아동(兒童), 추풍(秋風), 안색(顔色), 백년(百年), 장부(丈夫) 등으로 평상시에 자주 쓰는 단어를 시속에 도입하여 시어로 활용하였다.

188 原註에서 "충주의 옥강과 태인의 피향정은 모두 노정에서 지나는 길이다."(忠州玉江, 泰仁披香, 並歷路.)라고 하였다.(『頤齋亂藁』 권8)

4. 맺음말

이재는 성리학자, 박물학자, 실학자이지만 또한 1,600여 제 이상의 시를 남긴 뛰어난 시인이었다. 그런데 지금까지 그의 시적 성취는 성리 사상과 박물적 실학의 성취만큼 조명을 받지 못하였다. 따라서 시문에 초점을 맞춰 그 성과를 헤아려 볼 필요가 있다. 이를 위하여 본 논문에서는 학시(學詩) 과정과 교류 및 시작의 전범이라는 항목을 설정하여 이재가 자신만의 시 세계를 갖추게 된 과정을 추적해보았다.

첫째, 이재의 학시 과정은 가학계통과 스승 계통으로 대별할 수 있었다. 가학 계통은 조모－숙조 황재중(黃載重)－부친 황전(黃壥)이다. 스승 계통은 묵당(默堂) 백시명(白時明), 수촌(壽村) 백시덕(白時德) 계통과 미호(渼湖) 김원행(金元行) 계통으로 나눌 수 있는데, 묵당과 수촌에게는 시문을 배우고 미호에게는 경전과 성리학을 배웠다고 할 수 있다. 그런데 상기한 인물들은 모두 농암(農巖) 김창협(金昌協)과 관련이 있다. 이 때문에 이들은 사상적으로는 기호학파 노론낙학계열이고 시적으로는 당시를 선호한 존당파이다. 이재 또한 농암 김창협－숙조 황재중－미호 김원행－부친 황전으로 이어지는 학맥을 계승하였기 때문에 농암의 영향을 받아 당시를 선호하게 되었다고 할 수 있다.

둘째, 이재가 존경하여 추모한 사람은 송순(宋純), 김인후(金麟厚), 고경명(高敬命)이었다. 송순은 당시를 좋아했는데 이재는 그의 행장을 썼다. 김인후는 송순의 문하로 학문이 깊었고 당시를 좋아하였다. 이재는 김인후의 후손 김익휴와 처남과 매부 사이로 친하게 지냈다. 이재는 고경명에 대하여 적지 않게 언급하며 그의 충절을 흠모하여 그에 대한 시문을 썼다. 고경명의 시는 자연경물을 보고 느낀 감회를 노래한 것과 자신의 회포를 읊은 시가 많다. 시에 있어서 세 사람의 공통점은 당시를 좋아하고 당풍의 시를 썼다는 것인데 이재는 세 사람에게 적잖은 영향을 받았을 것으로 여겨진다.

셋째, 이재가 교류한 사람은 친척과 친구 및 유명 문인으로 대별할 수 있었다. 친척으로는 처숙(妻叔)인 계보(啓甫) 정관혁(丁觀爀)과 사도(師道) 정사혁(丁師爀), 친구 이사영(李思永), 매제 김익휴(金益休)가 있고, 문인학자로는 양응수(楊應秀), 김시찬(金時粲), 정경순(鄭景淳), 서명선(徐命善), 김이탁(金履鐸), 이가원(李家源) 등이 있었다. 이재는 젊은 시절에 정관혁, 정사혁과 가장 가까이 지내며 다수의 연작시를 지었다. 정경순은 이재가 '한유(韓愈)와 유종원(柳宗元)의 문장, 구준(寇準)과 부필(富弼)의 경륜이 있다.'라고 평하였다. 또한 이재가 쓴 백양사 시를 최고로 평가하여 전국적인 명성을 얻도록 해주었다. 김이탁은 이재의 시풍에 대하여 '출당입송(出唐入宋)의 경지'에 올랐다고 평가하였다.

넷째, 이재는 시와 관련한 많은 책을 탐독하였고 전범으로 삼은 시와 시인이 있었다. 이재는 22차례 서행에서 항상 두율(杜律), 송율(宋律), 명율(明律)을 읽으며 감상하여 각 시의 장점을 흡수하여 체득하고자 하였다. 그는 『당시품휘(唐詩品彙)』, 『당시선(唐詩選)』, 『두보비해(杜詩批解)』, 명대(明代) 호응린(胡應麟)의 『시수(詩藪)』, 『성리대전(性理大全)』의 「문편(文編)」, 『염락풍아(濂洛風雅)』, 청대(淸代) 전겸익(錢謙益)의 『초학집(初學集)』, 『열조시집(列朝詩集)』, 『전주두시(錢注杜詩)』 등을 애독하며 시의 창작과 비평 능력을 배양하여 당시와 송시를 겸비할 수 있는 바탕을 마련하였다. 이런 과정에서 그는 두보시를 전범으로 삼았고 이백, 소식, 원호문, 호응린, 전겸익, 왕양명 등의 시문을 선호하고 명대 공안파의 시적 경향을 추종하였다.

이재는 상기한 일련의 과정을 통하여 자신만의 독특한 시 세계를 창출하였다. 그는 당시와 송시를 두루 섭렵하여 당시와 송시의 특색을 구비한 시풍을 드러냈는데, 구체적으로 1. 형상(形象)과 흥기(興寄), 2. 설리(說理)와 이취(理趣), 3. 비애(悲哀)의 지양(止揚), 4. 생활(生活)의 밀착(密着), 5. 용사(用事)와 조어(造語) 등의 특징을 들 수 있다. 형상과 흥기는 시의 창작 수법이자 시의 풍격과 운치이다. 이재는 시의 창작에서 정경교융(情景交融)과 영정탁물(詠情托物)의 수법을 사용하여 성정을 읊어 당시의 특색과 흥취를 자아냈다. 설리는 시 속에서 이치를 직접 설명하여 표현하는 것으로 사상성이 강한 철리시를 만들어낸다. 이재는 유·불·선 삼도의 사상을 바탕으로 철리시를 적지 않게 썼다. 이취(理趣)는 이치를 경물과 자연현상에 의탁하여 시적으로 표현함으로써 드러나는 시적 운치를 말하는데 이재는 이와 같은 수법을 잘 운용하였다. 비애의 지양은 이재가 자신의 사상을 바탕으로 인생의 슬픔과 고난을 극복하여 이겨내는 능력에서 기인한 것이다. 이재는 다사다난한 인생사에서 순응(順應), 변역(變易), 이견(理遣), 사은(史隱), 불교의 인연설(因緣說)과 공사상(空思想) 등으로 당시(唐詩)처럼 마냥 슬퍼하지 않고 극복하는 양상을 보여주었다. 생활의 밀착은 이재가 시의 소재와 제재를 확대하여 생활 주변사를 시로 써서 표현한 특색을 가리킨다. 이 때문에 그는 「합부(饁婦)」, 「어상(魚商)」, 「화랑(貨郎)」, 「자명종(自鳴鐘)」 등의 시를 창작할 수 있었다. 용사와 조어는 이재가 시를 창작하면서 전고 및 새로운 시어와 시구를 만들어 사용한 특색을 가리킨다. 이재의 시는 난해하다. 이는 그가 희귀한 전고를 많이 사용하고 새로운 시어를 만들어 산문체로 표현했기 때문이다.

이상에서 형상과 흥기는 당시의 특색을 대변하고 설리와 이취 그리고 생활의 밀착, 용사의 다용은 송시의 특색을 대변한다고 할 수 있다. 총론적으로 이재는 시를 창작할 때 형상사유를 통하여 형상으로 성정을 표현하고 이치를 시 속에 담아 논리적으로 표현하는 방법을 잘 알고 있었다. 이로 인하여 그는 시를 쓸 때 새로운 형상과 논리를 창조하여 정경교융과 영물탁정의 수법으로 성정을 표현하고, 설리와 이취의 수법으로 시 속에 이치를 담아 표현하였던 것이다. 이 때문에 그는 자연스럽게 당시와 송시의 시풍을 겸비한 시를 쓸 수 있다. 이로 인하여 이재의 시풍은 초년의 학시 과정을 거쳐 중년 이후는 당풍과 송풍이 융합된 양상을 보여주고 있다. 따라서 이재는 한국한문학사에서 조선 후기에 당풍와 송풍를 겸비한 뛰어난 시인으로 자리매김되어야 할 것이다.

參考文獻

1. 원전자료

黃胤錫, 『頤齋全書』, 경인문화사, 1975.

黃胤錫, 『頤齋全書』『資知錄』, 景仁文化社, 1979.

『頤齋亂藁』, 韓國精神文化硏究院, 뿌리 文化史, 1999.

『頤齋先生文集』, 한국문집편찬위원회, 경인문화사, 1995.

2. 단행본

강명관(2007), 『농암잡지평석』, 소명출판사.

금장태(2007), 『조선유학의 주역사상』, 예문서원.

_____(2008), 『한국실학사상연구』, 한국학술정보(주).

閔丙秀(2014), 『韓國漢詩史』, 太學士.

박순철 · 노평규 · 김영 역(2011), 『국역 이재유고 I 』, 신성출판사.

____________________(2012a), 『이재만록』 상, 신성출판사.

____________________(2012b), 『이재만록』 중, 신성출판사.

____________________(2012c), 『이재만록』 하, 신성출판사.

성백효 역주(2008), 『주역전의』, 전통문화연구회.

심경호(2014), 『주역철학사』, 예문서원.

윤사순(2016), 『한국의 유학사상』, 두양사.

윤용남 · 이충구 · 김재열 · 윤원현 · 추기연 · 이철승 · 심의용 · 김형석 · 이치억 · 김현경 (2018), 『완역 성리대전』, 學古房.

이병한 편저(1992), 『중국 고전 시학의 이해』, 文學과 知性社.

이재연구소 편(2009), 『頤齋 黃胤錫의 학문과 사상』, 경인문화사.

張少康 지음, 李鴻鎭 옮김(2000), 『중국고전문학창작론』, 法仁文化社.

朱伯崑(2005), 『易學哲學史』, 崑崙出版社.

朱　熹 저, 김상섭 역(1994), 『역학계몽』.

지두환(2012), 『한국사상사』, 역사문화.

최삼룡 · 윤원호 · 최전승 · 김기현 · 하우봉(1994), 『이재 황윤석 – 영 · 정 시대의 호남실학』, 民音社.

한국철학사연구회 편(2008), 『한국실학사상사』, 심산.

한국철학사연구회 편(2005), 『한국철학사상사』, 심산.

3. 학위논문

김대하(2012), 「이재 황윤석의 시 연구」, 공주대학교 석사학위논문.

김도형(2013a), 「이재 황윤석의 문학론 연구」, 전북대학교 교육대학원 석사학위논문.

이상봉(2008), 「황윤석 한시에 나타난 孤意識 연구」, 부산대학교 석사학위논문.

_____(2018), 「이재 황윤석의 西行漢詩 연구」, 부산대학교 박사학위논문.

임화신(2013), 「木州雜歌의 창작배경과 시적인식」, 고려대학교 대학원 석사학위논문.

4. 학술논문

강신항, 이종묵, 권오영, 정순우, 정만조(2007), 〈이재난고로 보는 조선지식인의 생활사〉, 한국학중앙연구원.

김도형(2010), 「이재 황윤석의 문학론 : 序跋을 중심으로」, 『국어문학』 49, 국어문학회.

_____(2012), 「『이재만록』연구 – 문학 기사를 중심으로」, 이재연구소 제5회 학술대회 발표논문.

_____(2013b), 「황윤석의 기문(記文) 연구」(2013), 이재연구소 제6회 학술대회 발표논문.

_____(2013c), 「황윤석의 학문적 경향과 작품 양상 : 만록과 미상록을 중심으로」, 『한국언어문학』 84, 한국언어문학회.

김명순(1997), 「황윤석의 時調漢譯의 성격과 의미」, 『동방한문학』 13, 동방한문학회.

김문기 · 김명순(1996), 「朝鮮朝 漢譯詩歌의 類型的 特徵과 展開樣相 研究(2) : 漢譯技法과 展開樣相을 中心으로」, 『어문학』 58, 한국어문학회.

김태주(2018), 「『이재난고』를 통해 본 시조 작가의 진위」, 전북대학교, 이재연구소 제11회 '이재 황윤석의 학문과 사상' 학술대회 발표논문.

김하나(2017), 「목주잡가의 구조적 성격과 내적 의미」, 『어문학』 137, 한국어문학회.

박명희(2007a), 「이재 황윤석의 시에 나타난 유기체적 자연관」, 『동방한문학』 33, 동방한문학회.

_____(2007b), 「이재 황윤석의 천문 관찰과 시적 함유」, 『고시가연구』 20, 한국고시가문학회.

_____(2014), 「이재 황윤석의 시조 한역시에 나타난 지향의 의식과 의의」, 『한국시가문화연구』 34, 한국고시가문학회.

_____(2015), 「18세기 호남실학 문인의 시 세계와 지향 의식」, 『한국언어문학』 92, 한국언어문학회.

_____(2018), 「이재 황윤석의 시조 한역에 나타난 창작정신」, 전남대학교, 전북대 이재연구소 제11회 '이재 황윤석의 학문과 사상' 학술대회 발표논문.

박순철(2015), 「이재 황윤석의 詩書畵觀 연구 - 중국 시서화관의 영향을 중심으로 -」, 『중국학논총』 48, 한국중국문화학회.

_____(2017), 「이재 황윤석의 周易 시 연구」, 『중국학논총』 55, 한국중국문화학회.

_____(2019), 「이재 황윤석의 백양사 학술활동과 교류」, 『조선후기 박학지사 이재 황윤석의 생애와 학문』, 흐름.

백원철(2008), 「이재 황윤석 한시(漢詩)의 실학문학적 조명」, 『한문학보』 18, 우리한문학회.

손찬식(1998), 「이재 황윤석의 시조 한역(漢譯)의 성격과 의미」, 『어문연구』 30, 충남대학교 어문연구회.

유재영(1970), 「이재 황윤석의 木州雜歌에 대한 고찰」, 『한국언어문학』 7, 한국언어문학회.

_____(1989), 「이재의 打魚賦에 대한 고찰」, 『향토문화연구』 5, 원광대학교 향토문화연구소.

이상봉(2008), 「황윤석 詩論 연구」, 『동양한문학연구』 26, 동양한문학회.

_____(2014), 「청년 황윤석의 한시에 나타난 경세 포부와 자기반성」, 『동양한문학연구』 39, 동양한문학회.

_____(2015a), 「이재 황윤석 한시의 두보시어 활용 양상」, 『대동한문학』 43, 대동한문학회.

_____(2015b), 「황윤석 한시에 나타난 가족애의 양상 - 「월주가」를 중심으로 -」, 『한문교육연구』 45, 한국한문교육학회.

_____(2017), 「이재 황윤석 한시에서의 '絲' 意象 연구」, 『동양한문학연구』 47, 동양한문학회.

_____(2020), 「황윤석 한시에 나타난 관직에 대한 고뇌와 그 극복 양상」, 『이재 황윤석 연구의 새로운 모색』, 흐름.

이은주(2016), 「이재 황윤석의 卜姓詩연구」, 『한국문화』 76, 서울대학교 규장각 한국학연구원.

전재강(2003), 「황윤석 시조의 교술적 성격과 작가의식」, 『시조학논총』 19, 한국시조학회.

정소연(2014), 「황윤석의 〈목주잡가〉에 나타난 시 지향성의 시조사적 조명」, 『고전문학과 교육』 28, 한국고전문학교육학회.

최강현(1990), 「시조 작가로서의 황윤석을 살핌」, 『홍익어문』 9, 홍익대학교 국문학과.

최삼룡(1993), 「황윤석 문학의 도교적 측면에 대하여」, 『도교문화연구』 7, 한국도교문화학회.

| 頤 齋 |

이재학의 철학적 구조

- 철학(哲學)과 경세(經世)의 관계를 중심으로 -

최영성 | 한국전통문화대학교 무형유산학과 교수

1. 머리말

이재(頤齋) 황윤석(黃胤錫 : 1729~1791)은 조선 후기 학술사에서 상당한 위치에 있는 인물이다. 이와 같이 자리매김 되기까지 실로 오랜 시간이 걸렸지만, 그를 평가할 수 있도록 뒷받침을 든든히 해준 『이재난고(頤齋亂藁)』가 탈초(脫草), 출판된 시점으로부터 치면 그리 오래지 않는다. 『이재난고』가 전하지 않았다면 황윤석에 대한 다방면에서의 연구가 불가능했을 것이다. 삼불후(三不朽) 가운데 입언수후(立言垂後)가 얼마나 중요한지를 새삼 느끼게 한다.

현재 황윤석에 대한 연구가 많이 집적되었다.[1] 황윤석의 관심 분야, 연구 영역이 넓었던 만큼 다양한 연구가 나오는 것은 자연스런 현상이다. 상황이 이렇게 전개되기까지 전북대학교 이재연구소의 노력[2]이 컸다. 다만 필자가 보기에, 가장 연구가 더딘 분야가 철학이나 경학 분야가 아닌가 한다.[3] 여기에는 이유가 있다. 가장 큰 이유를 들자면 황윤석이 심리학이나 경학과 관련하여 독립된 논설을 적게 남겼다는 점이다. 대개 조각글이나 부속형(附屬型)의 글이 많은 게 사실이다.

---

1 2020년 12월 현재, 한국연구재단에 등재된 연구 논문만 약 90편(학위논문 제외)에 달하는 것으로 조사되었다. 황윤석 연구의 추이를 고찰한 논문이 나올 정도다. 김승룡(2007) 참조. 본고에서는 번잡함을 피해 전체 연구 성과를 굳이 소개하지는 않겠다.

2 전북대학교 이재연구소는 2007년에 개소한 뒤 매년 1회 이상의 학술대회를 개최하였다. 또 발표된 논문을 중심으로 이재학총서(2020년 현재 제7호)를 발간하여 왔다. 이밖에 『이재유고』·『頤齋漫錄』·『이재난고』 등 국역총서도 지속적으로 출판하고 있다.

3 유학 관련 논문 11편, 실학 관련 논문 19편으로 총 30편이다(2021). 이 가운데 본고와 관련된 논문으로는 다음과 같은 것들이 있다. 이형성(2000); 최영성(2008); 이천승(2010); 이형성(2011); 최영성(2015); 박순철(2020a), 박순철(2020b); 박순철(2020c).

그러나 철학 관련 논고가 많지 않다고 해서 간과하거나 소홀히 여길 수는 없다. 무엇보다도 황윤석의 학자적 특성을 규정하는 데 착오가 생기기 때문이다. 오늘날 황윤석을 박물학자(博物學者)로 자리매김하는 사람들이 적지 않다. 물론 잘못된 것은 아니다. 다만 무엇을 위한 '박물'이냐, 그 목적의식에 주목하지 않는다면, 황윤석은 그저 '지식 잡화상'을 연 학자 정도에 불과할 것이다. 미리 말해두지만, 황윤석이 추구했던 박물은 궁극적으로 경세치용(經世致用)을 위한 것이었다. 세상을 경영하는 데 응용하기 위함이었다. 현실에서의 응용을 의미하는 '치용(致用)'은 본디 성리학자들이 자주 사용하는 말이었다. 다만 치용에 앞서 궁경(窮經)이 선행되어야 함은 더 말할 나위가 없다.

황윤석은 성리학적 사유구조(思惟構造)에 입각하여 학문을 하였다. 그는 성리학자들이 입버릇처럼 말하는 '체용해비(體用該備)'를 제대로 실천한 사람이었다. 성리학을 '체'(기본)로, 박물학을 '용'(응용)으로 여겨 조선 후기의 당면한 과제를 해결하고자 했다. 체로 수렴되고 용으로 발산하는 것은, 학문과 정치를 둘로 나누어 보지 않는 유학의 기본정신에 합치된다.

우리 학계에서는 종래 성리학과 실학을 서로 다른 것으로 인식하여 왔다. 실학을 반성리학으로 여겼고, 지금까지도 그런 시각을 가진 학자들이 적지 않은 듯하다. 필자는 이에 대해 견해를 달리한다. 이(理)와 실(實)의 상함(相涵)을 강조하는 성리학은 철학에 그치지 않는다. 성리학이 '현실'을 외면하거나 소홀히 했다면 유학의 본래 정신에서 벗어난 것이다. 그 생명력을 담보할 수 없었음이 당연하다. 성리학은 전통이 오래되고 뿌리가 단단한 학문이다. 조선사상사에서 성리학계의 학풍이나 말폐를 비판한 경우는 허다하지만, 성리학을 전면 부정한 사람은 찾아보기 어렵다.

성리학의 정신과 사유구조를 체득한 학자는 대부분 현실문제에 적극적이었다. 대표적인 학자로 율곡 이이, 반계 유형원, 성호 이익 등을 들 수 있다. 황윤석은 당시 『주자대전(朱子大全)』에 밀려 뒷전으로 물러난 『성리대전(性理大全)』에 각별히 주목하였고, 이 『성리대전』의 편찬 의도를 되새겼다. 황윤석이 보는 『성리대전』은 체용과 본말(本末)이 잘 구비된 성리학 교재였다. 그는 종래 성리학자들이 지나칠 정도로 '체'를 중시하고 '용'을 소홀히 해오던 폐단을 자각하고, 체용해비의 본래 정신을 되찾을 것을 외쳤다.

황윤석의 학문과 사상을 연구하면서 성리학과 박물학을 둘로 나누어 보는 것은 정당한 관점이 아니다. 체만 있고 용이 없는 것은 공허(空虛)하고, 용만 있고 체가 없는 것은 그 뿌리가 부실하기 마련이다. 조선 후기 이른바 '실학자' 중에는 용만 있고 체가 없는 경우가 적지 않다. 철학성과 이념성이 없는 학문은 오래 가지 못한다. 이것은 역사적으로 증명된 사실이다. 그런 점에서 황윤석의 경우는 새삼 돋보인다고 하지 않을 수 없다.

본고에서는 황윤석의 성리학에 대한 견해를 중심으로, 이른바 '이재학(頤齋學)'의 철학적 구조에 대하여 고찰하고자 한다. 순수하게 철학만을 다루는 것이 아니라, 철학과 현실 간의 관련성을 고려하면서 논술할 것임을 미리 밝혀둔다. 기호낙학(畿湖洛學)의 학문 전통을 이어 받은 그의 낙론적(洛論的) 입장이 청조(淸朝) 문물의 수용과 연결고리가 있는지를 살펴볼 것이다. 이 시도가 성공적으로 이루어진다면 조선 후기 사상사 연구에 일조가 되리라고 믿는다.

황윤석은 역대 성리학설을 집대성한 『성리대전』의 가치를 무척 중시했던 학자다. 그가 『성리대전』을 왜 중시하였는지, 그 이유가 무엇이며, 그를 통해 얻은 바가 어떤 것인지를 밝혀야 한다. 황윤석의 학문과 사상의 실체를 바로 보는 데 적지 않은 공이 될 것이다. 이 모두가 이재학의 성격과 위상을 정립하는 데 초점이 있음을 밝혀둔다. 필자는 개인적으로 황윤석의 학문과 사상을 '학'으로 자리매김해야 한다고 생각한다.

2. 학문 경향과 낙학(洛學)의 전통

황윤석은 자신의 가학(家學)을 '우농파(尤農派)'[4]라 일컬었다. 그는 율곡 이이로부터 시작하여 김장생→송시열→김창협(金昌協)→김원행(金元行)으로 이어지는 기호학파 노론계 낙학의 정통 계보를 이은 것에 대해 늘 자랑스럽게 생각하였다. 자부심을 표명하기도 하였다. 그의 집안이 정통 노론파의 계통을 잇게 된 데에는 학문적 측면이 주된 이유였지만, 그 이면을 보면 사정이 복잡하다. 천리하향(千里遐鄉) 호남 출신이 출사(出仕)를 하는 데 집권 세력의 도움이 절실하다는 현실적 요구가 강했던 것도 사실이다.

황윤석은 문집 및 『난고(亂藁)』 등에서 호남인의 소외감을 직, 간접으로 토로하였다.[5] 호남인으로서의 자의식(自意識)을 강하게 드러냈

---

4 『頤齋遺稿』 권14, 21b, 「祭渼湖先生文」 "蓋我家學, 寔尤農派."

5 황윤석은 金必泰에게 준 서한에서, 호남인을 경시하고 영남인을 중용하는[重嶺輕湖] 조정의 분위기에 큰 불만을 표하였다. 더욱이 京中 사대부들이 걸핏하면 "영남인은 質實한데 호남인은 浮薄하다"고 평가하는 차별적 시각에 대해 몹시 우려하였

다.[6] 호남을 대표하는 학자로 순정도학자(純正道學者)인 하서(河西) 김인후(金麟厚 : 1510~1560)를 적극적으로 평가하였다.[7] 김인후를 통해 학문적 허탈감과 정치적 소외감을 덜어내려는 의지를 내비치기도 하였다. 또 호남 출신으로, 박학풍－실학풍을 지닌 개방적 학인이었던 창계(滄溪) 임영(林泳 : 1649~1696)으로부터 많은 영향을 받았음을 저술 여러 곳에서 밝혔다.[8] 임영의 학문에 대하여 낙론계의 학조(學祖)인 김창협은 '소견자대(所見者大), 소존자실(所存者實)'[9]이라고 칭송하였으며, 그 아우 김창흡(金昌翕) 역시 "졸수재(拙修齋 : 趙聖期) 이후 학문 규모가 광활(廣闊)한 사람으로는 임영뿐이다"[10]라고 평가한 바 있다. 호남에도 큰 학자가 있었음을 애써 강조하는 황윤석의 이런 태도를 통해, 자신이 김인후 · 임영의 뒤를 잇는 큰 학자로 성장하고 싶은 의지를 엿볼 수 있다. 역설적으로 호남인으로서 그가 느끼는 한계 또한 짐작할 수 있다. 그가 집권 노론 세력에 의지하려 했던 배경에 이처럼 학문 외적인 요인이 컸던 것 같다. 이런 배경들은 황윤석의 학문이 겉보기와 다르게 사상적으로 경직될 수밖에 없는 한계로 작용하였을 것이다.

다. 『이재유고』 권8, 20a~20b, 「與金直長書」 참조.

6 관련된 논고로 이지양(2008); 이천승(2010) 등이 있다.

7 『이재유고』 권13, 20a~24b, 「先正臣文靖公金麟厚從享文廟疏」 등 참조.

8 『이재난고』를 보면 "夢遇滄溪林公"(권35), "又夢林滄溪"(권46)라 하여 꿈속에서도 임영을 보았다고 술회할 정도다. 이후 인용 출처는 한국정신문화연구원에서 출판한 『이재난고』를 저본으로 '제○책 ○쪽'으로 표시할 것이다.

9 『農巖集』 권12, 27a, 「滄溪集序」 "旣而得一語, 以爲所見者大, 所存者實, 其庶可以名公之學."

10 『三淵集』 拾遺 권31, 29a, 「語錄」 "此公(趙聖期)後, 爲學規模, 則其能占得地步廣闊者, 惟林德涵爲然."

황윤석은 율곡－우암－농암－도암(陶菴)－미호(渼湖)로 이어지는 율곡학파의 학통, 학문 성향을 충실하게 지켰다고 평가를 받는다. 그는 농암 김창협에 대해 "우암 문하가 분파하여 호서의 수암 권상하, 경성의 농암 김창협 같은 제일급 제자가 배출되었다"고 전제하면서

> 농암이 남긴 말을 상고하고 그 학문을 생각하면, 자질의 청수(淸粹)함과 심성의 밝고 트임, 논의의 공정함과 공부의 치밀함이 절로 탁연하였다. 우암의 안회(顔回)가 될 것이다. 다만 농암이 전적으로 우암을 스승으로 받들지 않았기 때문에 사람들이 적전(嫡傳)에 배열하지 않은 것뿐이다.[11]

라고 하였다. 또 미호 김원행에 대해서는

> 미호 선생은 우암에 대해 알고 있었던 분이요, 농암의 가학(家學)을 이은 분이다. 도암과 섬촌(蟾村 : 閔遇洙)을 종유(從遊)하였다. 선생의 학설은 네 가지로 요약할 수 있다. 첫째, '심'과 '기'는 다름이 있다. 둘째, '기'에 나아가서 '리'만을 가리키면 본연지성이요, 기를 가지고 리를 겸하여 말하면 기질지성이다. 셋째, 명덕은 본심이니 성인과 범인[聖凡]의 구별 없이 하나다. 넷째, 오성(五性)은 '인'과 '물'이 똑같이 하늘에서 얻은 것이다. 다만 사람은 그것을 넓힐 수 있지만 물은 넓혀나갈 수 없다. 이 가운데 하나라도 공자·주자(周子)·정자·주자(朱子)가 남긴 가르침에서 나오지 않은 것이 있는가.[12]

11 『頤齋續稿』 권7, 3b, 「記湖洛二學始末」 "…… 若農巖本師靜觀, 兼宗尤翁. …… 特以其有不純師尤翁者, 故夫不以列於嫡傳耳."

12 『이재속고』 권7, 4a, 「記湖洛二學始末」 "…… 我渼陰先生作興, 則又尤翁之聞知也, 農巖之家傳也, 陶菴蟾邨之從遊也. 嘗曰: ……, 豈有一不出於孔周程朱之遺乎."

라고 하였다. 자신의 학문 연원에 대한 자부심을 통해 자기의식, 자존의식의 발로를 엿볼 수 있다.

황윤석은 김원행에 대해 "신불출(身不出), 언불출(言不出)을 유자의 기본 도리로 여겨 출처진퇴를 분명히 한 분이다"라고 하였다.[13] 김원행은 주자의 이른바 "몸이 (벼슬길에) 나가지 않았거든 말도 내놓지 않는다"(身不出則言不出)는 말을 출처진퇴(出處進退)의 준거로 삼았다. 이는 후일 낙론계 산림학자들에게 지대한 영향을 끼쳤다.

황윤석이 김원행을 처음 만난 것은 28세 때인 영조 32년(1756) 윤9월이었다. 이 때 그는 미호를 배알하고 학문하는 규모, 그리고 이재(李縡)와 한원진(韓元震) 사이의 심성논변에 대해 질문을 하였다.[14] 그 뒤 31세 때(1759) 양주의 미호로 가서 『대학』 전편을 배워 마쳤다. 이후로도 여러 차례 미호로 가서 김원행에게 배우고 석실서원(石室書院)의 여러 원유(院儒)들과 학문을 강론하였다. 38세 때(1766)에도 미호를 방문하였는데 김원행은 황윤석에게 "이미 호남의 호걸지사가 되었네 그려"라고 하면서 "그대는 상수(象數)에 관하여 관심을 가진 지 오래 되었으니, 지금 내가 집필하고 있는 율려(律呂) 관계 원고의 감수를 부탁하네"라고 하였다 한다.[15] 황윤석에 대한 김원행의 추허(推許) 정도가 대단하였던 것 같다. 황윤석은 후일 『미상록(渼上錄)』을 엮어 스승의 학행을 기렸다.

김원행은 김창협·이재(李縡) 이후 낙학의 종장(宗匠)이요 낙파(洛

---

13 『이재만록』 하권, 83쪽 "惟我渼上丈席, 守尤翁'身不出, 言不出'之訓, 前後辭職, 終不一出, 凡朝議無所與."

14 『이재연보』, 영조 32년 乙亥(선생 28세) 윤9월조. 『연보』는 『국역 이재유고』(Ⅰ)에 실린 것을 참조하였다. 이하 같다.

15 『이재연보』, 영조 42년 丙戌(선생 38세) 1월조.

派)의 영수(領袖)로 받들어졌다. 그는 신임사화(辛壬士禍)로 집안 어른들이 당화(黨禍)를 입자 벼슬에 대한 뜻을 버리고 학문에 전념하였다. 그는 전형적인 도학자였다. 그의 학문 근원은 주자학이다. 그는 실심(實心)과 함께 실사(實事)를 중시하여 체용겸비(體用兼備), 내외겸전(內外兼全)의 학문을 지향하였다. 실심만 강조하던 여타 도학자들과는 성향을 달리 하였다.

김원행은 문인 홍대용(洪大容 : 1731~1783)에게 다음과 같이 말하였다고 한다.

> 사람의 근심은 실심이 없는 것일 뿐이다. 진실로 실심을 확립한다면 무엇을 이루지 못할까. 이 실심을 확립하거나 확립하지 못함은 오직 그 사람에게 달렸으니, 다른 사람이 함께 할 수 있는 것이 아니다. 오직 나 자신을 위한 학문이냐, 남을 위한 학문이냐의 사이에서 그 시비득실(是非得失)의 귀결을 깊이 살피고, ……[16]

학문을 하기에 앞서 실심을 통한 주체의 확립이 선행되어야 한다는 말이다. 홍대용은 선사(先師)에게 드린 제문에서, 항상 스승으로부터 "묻고 배우는[問學] 요령은 실심에 있고 베풀어 이루는[施爲] 요령은 실사에 있다. 이 실심으로써 실사를 이루어 나가면 과오는 적고 하는 일은 이루어질 것이다"[17]고 하는 훈계를 받았다고 술회하였다.

홍대용이 말한 '실심'과 '실사'가 의리지학(義理之學)의 테두리에 머문 것이냐, 아니냐를 따지는 것은 그리 중요하지 않다. '실심'과 '실사'에 대한 해석은 받아들이는 사람에 따라 다를 수 있기 때문이다. 홍

---

16 『渼湖集』 권10, 12a, 「答洪大容」

17 『담헌서』 內集 권4, 4a, 「祭渼湖先生文」

대용이나 황윤석 같은 제자들에게는 실학의 길을 열어주는 중요한 지침이 되었을 수 있다.

낙론의 거두 김원행은 중화와 이적을 분별하는 '화이지변(華夷之辨)'에 투철한 학자였다. 그런데 낙론은 집권 경험이 있는 세력이었다. '청(淸)'이라는 상대를 시종일관 멸시하고 배척할 수만은 없었다. 세월이 가면서 저들의 문화 수준을 인정하지 않을 수 없는 지점에 이르렀다. 사고와 인식의 변화가 이루어지는 것은 자연스런 현상이었다. 그 변화가 조용히 이루어졌던 곳이 석실서원(石室書院)이었다. 척화파의 거두 김상헌(金尙憲)의 후손들이 학문적 정치적 근거지로 삼았던 석실서원에서 변화의 바람이 불었다. 조선 후기 사상사의 변화를 예고하는 전조(前兆)라고 하겠다.

황윤석의 저술을 보면 노론-낙학의 학문과 당론에 배치되는 언설을 찾기 어렵다. 화이론의 입장에서 멸청복수론(滅淸復讐論)을 지지하였고, 척화파 학자들의 의리사상을 높이 평가하였다. 그러나 이 한 측면만 볼 수는 없다. 18세기 학계·정계에 불어 닥친 변화의 바람을 황윤석은 외면할 수 없었다.

돌이켜보면, 황윤석이 살았던 18세기 중반에는 이미 북벌론이 형해화하여 사실상 구호만 남은 실정이었다. 종래 이적금수(夷狄禽獸)라 했던 청나라의 실체와 저들의 문화를 인정하지 않을 수 없는 정황이었다. 낙론계 일각에서 청나라를 배워야 한다는 북학론(北學論)이 나올 정도였다. 이에 국정을 주도하는 낙론계로서는 어떤 방식으로든 입장을 정리할 필요가 있었다. 결과적으로 화이론과 북벌론의 깃발 아래서도 청조 문화 내지 서구 문화에 대해 내면적으로 인정하는 단계에까지 이르렀다. 이와는 대조적으로 화양서원(華陽書院)을 북벌론의 성지로 삼아 여전히 배청(排淸), 멸청(滅淸)만을 외치는 호론(湖論)은 점점 정계·학계로부터 소외당하여 갔다. 시대가 변했음에도 배타적 입장을 고수하는 저들은 나중에 국가 발전을 저해하는 수구세력으로 지탄 받기에 이르렀다.

김원행의 문하에서 배출된 문인들의 면면을 보면, 의리지학을 하는 선에서 그친 학자들이 있는가 하면, 성리학과 상수학(象數學)을 통해 경세(經世)에 대한 비전을 제시한 학자들이 있었다. 더욱이 종래의 북벌론을 180도 바꾸어 북학론을 주장한 학자까지도 나왔다. 북학파의 선구자 홍대용은 맨 왼쪽에, 황윤석은 중간 지대에 선 것으로 볼 수 있다. 다양한 성격의 학자들이 석실서원에서 배출된 것을 우연이라고 말하기는 어렵다. 가지와 잎은 다르지만 뿌리는 하나다. 실심과 실사를 중시했던 김원행의 학문으로 수렴된다고 말할 수 있지 않을까 한다.

18세기 이후 노론계, 특히 석실서원의 학풍 가운데 두드러진 것을 두 가지 말하자면, 첫째 황윤석을 비롯한 석실서원 중심의 낙론계 학자들은 여전히 성리학으로 국가를 다시 세울 수 있다고 보았다는 점이다.[18] 이들 학인들의 현실 진단을 보자. 각종 사회적 말폐와 제도적 모순은 성리학적 기본 질서로 돌아가면 해결될 수 있다는 데서 인식을 같이 하였다. 이것은 유형원(柳馨遠)에서부터 정약용(丁若鏞)으로 이어지는 일련의 학자(이른바 남인계 실학자)들이 성리학의 한계 내지 말폐를 인정하고 『주례(周禮)』의 기본 정신으로 돌아갈 것을 외친 것과는 근본적으로 다르다.

18 趙峻晧(1999); 조성산(2013) 참조.

둘째, 노론 낙론계에서 상수학에 관심을 갖는 학인들이 다수 배출되었고, 이 중에는 석실서원에서 수학한 사람들이 많았다는 점이다. 황윤석도 그 가운데 한 사람이다.[19] 당시 석실서원이 상수학의 아카데미 구실을 한 것은, 상수학이 개인의 관심사 차원이 아니라 나라를 다스리고 천하를 경영하는 데 유용하게 쓰일 수 있음을 의미하는 것이었다.

3. 인물성동론(人物性同論)과 북학(北學)의 문제

황윤석의 학문에서 성리학의 비중은 크다. 다만 그는 조선 성리학에서 중심 과제였던 사단칠정의 문제라든지 인물성동이론에 대해 심도 있는 논고를 남기지는 않았다. 무슨 이유일까? 두 가지 추정이 가능할 것 같다.

첫째, 낙론의 입장을 충실히 따르는 그로서는, 특별히 이론을 세워 쟁단(爭端)을 제공하려는 의도가 없었을 법하다.[20] 황윤석은 한 서한에서 "오십 년 동안 주자서(朱子書)를 읽고도 주자의 심법(心法)을 전하지 못하였다"[21]고 자탄한 바 있다. 실제로 황윤석이 남긴 성리학 문

---

19 황윤석의 경우, 석실서원에 들어가기 훨씬 이전부터 상수학에 깊은 관심이 있었다. 상수학에서는 동문 諸友보다 앞서 있었다.

20 『이재난고』 제3책, 767쪽 하단 "古人之不喜爭端, 是無我之公. 朋黨之成, 實由爭端, 是摠可戒."

21 『이재유고』 권7, 36b, 「與趙修撰書」 "胤錫五十年讀朱書, 不能傳其心法, 而乃傳其左瞽脚氣之病, 良可一笑."; 『이재난고』 제8책, 108쪽 「答高通甫」 "平生讀朱書, 不能傳其心法, 而乃只傳其痛如此."

자 가운데 수양론은 심성론에 비해 볼만 한 것이 없다. 시편에서 "만화(萬化)의 원두는 일심(一心)이요 공부는 성(誠)과 흠(欽)에서 떠나 있지 않다"[22]거나 "'경'을 통해 내 마음에 있는 하늘을 볼 수 있다"고 말하는 정도다. 여기서 우리는 그가 "성리학으로 말할 것 같으면 주자 이후로 이미 정론(定論)이 있으니 후인들은 실천에 힘쓰면 될 것"[23]이라고 한 말을 되새겨보게 된다.

둘째, 앞서 소개한 바와 같이 상수학에 관심이 집중되었기 때문이 아닐까 한다. 첫째와 둘째는 서로 긴밀히 연결되어 있다.

황윤석은 성리학에 대한 조직적이고 체계인 글을 남기지 않았지만, 많은 글에서 성리학에 관한 견해를 표명하였다. 그 이모저모를 살피려면 한 편의 논문으로는 어렵다. 더욱이 황윤석의 학문을 전반적으로 논하는 자리에서 소개하기란 더욱 어렵다. 이에 본 절에서는 황윤석 성리학에서 눈동자인 호락 양론에 대한 입장과 견해를 대관적(大觀的) 차원에서 살피는 데서 그치고자 한다.

『이재연보』에 의하면, 황윤석이 호락논변에 대해 처음으로 접문(接聞)한 것은 20세 때(영조 24, 1748)였다고 한다.[24] 황윤석은 이듬해(1749)에 호락 심성설의 득실에 관한 글을 지었다.[25] 이 서한에서 그는 "한천(寒泉 : 李縡)의 견해는 근거 없는 것이 아니다. 남당(한원진)이 힘써

---

22 『이재유고』 권4, 31b, 「從古五絶」 "萬化源頭只一心, 工夫都不離誠欽, 非誠卽僞非欽肆, 良法分明夙夜箴."; 『이재유고』 권4, 33b, 「自戒五絶」 "萬事無如一敬專, 工夫初自畏時先. 喚醒截斷循環處, 方信吾心本有天."

23 『이재속고』 권13, 16b, 「行狀」 "至於論性理, 則以爲朱子以後, 旣有定論, 後人但當篤信體驗而已."

24 자세한 내용은 『이재연보』, 영조 44년 戊子(선생 40세) 3월조 참조.

25 『이재연보』, 영조 25년 己巳(선생 21세) 10월조.

배척한 것은 타당하지 못한 듯하다"고 하였다. 낙학에 대한 견해가 이미 확고함을 볼 수 있다. 36세 때(1764)에는 전주에 사는 목산(木山) 이기경(李基敬 : 1713~1787)을 찾아가 호락학파의 심성리기의 논변에 대하여 논한 바 있다.

황윤석은 50세가 되던 정조 2년(1778)에 장문의 「호락이학시말기(湖洛二學始末記)」를 지었다.[26] 학술상의 논변은 물론 학파가 정파(政派)로 변모하기까지의 과정을 비교적 자세하게 기술하였다. 낙학과 낙론 중심으로 기술하였음은 더 말할 나위 없다.

자신의 학문과 정치노선의 뿌리를 낙론에 두었던 황윤석은 호론과 낙론으로 나누어지기 이전의 학문적 중조(中祖)인 우암 송시열에 대해 거의 절대적인 존모의 정을 추술(追述)하였다. 그는 권상하(權尙夏 : 1641~1721)와 김창협(1651~1708)을 송시열 문하의 걸출한 두 제자로 꼽았다. 송시열 이후 권상하와 김창협의 대에 이르러 호론과 낙론으로 분화하였다. 황윤석은 낙론의 선구인 김창협을 송시열의 적통으로 인정하지 않는 현실을 안타까워하면서 나름대로 문파적(門派的) 자존의식(自尊意識)을 다져나갔다. 송시열의 학문은 '광대(廣大)'에서 극치를 보였고, 김창협은 송시열의 기반 위에서 '정미(精微)'를 다하였다는 점을 강조하여 마지않았다.

낙론은 '도통의 계승' 측면에서는 호론 쪽에 한 발을 양보해야 했다. 그렇지만 학문상으로는 '당인불양어사(當仁不讓於師)'라는 생각이 많았다. 황윤석은 호론에 대해 시종일관 비판적 자세를 굳게 지켰다.

---

26 『이재난고』 권26 무술년 7월 27일, 「記湖洛二學始末」; 『이재속고』 권7, 「記湖洛二學始末」; 『이재연보』, 정조 2년 戊戌(선생 50세) 7월조 참조.

호의적이거나 후의적(厚意的)인 평가는 거의 보이지 않는다.

호론의 지도자 한원진에 대한 황윤석의 평가는 전반적으로 매우 박하다. 한원진에 대한 비판을 보면 실로 열기가 느껴진다. 비판이 아니라 일방적 폄훼라는 느낌이 드는 경우가 적지 않다. 병계(屛溪) 윤봉구(尹鳳九)에 대해서는 "심성리기를 논한 것이 남당과 오십보 백보"라 하였고, 권상하에 대해서는 '우암의 계승자가 되기엔 부족한 사람이라'라는 취지의 평가를 하였다.

> 저 수암은 평상시 덕성이 관후하고 의표(儀表)가 정중하였다. 그렇지만 성명(性命)의 미묘한 논변에서는 자기주장을 확고하게 세우지 못한 점이 있었다. 세상 사람들이 "외암을 만나면 외암의 주장이 옳다 하고 한씨를 만나면 한씨의 주장이 옳다고 한다" 했다. 이러니 부족한 데가 없을 수 없다. …… 그 규모와 역량으로 보아 우옹을 잘 계승할 수 없을 것 같다. 그러므로 근래에 일종의 비판이 있어 "우옹 이후에 적통이 어디로 돌아갔는지 알 수 없다"고들 하였다. 참으로 탄식할 만하다.[27]

이 뿐만이 아니다. 호락 양파의 논란이 권상하의 무정견(無定見)에서 비롯되었음을 꼬집기도 하였다.[28]

외암 이간에 대해서는 후한 평가를 하였다. 세간에서 문제시하는 것들에 대해서도 이간을 대신하여 변명하는 듯한 태도를 보였다. 외암 이간이 스승 권상하와 견해를 달리한 점에 대해서는 "세상 사람들이 사우(師友) 관계에서 구차하게 동조하는 데 힘쓰고 그저 '예, 예'하

---

27 『이재속고』 권7, 「記湖洛二學始末」 참조.

28 『이재만록』 상권, 70쪽 "申上舍碩圭, 少日亦有遂翁門下, …… 申曰: 吾先生, 德性寬厚, 各隨所問, 而應之耳, ……."

는 자들이 많다. 이들을 외암에 비교하면 어떻다고 할까?"[29]라고 하였다. 또 "의리는 공물(公物)이다. 군자는 구차하게 찬동할 이유가 없다. 이간은 처음부터 스승을 어긴 적이 없었지만, 이 논의만은 구차하게 같이 할 수 없었다. 그렇다고 그가 두 마음을 먹었다고 비판하는 것은 지나치다"[30]라고 강변한 바도 있다.

황윤석은 인성·물성에 대한 견해에서 철저할 정도로 이간의 입장을 옹호, 변명하였다. 한 예를 들면 ① 이간의 주장은 대통을 쪼개듯 시원시원한 기세가 있는데 권상하의 주장에는 의심스러운 것들이 많고, ②『한수재연보(寒水齋年譜)』에 "일찍이 우암이 그 말을 인가하였다"고 하는데 『우암집』을 고찰하면 그와 비슷한 이야기가 없고, ③『외암집』을 보면 이간이 권상하와 논변을 한 것이 수만 언에 달함에도 『한수재집』에는 실린 것들이 많지 않다고 하였다.[31]

황윤석은 호락논쟁의 논점을 낙론의 입장에서 다음과 같이 요약하였다.

> ① '심'의 본체는 기질(氣質)이 아니다.
> ② '성'의 편전(偏全)은 본연(本然)이 아니다.
> ③ '명덕'은 성인과 범인이 본래 같다.
> ④ '인'과 '물'의 오성(五性)은 다르지 않다.

---

29 『이재만록』 상권, 41쪽 "巍巖集中, 其論性理處, …… 以余淺見論之, 其說卻似無病, 未知公議如何? 世之人, 其於師友, 務爲苟同, 而徒事惟諾者多矣, 以視此公, 何如哉?"

30 『이재만록』 상권, 17쪽 "安輝錫言: 巍巖李諮議心性理氣之說, 與黃江師旨不同, 此事如何? 余曰: 門生之道, 惟當篤信師說. 然而義理者, 天下之公也. 君子亦有不能苟同處. …… 師生之間, 初不相悖, 而只此議論, 不能苟同而已. 由是而疑其立貳, 得不過乎?"

31 『이재만록』 상권, 17쪽 참조.

이 네 가지 핵심은 황윤석의 견해일 뿐만 아니라 당시 낙론계의 공통된 인식이었다. 이것을 반대로 뒤집으면 대개 호론의 견해가 될 것이다. 황윤석은 "사람 모두가 성인을 배울 수 있는 것은 본래의 밝음에 있다", "만약 본체에 다름이 있다면 장차 무슨 방법으로 성인을 배울 수 있겠는가", "성인과 범인이 본연지성이 각기 다르다면 이른바 '사람이 모두 요순(堯舜)이 될 수 있다'고 함은 거의 빈말이 될 것이라고 하였다.[32] 율곡 이이의 '변화기질' 설을 이끌어 자신의 견해가 타당함을 주장한 것이다. 이에 관한 것은 아래의 말에 요약되어 있다.

> 성인은 기가 맑고 질이 순수하기 때문에 명덕 본체의 밝음은 그 온전함을 잃지 않은 것이 있다. 범인으로 말할 것 같으면 기품에 구애되고 물욕에 엄폐되어 그 본체의 밝음을 온전히 할 수 없기 때문에 반드시 배우기를 기다린 뒤에 그 밝음을 회복할 수 있는 것이다. 대개 듣기를 명덕은 이른바 '본심'이다. 그 본체는 저절로 밝아 성인이나 범인이 차이가 있지 않다. 그러므로 비록 범인의 기가 흐리고 질이 잡박하더라도 진실로 변화의 공부를 다 한다면 본래 밝은 것은 비록 때로 혼폐함이 있으나 이내 밝아질 것이다. 만약 본체에서 차이가 있다면 그 장차 어떤 방법으로 성인을 배울 수 있겠는가? 내 소견으로 말하면 사람이 다 성인을 배울 수 있는 것은, 모두가 본래 밝음의 동일성에 있다.[33]

---

32 『이재만록』 상권, 12~13쪽 "余問金兄仲獻曰: …… 以愚見言之, '人皆可以學聖者, 都在於本明之同也', …… 余曰: '聖人凡人, 本然各異, 而所謂人皆可以爲堯舜者, 亦殆虛語矣."

33 『이재난고』 제1책, 437쪽. "余曰: '聖人氣淸質粹, 故明德本體之明, 有以不失其全者. 若凡人則氣稟所拘 · 物慾所蔽, 不能全其本體之明, 故必待學, 然後可以復其明矣. 盖聞明德, 所謂本心也, 其體自明, 不以聖凡之有異. 故雖凡人之氣濁質駁者, 苟致變化之功, 則本明者, 雖有時昏蔽, 而於是乎乃明矣. 若使本體之有異, 則其將何路得以學聖乎?' 以愚見言之, 人皆可以學聖者, 都在於本明之同也."

그는 〈목주잡가(木州雜歌)〉에서도 인물성동론에 입각하여 노래한 바 있다.

> 허령(虛靈)ᄒᆞ온 이내 본심(本心) 순선(純善)ᄒᆞ온 이내 본성(本性)
> 본심은 성범(聖凡)이 ᄒᆞᆫ가지오 본성은 인물(人物)이 ᄒᆞᆫ가지니
> 엇디타 본심성골실(本心性汨失)ᄒᆞ여 지우극천(至愚極賤) 되올소냐[34]

이것은 황윤석이 51세 때 충청도 목천현감으로 부임하여 고을 백성의 교화를 위해 지은 연시조 형태의 한글 가사다. 인물성론이 정치는 물론 교육상으로도 매우 중요한 문제임을 넌지시 밝혔다.

낙론의 지도자 도암 이재는 호론이 심성을 논할 때 지나치게 기에 치우친 것을 두고두고 비판하였다. 권상하 · 한원진 · 윤봉구 등은 기질을 심의 본체라 하였고, 본연지성에서부터 편전(偏全)의 차이가 있다고 하였다.[35] 다시 말해서, 낙론에서는 '인'과 '물'이 본연지성은 같은데 기질지성이 다르다고 하고, 호론에서는 '인'과 '물'이 본연지성부터 다르다고 하였다. 낙론이 '성동기이(性同氣異)'라 하고 호론은 '리동성이(理同性異)'라 하기에 이른 것은 이 때문이다.

황윤석은 당시 논란거리였던 심론(心論) – 명덕론(明德論)에 대하여 스승 김원행의 설에 심복하였다. 김원행은 이 문제와 관련하여 다음 세 조목을 들어 자신의 견해를 분명히 한 바 있다. 첫째, 주자는 "심은 기의 정상(精爽)이다"라고 하였다. 둘째, 주자는 "심은 기(氣)에 비해 자연스러우면서 허령하다(心比氣自然又靈)"고 하였다. 셋째, 허령

---

34 『이재난고』 제6책, 156쪽, 「木州雜歌」 〈其十七〉

35 『이재만록』 상권, 22쪽 "…… 寒泉之所議, 亦以其心性之間, 過占氣界, 以偏全作本然, 以氣質當心體也."

처는 마음이지 '성'이 아니다.[36] 황윤석은 사설(師說)에 근거하여 마침내 "기상(氣上)에 나아가 그 영허함을 가리켜 심이라고 한다"[37]고 결론 짓기에 이르렀다.

잘 알려진 바와 같이, 율곡학파 학인들은 율곡 이이가 '심은 기본적으로 형이하의 것이다'(心是氣)라고 말한 것에 동의한다. 다만 낙론에서는 심의 본체, 즉 심 지닌 '리' 적 측면에 주안을 두는 반면, 호론에서는 심의 '기' 적 측면을 더욱 부각하는 데서 견해 차이가 생겼다. 나중에는 학술상의 견해 차이가 정치상의 대립으로도 이어져 20세기 전반까지 계속되었다.

한편, 황윤석은 서양인의 학설에 호감을 갖는 인사들이 대체로 낙론계 학인들이었음을 주장하면서 낙론의 성향이 개방적임을 은근히 드러내기도 하였다.[38] 오늘날 학계에서는 인물성 동론이 청나라 문물을 수용하는 데 이론적, 사상적 배경이 되었다고 주장하는 학자들이 있다. 황윤석의 저술에는 이런 점이 직접적으로 드러나 있지 않지만 개연성이 없지는 않은 듯하다. 이와 관련하여 『주역』에서 말하는 도기론(道器論)이 주조(主調)를 이루는 가운데 인물성동론 역시 모래 아래 지하수처럼 흐른다고 하겠다.

낙론의 인물성동론은 철학적 논리로만 보면 인수대별(人獸大別)을

---

36 『이재연보』, 영조 44년 戊子(선생 40세) 3월조 "…… 大抵寒泉說話相近, 而丈席所獨契處, 正在於朱子所謂'心者氣之精爽', '心比氣自然又靈', '靈處只是心不是性'三條."

37 『이재연보』, 정조 2년 戊戌(선생 50세) 5월조 "朴奉事(海壽)問大學明德說. 先生曰 …… 就氣上, 指其靈虛, 謂之心, 尤十分明白."

38 『이재만록』 중권, 69쪽 "見巍巖集, 則晦谷申伯謙(愈), 以西洋人天地說爲是. …… 且據其言則蓋謂: 西洋說始來東方, 申伯謙首喜之, 而宋伯純(一源) · 成遠卿(晚徵) · 韓永叔(弘祚)亦相賀. 玄彦明(尙璧) · 崔成仲(徵厚), 則常抱不決之疑, 永叔尤篤信."

주장하는 호론의 주장을 허물기에 부족하지 않았다. 북벌론은 정치상의 문제까지 결부되어 하루아침에 무너지지는 않았다. 그러나 일의 형편으로 보아 북벌론이 무너지는 것은 자연스런 추세였다. 황윤석을 비롯한 낙론계 학인들은 춘추대의 및 북벌을 국시로 여겼지만, 북벌은 이미 형해화의 단계에 있었다. 이제 정권을 주도하던 낙론계 인사들은 정치상으로나 문화상으로 청나라를 의식하지 않을 수 없었다. 실제로는 청나라의 문화 수준을 인정한 지 이미 오래되었다.

황윤석은 시헌력(時憲曆)에 대해 논하는 가운데, 시헌력은 명나라 말기에 숭정제(崇禎帝)가 만든 것인데, 명나라가 멸망한 이후 청나라에 계승되었다고 하면서, '오늘의 청나라 문화가 곧 중국의 문화다'라는 논리를 편 적이 있다.[39] 이것은 낙론계 학인으로 비슷한 시기를 살았던 연암(燕巖) 박지원(朴趾源 : 1737~1805)의 사고와 비슷한 측면이 있다.

> …… 머리털을 깎지 않고 상투를 튼 것을 가지고 천하에 제일인양 여기면서 "지금의 중국은 옛날의 중국이 아니다"라고 말한다. 그 산천은 '비린내 노린내 천지'라면서 벌주고, 그 인민은 개나 양이라고 욕을 하고, 그 언어는 오랑캐 말이라고 모함하면서, 중국 고유의 훌륭한 법과 아름다운 제도마저 배척해 버리고 만다. …… 화를 내는 성품은 편기(偏氣)에서 말미암은 것이요, 그 말을 믿지 못하는 원인은 중국의 산천을 비린내 노린내 난다고 나무라는 데 있다.[40]

---

39 『이재만록』 중권, 73쪽 참조.

40 『燕巖集』 권7, 6a, 「北學議序」 "以我較彼固無寸長, 而獨以一撮之結, 自賢於天下曰: 今之中國, 非古之中國也. 其山川則罪之以腥羶, 其人民則辱之以犬羊, 其言語則誣之以侏離, 幷與其中國固有之良法美制而攘斥之, 則亦將何所倣而行之耶. …… 怒之性, 由偏氣, 不信之端, 在罪山川."

위에서 “지금의 중국은 옛날의 중국이 아니다”라는 말은 사실상 호론 측을 겨냥한 것이다. 특히 밑줄 친 대목은 『회남자』 「천문훈(天文訓)」에서 “천지의 편기(偏氣)는 격노하면 바람이 된다”(天之偏氣, 怒者爲風)라고 한 데서 인용하였다. 인수대별(人獸大別)을 금과옥조로 여기는 호론을 ‘기에 치우친’ 집단으로 보고, 호론이 지성인 사회에서 격렬한 언사로 분위기를 잡고 있음을 넌지시 꼬집은 것이다.

황윤석은 또 다음과 같이 말하기도 하였다.

> …… 오랑캐가 비록 이적이긴 하지만 그래도 웅걸(雄傑)차거나 지모(智謀) 있는 무리가 있다. 강희조(康熙朝)에 이르러 우리나라를 대우한 까닭은 (저들이) 환관이 판을 치고 뇌물이 횡행했던 명나라 말기의 상황이 아니라는 점을 보여준다. 이것이야말로 우리나라를 예의를 갖추어 공경히 대해야 할 나라로 여긴 것이 아니겠는가?[41]

저 무도한 오랑캐라도 교화와 계몽이 가능하다는 생각이 황윤석의 사고의 언저리에 깔려 있음을 엿보게 한다. 청나라를 타도의 대상으로 여긴다든가 원수로 보는 적대적 감정은 그의 언설에 거의 보이지 않는다. ‘웅걸차거나 지모 있는 무리들이 있다’는 표현을 통해 청나라와 청나라 문화에 가까이 다가가려는 속내를 슬쩍 내비쳤다. 이것이 당시 낙론계 학인들의 보편적 정서였으리라고 짐작한다. 이쯤 되면 낙론계 학인들의 마음속에 그어진 청나라와의 경계는 이미 희미해진

---

41 『이재만록』 하권, 194~195쪽 “丁卯之和, 丁丑之降, 亦國小不得已而然. 蓋是時與社稷偕亡以外, 只有稱臣一事耳, 情亦戚矣. …… 所幸, 寧明大義, 淸尤大論, 亦足一洗舊恥, 而大報壇成, 虜亦知之. 此我人所以僅免薙髮, 不然, 胥天下紅頭, 又誰曰不可? 况虜雖夷狄, 猶有雄傑智謀之流, 至康熙所以待我者, 不翅明季閹賄之, 此則豈非謂我禮義可敬耶?

것이나 다름없다고 하겠다. '북벌에서 북학으로'라는 슬로건은 이러한 사고와 인식 속에서 나왔고 차츰 무르익어 갈 수 있었다.

위와 같이 청나라 문화가 중국의 전통문화를 계승한 것이라는 사고의 일단을 보인 점, 또 청나라 지도자들이 오랑캐 출신이지만 그들도 얼마든지 교화가 가능한 대상이라는 점을 넌지시 드러낸 점, 이것은 궁극적으로 낙론의 인물성동론이 옳다는 점을 강조하려는 포석이라 하겠다.

4. 역학(易學)과 상수학(象數學), 그리고 경세학(經世學)

한 스승 밑에서 배운 제자라 하더라도 학문의 지향점은 다를 수 있다. 학문의 출발점은 같았지만 도착점이 다른 경우를 황윤석과 홍대용의 예에서 살필 수 있다. 두 사람은 당대 낙론계의 거장인 미호 김원행의 문인이다. 한 사람은 조선 후기 실학파－북학파의 사상적, 이념적 기초를 마련한 학자로 평가를 받고, 한 사람은 '박학군자(博學君子)', '박아지사(博雅之士)'로 평가를 받는다. 이런 평가는 어디에 근거한 것인가. 이 문제의 매듭을 푸는 것이야말로 황윤석의 학문적 성격을 드러낼 수 있는 지름길이라고 믿는다.

황윤석 학문의 원초적 기반은 역학(易學)에 있었다. 황윤석이 보는 역학은 성리(性理)의 연원이요 경세(經世)의 바탕이다. 그는 역대 역학자 가운데 소강절(邵康節)을 남달리 존숭하였다. 잘 알려진 바와 같이 소강절은 역학의 원리를 가지고 황극경세(皇極經世)의 이론을 개발해 냈다. '황극'[42]이란 제왕이 천하를 다스리는 데 표준이 될 만한 준극(準極)을 말한다. 황극은 곧 대중지정(大中至正)한 법이다. 『황극경세서』는 역학의 원리로 황극을 세우고 경세의 대강(大綱)을 제시했다는 데서 의미를 찾을 수 있다. '경세'를 중시하는 황윤석으로서는 이 책을 매력적인 것으로 인식했을 법하다.

황윤석의 『유고』와 『난고』 등을 보면, 역학에 관한 논의가 유난히 많다.[43] 중국과 조선을 막론하고 역대의 유명한 역학자는 거의 빠짐없이 거론하였다. 또 저들의 학설에 대해서도 핵심 내용을 소개하거나 논하였다. 황윤석을 잘 아는 사람들은 한결같이 그를 역학에 밝은 학자로 추중(推重)하였다. 황윤석 역시 '심어역학(深於易學)' 넉 자로 평가 받은 것을 은근히 자랑스럽게 생각하였다.[44]

황윤석은 주자의 『역학계몽(易學啓蒙)』과 소강절의 『황극경세서』를 역학 연구서의 결정판으로 이해하였다. 둘 다 상수(象數)와 관련이 있다. 일찍이 주자는 의리역(義理易)의 관점에서 『주역본의(周易本義)』를 저술하였다. 상수역(象數易)의 관점에서 『역학계몽』을 지어 역의 도식(圖式), 점서(占筮)에 대한 수리적 설명에 주력했다. 『역학계몽』은 '도서역(圖書易)'에 대한 연구서 가운데 백미다. 황윤석의 저술에서는 『주역본의』보다 『역학계몽』이 더 심도 있게 논의되었다. 상수에 대한 관심 때문일 것이다. 상수에 관심이 많았던 그는 정이천의 『역전(易傳)』에 대해 평하면서 "상수를 버리고 공허한 비유로 돌아갔다"

---

42 『서경』, 周書, 「洪範」 편 참조.

43 〈讀易吟〉과 〈觀物吟〉이 많다. 수준도 높다.

44 『이재유고』 권7, 3a, 「與安持平書」 "……又以今年文獻助役者縷達, 就中領相公尤力, 其所過奬, 莫非令人慚悚不敢當者, 而重有深於易學四字."

고 하였다.[45]

황윤석은 역학의 핵심을 '지시식세(知時識勢)'와 '진덕수업(進德修業)'으로 정의하였다.[46] 또 『난고』의 여러 곳에서 정이천이 이른바 "때를 알고 형세를 아는 것이 역을 배우는 큰 방법이다"(知時識勢, 學易之大方也)라는 말을 이끌어 강조하였다. '진덕수업'이 수기(修己)와 연결된다면 '지시식세'는 치인(治人)에 연결될 수 있을 것이다. 황윤석의 역학 공부는 수기에 초점을 맞추어 『주역』을 해석하는 것보다 치인에 관심의 초점을 두었다. 이는 그동안 학계에서의 역학 연구가 의리학 중심으로 이루어져 왔고, 그에 따라 경세학 차원에서의 관심이 적었다는 반성적 성찰에서 비롯된 것이라 할 수 있다. 황윤석의 저술에서 심성 수양과 관련하여 역설(易說)을 전개한 것이 상대적으로 적은 것은 그 때문일 듯하다.

소강절은 역학을 상수학적 측면에서 연구하여 대성하였다. 궁극적으로 황극을 세워 역학을 경세에 활용하는 데 연구 목적이 있었다. 그러나, 소강절 이후 상수역의 학문 전통은 굳건하지 못하였다. 상수역 자체가 워낙 난해한 데다가 해석이 다양하였고 뒷날 '술수학(術數學)' 또는 잡학(雜學)으로 변질된 측면이 적지 않았다. 다만 전통이 확고하지 않은 가운데서도 그 맥은 연면히 이어져 왔다. 조선으로 말하자면, 임진왜란 이전에 화담 서경덕이 요요(寮寥)한 가운데 홀로 전통을 전수하였고, 임병양란을 전후한 시기에 상촌(象村) 신흠(申欽 :

---

45 『이재유고』 권1, 26b, 「讀易吟」 "今古儒門幾易師, 伊川除是繼宣尼, 還抛象數歸虛譬, 應以意言混實知."

46 『이재유고』 권6, 22a, 「與趙判書書」 "噫! 易之精蘊, 雖非胤錫者流所或窺測, 而知時識勢 `進德修業, 聖賢發揮之旨, 亦已明矣, 豈特區區著卦云乎."

1566~1628) 같은 이가 상수학에 큰 관심을 가졌다. 이후 17세기 학인 대곡(大谷) 김석문(金錫文 : 1658~1735)이 『역학도해(易學圖解)』를 저술함으로써 도상(圖象)과 이수(理數) 차원에서의 역학 연구를 절정으로 끌어 올렸다.

김석문은 황윤석보다 약 70년 전에 활동하였던 재야학자다. 그는 황윤석의 역학 연구에 지대한 영향을 끼쳤다. 김석문이 황윤석의 학문 체계 형성에 끼친 영향이란 타의 추종을 불허하는 것이었다. 황윤석의 문집과 『난고』 등을 보면, 자신이 김석문의 뒤를 이은 사람이라는 자부심이 은근히 깔려 있다. 황윤석 자신의 상수학 계보가 '공자→ 소강절→서경덕→김석문→황윤석'으로 이어졌음을 시사하기도 하였다.

척재(惕齋) 이서구(李書九 : 1754~1825)는 「이재 묘지명」에서 "황윤석은 역학에 뛰어났고 특히 상수에 정통하였다"[47]라고 하였다. 황윤석 학문의 대체와 그 기반을 정확히 파악한 것이라 하겠다. 황윤석은 『성리대전』에 실린 『홍범황극내편(洪範皇極內篇)』을 읽고 난 뒤 한 시편(詩篇)에서 "도(圖)와 서(書), 체와 용이 저절로 서로 통한다. …… 어찌 상수를 몽롱(朦朧)한 상태에 있도록 놓아둘 것인가"[48]라 하여, 상수학 연구에 대한 의지를 토로한 바 있다. 『홍범황극내편』은 중국 남송 때의 유학자 구봉(九峯) 채침(蔡沈 : 1167~1230)이 『서경』에 나오는 홍범구주(洪範九疇)를 '수'로써 부연한 것이다.[49] 황윤석은 주

---

47 『惕齋集』 권9, 「翊衛司翊贊黃公墓誌銘」 "治易特精象數, 凡曆法樂律六書九章名物制度, 無不旁通. …… 其學盖將由博而趍約."(한국문집총간 270집, 209쪽)

48 『이재유고』 권3, 28b, 「讀洪範皇極內篇三絶」 "圖書體用自相通, 要就同中識不同. 二耦一奇如別了, 寧敎象數入朦朧."

49 漢儒 孔安國 및 劉向 부자가 河圖를 『주역』의 연원으로, 洛書를 「홍범」의 연원으로

역과 홍범을 표리(表裏) 관계로 보았다.[50] 역(易)을 경세와 관련시킨 것이다.

황윤석은 자신의 상수학을 두고 경술(經術)이라 칭찬한 사람들이 있는가 하면, 잡술(雜術)이라 헐뜯는 이들이 있음을 안타까워하였다.[51] 그는 의리역에 치중하여 상수학을 도외시하는 학계의 경성(警省)을 촉구하면서 "성인이 역을 말한 것은 본디 어느 한 쪽에 머물지 않았다. 반드시 사통팔달(四通八達)하여 영롱하게 그 관혈(管穴)을 찾아 어디를 가든지 근원과 만나지 않음이 없는 뒤라야 바야흐로 지극하다고 할 것이다"[52]라고 한 바 있다.

상수학은 문물 제도로부터 과학 기술 방면까지 응용될 수 있는 '철학적 보고(寶庫)'라 해도 과언이 아니다. 상수에 대한 황윤석의 관심은 큰 틀에서 볼 때 과학과 기술에 응용하기 위함이었다고 볼 수 있다. 그는 과학 기술과 상수학의 상관관계를 역설하면서, 율력(律曆)·산수(算數) 등을 당급(當急)한 일이 아니라고 여기는 학계 풍토에 대

본 전통을 계승한 것이다. 후일 이에 대한 논란이 많았다.

50 『이재유고』 권10, 5a, 「與林啓濬書」 "表裏易範, 經緯天地, 亦洛建諸老先生所不廢者."

51 『이재유고』 권7, 4a, 「答安持平致宅書」 "抑易之爲學一也, 何大臣謂以經術而爲君父告之, 彼誣以雜術而向臺官嗾之耶." 황윤석은 선배 역학자 李尙馨이 상수학자로 몰려 비난 받았을 때 澤堂 李植이 시를 지어 변호한 것을 소개하면서, 상수학을 眞學이 아니라고 의심하는 이들을 비판하였다(『이재난고』 제3책, 251쪽 상단 참조). 이식은 두 수의 시에서, 상수를 제대로 알아야 理氣에 대하여 정확히 이해할 수 있다고 하면서, 채침의 『홍범황극내외편』과 소강절의 『황극경세서』를 편향된 시각의 저술로 볼 수 없음을 강조하였다. 『택당집』 권4, 22b, 「李正言德先尙馨, 以數學見左於時議, 書此以解之」 "理氣除非象數通, 氣疑於理理疑空. …… 綜博方該道體全, 蔡疇邵易未爲偏. 若言理數非眞學, 從此金華乏俊賢."

52 『이재유고』 권8, 13a, 「與李子敬顯直書」 "噫, 聖人說易, 固不止一路. 必也四通八達, 玲瓏穿穴, 無往而不逢原, 然後方可謂之至矣."

하여 몹시 안타까워하였다.[53] 그가 '당급' 또는 '급무(急務)'라고 표현한 사례를 통해, 과학 기술과 관련한 황윤석의 학문적 성취가 '지적 호기심' 차원에서 비롯된 것이 아님을 짐작하게 한다.

상수학의 전통은 매우 오래 되었다. 동양에서는 예부터 '수'를 중시하였다. 그것은 곧 우주자연에서 일정한 법칙을 발견하여 인간의 현실에 적용하려는 데서 비롯되었다. 우주의 생성 원리는 물론 우주의 변화 원리까지도 이 '수'를 가지고 밝힐 수 있다. 『한서』 「율력지(律曆志)」에서는 '율력의 수가 우주의 지배원리'임을 천명하기도 하였다.[54] 송대에 소강절을 이어 상수학을 계승 발전시켰던 채침은 다음과 같이 말하였다.

> 성인은 이치[理]를 따라서 수를 드러내고, 천하는 수를 따라서 이치를 밝힌다. 그렇다면 '수'라는 것은 성인이 천하 후세를 가르치는 방편인 것이다.[55]

> 물(物)에는 그 법칙이 있다. '수'는 천하 만물의 법칙을 다 나타내는 것이다. 사(事)에는 그 이치가 있는데 '수'는 천하만사의 이치를 다 나타내는 것이다. 수에 대해 터득함이 있다면 물칙(物則)과 사리(事理)는 거기에 다 들어 있다. 수에 밝지 않으면 선(善)에 밝지 않는 것이며,

---

53 『이재유고』 권10, 5a, 「與林啓濬書」 "又律曆算數之學, 前輩固不以爲當急, ……"; 『이재유고』 권10, 11a, 「題數理精蘊寫本」 "乃若理數之微, 無過律曆. 而初未或過其門而窺其堂第, 大言曰非急務而已. …… 將以經國理天下, 此書詎在可略?"

54 『한서』 권21 上, 「律曆志第一(上)」 "數者, 一十百千萬也. 所以算數萬物, 順性命之理也. …… 夫推曆生律制器, 規圜矩方, 權重衡平, 準繩嘉量, 探賾索隱, 鉤深致遠, 莫不用也."

55 『洪範皇極內篇』, 卷中 "聖人因理以著數, 天下因數以明理. 然則數者, 聖人所以教天下後世者也."

수에 정성을 다하지 않음은 자신에게 정성을 기울이지 않은 것이다.[56]

우주의 이치는 수를 통해서 드러난다. 즉, 추상적인 이치가 구체적인 수를 통해 세상에 드러나는 것이다. '리'의 현실적, 구체적 발현이 바로 '수'이다. 세상을 경륜함에 세세한 절목과 도수가 모두 수에 기반을 둔만큼,[57] 수를 꿰뚫어야 세상을 다스릴 수 있다. 또 세상의 어지러움은 수를 통해 해결할 수 있다는 논리가 가능하다.[58]

상수역 내지 도서역(圖書易)의 이론적 근거는 이 '수'에 있다. 『주역』에서는 「계사전」과 「설괘전」에서 '수'에 대해 말하였다.[59] 상수역의 한 갈래인 도서역과 관련, 최초의 저작으로 유목(劉牧 : 1011~1064)의 『역수구은도(易數鉤隱圖)』를 들 수 있다. 이 책에서는 "천지의 '수'가 이미 설정되면 천지의 '상'은 이에 따라 정해진다"[60]고 하였다. '수'가 본이고 '상'이 종(從)이라는 것이다. 이어 소강절 역시 '수'를 중시하여 『황극경세서』에서 다음과 같이 말하였다.

> 군자는 역을 공부함에 '상'을 완미하고 '수'를 완미하며 '사(辭)'를 완미하며 '의(意)'를 완미한다. ……'의'가 있으면 반드시 '말'이 있고, 말이

---

56 『洪範皇極內篇』, 卷中 "物有其則, 數者盡天下之物則也. 事有其理, 數者盡天下之事理也. 得乎數, 則物之則, 事之理, 無不在焉. 不明乎數, 不明乎善也, 不誠乎數, 不誠乎身也."

57 한 예로 유교 사회에서 上下尊卑를 가리는 신분질서는 모두 '수'(예: 服喪 개월 수, 佾舞의 숫자)로 구체화되었다.

58 이상, 최영성(2008), 118~119쪽 참조.

59 『주역』, 「繫辭傳 上」 제5장 "極數知來之謂占"; 仝 제9장 "天地之數五十有五, …… 大衍之數五十."; 仝 제10장 "參伍以變, 錯綜其數, 遂定天下之象."; 「설괘전」 제1장 "參天兩地而倚數."; 仝 제3장 "數往者順, 知來者逆, 逆數也."

60 『易數鉤隱圖』 "天地之數旣設, 則象從而定也."

있으면 반드시 '상'이 있으며, 상이 있으면 반드시 '수'가 있다. 수가 확립 되면 상이 생기고, 상이 생기면 말이 드러나며, 말이 드러나면 뜻이 밝혀지게 된다.[61]

소강절의 학문은 의·언·상·수(意言象數)를 주로 한다.[62] 즉, 『주역』의 괘는 각각 뜻이 있어 생겨난 것인데, 뜻은 말로 표현되고, 말은 형상을 통해 구체화하며, 형상은 수를 통해 원리화, 법칙화한다는 것이다. 성인이 만든 순서로 보면 '뜻'(이치)으로부터 '수'로 구체화하지만, 후인이 배울 때에는 그 반대의 순서가 된다. 이를 볼 때 황윤석이 '수'와 '상'을 통해 역리(易理)를 공부하려 한 것은 이유가 있다.

황윤석의 역학은 기본적으로 '리'를 체, '수'를 용으로 한다. 그는 완리(玩理)를 하려면 연수(沿數)가 선행되어야 한다고 보았다.[63] 다만 '수'에 대한 공부를 급선무로 여겨 그에 치력하다보니, 상대적으로 의리적 측면(性命理氣)이 부각되지 않은 것이 사실이다. 그는 자신의 백과전서적(百科全書的) 정신의 결정체라 할 수 있는 『이수신편(理藪新編)』 서문에서 이 책에 자신의 평생 정력을 쏟았다고 밝히면서, 상수학-박물학적 차원의 공부를 한 것은 개인적 관심이나 기호의 차원이 아닌, 시대적 현실적 요구임을 내비쳤다. 상수학의 전통이 단절되다시피 한 당시 현실에서 자신이 나서지 않을 수 없었음을 간접적으

---

61 『皇極經世書』, 「觀物外篇」 "君子于易, 玩象, 玩數, 玩辭, 玩意, …… 有意必有言, 有言必有象, 有象必有數. 數立則象生, 象生則言彰, 言彰則意顯."

62 『皇極經世書』, 「觀物內篇」에서는 "意言象數者, 易之用也"라고 하였다.

63 『이재유고』 권4, 37a, 「和李上舍應之(東運)贈別韻」 "古學微茫豈易期, 一言投分兩情宜. 方將玩理先沿數, 不是遺常反騖奇."; 『이재난고』 제3책, 251쪽 상단 "李天默尙馨, …… 一世稱其善說易, 有疑偏於數學者. 澤堂詩以解之, …… 蓋謂緣數可以明理, 理數非二岐故也."

로 밝힌 것이다.

황윤석은 14세 때 창계 임영의 『창계집(滄溪集)』을 읽고 임영이 11세 때 『서경』에 나오는 기삼백(朞三百)을 이해했다는 사실에 접한 뒤 이수학(理藪學)에 뜻을 두었다. 16세부터는 성리학과 이수학을 본격적으로 탐구, 『성리대전』의 체례(體例)를 참고하여 『이수신편』을 저술[64] 하기 시작하였다. 상수학에 대한 관심의 정도를 짐작할 수 있다. 보기에 따라서는 '집착'에 가까웠다는 평가도 가능할 것 같다.

황윤석은 자신의 학문 방법과 관련하여, 가지[枝]를 통해 뿌리[根]로, 말(末)을 통해 본(本)으로, 박(博)에서 약(約)으로, 수(數)에서 리(理)로 들어가야 한다고 누차 강조하였다.[65] 그러나 이것은 원론적인 언급이고, 실제 그는 '박'과 '말'과 '수'에 경도된 감이 있다.

황윤석의 저술을 보면, 호한한 저술의 분량에 비해 성리학 관련 문자가 그리 많지 않다. 논(論)이나 잡저(雜著) 등 자신의 사고를 오롯하게 담은 글이 적고, 성리학 관련 문자 역시 대체로 낙론의 종지(宗旨)를 요약, 정리한 정도다. 황윤석에게는 낙학의 이론을 정립한 김창협과 이재(李縡 : 寒泉)의 위상이 실로 대단하였다. 그는 두 학자를 '농노·천옹(農老泉翁)'[66]으로 병칭하면서 저들을 조술(祖述)하였다. 동문 홍대용의 경우, 낙론의 이론을 북학론의 사상적 기반의 하나로 적극

64 16세 때부터 시작한 『이수신편』의 편찬은 30년가량의 적공 끝에 46세 되던 1774년에 23권으로 일단락되었다.

65 『이재유고』 권9, 26a, 「答宋聖徵」 "苟能沿枝而達根, 由博而入約, 一志所立, 安往而無成?"; 『이재유고』 권9, 43b~44a, 「與柳甥書」 "大抵律呂之學, 今世東儒無人留意者. 如性理大全所載律呂新書一卷, 豈非朱夫子蔡西山所共定者乎? …… 使我沿數尋理, 由末而本則或幾矣."

66 『이재유고』 권5, 8b, 「水樓挽」 "中間統緖栗尤尊, 農老泉翁亦法門. ……"

활용한 데 비해, 황윤석의 경우 북벌에서 북학으로의 사상적 전환 같은 것은 생각하기 어려운 형편이었다. 그러나 그 대신 상수학을 깊이 파고들어 일가를 이루었다.

상수학은 우주 생성의 원리뿐만 아니라, 그것을 미루어 우주 변화의 원리까지도 밝혀내는 학문이다. 학문 성격이 이렇다 보니 상수학을 공부하거나 관심 있는 사람들은 대체로 개혁적 성격이 다분하였다. 어느 한 가지 틀에 얽매이는 경향도 덜하다. 그런데 황윤석의 경우는 예외다. 그는 일생을 상수학 연찬에 바치다시피 하면서도, 철저할 정도로 주자(朱子)의 우산 속에서 머물고자 하였다. 실제로 황윤석의 역학에 끼친 소강절의 영향이 주자 이상임에도 그는 "주자를 통해서 주역으로 거슬러 올라갈 수 있다"(沿朱溯易)는 입장을 보였다.[67] 그의 학문에서 '회우(晦尤)', 즉 주자와 우암 송시열은 중핵(中核)이라 할 수 있다. 이것은 그를 '주자도통론자'라고 지칭할 만한 충분한 근거가 되기도 한다.

그렇다면 황윤석은 무슨 이유로 주자와 송시열을 그토록 따르며 지키고자 했을까? 다양한 해석이 나올 수 있을 것이다. 다만 상수학 내지 역학과 관련시켜 보면, 황윤석은 평소 '박학군자'로 평가 받는 것에 만족하지 않았고, 더욱이 자신의 학문이 잡학으로 지목될까봐 늘 신경을 썼다. 그렇다면 학문의 정통성을 인정받기 위해서는 주자와 우암의 학통에 선을 대는 일이 필요했을 것이고, 다른 한편으로 정치적 목적도 있었을 것이다.

---

67 『이재유고』 권7, 33b, 「與趙察訪書」 "肰愚於知時識勢學易之方, 尤纏綿未已. 左右亦須沿朱溯易而有契焉, 則不吝垂告."

5. 경세학(經世學)의 관점에서 본 『성리대전(性理大全)』

황윤석의 학문 범위는 매우 넓지만 종국에는 성리학으로 수렴된다. 역학과 그에서 파생된 상수학은 그의 학문의 대동맥이다. 그는 상수학으로 종래 성리학자들이 가장 취약했던 경제 및 과학·기술 등의 측면을 보완할 수 있었다.[68]

18세기 집권 낙학파 학자들－특히 석실서원 중심의 낙학파 학자들은 여전히 성리학으로 국가를 다시 세울 수 있다고 보았다.[69] 성리학이야말로 '실학'으로서 그 속에 체용과 본말이 구비되어 있으므로, 성리학의 기본 질서로 돌아가면 각종 사회적 말폐와 제도적 모순은 자연히 해결될 수 있고, 청나라－서구의 문물 역시 성리학의 테두리 안에서 수용할 수 있다고 여겼다. 이것은 유형원으로부터 정약용으로 이어지는 일계(一系)가 『주례』의 질서로 돌아가 삼대지치(三代之治)의 이상을 본받으려 한 것과는 많이 다르다.[70] 낙학파 학자들은 『성리대전』에 제시된 '학문 규보'에 주목하였고, 『성리대전』에 실린 역학－상수학 관련 저술들에서 현안 문제의 해답을 찾고자 하였다. 황윤석은 이런 낙론의 분위기를 잘 반영하여, 사실상 『성리대전』의 학문 규모를 바탕으로 낙론의 입장을 이론화, 체계화하였다. 필자가 황윤석을 주목하는 이유가 여기에 있다.

황윤석은 어려서부터 가학을 통해 공부하면서 『성리대전』을 즐겨

---

68 황윤석의 경세학에 대해서는 최영성(2015) 참조.

69 趙峻晧(1999); 조성산(2013) 참조.

70 성호 이익은 유형원의 경장론을 말하면서 "모든 폐단을 단번에 씻어버리고 古制로 돌아가자고 한 것이었다"라고 하였다. 『성호전서』 권46, 20a, 「論更張」 "磻溪柳馨遠尤有大焉, 一洗而反乎古."

보았고, 지인들과 자주 문난(問難)하였다. 그 과정에서 이수문자(理數文字)를 연역(演繹)하고, 점차 수학에 통하여 『산학계몽(算學啓蒙)』에 종사하게 되었다.[71] 또한 『성리대전』을 공부하면서 서수예악(書數禮樂)으로부터 재자백가에 이르기까지 방통(旁通)하게 되었다고 한다.[72] 『성리대전』은 그가 상수학에 관심을 갖고 '이수학(理藪學)'을 체계화하는 데 지대한 영향을 끼쳤다.

황윤석이 본 『성리대전』은 경세서(經世書) 그 자체였다. 『성리대전』은 천도(天道)와 인사(人事)가 서로 분리될 수 없다는 '리사불리(理事不離 : 道器不離)'의 원칙에 입각하여 이에 합당한 책들을 모아 엮은 것이다. 황윤석은 여기에다 '삼재일리론(三才一理論)'을 부연하여, 천도와 인사에 못지않게 지리(地理)의 중요성을 부각시켰다.[73] '지리'의 중요성을 부각한 것은 북학론자들과 통하는 바 있다.

『성리대전』은 그 책이 들어온 세종 당시부터 중요성이 강조되었다. 조정에서 강관(講官)을 양성하였고 경연에서 강론되기에 이르렀다.[74] 이후 주석본과 절요본이 나오는 등 위상을 자랑하였으나, 선조 이후부터는 비판적 시각이 대두되었다.[75] 『성리대전』에 잡서와 잡설이 들어 있고, 편질(編帙)이 선유(先儒)의 정론(定論)과 다른 점이 많다

---

71 『이재난고』 제3책, 125쪽 하단 "余笑曰: 少也, 學于家庭, 愛觀性理大全一帙. 因之演繹理數文字, 漸通數學, 而首從事于算學啓蒙."

72 『이재난고』 제4책, 143쪽 "蓋自幼已於性理大全一帙, 用功久矣. 自然旁通許多路, 自書數禮樂, 以至九流文字, 旣皆略綽用意耳."

73 『이재유고』 권5, 22a, 「余旣封儀禮通解續圖經文及朱子大全, 性理大全, 四聲通解, 數學啓蒙, …… 漫成二絶」 "珍重先歸百卷餘, 三才一理卽茲書. 居肰釋手今何故, 耿耿心頭目下如."

74 『세종실록』, 15년(1433) 8월 13일(癸巳)조 참조.

75 『선조수정실록』, 2년(1569) 4월 1일(甲戌)조 참조.

는 이유에서였다. 17세기 후반 이래 주자의 지위가 공고해지고 『주자대전』·『주자어류』 등이 보급됨에 따라 『성리대전』의 위상은 현격히 떨어졌다. 『성리대전』의 퇴조는 주자학의 발전과 맞물리는 것이면서도, 한편으로는 조선의 성리학이 심성론 중심의 형이상학으로 흘렀음을 의미한다. 당시의 성리학은 전체대용(全體大用)을 추구하며 체용본말에 대한 균형 감각을 갖추었던 『성리대전』의 노맥(路脈)과는 상당히 거리가 있었다.

『성리대전』의 가치와 중요성을 일찍부터 인식하였던 황윤석은 『성리대전』에 나오는 『황극경세서』·『율려신서』·『역학계몽』 등을 매우 중시하였다. 이 책들이 세종시대의 문화를 일구어낸 사상적, 학문적 원천임을 자각하였던 것 같다. 일찍이 국어학자 홍기문(洪起文 : 1903~1992)은 세종시대의 문화를 『성리대전』에 대비한 바 있다. 그는 "역상(曆象)은 리기편(理氣篇)의 역법과 관련이 있고, 아악(雅樂)은 『율려신서』와 관련이 있고, 『국조오례의(國朝五禮儀)』는 『가례(家禮)』와 관련이 있고, 『치평요람(治平要覽)』은 군도(君道)·치도(治道) 등의 편과 관련이 있고, 훈민정음 해례의 성음(聲音) 이론은 『황극경세서』와 공통되는 점이 있다"[76]고 하였다. 세종시대의 문화 기반 한 가운데 성리학이 있었음을 간결하게 잘 설명했다.

황윤석은 자신의 지대한 관심사인 역법과 관련하여, 세종시대에 나온 칠정산(七政算) 내·외편의 우수성을 역설하곤 하였다. 이 철정산 내외편이 나옴으로써 역법에 유한(遺恨)이 없게 되었다고 하였다.[77]

76 홍기문(1946), 144쪽.

77 『이재유고』 권13, 10a, 「書七政算內篇後」 참조.

또 이에 근거하여 『명사(明史)』의 지(志) 등에 보이는 오류를 보정(補正)하였으니 "예가 없어지면 시골에 가서 찾는다"(禮失求野)[78]는 말이 허언이 아니라고 누차 말하였다.[79] 한 예로 율관(律管)을 논하면서 조선의 것이 오리지널[眞]한 것이라고 하였고,[80] 또 회회력(回回曆)의 경우 우리나라에 들어와 세종 때 『칠정산외편(七政算外篇)』에 편입되었지만 중국의 경우 명나라가 멸망한 뒤 실전되었다고 하였다.[81] 이런 주장의 이면에는 이들을 토대로 세종시대와 같은 위대한 문화를 재현하자는 메시지와 함께 『성리대전』의 중요성을 재인식하고 이를 현실에 응용하여, 성리학적 문화 질서를 공고히 하자는 외침이 담겼다.

황윤석은 『성리대전』을 연찬하고 교정[82]까지 곁들이는 과정에서 『성리대전』이 지닌 의의와 가치를 절감하였다. 연찬이 깊어 가면서 『성리대전』에 궐루(闕漏)된 부분을 보충할 수 있는 단계에까지 이르렀고,[83] 이에 『성리대전』에 대한 주해를 기획하였다. 주해의 규모를 자세히 알기는 어렵지만 '조선판 성리대전'을 기획하였을 것이다. 그러나 이 작업은 완결을 보지 못했다.[84] 그 일부가 『이수신편』에 반영

---

78 『漢書』 권30, 「藝文志(10)」에 孔子가 한 말로 되어 있다.

79 『이재유고』 권12, 「題數理精蘊寫本」, 「書觀象監月食單子後」, 「題明史曆志鈔本」 참조.

80 『이재유고』 권26, 22a~22b, 「國朝喪禮補編後本尺圖說」 "安知今日中國之律爲非眞, 而我國秬黍乃得其眞也耶?"

81 『이재난고』 제3책, 86쪽 상단 참조.

82 황윤석은 29세 때인 1755년 『성리대전』 전질을 숙독하면서 교정을 곁들여 그 訛誤處를 바로잡았다고 한다. 『이재유고』 권12, 4a~4b, 「題性理大全」 참조.

83 『이재난고』 제3책, 251쪽 상단 "易者, 性命宗祖. 特以所嘗願學, 而又時時出入律曆二家, 謂是易之支流也. 庶幾可補平日所箚性理大全書中所闕而已."

84 『이재난고』 제6책, 207쪽 "余曰, 只有隨身性理大全一帙, 係是三十年用力箋注者, 而尚未告完."; 동 제8책, 128쪽 "惜其餘性理大全三十年私箚未了者, 將齎恨以終天之所廢, 命矣, 奈何?" * 그러나 「행장」에 의하면 그의 저술 가운데 '性理大全註解幾卷'이

되었다.[85] 『이수신편』 23권 중에는 『성리대전』에 없는 내용이 많은데, 이는 『성리대전』에 대한 '보궐(補闕)' 또는 '보완(補完)'의 의미를 지닌 것으로 볼 수 있다.

황윤석은 자신의 『성리대전』 주해 작업을 '일생가계(一生家計)'라고 표현하였다.[86] 또 '박을 통해 정을 구하려는[因博求精]' 정신으로 전주(箋注)에 임하였음을 밝혔다.[87] 『이수신편』에 실린 『성리대전』에 대한 주해는 연찬의 심도를 보여준다. 『성리대전』이 『주자대전』과 『주자어류』에 그 지위를 넘겨주고, 여러 참고서 가운데 하나로 인식되었던 18세기에 그에 대한 전문적 주해가 시도된 것은 역사적 의의가 크다.

황윤석은 성리학의 기본 텍스트인 『태극도(太極圖)』·『통서(通書)』·『서명(西銘)』·『정몽(正蒙)』 등에 대해서는 그다지 집중하지 않았다. 이들은 성리학의 기본서로서 이미 학계에서 연구가 많이 이루어졌다고 보았기 때문이다. 그 대신 『황극경세서』·『역학계몽』·『율려신서』·『홍범황극내편』과 같이 역학을 활용한 저술 및 역법·천문·지리 등이 망라된 '이기편(理氣篇)'을 집중적으로 연구하였다. 황윤석은

명기되어 있다. 『이재속고』 권13, 18b, 「行狀」 참조.

85 『이수신편』에는 권1의 「태극도」를 비롯하여, 理氣·太極·天地·日月·星辰·陰陽·五行·周易·朱子圖說·性理性命·通書·禮樂·治道·讀書 등 『성리대전』의 항목과 유사한 항목들이 열거되었다.

86 『이재난고』 제6책, 97쪽 "余舉所箋箚性理大全文字曰, 此乃吾一生家計, 而未及脫稿耳."; 『이재속고』 권13, 15a, 「行狀」 "尤邃於易, 最精於數. 而性理大全一部, 便作家計, …… 積年成帙."

87 『이재난고』 제2책, 221쪽 상단 "因就性理大全一帙, 尤加工夫. 或記管見, 或援前輩說話 微辭奧義, 疑文闕字, 一一各有箋註. 而上自易範, 性命理氣之原, 以至律曆算家, 亦庶幾汎濫矣. 雖然, 博而不精, 猶不博也. 今方因博求精, 而未有所成."

『황극경세서』 등에 실린, '수'를 공통분모로 한 여러 학문을 섭렵하였다. 그는 역상(曆象) · 수리(數理) · 율려에 밝았다. 국가의 문물제도 전반에 걸쳐 그의 연구가 미치지 않은 것이 거의 없었다. 특히 천문 · 지리 · 역법 · 산수 등 주로 과학 기술의 실용적 측면에 치중한 것이 돋보인다. 이는 북학론자들의 주장과 활동을 의식한 것이겠지만, 이들이 성리학의 학문 규모 안에 포괄되어 있다고 여긴 것은 주목해야 할 대목이다.

6. 박물학과 성리학의 관계

현재 학계에서는 황윤석을 실학자의 범주에 넣어 논하는 경우가 있고, 성리학자 또는 박물학자로 보는 경우도 있다. 관점과 시각에 따라 다양한 평가가 가능할 줄로 안다. 또 그 근거와 논리도 있을 것이다. 다만, 거시적 관점에서 학문 본령의 큰 줄기를 찾아내지 못하고 일부분을 확대하여 부각시킨 감이 적지 않았다. 즉, 학문의 체(體)와 용(用)을 가려내지 못하고 어느 한 측면을 부조적(浮彫的)으로 본 사례가 적지 않다는 것이다. 이제는 큰 틀에서 황윤석의 학문이 조망되어야 할 것이다.

황윤석에 대해 '박물학자'라고만 일컫는 것은 그에 대한 모욕적인 평가가 될 수도 있다. 그의 철학적 본령을 제대로 읽어내지 못한 상태에서는 '그저 실없이 많이 알기만 한 학자'라는 그릇된 인식이 나올 수 있기 때문이다.

몰락한 양반가에서 태어난 황윤석은 책 한 권을 사기 위해 소 한 마리를 선뜻 내다 파는 집안의 분위기 속에서 자랐다. 그 덕분에 어려서부터 다양한 분야에 관심을 갖고 공부할 수 있었다. 29세 때 진사시에 급제한 뒤 38세 때 첫 벼슬을 한 그는 21년 동안 14개 관직을 역임하였다. 이 기간에 허다한 사물을 학문의 대상으로 보고 열심히 공부하여 그것을 기록으로 남겼다. 그 결과 나라의 내로라하는 고위 관리와 정평 있는 학자들조차 모르는 것이 있을 때는 황윤석을 찾았다. 나중에는 임금에게도 인정받는 데 이르렀다.

황윤석은 그때그때 주어진 직책에 충실하였다. 늘 책을 가까이하고 기록에 열중한 나머지 실명할 위기까지 겪으면서도 '하늘'이나 '땅'과 동일한 '인간'으로서 세상의 모든 이치와 물질들을 알기 위해 평생을 바쳤다. 54년간 쓴 57권 분량의 일기 『이재난고』를 남겼는데, 이것은 우리나라 개인의 일기 가운데 기간이나 분량 면에서 가장 길다. 그 내용 또한 그야말로 '없는 것이 없을' 정도여서, 오늘날 18세기 조선을 연구하는 귀중한 자료로 활용되고 있다.

황윤석의 박학은 지적 편력에서 그치지 않았다. 그는 『이수신편』 서문에서, 이 책에 자신의 평생 정력을 쏟았음을 밝히면서 "아아! 내가 어찌 이 일을 좋아서만 했으랴"[88]라고 하여, 자신이 상수학, 박물학적 차원의 공부를 한 것이 시대적 현실적 요구임을 은근히 내비쳤다.

문인 송헌진(宋獻鎭)이 찬한 「행장」에서는 황윤석이 평소에 "하늘

---

88 『이재유고』 권11, 1a, 「理藪新編序」 "右總若干門目, 是余一生精力之所在也, 嗟夫余豈樂爲此哉."

이 남자로 태어나게 함이 어찌 우연이겠는가? 그러므로 옛날의 군자는 하나의 사물이라도 모르는 것을 부끄럽게 여겼다"[89]는 말을 자주 했다고 밝힌 바 있다. 황윤석의 박학이 애민치국(愛民治國)에 목적이 있었다는 의미다. 황윤석의 경세에 대한 적극적인 의지를 엿볼 수 있다. 그의 박학은 한 마디로 '경세'를 위한 박학이었다. '지식의 잡화상'을 벌인 일군의 박학자들과는 차원과 성격이 달랐다.

돌이켜보면, 박물학은 조선 후기 18세기 학계에서 하나의 전통으로 자리 잡았다. 그런데 황윤석의 박물학은 실학의 제3기에 등장한 박물학과는 성격이 다르다. 이규경(李圭景 : 1786~1856)의 『오주연문장전산고(五洲衍文長箋散稿)』로 대표되는 실학 제3기의 박물학은 고증을 위한 고증, 학문을 위한 학문을 표방하였다. 이것은 경세치용을 표방하는 실학파(성호학파)가 천주교 때문에 세력이 크게 위축되고, 북학을 표방하는 또 다른 실학파(북학파)가 문체반정(文體反正)으로 호된 비판을 받은 것에 영향을 받아 그와 다른 각도에서 새롭게 대두한 학문 경향이다. 탈이념성이 그 특징이다. 황윤석 박물학은 경세치용에 목적이 있다. 그의 박물학은 이념상으로는 경세치용학파와 통하는 바 있다.

박학의 사상적 측면에서 볼 때, 황윤석은 반계 유형원과의 관련성을 유추할 수 있다. 무엇보다도 구체적인 절목(節目)과 도수(度數)를 가지고 천리(天理)를 표현하려 했다는 점에서 그렇다. 이점에서는 두 사람의 기본적 사고가 같았던 것 같다. 그러나 황윤석의 저술을 보

89 『이재속고』 권13, 14b, 「行狀」 "常曰: 天生男子, 豈偶然哉? 故古之君子, 恥一物之不知."; '恥一物之不知'는 『후한서』 권59, 「張衡傳」에 처음 나온다.

면 그가 유형원으로부터 영향을 받았다는 직접적인 증거는 찾기가 어렵다.

황윤석의 학문은 박물학적, 백과전서적인 데서 더 획기적으로 발전을 보지 못하고 말았다. 이념성의 측면에서 유형원처럼 치열하지 못하였고, 원리적 탐구 수준에 머물러 현실 문제를 대상화, 구체화하지 못한 한계가 있었다. 세상에 보기 드문 박학지사라는 점에서는 서로 크게 다를 바 없었지만, 이 박학을 기반으로 20년 동안 하나의 책을 쓰기 위해 노력하고, 또 그 한 책에 자신의 모든 정력을 다 기울여 핵심 내용을 응축한 유형원에는 미칠 수가 없었다고 본다.

황윤석의 저술을 보면, 학문의 목적이라든지 사상성－이념성과 관련한 고민이 두드러지지 않는다. 경세치용, 이용후생, 실사구시 등 자신의 학문과 관련한 주의, 주장도 찾아보기가 어렵다. 사정이 이렇다 보니 그를 박물학자쯤으로 인식하는 이들이 있음도 부인하기 어렵다. 이것은 그가 제자를 길러 공동 작업을 하지 못한 점에도 원인이 있을 듯하나.

황윤석의 학문적 외연은 매우 넓지만, 그것은 성리학의 학문 체계로 수렴되었다. 그가 보는 성리학은 체용과 본말을 갖춘 완정된 학문이었다. 도기불리(道器不離)를 강조하는 성리학이야말로 '현실'을 중시하는 학문으로, 현실 문제에 대한 대안, 즉 현실 생활에 필요한 도덕 윤리적 측면, 경제 후생적 측면을 잘 갖춘 것이었다. 그는 당시까지 '도(道)'의 측면에 치중해온 성리학계의 풍토를 반성하면서, 이후로는 '기(器)'의 측면으로도 눈을 돌려 국리민복(國利民福)을 도모해야 할 것으로 보았다. 이와 관련하여 성리학의 범주 안에 있는 상수학의 가치를 재발견한 것은 '기(器)'의 측면이 지닌 중요성을 제고(提高)하려는 의지의 소산으로 짐작된다.

조선 후기 학자 가운데 성리학의 중요성을 강조하고, 성리학으로 조선을 다시 일으켜 세울 수 있다는 사고를 가진 학자가 적지 않게 있었다. 그렇지만, 황윤석만큼 정돈된 이론을 수립한 학자는 찾기가 쉽지 않다. 『성리대전』에 대한 침잠은 성리학의 학문적 성격에 대한 확고한 신념이 있었기 때문에 가능하였다. 『주자대전』·『주자어류』가 판을 치던 시기에 『성리대전』의 가치를 강조한 경우는 황윤석 말고는 찾아보기 어렵다. 이점에서 황윤석은 조선후기 학술사에 특필되어야 할 인물이 아닐 수 없다.

7. 맺음말

황윤석은 조선 학술사에서 손꼽히는 박학지사다. 박학의 그늘에 가려 그의 학문 본령이 제대로 드러나지 않은 것도 사실이다. 성리학자, 실학자, 박학자(박물학자), 이것이 그의 다양한 모습이다. 그에게는 '주자도통론자(朱子道統論者)'로서 '소중화(小中華)'－'조선중화주의(朝鮮中華主義)'로 무장한 측면이 엄연히 존재한다. 도학자이자 소중화론자로서의 면모와 박물학자로서의 면모, 실학자로서의 면모가 서로 착종(錯綜)되면서 학문 성격에 대해 설왕설래하게 만든 것이다. 앞서 살펴본 바와 같이 황윤석의 세 가지 모습은 '성리학'으로 수렴된다는 것이 본고의 결론이다. 이제 그 내용을 다음과 같이 몇 가지로 나누어 요약하기로 한다.

1. 황윤석은 학문 규모가 크고 범위가 넓은 데다가 학문 사상의 성향이 단순하지 않은 인물이다. '춘추대의(春秋大義)'와 '주자(朱子)－우암(尤庵)'을 정치적, 사상적 배경으로 강한 보수 성향을 보이면서도 과학 · 기술 · 산업 등에 대한 폭넓은 관심과 연구를 통해 진보, 개혁적 성격을 아울러 드러냈다. 이처럼 한 학자가 보수와 진보 두 성향을 함께 지닌 경우는 조선 후기 학술사, 정치사에서 드물다.

개혁을 부르짖는 학자들은 대개 이전 시기부터 현 시점까지 내려오던 이념이나 사상을 낡은 것으로 치부, 이것을 버리고 새 것을 추구하는 경우가 많다. 그렇지만 황윤석은 이와 아주 달랐다. 종래 정교(政敎)의 이념으로 내려오던 성리학을 버린 것이 아니라, 오히려 성리학의 본래 정신으로 돌아가는 것이 조선의 실정에 맞는 진정한 개혁이라고 생각하였다.[90] 체(體)를 버리고 용(用)만 추구하면 기준이 흔들려 혼란이 올 수밖에 없다는 신념에서 나온 판단이라고 본다.

2. 필자는 황윤석을 '성리학의 기본 본령에 충실한 학자'로 평가한다. 그는 성리학으로 18세기 조선을 다시 일으켜 세종시대의 찬란한 문화를 재현할 수 있다고 보았다. 성리학은 체만 있고 용이 없는 학문이 아니다. 리(理)와 실(實)을 함께 갖춘 학문이다. '체용해비(體用該備)', '리실상함(理實相涵)'이 성리학의 본령이다. 한 마디로 철학이 중심이 되어 역사 · 문학 · 예술 및 나아가 과학 기술까지 아우르는 폭넓은 체계를 갖추었다고 할 수 있다. 조선시대만 하더라도 성리학의 이론으로 찬란한 문화를 이룩한 시기가 있었는가 하면, 성리학의 그 넓은 세계를 좁히고 굽혀서 '성리학이 시대의 발전을 저해한다'는 비판

---

90 이점이 이른바 '실학자'로 불리는 일군의 학자들과 차이를 보이는 대목이다.

을 초래하게 한 시기가 있었다. 성리학을 어떻게 이해하고 발전시키느냐에 따라 서로 다른 양상을 보였던 것이다.

3. 황윤석의 학문 기반 가운데 역학의 위상이 매우 크다. 역학은 그의 학문의 대동맥이라 할 수 있다. 그의 경세학의 근간 가운데 하나가 바로 역학이다. 한편 황윤석은 철학적 기반을 갖춘 상수학의 중요성을 인식하였다. 그가 성리학자이면서 과학, 기술에 밝은 통유(通儒)로 성장할 수 있었던 기반이 여기에 있었다. 그는 역학에 바탕을 둔 상수학에 침잠하였고, 상수학을 가지고 종래 성리학자들이 가장 취약했던 경제 및 과학 · 기술 등의 측면을 보완할 수 있었다. 상수학에서는 천지만물의 상을 보고 이것을 수로 구체화시켜 객관적인 의미를 부여한다. 이것이 관념적인 인식으로 빠지면 술수가 되지만, 우주의 변화현상과 그 기본법칙을 객관적으로 연구하고 또 이것을 실용화할 때에는 실학정신에 부합하는 것이다. 이 상수학은 오늘날의 자연과학(역법 · 천문학 · 기하학 · 수학 등)과 합치되는 부분이 많다. 서양의 고대 철학자 가운데 상당수가 수학 · 물리 · 화학 등에 뛰어났음은 잘 알려진 사실이다. 굳이 이들의 사례를 이끌어 말하지 않더라도, 철학과 자연과학의 관계는 고금과 동서를 뛰어넘는 것이라고 생각한다. 그 한 예를 조선의 황윤석에게서도 찾을 수 있다. 조선 후기 실학자들의 대부분이 인문과학, 사회과학 중심이었고 자연과학에 대해 밝은 사람이 많지 않았다.

4. 황윤석의 학문은 주역의 도기론(道器論)에서 말하는 '기(器)'에 대한 측면으로의 관심 확대, 인물성동론이 지닌 포용적 성격, 물(物)에 대한 폭넓은 관심, 상수학적 뒷받침, 박물학적 학문 연구 등으로 그 특성을 요약할 수 있다. 또 이런 특성이 하나로 관통되었다고 볼

수 있다. 특히 황윤석이 상수학을 기초로 하면서 중국에서의 박물학적 연구 성과를 최대한 수용할 수 있었던 데에는 그가 당시 집권 노론의 낙론계열이었다는 배경을 무시할 수 없다. 당시 낙론계는 청나라를 무턱대고 배척하는 것이 아니라, 현실적으로 청나라의 문화를 받아들여야 함을 인정하였다. 이 낙론계에서 홍대용·박지원 등 북학파 실학자들이 배출된 것은 우연이 아니다.

5. 황윤석은 성리학의 가치를 재인식하였다. 성리학으로 조선의 중흥을 꾀할 수 있는 것으로 보았다. 이 과정에서 그는 『성리대전』의 중요성을 다시 부각시켰고, 『성리대전』에 수록된 『황극경세서』·『율려신서』·『황극홍범내편』·『역학계몽』 등을 집중적으로 연구하였다. 이 4대 저술은 황윤석이 성리학적 경세론을 펴는 데 근간이 되었다. 『주자대전』·『주자어류』에 밀려났던 『성리대전』을 다시 역사의 전면에 불러낸 것은, 『성리대전』에 담긴 이념으로 조선을 일으킬 수 있다는 신념 때문이었을 것이다. 황윤석에게는 '탈성리학이 곧 실학'이라는 공식적(公式的) 규정이 성립되지 않는다. 그에게는 도(道)와 기(器)를 고르게 갖춘 성리학의 본령으로 돌아가는 것이 곧 실학이었다.

參考文獻

『頤齋遺稿』(『한국문집총간』 246), 민족문화추진회, 2000.

『頤齋全書』(상 · 중 · 하), 경인문화사, 1975.

『頤齋續稿』, 국립중앙도서관 소장.

『頤齋亂藁』, 한국정신문화연구원, 1994~2004.

박순철, 노평규, 김영 역, 『국역 이재유고』 Ⅰ, 신성출판사, 2011.

박순철, 노평규, 김영 역, 『국역 이재만록』 상권, 신성출판사, 2012.

__________________, 『국역 이재만록』 중권, 신성출판사, 2012.

__________________, 『국역 이재만록』 하권, 신성출판사, 2013.

박순철, 김영, 김봉곤 역, 『국역 이재난고』 Ⅰ~Ⅷ, 신성출판사, 2015~2020.

박순철(2020a), 「이재 황윤석의 大學 談論 일고」, 『이재 황윤석 연구의 새로운 모습』, 도서출판 흐름.

홍기문(1946), 『正音發達史』 하권, 서울신문사 출판국.

구만옥(2009), 「황윤석 : 성리학의 집대성을 위해 노력한 주자도통주의자」, 『한국사상사학』 33, 한국사상사학회.

권오영(2004), 「이재 황윤석의 학문생활과 사상 경향」, 『이재난고를 통해 본 조선후기 생활사 연구』, 한국정신문화연구원.

김승룡(2007), 「이재 황윤석 연구의 추이와 과제 – '실학'에서 '일상'으로」 『동양한문학연구』 25, 동양한문학회.

박순철(2020b), 「이재 황윤석의 詩經諸說」, 『중국학논총』 68, 한국중국문화학회.

_____(2020c), 「이재 황윤석의 경학 : 시경을 중심으로」, 『한국실학연구』 40, 한국실학회.

이선아(2012), 「18세기 실학자 黃胤錫家의 학맥과 湖南洛論」, 『지방사와 지방문화』 15-2, 역사문화학회.

이지양(2008), 「호남 선비 황윤석이 본 '호남 차별' 문제」, 『동양한문학연구』 27, 동양한문학회.

이천승(2010), 「이재 황윤석의 洛學 계승과 호남에 대한 自意識」, 『동양철학연구』 63, 동양철학연구회.

이형성(2000), 「이재 황윤석의 '數'에 기초한 실학사상 일고」, 『한국사상과 문화』 9, 한국사상문화학.

______(2011), 「이재 황윤석의 낙학 계승적 성리설 一攷」, 『한국사상과 문화』 60, 한국사상문화학회.

조성산(2013), 「18세기 후반 石室書院과 지식 · 지식인의 재생산」, 『역사와 담론』 66, 호서사학회.

趙峻晧(1999), 「조선후기 石室書院의 위상과 학풍」, 『朝鮮時代史學報』 11, 朝鮮時代史學會.

최영성(2008), 「황윤석 실학의 象數學的 기반」, 『유교사상연구』 32, 한국유교학회.

______(2015), 「이재 황윤석의 학문 본령과 성리학적 경세관」, 『溫知論叢』 43, 온지학회.

______(2016), 「18세기 노론 洛學派의 현실인식과 대응논리」, 『한국철학논집』 50, 한국철학사연구회.

______(2019), 「이재 황윤석의 정치활동에 대한 고찰」, 『율곡학연구』 38, 율곡학연구원.

황의동(2008), 「이재 황윤석의 학풍과 성리학」, 『범한철학』 48-1, 범한철학회.

『이수신편(理藪新編)』의 편찬과 내용 구성

구만옥 | 경희대학교 사학과 교수

1. 머리말

2. 『이수신편(理藪新編)』의 편찬 과정

3. 편목(篇目)의 설정과 편집 방식

4. 참고 문헌의 활용

5. 『성리대전주해(性理大全註解)』로의 여정

6. 맺음말

1. 머리말

황윤석(黃胤錫, 1729~1791)은 천문역산학(天文曆算學)을 비롯한 자연학(自然學) 분야에 조예가 깊은 인물이었다. 일찍이 김용겸(金用謙, 1702~1789)은 역범(易範)·율력(律曆)·전병(田兵)·관직(官職)·산수(算數) 등에 대해 함께 논의할 수 있는 당대의 인물로 홍계희(洪啓禧, 1703~1771)와 황윤석을 꼽기도 했다.[1] 황윤석은 10대 후반부터 자신이 학습한 내용과 여러 학자들과의 교유 과정을 일기에 꼼꼼하게 기록하였다. 따라서 그의 일기인 『이재난고(頤齋亂藁)』에 대한 치밀한 분석은 한편으로 황윤석 자신의 학습 순차를 확인하고, 그 과정에서 각고의 노력을 통해 축적한 자연학 담론의 내용을 파악할 수 있는 통로이며, 다른 한편으로는 황윤석의 다양한 견문과 지적 경험을 통해 18세기 후반 자연학의 실상에 접근할 수 있는 지름길이 될 수 있다.

황윤석의 '과학사상(科學思想)'에 대해서는 지금까지 여러 편의 논고가 발표되었다. 홍대용(洪大容, 1731~1783)과의 관계를 중심으로 황윤석이 천문학과 역법 등 서양 과학을 수용하게 된 과정을 시론적으로 분석한 연구를 비롯하여[2] 『이수신편(理藪新編)』을 중심으로 천문역법과 관련한 황윤석의 과학사상을 탐구한 논고가 있고,[3] 과학사상

---

1 『頤齋亂藁』 卷12, 己丑(1769) 3월 23일(二, 365쪽 - 탈초본 『頤齋亂藁』 一~九, 韓國精神文化硏究院, 1994~2003의 책 번호와 페이지 번호. 이하 같음). "金丈援說古今事變, 因及易範·律曆·田兵·官職·算數, 種種說話, 余旣酬酢, 則金丈曰, 平生, 此等說話, 無可開口處, 惟一洪純甫[啓禧]差可相語耳. 不意今日, 得逢黃奉事一席問答, 令人洒然, 此誠今世樂事, 未知古人, 亦有此樂否."

2 河聲來(1983)

3 鄭誠嬉(1992)

과 직접 관련은 없지만 '영·정 시대의 호남실학'을 재조명한다는 차원에서 황윤석의 학문을 문학, 언어, 경제, 사회, 철학 분야로 나누어 분석한 단행본을 출간할 때 그 일부로 황윤석의 학문 체계를 분석하기도 했다.[4] 2000년대에 들어서는 탈초본(脫草本) 『이재난고』의 출간을 계기로 조선후기 서양과학의 수용이라는 관점에서 황윤석의 과학사상을 재점검한 논고가 제출되었고,[5] 황윤석의 현실인식과 수리론(數理論)의 상호관계를 분석한 연구[6]와 『산학입문(算學入門)』·『산학본원(算學本原)』을 중심으로 황윤석의 수학을 검토한 연구도 등장했다.[7] 철학 분야에서는 서양과학의 수용이 성리학(性理學)을 중심으로 한 황윤석의 학문체계에 어떠한 변화와 변용을 가져왔는가 하는 문제의식하에 황윤석의 자연학에 관심을 기울이기도 했다.[8]

필자 역시 2009년 이후 황윤석의 자연학과 학문 경향에 대한 몇 편의 글을 발표한 바 있으며,[9] 이를 통해 황윤석의 박학적 학문 경향과 그 연장선에서 이루어진 전통과학 분야에 대한 다양한 연구가 어떠한 지적 맥락에서 이루어졌으며, 그것이 추구했던 지향점이 무엇이었는지를 대략적으로 살펴보았다.

황윤석의 지적 편력이 대단했고, 그의 저술이 호한(浩瀚)하다는 사실은 널리 알려져 있다. 1821년에 송헌진(宋獻鎭)이 『이재난고』를 토

---

4 김기현(1994)

5 정성희(2007)

6 배우성(2009)

7 장혜원(2009). 이와 관련한 최근의 연구로는 오영숙(2019)를 참조.

8 대표적인 논고로는 李炯性(2000); 김낙진(2002); 허남진(2003); 崔英成(2008) 등을 참조. 기타 황윤석에 대한 연구의 추이는 김승룡(2007) 참조.

9 구만옥(2009b; 2009c; 2009a; 2013; 2015; 2017)

대로 작성한 황윤석의 「행장(行狀)」[10] 말미에는 황윤석의 저술 목록이 간략히 기재되어 있는데, 그 첫머리에 등장하는 것이 바로 『이수(理藪)』, 즉 『이수신편』이다.[11] 이는 19세기 초에 황윤석의 대표적 성과 가운데 하나로 『이수신편』이 인식되고 있었음을 보여주는 것이다. 이 책은 황윤석의 또 다른 저작인 『성리대전주해(性理大全註解)』와 함께 그의 학문 체계와 학문적 지향을 확인하는 데 매우 중요한 자료라고 판단된다. 따라서 『성리대전주해』가 현존하지 않는 상황에서 그와 밀접한 관련을 지니고 있는 『이수신편』에 대한 탐구는 중요한 과제라고 할 수 있다.

그럼에도 불구하고 지금까지 『이수신편』에 대한 연구가 활발히 이루어졌다고 보기는 어렵다. 이미 1970년대부터 몇몇 학자들에 의해 그 중요성이 언급되었지만 국어학 분야의 훈민정음 관련 연구와[12] 『이수신편』에 수록되어 있는 『산학입문』·『산학본원』에 대한 수학사 분야의 관심을 제외하면 『이수신편』에 대한 본격적 연구를 찾아보기는 어렵다.[13] 최근에 가와하라(川原秀城)는 그의 저서 『조선수학사(朝鮮數學史)』에 수록되었던 황윤석 관련 논고를 확장하여 『이수신편』의 구성에 대한 논문을 제출하였다.[14] 그는 이 글을 통해 『이수신편』은

---

10 『頤齋續稿』 卷13, 附錄, 「行狀」, 19ㄱ(上, 592쪽 – 영인본 『頤齋全書』, 景仁文化社, 1976의 책 번호와 페이지 번호. 이하 같음). "固不可妄有著述斷自臆見, 只就亂稿而撮其梗槪, 略加檃栝, 俾有以藉手, 見當世立言君子, 而以爲採擇焉. 旹大統餘分三辛巳七月下澣, 恩津宋獻鎭謹狀."

11 『頤齋續稿』 卷13, 附錄, 「行狀」, 18ㄴ(上, 592쪽). "理藪幾卷."

12 김석득(1983); 姜信沆(1991); 배윤덕(1997); 沈小喜(2010a; 2010b); 구현아(2019)

13 18세기의 지적 분위기에서 황윤석이 성리학을 중심으로 동서양의 자연학을 종합하고자 했다는 김낙진의 글은 『이수신편』에 대한 본격적 연구는 아니지만 황윤석의 학문적 지향을 철학적 관점에서 분석했다는 점에서 계몽적이다[김낙진(2002)].

『성리대전』을 확장·증보한 것이며, 증보한 부분은 술수서(術數書)와 과학서에서 인용한 내용이 많다는 점을 들어 '이수적(理數的)·술수적(術數的)' 성격이 강한 저술이라고 주장했다. 그렇지만 증보와 확장의 구체적 방법에 대한 언급이 없고, "성리학을 술수학으로서 이해하려고 하는 황윤석의 관점"이라는 것이 어떤 의미를 지니고 있는지에 대해서도 명쾌하게 밝히지는 못했다. 아직까지는 해명해야 할 문제가 많이 남아 있는 셈이다.

현전하는 『이수신편』의 판본은 두 가지다. 하나는 황윤석의 친필본 『이수신편』이고, 다른 하나는 1943년에 조선춘추사(朝鮮春秋社)에서 석판본(石版本)으로 간행한 23권 10책의 『이수신편』이다.[15] 친필본은 상(上)·중(中)·하(下)·외편(外篇)으로 구성되어 있고 표제에는 백(伯)·중(仲)·숙(叔)·계(季)라고 적혀 있으며, 서문은 수록되어 있지 않다. 1943년에 『이재유고(頤齋遺藁)』와 『이재속고(頤齋續稿)』를 석판본으로 간행할 때 『이수신편』도 권별로 재편집하여 간행했다고 알려져 있다.[16] 황윤석의 종가에 보관되어 있는 23권 10책의 선장본(線裝本) 『이수신편』이나[17] 경인문화사의 『이재전서(頤齋全書)』에 수록된 『이수신편』, 그리고 아세아문화사의 영인본 『이수신편』은 모두 1943년의 석판본이다. 이 글에서는 석판본 『이수신편』을 기초 자료로 삼아 기존의 연구 성과를 염두에 두고 황윤석이 『이수신편』의 저

---

14 川原秀城(2020)

15 1책(卷1~3), 2책(卷4~5), 3책(卷6~7), 4책(卷8~10), 5책(卷11~12), 6책(卷13~15), 7책(卷16~17), 8책(卷18~19), 9책(卷20~21), 10책(卷22~23)

16 노혜경(2003), 94쪽.

17 한국학중앙연구원 장서각 편(2012)

술에 착수하게 된 배경과 저술 시점, 『이수신편』의 내용 구성 방식, 그리고 이 책이 지니고 있는 몇 가지 특징에 대해 시론적으로 검토해 보고자 한다.

2. 『이수신편(理藪新編)』의 편찬 과정

1) 편찬 시점에 대한 논란

황윤석의 학문 체계에서 주목해야 할 용어나 개념으로는 '이수(理數)', '이기상수(理氣象數)', '역범경세(易範經世)', '율력산수(律曆算數)' 등을 들 수 있다. 학계에서도 일찍부터 황윤석의 학문적 성과 가운데 『이수신편』에 주목했다. 『성리대전』의 구성을 참조하여 이(理)에 관한 내용을 새롭게 편집한 이 책에서 천문역산학(天文曆算學)과 상수학(象數學), 산학(算學)은 상당한 비중을 차지하고 있다. 그것은 황윤석이 리와 천문역산학 · 상수학 · 산학의 상호관련성에 주목했음을 뜻한다. 『이수신편』의 본래 제목이 '중리굴(衆理窟)'에서 '이굴(理窟)'을 거쳐 '이수(理藪)'로 귀착되었다는 사실에서도[18] 이 저술이 천지 만물의 이치를 종합하고자 한 것이었음을 짐작할 수 있다. 요컨대 『이수신편』은 '태극이기지설(太極理氣之說)'과 '홍범경세지학(洪範經世之學)'으로부터 '계몽역윤지법(啓蒙曆閏之法)'에 이르는 이치와 관계된 문제들을

18 『頤齋亂藁』 卷1, 丙寅(1746년), 「理藪新編序」(一, 44쪽). "初名衆理窟, 改理窟, 又改理藪." '理窟'이라는 제목의 대표적 저술로는 張載의 『經學理窟』을 들 수 있다. 이는 현존하는 『張子全書』의 卷4에서 卷8에 수록되어 있다.

'고인(古人)의 지극히 훌륭한 이론[古人之至論]'을 중심으로 재구성한 책이며,[19] 천문역산학 · 상수학 · 산학과 관련한 주제들이 비중 있게 다루어지고 있다는 점에 그 특징이 있다고 할 수 있다. 황윤석이 이기상수(理氣象數)의 전체대용(全體大用)을 따라 학문의 길에 들어섰다고 평가받았던 것은 바로 이러한 학문 경향 때문이었다.[20]

황윤석의 「연보」에서는 영조 20년(1744) "추(秋) 9월에 『이수신편』을 편찬하기 시작했다"라고 하면서 "선생은 『성리대전』에 가장 많은 공력을 기울였으며 마침내 그 조례(條例)를 모방하여 『성리대전』에 근본을 두고 여러 가지 책[群書]을 참고하는 한편 자신의 견해를 덧붙여 거질(巨帙)을 편성(編成)하였으니, 평생의 정력이 모두 이 책에 있다"고 평가하였다.[21]

현존하는 『이재유고』[22]에 수록된 『이수신편』의 서문[理藪新編序]에는 그것을 작성한 시점이 기록되어 있지 않지만,[23] 석판본 『이수신편』

---

19 『頤齋亂藁』 卷1, 丙寅(1746년), 「理藪新編序」(一, 44쪽); 『頤齋遺藁』 卷11, 「理藪新編序」, 1ㄱ~2ㄱ(246책, 235쪽－影印標點 『韓國文集叢刊』, 民族文化推進會, 2000의 책 번호와 페이지 번호. 이하 같음). "太極理氣之說, 蘊天地之萬理而余莫能究之. 洪範經世之學, 括河洛之妙機而余莫能透之. 以至啓蒙曆閏之法, 固古人知來之學, 而顧以余之頑頓不敏, 又莫得以窺測 …… 今夫是書之所載者, 何莫非古人之至論."

20 『頤齋亂藁』 卷38, 丙午(1786년) 6월 24일(七, 354쪽). "盖李金化萬運, 從典故一路入, 吾從譜學一路入, 執事則從理氣象數全體大用而入, 兼包諸人, 必有著述文字, 可垂百世 ……."

21 『頤齋續稿』 卷14, 附錄, 年譜, 3ㄱ(上, 600쪽). "(英祖)二十年甲子(先生十六歲). 秋九月, 始編理藪新編. 先生於性理大全用功最深, 遂倣其條例, 本諸大全, 參以群書, 附以己見, 編成巨帙, 平生精力盡在此書."

22 『이재유고』는 두 종류의 판본이 있다. 하나는 1829년에 간행된 목판본이고, 다른 하나는 1943년에 간행된 석판본이다. 이에 대한 자세한 내용은 노혜경(2003), 81~86쪽 참조.

23 『頤齋遺藁』 卷11, 「理藪新編序」, 1ㄱ~2ㄱ(246책, 235쪽).

에 수록된 서문에서는 "갑자년(1744, 영조 20) 9월[菊月] 월송(越松=平海: 황윤석의 본관) 황윤석이 서문을 쓰다"라고 하여 작성 시점을 명시했다.[24] 이에 따르면 「이수신편서」는 황윤석이 그의 나이 16세 때인 1744년에 작성한 것이라 할 수 있다. 한편 『이재난고』에는 「이수신편서」가 권1의 병인년(1746, 영조 22) 항목에 수록되어 있다.[25]

그런데 이와 같은 서문의 편찬 시점에 대해서는 일찍부터 논란이 있었다. 서문의 내용을 곧이곧대로 믿으면 황윤석은 16세 때에 『이수신편』을 완성했다는 것인데, 10대 중반의 나이에 23권에 달하는 많은 분량의 저술을 완성했다는 것도 믿기 어렵지만 그 나이에 "내 일생 정력의 소재(所在)"[26]라고 한 것도 연구자들에게 쉽게 납득이 되지 않았기 때문이다. "내가 이에 뜻을 둔 지 지금 이미 4년"[27]이라는 발언도 의심스럽기는 마찬가지였다. 4년 만에 저술을 완성했다고 보기는 어렵다고 판단했던 것이다. 때문에 '갑자년'과 '4년'이 오기(誤記)가 아니냐는 의심이 일찍부터 제기되었다.[28] 요컨대 황윤석이 10대 중반에 『이수신편』의 저술에 착수했다고 하더라도 이 책이 완성된 시점은 그로부터 40여 년이 흐른 후인 갑오년(1774)이나 갑진년(1784)으로 보아야 하지 않겠느냐는 것이었다.

한편 수학사 연구자들은 『산학입문』과 『산학본원』의 편찬 시점을 『이수신편』의 편찬 시점과 연동하여 1774년으로 추정하고 있는데, 이

---

24 『理藪新編』 卷1, 「理藪新編序」, 1ㄴ(4쪽 – 영인본 『理藪新編』, 亞細亞文化社, 1975의 페이지 번호. 이하 같음). "甲子菊月越松黃胤錫序."

25 『頤齋亂藁』 卷1, 丙寅(1746년), 「理藪新編序」(一, 44쪽).

26 『理藪新編』 卷1, 「理藪新編序」, 1ㄱ(3쪽). "理藪總若干門目, 是余一生精力之所在也."

27 『理藪新編』 卷1, 「理藪新編序」, 1ㄴ(4쪽). "嗟夫, 余之有志乎此者, 今已四年矣."

28 李崇寧(1975), ii～iii쪽; 河聲來(1976), 4쪽.

는 김용운·김용국의 견해를 수용한 것이었다. 김용운 등은 황윤석이 『산학본원』의 「천원일술(天元一術)」 항목에서 "『산학계몽(算學啓蒙)』의 천원일(天元一)과 『수리정온(數理精蘊)』의 차근방(借根方)은 이름은 다르지만 실질은 같은 것이다"[29]라고 언급한 점에 주목하여, 이는 황윤석의 독창적 견해가 아니고 매문정(梅文鼎, 1633~1721)의 손자인 매각성(梅瑴成, 1681~1764)의 견해를 차용한 것이라고 보았다. 김용운 등이 제시한 자료는 매각성의 『적수유진(赤水遺珍)』이었고,[30] 이 책이 1761년에 간행된 것이기 때문에 이를 인용한 『산학본원』은 그 이후의 어느 시점에 편찬되었다고 판단했던 것 같다.[31] 아울러 김용운 등이 『산학본원』의 시점을 1774년으로 단정한 이유는 당시에 『이수신편』의 편찬 시점으로 영조 20년(1744)설과 영조 50년(1774)설이 대립하고 있다고 보았기 때문이다.[32] 전자는 「이수신편서」에 근거한 것이고, 후자는 이에 의문을 제기하면서 이숭녕이 제시했던 것이다.

그런데 매각성 등이 편찬한 『수리정온』 말부(末部)에서 차근방비례(借根方比例)를 소개하면서, 이것이 송원(宋元)대의 천원술과 유사하다고 인식하여 "천원일(天元一)이 곧 차근방(借根方)"이라고 갈파했다는 사실은 일찍부터 알려져 있었다. 당시 차근방비례는 '阿爾熱巴拉'이나 '阿爾熱巴達'이라고 불렀는데 이는 모두 Algebra의 음역(音譯)이며, 그것이 유럽을 기준으로 동쪽에서 전래했다는 의미로 '동래법(東來法)'

---

29 『理藪新編』 卷23, 算學本源, 天元一術, 27ㄴ(2,152쪽). "算學啓蒙之天元一, 數理精蘊之借根方, 名異而實同也."

30 현재 규장각한국학연구원에는 『算學遺珍』이라는 책이 소장되어 있는데[청구기호: 奎中5361], 이는 梅瑴成의 저술인 『赤水遺珍』과 『操縵危言』을 합본한 것이다.

31 金容雲·金容局(1977), 255~256쪽.

32 金容雲·金容局(1977), 253쪽, 각주 37) 참조.

이라고 불렸다는 사실이 『적수유진』에 소개되어 있다는 점도 이미 언급된 내용이었다.[33] 실제로 『사고전서총목(四庫全書總目)』에 수록된 이야(李冶)의 『측원해경(測圓海鏡)』의 제요(提要)에도 그 내용이 수록되어 있다.[34]

이와 관련해서 두 가지 문제에 유의할 필요가 있다. 하나는 황윤석이 『산학계몽』의 천원술에 처음으로 접한 시점인 언제인가 하는 점이다. 황윤석은 영조 44년(1768)에 지은 「호현약설(弧弦約說)」에서 자신이 젊었을 때[少時] 주세걸(朱世傑)의 『산학계몽』을 열람했다고 언급한 바 있다.[35] 여기에서 '소시'가 언제를 가리키는 것인지는 확실하지 않다. 그런데 『이재난고』 권1의 무진년(1748, 영조 24) 항목에는 「등하 사율(燈下 四律)」이라는 시가 수록되어 있다. 한밤중에 등잔불 아래에서 지은 4수의 칠언율시(七言律詩)라는 뜻이다. 그 가운데 네 번째 시의 후반부 4구가 주목된다.

> 누가 방원(方圓)에 변화가 담겨 있는 것을 알았던가 誰識方圓藏變化
> 법(法)과 실(實)[36]이 제승(除乘)에 있다고 논하지 마오 休論法實在除乘

---

33 李儼·杜石然 저, 안대옥 역(2019), 200~302쪽.

34 『欽定四庫全書』 子部 6, 天文算法類 2(算書之屬), 測圓海鏡, 提要, 2ㄱ~ㄴ. "明萬歷中, 利瑪竇與徐光啓·李之藻等, 譯爲同文算指諸書, 於古九章皆有辨訂. 獨於立天元一法, 闕而不言. 徐光啓於勾股義序中引此書, 又謂欲說其義而未遑. 是此書已爲利瑪竇所見, 而猶未得其解也. 迨我國家醲化翔洽梯航鱗萃歐邏巴人, 始以借根方法進呈, 聖祖仁皇帝授蒙養齋諸臣習之. 梅瑴成乃悟卽古立天元一法, 於赤水遺珍中, 詳解之, 且載西名阿爾熱巴拉[案原本作阿爾熱巴達, 謹據西洋借根法改正], 卽華言東來法, 知卽冶之遺書, 流入西域, 轉而還入中原也."

35 『頤齋亂藁』 卷11, 戊子(1768년) 9월 10일, 「弧弦約說」(二, 235쪽). "始余少時, 閱朱世傑算學啓蒙, 得弧矢田法, 只知求積而已 ……."; 『頤齋續稿』 卷9, 「弧弦約說」, 1ㄱ(上, 493쪽).

주세걸(朱世傑 : 號 松庭)의 지난날 천원술(天元術)　　松庭向日天元術
그 은미한 뜻은 반드시 박씨(朴氏)로부터 징험되리라　微旨須從朴氏徵[37]

위의 시가 무진년의 작품이 맞다면 당시 20세였던 황윤석은 『산학계몽』의 천원술에 대한 자기 나름의 견해를 지니고 있었다. 마지막 구의 '박씨'가 누구인지는 불분명하다. 다만 그가 박율(朴繘, 1621~1668)을 가리키는 것이었을 가능성만은 염두에 둘 필요가 있다. 황윤석은 박율의 『산학원본(算學原本)』을 탐구하였고, 거기에 잘못되고 빠진 부분이 있다고 하여 보완 작업을 했기 때문이다. 그 결과물이 바로 『이수신편』의 말미에 수록되어 있는 『산학본원』이다.[38] 만약 이 시의 '박씨'가 박율이 맞다면 그는 이미 10대 후반에 그 책을 탐구했다고 볼 수 있다. 황윤석이 『산학원본』을 보았다는 사실은 영조 46년(1770) 홍계희와의 대화를 통해서도 확인할 수 있다.[39]

다음으로 황윤석이 『수리정온』에 접한 시점이 언제인가 하는 점이다. 이와 관련해서 병술년(1766) 3월 황윤석과 서호수(徐浩修, 1736~

36 일반적으로 곱셈에서는 乘數를 法, 被乘數를 實, 나눗셈에서는 除數를 法, 被除數를 實이라고 한다.

37 『頤齋亂藁』 卷1, 戊辰(1748년), 「燈下 四律」(一, 86쪽).

38 『理藪新編』 卷23, 算學本源, 1ㄱ(2,099쪽). "世傳算書有所謂算學原本, 乃本國人所編(鶴城朴繘所編, 嘗經殷山郡守, 沒後, 其子斗世, 就正此書于崔錫鼎, 序之刊行)而攷其書, 或誤訛, 究其法, 多闕漏, 今另加修潤, 正之補之, 遂載于此. 蓋原本, 啓蒙之階梯, 而吾此書, 又原本之階梯也."

39 『頤齋亂藁』 卷14, 庚寅(1770년) 2월 13일(三, 53~54쪽). "洪又言律呂象數算法之說, 想亦淹博, 我東前輩, 如林[朴]斗世父子, 於算家爲最, 世傳算學原本一書, 曾或見否. 近日湖西之內浦, 聞有韓珙者, 蓋其源流而由算入於律呂, 有所著樂書, 曾亦見否. 且淸人律曆淵源對數之說, 如何. 余曰, 生晩居僻, 未有知解, 而朴書則見之, 韓書則未見也. 蓋朴書所推天元一法, 是東方曾所未究, 而淸人所著, 亦只就舊法改頭換面而已. 惟其對數之說, 係是新法, 便於入用耳."

1799)의 만남이 주목된다. 당시 서호수는 『칠요표(七曜表)』를 보고자 하는 황윤석에게 산학 학습을 어느 정도 하였는지 질문했는데, 이에 대한 황윤석의 답변을 보면 그가 당시까지 어떤 산학서를 보았는지 확인할 수 있다. 황윤석이 보았다고 한 산학 관련 서적은 『산학계몽』, 『동문산지(同文算指)』, 『기하원본(幾何原本)』, 『구고의(句股義)』, 『원용교의(圜容較義)』 등이었다.[40] 이 가운데 『산학계몽』을 제외하면 모두 마테오 리치(Matteo Ricci) 이후 전래된 서양 수학서였다. 『구고의』는 서광계(徐光啓)가, 『원용교의』는 이지조(李之藻)가 편찬한 것이었고, 『기하원본』, 『동문산지』, 『구고의』, 『원용교의』는 모두 『천학초함(天學初函)』의 기편(器編)에 수록되어 있다.[41]

실제로 황윤석이 『동문산지』에 처음으로 접한 것은 무인년(1758, 영조 34) 5월이었던 것 같고,[42] 임오년(1762, 영조 38) 무렵에는 이운해(李運海)·이중해(李重海) 형제에게 편지를 보내 『천학초함』을 빌려보고자 노력하기도 했다.[43] 그렇지만 병술년(1766) 이전에 황윤석은 『수

---

40 『頤齋亂藁』 卷6, 丙戌(1766년) 3월 15일(一, 546쪽). "又曰, 久聞盛名, 今始得見, 則良慰良慰. 但聞文學之外, 又多泛濫處, 如七曜表, 聞在覓中, 尤奇事也. 然此等事, 必先明算, 然後可以入手, 未知算學如何. 余曰, 算學啓蒙·同文算指, 以至幾何原本·句股義·圜容較義等書, 畧畧窺過矣. 正言曰, 然則七曜表等文字, 想必迎刃矣."

41 『四庫全書總目』 卷134, 子部 44, 天學初函五十二卷, 10ㄴ. "器編十種, 曰泰西水法六卷, 曰渾蓋通憲圖說二卷, 曰幾何原本六卷, 曰表度說一卷, 曰天問略一卷, 曰簡平儀說一卷, 曰同文算指前編二卷, 通編八卷, 曰圜容較義一卷, 曰測量法義一卷, 測量異同一卷, 勾股義一卷."

42 『頤齋亂藁』 卷2, 戊寅(1758), 「記行」(一, 193쪽). "(戊寅) …… 五月一日, 僅參祀. 二日往赴丁氏, 墳庵之會. 三日漆毒稍間, 向柳洞, 更加療治得已鳴鷄, 登壇必究, 披閱. 又得李之葆[藻]同文算指, 觀之."

43 『頤齋亂藁』 卷3, 壬午(1762년) 1월 28일, 「與李弼善正言兄弟書」(一, 273쪽). "記昔己卯冬, 許得天學初函, 以爲傳借, 豈其書果在玉郎尊府, 與流聞不差耶. 然則或易得窺一二, 而亦何可必也."

리정온』에 접하지 못했다. 그가 한양에서 『수리정온』을 빌려보기 시작한 것은 무자년(1768) 8월 이후부터였다. 그는 정철조(鄭喆祚, 1730~1781)가 지니고 있던 관상감 관원 이덕성(李德星) 소유의 『수리정온』 한 권을 이중해를 통해 얻어 보았고,[44] 그 이후에도 정철조에게서 『수리정온』과 『역상고성(曆象考成)』을 부분적으로 빌려서 보았다. 황윤석은 9월에 앞에서 언급한 「호현약설」이라는 글을 작성했는데,[45] 이는 이상과 같은 탐구 결과를 바탕으로 구면삼각형의 삼각함수, 이른바 '팔선(八線)'[46]의 요지를 정리한 것이었다. 이듬해에도 황윤석은 정경순(鄭景淳, 1721~1795)의 아들인 정동기(鄭東驥, 1750~1787)와 그의 사촌인 정동유(鄭東愈, 1744~1808)를 통해 천문역산학과 관련한 많은 자료를 빌려보았고, 그 가운데는 『수리정온』도 포함되어 있었다. 그는 기축년(1769) 6월 무렵에 『수리정온』 전질의 내용을 열람할 수 있었던 것으로 보인다.[47]

그렇다면 이와 같은 일련의 과정을 거쳐 황윤석이 『산학계몽』의 천원술과 『수리정온』의 차근방이 같은 원리라는 사실을 명시적으로 언급한 것은 언제쯤일까? 그것은 「호현약설」을 작성하기 얼마 전인 무자년(1768) 8월 23일 기록에서 확인할 수 있다. 이날 황윤석은 이중해·정철조와 함께 반나절 정도 담화를 나누었는데, 이야기를 마치면

---

44 『頤齋亂藁』 卷11, 戊子(1768년) 8월 17일(二, 218쪽). "乃訪鄭喆祚覓之則云, 非幾何原本, 乃數理精蘊, 而觀象官李德星所有也, 借留多時, 渠亦聞余先聲, 切願一面, 商議數理之微, 又許盡借送示潤父, 乃袖一卷以來示余."

45 『頤齋亂藁』 卷11, 戊子(1768년) 9월 10일, 「弧弦約說」(二, 235~238쪽); 『頤齋續稿』 卷9, 「弧弦約說」, 1ㄱ~3ㄴ(上, 493~494쪽).

46 八線이란 四分面인 1象限 내의 弦矢割切의 正과 餘, 다시 말해 正弦·餘弦, 正矢·餘矢, 正切·餘切, 正割·餘割을 가리키는 것이다.

47 이상의 내용은 구만옥(2009a), 220~229쪽 참조.

서 일전에 빌렸던 『수리정온』 말부(末部), 차근방비례(借根方比例), 선류(線類)[48] 1권을 돌려주면서 말하기를 "이 방법은 매우 간단하고 빠르지만 또한 고법(古法) 천원일(天元一)의 유의(遺意)"라고 하면서 수설(竪說)과 횡설(橫說)의 차이가 있지만 그 원리는 같다고 했던 것이다.[49] 따라서 『산학본원』의 천원술에 대한 황윤석의 언급은 적어도 무자년(1768) 8월 이후의 견해였다고 할 수 있으며, 10대 후반부터 『산학계몽』을 탐구하는 한편 박율의 『산학본원』에 대한 보완 작업을 수행했던 황윤석이 무자년 이후의 어느 시점에 이 부분을 첨가한 것이라고 볼 수 있다.

2) 『성리대전』에 대한 탐구와 『이수신편』의 편찬

그렇다고 이상과 같은 논의가 『이수신편』의 편찬 시점과 그 과정을 확정할 수 있는 충분한 근거가 되는 것은 아니다. 황윤석이 10대 후반에 『이수신편』의 편찬을 시작했다는 사실을 방증할 수 있는 자료도 적지 않기 때문이다. 황윤석은 "나는 어려서 글을 읽고 글자를 쓰면서부터 별을 관찰하고 달을 점치고, 높은 곳에 올라 먼 곳을 관측하고, 불을 밝혀 밤을 새우며 온갖 노력을 기울였다. 경사자집(經史子集), 심성이기(心性理氣), 성음(聲音), 전예(篆隷), 도화(圖畵), 의약(醫藥), 상수(象數)와 일체의 구류백가(九流百家)가 사색의 대상이 아닌

48 『御製數理精蘊』 下編, 卷34, 末部 4, 借根方比例線類, 1ㄱ~85ㄴ.

49 『頤齋亂藁』 卷11, 戊子(1768년) 8월 23일(二, 226쪽). "余既與潤父及鄭君鼎坐半日有餘, 乃出精蘊末部借根方比例線類一卷, 頃所轉借者還之. 曰, 此法固超簡直捷, 而亦古法天元一之遺意也. 但天元一,* 則立一算, 是竪說也, 此則橫一根, 是橫說也, 頭面雖換, 而理則非二, 尊意以爲如何."

것이 없었다. 일찍부터 머리와 눈이 어지러운 〈병으로〉 괴로웠다"[50] 라고 할 만큼 어려서부터 다양한 학문 분야에 관심을 기울였고 몸을 혹사할 정도로 공부에 열정적이었다.

황윤석이 10여 세 무렵에 두 번째로 『서전(書傳)』을 읽고 있을 때, 그의 부친 황전(黃壥, 1704~1771)은 우리나라의 선현들 가운데는 어릴 적에 이미 『서전』의 중성(中星), 기삼백(朞三百), 기형(璣衡=璿璣玉衡), 율려(律呂) 등에 대한 주석을 깨우친 사람이 있었다고 하면서 그의 학문적 분발을 촉구했다. 이에 황윤석은 이 문제들을 본격적으로 탐구하여 나름의 성취를 이루었고, 이후 학문적 관심을 확장하여 '역범경세율력산수지설(易範經世律曆算數之說)'의 문제에 관심을 기울이게 되었다.[51] 그가 『성리대전』에 학문적 관심을 표명하게 되었던 것도 이러한 맥락에서였다.[52]

황윤석은 10대 후반에 이미 『성리대전』에 심취해 있었다. 『이재난고』의 을축년(1745) 기록에는 "작년 겨울에 『성리대전』 여러 편을 베꼈고[寫出], 이로 인해 눈병[目痾]을 얻었는데 아직도 그 근원을 제거하지 못했으니 근심스럽다"[53]라는 언급이 보인다. 실제로 이 시기의 일

50 『頤齋亂藁』 卷41, 丁未(1787) 11월 21일, 「自叙說」(八, 44쪽). "余少時讀書寫字, 候[候]星占月, 登高望遠, 明燈達夜, 勞心費力. 其於經書史集 · 心性理氣 · 聲音 · 篆隷 · 圖畫 · 醫藥 · 象數, 一切九流百家, 無非思索之地, 已嘗苦頭目眩暈矣."

51 『頤齋亂藁』 卷2, 丁丑(1757년) 9월 5일(一, 179쪽). "小生十餘歲, 再讀書傳, 父親教之曰, 我國先賢少日, 多於中星 · 朞三百 · 璣衡 · 律呂諸註究恒者, 儞得如此否. 小生遂生妄意, 究索有年, 不無一班之見, 故復因此逶迤旁通, 轉及於易範經世律曆算數之說, 殆悉汎濫. 近雖廢閣, 而聞有此等書, 見有此等書, 輒未免起念如舊." 여기에서 황윤석이 "근자에는 비록 열람하기를 그만두었으나[近雖廢閣]"라고 한 대목에 유의할 필요가 있다.

52 『頤齋亂藁』 卷2, 丁丑(1757년) 9월 5일(一, 179쪽). "小生所視, 只是性理大全, 而其中所編經世則非全書, 洪範則未成之書, 雖曰畧約究觀, 豈可謂之無疑乎."

기를 훑어보면 『황극경세서(皇極經世書)』, 『역학계몽(易學啓蒙)』, 『율려신서(律呂新書)』 등 『성리대전』에 수록되어 있는 각종 서적에 대해 황윤석 자신이 짧은 해설을 붙인 글을 쉽게 확인할 수 있다.

황윤석은 자신의 학문 역정을 회고하면서 어려서부터 고학(古學)에 뜻을 두어 먼저 『주역(周易)』을 비롯한 여러 경전을 학습했고, 이를 바탕으로 『성리대전』에 힘을 쏟아 자신의 견해를 덧붙이고 선배들의 논의를 수렴하여 '은미한 말이나 깊은 뜻', '의심스러운 문장이나 빠진 글자'에 대한 자세한 전주(箋註) 작업을 가해 위로 역범(易範) · 성명(性命) · 이기(理氣)의 근원으로부터 율력산가(律曆算家)에 이르기까지 거의 범람했다고 하였다.[54] 이는 모두 『이수신편』의 주제와 관련이 있는 주제들이었으며, 그의 작업 방식은 『이수신편』의 편찬 방법에 대한 실마리를 제공해 준다는 점에서 주목된다.

사실 황윤석은 『성리대전』을 탐구하면서 비로소 과거 공부 이외에 '성현의 학문[聖賢之學]'이 있다는 사실을 알게 되었다고 고백했다.[55] 이때가 10대 후반 무렵이었다. 그는 『성리대전』에 수록되어 있는 역범(易範) · 하락(河洛) · 율력(律曆) · 성운(聲韻)의 학설에 대해 오랫동안

53 『頤齋亂藁』 卷1, 乙丑(1745년), 「去冬寫出性理大全數編, 因得目疴, 尙未祛根, 可悶」(一, 15쪽).

54 『頤齋亂藁』 卷11, 戊子(1768년) 8월 21일(二, 221쪽). "蓋自少, 舊學于家庭, 已得妄意學古, 而先從周易以下諸經, 次第貫熟, 因就性理大全一帙, 尤加工夫, 或記管見, 或擾前輩說話, 微辭奧義, 疑文闕字, 一一各有箋註, 而上自易範性命理氣之原, 以至律曆算家, 亦庶幾汎濫矣. 雖然博而不精, 猶不博也. 今方因博求精, 而未有所成."

55 『頤齋亂藁』 卷1, 丙寅(1746), 「擬上黎湖朴先生弼周書」(一, 47쪽). "小生之以降, 今已十有八歲矣. 自十許歲以後, 始聞擧業之外, 別有所謂性理之學, 而竊自慨然, 有委身從事之意."; 『頤齋亂藁』 卷1, 戊辰(1748년), 「感春詩四十韻 幷序 五言排律」(一, 70쪽). "日余讀性理大全書, 始知聖賢之學, 別在科學之外 ……."

깊이 생각하여 한두 가지 작은 것이라도 깨닫게 되면[窺斑 : 窺豹一斑] 뛸 듯이 기뻐하여 침식을 잊을 정도였다고 한다. 황윤석은 이외에도 지지(地志) · 산술(算術) · 자학(字學) · 시격(詩格) · 병진(兵陣) · 화품(畵品) · 금보(琴譜) · 잡예(雜藝)에 이르기까지 방대한 학습을 통해 『성리대전』에 대한 이해의 깊이를 더해 갔다. 그는 자신의 이러한 노력이 비록 "깊은 것을 찾아내고 먼 것을 이룩한다[鉤深致遠]"[56]는 지경에 이르지는 못했지만 얻은 것이 없지는 않다고 하면서 자신의 학문적 노력에 자부심을 피력하기도 했다.[57] 이처럼 황윤석은 10대 후반부터 『성리대전』을 구명하기 위해 노심초사했고[58] 이러한 그의 노력은 평생토록 지속되었다.

황윤석이 『성리대전』에 대한 탐구와 함께 병행한 것은 율력(律曆: 律呂 · 曆象)에 대한 연구였다. 황윤석은 10대 후반부터 『한서(漢書)』 「율력지(律曆志)」에 대한 축조적 분석 작업을 행했다.[59] 영조 43년

---

56 『周易大全』, 卷22, 繫辭上傳, 第11章, 88ㄴ(608쪽 – 영인본 『易經』, 成均館大學校出版部, 1984의 페이지 번호. 이하 같음). "探賾索隱, 鉤深致遠, 以定天下之吉凶, 成天下之亹亹者, 莫大乎蓍龜."

57 『頤齋亂藁』 卷1, 戊辰(1748년), 「感春詩四十韻 并序 五言排律」(一, 70쪽). "遂於是書所載易範河洛律曆聲韻之說, 大覃思歷歲, 頗覺一二窺班, 乃踊躍喜悅而忘寢食者, 又不日月, 則外此書, 共如地志算術字學詩格兵陣畵品琴譜雜藝, 蓋亦不無旁及, 而碍者通, 疑者信, 晦者明. 噫, 易繫所謂鉤深致遠, 則吾豈敢然, 亦不可謂之無得也."

58 『頤齋亂藁』 卷1, 戊辰(1748년), 「感春詩四十韻 并序 五言排律」(一, 70쪽). "向余之勞神焦思, 心欲究闡是書者 ……." 여기서 '是書'는 『性理大全書』를 가리킨다.

59 『頤齋亂藁』 卷1, 丙寅(1746년), 「前漢書律曆志解卽三統曆法也. 餘見下」(一, 33~36쪽); 『頤齋亂藁』 卷1, 丙寅(1746년), 「前漢書律曆志解餘見下」(一, 40~41쪽); 『頤齋亂藁』 卷1, 丙寅(1746년), 「前漢書律曆志解餘見下」(一, 41~42쪽); 『頤齋亂藁』 卷1, 丙寅(1746년), 「前漢書律曆志解餘見下」(一, 45~47쪽); 『頤齋亂藁』 卷1, 丙寅(1746년), 「前漢書律曆志解」(一, 48~49쪽); 『頤齋亂藁』 卷1, 丁卯(1747년), 「漢書律曆志解」(一, 49~54쪽); 『頤齋亂藁』 卷1, 戊辰(1748년), 「前漢志解餘見上」(一, 78~80쪽).

(1767)에 황윤석은 이영옥(李英玉)과의 대화에서 『한서』「율력지」는 세상에 전해지면서 잘못된 인쇄로 인해 오자(誤字)와 착간(錯簡)이 있는데 지금까지 이를 개정한 사람이 하나도 없으니 한탄스럽다고 하면서, 자신이 이미 개정 작업을 마쳤으니 당세의 식자들에게 질의하고 싶다고 한 바 있다.[60] 이처럼 황윤석은 『한서』에 잘못된 내용과 글자[錯簡訛字]가 많다고 판단했고 「율력지」의 경우에는 교정이 필요하다고 보았던 것이다.[61] 그는 『한서』「율력지」를 교정하면서 논리적 추론[意推]과 산학(算學)에 의한 검증[算驗], 다른 책을 통한 방증[旁證他書]의 방법을 사용했으며, 이를 통해 다른 사람들이 쉽게 「율력지」의 내용에 접근할 수 있게 했다고 자부했다.[62]

이상에서 살펴보았듯이 황윤석은 10대 후반에 『성리대전』을 탐구하는 한편 율력학에 대한 연구를 병행하고 있었다. 이와 같은 사실은 그가 당시에 『이수신편』의 편찬에 착수할 수 있었던 정황을 방증해 주는 것이라 할 수 있다. 그렇다면 『이수신편』의 편찬 시점을 둘러싼 그간의 의문을 해결할 수 있는 방법은 무엇일까? 아마도 가장 효과적인 방법은 『이수신편』의 본문에 수록되어 있는 황윤석의 안설(按說)을 꼼꼼히 검토하는 것이 아닐까 한다. 안설에 가끔씩 등장하는 연도를 참조하면 관련 자료의 작성 시점을 추정할 수 있기 때문이다.

60 『頤齋亂藁』 卷9, 丁亥(1767) 12월 9일(二, 51쪽). "余言 …… 如漢之律曆志, 亦被古今傳印之訛, 以至字誤簡錯, 而千載無一人釐正者, 甚可恨也. 吾旣釐正, 思欲質於當世識者, 尊或不鄙則幸矣."

61 『頤齋遺藁』 卷8, 「與柳定民永履書乙巳」, 33ㄱ(246책, 181쪽). "曾閱漢書, 其有錯簡訛字, 如律曆志者, 不免爲之釐正."

62 『頤齋遺藁』 卷12, 「題家藏高麗宣明曆志」, 1ㄴ(246책, 259쪽). "余於此般處, 蓋嘗病之. 旣校正漢律曆志, 或以意推, 或以算驗, 或又旁證他書, 庶後我而覽者, 可易通透."

『이수신편』에는 영조 20년(1744)에 작성한 것으로 보이는 안설도 있다. 예컨대 소옹(邵雍)의 원회운세설(元會運世說)을 설명하는 대목에 붙인 안설이 대표적이다. 황윤석은 하늘이 열리는 개벽의 시점으로부터 당시까지의 연수를 계산했는데, 그 하한이 건륭(乾隆) 9년(1744)이었다. 그는 여기에서 '지금(至今)'이라는 표현을 사용했다.[63] 『이수신편』 권5에는 「국조석본천문도이십사기혼효중성(國朝石本天文圖二十四氣昏曉中星)」이라는 글이 수록되어 있다. 태조 때 제작한 「천상열차분야지도(天象列次分野之圖)」에 기재된 24기 혼효중성(昏曉中星)에 대한 내용을 전재한 것이다. 그런데 그 주석에서 "홍무 28년 을해(1395) 2월에 정한 것이므로, 지금 건륭 무진년(1748)과의 거리가 354년에 이르므로 마땅히 4도기(度奇)의 차이가 있다. 75년 퇴(退)1도(度)법을 썼다"라고 하였다.[64] 따라서 이 글의 작성 시점은 영조 24년(1748)으로 보아야 한다. 실제로 황윤석은 그해 9월[季秋]에 「천상열차분야지도」의 모본(模本)을 얻어서, 그것을 책 상자에 넣어두고 때때로 살펴보았다고 한다.[65]

『이수신편』 권2에는 「남북고저설(南北高低說)」이라는 논설이 수록

---

63 『理藪新編』 卷2, 天度, 「邵康節經世一元消長之圖朞數」, 30ㄱ(125쪽). "右歷年自天開甲子, 至乾隆九年甲子(胡淸年號), 凡六萬八千七百六十一年. …… 按元氏曰(元氏說, 本文多誤, 故改定如此), 自天開甲子, 至泰定元年甲子, 得六萬八天三百四十一年. 今按自泰定二年乙丑, 退數至今淸主乾隆九年甲子, 爲四百二十年, 合計如右."

64 『理藪新編』 卷5, 星辰, 「國朝石本天文圖二十四氣昏曉中星」, 12ㄱ(321쪽). "洪武二十八年乙亥二月所定, 距今乾隆戊辰, 三百五十四年, 當差四度奇, 用七十五年退一度法."

65 『理藪新編』 卷5, 星辰, 「星名摠括歌」, 38ㄱ(373쪽). "余偶得洪武乙亥觀象石刻本, 稍古, 因模出, 藏于箱笥, 時時披玩, 雖曰模本, 而若較於世上所傳本子, 則似稍精矣. 時崇禎三戊辰(1748년 – 인용자 주)季秋也. 其宿度之數, 從三統曆. 崇禎三庚寅(1770년 – 인용자 주)改刻, 然而不及西洋新測黃赤二極分南北圖者之最精也."

되어 있는데, 황윤석은 이 글의 작성 시점을 "기사년 12월에 붓 가는 대로 쓰다"라고 기록하였다. 기사년 12월, 즉 영조 25년(1749) 12월에 작성했다는 뜻이다.[66]

황윤석은 『이수신편』의 권3에 '역법(曆法)'에 대한 다양한 내용을 수록하였다. 그 가운데 '역법본원(曆法本原)'이라는 항목은 대체로 『성종명격(星宗命格)』에서 인용한 것으로 보인다. 『성종명격』은 당(唐)의 장과(張果)가 편찬한 10권짜리 책으로 성명학(星命學)에 대한 점서로 알려져 있으며, '장과성종(張果星宗)', '과로성종(果老星宗)' 등으로도 불린다.[67] '역법본원'의 세목 가운데 「정절기시각법(定節氣時刻法)」이 있는데, 이는 절기 시각을 계산하는 간단한 방법을 설명한 것이다. 요컨대 24절기의 날짜와 시각은 매년 5일(日) 25각(刻)의 차이가 나며, 따라서 만약 갑자년(甲子年) 정월(正月) 갑자일(甲子日)의 묘초(卯初) 초각(初刻)이 입춘(立春)이었다면, 여기에 날짜 5일과 시각 25각을 더하면 기사일(己巳日) 오초(午初) 초각(初刻)이 되니, 이것이 다음 해인 을축년(乙丑年)의 입춘이 된다는 것이다.[68]

갑자일(甲子日)+5일=기사일(己巳日)
[甲子－乙丑－丙寅－丁卯－戊辰－己巳]

---

66 『理藪新編』 卷2, 天地附氣, 「南北高低說」, 17ㄱ(99쪽). "歲己巳十二月漫識."

67 현재 규장각에는 張果의 『星宗命格』을 明의 陸位가 편집한 『新編評註通玄先生張果星宗大全』(청구기호: 奎中4869)이 소장되어 있으며, 중국의 여러 도서관에는 『果老星宗命格大全』, 『張果星宗命格大全』 등이 소장되어 있다.

68 『理藪新編』 卷3, 曆法, 曆法本原, 「定節氣時刻法」, 28ㄱ(195쪽). "節氣日刻, 每年差五日二十五刻. 如甲子正月甲子日卯初初刻立春, 日加五, 刻加二十五, 得己巳日午初初刻, 爲乙丑年立春. 餘倣此."

묘초(卯初) 초각(初刻)+25각=오초(午初) 초각
[卯初初刻 - 辰初初刻 - 巳初初刻 - 午初初刻][69]

황윤석은 이와 유사한 내용의 몇 가지 명제를 나열했는데, 그 가운데 마지막 조목이 "63년마다 1기(氣)가 같으니, 천간(天干)은 움직이지 않고, 지지(地支)는 상충한다[冲]"는 것이었다. 이는 63년의 시간적 거리가 있는 두 날짜 가운데 앞의 정월 초1일의 간지가 갑오(甲午)라면 뒤의 초1일의 간지는 갑자(甲子)가 되어 천간은 같지만 지지는 오(午)와 자(子)로 서로 상충한다는 것이었다.[70] 황윤석은 이 조목 아래에 안설을 붙여 하나의 사례를 제시하였다. 강희(康熙) 무진년(戊辰年 : 1688)부터 건륭(乾隆) 경오년(庚午年 : 1750)까지가 63년이므로 이것을 인용해서 설명하였던 것이다.[71] 그 내용은 아래와 같다.

年月	朔	上弦	望	下弦
康熙戊辰正月	乙亥	小七日辛巳	十五日己丑	二十三日丁酉
乾隆庚午正月	乙巳	小七日辛亥	十五日己未	二十三日丁卯

위의 표에서 볼 수 있듯이 상하로 63년의 간격이 있는 두 해의 정월 초하루의 간지는 천간 을(乙)은 변하지 않고, 지간은 해(亥)와 사(巳)로 상충한다. 현망회삭(弦望晦朔)의 날짜 역시 이에 준해서 추정할

69 전통적 시각법에 따라 하루를 12時=100刻이라고 하면 25각은 3시간에 해당한다. 따라서 卯初 初刻에 3시간을 더하면 午初 初刻이 된다.

70 『理藪新編』 卷3, 曆法, 曆法本原, 「定節氣時刻法」, 29ㄱ(195쪽). "六十三年一氣同, 天干不動, 地支冲(若六十三年正月初一, 是甲午, 後六十三年初一日, 便是甲子)."

71 『理藪新編』 卷3, 曆法, 曆法本原, 「定節氣時刻法」, 29ㄱ(197쪽). "按, 康熙戊辰及乾隆庚午, 上下六十三年, 故引而明之."

수 있으니 매우 간단명료하고 하였다.[72]

여기에서 일단 유의할 것은 황윤석이 건륭 경오년을 하나의 기준점으로 설정했다는 사실이다. 이는 그가 이 글을 작성할 당시의 시점과 관련이 있지 않을까 한다. 그렇다면 이 글은 영조 26년(1750) 무렵에 작성한 것이라고 볼 수 있다. 이와 같은 사례는 그 뒤에서도 확인할 수 있다. 황윤석은 『이수신편』 권3의 말미에서 역대 역법을 소개하면서 청(淸)에서 편찬한 『어제역상고성(御製曆象考成)』의 산법을 간략히 논하고, 그 뒤에 자신의 안설을 붙였는데, 이 글의 작성 시점이 영조 26년(1750) 11월로 되어 있다.[73] 황윤석은 이 글에서 태초 원년부터 건륭 기사년(己巳年 : 1749)까지가 1853세(歲)라고 계산하고 있다.[74] 유사한 사례는 『이수신편』의 권8에서도 찾아볼 수 있다. 여기에는 태초 원년(B.C. 104)부터 건륭 15년(1750)까지가 1854세라는 계산이 수록되어 있다.[75]

황윤석이 『이수신편』의 서문에서 "그대의 모습을 보니 외모는 어린아이를 벗어나지 못하였는데 고담(高談)은 매번 성명(性命)에 이르는구나"[76]라는 주희의 말을 인용한 대목에도 유의할 필요가 있다. 황

---

72 『理藪新編』 卷3, 曆法, 曆法本原, 「定節氣時刻法」, 29ㄴ(197쪽). "正月朔天干乙不動, 地支巳亥相冲. 凡弦望晦朔, 皆倣此推之, 甚簡捷."

73 『理藪新編』 卷3, 曆法, 「胡淸御製曆象考成所載」, 42ㄱ(223쪽). "上之二十六年庚午十一月初三日, 西溟子黃胤錫序."

74 『理藪新編』 卷3, 曆法, 「胡淸御製曆象考成所載」, 42ㄱ~ㄴ(223쪽). "自漢太初元年丁丑, 至胡淸乾隆己巳, 合一千八百五十三歲."

75 『理藪新編』 卷8, 漢書, 律曆志, 三通曆法太極上元以來歲數, 30ㄴ(680쪽). 황윤석은 『한서』 「율력지」를 교정하는 과정에서 몇 가지 계산을 수행하고 있는데, 그 가운데는 乾隆 己巳年(1749), 乾隆 丙寅年(1746)을 하한으로 설정하고 있는 것도 있다[『理藪新編』 卷8, 漢書, 律曆志, 世經, 22ㄴ(664쪽); 『理藪新編』 卷8, 漢書, 律曆志, 世經, 29ㄴ(678쪽)].

윤석은 이 말을 깊이 경계하고 있으며, 자신이 이를 범했기 때문에 『이수신편』을 펼칠 때마다 부끄러워서 땀을 흘리지 않은 적이 없다고 하였다.[77] 이는 자신이 어린아이의 외모를 벗어나지 못한 시절에 '이수(理數)'에 대한 담론을 책으로 엮었기 때문이라고 볼 수 있다.

이처럼 『이수신편』에는 황윤석이 10대 후반에 편찬 작업을 하였음을 보여주는 안설이 있는 반면에 그 이후 상당한 시간이 경과하고 나서 작성했다고 여겨지는 내용도 수록되어 있다. 기존의 연구에서 이미 언급한 바와 같이 『이수신편』 권20의 『운학본원(韻學本源)』에는 여러 자료가 인용되어 있는데 그 가운데는 영조 41년(1765)경 간행된 『몽어노걸대(蒙語老乞大)』가 포함되어 있다.[78] 이는 『이수신편』의 서문에 기재되어 있는 영조 20년 이후에도 수정 내지 보완 작업이 진행되었음을 보여주는 사례이다.

이러한 상황을 해석할 수 있는 방법은 크게 두 가지이다. 하나는 이전에 몇몇 연구자들이 의심했던 것처럼 『이수신편』의 편찬은 장기간에 걸쳐 이루어졌고, 『이수신편』 서문의 날짜 기록에 오류가 있다고 판단하는 것이다. 다른 하나는 『이수신편』을 펼칠 때마다 주자의

---

76 『朱子語類』 卷115, 朱子12, 訓門人3, 2,784쪽(點校本 『朱子語類』, 北京: 中華書局, 1994의 페이지 번호. 이하 같음). "問, 何以驗得性中有仁義禮智信. 先生怒曰, 觀公狀貌不離乎嬰孩, 高談每及於性命." 이때 주희가 훈계한 제자는 甘節(字 吉父=吉甫, 臨川人)이었다. 그는 주희의 만년 제자였던 것으로 보인다. 주희의 문집에는 감절에게 보낸 답서 2통이 수록되어 있는데 모두 1197년(丁巳)에 보낸 것으로 추정되고 있다[陳來(1986), 434~435쪽].

77 『理藪新編』 卷1, 「理藪新編序」, 1ㄴ(4쪽). "肽余有深戒者焉, 貌不離於嬰孩而談每及於性命, 寔又朱子之訓, 而余方有犯於此戒, 故每披是書, 未嘗不愧汗云."

78 『理藪新編』 卷20, 韻學本源, 「蒙語老乞大十二字頭文」, 64ㄴ(1,878쪽). 황윤석은 이 책의 간행이 영조 40년(1764) 司譯院 提調 韓翼謩의 발의에 의해 시작된 것으로 보았다.

경계 말씀이 생각나서 부끄러웠다는 서문의 언급이나, 1757년 당시 "근자에는 비록 열람하기를 그만두었으나[近雖廢閱]"라고 한 황윤석의 발언에 주목하여 1740년대 중·후반에 활발히 진행되었던 『이수신편』의 편찬은 1750년대 중반 이전에 일단 마무리되었고, 그 이후에는 단속적으로 수정과 보완 작업이 이루어졌다고 보는 것이다. 두 가지 해석 가운데 어느 것이 옳은 것인지 현재로서는 단언할 수 없다. 따라서 『이수신편』의 편찬 과정에 대해서는 앞으로 보다 정밀한 검토가 필요할 것으로 보인다.[79]

3. 편목(篇目)의 설정과 편집 방식

1) 편목의 설정

앞에서 이미 언급하였듯이 『이수신편』은 "(『성리대전』의) 조례를 모방하여, 『성리대전』에 근본을 두고 여러 가지 책[群書]을 참고하는 한편 자신의 견해를 덧붙여 거질을 편성"한 것이었다. 이를 통해 『이

79 『이수신편』에 등장하는 '李朝'라는 표현에도 유의할 필요가 있다. 『이수신편』의 목차와 본문 가운데는 '李朝'라는 표현이 가끔씩 등장하는데[『理藪新編』 卷1, 目錄, 3ㄱ(9쪽). "李朝石本天文圖二十四氣昏中星 …… 李朝書雲觀石本天文圖所載二十八宿星數度數去極度數."; 『理藪新編』 卷3, 「歷代曆法」, 25ㄱ(189쪽). "李朝觀象監皆掌天文也."; 『理藪新編』 卷12, 皇極經世書, 附訓民正音, 56ㄴ(1,062쪽). "李朝世宗大王所製二十八字, 卽今諺文也."; 『理藪新編』 卷12, 皇極經世書, 附訓蒙字會諺文字母, 58ㄱ(1,065쪽). "李朝崔世珍, 嘉靖六年製進."; 『理藪新編』 卷19, 古文, 入學圖說, 35ㄴ(1,726쪽). "李朝權近前後集."] 이는 황윤석 당시의 기록이라고는 볼 수 없다. 아마도 일제강점기에 편집과 출판 작업을 하면서 총독부의 강요에 의해 본래의 표현인 '國朝'나 '本朝'를 수정한 것으로 보인다.

수신편』의 구성에 중요한 역할을 하는 '조례'가 기본적으로 『성리대전』의 그것을 따르고 있음을 알 수 있다. 실제로 『성리대전』과 『이수신편』의 편목을 비교해 보면 아래의 표와 같이 상당한 유사성을 확인할 수 있다.

〈표 1〉 『이수신편(理藪新編)』과 『성리대전(性理大全)』의 편목(篇目) 구성 비교

『理藪新編』		『性理大全』		비고
권	목차	권	목차	
1	太極圖	1	太極圖	
2	理氣 太極 天地 天度	26	理氣 1, 總論 太極 天地 天度	
3	曆法	26	天度曆法附	
4	日月 付測景	27	理氣 2, 天文 日月	
5	星辰 陰陽 五行 四時	27	理氣 2, 天文 星辰 陰陽 五行 四時	
6	地理	27	理氣 2, 天文 地理潮汐附	
7	周易綱領	14~17	易學啓蒙	易學啓蒙(축약)+朱子語類 실제로는 『周易傳義大全』의 卷首
8	漢書			『漢書』「律曆志」
9	性理 花潭集抄	29~37	性理 1~9	
10	通書	2~3	通書	
11	西銘 正蒙	4 5~6	西銘 正蒙 1~2	

12~13	皇極經世書	7~13	皇極經世書 1~7	
14	洪範皇極內篇	24~25	洪範皇極內篇 1~2	
15	易學啓蒙	14~17	易學啓蒙 1~4	
16	君道	65	君道	
17	治道	66~69	治道 1~4	
18	學	43~56	學 1~14	
19	古贊 古箴 古銘 古文	70	文	
20	韻學本源			梅膺祚, 『字彙』
21	算學入門			
22	算學入門			
23	算學本源			朴繘, 『算學原本』

『이수신편』과 『성리대전』의 편목 구성을 비교한 위의 표를 보면 다음과 같은 몇 가지 사실을 확인할 수 있다. 첫째, 양자 사이에는 동일한 제목으로 편목을 구성한 것이 여럿 있다. 『이수신편』의 권1부터 권6까지와 권9부터 권19까지가 그것이다. 물론 동일한 제목의 편목이라고 해서 내용까지 완전히 일치하는 것은 아니다. 황윤석 자신의 선별 작업에 따라 세부적 내용에서 적잖은 출입과 보완이 있었고, 곳곳에서 간략한 주석 작업을 시도했다는 사실을 염두에 두어야 한다.

둘째, 『성리대전』에는 독립된 편목으로 구성되어 있는데 『이수신편』에서는 전혀 수록하지 않은 것도 있다. 가례(家禮 : 권18~21), 율려신서(律呂新書 : 권22~23), 귀신(鬼神 : 권28), 도통(道統)과 성현(聖賢 : 권38), 제유(諸儒 : 권39~42), 제자(諸子 : 권57~58), 역대(歷代 : 권59~

64), 시(詩 : 권70) 등이 대표적이다. 이는 일단 『이수신편』이 '태극이기지설', '홍범경세지학', '계몽역윤지법'을 중심으로 구성하려는 목적을 지니고 있었기 때문이라고 볼 수 있다. 그러나 그 궁극적 이유에 대해서는 더 탐구해 볼 필요가 있다.

셋째, 『성리대전』에는 없는데 『이수신편』에서 별도의 편목으로 구성한 것들이 있다. 주역강령(周易綱領 : 권7), 한서(漢書 : 권8), 운학본원(韻學本源 : 권20), 산학입문(算學入門 : 권21~22), 산학본원(算學本源 : 권23) 등이 그것이다. 그 내용이 주역, 율력, 음운학, 산학과 관련되어 있다는 것이 일단 눈에 띈다. 앞에서 언급한 바와 같이 황윤석은 10대 후반부터 『한서』「율력지」에 대한 축조적 분석 작업을 시도한 바 있다. 그는 그 성과물을 『이수신편』의 권8에 수록하였다. 다음의 사례를 통해 편집 방식의 일단을 확인해 보기로 하자.

『한서』「율력지」에는 삼통력(三統曆) 계산법의 일종인 '중삭상구지술(中朔相求之術)'이 수록되어 있다.[80] 당연히 이 대목은 『이수신편』에도 수록되어 있고 황윤석은 이에 대해 상세한 주석을 달았다.[81] 그런

---

80 『漢書』卷21上, 律曆志 第1上, 983~984쪽(點校本『漢書』, 北京: 中華書局, 1997의 페이지 번호. 이하 같음). "四分月法, 以其一乘章月, 是爲中法. 參閏法爲周至, 以乘月法, 以減中法而約之, 則六[七]扐之數, 爲一月之閏法, 其餘七分. 此中朔相求之術也."

81 『理藪新編』卷8, 漢書, 律歷志, 5ㄱ~ㄴ(629~630쪽). "四分月法, 爲通法[通法, 本作周至, 誤], (是乘月法)[此一句, 當爲衍文, 此下多錯字], 以(其一)[卽四分月法之一也, 卽上文通法也. 然亦當爲衍文]乘章月, 是爲中法. 參閏法爲周至, 以乘月法, 以減中法而約之, 則六扐之數, 爲一月之閏法, 其餘七分[以周至乘月法, 得十三萬六千三百四十四, 以減於中法 餘四千一百八十六, 爲一月之閏法也, 合一年閏法, 以六扐之數約之, 得七分. ○周至乘月法, 卽十九乘六扐者. 其十三萬六千三百四十四, 爲二十九日二千四百五十一分日法, 以元法爲準, 四千一百八十六, 合十二月, 得五萬空二百三十二, 爲十日四千空六十二分. ○中法下十八字, 當云爲一月之閏法, 是乘歲中(卽上衍文, 是乘月法之改正者), 以(而字之改正者)六扐之數約之, 則一歲(亦上衍文, 其一之改正

데 『이재난고』를 보면 황윤석은 해당 구절에 문제가 있다고 보아 원문을 자신의 방식으로 새롭게 61자로 개정한 다음[82] 이에 대해 상세히 논한 바 있다. 여기에서 우리가 주목해야 할 것은 황윤석이 10대 후반에 『한서』 「율력지」를 축조적으로 검토하면서 작성한 글에 『이수신편』에 수록된 주석의 내용이 등장한다는 사실이다. 『이수신편』의 주석 내용을 『이재난고』의 관련 내용과 비교·정리하면 다음과 같다.

〈표 2〉 '중삭상구지술(中朔相求之術)'에 대한 황윤석의 주석

주석 항목	『理藪新編』의 주석	『頤齋亂藁』 「前漢書律曆志解」	典據 (『頤齋亂藁』)
1	以周至乘月法, 得十三萬六千三百四十四, 以減於中法, 餘四千一百八十六, 爲一月之閏法也, 合一年閏法, 以六扐之數約之, 得七分.	以周至乘月法, 得一十三萬六千三百四十四 …… 以減於中法, 則餘四千一百八十六, 是爲一月之閏法也.	一, 46쪽
2	周至乘月法, 卽十九乘六扐者. 其十三萬六千三百四十四, 爲二十九日二千四百五十一分日法, 以元法爲準, 四千一百八十六, 合十二月, 得五萬空二百三十二, 爲十日四千空六十二分.	以周至乘月法, 得一十三萬六千三百四十四【以五十七乘八十一, 得四千六百一十七, 是爲元法, 故以周至乘月法得數, 則爲二十九日二千四百五十一分也】以減於中法, 則餘四千一百八十六, 是爲一月之閏法也. 十二月閏法合計, 五萬○二百三十二矣.	一, 46쪽

者), 其餘七分, 如此則並上衍文共六字, 以爲二十四字, 而或因或改, 或離或倒, 數與理相符, 而文亦順而明矣. 此乃千餘年訛處, 而無人改正, 故今爲之改正, 以待百世云. ○以四十九兩之, 得九十八. 以九十八三之, 得二百九十四, 以二百九十四四之, 得一千一百七十六. 又以一十九加一, 爲二十, 以加上數, 得一千一百七十六, 爲一扐之數 以此兩之, 得二千三百九十二, 再扐爲一月之法 以此三之, 爲七千一百七十六, 是爲六扐之數. 以十九乘之, 是爲一月之法. ○閏法內一分, 當一日二千五百五十九分]. 此中朔相求之術也."

82 『頤齋亂藁』 卷1, 丙寅(1746년), 「前漢書律曆志解餘見下」(一, 46쪽). "四分月法爲通法, 以乘章月, 是爲中法. 參閏法爲周至, 以乘月法, 以減中法, 爲一月之閏法, 是乘歲中, 以六扐之數約之則一歲. 其餘七分, 此中朔相求之術也."

3	中法下十八字，當云爲一月之閏法，是乘歲中(卽上衍文，是乘月法之改正者)，以(而字之改正者)六扐之數約之，則一歲(亦上衍文，其一之改正者)，其餘七分，如此則並上衍文共六字，以爲二十四字，而或因或改，或離或倒，數與理相符，而文亦順而明矣. 此乃千餘年訛處，而無人改正，故今爲之改正，以待百世云.	右六十一字，次序多錯，蓋漢書此本，坊刊舘印之訛，未知幾百年顚倒也. 此六十一字，今擬改正曰，四分月法爲通法，以乘章月，是爲中法，參閏法，爲周至，以乘月法，以減中法，爲一月之閏法，是乘歲中，以六扐之數約之，則一歲，其餘七分. 此中朔相求之術也. 亦六十一字如此乃始歸正.	一，46쪽.
4	以四十九兩之，得九十八. 以九十八三之，得二百九十四，以二百九十四四之，得一千一百七十六. 又以一十九加一，爲二十，以加上數，得一千一百七十六，爲一扐之數 以此兩之，得二千三百九十二，再扐爲一月之法，以此三之，爲七千一百七十六，是爲六扐之數. 以十九乘之，是爲一月之法.	①爲月法之實者，謂以四十九兩之，得九十八，以九十八三之，得二百九十四，以二百九十四四之，得一千一百七十六. 又以一十九加一，得二十，以二十合一千一百七十六，爲一千一百九十六，以此數兩之，得二千三百九十二，是爲月法之實也【其所以兩之，而得二千三百九十二者 所以象再扐者也】. ②月法之實，爲再扐之數，以此三之，得七千一百七十六，是爲六扐之數.	①一，45쪽 ②一，46쪽
5	閏法內一分，當一日二千五百五十九分.	以周天全數之日作二百三十五個分之，每個各一日二千五百五十九分，日法以元法爲準，一十九個爲一月，七個爲一歲之閏日也.	一，54쪽

요컨대 황윤석은 자신이 10대 후반에 정리했던 글을 『이수신편』 권8의 ‘중삭상구지술’ 항목의 주석으로 수록했던 것이다. 이는 황윤석이 『이수신편』의 편찬에 착수하게 된 시점을 짐작할 수 있는 단서일 뿐만 아니라, 그가 자신의 연구 성과를 『이수신편』의 편집에 어떻게 활용했는지를 확인할 수 있는 하나의 사례가 될 수 있다. 아래에서는 권7과 권19의 내용 구성을 중심으로 『이수신편』의 편집 방식을 구체적으로 확인해 보고자 한다.

2) 편집 방식의 구체적 사례

『이수신편』 권7의 편목은 '주역강령'이다. 황윤석은 그 내용이 "모두 『역학계몽』의 학설을 사용했고, 사이에 『주자어류(朱子語類)』의 학설을 인용하였다"라고 주석을 달았다.[83] 그런데 실제로 살펴보면 권7에는 『역학계몽』의 모든 내용이 수록되어 있지 않다. 대체로 『역학계몽』의 '본도서(本圖書)'와 '원괘획(原卦畫)' 부분이 수록되어 있으며, 그것도 『성리대전』에 수록된 『역학계몽』의 편찬 차서를 따르지 않았다. 대체로 『주역전의대전(周易傳義大全=周易大全)』의 권수(卷首) 부분을 인용한 것으로 확인된다.[84]

〈표 3〉 『이수신편』 권7, 주역강령(周易綱領)의 내용 구성

제목	내용	전거	비고
周易綱領	朱子圖說 　本圖書 第一 　河圖 　洛書 　附權近圖說 　伏羲八卦次序之圖 　原卦畫 第二 　啓蒙圖 　伏羲八卦方位之圖 　伏羲六十四卦次序儀象遞生圖 　伏羲六十四卦方位圖 　附參同契納甲圖 　總圖 　六十四卦分屬八宮圖 　五位配卦	本義圖說 이하 『周易大全』 卷首 權近, 『入學圖說』 이하 『周易大全』 卷首 魏伯陽, 『周易參同契』	 李滉, 『啓蒙傳疑』, 參同契納甲圖

83 『理藪新編』 卷7, 周易綱領, 1ㄱ(519쪽). "皆用易學啓蒙說, 間引語類說."
84 『周易大全』 卷首, 6ㄱ~64ㄱ(9~38쪽).

文王八卦次序 文王八卦方位 卦變圖	이하 『周易大全』 卷首	
總論(明 周顒 注)	王柏, 『天地萬物造化論』	
附錄	『性理大全』 卷24, 洪範皇極內篇 1, 洪範皇極內篇 下 『性理大全』 卷22, 律呂新書 1, 律呂本原	林泳의 학설 첨부
附樂說		

위의 표에서 볼 수 있듯이 『이수신편』 권7의 전반적 내용은 『주역대전』 권수를 인용해서 편집하였다. 중간에 권근(權近)의 『입학도설(入學圖說)』과 위백양(魏伯陽)의 『주역참동계(周易參同契)』를 인용했는데, 『주역참동계』는 직접 인용이 아니라 이황(李滉)의 『계몽전의(啓蒙傳疑)』에서 가져온 것이다. 이처럼 '주역강령'의 대략적 내용을 정리한 다음 황윤석은 '총론' 부분에 주옹(周顒)이 주석을 붙인 왕백(王柏, 1197~1274)의 『천지만물조화론(天地萬物造化論)』(이하 『조화론』으로 약칭) 전문을 수록하였다. 『조화론』은 16장의 짧은 분량에 지나지 않지만 천지와 인간을 포함한 만물의 생성 · 변화의 원리를 포괄하고 있는 저술이었다. 따라서 독자들은 『조화론』을 통해 천지만물에 대한 종합적 지식을 간편하게 습득할 수 있었다. 이와 같은 간편성과 종합성은 『조화론』의 광범한 유통에 기여했을 것이라고 판단된다. 경상도 사천(泗川) 지역 출신인 이정(李楨)이 일찍부터 『조화론』을 소지하고 있었고, 조선후기에는 전라도 남원에 세거했던 최시옹(崔是翁)이나 경상도 경주 지역을 중심으로 활동했던 한여유(韓汝愈), 전라도 순창의 양응수(楊應秀)와 고창의 황윤석 등이 이 저술에 주목했음을 확인할 수 있다.[85]

권7의 끄트머리에는 '부록'이 붙어 있는데, 여기에서는 『성리대전』에 수록되어 있는 『홍범황극내편(洪範皇極內篇)』에서 일부 내용을 인용하였다. 조선후기 대표적 학자 가운데 한 사람인 임영(林泳, 1649~1696)의 견해를 세주로 수록했다는 점도 눈에 띈다.

권19의 내용 구성은 『성리대전』의 그것과 많은 차이가 있다. 본래 『성리대전』 권70은 시문(詩文)으로 구성되어 있는데, 황윤석은 이 가운데 문(文)을 중심으로 권19의 내용을 채웠다. 그는 역대 문장을 고찬(古贊), 고잠(古箴), 고명(古銘), 고문(古文)으로 나누어 구성했고, 말미에는 잡록(雜錄)을 첨부하기도 했다. 그 가운데 문(文)을 중심으로 양자의 목차 구성을 비교해 보면 다음과 같다.

〈표 4〉 『성리대전』 권70과 『이수신편』 권19의 내용 비교

『性理大全』 卷70, 文		『理藪新編』 卷19	
贊	原象贊(朱子) 述旨贊 明筮贊 稽類贊 警學贊 復卦贊 復卦義贊(南軒張氏) 心經贊(西山眞氏)	古贊	原象贊(朱子) 述旨贊 明筮贊 稽類贊 警學贊 復卦贊 復卦義贊(張南軒) 心經贊(眞希元)
箴	 敬齋箴(朱子) 主一箴(南軒張氏)	古箴	視箴(程子) 聽箴 言箴 動箴 敬齋箴(徽國公) 敬齋箴圖

85 구만옥(2012) 참조.

	勿齋箴(西山眞氏)		勿齋箴(建安先生)
	思誠齋箴		
	夜氣箴		夜氣箴
	理一箴(臨川吳氏)		
			夙興夜寐箴
			夙興夜寐箴圖
銘	東銘(張子)	古銘	
	顔樂亭銘(程子)		顔樂亭銘(程子)
	克己銘(藍田呂氏)		克己銘(呂與叔)
	敬恕齋銘(朱子)		敬恕齋銘(朱子)
	學古齋銘		
	求放心齋銘		
	尊德性齋銘		
	志道齋銘		
	據德齋銘		
	依仁齋銘		
	游藝齋銘		
	崇德齋銘		崇德齋銘
	廣業齋銘		
	居仁齋銘		
	由義齋銘		
	蒙齋銘		蒙齋銘
	敬義齋銘		
	克齋銘(南軒張氏)		
	敬齋銘		
	敦復齋銘		
	恕齋銘		恕齋銘
	主一齋銘		
	敬銘(臨川吳氏)		
	和銘		和銘(吳幼淸)
	自新銘		自新銘
	自脩銘		
	消人欲銘		
	長天理銘		
	克己銘		
賦	拙賦(周子)	古文	拙賦幷序(周子)
	白鹿洞賦(朱子)		白鹿洞賦(朱子)

	遂初堂賦 太極賦(黃溍)		白鹿洞規圖

위의 표에서 일단 확인할 수 있는 것은 『성리대전』 권70, 문 항목의 내용과 비교해 볼 때 『이수신편』의 해당 항목에 수록된 글의 출입이 적지 않다는 사실이다. '찬(贊)'의 경우에는 수록된 글이 동일하지만 '잠(箴)'과 '명(銘)'의 경우는 그렇지 않았다. 예컨대 '잠'의 경우 황윤석은 정자(程子)의 '사잠(四箴)'을 새롭게 추가하면서 진덕수(陳德秀)의 「사성재잠(思誠齋箴)」과 오징(吳澄)의 「이일잠(理一箴)」을 제외하였다. 뿐만 아니라 『성리대전』에는 전혀 언급이 없었던 진백(陳柏)의 「숙흥야매잠(夙興夜寐箴)」을 도(圖)와 함께 수록하였다.

황윤석은 「숙흥야매잠」을 수록하면서 왕백(王柏)과 이이(李珥), 노수신(盧守愼) 등의 관련 내용을 주석으로 첨부하였다. 먼저 왕백이 항상 학자들과 더불어 상채서원(上蔡書院)에서 강론할 때 사람들로 하여금 「숙흥야매잠」 한 본(本)을 써서 좌석의 위에 두게 하였다는 사실을 거론했고,[86] 다음으로 이이가 『성학집요(聖學輯要)』 수기편(修己篇)에서 「숙흥야매잠」에 대해 "이 잠은 배우는 자들이 받아들이기에 매우 절실하며, 수렴하는 데 가장 힘이 될 것이다"[87]라고 한 대목을

86 『理藪新編』 卷19, 古箴, 「夙興夜寐箴(南塘陳柏茂卿天台人)」, 7ㄱ(1,669쪽). "王魯齋柏, 常與學者, 講論于上蔡書院, 使之人寫一本, 置坐右."; 『穌齋先生內集』 上篇, 草創錄 2, 「夙興夜寐箴解初本往復取舍本草」, 1ㄱ(35책, 351쪽). "夙興夜寐箴者, 天台南塘陳先生之所作也. 先生諱柏, 字茂卿. 金華魯齋王先生(諱柏, 字會之), 以爲此箴甚切得受用, 以敎上蔡書院諸生, 使之人寫一本置坐右."; 『穌齋先生內集』 下篇, 懼塞錄甲一, 「夙興夜寐箴」, 1ㄱ(35책, 370쪽).

87 『栗谷全書』 卷20, 聖學輯要 2, 修己 第2上, 收斂章 第3, 14ㄴ(44책, 436쪽). "臣按, 南塘陳柏所作夙興夜寐箴, 甚切於學者受用, 故謹錄于左, 於收斂最有力."

제시했으며,[88] 끝으로 노수신이 「숙흥야매잠」에 대한 해(解)를 작성했는데, 이는 그의 문집인 『소재집(穌齋集)』의 구색록(懼塞錄)에서 찾아볼 수 있다고 하였다.[89] 실제로 『소재집』에서 이 내용을 확인할 수 있다.[90]

황윤석은 이어서 이황의 『성학십도(聖學十圖)』 제10도인 「숙흥야매잠도(夙興夜寐箴圖)」를 그 뒤에 첨부하였다.[91] 이처럼 황윤석은 조선에서 이루어진 대표적 연구 성과들을 '잠' 항목에 적극적으로 수록했던 것이다. 실제로 노수신이 「숙흥야매잠」을 분장(分章)하여 주해한 『숙흥야매잠주해(夙興夜寐箴註解)』를 편찬한 것은 조선에서 이를 얼마나 중시하였는지 보여주는 사례라 할 수 있다. 선조 대에 이황은 「숙흥야매잠도」가 포함된 『성학십도』를 국왕에게 진상하였고,[92] 노수신도 『숙흥야매잠주해』를 진상하였으며,[93] 영조는 그의 재위 기간 동안 여러 차례에 걸쳐 『숙흥야매잠』을 진강하도록 한 바 있다.[94]

---

88 『理藪新編』 卷19, 古箴, 夙興夜寐箴(南塘陳柏茂卿天台人), 7ㄱ(1,669쪽). "栗谷李先生曰, 此箴, 甚切於學者受用, 於收斂最有力."

89 『理藪新編』 卷19, 古箴, 「夙興夜寐箴(南塘陳柏茂卿天台人)」, 7ㄱ(1,669쪽). "盧蘇齋守愼撰箴解, 見本集懼塞錄. 凡分八章, 鷄鳴而寤一章, 本旣立矣二章, 乃啓方冊三章, 事至斯應四章, 讀書之餘五章, 日莫人倦六章, 夜久斯寢七章, 養以夜氣八章而終焉."

90 『穌齋先生內集』 下篇, 懼塞錄 甲一, 「夙興夜寐箴」, 1ㄱ~9ㄴ(35책, 370~374쪽).

91 『理藪新編』 卷19, 古箴, 「夙興夜寐箴圖(退溪先生聖學十圖第十)」, 7ㄱ(1,670쪽).

92 『宣祖修正實錄』 卷2, 宣祖 원년 12월 1일(乙亥), 11ㄱ(25책, 412쪽 - 영인본 『朝鮮王朝實錄』, 國史編纂委員會의 책 번호와 페이지 번호. 이하 같음).

93 『宣祖修正實錄』 卷2, 宣祖 원년 12월 1일(乙亥), 12ㄱ(25책, 413쪽).

94 『英祖實錄』 卷56, 英祖 18년 9월 17일(癸酉), 16ㄴ(43책, 69쪽). 이후 영조 22년(1746), 영조 24년(1748), 영조 25년(1749), 영조 30년(1754), 영조 31년(1755), 영조 32년(1756), 영조 33년(1757), 영조 34년(1758), 영조 35년(1759), 영조 36년(1760), 영조 41년(1765), 영조 44년(1768), 영조 46년(1770), 영조 48년(1772) 등등의 실록 기록에서 『숙흥야매잠』의 강의 사실을 확인할 수 있다.

『이수신편』 권19에서 무엇보다 주목해야 할 것은 『성리대전』에서는 찾아볼 수 없는 내용이 수록되어 있다는 점이다. 「백록동부(白鹿洞賦)」 이하의 내용이 바로 그것인데, 이를 표로 정리하면 다음과 같다.

〈표 5〉『이수신편』 권19의 추가 내용과 전거(典據)

『理藪新編』 卷19의 추가 인용 자료 목록	典據
白鹿洞規圖(退溪先生聖學十圖第五)	李滉, 『聖學十圖』
仁說圖(退溪先生聖學十圖第七)	李滉, 『聖學十圖』
性圖	『性理大全』 卷29, 性理 1, 性命, 性, 朱子性圖
書皇極經世後(堯夫先生)	『擊壤集』 卷8, 「書皇極經世後」
小學題辭(晦菴夫子)	『小學』
小學圖(退溪先生聖學十圖第三)	『聖學十圖』
內篇	
外篇	
諸家集註	
鄉三物	
鄉八刑	
小學六藝綱目之圖(說出小學集註)	『小學集註』(小學諸家集註)
大學圖(見我國權近入學圖說○退溪先生聖學十圖第四)	『入學圖說』, 『聖學十圖』
中庸全圖(南塘韓氏元震德邵課[撰]. 本國人)	韓元震, 『經義記聞錄』 卷2
洪範九疇天人合一圖上	『入學圖說』
洪範九疇天人合一圖下	『入學圖說』
無逸之圖	『入學圖說』
周南篇次之圖	『入學圖說』
變風十三國之圖	『入學圖說』
南康別朱先生(靜春劉子澄清之)	劉清之의 詩
周易傳序(程叔子)	程頤, 「易傳序」, 『周易傳義』
律呂新書序(考亭)	『性理大全』 卷22, 律呂新書 1
紫陽夫子詩文鈔錄	
武夷九曲歌	『晦庵集』 卷9, 「淳熙甲辰中春精舍閒居戲作武夷櫂歌十首呈諸同遊相與一笑」
延平水南天慶觀夜作	『晦庵集』 卷9

拜鴻慶耖偶得一絶云云 …… [拜鴻慶宮有感]	『晦庵集』 卷9, 「拜鴻慶宮有感」
答袁機仲論啓蒙	『晦庵集』 卷9
送林熙之	『晦庵集』 卷6, 「送林熙之詩五首」
次呂季克[勝己字季克]東堂九詠, 其一, 野塘小隱	『晦庵集』 卷8, 「次呂季克東堂九詠」
次劉秀野刈麥韻	『晦庵集』 卷3, 「次秀野滄波館刈麥二詩」의 제2수 + 『事文類聚』
次劉秀野蔬食十三韻	『晦庵集』 卷3, 「次劉秀野蔬食十三詩韻」 + 『事文類聚』
巖桂	『晦庵集』 卷1, 「巖桂」 + 『事文類聚』
秋蘭已悴以其根歸學古	『晦庵集』 卷2 + 『事文類聚』
賦水仙花	『晦庵集』 卷5, 「賦水僊花」+事文
遊白鹿洞	『古今事文類聚』 續集, 卷8, 「遊白鹿洞得謝字呈元範伯起之才三兄」
行視武夷精舍作	『晦庵集』 卷9 + 『事文類聚』
鼓銘	『晦庵集』 卷85 + 『事文類聚』
尊德性齋銘	『晦庵集』 卷85 + 『性理大全』
與葉永卿諸人	『晦庵集』 別集, 卷3, 「葉永卿吳唐卿周德之李深子」
詩傳序	『詩經集傳』
詩有六義圖	『詩經集傳』
兼義	『詩經集傳』
四始圖	『詩經集傳』
家禮序(性理大全)	『性理大全』 卷19, 家禮 2
明堂圖說	『晦庵集』 卷68, 「明堂說」
明堂圖	+ 圖
社壇說	『晦庵集』 卷68, 「答社壇說」
入學圖說(權近 前後集)	
周天三辰之圖	이하 權近의 『入學圖說』에서 인용
望前生明之圖	
望後生魄之圖	
五聲八音	
天人心性分釋之圖	
五經體用合一之圖	
五經各分體用之圖	
五行配五經(出雜書)	
春王正月橫看分釋之圖	

雜錄	
程林隱復心子見心學圖(出心經附註○退溪先生聖學十圖第八)	『心經附註』, 總目, 心學圖, 4ㄴ(12쪽)
王魯齋柏人心道心圖	『心經附註』 卷1, 4ㄱ~ㄴ(21~22쪽)
范蘭溪浚茂明舜跖圖	范浚, 『香溪集』 卷5, 「舜蹠圖」
胡雙[雙湖]湖一桂庭芳本義啓蒙論	『周易傳義大全』, 易五贊, 警學의 雙湖胡氏 註
呂東萊官箴	『性理大全』 卷68, 治道 3, 論官蒞政附
秋巒鄭公天命舊圖	『退溪集』 卷41, 「天命圖說後敍附圖」
退溪先生天命新圖	(上同)

위의 표에서 대략적으로 확인할 수 있듯이 황윤석은 『성리대전』의 다른 항목을 비롯해서 다양한 문헌에서 자료를 추출하여 『이수신편』 권19의 뒷부분에 편집하였다. 그가 어떠한 목적과 원칙하에 이와 같은 자료를 나열했는지는 파악하기 어렵다. 수록된 자료의 주제와 범위가 일관되지 않기 때문이다. 인용의 전거도 확실하지 않은 경우가 있다. 예를 들면 「인설도(仁說圖)」의 경우 『성리대전』에도 수록되어 있는 자료인데,[95] 『이수신편』에서 황윤석은 그 전거를 『성학십도』로 제시하였다. 그런데 「인설도」 다음에 인용된 주자의 말은 『성학십도』에 수록된 것이 아니다. 그 내용은 대체로 『주자어류』에서 가져온 것으로 보인다.[96]

95 『性理大全』 卷35, 性理 7, 仁, 仁說圖, 8ㄴ(2,294쪽 – 영인본 『性理大全』, 山東: 山東友誼書社, 1989의 페이지 번호. 이하 같음). 이는 『朱子語類』에도 수록되어 있는데[『朱子語類』 卷105, 朱子 2, 論自注書, 仁說, 李閎祖錄, 2,633쪽], 그 구조를 파악하기 위해서는 주희의 문집에 수록되어 있는 「仁說」를 참조할 수 있다[『晦庵先生朱文公文集』 卷第67, 雜著, 「仁說」, 3,279~3,281쪽(『朱子全書』, 上海古籍出版社 · 安徽教育出版社, 2002 所收 『晦庵先生朱文公文集』의 페이지 번호. 이하 같음)].

96 『朱子語類』 卷105, 朱子 2, 論自注書, 仁說, 李閎祖錄, 2,632쪽; 『朱子語類』 卷105, 朱子 2, 論自注書, 仁說, 沈僩錄, 2,634쪽; 『性理大全』 卷36, 性理 8, 仁義禮智, 10ㄱ(2,367쪽); 『朱子語類』 卷6, 性理 3, 仁義禮智等名義, 楊道夫錄, 119쪽 등에서 추출

황윤석은 『이수신편』 권19에 『소학(小學)』과 관련한 내용을 일부 수록하였다. 특히 입교편(立敎篇)의 "周禮, 大司徒以鄕三物, 敎萬民而賓興之 …… 以鄕八刑, 糾萬民"이라는 대목을 거론했다는 점이 눈에 띈다. 「소학육예강목지도(小學六藝綱目之圖)」라는 그림은 황윤석의 관심사를 보여주는 내용이라 할 수 있다.

〈표 6〉 소학육예강목지도(小學六藝綱目之圖)

六藝	細目			주석
禮	一 吉禮	事邦國之鬼神祇(十二目)	禋祀, 祀昊天, 實柴, 祀日月星辰, 槱燎, 祀司中司命風師雨師, 血祭, 祭社稷五祀五嶽, 狸沈, 祭山林川澤, 疈(音逼)辜, 祭四方百物, 肆獻祼, 享先王, 饋食, 享先王, 春享祠, 夏享禴, 秋享嘗, 冬享烝.	小學, 男子二十, 始學禮 (『小學集註』 卷1, 立敎, "二十而冠, 始學禮.")
	二 凶禮	哀邦國之憂(五目)	喪禮, 哀死亡, 荒禮, 哀凶札, 弔禮, 哀禍災, 禬禮, 哀圍敗, 恤禮, 哀寇亂.	
	三 賓禮	親邦國(八目)	春見曰朝, 夏見曰宗, 秋見曰覲, 冬見曰遇, 時見曰會, 殷見曰同, 時聘曰問, 殷覜曰視.	
	四 軍禮	同邦國(五目)	大師之禮, 用衆, 大均之禮, 恤衆, 大田之禮, 簡衆, 大役之禮, 任衆, 大封之禮, 合衆.	
	五 嘉禮	親萬民(六目)	飮食之禮, 親宗族兄弟, 昏冠之禮, 親成男女, 賓射之禮, 親故舊朋友, 燕饗之禮, 親四方賓客, 脤膰之禮, 親兄弟之國, 賀慶之禮, 親異姓之國.	
樂	一 雲門	黃帝之樂	其德如雲之所出也. ○亦曰承雲, 一云咸池, 黃帝樂. ○帝嚳樂曰六瑩, 亦曰五韺. 顓頊樂曰六誙, 誙同莖.	小學, 童子十三, 學樂 (『小學集註』 卷1,

---

한 것이다.

	二 咸池	帝堯之樂	其德無所不在也. ○亦曰大章.	立敎, "十有三年, 學樂誦詩.")
	三 大韶	帝舜之樂	其德能紹堯之道也. ○亦曰九韶, 韶或作招.	
	四 大夏	大禹之樂	其德能大中國也.	
	五 大濩	成湯之樂	能以寬治民, 其德能使天下得所也. ○亦曰晨露, 濩通頀.	
	六 大武	武王之樂	能伐紂除害, 其德能成武功也. ○周公樂曰勺, 勺同酌.	
射	一 白矢		言矢貫侯, 見其鏃白也.	
	二 參連		言前發一矢, 次三矢連發而去也.	
	三 剡注		謂羽頭高鏃低而去剡剡然也.	
	四 襄尺		襄作讓, 謂與君幷射, 不敢幷立, 讓君一尺而退也.	
	五 井儀		謂四矢貫侯, 如井之容儀也.	
御	一 鳴和鑾	(鳴和鸞)	和與鑾, 皆鈴也. 和在式, 鸞在衡, 馬動則鸞鳴而和應也.	
	二 逐水曲		言御車隨水勢之屈曲而不墜也.	
	三 過君表		謂君表轅門之類. 言急驅車走而入門, 少偏則車軸擊門闑, 而不得入也.	
	四 舞交衢		謂御車在交道旋轉, 應於舞節也.	
	五 逐禽左		謂逆驅禽獸使左, 當人君以射之也.	
書	一 象形		謂日月之類, 象其形體也.	아래의 본문 내용 참조
	二 會意		謂人言爲信, 止戈爲武, 會合人意也.	
	三 轉注		謂考老之類, 文意相受, 左右轉注也.	
	四 處事		謂人在一上爲上, 人在一下爲下, 處得其宜也.	
	五 假借		謂令長之類, 一字兩用也.	
	六 諧聲		謂江河之類, 以水爲形, 工可爲聲也.	

數	一 方田		以御田疇界域	아래의 본문 내용 참조
	二 粟布	(粟米)	以御交質變易	
	三 衰分		以御貴賤廩稅	
	四 少廣		以御積冪方圓(冪音覓)	
	五 商功		以御功程積實	
	六 均輸		以御遠近勞費	
	七 盈朒	(盈不足)	以御隱雜互見(朒女六反)	
	八 方程		以御錯糅正負	
	九 句股		以御高深廣遠	

이상과 같은 구성은 대체로 『소학집주』 입교(立敎)의 해당 항목을 옮겨 놓은 것이다. 황윤석이 「소학육예강목지도」의 제목 아래에 "설은 『소학집주』에 나온다"고 주석을 붙인 이유가 여기에 있었다. 이와 함께 황윤석은 예(禮)·악(樂)과 서(書)·수(數)의 항목 아래에도 주석을 달았다. 예·악 항목의 주석이 『소학집주』의 내용을 그대로 옮긴 것이라면 서·수 항목의 그것은 『한서』 「예문지(藝文志)」를 인용하여 자신의 견해를 부연했다는 점에서 주목된다.

황윤석은 먼저 『한서』 「예문지」의 서적 분류 방식에서 '소학가(小學家)'를 따로 설정했다는 점에 주목했다. 널리 알려진 바와 같이 『한서』 「예문지」의 서적 분류 방식은 유향(劉向)과 유흠(劉歆) 부자에 의해 정리된 『칠략(七略)』을 따르고 있다. 이른바 집략(輯畧), 육예략(六藝畧), 제자략(諸子畧), 시부략(詩賦畧), 병서략(兵書畧), 술수략(術數畧), 방기략(方技畧)이 그것이다.[97] 반고(班固)는 이 가운데 육예략 부분에

97 『漢書』 卷30, 藝文志 第10, 1,701쪽(點校本 『漢書』, 北京: 中華書局, 1997의 페이지 번호. 이하 같음).

역가(易家), 서가(書家), 시가(詩家), 예가(禮家), 악가(樂家), 춘추가(春秋家), 논어가(論語家), 효경가(孝經家), 소학가(小學家)의 서적을 배치했던 것이다.[98] 황윤석은 이에 근거하여 다음과 같은 주석을 달았다.

> 반고의 『한서』 「예문지」에는 예악 이외의 책으로 소학가가 있다. 사내아이[童子]는 열 살에 육서(六書)를 배우기 때문에 자서(字書)로는 『패휴집(佩觿集)』이 있다. 소학을 받드는 사내아이는 마땅히 힘써야 할 바이다.[99]

여기서 황윤석이 "사내아이는 열 살에 육서를 배운다"라고 한 것은 『소학집주』의 해당 내용을 가져온 것이다.[100] 이어서 언급한 『패휴집』은 곽충서(郭忠恕, ?~977)가 저술한 것으로 『홍무정운(洪武正韻)』이나 『강희자전(康熙字典)』과 같은 운서(韻書)와 자전(字典)에도 자주 인용되는 책이다. 황윤석은 정조 3년(1779) 7월에 『강희자전』의 서문과 범례를 『이재난고』에 기록한 바 있다.[101] 범례의 경우 모든 내용을 전재하지 않고 일부를 요약해서 수록했는데 그 가운데 다음과 같은 내용이 있다.

> 글자의 형체가 분명하지 않고 훈의(訓義)가 각각 다른 것은 패휴(佩觿), 정와(正譌) 등의 책으로 그것을 변별하기를 상세하게 하였다.[102]

---

98 『漢書』 卷30, 藝文志 第10, 1,702~1,723쪽 참조.

99 『理藪新編』 卷19, 小學六藝綱目之圖, 17ㄴ(1,690쪽). "班固漢書藝文志, 禮樂之外, 書有小學家, 以童子十年學書, 故字書有佩觽[觿]集, 宗小學童子, 所當務也."

100 『小學集註』 卷1, 立教 第1, "十年, 出就外傅, 居宿於外, 學書計 ……."

101 『頤齋亂藁』 卷30, 己亥(1779) 7월 10일(六, 28~30쪽).

102 『御製康熙字典』 凡例, 5ㄱ. "一. 字有形體微分, 訓義各別者, 佩觿正譌等書辨之詳矣."; 『頤齋亂藁』 卷30, 己亥(1779) 7월 10일(六, 30쪽).

여기서 '정와'는 원대(元代)에 주백기(周伯琦, 1298~1369)가 지은 『육서정와(六書正譌)』를 뜻하는 것이다. 이에 대해 황윤석은 중국인들은 자학(字學)을 소학(小學)이라고 하는데, 옛날에 어린아이들에게 글씨와 숫자를 가르치는 것을 '소학의 법'이라고 한 데서 연유한 것이라고 보았다. '패휴'라는 말의 뜻도 동자(童子)의 뜻에서 취한 것이라고 하였다.[103] 『시경』의 위풍(衛風)에는 '환란(芄蘭)'이라는 시가 있는데, 여기에 "동자패휴(童子佩觿)"라는 구절이 있다.[104] 주자는 여기에 주를 붙이기를 "휴(觿)는 송곳이니 상아로 그것을 만든다. 매듭을 푸는 것이니, 성인(成人)이 차는 것이요, 동자(童子)의 장식이 아니다"[105]라고 하였다. 황윤석의 서술은 아마도 이것을 염두에 두었던 것으로 보인다.

다음으로 황윤석은 '수' 부분의 도표 아래에도 주석을 달았다. '서'의 경우와 마찬가지로 먼저 『한서』「예문지」를 거론하고, 『소학집주』에서 관련 내용을 채록한 다음 자신의 견해를 덧붙였다.

> 반고의 『한서』「예문지」에는 예악 이외의 수에 율력가(律曆家)가 있다. 사내아이는 여섯 살이 되면 숫자[數]를 배우고, 아홉 살이 되면 날짜 세는 것[數日]을 배우고, 열 살에 계산을 배운다고 하였는데, 그 세목 가운데 큰 것은 '율력(律曆)'이다.[106]

---

103 『頤齋亂藁』 卷30, 己亥(1779) 7월 10일(六, 30쪽). "中國人以字學爲小學, 盖古者, 敎小兒以書數者, 小學之法也. 其曰佩觿, 亦取童子之義."

104 『詩傳大全』 卷3, 國風, 衛一之五, 芄蘭, 39ㄱ(84쪽 – 영인본 『詩經』, 成均館大學校 大東文化硏究院, 1984의 페이지 번호. 이하 같음). "芄蘭之支, 童子佩觿."

105 『詩傳大全』 卷3, 國風, 衛一之五, 芄蘭, 39ㄱ(84쪽). "觿, 錐也, 以象骨爲之. 所以解結, 成人之佩, 非童子之飾也."

106 『理藪新編』 卷19, 小學六藝綱目之圖, 18ㄱ(1,691쪽). "班固漢書藝文志, 禮樂外, 水有

『한서』「예문지」의 수술략(數術略) 부분에는 천문가(天文家), 역보가(曆譜家), 오행가(五行家), 시귀가(蓍龜家), 잡점가(雜占家), 형법가(形法家)의 서적이 수록되어 있다.[107] 엄밀히 말하면 황윤석이 '율력가'라고 한 분류 방식은 없다. 그러나 천문 · 역보가 '역(曆)'의 범주에 드는 것이고, 오행(五行)에는 종률(鍾律) · 황종(黃鍾) 등 음률과 관련된 서적이 배치되어 있다는 점에서 '율(律)'에 해당한다고 볼 수 있다. 이처럼 수술략에는 '율력'과 관련한 내용이 수록되어 있는데, 보다 중요한 것은 황윤석이 이 내용을 '율력'과 적극적으로 연관 짓고 있다는 사실이다. 그는 『소학집주』에서 수나 계산을 배우는 대목을 모두 추려낸 다음[108] 그 핵심적 내용이 '율력'이라고 주장했던 것이다.

권19에서 또 하나 흥미로운 것은 '자양부자시문초록(紫陽夫子詩文鈔錄)'이라는 항목이다. 여기에서는 주희의 문집에 수록되어 있는 각종 글을 뽑아서 수록하였다. 「무이구곡가(武夷九曲歌)」[109]의 경우에 황윤석은 일곡(一曲)부터 구곡(九曲)까지 각 시의 말미에 주석을 붙였으며, 끄트머리에는 송시열(宋時烈)의 「논무이도가구곡시(論武夷櫂歌九曲詩)」를 수록하였다.[110] 「배홍경궁유감(拜鴻慶宮有感)」[111]이라는 시의 앞부분에는 주희가 유청지(劉淸之, 1134~1190, 字 子澄)에게 보낸 편지의

律曆家. 以童子六年敎數, 九年敎數日, 十年學計, 而其目之大者, 爲律曆也."

107 『漢書』 卷30, 藝文志 第10, 1,763~1,775쪽 참조.

108 『小學集註』 卷1, 立敎 第1, "六年, 敎之數與方名 …… 九年, 敎之數日 …… 十年, 出就外傅, 居宿於外, 學書計 ……."

109 『晦庵先生朱文公文集』 卷第9, 詩, 「淳熙甲辰中春精舍閒居戲作武夷櫂歌十首呈諸同遊相與一笑」, 525~526쪽.

110 『宋子大全』 卷134, 「論武夷櫂歌九曲詩」, 17ㄱ~ㄴ(112책, 479쪽).

111 『晦庵先生朱文公文集』 卷第9, 詩, 「拜鴻慶宮有感」, 528쪽.

한 대목을 소개한 내용이 있다. 이는 주희의 문집에 수록되어 있는 편지인데,[112] 황윤석은 이 시의 출전을 "절요여유자징서(節要與劉子澄書)"라고 하였다. 이황이 편찬한 『주자서절요(朱子書節要)』에 수록된 유자징에게 보낸 편지라는 뜻이다.[113] 「송임희지시(送林熙之詩)」는 『회암집(晦庵集)』 권6에 수록되어 있으며 모두 5수(首)이다.[114] 황윤석은 그 가운데 제1수와 제5수를 『이수신편』에 수록하였다. 아울러 이 시의 출전을 『이학통록(理學通錄)』이라고 기재하였다. 이는 이황이 편찬한 『송계원명이학통록(宋季元明理學通錄)』을 가리키는 것이다. 실제로 『이학통록』에서 해당 내용을 확인할 수 있다.[115]

이처럼 황윤석은 『이수신편』 권19의 내용을 구성하면서 이황을 비롯한 조선 학자들의 연구 성과를 적극적으로 수용하였다. 『입학도설』의 내용을 상당 부분 전재한 것도 그와 같은 작업의 일환이라고 볼 수 있다. 그렇지만 황윤석이 어떠한 기준에서 이와 같은 자료를 나열한 것인지 그 의도를 파악하기는 쉽지 않다. 그만큼 권19의 후반부 내용은 통일성을 찾기 어려운 수많은 자료들이 집성되어 있는 것이다. 황윤석의 주도면밀한 성격에 비추어 볼 때 다소 의외라 할 수 있다. 황윤석의 시인으로서의 관심을 보여주는 것이라고 해야 할까?

---

112 『晦庵先生朱文公別集』 卷第3, 書, 「劉子澄」, 4,891~4,892쪽.

113 『朱子書節要』 卷20, 別紙時事出處帖, 「劉子澄淸之」, 16ㄴ.

114 『晦庵先生朱文公文集』 卷第6, 詩, 「送林熙之詩五首」, 418쪽.

115 『理學通錄』 卷6, 宋季朱門諸子 5, 林熙之, 53ㄴ~54ㄱ(국립중앙도서관 소장본, 古1240－8). "先生贈送詩曰, 君行往返一千里, 過我屛山山下村. 濁酒寒燈靜相對, 論心直欲到忘言. …… ○古鏡重磨要古方, 眼明偏與日爭光. 明明直指吾家路, 莫認幷州作故鄕." 주희의 문집에는 '指'가 '照'로, '認'이 '指'로 기재되어 있다.

4. 참고 문헌의 활용

위에서 살펴본 바와 같이 황윤석은 『이수신편』의 내용을 구성하는 과정에서 자기 나름의 편목을 설정하여 『성리대전』의 내용을 대폭 축약하고, 여타의 여러 가지 문헌에서 관련 내용을 추출하여 삽입하였으며, 간단한 주석과 자신의 견해를 덧붙였다. 그 과정에서 『성리대전』에는 수록되지 않았던 새로운 내용을 다수 첨가하기도 하였다.

『이수신편』 전체에서 황윤석이 주석과 안설(按說)을 붙인 부분을 적잖게 확인할 수 있다. 그 유형은 몇 가지로 분류할 수 있다. 『성리대전』의 내용을 포함해서 본문에 등장하는 용어나 고사를 부연 설명한 것, 중국인들 특유의 표현 양식에 대해 설명한 것, 해당 내용에 대한 자신의 소견을 언급한 것 등이 그것이다. 예컨대 황윤석은 "이곳에서 사람들이 전혀 믿지 못한다면 곧 강학을 한다고 하더라도 어떻게 할 것인가[此處人都信不及, 便講學得待如何]"라는 대목에서 '편(便)' 자 뒤에 세주를 붙였다. 그것은 "편(便)은 설령(設令)이라는 말과 같다. 중국 사람들의 문자에서 '즉(卽)'자와 '취(就)'자를 '설령'이라는 뜻으로 많이 사용하는데 또한 '편'자의 의미이다"[116]라는 내용이었다. 이는 구어체인 백화문의 어휘를 설명한 것이다. 『어록해(語錄解)』에서도 '편'의 뜻을 '곧[卽]', 또는 '가령[假使]'의 뜻으로 풀이한 바 있다.[117]

그 밖에도 "어떤 사람이 말하기를 이런 사람들의 분수[등급]는 가장 저급한 사람보다는 높다[或云, 似此等人分數勝已下底]"에 세주를 붙였

116 『理藪新編』 卷18, 學, 雜論處心立事, 50ㄴ(1,624쪽). "便猶言設令, 漢人文字, 用卽字就字, 多以設令之義, 亦便字意."

117 『語錄解』(原刊本, 1657년), 一字類, 便. "곳, 又쉽다. …… 眉訓卽也, 猶假使也."

는데, 그 내용은 "'이하저(已下底)'는 이와 같은 사람[此等人]에 미치지 못하는 자를 말한다"[118]는 것이었다. 마찬가지로 "그런 사람은 다만 관직을 탐내다가 감히 아버지와 임금까지도 죽일 것이다[他只愛官職, 便弑父與君也敢]"라는 구절 아래에도 세주를 첨부했는데, 그것은 "야감(也敢)은 또한 감히 그것을 한다는 말이다"[119]라는 내용이었다. 이와 같은 주석은 대체로 관련 문헌의 내용을 정확하게 파악하기 위한 길잡이 구실을 하는 것이었다.

황윤석이 『이수신편』에 인용한 문헌 가운데는 조선 학자들의 저술도 다수 포함되어 있다. 『화담집(花潭集)』을 비롯한 조선 학자들의 시문집, 『지봉유설(芝峯類說)』과 같은 유서(類書)나 『주자대전차의(朱子大全箚疑)』[120]와 같은 주석서 등이 대표적이라 할 수 있다. 『이수신편』 권9의 '성리(性理)' 항목에서는 '화담집초(花潭集抄)'라는 제목으로 『화담집』에 수록된 서경덕의 글을 초록하였다. 황윤석이 어떤 목적으로 『화담집』을 인용한 것인지 정확히 알 수는 없다. 다만 이것을 '성리' 항목에 수록했다는 점에서 서경덕의 학문에 대한 황윤석의 평가에 주목할 필요가 있다. 그의 종합적 평론은 다음과 같은 글에 상세히 드러나 있다.

> 서경덕의 '담일청허지론(澹一淸虛之論)'에 대해서는 이황과 김인후(金麟厚)가 이미 우려를 표명한 바 있고, 이이는 '인기위리(認氣爲理)'의 병통이 있다고 직설적으로 말하기도 했다. 그런데 허엽(許曄)이나 박순(朴

118 『理藪新編』 卷18, 學, 雜論處心立事, 51ㄱ(1,625쪽). "已下底, 言不及此等人者."
119 『理藪新編』 卷18, 學, 雜論處心立事, 51ㄱ(1,625쪽). "也敢言, 亦敢爲之."
120 『理藪新編』 卷2, 天地附氣, 8ㄱ(81쪽).

淳) 등은 그 문도로서 지나치게 중한 데 의탁해서[過加托重] 멀리는 장재(張載, 1020~1077)에 짝하거나 가까이는 진헌장(陳獻章, 1428~1500)에 비길 수 있다고 여겼으며, 그 이론을 조술(祖述)하는 자들은 문묘(文廟)에 종향(從享)하기를 청하기에 이르렀다. 이에 이항복(李恒福)이 그것을 저지하여 말하기를 "서경덕은 총명이 뛰어난 자질로 학문은 사물의 이치를 궁구하는 데 힘써서, 일거에 도(道)에 이르렀으니 또한 한 시대의 '호걸지사(豪傑之士)'입니다. 근세의 유신(儒臣)[유신은 곧 율곡(栗谷)이다]이 서경덕을 논하기를 자득한 기미가 많다고 하였으니,[121] 또한 추존하기를 지극히 했다고 일컬을 만합니다"라고 하였다.[122] 이항복은 대개 유신의 이 말이 추존하기를 지극히 한 것이지만 문묘 종향은 가벼이 논할 수 있는 것이 아니라고 여겼던 것이다. 또 말하기를 이황이 서경덕을 공파한 것이 절실히 들어맞는다고 하였다. 지금 『퇴계집』에서 진헌장과 서경덕의 우열을 논한 것을 보면, "진헌장이 비록 허탕(虛蕩)하게 선문(禪門)에 들어가기는 하였으나 그 사람됨과 시문(詩文)은 서경덕과 비교할 수 없다"고 하였으니[123] 이황이 서경덕을 배척한 것이 이와 같았다. 그런데 박순은 서경덕을 스승으로 섬기면서도 그러한 폐단이 없어서 이황, 기대승(奇大升), 이이, 성혼(成渾) 등이 추존한 바가 되었으니 서경덕의 명성은 박순으로 인하여 더욱 드러나게 되었다. 〈이로 인해〉 세상 사람들이 사문(師門)을 볼 때 의심스러운 곳이 생겼다. 논변(論辨)을 통해 바른 곳으로 나가는 데 뜻을 두지 않고, 다만 지나치게 추중(推重)하는 것만을 일삼는다면 이는 편당(偏黨)하는

121 『栗谷全書』 卷10, 「答成浩原」, 37ㄱ(44책, 216쪽). "近觀整菴·退溪·花潭三先生之說, 整菴最高, 退溪次之, 花潭又次之, 就中整菴·花潭, 多自得之味, 退溪多依樣之味."

122 『白沙集』 別集, 卷3, 議, 「無題」, 45ㄴ~46ㄴ(62책, 405쪽); 『光海君日記』(정초본) 卷34, 光海君 2년 10월 30일(辛丑), 11ㄱ~ㄴ(31책, 574쪽).

123 『退溪集』 卷14, 「答南時甫」, 14ㄱ~ㄴ(29책, 369쪽). "太輝[許曄-인용자 주]所云, 雖不敢輕議, 然花潭何敢望白沙耶. 白沙雖亦虛蕩入禪窟去, 其人品超邁爽徹, 詩亦高妙, 花潭, 其質似朴而實誕, 其學似高而實駁, 其論理氣處, 出入連累, 全不分曉. 原頭處如此, 下學處, 可以類推. 其詩文, 好處好, 不好處亦多. 若擬於白沙, 恐失其倫也."

것이지 학문이 아니다. 이는 바로 이식(李植)이 당시 학자들의 태도를 비판하며 한 말이었으니[124] 염두에 두지 않을 수 있겠는가.[125]

황윤석은 서경덕이 상수학에 뛰어났다는 사실은 대체로 긍정했으나 그의 논의에는 의심스러운 부분이 있다고 보았다.[126] 서경덕에 대한 황윤석의 비판은 대체로 그의 기론(氣論)이 지니고 있는 문제점에 초점을 맞추고 있었던 것이다.[127]

황윤석이 초록의 대상으로 삼았던 『화담집』의 판본이 무엇인가 하는 문제도 관심거리이다. 널리 알려진 바와 같이 『화담집』은 서경덕의 사후에 모두 다섯 차례에 걸쳐 간행되었다. 서경덕 사후의 초간(16세기 후반), 17세기 초의 재간(1605년), 17세기 중·후반의 3간, 영조

124 『澤堂集』 別集, 卷15, 「示兒代筆」, 6ㄴ(88책, 522쪽). "自牛溪·栗谷被斥以來, 京中士子以學爲名者, 皆諱避背違, 不去者, 金沙溪等數三人. 迄今宗主二公者雖衆, 乃黨也, 非學也."

125 『頤齋亂藁』 卷37, 丙午(1786년) 3월 2일(七, 178~179쪽). "花潭澹一淸虛之論, 退溪·河西已有所憂, 而栗谷直謂有認氣爲理之病. 顧許曄·朴淳諸公, 以其門徒, 過加托重, 謂可以遠配張橫渠, 近擬陳白沙, 而祖其論者, 至請從享文廟, 則李鰲城獻議沮之曰, 徐敬德, 以聰明超邁之資, 學務窮格, 一蹴造道, 亦一時豪傑之士也. 近世儒臣(儒臣卽栗谷)論敬德, 謂多自得之味, 亦可謂尊之至矣. 李公蓋以爲儒臣此言, 亦尊之至矣, 而從享則有不可輕論耳. 又言深以李滉之攻破爲切中, 今以退溪集所論陳白沙·徐花潭優劣者, 可見陳雖虛蕩入禪, 而其人與詩文, 亦遠非徐比, 其于花潭, 斥之如此. 而朴公則師花潭而無其弊, 大爲退溪·高峯·栗谷·牛溪所推, 而花潭之名, 由朴公益章. 世人之見師門可疑處, 無意乎論辨就正, 而只以過加推重爲事, 則黨也, 非學也, 正擇堂所譏也, 可不念哉."

126 『頤齋亂藁』 卷6, 丙戌(1766년) 3월 24일 癸巳(一, 551쪽). "徐令曰, 然則其中諸書, 如易學啓蒙·皇極經世, 亦皆融會否. 余曰, 是所過目者, 但觀物外篇論數處, 以其指要圖中所云者參之, 不無緯繣處, 未知令監, 看作如何. 且花潭集中論此處, 亦恐有可疑處耳. 徐令笑曰, 先賢長者, 未可輕議, 然而花潭此等論, 恐是一時草草說話耳."

127 『頤齋遺藁』 卷1, 「夜坐對月有感」, 22ㄱ~ㄴ(246책, 16쪽); 『頤齋遺藁』 卷1, 「一氣吟二律」, 23ㄱ(246책, 17쪽).

대의 4간(1770년), 정조 대의 5간(1787년)이 그것이다.[128] 주목해야 할 것은 황윤석의 일기인 『이재난고』에 「화담집해(花潭集解)」라는 글이 수록되어 있다는 사실이다. 이 글은 그의 나이 18세 때인 영조 22년(1746)의 일기에 포함되어 있으니,[129] 황윤석은 이미 10대 후반에 『화담집』을 통독하였던 것이다. 따라서 그가 보았던 『화담집』은 영조 대 이전에 간행된 판본이라고 볼 수 있다.

이수광(李睟光, 1563~1628)의 『지봉유설』도 중요한 참고 문헌 가운데 하나였다. 『이수신편』 권2 「남북고저설」의 세주에는 원미지(元微之)의 「영남시(嶺南詩)」가 인용되어 있는데,[130] 이는 당대(唐代)의 시인인 원진(元稹, 779~831, 字 微之)의 「화낙천송객유영남이십운(和樂天送客游嶺南二十韻)」의 한 대목으로 그의 문집인 『원씨장경집(元氏長慶集)』에 수록되어 있다.[131] 그런데 황윤석은 원진의 시를 인용한 다음 『삼재도회(三才圖會)』를 원용하여 안설을 붙였다. 그 내용은 "살펴보건대 『삼재도회』에서 말하기를, '서역(西域)의 남쪽에 지중해(地中海)가 있다'고 하였으니, 북극과 남극의 정반(正半)이 천지의 가운데임을 알 수 있다"는 것이었다. 그런데 이것은 황윤석 자신의 안설이 아니다. 이는 이수광의 『지봉유설』에서 따온 것이었다.[132] 이수광은 마테

---

128 정호훈(2018) 참조.

129 『頤齋亂藁』 卷1, 丙寅(1746년), 「花潭集解自此至六十四卦, 言皆勝準」(一, 36~37쪽).

130 『理藪新編』 卷2, 天地附氣, 「南北高低說」, 17ㄱ(99쪽). "元微之嶺南詩曰, 規外布星辰, 自注交廣間, 南極漸高, 北極漸低, 圓規度外, 星辰至衆, 大如五曜者, 皆不在星經."

131 『元氏長慶集』 卷12, 「和樂天送客游嶺南二十韻(次用本韻)」, 7ㄴ. "規外布星辰(交廣間, 南極浸高, 北極凌低, 圓規度外, 星辰至衆, 大如五曜者數十, 皆不在星經)."

132 『芝峯類說』 卷11, 文章部 4, 唐詩, 23ㄱ(204쪽 – 영인본 『芝峰類說』, 景仁文化社, 1970의 페이지 번호. 이하 같음). "元微之嶺南詩, 規外布星辰, 自注交廣間, 南極漸高北極低, 規度外星辰至衆, 如五曜者, 皆不在星經. 按三才圖會曰, 西域之南有地中

오 리치가 제작한 「산해여지전도(山海輿地全圖)」를 언급하면서 왕기(王圻)의 『삼재도회』 등의 책에서 자못 그 학설을 소개하고 있다고 하면서 구라파(歐羅巴)에 대해 다음과 같이 설명한 바 있다.

> 구라파의 지계(地界)는 남쪽은 지중해에 이르고, 북쪽은 빙해(氷海)에 이르며, 동쪽은 대내하(大乃河)에 이르고, 서쪽은 대서양(大西洋)에 이른다. 지중해라는 것은 곧 천지의 가운데[天地之中]이기에 그렇게 이름을 붙인 것이다.[133]

이수광이 말한 바와 같이 『삼재도회』에서는 「산해여지전도」를 인용해서 구라파의 지리적 정보를 소개하였다.[134] 이처럼 황윤석은 『이수신편』의 곳곳에서 이수광의 『지봉유설』을 인용하고 있음을 어렵지 않게 확인할 수 있다.[135]

앞에서 이미 살펴보았듯이 조선후기 호남을 대표하는 학자 가운데 한 사람으로 황윤석의 학문 형성 과정에서 적잖은 영향을 끼쳤던 임영

海, 見北極南極正半, 卽天地之中是矣."

133 『芝峯類說』 卷2, 諸國部, 外國, 35ㄱ(37쪽). "按其國人利瑪竇·李應誠者, 亦俱有山海輿地全圖, 王沂三才圖會等書, 頗采用其說. 歐羅巴地界, 南至地中海, 北至氷海, 東至大乃河, 西至大西洋. 地中海者, 乃是天地之中故名云."

134 『三才圖會』 地理1卷, 「山海輿地全圖」, 3ㄴ(93쪽 – 영인본 『三才圖會』, 上海古籍出版社, 1988의 페이지 번호). "歐羅巴, 南至地中海, 北至臥蘭的亞及氷海, 東至大乃河墨河的湖大海, 西至大西洋."

135 『理藪新編』 卷2, 天地附氣, 6ㄴ(78쪽); 『理藪新編』 卷2, 天地附氣, 10ㄴ(86쪽); 『理藪新編』 卷3, 曆法, 「釋朞三百註」, 10ㄴ(160쪽); 『理藪新編』 卷3, 曆法, 曆法本原, 「求臘日法」, 31ㄱ(201쪽); 『理藪新編』 卷4, 日月, 「日永日短圖」, 9ㄱ(249쪽); 『理藪新編』 卷12, 皇極經世書, 經世四象體用之數圖, 30ㄴ(1,010쪽); 『理藪新編』 卷12, 皇極經世書, 附洪武正韻, 55ㄴ~56ㄱ(1,060~1,061쪽); 『理藪新編』 卷12, 皇極經世書, 附訓民正音, 56ㄴ(1,062쪽); 『理藪新編』 卷15, 易學啓蒙, 易說雜論, 42ㄱ(1,305쪽); 『理藪新編』 卷17, 治道, 田賦, 56ㄴ(1,484쪽) 등등.

(林泳)의 『창계집(滄溪集)』도 자주 인용되는 문헌 가운데 하나였다.[136]

황윤석이 『이수신편』에서 조선 학자들이 작성한 여러 도설(圖說) 자료를 인용하고 있다는 사실에도 유의할 필요가 있다. 권근의 『입학도설』과 이황의 『성학십도』는 대표적 사례라 할 수 있다. 『성리대전』 권16에 수록된 『역학계몽』의 주석 가운데는 옥재호씨(玉齋胡氏 : 胡方平)의 학설을 인용한 부분이 많다. 황윤석은 그 가운데 하나를 『이수신편』 권3의 역법 부분으로 가져왔다.[137] 그 내용 가운데 호방평(胡方平)이 주자의 말을 인용한 부분이 있는데, "해와 달은 모두 각수(角宿)에서부터 시작하고 하늘도 또한 각수에서 시작한다. 해는 하루에 한 바퀴를 돌아서 여전히 그 각수상에 이르고, 하늘은 한 바퀴를 돌아서 각수를 조금 지나치니, 날마다 누적되어 1년이 지나면 곧 해와 만난다"[138]라는 내용이었다.[139] 황윤석은 여기에서 "해와 달은 모두 각수로부터 시작한다"는 부분에 권근의 견해를 주석으로 달았다. 그것은 『입학도설』에 나오는 것으로 "각(角)은 28수의 처음이다. 주자가 잠시 이것을 빌려 설명을 만들어 학사들로 하여금 쉽게 알도록 했을 뿐이지 정론(定論)이 아니다"[140]라는 내용이었다.[141] 『이수신편』의 권19

---

136 『理藪新編』 卷2, 「璿璣玉衡附圖」, 18ㄴ(102쪽); 『理藪新編』 卷2, 天度, 26ㄴ~27ㄱ(118~119쪽); 『理藪新編』 卷7, 周易綱領, 附錄, 49ㄴ(616쪽) 등등.

137 『理藪新編』 卷3, 曆法, 「釋朞三百」, 12ㄱ~15ㄱ(163~169쪽).

138 『朱子語類』 卷2, 理氣下, 天地下, 黃義剛錄, 15쪽. "又曰, 天無體, 只二十八宿便是天體. 日月皆從角起, 天亦從角起. 日則一日運一周, 依舊只到那角上, 天則一周了, 又過角些子. 日日累上去, 則一年便與日會."

139 『性理大全』 卷16, 易學啓蒙 3, 明蓍策 第3, 26ㄴ(1,150쪽). "(玉齋胡氏曰 ……)朱子云, 日月皆從角起. 日則一日運一周, 依舊只到那角上. 天則周了, 又過那角些子, 日日累將去, 到一年便與日會."

140 『入學圖說』 卷1, 「周天三辰之圖」, 39ㄴ(국립중앙도서관 소장본, 한古朝17－196). "曰, 角者, 二十八宿之首, 故朱子姑借此爲說, 使學者易知爾, 非其定論也."

에 『입학도설』의 내용이 많이 수록되어 있다는 사실은 앞에서 이미 확인한 바 있다.

이황의 『성학십도』 10개의 그림은 『이수신편』 권9에 「심통성정도(心統性情圖)」, 권11에 「서명도(西銘圖)」, 권19에 「경재잠도(敬齋箴圖)」, 「숙흥야매잠도(夙興夜寐箴圖)」, 「백록동규도(白鹿洞規圖)」, 「인설도(仁說圖)」, 「소학도(小學圖)」, 「대학도(大學圖)」, 「심학도(心學圖)」가 수록되어 있다. 『성학십도』 가운데 「태극도(太極圖)」를 제외한 나머지 그림이 모두 수록되어 있는 것이다. 이와 함께 권19에는 「퇴계선생천명신도(退溪先生天命新圖)」도 수록되어 있다. 그 밖에도 장현광(張顯光, 1554~1637)의 『역학도설(易學圖說)』,[142] 한원진(韓元震, 1682~1751)의 『경의기문록(經義記聞錄)』[143] 등등 다양한 조선 학자들의 문헌을 인용하고 있음을 확인할 수 있다.

반면에 서학(西學) 관련 서적의 인용은 생각만큼 풍부하게 확인할 수 없다. 황윤석이 서양의 율력수(律曆數) 삼가(三家)를 중시하여 적극적으로 수용하고자 했다는 사실은 널리 알려져 있다.[144] 『이수신편』에도 서양 학설을 인용한 부분이 있다. 예컨대 권2에서 사유설(四游

141 『理藪新編』 卷3, 曆法, 「釋朞三百」, 12ㄴ(164쪽). "朱子云, 日月皆從角起(陽村權近曰, 角者, 二十八宿之首, 故朱子姑借此爲說, 使學者易知爾, 非其定論也), 日則一日運一周, 依舊只到那(彼也)角上, 天則周了, 又過角些子, 日日累將去(語辭), 到一年便與日會."

142 『理藪新編』 卷12, 皇極經世書, 附玉篇, 十四聲, 49ㄴ(1,048쪽).

143 『理藪新編』 卷19, 文, 中庸全圖(南塘韓氏元震德邵譔[撰?]. 本國人), 19ㄱ~ㄴ(1,693~1,694쪽).

144 『頤齋亂藁』 卷41, 戊申(1788년) 4월 26일(八, 94~95쪽). "盖西洋人之曆象數理律呂工匠四家, 眞卓絶千古 …… 然其曆象 · 數理 · 律呂 · 工匠之法, 則有不容因彼而廢此爾."; 『頤齋亂藁』 卷46, 辛亥(1791년) 4월 11일(八, 485쪽). "余謂天主實義, 眞異端邪說, 雖自謂別文於三教以外, 而亦只偸老佛之糟粕者爾. 然西洋之律曆數三家, 與夫工冶丹青之法, 亦不可無傳, 烏可一向盡禁哉."

說)을 논하면서 황윤석은 주천(周天)의 직경과 둘레의 크기에 대해서 여러 가지 학설이 있는데 그것이 일치하지 않는다고 하면서 몇 가지 사례를 거론하였는데, 그 안에 '서양설(西洋說)'도 포함되어 있다. 먼저 주천의 직경에 대해서는 『삼오력기(三五曆紀)』, 『오진결(悟眞訣)』과 함께 서양설을 거론하였고, 주천의 둘레에 대해서는 문천상(文天祥)의 『문산집(文山集)』, 주희의 『초사천문주(楚辭天問註)』와 함께 서양설을 거론하였다. 그에 따르면 서양설에서는 아홉 겹의 하늘과 땅의 반경이 모두 같지 않았고, 땅의 둘레는 9만 리라고 하였다고 한다.[145]

마테오 리치(利瑪竇)의 견해를 인용한 부분도 있다. 권3의 「석기삼백주(釋朞三百註)」에서는 "리마두(利瑪竇)는 1도를 60분이라고 하였는데, 지면(地面)의 250리(里)에 준한다"라는 내용이 세주로 붙어 있다.[146] 또한 「논정효혼시(論定曉昏時)」에는 "지금 서양신법(西洋新法)의 몽영한(朦影限)은 혼신(晨昏〈分〉)의 실수(實數)인데, 옛것과 크게 다르다"[147]라고 하여 서양의 학설을 세주로 첨부하였다.

서양의 역법을 인용한 부분도 있다. 권4에서는 「일영일단도(日永日短圖)」를 설명하는 주석에서 서양의 시각법을 소개하기도 했다. 하루는 96각이고, 1각은 15분이며, 1시간은 각각 8각으로, 일법(日法)은 1440분이라는 내용이었다.[148] 또 서력(西曆)에서는 하늘의 가장 높은

---

145 『理藪新編』 卷2, 理氣, 「地星辰及日四游說」, 14ㄱ~ㄴ(93~94쪽). "或又有西洋說, 九天及地半徑之不同. …… 又有西洋說, 地周九萬里."

146 『理藪新編』 卷3, 曆法, 「釋朞三百註」, 15ㄴ(170쪽). "利瑪竇以一度爲六十分, 準地面二百五十里."

147 『理藪新編』 卷3, 曆法, 曆法本原, 「論定曉昏時」, 26ㄱ(191쪽). "今西洋新法朦影限, 爲晨昏實數, 與古大異."

148 『理藪新編』 卷4, 日月, 「日永日短圖」, 9ㄱ(249쪽). "西曆法, 一日九十六刻, 一刻各十五分, 一時各八分, 日法一千四百四十分."

곳을 항성천(恒星天 : 二十八宿)이라고 하고, 그 아래에 태양천이 있고, 또 그 아래에 지구가 있다는 설명도 덧붙였다.[149] 마테오 리치와 자명종에 대해서는 『지봉유설』을 인용하여 다음과 같은 설명을 달았다.

> 서국(西國)에 리마두(利瑪竇)라는 자가 있어, 바다를 건너서 동월(東粵)에 살았다. 기이한 보물을 많이 가지고 왔는데, 가장 신기한 것은 자명종이다. 시간에 맞춰 소리를 울리는데 시각이 조금도 어긋나지 않았다. 일본에도 또한 그것이 있는데 이름을 '시종(時鐘)'이라고 한다.[150]

권6에서는 「지형도(地形圖)」를 제시하면서 "도본(圖本)에 오류가 많아서 마땅히 『직방외기(職方外紀)』의 지도로 고정(考訂)해야 한다"라고 하여[151] 지도를 비롯한 서양 지리학의 정보를 적극적으로 수용해야 한다고 주장하기도 했다. 이처럼 황윤석은 『이수신편』에서 서양의 학설을 부분적으로 인용하고 있지만 그 내용과 수준이 그리 높은 것이었다고 보기는 어렵다. 이는 『이수신편』의 편찬 시점을 확정하는 중요한 기준의 하나가 될 수 있다고 판단된다. 황윤석이 최신의 서양 서적에 접하게 된 것은 천거를 통해 중앙 관직에 등용된 1760년대 중반 이후였다고 여겨지기 때문이다.

황윤석이 『이수신편』의 편집 과정에서 활용한 참고 문헌 가운데 『성

---

149 『理藪新編』 卷4, 日月, 歷代黃道宿度, 新增天機大要所載授時大統曆古法太陽躔次黃道宿度, 太陽周天, 18ㄴ(268쪽). "西曆云, 天之最高處, 爲恒星天(二十八宿), 其下爲太陽天, 又其下爲地球也."

150 『理藪新編』 卷4, 日月, 附測景, 滴漏捷法, 30ㄴ(292쪽). "西國有利瑪竇者, 泛海居東粤, 多挾異寶, 其最奇者有自鳴鐘, 按時有聲, 漏刻毫不爽. 日本亦有之, 名曰時鐘."; 『芝峯類說』 卷19, 服用部, 金寶, 31ㄱ(362쪽).

151 『理藪新編』 卷6, 地理, 地形圖, 15ㄴ(442쪽). "圖本太訛, 當以職方外紀地圖考訂."

리대전』을 제외한 서적은 다음과 같은 몇 가지 종류로 분류해 볼 수 있다. 첫째, 『오경대전(五經大全)』으로 대표되는 유교 경전과 그 주석서이다. 『시전대전(詩傳大全)』, 『서전대전(書傳大全)』, 『주례(周禮)』, 『의례소(儀禮疏)』, 『좌전(左傳)』, 『이아(爾雅)』 등이 대표적이다. 둘째, 송대 이후 성리학자들의 문집과 그들의 다양한 저술이다. 『주자대전(朱子大全)』과 『주자어류』를 비롯하여 소옹(邵雍)의 『격양집(擊壤集)』, 『심경부주(心經附註)』 등이 활용되었다. 셋째, 역대 중국의 사서와 지리지이다. 『사기(史記)』, 『전한서(前漢書)』, 『진서(晉書)』, 『수서(隋書)』, 『당서(唐書)』, 『자치통감강목(資治通鑑綱目)』, 『환우기(〈太平〉寰宇記)』 등을 확인할 수 있다. 넷째, 자부(子部)에 해당하는 저술들이다. 곽상(郭象)의 『장자주(莊子注)』, 주세걸의 『산학계몽』, 포운룡(鮑雲龍)의 『천원발미(天原發微)』, 장과의 『성종명격』 등이 그것이다. 사천우(謝天祐)의 『만가총람(萬家總覽)』[152]과 같은 책도 이러한 부류에 포함될 수 있을 것으로 보인다. 다섯째, 『시헌력(時憲曆)』을 비롯한 각종 서학서(西學書)들이다. 여섯째, 다양한 국내의 서적들이다. 권근의 『입학도설』, 서경덕의 『화담집』, 이황의 『계몽전의』·『주자서절요』·『성학십도』·『이학통록』, 이수광의 『지봉유설』, 임영의 『창계집』, 한원진의 『경의기문록』과 『주자언론동이고(朱子言論同異攷)』, 『훈민정음(訓民正音)』과 『훈몽자회(訓蒙字會)』, 『몽어노걸대』, 박율의 『산학원본』 등이 그것이다. 황윤석이 『이수신편』의 편찬 과정에서 자신이 확

152 현재 奎章閣에 소장되어 있는 저자 미상의 『萬家叢玉』(奎4812)이 이와 유사한 종류의 책이 아닐까 한다. 『理藪新編』에는 『만가총람』 「天文門」에서 인용된 「星名摠括歌」가 수록되어 있는데, 『만가총옥』의 卷1은 「天道部」로 天地, 日月, 星辰, 風雨, 雷雨, 霜雪, 霧露, 雹霰, 虹霓, 四時, 節序, 山川, 海潮, 泉石, 太極, 陰陽, 五行, 理氣, 敬天, 慢天, 天命, 天人, 禎災, 災異 등이 수록되어 있기 때문이다.

보할 수 있는 중국과 조선의 다양한 연구 성과를 적극적으로 수용하고자 했음을 알 수 있다.

5. 『성리대전주해(性理大全註解)』로의 여정

앞에서 언급한 바와 같이 『이수신편』의 편찬과 『성리대전』의 주해 작업은 긴밀한 연관성을 지니고 있다. 영조 43년(1767)에 황윤석은 이영옥과의 대화에서 자신이 평소에 『성리대전』에 힘을 쓰고 있다고 하면서, 송시열(宋時烈)의 『주자대전차의(朱子大全箚疑)』의 사례에 의거하여 처음부터 끝까지 자신의 견해를 덧붙여 주석을 달고자 하는데 절반 이상의 작업을 이미 완수했다고 하였다.[153] 이는 황윤석이 40대 이전에 오랜 시간에 걸쳐 『성리대전』에 대한 주석 작업을 진행해 왔음을 보여주는 증거이다. 그의 주석 작업은 40대 이후에도 지속되었다.

『이재난고』 권10에는 『부직일력(赴直日曆)』이 수록되어 있다. 영조 44년(1768) 장릉참봉으로 근무하던 중 고향에 잠시 내려왔다가 복귀하기 위해 영월(寧越)로 가는 일정을 기록한 것이다.[154] 그런데 이 일력의 앞부분에는 황윤석이 꾸린 행장의 물품들이 기재되어 있다. 그

---

153 『頤齋亂藁』 卷9, 丁亥(1767) 12월 9일(二, 51쪽). "昨夜李君英玉, 與余相話. 余言, 平日用力於性理大全, 將依尤翁朱子大全箚疑例, 從頭至尾, 竊識淺見, 以成註語, 今已過半."

154 황윤석의 莊陵參奉 시절에 대해서는 다음의 논문을 참조. 김효경(2002); 정연식(2006); 유영옥(2007); 정수환(2008)

가운데 『성리대전』 3권이 들어 있다는 점이 눈에 띈다.[155] 같은 해 5월 19일부터 『홍범황극내편』을 읽기 시작했음을 확인할 수 있다.[156] 「독홍범황극내편삼절(讀洪範皇極內篇三絶)」이라는 시는 독서 과정에서 지은 것으로, 『성리대전』의 주해 작업과 연관되어 있다고 보인다. 특히 세 번째 시에 "도사(圖辭)를 능히 보완할 수 있는 자 세상에 누가 있는가[能補圖辭世有誰]"라는 대목에 유의할 필요가 있다.[157] 황윤석 자신의 학문적 포부와 자부심을 엿볼 수 있기 때문이다. 이 무렵 황윤석은 조정(趙晸)에게 보낸 편지에서 공사로 바쁜 와중에도 『성리대전』을 조사하는[試課] 것으로 즐거움을 삼고 있다고 하였다.[158]

황윤석은 영조 44년(1768) 6월에 의영고(義盈庫) 봉사(奉事)에 임명되어 서울로 올라오게 되었다. 7월 4일 서울에 도착한 황윤석은 조정의 집을 방문하여 조정과 조진택(趙鎭宅, 1746~1795) 부자와 대화를 나누었다. 대화를 마치고 조정의 집을 떠나는데 조진택이 따라와 다시 몇 마디 이야기를 나누었다. 조진택은 황윤석에게 장릉을 오가면서 무슨 공부를 했느냐고 물었고, 황윤석은 과거시험 공부는 전적으로 폐지하였고, 자신이 가지고 다니는 책은 『태극도(太極圖)』, 『통서(通書)』, 『서명(西銘)』, 『홍범황극내편』 등이라고 하였다. 당시 황윤석이 다른 공부는 작파하고 『성리대전』에 몰두하고 있었음을 알 수 있

155 『頤齋亂藁』 卷10, 戊子(1768) 5월 11일(二, 73쪽). "渾蓋通憲圖說, 性理大全三卷."

156 『頤齋亂藁』 卷10, 戊子(1768) 5월 19일(二, 81쪽). "是日始讀洪範皇極內篇."

157 『頤齋亂藁』 卷10, 戊子(1768) 5월 23일, 「讀洪範皇極內篇三絶」(二, 83쪽). "簜[蕩]蕩平平自叶詩, 小旻還是出殷師, 海東亦復流風在, 能補圖辭世有誰."

158 『頤齋亂藁』 卷10, 戊子(1768) 5월 23일, 「與雙湖趙承旨晸書 雙湖即杜湖」(二, 83쪽). "惟是庭信邈然, 重有因公事不樂者, 試課性理大全, 要以自娛, 而謂能隨遇而安, 則猶未也."

다. 그는 조진택에게 자신이 『성리대전』을 처음부터 끝까지 주해하는 작업을 지금까지 수십 년 동안 진행했는데 아직도 완료하지 못했다고 하였다.[159]

같은 해 7월에 황윤석이 이중해(李重海)에게 보낸 편지를 보면 눈병을 앓고 있는 가운데도 때때로 『홍범황극내편』을 읽고 있었음을 알 수 있다.[160] 8월 13일에는 의영고 직장(直長)인 이 아무개[李某]와의 대화에서 황윤석은 『성리대전』에 20여 년간 힘을 쏟으면서 음양(陰陽) · 성명(性命) · 역범(易範) · 율력(律曆) · 산수(算數) · 성음(聲音) · 자서(字書) 등의 은미함에 대해 두루 통하게 되었다고 하였다.[161] 당시 황윤석의 나이가 40세였으니 10대 후반부터 꾸준히 『성리대전』을 탐구하였던 것이다.

영조 44년(1768) 8월 21일에 황윤석은 정경순의 동생 정지순(鄭持淳, 1723~1795)과 처음으로 대면하게 되었다. 이 만남에서 황윤석은 자신의 학문 역정을 회고한 바 있으며,[162] 행중(行中)에도 자신이 『성리대전』 가운데 『태극(도)』, 『통서』, 『서명』, 『홍범황극내편』을 가지고 다녔으며, 근래에 『홍범황극내편』을 깊이 탐구하면서 그 맛이 무

---

159 『頤齋亂藁』 卷10, 戊子(1768) 7월 4일(二, 146쪽). "仁叔又言: "陵所往來時, 作何工夫?" 余曰: "科功全廢, 所隨身者, 只太極 · 通書 · 西銘 · 洪範皇極內篇三數卷. 盖性理大全, 從頭至尾, 已有注解之役, 至今數十年未了耳." 仁叔曰: "曾求西洋曆法, 尙未入手, 從今可以源源, 餘當一番圖得, 請得傳授耳, 此事亦不可放過矣." 余曰: "然.""

160 『頤齋亂藁』 卷11, 戊子(1768) 7월 19일, 「與李潤父」(二, 191쪽). "方在直中, 患眼眚悄坐, 只時時細讀洪範皇極內篇, 意味非不漸深."

161 『頤齋亂藁』 卷11, 戊子(1768) 8월 13일(二, 215~216쪽). "夕飯後, 馳往本庫齋宿, 與李直長相話 …… 余曰, 自少以來, 學于家庭, 出則奉教長者, 二十餘間, 就性理大全一帙, 不無用工, 而陰陽性命易範律曆算數聲音字書之微, 亦或因而旁通矣."

162 각주 54) 참조.

궁하다는 사실을 알게 되었다고 하였다.[163] 이와 함께 황윤석은 『한서』「율력지」, 『고려사(高麗史)』「역지(曆志)」, 『명사(明史)』「역지」에 대한 수교(修校) 작업을 진행하여 일부는 완료했고, 일부는 아직 마무리를 짓지 못했다고도 하였다.[164]

당시에 황윤석이 『성리대전』에 수록된 몇 권의 책을 가지고 다니면서 검토했다는 사실은 9월 28일의 일기에서도 확인할 수 있다. 이날 황윤석은 가노(家奴) 정남(鄭男)이 고향으로 돌아갈 때 서책을 비롯한 몇 가지 물품을 보냈는데, 그 가운데 서책으로는 『성리대전』의 『태극도』 1권, 『통서』와 『서명』 1권, 『역인(曆引=新法曆引)』 1권 등이 포함되어 있었다.[165] 11월의 일기에서도 근자에 『격몽요결(擊蒙要訣)』과 『홍범황극내편』을 읽고 있는데 의미가 매우 좋다고 하였다.[166]

앞에서 언급한 바와 같이 황윤석이 『성리대전』을 주해하는 방식은 송시열의 『주자대전차의』의 편집 방식을 원용하여 의심나는 부분을 차록(箚錄)하고 틀린 부분을 바로잡는 방식이었다. 황윤석은 『성리대전』 각 권마다 찌지[籤標]를 붙여가면서 주석을 했는데, 간혹 자신의 견해를 첨부하거나 옛사람의 학설을 인용하기도 했다. 영조 45년(1769) 2월에 당시 흥덕현감(興德縣監)이었던 오준근(吳濬根, 1730~?)

163 『頤齋亂藁』 卷11, 戊子(1768년) 8월 21일(二, 222쪽). "愚之行中, 隨身適有性理大全中, 太極 · 通書 · 西銘, 及洪範內篇, 近來潛究內篇, 蓋知其味之無窮."

164 『頤齋亂藁』 卷11, 戊子(1768년) 8월 21일(二, 222쪽). "而如漢書 · 麗史之曆志, 及明史曆志, 亦皆修校, 或有已了者, 或亦未了耳."

165 『頤齋亂藁』 卷11, 戊子(1768년) 9월 28일(二, 259~260쪽). "草家書, 因封書冊 · 朝紙 · 書札 · 衣服 · 物件籠三丁, 付鄭男將歸. …… 書冊, 性理大全之太極圖一卷, 通書 · 西銘共一卷, 曆引一卷."

166 『頤齋亂藁』 卷11, 戊子(1768년) 11월 19일(二, 308쪽). "近日每早起, 誦夙興夜寐箴. 又讀擊蒙要訣 · 洪範皇極內篇, 意味甚好."

이[167] 황윤석이 주해한 『성리대전』을 빌려보고자 했다. 이에 황윤석은 먼저 11권의 책을 보냈는데 권1의 『태극도』로부터 권11의 『홍범황극내편』까지였다.[168] 현존하는 70권짜리 『성리대전』으로 따지면 권1에서 권25에 해당하는 것으로 전체의 1/3을 상회하는 분량이었다.[169] 이 무렵이면 『홍범황극내편』에 대한 주해 작업이 대체로 마무리되었던 것이 아닐까 한다.

같은 해 3월에 황윤석은 스승 김원행(金元行, 1702~1772)을 방문하였는데, 이 자리에서 심정진(沈定鎭, 1725~1786)을 만나게 되었다. 두 사람은 초면이었는데, 심정진은 황윤석의 이름을 들은 지 오래되었으며 『성리대전』에 힘을 쏟고 있다는 사실을 전해 들었다고 하였다.[170] 당시 김원행 문하의 인물들에게 황윤석의 작업은 널리 알려져 있었던 것이다. 이상에서 살펴본 바와 같이 황윤석은 10대 후반부터 『성리대전』에 대한 주해[箋註] 작업을 20여 년간 지속하고 있었으며,[171] 그의

---

167 吳濬根이 興德縣監에 임명된 것은 영조 44년(1768) 7월 28일이었다[『承政院日記』 1282책, 영조 44년(1768) 7월 28일(癸丑). "吳濬根爲興德縣監."].

168 『頤齋亂藁』 卷11, 己丑(1769년) 2월 26일(二, 336쪽). "本倅聞余曾就性理大全, 逐卷籤標註釋, 或附管見, 或引舊說, 今因答請借, 余先送十一卷, 自第一卷太極圖至十一卷洪範皇極內篇也."

169 황윤석이 소유하고 있던 『性理大全』은 40권짜리로, 卷1 太極圖, 卷2 通書 · 西銘, 卷3 正蒙, 卷4~6, 皇極經世書, 卷7~8 易學啓蒙, 卷9 家禮, 卷10 律呂新書, 卷11 洪範皇極內篇이었던 것으로 보인다[『頤齋亂藁』 卷40, 丁未(1787) 4월 9일(七, 652쪽). "封儀禮通解續解圖及本經共一帙三十八卷, 朱子大全七十六卷, 性理大全四十卷內十一卷[太極一, 通書 · 西銘共一, 正蒙一, 皇極經世三, 易學啓蒙二, 家禮一, 律呂新書一, 洪範皇極一] …….."].

170 『頤齋亂藁』 卷12, 己丑(1769) 3월 10일(二, 345쪽). "沈叅奉(定鎭, 一之)亦來, 因與相話. …… 一之曰, 吾亦艶名久矣. 且聞用功於性理大全, 若幸從容可得討論緖餘, 而從仕倥傯之中, 恐無以乘暇矣."

171 『頤齋亂藁』 卷12, 己丑(1769) 3월 16일(二, 353쪽). "余自二十年來, 有性理大全書箋

작업은 노년에 이르기까지 계속되었다.

영조 46년(1770) 6월의 일기에서 황윤석은 자신의 학문적 포부를 간략히 피력하였다. 그는 역(易)을 '성명(性命)의 종조(宗祖)'라고 여겼으며 일찍부터 이를 배우기 원했다고 한다. 이로 인해 황윤석은 율력(律曆) 이가(二家)에 출입하게 되었다. 율력학(律曆學)을 역(易)의 지류(支流)라고 여겼기 때문이다. 그는 이에 대한 학습 과정에서 평소에 차록해 둔 것으로 『성리대전』 가운데 빠진 부분을 보충하기를 원했던 것으로 보인다.[172] 비슷한 시기에 황윤석은 안치택(安致宅, 1702~1777)에게 보낸 편지에서 자신의 학문 범위가 '경례(經禮)'에서 벗어나지 않는다고 하면서 역범(易範)에 여력을 쏟았고, 때때로 출입한 것은 '율력이가'에 그쳤다고 하였다. 그는 이와 같은 학문적 토대 위에서 20여 년간 『성리대전』을 차록하는 작업을 수행했던 것이다. 그는 우리나라의 선현들 가운데 『성리대전』의 빠진 부분에 대해서 거론한 사람이 없기 때문에 자신이 이와 같은 작업을 한 것이라고 하였다.[173]

『성리대전』의 수해 작업과 관련해서 율력학 분야가 주목되었던 것은 『황극경세서』, 『역학계몽』, 『율려신서』, 『홍범황극내편』 등을 주

註之役, 而其中陸象山所言, 彭澤一源, 來自天稷, 天稷二字, 未可詳也. 遍問十餘年, 終無知者."

172 『頤齋亂藁』 卷15, 庚寅(1770) 6월 11일(三, 251쪽). "余以末路遠人, 爲養薄游都下, 自顧所學空空况於易乎. 易者性命宗祖, 特以所嘗願學, 而又時時出入律曆二家, 謂是易之支流也. 庶幾可補平日所箚, 性理大全書中所闕而已, 世猥以知易目之, 至煩大臣, 誤達於天聰, 得此虛名, 寧不惶愧."

173 『頤齋亂藁』 卷15, 庚寅(1770) 6월 13일, 「答上安正言書」(三, 260쪽). "念平日庭訓師教, 不越乎經禮, 顧餘力易範, 而時時出入, 又止律曆二家, 謂是二十年來, 所箚性理大全之[書의 誤讀 - 인용자 주]中, 一二之闕, 庶可並與東賢之未遑而擧之耳."; 『頤齋遺藁』 卷7, 「答安持平致宅書庚寅」, 2ㄱ(246책, 143쪽).

해하기 위한 필수적 지식이었기 때문이다. 황윤석의 학문적 관심에서 보면 당연히 해당 분야에서 최고 수준의 참고 문헌을 확보할 필요가 있었다. 그것이 바로 『율력연원(律曆淵源)』이었다. 따라서 청년기와 장년기를 거치면서 황윤석의 학문 내용에 변화가 있었다면, 그 전환의 시점과 계기를 찾고자 할 때 무엇보다 염두에 두어야 할 문제는 그가 본격적으로 『율력연원』에 접한 시점이 언제인가 하는 점이다. 아마도 황윤석은 서명응과 서호수 부자를 만나면서 『율력연원』의 실체에 처음으로 접했던 것으로 보인다.[174] 그때가 영조 42년(1766) 3월 중순이었고, 그 이후로 오랜 기간 동안 황윤석은 『율력연원』을 탐색하였고 책을 구입하기 위해 눈물겨운 노력을 기울였다.

황윤석은 영조 42년(1766) 7월에 이심해(李心海, 1701~?: 字 子容, 本名 李運海)[175]에게 편지를 보냈다. 당시 이심해는 6월에 대동찰방(大同察訪)에 임명되어[176] 패상(浿上)으로 부임한 상태였다.[177] 조선왕조

174 『頤齋亂藁』 卷6, 丙戌(1766) 3월 15일(一, 545쪽). “飯後, 轉訪其西北鄰徐參判命膺家, 則徐令方在刊籍中, 出次莘村亭子未歸, 其子正言浩修在矣. 其人丙辰生, 頗有學識, 熟於經書. 又通西洋曆法, 如數理精蘊 · 曆象攷成, 此二書, 又并律呂正義者, 謂之律曆淵源, 合一百卷.”

175 『頤齋亂藁』 卷3, 庚辰(1760) 2월, 「與李都事注書 二月十七日[運海改心海 · 重海]」(一, 242쪽). 이 편지는 都事와 注書 벼슬을 하고 있던 李運海와 李重海 형제에게 보낸 것이다. 이운해가 心海로 개명했음을 알 수 있다. 『영조실록』과 『승정원일기』를 참조해 볼 때 공식적으로 이운해의 이름을 이심해로 변경한 것은 영조 40년(1764)부터라고 판단된다. 李忠翊(1744~1816)이 작성한 이운해 형제의 小傳이 전한다[『椒園遺藁』 冊2, 文, 「侍講院弼善李公 · 司諫院獻納李公小傳」(255책, 543~545쪽)].

176 『承政院日記』 1256책, 英祖 42년(1766) 6월 18일(丙辰). “有政.吏批 …… 李心海爲大同察訪.”

177 『頤齋亂藁』 卷7, 丙戌(1766) 7월 15일(一, 587쪽). “而李心海[卽運海, 新除大同察訪]亦云 …….”; 『頤齋亂藁』 卷7, 丙戌(1766) 7월 17일(一, 593쪽). “轉訪李子容家, 則已以新除大同察訪, 赴任浿上. 其弟潤甫, 又不在未遇.”

의 역참(驛站) 가운데 평안도 지역에 해당하는 역도(驛道)는 대동도(大同道)와 어천도(魚川道)였고, 대동도의 중심지는 평양이었으니 '패상'이란 대동강을 끼고 있는 평양을 가리키는 것이다. 황윤석은 대동찰방의 관할 구역에 사행로가 포함된다는 점에 주목하였다.[178] 그는 이심해가 부임한 곳이 사신들이 왕래하는 곳이니, 사신단이 출발할 때 역관(譯官)에게 부탁하면 그들이 돌아올 때 책을 구입해 올 수 있다고 판단했던 것이다.[179]

당시 황윤석이 이심해에게 편지를 보내 부탁하면서 사고 싶었던 책은 『수리정온』과 『역상고성』이었다. 황윤석은 우리나라 300년 동안 유가(儒家)의 부류들이 경례(經禮)와 사장(詞章)의 학문에 대해서는 가히 고도(古道)에 근접했다고 할 수 있으나 산수역상(算數曆象)의 측면에서는 그 울타리 안을 엿본 사람이 한둘도 없다고 하였다. 우리나라의 유학자들이 경학·예학·문학의 방면에서는 커다란 학문적 성과를 거두었지만, 수학과 천문역산학 분야에서는 핵심을 파악하지 못하여 도(道)의 경계에 다다르지 못했다는 평가였다. 황윤석은 바로 이 지점에 주목하였다. 그는 '산수역상'의 분야를 드러내어 밝히고 세상에 널리 알려[倡明表章] '우리 왕조의 역사기록에서 굉장한 고사[聖朝史牒一大故事]'를 만들어 보고자 하는 바람을 지니고 있었던 것이다. 그는 이와 같은 사업의 의미를 명말에 서광계(徐光啓)와 이지조(李之

---

178 大同道에 소속된 驛의 명칭은 다음과 같다. 大同(平壤), 生陽(中和), 安定(順安), 肅寧(肅川), 安興(安州), 嘉平(嘉山), 新安(定州), 雲興(郭山), 林畔(宣川), 良策(龍川), 所串(義州), 義順(義州). 崔完基(1994), 530~508쪽.

179 『頤齋亂藁』 卷7, 丙戌(1766) 7월 25일, 「與李察訪心海書」(一, 605쪽). "又欲使之覓諸燕市, 此所深感者也. 今幸座下在使价往來之路, 當冬至聘問之候, 似聞欲將撥出官橐, 付譯官購書以來 ……."; 『頤齋遺藁』 卷8, 「與李察訪心海書丙戌」, 9ㄱ(246책, 169쪽).

藻)가 개력(改曆) 사업을 건의했던 것에 비유하였다. 문제는 그와 같은 사업을 전개할 수 있는 터전, 즉 문헌 자료가 부족하다는 사실이었다. 황윤석은 자신이 '산수역상' 분야의 중국 서적을 널리 열람하지 못한 것을 안타까워했다. 특히 『수리정온』과 『역상고성』이 고금에 으뜸이라고[冠絶古今] 들었는데 이를 습득하지 못한 것이었다. 황윤석은 이미 병술년(1766) 봄부터 이 책들을 구입하고자 하는 뜻을 피력한 바 있었다.[180]

그로부터 몇 년이 지난 영조 46년(1770) 4월 15일에 황윤석은 『율력연원』을 구입할 수 있는 기회를 얻게 되었다. 고(故) 참판 김선행(金善行, 1716~1768)의 집에 있는 『율력연원』 70책을 130냥에 구입해 주겠다고 제안하는 책주릅[冊牙人]들의 방문을 받았던 것이다. 황윤석은 빚을 내서라도 이 책을 구입하고자 하였다. 이를 매입해서 고향으로 내려가 사방의 벽에 비치해 두고 때때로 완미하고자 하는 염원을 품었기 때문이다.[181] 황윤석은 이와 같은 자신의 바람이 평소의 서

---

180 『頤齋亂藁』 卷7, 丙戌(1766) 7월 25일, 「與李察訪心海書」(一, 605쪽). "竊念我東三百年, 儒家者流, 其於經禮詞章之學, 可謂駸駸然古道矣. 惟是算數曆象, 未有一二窺其藩籬. 胤錫, 餘暇蓋嘗不揣, 庶幾倡明表章, 以備聖朝史牒一大故事, 若皇明徐光啓·李之藻所建白耳. 顧以眇然一後生, 處海外湖右之僻, 雖覃思力索, 少有影響依佈之見, 而中國文籍論此者, 曾不得廣閱, 其中康熙年間所撰數理精蘊·曆象考成二書者, 聞是冠絶古今久矣. 春間已以此書購得之意, 奉聞座下, 以致題記壁間, 搜問雲觀, 盛意所存. 又欲使之覓諸燕市, 此所深感者也."; 『頤齋遺藁』 卷8, 「與李察訪心海書丙戌」, 8ㄴ~9ㄱ(246책, 168~169쪽).

181 『頤齋亂藁』 卷14, 庚寅(1770년) 4월 15일(三, 144~145쪽). "冊牙人[칙즈릅]朴師億·師恒兄弟[居阿峴]及李遠福等, 三人來言, 金參判善行家, 律曆淵源一大帙七十冊[曆象考成上下二編兼表 ○律呂正義上下續三編 ○數理精蘊上下二編兼來 ○已上揚爲淵源共百卷]定價一百二十兩, 其十兩則牙人輩所分, 共一百三十兩, 可買而期以二十一日. 余旣素有書癖, 而此書又平生願見之奇奧者也. …… 敗家有間, 而購此載歸而南, 以賁四壁圖書, 時時玩適其間, 則念願庶幾畢矣."

벽(書癖) 때문이라고 하였지만, 『율력연원』에 대한 황윤석의 집착을 이해하기 위해서는 '율력지학(律曆之學)'에 대한 그의 학문적 관점을 염두에 둘 필요가 있다.

4월 19일에 황윤석은 김선행의 족숙(族叔)인 김용겸에게 편지를 보냈다. 그 내용은 김선행의 아들인 김이상(金履祥, 1739~?)에게 편지를 보내 황윤석 자신이 책을 구입할 자금을 마련할 수 있도록 말미를 주고, 다른 사람에게 책을 팔지 말고 자신에게 매도하기 바란다는 부탁이었다. 그런데 이 편지에서 황윤석은 자신의 학문적 관심을 간략히 적었다. 황윤석은 '율력지학'이 유자(儒者)의 심신상(心身上)의 공부에 긴요한 것은 아니지만 '천지 사이의 대문자(大文字)'로서 없어서는 안 되는 것이라고 보았다. 그런데 우리나라에는 이 분야에 대한 연구가 비어 있기 만약에 자신이 『율력연원』을 얻을 수 있다면 후학들에게 전해 다른 날 '우리 왕조의 역사 전적[聖朝史典]'을 빛나게 하는 데 도움이 될 수 있으리라 자부했다.[182]

황윤석은 4월 21일에 임계순(林啓濬, 1715~?)에게 편지를 보내 경제적 도움을 청했다. 당시 양자 사이에 다리를 놓아 준 사람은 이광현(李光鉉, 字 文兼)이었다. 그가 황윤석을 위해 재동(齋洞)에 있는 김시묵(金時默, 1722~1772)의 집에 거주하고 있는 임계준을 찾아가 돈을 빌릴 수 있는지 문의했던 것이다. 당시 임계준은 자신도 별다른 방도는 없고 집을 팔려고 하는데 만약 판매가 되면 그 자금을 융통해 줄 수 있다는 취지로 답변을 했고, 이 사실을 이광현이 편지로 알리자

182 『頤齋亂藁』 卷14, 庚寅(1770년) 4월 19일(三, 152쪽). "蓋律曆之學, 在儒者身心實工, 雖稍不緊, 亦天地間大文字, 不可無者, 況我東尤稱寥寥. 余若得之, 尙可有傳於後學, 而異日賁我聖朝史典, 豈小故哉."

황윤석이 편지를 보내게 되었던 것이다.[183]

황윤석은 임계준을 병자년(1756)에 이기경(李基敬, 1713~1787, 字 伯心)을 뵙는 자리에서 만난 적이 있다고 하였다.[184] 황윤석은 이미 임계준이 김시묵의 문객(門客)으로서 서울과 지방의 문무관들과 관계를 맺고 있으며, 순창군(淳昌郡)의 향리가 축첩한 기생(妓生)에게서 태어난 자로 어려서부터 글재주가 있었고, 양응수(楊應秀, 1700~1767)에게서 수학하여 그 인연으로 김시묵의 집에 출입한 지 30여 년이 되었다는 소문을 듣고 있었다.[185]

황윤석은 임계준에게 보낸 편지에서 자신이 『율력연원』을 구입하고자 하는 이유를 상세히 설명하였다. 그에 따르면 율력산수지학(律曆算數之學)은 선배들이 시급한 일이라고 여기지는 않았지만 역범(易範)과 표리(表裏)를 이루는 것이고 천지(天地)를 법도로 삼은 것이며[經緯天地=經天緯地], 낙건(洛建)의 여러 노선생(老先生)들께서도 폐하지 않은 것이라고 하였다. 정자(程子)나 주자와 같은 학자들이 이 분

183 『頤齋亂藁』 卷14, 庚寅(1770) 4월 21일(三, 154쪽). "聞李文兼, 昨夕爲余歷訪, 上舍林啓濬於齋洞金台時默大門內試擧, 余欲買律曆淵源, 求債不得, 其欲一與面請. 蓋彼爲白水丈門徒, 而曾又相見於完南李監司座上, 彼亦時時, 因余弟致意, 近又因人致意, 而以其家在重臣家門內, 且初面求債, 亦非所以待人, 因此不得面議之意, 則林君言, 他無債路, 方營賣宅, 宅若賣則, 可以推移矣, 故李文兼, 今日書報于余."

184 『頤齋亂藁』 卷14, 庚寅(1770) 4월 21일, 「與林成滿書」(三, 156쪽). "記丙子一幸邂逅於完南李令公座上, 居然十有五年矣."; 『頤齋遺藁』 卷10, 「與林啓濬書庚寅」, 5ㄱ(246책, 213쪽). 탈초본 『頤齋亂藁』에는 이 편지의 제목이 '與林成滿書'로 되어 있는데, 원문 이미지를 확인해 보면 이 편지의 원래 제목을 墨抹하고 '林啓濬'이라는 이름을 그 옆에 쓴 것을 확인할 수 있다.

185 『頤齋亂藁』 卷13, 己丑(1769) 12월 7일(二, 655쪽). "聞淳昌林啓濬, 以爲金台時默門客之故, 京外文武趨附者, 無不尋訪, 啓濬隱然成一權門. 啓濬本郡鄕吏蓄妓所生也, 少有文才, 學于白水楊丈, 夤緣蹊徑入金台家, 三十餘年矣."

야를 중시했다는 사실을 강조했던 것이다. 그런데 우리나라에서는 지난 3천 년 동안 이에 대해 한마디도 언급한 사람이 없다고 하였다. 이는 과장한 말이기는 하지만 황윤석 자신의 학문적 지향을 분명히 드러낸 것이기도 하다. 전인미답의 경지를 개척해서 학문적 성과를 이룩하겠다는 의지를 표현한 것이기 때문이다. 그런데 황윤석이 이 분야에서 주목한 학자가 있었다. 그가 바로 김석문(金錫文, 1658~1735)이었다. 황윤석은 '율력산수지학' 분야를 새롭게 밝혀 줄 서양의 신법이 중국에서 우리나라로 들어오니 김석문이 『역학도해(易學圖解)』 25편을 지어 마테오 리치와 우르시스(熊三拔)를 포괄했고 공자와 소옹(邵雍)을 참합(參合 : 증험하여 하나로 합치함)하였다고 평가했다. 김석문이 서양의 신법과 전통적인 상수학을 융회했다고 보았던 것이며, 『역학도해』는 비록 간행되지 않았으나 학식이 넓고 품행이 단정한 선비들이 그가 남긴 글을 통쾌하게 보고 있다고 하였다.[186]

그럼에도 불구하고 황윤석에게는 오히려 유감이 있었다. 근자에 『율력연원』을 연경으로부터 구입해 들여서 세상의 총명하고 특출한 사람들이 거기에 온축된 이치를 철저히 탐구하고 있다는 사실을 알게 되었기 때문이다. 황윤석 자신도 몇 년 전부터 이 책의 존재를 알게 되었고, 그것을 구입해서 남쪽 고향으로 내려가 사방의 벽을 책으로

---

186 『頤齋亂藁』 卷14, 庚寅(1770) 4월 21일, 「與林成滿書」(三, 156쪽). "夫律曆算數之學, 前輩固不以爲當急, 而表裡易範, 經緯天地, 亦洛建諸老先生, 所不廢者. 獨我東方上下三千年, 未有一言及之, 豈不以地偏書稀, 理奧之數頤, 雖一二卓識獨見, 未或從事其間, 藉曰, 有意又無奈, 宋明以前, 諸家立法之猶疎, 得彼失此, 輾轉幽晦而然歟! 天啓奎運, 人文益彰, 而西洋新法, 自華而東, 爰有大谷金公, 作易學圖解二十五篇, 包幷利熊, 叅合孔邵. 今其遺文, 雖未梓行, 而博雅之士, 已爲之快覩."; 『頤齋遺藁』 卷10, 「與林啓濬書庚寅」, 5ㄱ(246책, 214쪽).

장식할 수 있기를 오매불망하고 있었다. 그렇게 함으로써 아래로는 '선현들이 빠뜨린 전장(典章)'을 수거(修擧)하고, 위로는 '우리 왕조의 역사책[聖朝之史志]'를 보충하고 싶다는 간절한 바람을 피력했던 것이다.[187]

요컨대 황윤석은 『성리대전』에 대한 주해 작업이 '우리 왕조의 역사기록에서 굉장한 고사[聖朝史牒一大故事]'를 만드는 일이며, '우리 왕조의 역사 전적[聖朝史典]'을 빛내고, '우리 왕조의 역사책[聖朝之史志]'을 보충하는 작업이라고 생각했으며, 이를 통해 자신의 이름을 역사에 남기고자 하였다. 황윤석은 『이수신편』에 자신의 평생 정력이 투여되었다고 했던 것처럼 이 작업을 자신의 '일생가계(一生家計)'로 생각했다.[188] 『이수신편』의 편집과 『성리대전』의 주해 작업은 밀접한 관련성을 지니고 있었던 것이다. 그런데 정조 4년(1780)에 황윤석은 지난 30년 동안의 작업에도 불구하고 아직 완성하지 못했다고 하면서 안타까움을 토로하였다.[189] 그 이후에 황윤석이 주변의 지인들에게 보낸 편지를 보면 자신의 노쇠와 고질병, 시력의 저하, 조력자의 부족

---

187 『頤齋亂藁』 卷14, 庚寅(1770) 4월 21일, 「與林成滿書」(三, 156쪽). "惜乎猶有餘憾爾. 比年律曆淵源一大帙, 又自燕購至, 而世之聰明特達者, 庶幾究蘊到底矣. 胤亦聞有此書, 幾年于玆, 朝暮寤寐, 如物在喉, 使能得之而南, 以賁四壁圖書, 則不惟下可以擧先賢之闕典, 抑亦上可以補聖朝之史志."; 『頤齋遺藁』 卷10, 「與林啓濬書庚寅」, 5ㄱ~ㄴ(246책, 214쪽).

188 『頤齋亂藁』 卷31, 己亥(1779년) 9월 15일(六, 97쪽). "轉訪鄭淸道持淳于會洞, 則鄭言: "左右旣貫穿律曆, 亦不必以此作爲家計, 亦須擧其不暇及者, 作一家言, 使百世知我心中所存, 則亦足以不朽矣." 余擧所箋箚性理大全文字曰: "此乃吾一生家計, 而未及脫稿耳.""

189 『頤齋亂藁』 卷32, 庚子(1780년) 2월 21일(六, 206쪽). "余曰: "只有隨身性理大全一帙, 係是三十年用力箋注者, 而尙未告完, 近又公務所炒, 尤無開眼之暇, 惟於夜深人靜, 或開卷諷詠, 而老眼矇朧, 無可奈何.""

[彊輔之難得]과 참고 문헌의 미비[載籍之難窮] 등으로 인해 작업을 진척할 수 없는 답답함을 하소연한 사실을 확인할 수 있다.[190] 황윤석은 30여 년에 걸친 『성리대전』 주해 작업을 완수하지 못해 자신의 학문적 포부가 수포로 돌아가지 않을까 노심초사하면서 애통함을 표현했던 것이다. 『성리대전주해』의 완성을 향해 가는 황윤석의 노년은 고달픈 여정이었다.

6. 맺음말

황윤석은 10대 후반에 『이수신편』의 편찬에 착수했다고 판단된다. 『이수신편』의 서문이 『이재난고』 권1의 병인년(1746, 영조 22) 항목에 수록되어 있다는 점, 서문의 내용 가운데 이 책을 펼칠 때마다 "외모는 어린아이를 벗어나지 못하였는데 고담(高談)은 매번 성명(性命)에

---

190 『頤齋亂藁』 卷35, 甲辰(1784) 9월 7일, 「與李直長萬運伯心書」(六, 605쪽). "胤錫憹廓以來, 衰象日甚, 行墨舊業, 如性理大全鐵注, 及諸家文字釐正, 而未完者, 恐皆因歸於廢閣."; 『頤齋亂藁』 卷36, 乙巳(1785) 12월 30일, 「答興陽朴進士燦濬書」(七, 147쪽). "惟先人先師所責之重, 不敢以忘, 而老矣無能. 所註性理大全, 及禮樂易範諸大文字, 已積三十餘年工夫者, 將不克全棄, 痛矣痛矣."; 『頤齋亂藁』 卷41, 戊申(1788) 8월 13일, 「追答安丈鳳胤書」(八, 128쪽). "況昨年四月南歸之後, 重以五十年書癖, 三十年頭瘋, 終成冬春左盲之疾, 右邊脚氣, 又時時侵左 …… 而於近年所得儀禮通解・朱子大全二大帙, 尤切晩喜, 而惜其餘性理大全, 三十年私箚未了者, 將齎恨以終, 天之所廢, 命矣, 奈何."; 『頤齋亂藁』 卷44, 己酉(1789) 7월 9일, 「與鄭處士大遷允喬書」(八, 289쪽). "胤錫行年六十一, 所就何事, 居然老朽, 眞成孤負父師. 惟區區半生, 性理大全箚釋之役, 或者可貽兒孫, 而爲養奔走, 用志分貳. 今天奪其左視, 而右亦日以昏矣, 竊恐此事未了, 因作賚志之恨, 然亦實坐於彊輔之難得, 載籍之難窮, 其中如皇極經世・洪範內篇二種, 尤未有以入手, 奈何."

이르는구나"라는 주자의 경계 말씀이 생각나서 부끄러웠다는 고백, 그리고 황윤석 자신이 유교 경전을 필독(畢讀)하고 두 번째로 읽던 14세 무렵에 임영의 고사에 자극을 받아 이수(理數)의 문제에 관심을 갖게 되었다고 언급한 사실 등은 황윤석이 10대 후반에 『이수신편』을 작성하기 시작했다는 방증 자료가 될 수 있기 때문이다.

『이수신편』의 편찬은 최소한 1750년대 중반까지는 지속되었던 것으로 보인다. 1757년 무렵에 '역범경세율력산수지설(易範經世律曆算數之說)'에 대해 "근자에는 비록 열람하기를 그만두었"다고 한 황윤석의 발언, 『이수신편』의 참고 문헌에 『율력연원(律曆淵源)』을 비롯한 최신의 서적이 보이지 않는다는 점이 그와 같은 추측을 가능하게 한다. 황윤석이 최신의 서양 서적에 접하게 된 것은 천거를 통해 중앙 관직에 등용된 1760년대 중반 이후였기 때문이다.

『이수신편』은 '태극이기지설(太極理氣之說)'과 '홍범경세지학(洪範經世之學)'으로부터 '계몽역윤지법(啓蒙曆閏之法)'에 이르는 이치와 관계된 문제들을 '고인(古人)의 지극히 훌륭한 이론'을 중심으로 재구성한 것이었다. 황윤석은 『성리대전』의 조례를 모방하여 자기 나름의 편목을 새롭게 구성하였고, 『성리대전』을 주요 텍스트로 삼고 경사(經史)를 비롯한 여러 가지 참고 문헌을 활용하여 세부 내용을 채웠으며, 곳곳에 자신의 견해를 주석의 형태로 덧붙여 23권에 달하는 많은 분량의 책을 완성하였다. 황윤석이 첨가한 주석과 안설(按說)은 본문에 등장하는 용어나 고사를 부연 설명한 것, 중국인들 특유의 표현 양식에 대해 설명한 것, 해당 내용에 대한 자신의 소견을 언급한 것 등이었다.

황윤석이 『이수신편』에서 인용한 문헌 가운데는 조선 학자들의 저술도 다수 포함되어 있다. 서경덕의 『화담집』을 비롯한 조선 학자들의 시문집, 이수광의 『지봉유설』과 같은 유서(類書), 『계몽전의』나 『주자대전차의』와 같은 주석서 등이 대표적이다. 황윤석이 조선 학자들이 작성한 여러 도설 자료를 인용하여 『성리대전』의 내용을 부연 설명하고자 했다는 점에서 조선 학계의 연구 성과를 적극적으로 수용하고자 한 그의 태도를 읽을 수 있다. 반면에 서학서(西學書)의 활용은 생각만큼 풍부하지 않았다. 황윤석이 한양에 올라와 본격적으로 다양한 서학서에 접한 시점을 염두에 두고 이 문제를 생각해 본다면, 앞으로 『이수신편』의 편찬 시기를 재구성할 수 있는 중요한 기준을 마련하는 데 도움이 될 것이라 생각한다.

『이수신편』의 편목 설정과 내용 구성을 개략적으로 살펴보면 유기적이거나 치밀하지 못하고, 때로는 중복이 되었거나 일관성이 없다고 느껴지는 부분도 있다. 황윤석이 애초의 의도대로 『이수신편』이 편집을 마무리하지 못했거나, 미진한 부분에 대한 수정과 보완 작업을 완료하지 못했나고 볼 수도 있다. 만약 그렇다면 그 이유는 무엇이었을까? 이는 황윤석이 필생의 작업으로 여겼던 『성리대전주해(性理大全註解)』의 편찬 작업과 관련된 것이 아닐까 한다. 『이수신편』과 『성리대전주해』는 성리학을 집대성하겠다는 공통의 목표를 지니고 있었다. 정확한 시점을 확언할 수는 없지만 1760년대 후반 이후 황윤석의 학문적 관심은 『성리대전』을 주해하는 작업으로 중심이 이동하고 있었다고 보인다. 그것은 『주자대전차의』의 사례에 의거해서 『성리대전』의 처음부터 끝까지 각 권마다 찌지를 붙여가면서 주석을 하고, 간혹 자신의 견해를 첨부하거나 옛사람의 학설을 인용하는 작업 방식으로 이루어졌다. 그 과정에서 그는 『율력연원』을 비롯한 최신의 율력학(律曆學) 관련 서적을 적극 활용하고자 하였다. 황윤석은 『이수신편』에 자신의 평생 정력이 투여되었다고 했던 것처럼 이 작업을 자신의 '일생가계(一生家計)'로 생각했다. 『이수신편』의 편집과 『성리대전』의 전주(箋注) 작업은 밀접한 관련성을 지니고 있었던 것이다. 그런데 정조 4년(1780)에 황윤석은 지난 30년 동안의 작업에도 불구하고 아직 완성하지 못했다고 하면서 안타까움을 토로하였다. 이는 전통 학문을 대표하는 『성리대전』을 새로운 지식을 바탕으로 수정, 보완함으로써 『성리대전주해』를 완결하고자 했던 황윤석의 학문적 열망을 보여주는 것이라 할 수 있다.

参考文獻

1. 원전

『性理大全』, 山東 : 山東友誼書社, 1989.

『理藪新編』, 亞細亞文化社, 1975.

『頤齋全書』, 景仁文化社, 1976.

『頤齋亂藁』, 脫草本『頤齋亂藁』一～九, 韓國精神文化硏究院, 1994～2003.

『頤齋遺藁』, 影印標點『韓國文集叢刊』246, 民族文化推進會, 2000.

『理學通錄』, 국립중앙도서관(古1240-8)

『入學圖說』, 국립중앙도서관(한古朝17-196)

『朱子語類』, 北京 : 中華書局, 1994.

『芝峯類說』, 景仁文化社, 1970.

『漢書』, 北京 : 中華書局, 1997.

『晦庵先生朱文公文集』,『朱子全書』, 上海古籍出版社 · 安徽教育出版社, 2002 所收本.

한국학중앙연구원 장서각 편(2012),『興德 平海黃氏 黃胤錫宗家 古文書』(古文書集成 101), 한국학중앙연구원 출판부.

2. 저서

강신항 · 정순수 · 정만조 · 권오영(2007),『이재난고로 보는 조선 지식인의 생활사』, 한국학중앙연구원.

金容雲 · 金容局(1977),『韓國數學史』, 科學과人間社(1982, 悅話堂).

정구복 외(2009),『頤齋 黃胤錫의 학문과 사상』, 景仁文化社.

최삼룡 외(1994),『이재 황윤석 – 영 · 정 시대의 호남실학』, 민음사.

李儼 · 杜石然 저, 안대옥 역(2019),『중국수학사』, 예문서원.

陳來(1986),『朱子書信編年考証(朱子書信編年考證)』, 上海 : 上海人民出版社.

川原秀城(2010), 『朝鮮數學史－朱子學的な展開とその終焉』, 東京 : 東京大學出版會; 가와하라 히데키 저, 안대옥 역(2017), 『조선수학사－주자학적 전개와 그 종언』, 예문서원.

3. 논문

姜信沆(1991), 「黃胤錫과 皇極經世聲音唱和圖」, 『東方學志』 72.

구만옥(2009a), 「頤齋 黃胤錫(1729~1791)의 算學 연구」, 『韓國思想史學』 33, 韓國思想史學會.

______(2009b), 「조선후기 천문역산학의 주요 쟁점 : 황윤석(黃胤錫, 1729~1791)의 『이재난고(頤齋亂藁)』를 중심으로」, 『한국과학사학회지』 제31권 제1호, 韓國科學史學會.

______(2009c), 「황윤석, 성리학의 집대성을 위해 노력한 주자도통주의자」, 『내일을 여는 역사』 37, 서해문집.

______(2012), 「조선후기 지식인들의 『天地萬物造化論』에 대한 인식」, 『韓國思想史學』 42, 韓國思想史學會.

______(2013), 「황윤석(黃胤錫)의 '박학(博學)'－성리학의 집대성을 향한 불굴의 노력－」, 『이재 황윤석 학문과 박학의 세계』, 신성출판사.

______(2015), 「황윤석(黃胤錫)의 '천문(天文)' 인식과 『상위지요(象緯指要)』」, 『韓國思想史學』 51, 韓國思想史學會.

______(2017), 「18세기 후반 김석문(金錫文)과 『역학도해(易學圖解)』의 발굴－황윤석(黃胤錫)의 『이재난고(頤齋亂藁)』를 중심으로－」, 『韓國思想史學』 51, 韓國思想史學會.

구현아(2019), 「黃胤錫의 『理藪新編』 卷二十 「韻學本源」안의 「韻法直圖」 음운 특징 연구」, 『인문사회과학연구』 제20권 제2호.

김기현(1994), 「이재 황윤석의 학문체계 분석」, 『이재 황윤석－영·정 시대의 호남 실학』, 민음사.

김낙진(2002), 「황윤석의 동서양 자연학의 종합」, 『계간 과학사상』 43(2002 겨울), 범양사.

김석득(1983), 「이재(頤齋) 황윤석(黃胤錫)의 화음방언자의해(華音方言字義解)」, 『東方學志』 40.

김승룡(2007), 「頤齋 黃胤錫 연구의 추이와 과제－'실학'에서 '일상'으로－」, 『東洋漢文學研究』 25, 東洋漢文學會.

김효경(2002), 「조선후기 능 참봉에 관한 연구－『頤齋亂藁』 莊陵參奉 자료를 중심으로－」, 『古文書研究』 20, 韓國古文書學會.

노혜경(2003), 「黃胤錫의 文獻資料 檢討－文集을 중심으로－」, 『藏書閣』 9, 韓國精神文化研究院.

배우성(2009), 「黃胤錫의 現實 인식과 數理論－洪啓禧와의 비교를 중심으로－」, 『頤齋 黃胤錫의 학문과 사상』, 景仁文化社.

배윤덕(1997), 「황윤석의 理藪新編 연구－四聲通解와 관련하여－」, 『東方學志』 97.

오영숙(2019), 「조선 후기 유학자들의 "천원술(天元術)": 『산학원본(算學原本)』과 『산학본원(算學本源)』을 중심으로」, 『한국과학사학회지』 제41권 제3호, 한국과학사학회.

유영옥(2007), 「陵參奉職 수행을 통해 본 頤齋 黃胤錫의 仕宦의식」, 『東洋漢文學研究』 24, 東洋漢文學會.

李炯性(2000), 「頤齋 黃胤錫의 '數'에 기초한 實學思想 一攷」, 『韓國思想과 文化』 9, 한국사상문화학회.

장혜원(2009), 「산학입문, 산학본원을 통해 본 이재의 수학 연구」, 『頤齋 黃胤錫의 학문과 사상』, 景仁文化社.

鄭誠嬉(1992), 「頤齋 黃胤錫의 科學思想」, 『清溪史學』 9, 韓國精神文化研究院 清溪史學會.

정성희(2007), 「조선 후기 서양 과학의 수용」, 『이재난고로 보는 조선 지식인의 생활사』, 한국학중앙연구원.

정수환(2008), 「朝鮮後期 陵參奉의 經濟生活의 實際－18世紀 黃胤錫의 『頤齋亂藁』를 중심으로－」, 『민족문화논총』 38, 영남대학교 민족문화연구소.

정연식(2006), 「조선시대의 여행조건－黃胤錫의 『西行日曆』과 『赴直紀行』을 중심으로－」, 『인문논총』 15, 서울여자대학교.

정호훈(2018), 「조선후기 『花潭集』 刊行의 推移와 徐敬德 學問」, 『한국문화』 84, 서울대학교 규장각한국학연구원.

川原秀城(2020), 「黃胤錫과 『理藪新編』」, 『韓國實學研究』 40, 韓國實學學會.

崔英成(2008), 「黃胤錫 實學의 特性과 象數學的 基盤」, 『儒教思想研究』 32, 韓國儒教學會.

崔完基(1994), 「역 · 원제의 정비」, 『한국사』 24(조선 초기의 경제 구조), 국사편찬위원회.

沈小喜(2010a), 「黃胤錫의 正音觀 연구 1-《理藪新編》 卷12의 〈經世四象體用之數圖〉를 중심으로」, 『中國語文學論集』 62.

_____(2010b), 「황윤석의 정음관 연구 2-《理藪新編》 卷20의 『韻學本源』을 중심으로」, 『中國語文學論集』 64.

河聲來(1983), 「頤齋 黃胤錫의 西洋 科學思想 受容-湛軒 洪大容과의 관계를 중심으로-」, 『전통문화연구』 1, 명지대학교 한국전통문화연구소.

허남진(2003), 「이재(頤齋) 황윤석(黃胤錫)의 서양과학 수용과 전통학문의 변용」, 『철학사상』 16, 서울대학교 철학사상연구소.

4. 해제

李崇寧(1975), 「理藪新編 解題」, 『理藪新編』, 亞細亞文化社.

河聲來(1976), 「解題」, 『頤齋全書』 上, 景仁文化社.

조선시대 학술과 황윤석의 위상

이헌창 | 고려대학교 경제학과 명예교수

1. 머리말

김기현(1994 : 274~275, 303쪽)은 황윤석이 '독실한 성리학자'이면서 '서학의 접수, 박물학적 사고, 국학의 연구 등'이 '실학에 해당한다'고 평가하였고, 이런 '상충'이 "어떻게 정리 · 이해되어야 하는가?"라는 의문을 제기하였다. 이 글에서의 실학은 유학자의 용어가 아니라 역사학계의 개념, 곧 필자의 근세 실학에 국한한다.[1] 제4절에서는 황윤석이 성리학도 개방적으로 탐구한 주자학자임을 보여주어, 실학과의 '상충' 문제를 해소하고자 한다. 그와 관련하여 황윤석의 학문 방법론에 유의하고, 실학 업적에 대한 이해의 진전도 도모한다. 황윤석 학술의 위상과 의의를 파악하기 위해 제3절에서는 중국과의 관계를 고려하면서 문호개방 이전 조선시대 학술을 개관하고, 제4절에서는 일본을 중심축으로 삼아 조선 · 중국 · 일본의 학술을 비교한다.[2] 제5절에서는 황윤석 학술의 전반적 성격과 결부하여 그의 경제정책론을 중심으로 하는 경세론을 고찰한다.

---

1 근세 실학의 개념은 이헌창(2016; 2018b)을 참조하라. 朴忠錫(1982/2002)은 "조선조 주자학으로부터 근세실학사상에로라는 사상의 역사성에 중점을 두"고(30쪽), 제1장에서 주자학사상을, 제2장에서 '근세실학파의 정치사상'을 고찰하였다. 그는 실학 개념이 "多義로 파악되어왔다"는 점을 지적하고(68쪽) 근세실학사상이 "조선조 주자학을 근거로 하면서 그것을 超越的으로서가 아니라 思想內在的으로 비판하고 극복해감으로써 조선조 주자학 그 자체의 변용을 가져오게 하였다고" 평가하였다(71~72쪽). 그는 근세실학사상의 특징을 '功利的 思考方法'으로 보았다(74쪽). 필자의 근세 실학에 통하는 개념이다.

2 제2절에서 다룬 중국과 유럽의 학술에 관한 자세한 설명은 조선시대 학술을 비교세계사 시야로 고찰한 시론인 이헌창(2022)을 참조하라.

2. 문호개방 이전 조선시대 학술의 동향

(1) 16세기 이전의 박학

인류는 처음에 생존, 공동체의 유지와 확장, 그리고 문명의 성립과 발달에 필요한 실용적 지식을 추구하였다. 4대 문명 발상지는 모두 실용적인 지식이 발전하였다. 칼 야스퍼스(1986)는 세계사를 선사시대→고대고도문화→기축시대→과학기술시대로 구분하면서 기원전 500년 전후 약 600년간의 기축시대에 그리스, 히브리민족, 인도 및 중국에서 정신혁명이 일어나 오늘날까지 사유하는 근본 범주들이 형성되고 세계 종교가 창조되어 보편성에서 진보하였다고 보았다.

기축시대에 주술의 세계로부터 합리적·이성적 사유로의 전환과 학문 발전이 두드러진 곳은 그리스와 중국이었다. 14세기경 중국의 과학과 기술이 가장 발달하였다는 것이 통설인데, 왜 과학혁명과 산업혁명이 중국이 아니라 유럽에서 먼저 일어났던가를 탐구하는 논의가 활발하였다. 과학혁명은 근대 학문의 확립을, 산업혁명은 근대경제의 확립을 낳은 사건이다. 기축시대에 나타난 그리스와 중국의 학술문화의 차이는 유럽과 동아시아의 학술문화를 규정하였다. 이것은 중국이 아니라 유럽에서 과학혁명, 나아가 산업혁명이 먼저 일어난 중요한 요인이었다.

공자 이후 춘추전국시대는 제자백가(諸子百家)의 학술 시대였다. 기원전 136년 동중서는 백가의 다양한 이념과 주장을 통일하기 위해 '『춘추』의 대일통(大一統)' 이념에 따라 공자 학술만 채용하자고 주장하여 '유가 독존(獨尊)'의 '경학(經學)시대'가 시작되었다. 한나라 사람은 '통경치용(通經致用)'을 지향하였는데, 경서의 대의를 파악하여 경세제민에 이바지한다는 의미이다.[3] 당대에는 시·서·역의 3경, 의례·주례·예기의 3례, 그리고 춘추3전의 9경 체제가 성립하였다. 그래서 공자는 유학을 확립하는 데에 그치지 않고, 중국문명권 사상·학문의 내용과 성격을 전반적으로 결정하였다. 유가 독존의 시대에 경학을 모든 학문의 기본이자 원천으로 삼는 풍조는 중국과 조선의 문호개방까지 지속하여 학문 패러다임이 변할 수 없었다.

『논어』의 첫 구절이 "배우고 그것을 때때로 익히면 기쁘지 않겠는가(學而時習之 不亦說乎)"라고 시작하는 것은 제자들이 공자의 학구열 내지 학문 중시관을 우선적 가르침으로 인식하였음을 보여준다. 문명사적 영향력을 가진 인물 가운데 소크라테스는 "사고의 길 혹은 인간 이성의 길을 걸었고" 석가는 "명상으로 살 수 있는 삶의 길을 제창했고" 예수는 지식이 아니라 "신앙을 설파했"다면, 공자는 "단순한 배움 이상의 교육을 제창했"다.[4] 유학의 배움과 학문의 중시관은 유교문화권의 학술 발전을, 그리스철학은 유럽의 이성적 사유의 발전을 낳았다.

공자의 학문 방법은 학이사(學而思)와 박이약(博而約)으로 집약된다. 왕성한 지식욕을 가진 공자는 유학사상을 창시하기 전에 박학(博學)으로 평가받았고, 그 후에도 박학을 하였다.[5] 공자는 문헌과 예에 관

---

3 풍우란(1999/2007), 41쪽; 풍우란(1989/1996), 257쪽; 錢穆(2006), 483쪽.

4 칼 야스퍼스·헨리 리 토머스(1980/1986), 122, 158, 163쪽.

5 "學而不思則罔, 思而不學則殆."(爲政 15章) "達巷黨人曰: 大哉, 孔子! 博學而無所成名."(子罕 2章); 주자가 쓴 『논어』 集註書의 序說에는 "史記世家曰: …… 孔子歸魯, 實哀公之十一年丁巳, 而孔子年六十八矣. 然魯終不能用孔子, 孔子亦不求仕. 乃敍書·傳·禮記, 刪詩, 正樂, 序易彖·繫·象·說卦·文言. 弟子蓋三千焉, 身通六藝者七十二人. 十四年庚申, 魯西狩獲麟, 孔子作春秋."라는 박학 업적이 나온다.

한 폭넓은 공부와 지식을 바탕으로 사색을 통해 직관적 통찰을 얻어 유학을 창시하였다. 그래서 공자의 학문은 문헌학(philology)과 철학(philosophy)의 양면을 가진다.[6] 『중용』의 표현을 빌리면, 전자는 '도문학(道問學)', 후자는 '존덕성(尊德性)'에 해당한다. 공자는 "군자는 학문에 해박하고 예로써 약한다(君子博學於文 約之以禮)."라고 가르쳤다(雍也 25章). 약(約)은 제약, 수약(守約), 규율 등으로 번역될 수 있다. 정자(程子)는 "성인의 가르침은 오직 이 두 일뿐이다."라고 보았고, 주자는 "박문약례(博文約禮)가 교육 순서이다."라고 하였다. '박문약례'는 박학을 통해 유학으로 집약한 공자의 학문 방법이자 박학을 가르쳐 유학사상을 집약하고 유교 행동규범으로 규율하는 공자의 교육 원칙이었다. 유가인 황윤석도 여기에 따랐다.

공자의 박학은 학술의 다원적 발전을 촉진하는, 약례는 제약하는 방향으로 작용한다. 공자 후대는 유학만 배우면 되지, 박학의 필요가 없어졌다고 볼 수도 있다. 맹자는 "넓게 배우고 상세히 설명함은 장차 돌이켜 집약한 학문을 설명하려는 것이다(博學而詳說之 將以反說約也)"(離婁下 15章)라 하였다. 여기서 나온 '유박반약(由博反約)'은 박학에 대한 약례의 우위를 명시한 것이다.

한자어 지(知)와 지(智)는 통용된다. 그것은 아는 것, 지각, 인지, 지식, 지력, 지혜 등 다양한 의미를 가졌다. 그것은 지식을 의미하는 동시에 도덕적 가치 판단을 내용으로 하는 덕목이었다.[7] 그런데 도의 탐구에서 드러나듯이, 도덕 지식과 실증 지식을 명확히 구분하지 않

6 加地伸行(1990/1996), 89쪽.
7 內山俊彦 · 馬淵昌也 · 坂元ひろ子(2001), 319쪽.

은 채 지식론을 도덕론에 종속한 것이 중국문화권의 문제였다. 고대 그리스의 sophia는 지혜로 풀이되며 실증 지식뿐만 아니라 도덕적 지혜를 포괄하는 점에서 한자어 지와 같으나, 이후 도덕과 지식의 용어가 분화하였다. 한자문화권은 유럽문명의 충격을 받고 번역어를 모색하면서 지식 · 지혜 · 도덕의 개념이 구분되었다.

공자는 "군자가 그릇처럼 국한되지 않는다(君子不器)"고 하였다(爲政 12章). "덕을 이룬 선비(成德之士)는 체(體)를 갖추어 두루 적용하지 않음이 없으니 특별히 한 재주나 한 기예[藝]만 갖추지는 않는다."라는 주자의 뛰어난 해석에서 알 수 있듯이, 군자라면 한 분야의 전문가가 아니라 체구용주(體具用周)해야 한다는 것이다. 이것은 공자가 목표로 삼은 치자(治者)의 양성에는 유용한 덕목이라 할 수 있으나, 과학 · 기술 등 전문 지식의 학자나 전문 기능의 관료의 양성에는 불리한 관점이었다. 주자는 공자의 가르침에 따라 체구용주의 박학을 하였고, 황윤석은 공자와 주자를 모범으로 박학을 하였다.

『주역』 계사상전(繫辭上傳) 12장에서 "형이상을 도(道), 형이하를 기(器)라 말한다."고 하였고, 공자는 "도에 뜻을 두고 덕을 굳게 지키며 인에 의지하여 예(藝)에 노닐어야 한다(志於道 據於德 依於仁 游於藝)." 라고 가르쳤다(述而 6章). 『사기』에 의하면, 공자는 제자에게 6예(六藝)를 가르쳤다. 이것은 유학을 정학(正學), 기 · 예의 과학 · 기술학 등을 잡학(雜學)으로 삼아 위계화하는 경학적 토대뿐만 아니라 도 · 덕과 본말관계에 있으나 기 · 예의 지식을 유학의 기본 소양으로 중시하는 관점도 제공하였다. 주자학자는 전자의 관점을, 황윤석을 비롯한 실학자는 후자의 관점을 중시하였다.

12세기 이후 유럽 각지에 나타난 대학의 인문학부(Arts Faculties) 필수 과목은 문법 · 수사학 · 수학 · 논리학 · 음악 · 천문학인데, 점성술 같은 실용적 기술을 arts, 천문학 같은 이론 체계를 science라 불렀다. 전공과목인 철학 · 신학 · 법학 · 의학도 science라 불렀다. 철학과 신학은 도, 나머지 학문은 예에 상응하니, 유럽은 중국에 비해 기예의 학문을 중시하였다. 고대 그리스의 학문과 교육의 유산을 발전시킨 유럽 중세 대학의 교육과정은 4서3경이나 4서5경을 중심으로 하는 중국과 조선의 교육과 달랐고 근대 교과목에 접근하였다. 이런 학문 · 교육체계의 차이가 동 · 서양 학술 · 지식문화를 규정하였다.

동중서 이후 유학이 학문, 통치이념, 그리고 생활윤리를 제공한 지배적 사상이 되었으나, 현실통치에서는 법가의 이론과 기술에 의존하지 않을 수 없었다. 그래서 유가는 '표면상 유가이나 내실은 법가(儒表法裏)'라고 비판하였다.[8] 기원후 1세기에 인도의 종교이자 철학인 불교가 중국에 들어왔다. 도가철학이 불교의 영향을 받아, 한말에 조직된 종교인 도교가 창시되었다. 도가는 "현실 도피적 사상체계를 제공하였다." 220년 한나라의 멸망부터 589년 수왕조의 통일까지 분열과 혼란의 시기에 도교와 불교가 성행하였다.[9] 음양가는 자연철학을 제공하여, 과학사상에 연결되었다.

유교문화권에서 공자 이후 '박이약'의 학문 성취를 가장 성대히 거둔 인물은 주자였다. 주자는 "학문을 하는 데에는 모름지기 먼저 대본(大本)을 세워 그 처음에는 매우 간약(簡約)하고 중간 단계에는 매우 광대하다가 끝에서는 또 집약한다."(『주자어류』 11-91)라며 '박이약'

8 풍우란(1989/1996), 268~269쪽.
9 풍우란(1989/1996), 264~270쪽.

의 방법론을 구체화하였다. 주자는 성인(聖人)이 박학다식할 뿐만 아니라 도로써 일관해야 한다고 하여(『주자어류』 45-4), 박학이 도학(道學)에 봉사해야 함을 맹자보다 명확히 하였다. 공자는 박학 위에서 유학사상을 확립하였고, 주자는 더 나아가 불교 · 도교의 형이상학도 활용한 박학 위에서 집약한 이학(理學)을 집대성하였다. 조셉 니덤(1998/2003, 294~295쪽)이 "그리스철학과 기독교 신학의 가장 위대한 종합자인 유럽의 토마스 아퀴나스의 경력이 시작되기 직전에 유가, 도가와 불교의 관념들의 위대한 종합을 이루었다."며 '중국역사에서 가장 탁월한 종합가인' 주자를 아퀴나스에 비견한 것은 "본질적으로 중세의 사람으로서 긴 역사를 지닌 믿음을 변화시키거나 바꾸기보다는 체계화하는 일에 주력했기 때문이다."

장학성(章學誠, 1738~1801)은 『문사통의(文史通義)』에서 주자의 학문이 '박문약례'로서 성명(性命)의 의리(義理), 사공(事功)의 경세(經世), 학문의 고거(考據) 및 문장이 모두 합일(合一)되어 본 · 말(本末)을 구비하였다고 평가하였다. 주자의 표현대로 체구용주(體具用周)의 학문 통섭을 달성한 것이다. 장학성은 송대 이후 사상 · 학술사가 박과 약의 갈등사라 보았다. 의리의 정주학은 약을, 고거의 고증학은 박을 추구한 것이다. 장학성은 고증학을 흡수하여 정주학보다 나아가 '도기합일(道器合一)'의 실학을 추구하였다.[10] 문호개방 이전 중국 학술론의 정점인 장학성의 한 · 송학 절충 방법론도 결국 박 · 약과 도기합일의 회통이니, 유학을 벗어나지 않고 근대 학문의 방법과는 다르다.

'박문약례'와 비슷한 의미인 "널리 배워 뜻을 독실히 하며 절실히

---

10 曺秉漢(1992), 63~64, 67~69쪽.

물어 현실에 가까이 생각하면(博學而篤志 切問而近思) 인(仁)이 그 가운데 있다."라는 자하(子夏)의 말(子張 6章)에 대해, 정자는 "널리 배우지 못하면 제약함을 지킬(守約) 수 없다."라고 하였다. 학문을 창시하거나 높은 수준으로 올리기 위해서는 넓은 분야의 지식이 필요함은 동서고금을 관통하는 사실이다. 공자와 주자는 넓게 공부하였기 때문에 각각 유학과 이학을 높은 수준으로 확립할 수 있었다. 그런데 유학, 나아가 주자학이 지배 사상이 된 후에는 그것만 공부하면 된다는 풍조가 대두하여, 학문의 다원적 발전을 저해하였다.

고려는 몽고가 창출한 세계제국에 편입되어 인적 · 물적 수탈을 당하였지만, 중국과의 교류 확대로 송나라 서적 약 2만 권이 주자학과 더불어 유입되었고 이슬람 역법(曆法), 세계지리 지식, 목화 · 화약 등이 전래되었다. 이를 계기로 조선 학문은 중국 따라잡기(catch-up)를 시작하였다. 조선왕조 창건과 문명국가 건설의 과제는 경 · 사학뿐만 아니라 경세학, 지리서 등의 명물학, 수시력(授時曆)을 비롯한 과학, 농서 등의 기술학을 성장시켰다. 박학의 시대인 것이다.

명나라 성조가 1415년 『성리대전(性理大全)』을 편찬한 목적은 관학인 정주학으로 도덕심을 배양하고 경세에 활용하는 것이었다. 세종대 『성리대전』이 도입되어 경연에 활용되고 간행, 보급되었다. 『성리대전』은 주자를 비롯한 저명한 정주학자를 망라한 학설을 보여주고, 제자백가학, 경세학, 자연학 등도 담은 박학서였다. 세종대부터 성종대까지 『성리대전』의 탐구는 박학풍에 연결된다. 『성리대전』의 많은 자료는 주자의 만년 입장을 반영하고 초학자가 읽기에 간편한 『주자어류』에서 발췌했다. 『성리대전』의 이해가 진전되는 가운데 1543년 『주자대전(朱子大全)』이 도입되고 이후 간행되면서 주자성리학이 발

전하여 학풍이 변하였다.[11]

고려 광종(光宗)은 쌍기(雙冀)의 건의로 당나라 제도를 모방한 과거제를 시행하면서 제술업(製述業)·명경업(明經業) 2업과 의업(醫業)·복업(卜業)·지리업(地理業)·율업(律業)·서업(書業)·산업(算業)·삼례업(三禮業)·삼전업(三傳業)·하론업(何論業) 등의 잡업(雜業)을 두었다. 최고의 교육기관인 국자감(國子監)에는 유학이 중시되었지만, 기(器)·예(藝)인 율학(律學)·서학(書學)·산학(算學)도 있었다. 1392년 과거제가 문음(文蔭)·문과·무과·이과(吏科)·역과(譯科)·의과(醫科)·음양과(陰陽科) 7과로 정비되었다. 고려의 율·서·산업은 취재(取才) 시험으로 바뀌었다. 고려시대에 정학(正學)과 잡학의 경계가 유동적이고 위계가 확연하지는 않았으나, 조선전기에 그 경계와 위계적 차별이 뚜렷해졌고, 사족은 갈수록 기예직(技藝職)을 기피하였다.[12] 대체로 군주와 고위 관료는 사대부가 경세를 위해 기예도 배워야 한다고 보고 기예직의 지나친 차별을 반대하였으나, 일반 사족과 투철한 주자학자는 반대 의견이었다. 세조는 세종대 학술문화를 계승하여 과학·기술학에도 깊은 관심을 가져서, 1463년 정사를 보면서 "여러 학문[諸學]은 정치[精]하지 않으면 안 되니, 비록 의학(醫學)·산학 등 잡학에 이르기까지도 모두 정치하지 않으면 안 된다."라고 하였다. 다음 해 감찰(監察) 김종직(金宗直)이 "지금 문신(文臣)에게 천문·지리·음양·율려(律呂)·의약(醫藥)·복서(卜筮)·시사(詩史)의 7학(學)을 나누어 닦게 하나, 시사는 본래 유자(儒者)의 일이지만 그 나머지 잡

---

11 이경룡(2105); 高英津(1996).

12 학계는 잡과의 중인을 기술직으로 불러왔으나, 잡과는 technology의 기술이 아니라 과학을 포함하고, 조선시대 용어로 기예를 다루었다.

학이야 어찌 유자들이 마땅히 힘써 배울 학문이겠습니까?"라고 아뢰자, 세조는 김종직을 파직하였다.[13] 1493년 조정의 논의에서는 잡학도 정치에 유용하니 잡학인을 문·무관 반열에 참여시키는 '조종의 법'을 폐기해서는 안 된다는 견해가 채택되었다. 이런 분위기에서 세종의 과학 성취가 나온 것이다. 주자학의 지배력이 강화된 16·17세기에 기·예 지식을 도·덕의 유학보다 열등한 잡학으로 경시하는 관점이 강화되어, 잡학이 계사(計士, 算員), 의관(醫官), 일관(日官) 등 중인의 일이지 사군자(士君子)가 할 일이 아니라는 관념은 뿌리를 깊게 내렸다. 그 결과 경·사학과 도학을 하여 문·무과에 응시하는 사족과 기예를 맡은 중인층이 신분으로 구분되기에 이르렀다.[14] 임진왜란 충격과 시헌력 도입을 계기로 기·예 지식을 중시하는 인사들이 늘다가 신유박해 이후 정학의 지배력이 다시 강화되었다.

왕양명의 『전습록(傳習錄)』이 간행된 지 3년 지난 1521년 양명학이 조선에 전래되었다. 양명학이 자유롭게 논의되자, 퇴계는 양명학이 선학(禪學)과 동일하고 주자학을 배척한다며 비판하여, 양명학 배격의 풍조가 대세를 이루었다. 중국에서의 양명학은 성리학을 대체하였으나, 조선에서의 양명학은 주자학을 상대화하는 박학풍을 의미하였다. 장유(張維)는 "중국 학술은 다양하다. …… 그런데 우리나라는 유식자와 무식자를 막론하고 책을 끼고 글을 읽는 자라면 모두 정주(程朱)를 칭송하고 다른 학술이 있다는 것을 듣지 못한다. 어찌 우리나라 선비가 중국보다 현명하기 때문인가. …… 생각이 옹졸하고 묶여 있어서

13 『세조실록』 9년 5월 30일 戊午; 10년 8월 6일 丁亥.

14 임종태(2021), 54~67쪽.

도무지 뜻과 기개가 없다. 단지 정주학을 세상에서 귀중하게 여긴다는 것을 듣고 도를 떠벌이고 겉으로 존중할 따름이다. 소위 잡학이 없으니 정학에 무슨 얻음이 있겠는가."(「我國學風硬直」)라며 조선 학풍의 경직성을 비판하였다. 장유에게 양명학은 주자학을 상대화할 수 있는 힘을 제공한 것이다. 양명학이 배척된 조선에서 그 수용자는 묵수가 아니라 자득(自得)의 학문을 추구하는 인물이었다. 서경덕은 주기론, 율곡은 기발이승설(氣發理乘說)로 심과 관련된 기의 능동적 작용을 중시하여, 이들 학파의 소수가 심즉리의 양명학을 수용하였다.

16세기에는 박학을 하다가 주자학에 갈수록 깊이 들어가 그것을 더욱 존신(尊信)하게 되는 학자들이 적지 않았다. 조호익(曺好益)은 "경서의 여러 책에 대해서는 주자의 집주(集註)가 있고 또 혹문(或問) 및 장도(章圖)가 있어서 의리가 정밀하고 훈석(訓釋)이 상세하여 다시 더 보탤 것이 없다. 그러니 덧붙여서 다른 사설(辭說)을 덧붙였다는 기롱을 받을 필요가 없다."라고 말하였는데, 1599년 병이 위독하자, 평소 저술을 모두 불태웠다. 이처럼 투철한 주자학자인 조호익은 "여러 역사서[諸史]와 자·집(子集), 외가(外家)와 병서(兵書) 및 천문(天文)·지리(地理)·음양(陰陽)의 학설에 이르러서도 모두 다 통달하였다. 그러나 일찍이 이에 대해서 다른 사람에게 말하지 않았으므로, 선생이 잘 알고 있다는 사실을 아는 사람이 드물었다."라고 그의 제자 김육이 행장에서 적었다.[15] 우리는 김육의 행장이 아니라면 조호익의 박학을 알 수 없다. 조호익은 『성리대전』을 탐구한 「제서질의(諸書質疑)」를 남겨 주자의 박학을 탐구하면서 성리학을 터득하려고 했는데,

15 이헌창(2020a), 93~97쪽.

황윤석도 그러하였다.

정조는 1794년 내각(內閣)에 명하여 오경(五經)의 판본을 널리 수집하여 1798년에 『오경백편(五經百篇)』을 간인(刊印)한 서문에서 후세 학자가 경서의 박학을 추구하여 체인(體認)하지 못하니, 공자의 '조술(祖述)하기만 하고 창작하지는 않는다[述而不作]'는 큰 뜻에다 아울러 맹자의 '박학을 거쳐서 집약함으로 돌아간다[由博反約]'는 의미를 담았다고 했다. 13경과 그 주석학을 모두 공부하는 경학만의 박학도 가능한 것이다. 유교문화권에서 사학(史學)은 경학 다음으로 중요한 학문이며 경학과 더불어 2대 기본 학문이었다. 유학은 수기치인(修己治人)의 학문인데, 경학은 수기, 사학은 치인에 관련이 깊다. 장학성은 『문사통의』에서 "육경(六經)은 모두 역사서다."라는 유명한 주장을 남겼다. 6경은 유교 도덕을 담은 경서인 동시에 그 이념을 담은 역사서이기도 하였다. 정사(正史)를 비롯한 많은 역사서를 공부하는 사학의 박학도 가능하였다. 유가의 기본 소양인 치인의 경세학으로도 박학을 할 수도 있었다.

주자학의 나라인 조선에서는 유학, 그중에도 주자학 지식은 학자와 문관의 필수조건이었으니, 역사학 용어로서의 박학은 주자학 이외에 유학의 훈고·고증학이나 경세학에 해박하거나 유가의 기본 교양인 경·사학과 경세학 외에 기예의 학문이나 제자백가학을 겸하는 것으로 잡을 필요가 있다. 주자는 박학을 하여 주자학을 수립하였고, 주자학은 이기론·심성론·예학을 중심으로 하면서 포괄 범위가 넓었다. 그래서 주자만 숭상한 송시열은 방대한 저술을 남겼다. 송시열처럼 주자의 학문을 그대로 존신해서는 박학이라 평하기 어렵지만, 황윤석처럼 주자학의 바탕을 이루는 박학을 추적해 공부하는 작업은 박학이라 할 수 있다. 근대 학문과 무관한 주자학에만 정통해서는 실학자가 되기 어려우므로, 박학은 실학의 필요조건에 가깝다.[16] 박학은 주자학의 구속을 피해 학문이 성장하는 방편이었다. 박학은 실학으로 가는 가교 역할을 하였지만, 박학이라고 모두 실학이라 할 수는 없다.

실학의 다른 필요조건은 유학의 묵수가 아니라 자득(自得)하고 신의(新意)를 발굴하는 학문정신이었다. 송시열은 1680년 정경유(鄭景由)에게 답한 편지에서 "주자가 '옛 견해를 씻어 버리고 새로운 뜻을 갖는다[濯去舊見以來新意]'는 장재[張載]의 말을 들어서 배우는 사람들을 깨우쳤네. 자네도 여기에 유의하기를 바라네."라고 가르쳤다. 장재와 주자는 창의적인 사유의 신의로 이학을 열고 주자학을 확립하였다. 송시열도 신의를 추구하여 주자학의 미진한 부분을 보완하고 자세히 해석하여 주자학을 발전시켰으나, 주자학을 벗어나는 신의를 용납하지 않은 데에 문제가 있었다. 기대승이 퇴계와 4단·7정 논쟁을 벌이고 1566년 그 「총론(摠論)」과 「후설(後說)」 각 1편을 지어 보내자, 퇴계는 의논이 명쾌하고 안목이 정당하여 밝고 광대한 근원을 보았으며, "또한 옛 견해의 오류를 미세한 부분까지 밝게 분변해 다 고치어 신의(新意)를 따랐다."며 훌륭하다고 칭찬한 편지를 보냈다. 퇴계가 주자의 견해에 따르자, 기대승이 의문점을 말하여 퇴계가 부분적으로 수용하고 기대승도 퇴계설에 접근하여 성리학을 중국보다 발전시킨 것은 주자처럼 신의를 추구한 학문 정신이었다. 그 전에 서경덕이 독창적 이기론을 제시한 것도 자득과 신의의 학문 정신이었다.

---

16 실학자들은 성리학자들이 雜學으로 경시하던 영역을 박학으로 추구하여 "학문의 대상과 시야를 확대"하였다(윤사순(2009: 28~29쪽)).

퇴계 · 기대승 · 송시열의 신의는 주자학의 발전을 낳았으나 그것에 한정된 점에서 근세 실학이라 하기 어렵다.

주자학을 상대화한 박학자인 유성룡은 경 · 사 · 시문을 공부하면서 비판적 회의의 정신으로 신의를 발굴하였다. 그의 창의적인 정책론은 신의를 발굴한 산물이었다.[17] 비판적 회의로 자득을 실천한 대표적 학자는 성호(星湖) 이익(李瀷, 1681~1763)이었다. 정인보는 1929년 교감, 간행한 『성호사설』의 서문에서 성호의 학술 경지에 도달하려면 "그 원리(理)를 얻는 데에 달렸다. 이는 허구로 날조되어서는 안 되므로 반드시 실(實)에 의지해야 한다. 실은 두루 섞일 수 없으므로 반드시 독창성을 구해야 한다(亶在於得其理. 理不可以虛造, 故必依於實, 實不可以凡類, 故必求其獨)."며, 정주학의 '이'와 '실'이 아닌 근대 학문의 원리와 내실이 성호에서 발원함을 지적하였다. 『논어』 첫머리에 나오는 '학(學)'에 대해 주자는 '본받는다[效]'고 풀이하였다. 정약용은 「아언각비서(雅言覺非序)」(1819)에서 '학'을 '깨닫는다[覺]'고 풀이하였는데, 자득과 통한다. 깨닫는 대상을 '비(非)'라 하여 기존 지식에 대한 비판적인 학문정신을 드러내었다. 정약용은 '비'의 예로 사슴을 말이라고 그릇되게 말하는 실증 지식을 들고는, '비'의 유학적 의미인 악을 하지 말라는 도덕론도 곁들였다. 정약용도 실증 지식과 도덕적 가치판단을 구분하는 논의를 하지는 못하였다. 황윤석의 주자학에 국한되지 않은 박학과 자득 정신은 실학을 낳았다. 황윤석은 자득에 충실하였으나 신의 발굴에는 소극적이어서, 송시열과 유성룡의 중간 지점에 있었다.

---

17 이우성(2010).

(2) 16세기 이후 성리학의 발전[18]

기원전 6세기 그리스의 밀레토스학파는 우주 · 세계의 본질이자 만물의 근원을 탐구하였다. 그 정점에서 기원전 450년경 활동한 엠페도클레스는 불 · 공기 · 흙 · 물의 4원소를 확인하였다. 아리스토텔레스는 4원소가 변한다고 보아 천체를 채운 제5원소인 에테르를 제시하고 그 논증을 시도하였다. 이슬람 주석가는 형상이 제1차 질료에 부과되어 생긴 삼차원의 물질인 제2차 질료가 원소의 형상을 받아들일 때 원소가 출현한다고 보았다. 이들 학설은 유럽에 깊은 영향을 미쳤다.[19]

『좌전(左傳)』에 의하면, 밀레토스학파가 출현한 무렵인 소공(昭公) 원년(기원전 541년)에 중국인은 음 · 양 · 바람 · 비 · 어둠 · 밝음을 하늘[天]의 6기(氣)라 하였다. 순자는 왕제편(王制篇)에서 기를 만물의 기본 구성요소로 보고, 초목은 기와 생(生)을, 금수는 기와 생과 지(知)를 가지고, 사람은 여기다 도덕인 의(義)가 추가된다고 보았다. 추연(騶衍, 기원전 350~기원전 270년)은 음양오행설(陰陽五行說)을 확립하였다. 기원전 3세기 저술인 『주역』에서는 존재의 근원인 태극(太極)이 원기(元氣)의 일기(一氣)이며, 원기 → 양의(兩儀)의 음양 → 사시(四時)의 기 → 만물이라는 기일원론이 나왔다.[20] 5행은 밀레토스학파의 기본물질이나 원소라기보다 순환과정에서의 속성들이며 상징적 상관관계들을 나타내게 되었다.[21] 중국학자는 만물의 본질보다는 음양오행

---

18 이헌창(2021)의 요약은 주를 생략한다.

19 데이비드 C. 린드버그(2009), 65~66, 101~107, 407, 459~463쪽.

20 林克 · 麥谷邦夫 · 馬淵昌也(2001), 18~20쪽.

21 조셉 니덤(1998/2003), 193~205쪽.

설을 통해 사물이 변형되는 과정과 국면에 관심의 초점을 두었다.[22]

중국인의 기론에서 드러나듯이, 초자연적 결정론을 벗어나 만물의 근원 내지 본질이 무엇인가라는 물음은 여러 지역에서 있었다. 그런데 그리스 학문이 특별한 것은 만물의 본질 내지 근본 실재가 무엇인가라는 big question을 처음 명확한 형태로 제시했다는 점 때문이다. 탈레스가 처음 제시한 물이 확실한 실체여서, 그 가설은 논증과 반박을 허락하여 원자론과 4원소설과 같은 더욱 유력한 가설로 발전해나갈 수 있었다. 그 과정에서 가설의 반박 · 논쟁 · 논증을 통해 더 유력한 가설로 나아가는 과학적 방법이 초보적으로 마련되었고, 논리학이 발달하였다. 문호개방 이전 기론 철학을 전개한 많은 동아시아인이 그리스인과 달리 기 개념을 정의하지 않고 직관적 추론을 전개한 결점은 지적할 필요가 있다. 김영식(2005 : 65쪽)은 기가 "아주 범위가 넓은 개념이며 따라서 정의하기가 거의 불가능하다."고 보았다. 그 결과 처음 6기론이 나온 이후 물질 근원에 관한 인식이 실질적 진전을 이루지 못하였다. 기는 에테르나 제1차 질료에 상응하나, 중국에서는 기가 5행보다 먼저 나온 반면, 그리스에서는 밀레토스학파 논의의 귀결로 4원소설이 나오고 그것을 발전시켜 에테르와 제1차 질료가 나왔다. 중국인이 직관으로 기를 먼저 생각한 반면, 그리스인은 분석적 사유로 그에 상응하는 존재를 구한 것이다. 탐구 방식은 그리스와 중국 학술의 방향을 결정하고 그 수준을 규정하였다.

송나라 정이(程頤)는 인간 본성이 곧 도덕 원리라는 성즉리(性卽理)의 학설을 정립하고, 선한 의지의 하늘로부터 받은 도덕 근원인 천리

22 Lloyd(2004), pp.78~79.

(天理)의 본성은 선한데 인욕(人欲)에 가려 악으로 흐른다며 사욕(私欲)을 없애자고 논하였다. 이 형이상학은 주자에 수용되어 주자학의 핵심인 성리학이 되었다. 물질 근원을 기(氣)로 보는 사상은 이학에 수용되어, 주자는 기를 받아 형(形)이 만들어지고 육체인 형기에서 희・노・애・락・애・오・욕(喜怒哀樂愛惡欲)이라는 7정(情)이 생긴다고 하였다. 주자는 4단이 이의 발현(發), 7정이 기의 발현이고, 이가 먼저 존재하는 듯하지만 기와 "서로 의지하여 떨어진 적이 없다"고 하였다. 주자학은 이 위주의 주기론(主理論)이라면, 16세기 이후 기 위주 철학이 대두하여 인간의 자연스러운 욕망을 긍정하게 되었다. 양명학과 고증학의 욕망 긍정도 기 철학과 관련된다.

세조의 정변 이후 공신과 외척의 훈척(勳戚)이 권력을 휘둘러 유학의 정치이상으로부터 멀어졌다. 게다가 연산군의 폭정이 나타나 사화(士禍)가 빈발하였다. 그런 가운데 대두한 사림(士林)은 송나라 사대부처럼 경세의 책무의식이 강하고 도가 군주보다 높다는 신념을 가졌으며, 주자학의 철학과 도학(道學)정치에 대한 이해를 심화하여 정치쇄신의 열망이 강하였다. 중종대 사림이 조정에서 도학정치를 추구하다 1519년 희생된 기묘사화를 계기로 학풍이 크게 변하여, 사림은 성리학의 연구를 주안으로 삼아 주자학을 발전시켰다.

중국에서 주자의 이(理) 위주 철학과 다르게 기 위주 철학이 성립한 시점에, 서경덕(徐敬德)이 조선에서 처음 체계적으로 제시한 이기론은 흥미롭게도 기 위주 철학이었다. 우주만물의 본원은 기이며, 이는 기 속에서 그 바름을 잃지 않게 하는 원리라는 것이다. 서경덕의 자연계에 대한 관심과 격물(格物) 정신은 물질 근원인 기의 철학을 낳았다. 그는 장재의 기 철학과 소옹의 상수학을 결합하여 우주세계를 일원적 기의 연속적 전개로 보았고 존재의 질서를 기와 수를 가지고 파악하려 하였다.[23] 서경덕의 자연철학적 주기론을 과학·기술학에 관심을 가진 신경준·황윤석 등이 이어받았다. 기의 산물인 인정(人情)에 순응한 예론을 주장한 서경덕의 학파인 북인, 인조반정 후에는 소북(小北)은 이익 추구에 순응하는 사상과 정책론을 진전시켰다.

도학정치와 도덕 사회의 구현을 지향한 퇴계는 서경덕의 주기론(主氣論)을 비판하고 이언적의 주리적(主理的) 학풍이 '정예(精詣)의 식견'과 '독득(獨得)의 묘'를 가진다고 평가하면서, 이→4단(四端)=도심(道心), 기→7정=인심(人心)이라는 주자의 이기이원론(理氣二元論)을 재천명하였다. 서경덕의 이기론은 자연철학 성격이 강하다면, 퇴계는 도덕철학 위주였다. 그러자 기대승(奇大升)은 그 이분법적 사고를 비판하여 7정이 중절(中節)하면 4단과 다르지 않아서, 이가 기 가운데 있다고 논하였다. 퇴계는 기대승의 비판을 일부 수용하여 "4단은 이가 발현하여 기가 따르는 것이요, 7정은 기가 발하여 이가 타는 것이다"라고 수정하였다. 이 논쟁 이후 조선이 성리학 발전을 주도하였다.

율곡은 퇴계의 수정된 견해도 이분법적이라 보고 서경덕과 기대승의 영향을 받아 기의 능동성을 중시하여, 이가 어디서나 통하나 기가 편(偏)·정(正)·청(淸)·탁(濁) 등의 차별성으로 국한한다는 이통기국(理通氣局)의 학설을 내세우고 7정 가운데 선의 4단이 있다고 하였다. 퇴계는 도학정치 구현을 목표로 삼아 이 위주 철학을 제시하였으나, 율곡은 도학정치 구현이라는 유학의 보편 목표뿐만 아니라 민생 안정과 부국강병이라는 시무책(時務策)도 강구해야 했으므로, 전자에 관련

---

23 李丙燾(1987/1989), 177~183쪽; 李勝洙(2003), 184쪽.

된 이뿐만 아니라 후자에 관련된 기도 중시한 것이다.

근기(近畿)남인인 성호는 『사칠신편(四七新編)』에서 4단은 이(理)가 바로 발현하여 심기(心氣)가 따르는 것이며 7정은 이가 형기(形氣)로 인하여 발현하여 심기가 따르는 것이라며 물질 근원인 형기와 감정 근원인 형기로 나누었다. 성호는 4단과 달리 "7정을 배우지 않고도 할 수 있고 …… 형기의 사(私)에서 나와 악에 이르기 쉽다."면서, 성리설과 다르게 형기의 7정을 본성에 가깝게 보았다. 4단은 공(公)인 반면 7정은 사(私)이나, 적절히 절제한 욕망은 '사 가운데 정(正)'이고, 천하 사람과 함께 하는 욕망은 '사 가운데 공'이라 하였다. 공 · 정의 이욕(利欲)은 물욕의 부정에 초점을 둔 정주학과 취지를 달리하였다. 윤동규가 이발(理發)의 4단 · 도심이 확충되면 기발의 7정 · 인심이 중절(中節)되어 공(公)7정이 된다는 설을 제시하자, 성호는 제자의 설을 수용하여 7정이 기발(氣發)이라 하면서도 7정의 사(私)가 개인, 동체(同體), 또는 의리(義理)에서 발현하는 차이를 지적하였다.

성리학에서 물욕은 기에서 발생하며 악의 원천이다. 정이와 함께 이학(理學)을 창시한 정호(程顥)는 "성(性)이 곧 기이다. …… 사람은 기를 품어 태어나고 그 이에는 선악이 있다. …… 어려서부터 선한 사람도 악한 사람도 있는데, 이것은 품은 기[氣稟]가 그러하기 때문이다. 선은 진실로 성이나 악도 성이라 하지 않을 수 없다."라고 하였다. 이 학설을 맹자의 성선설, 그리고 정이의 성즉리 학설과 어떻게 조화하는가의 문제가 제기된다. 주자는 본래의 천명지성(天命之性)이이여서 선하나 현실의 기질지성(氣質之性)이 품은 기에 따라 달라진다며 이 과제에 답하였다. 주자는 "음식은 천리(天理)고 맛의 요구는 인욕(人欲)이다"라고 하였는데, '천리를 밝히고 인욕을 없앤다'는 부정적 인욕, '인욕 중에 저절로 천리가 있다'는 긍정적 인욕을 모두 말하였다. 인욕을 둘러싼 성리학의 상충된 관점을 탐구한 정조는 1799년 편찬한 『증전추록(曾傳秋錄)』「서(序)」에서 하늘이 만물에게 이(理)를 고르게 주었는데, 사람과 그 외 만물, 성인과 범인이 다르게 받는 것은 기 때문이니 받는 입장에서 보면 성은 기여서 성은 이이기도 기이기도 하다며 정리하였다. 정조는 결론적으로 성이 기라며 주자와 달리 규정하고, 공자가 기질의 성에 따라 가르친 것을 논거로 들었다. 주자로부터 공자로 되돌아가 오늘날 인간관에 접근한 성기설(性氣說)이다. 정조는 부귀욕(富貴欲)을 인정한 공자 사상을 기본으로 삼으면서 맹자 · 정이 · 정호 · 주자의 학설을 정합적으로 통합하여 인욕을 가지면서 도심을 추구하는 인간을 설명하였다.

정약용은 이학에서의 본연(本然)의 성이 6경 · 4서 · 제자백가서에 나오지 않고 불경에 나오는 사변적 추론이라며 부정하여, 성이 기호(嗜好)라는 설로 성리설을 대체하였다. 그는 「심성총의(心性總義)」에서 하늘이 인간에게 선도 악도 할 수 있는 권형(權衡)을 주면서 하면(下面)에는 악하기 쉬운 구(具), 상면(上面)에는 선을 즐기는 기호의 성도 준다고 보았다. 정약용은 권형을 자주 권능이라고도 표현하였는데, 기독교 신학과 그리스철학을 종합하여 신앙과 이성의 화해를 추구한 스콜라철학(Scholasticism)의 자유의지를 말한다. 하면은 순자의 육체 욕망에서 유래하였다. 이 구도는 영혼의 이성적 판단과 육체의 욕망 사이의 긴장관계에서 자유의지를 잘 발휘해 종교적 선행을 유도하는 스콜라철학에 잘 맞는다. 정약용은 「자찬묘지명(自撰墓誌銘)」에서 '육체(形軀)의 기호'와 '영지(靈知)의 기호'가 모두 성(性)이라 하였는데, 서학서 『성학추술』에서의 오감(五感)의 '지각(知覺) 기욕(嗜欲)'

과 이성의 '영명(靈明) 기욕'에 대응한다. 이학과 불교를 배척하면서 공맹(公孟) 사상과 스콜라철학을 연결하려는 예수회의 시도는 정약용의 학문에서 성공적 결실을 맺은 것이다. 정약용은 영혼에 상응하는 영체(靈體)에는 이록(利祿)·도의(道義)의 욕심이 있어 경제와 학문의 활동이 이루어지고, 사람의 큰 욕심인 부귀욕을 충족시켜야 국가가 보존된다고 하였다. 욕망이 인간 본성이자 사회 동력이고 그에 순응한 정책이 필요하다는 관점은 『경세유표』에서 제시된 부국강병 개혁론의 사상적 기초가 되었다고 판단된다.

주자학자는 임진왜란 이전에는 성리학에 주력하였고, 그 후에는 예학, 심학(心學) 순으로 힘을 쏟았다. 18세기 노론 학자들의 호락(虎洛) 논쟁은 심학을 진전시켰다. 조선은 주자학의 중심인 성리학, 심학 및 예학 모두에서 중국을 능가하였다. 그중 성리학의 성취가 가장 컸다.

(3) 경세학의 발전과 경세실학(經世實學)[24]

흥미롭게도 17세기 이후 중국, 조선 및 일본 모두에서 경세실학, 고증학 및 서학(西學)이 대두하였다. 이것들은 박학에 이바지하였으며, 근대 학문에 접근하는 근세 실학, 역사학 용어로서의 실학이라 하

---

24 經世致用學은 중국사에 대해 사용된 용어이다. 한우근, 이우성 등은 조선 실학에 대해 이 용어를 차용하였는데, 조선시대 '경세치용'은 등장하지 않은 용어로 보인다. 그와 같은 의미면서 닮은 표현으로 정약용이 經濟實用, 이규경이 경제실학 용어를 썼다. 경세치용학이나 경제실학은 경세학과 같은 의미이다. 이우성이 범주화한 '이용후생학'도 포괄하면서 조·중·일 3국에서 경세학이 근세적 학문으로 발전한 학풍을 경세실학으로 부르자고 제안한다. 경세실학은 조선 실학의 중심을 이루나, 필자가 많이 다루었고 이헌창(2018a)에서 종합적 설명을 하였으므로, 여기서는 간략히 설명한다.

겠다. 근세란 근대 초기를 말한다. 주자학과 양명학의 신유학은 도리(道理)의 탐구와 구현을 지상과제로 삼았다면, 개신(改新)유학인 실학은 도리의 가치판단으로부터 벗어난 실증 지식을 중시하였다. 경세실학은 실증 지식을 활용하여 도리에 대한 공리(功利)의 구속을 완화하면서 정책론을 발전시켰고, 고증학은 실증 지식의 고증 수준을 높였다. 예수회를 통해 중국에 들어온 서학은 학문과 종교로 대별되며, 스콜라철학이 양자를 매개하였다. 유럽 학문은 천문학 · 수학 · 의학 · 기술학 · 지리학을 중심으로 하며, 스콜라철학은 자연철학, 도덕철학 및 기독교 신학으로 구성된다. 서학은 도리의 구속으로부터 벗어난 실증 지식인 물리의 분석인 과학을 진전시켰다.

조선이라는 왕조국가의 창건(創建) 과제는 사대부의 경세 역량을 높였다. 건국기 정도전의 『조선경국전(朝鮮經國典)』(1394), 『경제문감』(1395), 그리고 『경제문감별집(經濟文鑑別集)』(1397)은 경세학의 수준을 크게 올려, 중국에 대등한 국가체제의 확립에 이바지하였다.

퇴계는 사림의 도학정치의 실현을 목표로 삼았고, 선조 즉위 직후에 사림정치가 성립하였으니, 임무를 완수하였다. 16세기 정치 쇄신을 위한 도학정치의 추구가 성리학의 발전과 사림정치의 성립으로 귀결하였다. 이어서 민생 안정과 국력 강화를 위한 정책의 시기가 도래했는데, 율곡은 그 교차점에 위치하였다. 16세기 공납제와 군역제의 문란으로 민생 안정이 위협받고 재정과 군사력이 빈약해졌다. 사림정치가 성립하자마자 붕당 대립이 나타났다. 그래서 율곡은 붕당 간 타협책, 안민과 부국강병을 위한 대동법 · 노비종모법 등 정책의 제시에도 적극적이었다.

율곡의 개혁책이 채택되지 않은 채 임진왜란을 만나 나라가 망할 뻔했다. 임진왜란과 병자호란으로 안민과 부국강병을 위한 개혁은 더욱 절실한 과제가 되었다. 임란 와중에 유성룡은 직업군인의 훈련도감 창설로 군제를 개혁하고 중상주의적 부국강병책을 추진하였으나, 전쟁이 끝나자 그 개혁의 대부분은 폐기되었다. 율곡이 제안한 대동법은 유성룡이 임란 와중에 추진하다 좌절되었으나, 이원익의 주도로 경기도와 강원도에 시행되고 김육(金堉)의 주도로 충청도에 시행되고 전라도 추진이 결정됨으로써 전국적 확대의 길이 열렸다. 임란 이후 동전 유통을 위한 노력이 재개되어 1678년 시행되었는데, 김육의 공적이 컸다. 율곡, 유성룡 및 김육은 안민과 부국강병을 위한 정책의 제안·기획·실현에 공적이 큰 명신이자 경세학의 업적을 낸 실학자였다.

경세치용의 업적을 가진 이 세 명신은 모두 박학자였다. 율곡이 주자학의 수기치인 학문체계를 구축하고 시무(時務)의 정책론을 펴는 데에는 박학이 필요하였다. 유성룡은 퇴계의 제자이나 양명학과 제자백가도 공부하여 시무의 정책에 활용한 박학자였다. 김육은 "읽지 않은 책이 없었다."라고 할 정도로 폭넓게 독서하여 "유학 경서에 해박하고 자(子)와 사(史)를 넘나들었으며" "성력(星曆)·감여(堪輿)·산수(筭數)·병가(兵家) 등에 대해서도 두루 섭렵하여 통달하였다."[25] 율곡이 투철한 주자학자로서 정책론을 전개하였다면, 유성룡의 중상주의적 부국강병책은 사실상 주자학을 벗어나 공리(功利)사상을 수용한 성과였고, 김육은 주자학을 상대화하면서 공자 학문에서 사상과 정책 이념을 구하였다.

25 이헌창(2020a), 96~97쪽.

율곡 · 유성룡 · 김육은 정책을 주도한 재상이었는데, 김육 사후에는 그러하지 못한 관료나 재야 학자가 정책론을 발전시켰다. 유형원은 『반계수록』을 집필한 후 쓴 「서수록후(書隨錄後)」에서 "선비는 도(道)를 밝힐 따름이고 일[事]에 대해서는 대체(大體)만 알 따름이다. 지금 그대가 번잡함을 꺼리지 않고 절목(節目)까지 연구하는 까닭은 무엇인가?"라는 질문을 받자, "천지의 이(理)는 만물에 나타나니, 물(物)이 아니면 이가 나타날 곳이 없다. 성인의 도는 만사(萬事)에서 실현되니, 일이 아니면 도가 실현될 곳이 없다."라고 응수하며 하 · 은 · 주의 도를 담은 대경대법(大經大法)과 그 도를 행한 일인 제도규식(制度規式)을 복원할 포부를 밝혔다. 오광운(吳光運)은 「수록서(隨錄序)」에서 삼대의 도와 기(器)가 진 · 한 이래 1000년 이상 동안에 걸쳐 붕괴하였다가, 정자 · 주자라는 대현(大賢)이 도를 상술하되 기를 빠트렸는데, 유형원이 비로소 전제 등의 정제(政制), 곧 기를 천리에 부합하게 상술함으로써, 도와 기가 서로 떨어지지 않음을 보여주고 유학을 완성하였다고 평가하였다. 주자가 유학의 철학을 정비하였다면, 유형원은 경세론을 확립하였다는 것이다. 『반계수록』은 경세론의 체계적 집대성으로 이후 실학자에게 영향을 미쳤을 뿐만 아니라 삼대(三代)의 이상에 부합하는 국가체제를 기획한 점에서 주자학자에게도 호응을 얻었다.

「서수록후」에는 관념으로 흐를 수 있는 도 · 이를 객관적 사 · 물에서 추구한다는 관점이 있다. 유형원의 이기론은 정동직에게 보낸 편지와 그 별지에서 볼 수 있다. 이가 자연현상과 '성명(性命) · 인의(仁義) · 예악(禮樂) · 형정(刑政)'에 관통한다고 하였다. "기는 물을 이루는 원료(所由成)이며 이는 물을 이루는 원리(所以成)이다."[26] 도, 곧 이는 제도 이념이며, 그것이 구현된 기→물은 이상적 대경대법의 제도 체계인 것이다. 유형원의 이기론은 사·물인 문물·제도론인 경세철학의 특징을 가진다. 오광운은 행장에서 유형원이 '체용(體用)·박약(博約)의 통유(通儒)'라고 평가하였다. 이 평가는 황윤석이 추구하여 받았다.

명청교체의 격변을 겪은 3대유(大儒)인 황종희(黃宗羲)·고염무(顧炎武)·왕부지(王夫之)는 성리의 공담(空談)을 비판하면서 경학·사학 등의 연구로 경세에 필요한 실증 지식을 집적, 정리하여 정치 문제의 해명에 활용하였을 뿐만 아니라 경학·사학 연구를 진전시켰고 고증학의 발판을 닦았다.[27] 경세치용학파 중 경학사학파(經學史學派)로 분류되는 이들처럼 경·사서를 중심으로 경세에 필요한 지식을 집적, 활용하여 경세학을 발전시킨 대표적 학자는 유형원, 성호 및 정약용이었다. 전해종(全海宗 1991 : 108쪽)은 유형원의 경세론이 고염무나 황종희보다 구체적이라고 보았다. 장학성에게 이상적 학문은 정주학 같은 도학에 머물지 않고 경세학도 겸비한 '도기합일(道器合一)'의 실학이었는데, 이 이상에 부합한 학자는 유형원과 정약용이다. 『반계수록』과 『경세유표』는 도의 대경대법을 담은 3대의 이상적 제도를 정비하여 기를 갖춘, 유학 이상에 부합하는 국가개혁론을 높은 수준으로 체계화하였으나. 기본 제도개혁인 토지국유화는 실현되기 어려운 복고적 이상이고 실현되어도 경제성장에 불리하다. 『반계수록』의 경우 조세 개혁, 동전통용책 등, 『경세유표』의 경우 이용후생의 관제,

---

26 유형원(2017), 207~220쪽.

27 山井湧(1980), 232~234쪽.

방전법(方田法) 등 유효한 정책을 담았다.

18세기 소론 유수원의 『우서(迂書)』와 소북 박제가의 『북학의』는 동아시아 최고의 상업진흥론이고 조선의 경제발전에 절실한 정책 방안을 담았다. 『목민심서』에서의 지방 행정의 지식 체계화와 합리적 개선론은 전근대 동아시아에서 최고 수준이었다. 『임원경제지』는 가정관리학의 체계적 집대성이면서 농·상·공의 종합적 육성책도 담았다. 『북학의』와 『임원경제지』는 선진 기술 도입론을 다룬 대표적 저서인데, (8)에서 설명한다.

박지원의 손자이고 서유구·정약용 학문을 배운 박규수는 정승으로서 문호개방에 이바지하고 초기 개화파를 양성하였다. 문호개방 이전 제기된 동도서기론(東道西器論)은 1882년 정책이념이 되었다. 그해 박제가의 주장대로 국가는 해금(海禁)을 해제하고 통상을 장려하고 서양인을 선진 기술 습득 등의 목적으로 초빙하였다. 『경세유표』에서 제안된 부국강병을 위한 관제는 1883-5년간 근대화 개혁에서 일부 반영되었고, 고종은 정약용을 높게 평가하였다. 1883년부터 국가는 회사를 육성하였는데, 『우서』에서 초보적으로 제안된 사항이었다. 실학은 개항 후 개화사상과 개화정책으로 연결된 것이다.[28]

(4) 중국과 조선의 전통 과학, 그리고 'Why not' 물음

중국과학사에서 불후의 업적을 남긴 조셉 니덤(1998/2003 : 12쪽)은 "예수회 도착 이전의 중국 과학은…… 그리스인들의 수많은 발견의 업적들을 앞지를 수 있었고, 그리스의 모든 지식을 마음대로 이용했

28 이헌창(2012), 70-73쪽.

던 아랍인들을 따라잡을 수 있었으며, 기원후 13세기까지는 서양이 접근하지 못한 수준의 과학적 지식에 도달하였다"라고 평가하였다. 그런데 16세기 중국에서는 유럽과 달리 근대과학이 출현하지 않았다며, 그 이유를 묻고 탐구하였다. 과학사학계는 이것을 'Why not' 물음이라고 부른다.

근·현대과학은 실험 등 관찰 결과를 바탕으로 세운 가설이 검증되면 이론이 되고, 그 토대 위에서 새로운 이론이 모색되며, 입증되지 못하면 기존 이론을 검토하는 계기로 삼아, 발전한다(제3개념). 이런 과학은 과학혁명 이후 출현하여, 과학계는 그것을 대분단(Great Divide)이라 부른다. 16·17세기 자연학에 실험 방법이 도입되었고, 수학 분석이 실험 결과와 물리적 세계의 이해에 이바지하기 시작하였고, 엄밀한 자연법칙을 우주 전체에 적용할 수 있다는 생각이 나타났다. 과학혁명 이전 과학 활동을 설명하기 위해 로이드(Lloyd 2004 : pp. 14, 23)는 고대 세계부터 자연계의 현상을 이해, 설명, 예측하려는 노력과 성과를 과학이라 부르자고 제안한다(제1개념).

존 헨리(2019 : 215~216쪽)가 정리했듯이, 과학혁명은 "그 시작점이 상당 부분 처음 고대 그리스에서 발전했고 그다음 이슬람 학자와 중세 기독교 학자에 의해 변형되어온 자연 세계에 관한 지식에 빚지고 있지만" "뚜렷하게 근대과학이라 할 만한 것"을 출현시켰다. 이처럼 근대과학의 기원을 고대 그리스에서 찾는 것이 통설이다. 데이비드 C. 린드버그(2009 : 86~87쪽)는 그리스 철학자들이 "세계를 연구하기 위한 개념틀과 어휘체계를 창조하려고 노력"하였기 때문에 "자연 연구는 적절한 출발점을 잡을 수" 있었고 "그들이 창조한 자연 개념은" 근·현대 과학의 토대가 되었다고 평가한다. 토마스 쿤(1999/2010 :

33쪽)은 그리스에서 "특정 과학자 사회가 일정 기간 동안 과학의 한 걸음 나아간 활동을 위한 기초를 제공하는 것으로 인정하는" '정상과학'이 나타나 패러다임(paradigm)을 생성하였다고 보았다. 쿤은 프톨레마이오스의 천문학이 성숙한 과학으로 경험에 비교적 잘 부합하고 코페르니쿠스의 가설과 티코의 연구 과업을 가능하게 했다고 하였다. 그는 아리스토텔레스의 역학도 자체로 성숙한 과학이고 결국 갈릴레오의 새로운 물리학으로 이어진 성공적인 패러다임이라고 하였다. 여기서 '혁명을 통한 하나의 패러다임에서 다른 패러다임으로의 전환은 성숙한 과학의 통상적 발전 패턴'이라는 명제가 나온다. 그리스철학은 명제의 엄격한 논증을 거쳐 참의 지식을 구축하는 학술문화와 더불어 논리학과 논증 과학을 발전시켰고 천문학 이론 등 쿤의 성숙한 과학을 만들었다. 비교과학사를 위해서는 고대 그리스에 나타난 근대 과학의 싹이라는 제2개념도 필요하다.

제1개념 과학은 문명이 출현한 세계 각지에서 성립하였으나, 제2개념 과학은 그리스에서만, 제3개념 과학은 유럽에서만 나타나 세계에 영향을 미쳤다. 중국에서는 그리스와 함께 초자연적 힘에 의존하는 설명으로부터 탈피하여 이성적 사유가 지배하여 제1개념 과학이 성숙하였으나, 그리스 수준의 과학적 사유 · 방법론 · 이론을 창출하지 못하였다. 필자는 과학의 발전에서 과학적 사유 · 방법론 · 이론이 핵심적이라 보아, 과학사를 제1개념 단계 → 제2개념 단계 → 제3개념 단계로의 발전으로 집약한다. 그래서 중국이 유럽과 달리 그리스철학이 성취한 제2개념 과학적 사유 · 방법론 · 이론의 유산을 활용할 수 없었기 때문에 과학혁명을 일으킬 수 없었다고 주장한다. 중국이 그리스와 달리 제2개념 과학을 성취하지 못한 까닭은 학술문화의 차이에서 찾을 수 있다. 로이드(Lloyd 2004 : p. vii)는 과학의 역사를 그 철학으로부터, 후자를 역사로부터 분리할 수 없다고 주장한다. 로이드의 과학 개념에 동조하는 이반 라이스 모루스(2019 : 14쪽)는 과학이 '문화의 산물'이라 본다.

춘추전국시대 도(道)에 대해 "우주 · 자연 · 만물의 보편적 규율이나 근원적 진리로서, 그리고 사회 · 정치 · 도덕의 당위(當爲)나 규범으로서 높은 위상이 부여되었다."[29] 공자는 인도(人道)의 탐구를 통해 천도(天道)를 엿보는 데에 그쳤으나, 송대 이학은 천도를 논한 다음에 인도에 연계시켰다. 『중용』 1장에서 천명인 성(性)을 따르는 것을 도라 한 데에 대해, 주자가 "도는 길과 같다. 사람과 만물이 그 자연적 성을 따르면, 일상생활을 하는 사이에 각기 마땅히 행하여야 할 길이 있다(道猶路也. 人物各循其性之自然 則其日用事物之間 莫不各有當行之路.)." 라고 풀이하였듯이, 공자와 주자가 추구한 도는 자연계 진리와 상관성을 가지는 인류 보편적 도덕이었다. 결국 유가에게 도리가 궁극 지향이며 물리를 규정하는 중심적 위상을 가졌다.

고대 중국인과 그리스인의 주요 탐구대상은 각각 도(道)와 코스모스(cosmos)였다. 비옥하고 광대한 화북(華北)평원은 거대제국의 성립과 장기 지속을 낳았다. 기원전 2070년경 하(夏)왕조 이후 문호개방 이전 청나라의 약 4000년간 중국 왕조국가 문명의 연속성은 세계사적으로 이례적이다. 이런 역사적 조건에서 중국인의 최대 공통 관심사는 국가 치란(治亂)이었다. 그래서 공자가 탐구한 진리인 도는 사회 질서를 유지하고 국가를 잘 다스리기 위한 도덕으로 귀결되었다. 중

29 加納喜光 · 神塚淑子 · 林文孝(2001), 11쪽.

국과 대조적인 지리 · 국제환경의 그리스 문명은 기원전 1250년경~기원전 1050년경 동안 철저히 붕괴하여 기원전 750년경까지 암흑시대를 겪었다. 중국사에도 혼란기가 있었지만, 그리스의 암흑시대 같은 문명의 철저한 붕괴와 단절을 경험한 적은 없었다. 암흑시대의 혼돈(chaos)이 끝나자, 그리스인은 먼저 우주세계에서 코스모스 질서를 탐구하였다.[30] 밀레토스인은 "도시 체계에서 인간 세계를 '코스모스'로 만드는 데에 성공을 거두었던 법과 질서의 개념을 자연 세계에 투사함으로써 도덕적 · 정치적 사고에 의해 정교해진 관념을 새로운 우주론을 구성하는 데 사용하였다."[31] 아테네 도시국가가 성숙하고 민주주의가 성립하면서 도시국가의 코스모스에 관련된 도덕철학, 이어서 정치학이 발달하였다.

그리스 학술은 우주 · 세계의 cosmos를 탐구하는 자연철학에서 출발하여 논증을 통해 진리를 탐구하는 logos 학문정신이 대세를 이룬 반면, 중국 학술은 도학이나 이학의 도덕철학으로 귀결되어 도덕과 가치관이 과학에 전면적 영향력을 행사하여 과학의 발전에 불리하였다.[32] 그리스인이 사유의 혁신을 이룬 데에는 암흑기의 경험뿐만 아니라 지중해문명의 유산과 논쟁을 격려하는 정치체제도 작용하였다.

아리스토텔레스는 논리학으로 엄밀한 논증의 이론을 확립하였는데, 중국문화권은 논리학의 불모지대에 가깝다. 아리스토텔레스는 『오르가논』의 출발인 범주론에서 개념을 다루었는데, 개념을 생각해낸 동아시아인은 없다. 아리스토텔레스는 명제론에서 "참이나 거짓이

---

30 데이비드 C. 린드버그(2009), 60쪽.

31 장 피에르 베르낭(2006), 150~151쪽.

32 Bodde(1991), p. 308.

들어 있는 문장만이 명제(命題)이다”고 정의하였다. 증명의 출발점은 논증할 수 있는 실증적 서술인 명제와 그렇지 않은 규범적 서술의 구분인데, 동아시아에는 문호개방 이전까지 명제와 규범적 진술을 구분하는 학술문화가 없었다. 중국인은 도를 탐구하여 도덕적으로 옳은가 그른가의 시비(是非) 문제에 관심을 기울여 논리학에 관심을 가지지 않아도 괜찮았다. 그런 중국의 학술문화에서 그리스 수준의 과학적 사유·방법론·이론이 성립하기 어려웠다.

유럽인은 그리스철학을 복원하고, 나아가 그 방법론에 입각하여 그리스 학문의 오류를 극복하고 수준을 더욱 높여 과학혁명을 성취하였다. “그들은 점차 과학적 주장의 가설적 위상을 인정해갔으며, 실험이 확증과 반증의 수단으로서 잠재력을 가진다는 것, 수학이 측정과 분석의 도구로서 광범위한 쓰임새가 있다는 것도 인정하는 방향으로 나아갔다.”[33] 1500~1700년간 프톨레마이오스의 “지구 중심의 유한 우주관에서 …… 태양 중심의 무한 우주관으로 바뀌었”고, 엄밀한 자연법칙을 서술하고 현상 사이 인과관계로 예측 능력을 갖추게 되었다.[34] 그런데 유럽 학술문화의 세례를 받지 않고서 그리스 같은 제2단계 과학적 사유를 획득한 곳은 없고, 17세기 서학이 전해지기 이전 중국도 그랬다. 그런 점에서 필자는 고대 그리스 학술의 유산이 동서양 과학의 분기를 낳는 결정적인 요인이라고 주장한다.

중국 수학은 대수학에서 뛰어난 성취를 거두었다. 춘추전국시대 계산 기구인 산주(算籌)를 사용하는 십진법의 기수(記數) 계산법이라는

33 데이비드 C. 린드버그(2009), 581~583쪽

34 존 헨리(2019), 215~216쪽.

중국 수학이 성립되었다. 1세기에 만들어졌을 『구장산술(九章算術)』은 '중국 고대 수학 발전의 하나의 총결산'이며 세계수학사에서의 업적이다. 그로써 천문학에 부수된 수학이 독자적 체계를 갖추었다. 그것은 9장으로 구성되어 수학의 용도와 유형을 다루었다. 한·당 수학은 행정과 일상생활에 활용되는 실용 수학이었다. 송·원대 수학은 도약하여 기호대수학을 도입하고 고차방정식 등의 발전을 이루어 동시대 유럽을 앞섰다는 평가도 있다. 기원전 225년경 아르키메데스는 원의 면적을 구하면서 삼각형을 내접시키는 방법으로 "적분에 가장 가까운 시도를 처음으로" 하였는데, 심괄(沈括)은 『몽계필담(夢溪筆談)』(1086)에서 적분에 접근한 개념을 제시하였다. 진구소(秦九韶)는 『수서구장(數書九章)』(1247년) 서문에서 "수와 도는 다르지 않고" "사물에는 수가 없는 것이 없다"고 하였듯이, 송·명 수학은 성리학의 영향을 받아 역학(易學) 개념과 혼합되어 수비학(數秘學)으로 흐르기도 하였다. 중국인은 계산 능력을 중시하고 특수한 것으로부터 일반적인 것을 유추하는 귀납적인 사고능력이 뛰어나 수학적 성과를 거두고 수학의 일반적 원리와 유형의 파악에 주의를 기울이고 '알고리즘 맥락에서 일종의 대수학적 논증'이 있었으나, 유클리드 수준의 엄격하고 일반적인 논증 수학은 한자문화권에서 없었다.[35] 이러한 차이는 학술문화의 차이와 관련된다. 그것은 동·서 과학의 진로가 달라지는 데에 영향을 미쳤다.

역법(曆法)으로 만든 역서, 곧 달력의 반포는 황제의 임무였다. 천

35 李儼·杜石然(2019); 가와하라 히데키(2017), 26~40, 105쪽; 조셉 니덤(2000), 51, 74쪽; Lloyd(2004), p. 29; Chemla(2012).

체의 운행을 관찰하고 그 산술적 계산을 통해 정확한 시간을 얻는 역법은 고도의 수학을 필요로 하였다. 기원전 102년 중국의 표준 역법으로 반포된 한나라 태초력(太初曆)은 당나라 대연력(大衍曆), 이어서 원나라 수시력(授時曆)으로 발전하였다. 이슬람 과학의 자극, 그리고 몽고의 실용주의 문화는 원대 수학 · 천문학 발전에 이바지하였다. 중국 수학이 계산 위주의 실용 수학임에 대응하여 천문학은 역법 계산 위주였다.

초기 그리스 천문학의 주된 관심사는 달력을 위한 역법이었던 점에서 중국과 다르지 않았다. 그런데 플라톤의 수학적 학문이라는 개념이 작용하여 그리스 천문학은 결정적 전기를 맞고 중국 천문학과 달라졌다. 플라톤의 개념에 입각하여 아카데미아 동료인 유독소스는 지구를 중심으로 천구가 자전하고 태양과 달을 비롯한 7행성이 천구의 표면을 따라 운행하는 기하학적 모델을 만들고, 이 모델로 행성운동을 파악하여 기하학적으로 표현하였다. 그 모델은 관측과 이론의 진보를 통해 수정, 개선될 수 있어서, 2세기 프톨레마이오스는 지구중심설에 입각하여 르네상스기까지 활용되는 행성 운동의 계산법을 제시하였다.[36] 중국은 그리스와 비슷한 시기에 개천설 · 혼천설 · 선야설이라는 기하학적 우주형상학에 관한 주목할 만한 이론적 설명을 시작하였다. 그런데 중국 천문학은 관측을 중시하고 그리스의 연역적 기하학이 없어서, 유독소스 수준의 이론 모델을 만들지 못하였다.[37] 아니 천문학 이론 모델이 없었다. 그 때문에 이론 모델로 관측을 해

36 G. E. R. 로이드(1996), 116~139쪽; 데이비드 C. 린드버그(2009), 159~181쪽.
37 조셉 니덤(2000), 100~107쪽; 존 헨더슨(2004), 80쪽.

석하고 나아가 이론적 발견을 이루고 이론을 개선할 수 없었다. 이론모델의 유·무가 동·서간 천문학의 격차를 벌리고 과혁혁명에 영향을 미쳤다.

존 헨더슨(2004 : 15, 17쪽)에 의하면, 조셉 니덤이 말한 상관적 사유(correlative thinking)는 중국 우주론의 핵심적 관념이며 고대부터 발전하여 17세기 이후 쇠퇴하였다. 상관적 사유란 인체, 국가, 천체 등 여러 영역들 사이의 우주적 감응을 전제로 하며, 수비학(數秘學)은 그 정교한 형태이다. 전국시대 상관적 사유는 자연학설로 발전하고 엘리트의 세계관에 영향을 미쳤다. 5경의 하나인 『주역』과 음양오행설은 상관적 사유의 중추를 이루었다. 그것은 서양 근대 과학이 중국을 지배하기 이전에 장구히 존속한 자연철학 패러다임이었다.

상관적 사유는 "많은 사회에서 번창하였으나, 중국만큼 지속적이고 정교화된 곳은 없다."[38] 그 원인은 무엇일까? 첫째, 주왕조 성립을 합리화한 천명(天命)사상은 근세 유럽의 왕권신수설(王權神授說)보다 세련된 상관적 사유인데, 왕조의 창건과 존속에 유용하여 왕조체제 말기까지 존속한 것은 중국과 조선에서의 상관적 사유의 장기 존속을 설명한다. 이러한 정치적 상관적 사유는 동중서의 천인감응설(天人感應說)에 연결된다. 둘째, 천도(天道)에 결부된 인도를 탐구한 자세는 학술의 상관적 사유로 인도하였다. 셋째, 논리적·과학적 사유의 미발달은 자연철학에서의 상관적 사유의 발전과 장구한 존속을 허용하였다.

조셉 니덤(1998/2003 : 273, 303~309쪽)은 10~13세기 중국 과학·기

38 Bodde(1991), p. 98.

술이 정점에 달하고 '과학적 세계관의 위대한 성취인' 이학(理學)이 홍기하였다고 보았다. 그는 이학을 집대성한 주자가 보편적 물질-에너지인 기(氣)의 응집에 의한 만물의 생성이라는 관점을 계승하고, 조직원리인 이(理)를 통합적으로 파악하고 "인간 사회의 도는 인간사회라는 유기체의 수준에서 그 자체를 명확하게 하는 우주의 도의 부분인 것으로 이해하였다"고 평가하였다.

당대 도가와 송대 이학의 과도적 인물인 소옹(邵雍, 1001~1077)은 『황극경세서(皇極經世書)』에서 『주역』의 수비학을 체계화한 상수학(象數學)을 제시하였다. 그는 '자연의 보편적 원리'로서 도(道)→수(數)→형(形)→물질이라는 인과관계를 설정하였는데, 상(象)은 형에 나타난 상징적 모습이다. 상수학은 수의 기초에 도와 이를 두어 상관적 사유의 수비학을 정교화하였다. 피타고라스학파도 수비학의 요소를 가졌지만 논증을 중시한 그리스철학의 영향으로 법칙의 정리(定理)를 제시하였고, 이후 그리스철학은 수비학으로부터 멀어져서 유클리드는 근대 수학의 방법론을 제시하였다. 상수학은 이학의 자연철학을 이루었으나, 수리과학과는 무관하였다.

주자는 "'수'는 모든 사물의 기반이 되면서 복잡한 현상 세계 뒤에 감춰진 질서와 조화를 나타내는 핵심적 개념이"라는 소옹의 상수학을 받아들여, 이(理)→기(氣)→상→수의 연쇄관계를 말하면서도 상수학이 '술법(術法)'에 불과하다며 그 합리적 근거를 의심하기도 하였다. 주자는 이들이 "현묘한 관점들과 근거가 없는 해석에 빠지는 경향이 있었다"고 보았다.[39] 조셉 니덤(1998/2003 : 308쪽)은 주자에게 자연계

39 김영식(2005), 128~130, 133, 465, 469쪽.

에 대한 수학적 접근방식이 있었으나, 수비학으로 흘렀다고 보았다. 주자의 이러한 관점에 영향을 받아 이와 수의 밀접한 관련성을 논한 중국과 조선의 학자는 적지 않았다. 이들은 상수학의 영향으로 수와 상수를 혼동하기도 했다.[40]

주자는 격물치지의 지식론을 세우고 궁리의 독서를 중시하였으나, "물리는 곧 도리다(物理卽道理)"며 물리를 도리에 종속시킨 원칙을 명시하였다(『어류(語類)』 15-58). 주자는 도덕철학으로 귀결되는 중국 학풍을 완성하였다. 존 헨더슨(2004 : 143~145, 177쪽)은 송대 이학이 과학을 도덕철학에 종속시켰으며, 전통적 상관적 우주론이 부활했다고 본다.

김영식은 주자가 "과학적 · 기술적 주제들에 대한 상당한 수준의 이해에 도달해 있었고 자연세계에 대해 드물게 높은 수준의 지식에 도달해 있었다."는 점을 인정하면서도[41] 주자의 물리 탐구 방법은 분석적이 아니라 직관적이라는 한계도 지적하였다. 그래서 인간과 사회의 세계가 자연계와 "조화롭게 존재한다"고 보아 양자를 구분하지 않았다며, 존 헨더슨의 관점에 동조하였다. 주자가 사용한 "개념틀들을 구성하고 있는 개념들과 상호관계들은 결코 명확하게 존재하지 않았으며 모호한 생각들과 관계들에 바탕한 경우가 많았다. 그것은 '상식적 인식론'이었고 주자는 "엄밀한 논리적 방법에는 거의 관심을 보이지 않았다." 유학자의 일반적 특성이었다.[42]

그리스 철학자는 자연철학뿐만 아니라 도덕을 설명하고 설득하기

40 김영식(2021), 67~69, 100~102쪽.

41 김영식(2005), 26쪽.

42 김영식(2005), 532, 539, 545쪽; 김영식(2013), 90~91쪽.

위해서도 논리학에 의존하였다면, 공자는 어려운 교리도 쉽게 설명하고자 하였다. 공자는 "가까운 데에 취해 비유할 수 있으면 인(仁)의 방도라 할 만하다."고 하였다(雍也 28章). 정자는 "인이 천지만물과 일체가 된다. …… 인을 지극히 설명하기 어려우므로 …… 인을 관찰하여 인의 본체를 터득하게 하고자 했다."고 풀이하였다. 『중용』 12장에서는 "군자의 도는 부부에서 시작되니, 그 지극한 경지에서는 천지에 밝게 드러난다."고 하고, 15장에서는 "군자의 도는 비유하면, 먼 곳을 가려면 반드시 가까운 데부터 하며 높은 데에 오르려면 반드시 낮은 데부터 함과 같다"고 하였다. 평이한 상식을 추구하는 유학 문화는 대중의 접근도를 높이나, 진리의 발견과 판별에 요구되는 논리학 · 수학을 활용한 탐구를 격려하지 않은 한계를 가졌다. 그 결과 자연에 대한 탐구도 상식적 설명에 그치는 문제가 나타났다. 『중용』 20장에는 "널리 배우고 자세히 묻고 신중히 생각하고 밝게 분변하고 독실하게 행한다[博學之 審問之 愼思之 明辨之 篤行之]."라는 학문 방법론이 있었는데, 유학의 학문 방법론은 그 수준을 벗어나지 못하였다. 주자는 이것을 "선을 택하는 방법"으로 해석하였는데, 도덕을 세우는 데에는 이 정도의 방법론으로 만족할 수 있었다. 그런 방법론에 입각한 중국의 자연학은 상식 수준에 머물게 되었다.

모든 문화권의 학술은 본보기 내지 모범인 패러다임을 가진다. 고대 그리스에서는 본보기와 모범이 있지만, 권위에 대한 회의가 일반적이어서, 패러다임의 구속으로부터 가장 자유로운 학술문화가 성립하였다. 그리스 철학자는 엄격한 연역적 논증을 본보기나 패러다임보다 우선하였다.[43] 그에 반해 계승하되 창조하지 않는 '술이부작(述而不作)'의 공자의 자세를 모범으로 삼은 유교문화권에서는 모범인 패러다임의 구속이 특히 강하였다. 플라톤은 스승 소크라테스를 내세우면서 자신의 이성적 철학을 수립하였다. 이것은 "꿈에 주공(周公)을 다시 못 본지 오래다"며 "노쇠함이 심해졌구나."라고 한탄할 정도로(述而 5章) 주나라 문화를 상징하는 주공을 모범으로 삼으면서도 유학을 창시한 공자의 혁신에 비견할 수 있다. 아리스토텔레스는 스승 플라톤의 학문을 비판적으로 계승하고 발전시켜 그리스철학의 위대한 종합을 이루었다. 그리스의 주요 철학자는 모두 플라톤이나 아리스토텔레스 같은 학문정신을 발휘하였다. 중국과 조선에서는 스승으로 삼은 공자의 사상 · 학문에 대해 조술(祖述)에 만족하여 공자나 플라톤이나 아리스토텔레스만한 진전을 이룬 유학자가 없었다. 그리스철학은 논증의 학술문화와 과학적 사유를 수립하여 그 오류를 찾고 나아가 극복하여 더 높은 차원으로 발전시킬 계기를 제공한 반면, 유가는 문헌학과 직관적 사색에 의존하여 주자를 겨우 넘어서더라도 공자를 벗어날 수 없었다.

그리스철학을 모르고 주변 지역으로부터 학술 자극을 거의 받지 않은 중국이 어떻게 13세기에 세계 최고 수준의 과학 · 기술을 성취하여 과학혁명과 산업혁명의 가장 유망한 후보지가 될 수 있었던가? "고대 중국에서 그리스, 로마, 또는 심지어 중세 유럽보다 과학의 응용에 적합한 사회를 보게 된다."는 조셉 니덤(1998/2003 : 12쪽)에게서 답의 단서를 구할 수 있다. 진나라의 천하 통일 이후 경쟁적 정치체제가 지속되지 않았으나 전국시대 초기 근대국가라 할 정도로 발전한 국가체제가 성립하였다. 한나라가 유교를 국교로 삼은 이후에는 문화

---

43 Lloyd(2004), 제9장.

적 다원주의도 약화되었으나 국교인 유교가 학문을 중시하고 유연하여 다양한 사상·학술과 회통하는 능력을 발휘하였다. 게다가 중국 인구가 유럽 전체와 대등하고 이슬람세계보다 훨씬 많았는데, 인구 규모는 집단지성의 발전에 영향을 미친다. 통일제국 이후 중국 문명은 유럽 중·근세에 비해 완만히 발전하였으나, 유럽과 달리 문명, 그래서 집단지성의 연속성을 가졌다. 유럽은 중세 초의 암흑기를 겪어 고대 그리스의 지식을 회복하는 데에 10세기가 걸렸다. 중국이 그리스 수준의 제2단계 과학적 사유·방법론·이론을 확립하지 못하고서 그리스철학을 습득한 이슬람세계의 과학 지식을 능가한 역량으로 보건대, 이슬람세계만큼 그리스 문헌과 학술 지식을 알았더라면, 스스로 과학혁명을 이룰 수 있었을 것이다.

조엘 모키르(2018)는 중국 등이 유럽에 존재한 '다원주의 문화와 아이디어 경쟁이 결합된 사회'의 결여로 지적 발전에 제약을 받아 산업혁명을 수행할 수 없었다고 보았다. 필자는 '다원주의 문화와 아이디어 경쟁이 결합된 사회'가 지적 발전에 중요하다고 보나, 다음의 점에서 모키르의 가설이 중국에는 잘 맞지 않는다고 주장한다. 앞으로 언급하겠지만, 중국 기술은 17세기 전반에 유럽과 대등한 수준이었으며, 유럽 기술이 중국에 대한 확고한 우위를 가지게 되는 데에는 과학혁명의 힘이 컸다. 중국이 과학혁명을 이루었다면, 기술 발전을 이룬 역량으로 보건대 산업혁명으로 나아갈 수도 있었다. 중국은 정치적·사회적·문화적 다원성이 약한 단점을 가졌으나, 선진적 정치체제, 유연한 사상, 그리고 발전된 시장을 가져 아이디어 경쟁이 작용함으로써 과학·기술의 발전을 이루었다.

한반도에서 13세기 이후 과학·기술이 발전하였는데, 원제국 지식의 유입이 중요한 역할을 하였다. 조선 초기 박학풍은 과학·기술에 이바지하고 과학 발전은 박학을 풍성하게 하였다. 세종대 과학은 중국을 잘 학습한 성과이나, 중국을 따라잡아 한국사에서 유일하게 세계 최고 수준에 올랐다.[44] 세종조는 송·원대 수학을 완전히 이해하여 1432년경 난해한 수시력을 완벽히 터득하고 역서 제작, 일월식 계산 등도 중국의 결과와 일치시킬 수 있었다. 1434년경 한양 기준의 시간 규범인 역산(曆算) 체계를 만들고, 이후 안정화·효율화하였다.

1610년 완성된 『동의보감(東醫寶鑑)』은 중국에서 조선인 저서로서 특히 높은 평가를 받았고 "동아시아 의학의 종합이라는 측면에서는 으뜸"으로 평가되기도 한다.[45] 조선의 전통 과학이 중국의 아류라는 평가도 있지만, 14세기 전후 세계 최고 수준에 이른 중국 전통 과학을 성공적으로 흡수한 성과는 과소평가될 수 없다. 조선은 중국 전통 과학의 이론적 약점과 상관적 사유라는 문제점도 이어받았다.

세종 사후 서양 과학의 유입 전에는 과학이 침체하였다. 흥미롭게도 명대에도 송·원대 수학의 고도한 성과가 잊혔고 수학서 대부분이 사라졌다. 그 원인은 조선과 중국에 공통적으로 유학이 학술문화를 지배한 사실에서 찾을 수 있다. 천문 현상의 예측과 역서의 반포를 제왕의 임무로 보는 유학 사상은 중국과 조선에서 이슬람 역법과 서양 역법의 도입을 추진한 힘이었지만, 과학을 잡학으로 보는 유학 학술문화는 중국이 수시력을 확립하고 조선이 그것을 완전히 소화한 후에는 과학의 지속적 발전을 위한 목적의식을 제공하지 않았다.

---

44 신동원(2020), 144~146쪽.

45 김영식(2021), 186~187쪽; 신동원(2020), 501~511쪽.

세종대 대표적 천문학자인 이순지는 송대 이학의 수비학적 · 형이상학적 우주론을 펼치지 않았다. 그런데 관찰과 수학에 입각한 천문학이 쇠퇴한 16세기에 성리학의 선구적 업적을 낸 서경덕은 자연계에 대한 탐구욕을 송대 이학의 자연학인 기론 · 역학(易學) · 상수학에 입각하여 펼쳤다. 주자성리학이 학계를 지배한 17세기 초에 장현광은 송대 이학의 자연 이해를 "완벽하게 소화하는 단계를 넘어 그것을 더욱 발전시켜 정합적이고 자기완결적인 우주론을 펼"쳤으나, 상수학을 벗어나지 않았다.[46] 다음 절에서 언급하겠지만, 황윤석은 송시열 숭상의 노론이었으나, 학문의 관심과 방법론에서는 서경덕과 닮았다.

(5) 17세기 이후 중국의 서양 과학 수용

1601년 북경 거주를 허가받은 예수회 선교사는 세계지도, 자명종, 망원경, 수학, 천문학 등 서양의 발전된 과학과 기술을 전하여 중국인의 서양 문명에 대한 관심을 끌고 서양 과학으로 이학과 불교의 우주세계관을 교체하고자 하여 성과를 거두었다. 예수회는 17 · 18세기에 한문 서학서(西學書)를 400여 종 출간하였는데, 그 대부분은 종교서였으나, 100종 이상은 과학 · 기술서였다.

서양 과학의 자극으로 명대에 정체하던 과학은 도약하였다. "유클리드의 『원론(原論)』은 이른바 제1원리로 불리는 정의, 공준, 공리(公理)를 전제로 하여 논리적으로 엄격하게 연역적으로 추론해 가는 논증체계를 특징으로 한다." 그렇게 "증명된 명제들을 계층적으로 구축해 냄으로써 방대한 보편적 진리의 지적 체계를 형성해 갈 수 있다는

46 문중양(2016), 78~92쪽; 김문용(2012/2013), 81~86쪽.

점에서 적어도 16세기 이후의 유럽에서는 논리적 엄밀성의 근원으로서 각별히 중시되어 왔다." 그에 비해 중국 수학은 "경험적 내지 귀납적 사유에 근거한 알고리즘 중심 혹은 실용적 해법 중심의 학문적 전통 속에서 발전해왔다." 양자는 "패러다임적으로 상이한 사유체계에 근거해 있다." 마테오 리치는 중국 수학의 기초가 없다며 서광계(徐光啓, 1562~1633)의 협력을 얻어 『원론』 주석서의 전반부를 번역한 『기하원본(幾何原本)』을 1607년 내었다. 이 책은 중국뿐만 아니라 조선의 지식인에게 큰 충격을 주었는데, 황윤석도 그 가운데 포함된다. 리치는 『기하원본』 서문에서 『대학』의 구절을 활용하여 "유학은 지식을 지극히 하고, 그것은 물리의 통달을 경유해야 한다[夫儒者之學 極致其知. 致其知 當由明達物理耳]."고 한 다음, 이학의 '허리(虛理)'가 아닌 서학의 '실리'가 의심을 해소할 수 있다며 주자학의 물리인 도리가 아니라 서양 과학의 물리로 대체하고자 했다. 그는 서양 수학과 달리 중국 수학은 "그렇게 되는 원인을 추론하여 밝힐[推明所以然之故] 수 없어서 …… 사람이 오류를 변정(辨正)하지 못한다"고 하였다.[47]

이학을 집대성한 주자도 이(理)를 명확히 정의하지 않았는데, "천하 사물에는 반드시 그렇게 되는 까닭(所以然之故)과 마땅히 그러한 규칙(所當然之則)이 있으니, 이른바 이이다"는 구절이 그 정의에 가장 가깝다.[48] 전자는 물리, 후자는 도리이며, 주자는 물리를 도리로 귀결하였다. 마테오 리치는 이가 물에 우선한다는 이학의 논리를 뒤집어 '물이 이보다 먼저 존재한다(物在理先)'는 논리를 전개하였다. 리치는 천주

---

47 안대옥(2010); 김문용(2012/2013), 159쪽.

48 김영식(2005), 44쪽.

가 창조한 우주만물에 깃든 섭리인 물리를 말하였다. 리치는 수에서 이에 달한다(由數達理)고 하여, 이가 수를 낳아 수에서 이를 찾는 상수학자의 관심을 끌었다.[49] 그런데 상수학이 찾는 이는 도리로 귀결되었다면, 리치가 말한 이는 수리 물리였다. 리치는 이학의 도덕철학으로 귀결되는 상관적 사유의 이를 천주의 섭리로 창조된 수리과학적 물리로 교체하길 의도하였다. 지식이 반박될 수 있다고 보고 논증된 진리를 추구하는 그리스철학의 세례를 받은 유럽에서 신의 섭리가 우주에 관통한다는 생각은 자연법칙의 발견으로 인도한 반면, 직관적 도덕철학으로 귀결된 유학 학술문화에서 도와 이가 우주·세상에 통한다는 생각은 상관적 사유로 나아가고 과학의 진전을 제약하였다.

이런 예수회의 의도가 완전히 달성되지는 않았다. 서광계는 서양 "역리(曆理)가 크게 밝고 역법이 지당하다"고 하고 "한결같이 그렇게 된 바를 따라 확고불변한 이를 보여주어 중국 서적에서 듣지 못한 바가 많다."고 하였다. 이지조도 서광계처럼 서양 과학이 "그렇게 되는 이치(所以然之理)를 밝힌" 장점을 지적하고 중국 성현들이 미치지 못한 바가 있다고 하였다. 서광계와 이지조는 원리를 밝히는 서양 수학의 강점을 파악하였다. 서광계는 리치의 학문에서 물리의 한 부분이 상수이고, 리치와 도를 논하는 사이에 이(理)와 수에 미치게 되었다고 하고, 이가 수 속에 있다고 믿어 "수학이 온갖 유가 학문과 실행 및 도덕적 수양의 기초라"고도 생각하였다.[50] 서학을 처음 접한 중국인 서광계가 서학의 물리와 유학의 도리를 회통하려는 관점을 견지한

49 안대옥(2012), 80~81쪽.

50 김영식(2021), 68, 76쪽.

것은 이상한 일이 아니며, 서양 과학을 흡수한 성과는 높게 평가되어야 한다. 송·명 수학은 수가 물리를 드러낸다는 과학적 관점뿐만 아니라 수에 도가 있다는 수비학을 겸비하였는데, 도 내지 이가 도덕뿐만 아니라 자연계의 원리라는 춘추전국시대 이래 상관적 사유의 자연철학을 수용하였기 때문이다. 그런데 이후 서양 과학 지식이 진전하면서 이런 회통적 사유가 극복되기는커녕 세련된 것은 설명을 요구한다.

서광계는 3부작 수학서를 내어 서양 측량술을 계통적으로 소개하고 중국의 구고술(句股術)과 비교하여 수리적 증명이 없어 원리를 알지 못하는 중국 수학의 약점을 보완하고자 하였다. 그런데 "유클리드의 기하학이 명제 간의 선후관계=의존성을 통해 논증해가는 연역체계인 점과 달리 서광계의 체계는 사실상 제명제가 독립적인 알고리즘의 유사항목의 집합적인 배열에 지나지 않다는" 점에서 중국 수학을 서학으로 보완한 차원이다. 18세기 최고 수학자 매문정(梅文鼎, 1633~1721)도 서광계처럼 서양 수학의 "증명을 통해 보편성을 획득하는 추론의 연쇄와는 다른 맥락으로 …… 증명이란 단지 알고리즘의 일반해를 구하는" 의미로 파악하였다. 그 결과 매문정은 "중서수학의 장점을 회통(會通)"하게 되었다.[51] 문호개방 이전에 중국인은 서광계·매문정의 관점을 벗어나지 못해 자연학 이론을 세우고 논증하는 데에 수학을 활용하지 못했고, 조선인·일본인도 마찬가지였다.

고대 그리스, 인도 및 이슬람세계는 이른 시기부터 구면삼각법을 응용한 천문 계산을 하였다. 왕순·곽수경 등이 편찬한 『수시력』에서

51 안대옥(2010).

모처럼 도입한 구면삼각법도 이후 지속적으로 발전하지 못하였다. 『숭정역서(崇禎曆書)』(1634) · 『서양신법역서(西洋新法曆書)』(1645) 등 서양 역서는 평면 · 구면삼각법과 로그 계산법을 수록하였다. 그 자극으로 강희제 시기 수학에 대한 관심이 부활하였다. 강희제 어제 『수리정온(數理精蘊)』(1724)은 "중국인 수학자들이 드디어 전래한 서양 수학의 각종 산법을 자력으로 흡수할 능력이 생겼고 …… 이를 바탕으로 보다 진일보한 수학적 지식을 탐구하기에 이르렀음을 알려준다." 이후 중국학자는 중국 고대 수학의 정리에 그치지 않고 삼각함수 전개식, 방정론과 유한급수의 합을 구하는 문제 등에서 성과를 내었고 미적분학의 기본 관념에 접근하였다. 1700년경 사대부에게 수학은 하찮은 기예에 불과하였으나, 1800년경 고전 지식을 보완하는 중요한 지식으로 격상되었다. 아편전쟁 이후 서양 수학의 제2차 전래기를 맞이하였다. 1852년 이후 이선란(李善蘭)은 영국 선교사와 공동으로 서양 수학서를 번역하였는데, 대수학이란 번역어를 사용한 1859년 미 · 적분에 관한 번역서를 낸 이후, 중국이 그런 고등수학을 발전시키지 못했음을 인정하였다.[52]

1631~1634년간 서광계가 주관하고 선교사도 참여하여 『숭정역서』를 편찬하여 역법의 개정을 시도하였다. 예수회 선교사가 전해준 천문학은 중국보다 진전되었으나, 종교적 이유로 태양 중심 우주론의 전파를 막았고 낙후된 고대 그리스 천문학 이론을 섞었다. 1645년 청나라는 『숭정역서』를 그대로 이은 『서양신법역서』에 의거한 시헌력

52 李儼 · 杜石然(2019), 230~235, 282, 291, 317~356쪽; Elman(2006), pp. 3~5; 벤저민 엘먼(2004/2008), 194~195쪽.

(時憲曆)을 반포하였다. 그것은 "지구설에 기초한 서양의 우주론, 티코 브라헤의 행성운동이론, 구면삼각법을 비롯한 기하학, 사분의 · 망원경 등 관측기구 · 기법을 적용하여" "전통적인 역법과는 거의 공통성이 없는 서양 천문학 이론으로 구성되어 있었다." 그런데 서광계는 『숭정역서』를 편찬하면서 "반드시 회통하고 …… 저들의 재질(材質)을 녹여서 명나라 대통력의 모형에 넣는다."는 중 · 서 회통의 이념을 표방하였다. 그 이념에 따라 시헌력은 서양 천문학의 이론과 계산법을 도입하면서도 "중국의 고전적 역서 체제를 그대로 계승"한 태음태양력이었다. 시헌력뿐만 아니라 서양식 세계지도와 천문도도 서양 과학 지식이 중국적 양식에 용해되어 등록되었다.[53] 서양 천문학을 중국 모형에 넣는 이념은 역법의 정확한 계산에 만족하고 서양 천문학의 이론 모델에 무관심하거나 그 탐구에 소홀하게 만들어, 과학적 사유의 진전을 억제하였다.

그와 연관된 사실로서 서학이 유입되자마자 중국 고전문헌과의 유사성을 지적한 학자들이 나왔다. 서광계와 함께 서학 도입에 선구적 역할을 한 이지조는 고대 개천설과 혼천설의 장점을 취합하면, 서양의 우주 모델과 같은 지구와 천구의 동심구조가 도출될 수 있다고 보았다. 여기서 서양 과학의 중국 기원설이 출발하였다. 이지조의 문제점은 우주 모델의 수리과학적 탐구가 아니라 중서 회통의 문헌학적 탐구, 곧 서양 과학의 고증학화로의 길을 연 것이었다. 이지조와 달리 중국 고대의 자연 지식을 비판하고 서양 과학 지식을 수용하는 학자도 있었는데, 이들은 "서구 천문 · 지리학과 자연철학 지식을 검토하여

53 전용훈(2017), 225쪽; 안대옥(2012), 62쪽; 문중양(2016), 127~141쪽.

이를 기의 자연학과 주역·상수학을 이용해 재해석했다."[54] 그래서 중국의 상관적 사유와 수비학이 서양 과학을 각색하는 길을 열었다.

방이지(方以智, 1611~1671) 학파는 서양 과학으로 중국 자연학 지식의 오류를 명백히 하였고 상수학을 부정하였고 광학(光學)에 대한 집단 토론으로 서양 과학의 오류를 찾기도 했다. 이들은 서양 과학이 '질측(質測)'에는 우수하나 '통기(通機)'에는 부족한 지식이라 간주하여 기론적 자연인식을 서양 과학 지식의 원리로 동원하였다. 이들은 "서양 천문학이 정밀해질수록 그 '이'는 어두워진다고 했던 게훤(揭暄)의 『선기유술(璇璣遺術)』의 1675년 간행을 계기로" 중국 과학이 서양보다 우수해졌다고 믿었다.[55] 그리스 철학자라면 기가 무엇인가 정의하고 탐구해야 할 터인데, 방이지 학파는 그러하지 않은 문제점이 있다. 그들의 추론이 증명되지 않은 가설에 불과한데, 서양 과학을 능가한 이론으로 단정하였다. 서양 과학을 기론으로 해석하는 방이지 학파의 관점을 계승한 조선인과 일본인이 적지 않았고, 마찬가지 한계를 가졌다.

최고 과학자인 매문정은 중국학자의 기하학적 사고의 결여가 천문 관측이나 역산 등의 문제라 보며 기하학을 중시하고 구면삼각법을 깊이 연구한 업적을 남겼다. 그런 점에서 서양 천문학의 이론 모델을 이해하였다고 보인다. 매문정은 실증적·수리적 접근으로 상수학 등 상관적 사유의 추방에 이바지하였으나, "서양 방법을 반드시 사용해야 하는 까닭은 측산(測算)의 정밀함 때문일 뿐이다"며 서양 천문학이

54 임종태(2012), 165~182쪽.

55 문중양(2016), 115~127쪽; 김영식(2021), 235쪽; 문중양(2021), 188~191쪽.

천체 관측과 역법 계산에 정밀한 강점을 인정하면서도 이론 모형의 의의를 놓쳤다. 그 귀결로 매문정은 "중국 역법은 당연한 운행(當然之運)을 드러내고 서양 역법은 그렇게 되는 원천(所以然之源)을 헤아린다"며 역법의 모호한 중서 회통을 주장하였다. 그것은 주자 표현인 '당연'의 도리와 '소이연'의 물리를 회통하는 상관적 사유에 결부될 소지를 남겼다. 중국 천문학자가 유럽의 천문학 이론 모델을 탐구하면서 중국 전통인 천체 관측을 하였다면, 지구 중심설의 모순을 발견하고 이론의 발전을 이루었을 것이다. 매문정은 서양 과학정신을 발휘하는 인기 없는 길을 걷지 않고 중국 학술문화에 영합하여 서광계 이래 구호인 서양 과학을 중국 '모형'에 넣는 길을 선택하였다. 매문정은 천문학 이론 모형을 토대로 관측을 통해 새로운 발견을 하거나 이론을 개선하는 유럽 학술문화 대신에, 중국 학술문화를 따라 천문학의 중서 회통을 추구한 이지조의 관점을 계승하고 나아가 중국의 천문학설이 먼저 나와 서양에 전파되었다고 보았다. 매문정은 기독교를 거부하고 서양의 과학과 종교를 분리하였다. 매문정이 과학의 중서 회통을 추구하고 서양 과학의 중국 기원설을 내세운 것은 기독교에 대한 거부감이 커지는 가운데 서양 과학을 연구하는 자신의 보호책으로 보인다. 그리고 중서 회통과 중국 기원설을 내세워야 과학의 사회적 인정을 받기 쉬웠다. 중서 회통과 서학의 중국 기원설에 집착하다 보면, 서양 과학정신에 소홀해지기 마련이었다.[56] 문호개방 이전까지 매문정의 관점은 극복되지 못하였다.

---

56 안대옥(2012), 63~64쪽; 한영호(2001), 60~61쪽; 임종태(2012), 180~182쪽; 김영식(2021), 224쪽.

강희제 흠정(欽定)으로 1724년 간행된 『율력연원(律曆淵源)』은 천문학 『역상고성(曆象考成)』 42권, 음악 『율려정의(律呂正義)』 5권, 『수리정온』 53권으로 구성된다. 그것은 매문정의 수학·천문학 성과를 담은 수리과학의 최고봉이며, 매문정의 중서 과학의 회통론과 서양 과학의 중국 기원설이 공식 견해로 확립하였다. 예수회의 쾨글러가 『역상고성』을 개선한 『역상고성후편』(1742년)을 편찬하였다.

천문학이 고대 이래 지속적으로 발전해왔다는 생각은 당대 나타나 송대에 일반화되었다. 17세기 서양 천문학의 충격은 과학 원리에 대한 이해를 낳고 과학 진보관을 확립시켰다. 매문정은 천문학이 수백 년간 관측 자료에 의해 누적적으로 발전하여 진보했다고 보았다. 이 관점을 수용한 『사고전서(四庫全書)』 편찬자들은 "예수회파가 소개한 최신의 선진적인 방법의 결과로 서양과 전통 천문학이 축적해온 성과는 역법 분야에 산적한 문제들을 해결할 수 있다"고 썼다. "18세기 들어 지식이 축적되어 발전한다는 인식은 고증학 연구와 관련된 모든 분야에 확산되었다."[57]

『서양신법역서』·『역상고성』·『역상고성후편』은 천체 운동이 어떤 원리로 이루어지는가를 설명해놓은 역법 이론서에 가까워, 사대부 지식인은 그 역리(曆理)에 관심을 가졌다. 『서양신법역서』는 티코 브라헤의 지구 중심 우주체계를 기초로 하였고, 『역상고성』과 『역상고성후편』은 여기에다 태양과 달에 대해 케플러의 부등속 타원궤도운동을 적용하였다. 『역상고성후편』에서는 케플러, 카시니, 뉴턴 등 근대 천문학자들이 "오로지 천체의 위치를 정확하게 측정하고 계산하는 데

---

57 존 헨더슨(2004), 192~195쪽; 벤저민 엘먼(2004/2008), 431~432쪽.

에서 이론적 진보를 이룩한 사람으로 등장할 뿐이다." 그래서 중국의 천문학자는 케플러의 타원궤도운동 이론이 "천체의 위치를 더 정확하게 계산하기 위한 새로운 수학적 기법일 뿐 원리적으로는" 이전과 다르지 않다고 생각하였다.[58]

중국 전통적인 역산 천문학이 천체 운행을 관측하고 예측하는 데에 관심을 두는 위치 천문학이라 하나, 기하학적 이론 모형을 가지지 못하였다. 예수회가 태양중심설을 알려주지 않은 문제가 흔히 거론된다. 중국인은 티코와 케플러의 이론을 기하학적 천체 모형과 더불어 보았으나, 누구도 코페르니쿠스처럼 우주 이론 모형의 기하학적 적합성을 탐구하여 태양중심설을 추론하지 못하였고, 조선인과 일본인도 마찬가지였다. 코페르니쿠스의 태양 중심 구조와 지동설을 비교적 상세히 설명한 『지구도설(地球圖說)』이 1767년 간행되었으나,[59] 그 이론적 의의를 파악한 중국인은 없었다. 일본인도 마찬가지였다. 중국은 천체 관측의 오랜 전통을 가졌으나, 유럽인처럼 천체를 관측하면서 이론 모형을 탐구하여 티코처럼 새로운 별을 발견하거나나 갈릴레오처럼 지구중심설의 문제점을 인식한 중국인 · 조선인 · 일본인도 없다. 그러니 케플러 이론의 방법론적 의의를 파악할 수 없었다.

천문학적 의의가 명확하지 않은 가상 천체인 자기(紫氣)는 『숭정역서』부터 배제되었는데, 『역상고성후편』에서 "중국적 전통의 부활과 복권에 의미를 두"면서 다시 도입되었다. 각수(角宿)와 삼수(參宿)의 순서를 『서양신법역서』에서 고치기 이전 단계로 되돌린 것도 이런

58 전용훈(2017), 238~239, 248, 256, 279~280쪽.

59 문중양(2021), 192~193쪽.

복고를 보여준다. 이것은 조선에 영향을 미쳤다.[60] 서광계가 표방한 서양 천문학을 중국 "모형에 넣는다"는 구호는 매문정에 의해서도, 『역상고성후편』까지도 천명되었다.[61] 서양 과학의 지식이 늘었지만, 그것을 중국 모형에 넣은 중서 회통은 오히려 확대된 것이다.

과학의 중서 회통, 이어서 서양 과학의 중국 기원설은 중화주의 지식인을 만족시켰다. 그래서 서양 과학은 지식인에게 확산되어 교양 분야로 성장하였다. 청나라 학문은 수학을 철학의 분과로 삼는 서구 학문관의 영향을 받아, 사고전서의 분류법에서는 천문학·수학이 술수류(術數類)로부터 독립하였다. 고증학의 대가인 대진(戴震, 1724~1777)은 왕석천·매문정의 실증적·수리적 과학을 신뢰하여 방이지 학파의 우주론적 사색의 저술이 억지 단정이라며 사고전서에서 제외하였는데, 매문정의 한계도 이어받았다. 대진 이후 경학자는 대부분 수학·천문학을 겸비하였고 수에 의거해 그렇게 되는 이(所以然之理)인 원리를 추구하고 증명을 중시하였다. 이들의 이관은 매문정을 계승하였다. 그리고 서양 과학을 중국 학문에 편입하는 작업이 수행되었다. 고증학자가 편찬한 『사고전서 총목제요(總目提要)』에서는 "서학의 장점은 측산(測算)이요 …… 특별한 격물은 모두 도수 기수(器數)의 말단에 불과하다."고 천명하였다. 달리 말해 측산이 강점인 서양 과학은 말단이고 근본인 도의 근원은 유학에서 찾아야 한다는 서기가 왜소화된 동도서기론이었다. 마테오 리치는 천주가 천지만물을 창조하고 그 속에 이의 자연법칙이 있고 과학자는 그것을 탐구한다는 관

60 전용훈(2017), 242~243쪽.

61 안대옥(2012), 62쪽; 문중양(2016), 127~141쪽.

념을 심고자 하였다. 그런데 청대 중서 회통론에서는 과학이 도학의 말단으로 규정되었으니, 매문정이 의도하지 않았더라도 물 이전에 도 또는 이가 설정되어 물리가 도리의 구속을 받도록 회귀할 수 있게 된 것이다. 고증학자는 서양 수학과 천문학에 관한 문헌 연구에 초점을 두어 고전의 복원에 연결시켜 '고증에 종속된 과학'이 되었다. 19세기 중엽에 이르기까지 중국에서의 천문역산의 고증학적 연구는 중국기원론의 입장에서 『주비산경(周髀算經)』 등과 같은 고문헌에 담긴 천문역산의 내용들을 새롭게 해석해 확인하는 작업이 주된 경향을 이루었다. 고증학자들은 2차 이상의 방정식을 푸는 데에 송·원대 수학이 예수회파가 소개한 대수학보다 우월함을 알게 되었다.[62]

중국인은 예수회 선교사가 전해준 과학 지식을 완전히 이해하였으나, 그것을 발전시키지는 못하였다. 그 주된 요인은 서양 과학을 중국의 '모형', 곧 학술문화에 넣는 작업을 추진한 데에서 찾을 수 있다. 중국 과학자들은 유클리드 수학을 수용하면서 논증 수학의 강점을 충분히 인식하지 못하고 문제 풀이의 중국식 수학으로 이해하였다. 서양의 역법을 수용하면서 중국의 '모형'에 넣는 관점을 잡아 역법의 정확한 계산법의 획득에 주력하고 천문학 이론에 소홀하였다. 서양 과학을 중국 '모형'에 넣은 관점은 중화주의와 결부된 유구한 유학 학술문화의 구속을 의미한다. 그로 인해 서양 과학의 중국기원론이 대두하고 과학의 중서 회통이 대세를 이루었다. 그 위에서 과학의 고증학적 탐구가 대세를 이루게 되었다. 중국의 유구한 학술 전통과 풍부한

---

62 벤저민 엘먼(2004/2008), 192~194, 222~227쪽; 가와하라 히데키(2017), 40~41쪽; 안대옥(2010) 56쪽; 안대옥(2012), 63~64쪽; 임종태(2012), 178, 182~183쪽.

학술 지식, 박학을 도덕철학에 귀결하는 학술문화, 그리고 선대 모범을 중시하면서 회통 · 융합을 도모하는 학술문화 아래 예수회가 전한 정도의 서학으로 학술 패러다임은 변하기 어려웠다.

한대 훈고학, 송대 이학, 그리고 청대 고증학이 각각 주석학, 사변철학, 고증의 방법론적 발전을 낳았으나, 고대 경전을 모범으로 삼는 자세는 다를 바 없었다. 문호개방 이전 최고의 중국학술사인 장학성의 『문사통의』까지도 『중용』에 나오는 존덕성인 도덕철학과 도문학인 지식학의 조화를 중요한 학술 화두로 삼았다. 존덕성 담론의 정점인 성리학은 직관적 사변철학이고, 도문학 담론의 정점인 고증학의 방법론적 혁신은 문헌고증에다 음운학을 활용한 실증이었다. 장학성은 주자학과 고증학의 절충론자였다. 중국에는 유학이 국교가 된 후에도 비판적 학문정신이 지속하였으나, 고증학이나 장학성도 그리스 철학 수준의 과학정신에 미달한다. 과학혁명은 홉스의 『리바이어던』(1651)과 애덤 스미스의 『국부론』(1776)에 영향을 주어 사회과학의 성립에 이바지하였다. 아시아는 유럽의 사회과학도 배워야 했다.

(6) 17세기와 18세기 전반 서학과 명물도수학 위주 박학의 성장

서양 문명은 중국을 통해 약간의 시차를 두고 조선에 전해졌다. 중국에서와 마찬가지로 서양 학문이 가장 큰 영향을 미친 분야는 과학이었고, 서양 과학 수용의 중심적 성과는 시헌력이었다. 수시력의 완전한 이해와 자국 역법화가 세종대 과학 발전의 중심축인 것처럼, 시헌력의 그것은 조선후기 과학 발달의 중심축이었다. 청나라가 시헌력을 시행한 1645년 6월 청나라에서 돌아온 한흥일은 시헌력의 채택을 건의하였다. 이어서 12월 예조판서 김육은 태초력의 성립 배경과 이후 역법의 변화를 설명한 다음 1281년 수시력을 만들어 "오늘날까지 사용하여 무려 365년이나 되었지만 일식과 월식이 별로 착오가 없으니, 후세의 정교한 책력이라 할 만합니다. 그러나 천체의 운행이 매우 활발함에 따라 쌓인 차가 날로 더 많아져서, 초저녁과 새벽에 나타나는 별자리의 위치가 조금씩 틀립니다. 천체 운행의 수가 이미 찼으므로 책력을 고쳐야 하는데, 서양의 책력이 마침 이러한 시기에 나왔으니 이는 참으로 책력을 고칠 기회입니다."라고 건의하여 채택되었다. 중국이 시헌력을 시행한 해에 조선이 자력으로 그 책력을 만들기로 결정한 신속한 대응, 그리고 역법이 지속적으로 진보하여 서양 역법이 가장 진보한 것이라고 보고, 명의 대통력(大統曆)이 아니라 그 원형인 수시력을 거론하고 시헌력이라 하지 않고 서양 책력이라면서 도입하자는 김육의 전향적 관점이 주목된다. 김육은 1646년 사은부사로 북경에 가서 시헌력을 배우는 과정에서 지구설(地球說)을 조선에서는 처음 수용하였다. 김육이 천문학관(天文學官) 김상범(金尙范)을 중국에 파견하여 역일과 절기시각, 크고 작은 달의 구분 등에 한정된 역법을 알아내어, 1654년 시헌력은 시행되었다. 김좌명이 언급한 김육의 박학 중에 나오는 '성력 · 감여 · 산수'는 역법에 관련되며, 김육은 "매번 한밤에 일어나 정원을 산책하며 별자리를 보고 더욱 역산(曆算)을 밝혔다."[63]

시헌력 도입을 계기로 사대부뿐만 아니라 중인도 서양 과학의 소양을 증진하였다. 이현직(李顯直, 1735~1773)에게 천원술(天元術)을 가르쳐준 관상관(觀象官) 이태창(李泰昌)은 호조의 산원(算員) 중에 인조

63 이헌창(2020a), 97, 358~363쪽; 전용훈(2017), 218~224쪽.

조의 경선징(慶善徵), 숙종조의 유수석(劉壽錫)과 홍정하(洪靖夏)가 수학이 뛰어나다고 했다.[64] 1640년 산원이 된 경선징이 남긴 『묵사집산법(默思集算法)』은 『산학계몽』의 구성과 분류를 기본으로 삼으면서 『상명산법』과 『양휘산법』을 잘 절충하고 개성적 내용도 갖추었다. 송 · 원대 수학의 계승인 것이다. 『산학계몽』은 초보자의 수학 공부용으로 1299년 주세걸(周世傑)에 의해 저술되었는데, 조선 수학의 기초를 정하였다. 여기에 나오는 송 · 원 수학의 대표적 성과인 천원술은 미지수 x를 이용한 고차방정식의 해법을 제공하고 언어대수학에서 기호대수학으로 나아간 장점을 가지나, 미지수를 하나밖에 세울 수 없고 일반해로 발전하지 못한 한계도 가진다.[65] 홍정하의 『동산초』(1718년)와 『구일집』(1724년)은 천원술을 발전시켰다. 1713년 청나라 흠천감의 하국주(何國柱)가 조선에 와서 한양의 위도를 측정하고 시헌력 지식을 전수하였다. 이현직이 황윤석에게 전한 일화에 따르면, 중국에서 수학 실력이 네 번째라고 평가받은 하국주가 유수석 · 홍정하와 수학 대결을 벌였는데, 하국주가 고차방정식의 천원술을 풀지 못한 반면, 유수석 · 홍정하는 삼각법을 몰랐던 것이 드러났다. 중국에서 송 · 원대 수학 성과가 잊혀진 반면, 조선 수학자는 서양 수학에 어두웠던 것이다.[66] 기하학에서 서양 수학에 압도당한 중국 수학은 대수학의 강점을 가졌는데, 그 정점에 천원술이 있었다. 조선의 천원술에 대한 애착은 중국보다 컸던 것이다.

---

64 『頤齋亂藁』 3책, 권14, 142쪽, 1770년 4월 13일.

65 안대옥(2005), 97~99쪽.

66 가와하라 히데키(2017), 188~192쪽; 전용훈(2017), 232쪽; 『頤齋亂藁』 3책, 권14, 142쪽, 1770년 4월 13일.

김육은 영의정에 임명된 1651년 1월부터 사망하기까지 7년 7개월여 동안 정국을 주도하면서 많은 업적을 성취하였다. 예학에 공헌한 김장생의 문인인 산당(山黨)이 1649년 정계에 진출하여 김육과의 정책 대결에 밀려 물러났다가 김육이 사망하는 1658년 정계에 다시 진출하여 조정을 장악하였다. 17세기 후반 의리명분을 다툰 예송과 환국의 치열한 당쟁기를 거쳐 산당 영수인 송시열을 정신적 지주로 삼는 노론이 정국을 장악하였다. 그 과정에서 주자학을 상대화한 박학풍의 김육이 아니라 주자학 독존(獨尊)인 송시열이 모범의 대세가 되었다. 그로 인해 주자학 편식이 심해지고 박학은 억제되었다. 김육을 높게 평가한 유수원은 『우서』에서 "효종대 이후 산림이 요로(要路)에 오르자 세상 풍습도 또한 변하여 집집마다 주자의 책을 장만해 놓고 성리(性理)를 이야기하며, 사대부들이 조금만 글을 쓸 줄 알면 바로 도학을 논하는 말을 구사하여, 외면으로 보면 훌륭하지 않은 것은 아니었다. 그러나 대체로 몸과 마음에서 체험하여 나온 것이 아니라 껍데기만 주워 모아 형식만 꾸며 놓고서 스스로 기뻐한 것이니, 명성이 아무리 높을지언정 실제에는 무슨 소용이 있겠는가."라며 비판하였다(「論變通規制利害」). 그는 "우리나라에서 문헌(文獻)의 고을이라면 안동·상주 등을 따를 곳이 없는데 …… 그곳 사대부 집에 서책·문헌이 거의 없다고 한다. …… 견문도 학문 연구도 전혀 없다."고 하였다(「論門閥之弊」).

주자학은 유학을 학문적으로 가장 높이 발전시켰으므로, 주자학의 심화는 조선의 학술역량을 집중해서라도 유학 발전을 위해 거쳐야 할 국면이었다. 그런데 주자학은 근대 학문과는 무관하다. 조선이 16세기 서경덕·이언적부터 퇴계·율곡까지 중국을 능가할 정도로 주자

성리학을 발전시켰다면, 임진왜란 이후에는 학풍이 다원화되는 것이 학술 발전에 바람직하였고 그런 조짐도 있었으나, 주자학 독존주의가 지배력을 강화하고 주자학 편식이 계속되어, 학술역량의 압도적 부분이 주자학에 집중된 것은 불행이었다. 공자부터 이단(異端)을 경계하였는데, 퇴계가 양명학을 배척한 것은 공자처럼 학술적 차원이었다. 송시열과 그를 계승한 노론은 주자와 달리 해석한 유학자도 사문난적(斯文亂賊)으로 매도하였는데, 이것은 학술적 비판을 넘어 정치적 공격이었다. 그 결과 조선 학풍은 더욱 경직되었다.

송시열의 모범화는 조선 학자의 박학 지식욕, 그와 결부한 서학의 유입에 따른 과학의 성장 추세에 제동을 걸었으나, 막을 수는 없었다. 문호개방 이전 조선에서는 중국 · 일본과 달리 주자학을 부정한 학자가 무사하기 어려웠다. 주자학을 절대시한 주자학자가 압도적이고 주자학을 상대화한 학자는 소수였고 그 경계지대의 학자는 후자보다 많았다. 주자학은 도덕 담론을 중심으로 하나, 학자는 지식 추구욕도 가진다. 주자학이 심화되는 16세기에는 주자학 등 박학을 하다가 주자학에 심취하여 결국 주자학 저술에 전력하는 조호익 같은 학자가, 주자학 독존주의의 지배가 강화된 17세기 후반 이후에는 주자학을 신봉하면서 왕성한 지식욕으로 박학을 하는 황윤석 같은 학자가 나타났다. 주자학의 시대에 박학은 주로 지식 담론의 영역이었다.

충청도 산당을 원류로 하는 노론에는 김상헌 후손 등 수도권 사대부들이 가세하였다. 김상헌의 손자인 김수항이 노론의 영수가 된 후에 노론의 정치적 주도층은 수도권 출신으로 바뀌었다. 김수항의 아들인 김창흡(金昌翕, 1653~1722)은 조성기(趙聖期, 1637~1689)를 만난 다음 해인 1677년 형인 김창협(金昌協)에게 '예악(禮樂) · 율력 · 병형

(兵刑)·산천·관제·식화(食貨)의 유(類)'인 명물도수(名物度數)의 중요성을 강조하였다[67] 김창흡의 동생인 김창업(金昌業)이 1712년 중국에 다녀와 집필한 『노가재연행일기(老稼齋燕行日記)』는 청나라의 번영을 객관적으로 자세히 전하여 북학사상의 씨앗을 뿌렸다. 김수항의 아들 형제는 노론이 출범하기 전에 이미 박학풍을 가졌고 그 후에도 박학풍을 유지하였던 것이다.

명물도수라는 말은 성혼 등 임진왜란 이전부터 사용되어온 말이다. 마테오 리치가 구술하고 서광계가 적은 유클리드의 『기하원본』 서문에서는 이 책을 '도수의 종(宗)'이라고 규정하였는데, 도란 크기를 재서 알 수 있는 연속수량이고 수란 세어서 알 수 있는 이산(離散)수량이다.[68] 그런 점에서 도수학은 엄밀하게는 수학을 말하나, 넓게는 천문학 등 수학을 기초로 과학을 포괄할 수 있다. '도수학(度數之學)', 곧 수학이라는 용어는 김창협, 황윤석에 영향을 준 임영(林泳), 소론 박태보(朴泰輔)라는 17세기 인물이 사용하였다.

문명이 발달한 각지에서 사물의 명명과 분류, 그에 입각한 지식의 집적이 이루어졌다. 중국에서는 이런 동향이 활발하였는데, 명물학(名物學)이라 불렸다. 『이아(爾雅)』는 『시경』 등에 나오는 명물의 훈고이고, 최초의 사전이자 박물학(博物學)의 맹아였다. 명물학을 넓은 범위로 수행하면, 박물학이 되며, 백과사전의 원류이다. 서진(西晉) 장화(張華, 232~300)의 『박물지(博物志)』는 산천과 지리, 기이한 동식물, 각국의 민속과 풍습, 의약, 자연과학, 신선과 방술(方術), 역사, 신

67 유봉학(1995), 85쪽.

68 정기준(2013), 400~401쪽.

화와 전설 등 39개 항목을 나누어 기술하였다. 약용(藥用) 식물을 다룬 본초학(本草學)을 차원 높게 발전시켜 집대성한 박물학 저술인 『본초강목(本草綱目)』은 1596년 간행된 이후 단기간에 판을 거듭하며 큰 인기를 끌었다. 1세기 로마의 플리니우스(S. Plinius)가 만든 Historia naturalis는 그리스를 비롯한 지중해세계의 학문과 지식을 집적하여 장화의 『박물지』보다 훨씬 방대하고 체계적이었다. 이런 전통에서 발전한 유럽의 박물학은 18세기 세계 최고의 『백과사전』을 만들고 근대 생물학으로 연결되었다.[69]

명물학은 지식을 유별(類別) 또는 자별(字別)로 분류한 유서(類書)와 겹친다. 명물학과 유서는 전근대 중국에서 지식을 담는 대표적 형식이었다. 유서는 『사고전서(四庫全書)』 편찬자의 44개 세분류 중에 자부(子部)에 속한다. 220년 위(魏) 문제(文帝)의 명으로 편찬된 『황람(皇覽)』은 유서의 효시로 평가되며 경서를 40부로 분류하고 국가 통치에 이바지할 목적이었다. 이후 유서가 증가하였는데, 『사기』의 분류사를 발전시킨 3통(三通)과 같은 정서(政書)도 유서라 할 수 있다. 『경제유편』, 『황명경세문편』 등 경세의 유서가 많았다. 성리학 내지 심성학이 약의 산물이라면 유서는 박학의 산물이었다. "『통지』를 저술한 정초는 '박학'을 학문적 이상으로 강조하며 유서를 독립된 범주로 분리하였"으며 『문헌통고』의 저자 마단림은 "제도와 문헌, 전장(典章)을 널리 듣고 잘 기억함이 진실로 통유의 일이다."고 하였다.[70]

한국고전종합DB의 한국문집총간에 '박물'이 251번 검색되며 고려

---

69 西村三郎(1999/2000).

70 하우봉(2020), 335~339쪽.

말 이색도 이 용어를 사용하였다. 박물학은 한국고전종합DB에서 19세기 최익현의 글에서만 확인된다. 1814년 정약전(丁若銓)은 『자산어보(玆山魚譜)』 서문에서 유배지인 "흑산도 해중에는 어족이 극히 많으나 이름이 알려져 있는 것은 적어 박물자(博物者)가 마땅히 살펴야 할 바이다."고 하고 이 책이 "병의 치료, 수산물의 이용, 그리고 재산 관리[治病利用理財]에 이바지할 것이다."고 확신하였다. 정약전의 박물 탐구는 생물학으로 인도한다.

1587년 권문해의 음운(音韻)을 다룬 『대동운부군옥(大東韻府群玉)』은 처음 주목할 만한 조선의 유서였다. 벤자민 엘먼(2004/2008 : 166쪽)은 "도학적 해석의 장막 속에서 벗어나려는 시도는 경서와 역사서에 보이는 '명칭과 그것을 지칭하는 대상'인 명물을 설명하려는 노력으로 시작되었다."라며 명물학이 고증학의 원류가 되었음을 지적하였다. 성리학과 심학이 도학, 곧 도덕 담론이라면, 『지봉유설』(1613)은 '도학적 해석의 장막'을 넘어 지식을 집적한 조선의 첫 저서로 보이며, 18세기에는 『성호사설』이 지식 담론의 명물학 내지 유서로서 최대 성취이다. 하우봉(2020; 356~357쪽)은 황윤석의 『이수신편』이 "박물학적 · 백과전서적 정신의 결정체이며" '유서적 성격이 강한 저작물'이라고 보고, 『이재난고』는 "유서 편찬과 저술의 기초자료가 되었다"고 보았다. 황윤석은 의리학인 도학을 체(體)로 삼았으나, 그가 용(用)으로 삼은 명물학은 객관 지식을 추구하였다. 19세기 서유구의 『임원경제지(林園經濟志)』는 도학적 해석을 벗어난 백과사전과 학술전문서의 성격을 겸비하여, 박물학의 집대성이자 완성이라 평가할 수 있다. 『임원경제지』는 조선후기 성장한 지식 담론의 정점을 이룬다.[71]

박지원은 불우하면서 뛰어난 학자로 유형원과 조성기를 들었다. 조성기는 금기 사항에 가까운 육상산과 왕양명의 심학의 장점을 흡수하고자 했고, 자연을 탐구하면서 소옹 상수학의 관물(觀物) 인식 방법을 추구하였고, 가장 힘쓴 경세학에서 『관자』와 진량(陳亮)의 공리사상을 높게 평가하였다. 그는 양명심학을 수용하면서 물리를 중시한 점에서 정제두와 통한다. 주자와 논쟁을 벌인 공리사상가 진량은 관중처럼 부국강병책을 주장하였는데, 조선의 주자학자에게 비판의 대상일 수밖에 없었다. 양명학을 공부한 유성룡은 임진왜란의 위기를 맞아 『관자』의 영향을 받은 부국강병책을 시행하였으나, 실각 후에 그 정책은 후퇴하였다. 양명학도 수용한 장유는 진량에 대해 호의적 평가를 하였다. 유형원은 『반계수록』에서 정전제를 논하면서 진량을 인용하였는데, 병자호란의 충격으로 부국강병책에도 관심을 가졌기 때문일 것이다. 조성기의 사상은 당대인에게 혹독한 비판을 받았으나, 김창흡에게 계승되었다. 김창흡은 상수학을 깊게 공부하여 자연학을 하였고 육상산과 왕양명도 공부하여 호의적으로 평가하였고 진량을 공부하여 사공학을 중시하였다. 조성기와 김창흡의 개방적 박학은 수도권의 특징이고 주자학의 지배력이 강한 충청도와 경상도에서는 보기 어렵다. 김창흡은 1684~1689년간 조성기와 교유하였는데, 1685년 조성기와 태극 논쟁을 계기로 낙학(洛學)을 정립하였다.[72]

학풍의 차이를 가진 수도권과 충청도의 노론 학자는 인성(人性)과 물성이 같은가 다른가, 성과 심의 관계는 어떠한가 등을 둘러싼 논쟁을 전개하였다. 김창협·김창흡 형제는 낙론을 주도하였다. 문석윤

---

71 이헌창(2020b),

72 李勝洙(2003); 문석윤(2006).

(2006)은 조성기의 박물학 "정신은 김창협과 특별히 김창흡을 통해 낙학 쪽으로 고스란히 전수되어 호락논변의 정신적 배경의 하나를 이루었다. …… 그러한 정신은 단지 낙학 측에 한정된 것이라기보다는 17·8세기 시대정신의 한 반영이라고" 보았다. 박물학의 물성에 대한 관심은 인성과 물성이 같다는 주장으로 이어진 것이다.

여기서 사상과 환경의 관련성을 논해보자. 도덕 근원인 이에 절대 우위를 두는 퇴계의 관점은 영남 농촌생활에, 물질과 인간 감정의 근원인 기를 중시한 서경덕의 관점은 개성이라는 대도시생활에 영향을 받았다. 개방적 박학풍과 실학은 인구가 밀집하고 시장이 발달하고 중국 학문이 신속히 유입된 서울과 그 주변에서 주로 성장하였다. 조선에서 중국 및 일본보다 주자학의 영향력이 강한 배경에는 도시화율과 시장 발달 수준이 낮은 사실과 관련이 있다. 퇴계학파의 남인 중 수도권 남인인 성호학파가 실학의 중요한 세력을 이루었다. 17세기 초 개방적 박학풍의 침류대 학사는 서울을 근거지로 하였다. 낙론 학자가 호론 학자보다 개방적 박학풍인 것은 수도권 환경의 영향을 받았다. 낙론 학자도 참여한, 18세기 북학파는 서울을 근거지로 하였다.[73]

1764년 황윤석은 역수(曆數)를 가장 잘 아는 근세 재상으로 김석주(金錫冑)와 최석정(崔錫鼎, 1646~1715)을 들었다.[74] 1766년 황윤석은 이경석의 『백헌집(白軒集)』을 보고서 김육이 일찍이 서양 역법을 논하고 고금 역법 개정 원류를 환하게 알았다는 내용을 발췌 기록하였

73 李佑成(1963).

74 "今日偶見息庵集, 則文章最有法度, 其論曆數處亦頗疑. 近世宰相中知曆數者, 當以此公及崔相錫鼎爲首矣."(『頤齋亂藁』 1책, 권4, 404쪽, 1764년 7월 13일)

다. 그래서 "우리나라에서 시헌력을 상세히 논한 사람은 김석주 이상이 없는데, 그 원류는 실로 김육에서 나왔다."고 적었다.[75] 김석주는 김육의 손자이고, 최석정은 김육의 벗인 최명길의 손자였다. 김육은 소론 사상의 원류를 이루고, 최석정은 소론이다.

서양 과학을 초기에 수용한 조선의 사대부는 그 철학을 역학과 상수학에서 찾아 동서 회통을 추구하였는데, 그 선구적 인물은 김석문과 최석정이다. 최석정은 구경·백가를 포괄한 박학다식으로 유명하며, 경학과 주자학에 가장 자신감을 가졌다. 최석정이 1700년에 편찬한 『구수략(九數略)』은 서학서 『천학초함(天學初函)』과 『주산(籌算)』을 참조하면서도 실용수학을 위주로 삼은 중국 수학을 주자의 역학 및 소옹의 상수학과 융합하고자 했다. 최석정은 중인 산원의 산법과 서양 산법이 도(道)·이(理)·의(義)를 결핍하였다고 비판하고는 중국식 자연철학 위에 수학을 세우고자 하였다. 그는 산목(算木)을 계산용 숫자로 인식할 뿐만 아니라 그와 다른 의미의 상(象)으로 읽어 산법의 도·이·의를 찾으려 했다. 서양 과학을 수용한 중국인은 상수학의 수비학을 버리면서 중서 회통을 추구하였으나, 최석정은 중서 수학과 상수학을 회통한 중국에서 볼 수 없는 독특한 책을 내었다. 그래서 최석정은 의리학으로서 수학을 하려는 관점의 수비주의로 흘렀다.[76] 서양 과학을 수용하면서 역학·기론·상수학으로 도·이·의를 찾으려는 경향은 18세기 약화되는 추세였으나, 문호개방 이전에는 사라지

---

75 "適見有白軒集, 閱之, 則其中潛谷碑銘云: 潛谷嘗論西洋曆法, 因及古今改曆源流如指掌. …… 蓋我國論時憲頗詳者, 莫如息菴, 而其源實出潛谷, 祖孫家學有源來矣."(『頤齋亂藁』 1책, 권7, 596쪽, 1766년 7월 20일)

76 가와하라 히데키(2017), 200~232쪽; 오영숙(2012); "崔錫鼎在世以博學有名, 旁通百家而未必種種精深."(『頤齋亂藁』 2책, 권11, 310쪽, 1768년 11월 23일)

지 않았고, 최한기가 그 대미를 장식하였다.

김육과 김상범의 시헌력 도입 사업을 계기로 재상과 중인 기예직이 협력한 과학·기술 사업이 진전하였다. 그리고 천체를 관측하고 시헌역법을 계산한 중인 기예직의 수학·천문학의 계산력은 향상되었다. 관상감 허원(許遠)은 김상범의 업무를 계승하여 1705·1708년 북경 파견 등을 통해 "교식과 5행성의 운행에 대해서도 시헌력 지식을 완전히 적용할 수 있게 되었"다. 김육 친우의 손자인 최석정이 추진하고 손녀의 아들인 숙종이 승인한 사업이었다. 역관 김경문(金慶門)은 최석정이 사역원 제조로 편찬을 추진한 『통문관지(通文館志)』 서문에서 사대·교린의 도를 실행하는 데에 반드시 장정(章程)·품식(品式)을 갖춘다면서 중인의 역할을 옹호하였다. 허원은 1714년 중국에 파견되어 지방시(地方時) 확정에 필요한 중성(中星) 관측법을 익혔다. 1718년경 조선은 시헌력으로 자국 시간규범을 수립, 실행할 수 있게 되었다. 그런데 허원 등 천문관원은 천문학 이론에는 "거의 관심을 두지 않았으며, 순전히 역서 제작에 필요한 기술적이고 기능적인 지식을 배우고 적용하는 데 힘썼다."[77]

김석문(金錫文, 1658~1735)은 『주역』, 그리고 상수학을 포함한 송대 이학의 우주관을 탐구하여 중국 고래의 지동설을 알게 되었다. 나아가 서양 천문학을 배워 1697년 편찬한 『역학도해(易學圖解)』에서 티코 브라헤 학설에 기반한 서양 천문학 지식에 입각하여 지구설과 지전설을 수용하면서 상수학에서 우주의 수적 질서를 구하고 역학(易學)으로 우주의 운동 원리를 설명하였다. 그는 서양 천문 지식과 역

---

77 전용훈(2017), 228~234; 임종태(2021), 70~76, 82~83, 144~145쪽.

학 · 상수학을 회통하여 우주인 태허천(太虛天)의 둘레와 길이까지 구하였고, 지구를 포함한 모든 천체들이 천심(天心)을 중심으로 회전한다고 보았다. 김석문의 천문학은 최석정의 수학처럼 중국에서 보기 힘든, 상관적 사유가 우세한 과학의 동서 회통이었다.[78] 황윤석은 1768년 8월 16일 일기에서 김육의 '서법(西法)'이 김석문에게로 이어졌다고 하였는데, 김석문은 김육의 재종조 김권(金權)의 고손이다.

유럽은 그리스문명의 덕분에 철학과 더불어 인식론(Epistemology)을 발전시켰다. 아는 것, 곧 지식 · 진리는 무엇인가, 인간은 어떻게 알 수 있는가, 우리는 안다고 말할 수 있는가 등의 문제를 탐구하는 인식론은 고대 그리스어 episteme(지식)와 logos를 합친 용어이듯이, 고대 그리스에서 출발한다. 중국 · 조선 · 일본에서 플라톤의 인식론 만한 것도 나오지 않았지만, 중국문화권에서 인식론의 요소가 없지는 않다. 맹자는 우물에 빠지려는 아이를 구하려는 마음을 논거로 인의예지의 4단(四端)을 제시하고 지(知=智)를 '시비지심(是非之心)'에 결부하였다(公孫丑上 6章). 이 지는 실증 지식이 아니라 주자의 해석처럼 선이 옳고 악이 그른 줄 아는 도덕 지식이다. 맹자는 "생각하지도 않고 아는 것은 양지(良知)이다"며 어버이를 친애하는 인(仁)과 어른을 공경하는 의(義)를 예시하였다(盡心上 15章). 맹자는 4단의 기관이 마음[心]이라 하였으며, 마음이 사유[思] 기관이라고도 하였다(告子上 15章). 요컨대 맹자는 도덕적 가치판단이 선천적 지식이며 마음에서 나온다고 했다. 순자는 사람이 지능(知能)을 가지며, 마음으로 도(道)를 알며, 오관(五官)을 거쳐 "마음이 인지능력[徵知]을 가진다"고 했다(正

---

78 가와하라 히데키(2017), 248~249쪽; 문중양(2016), 232~242쪽; 문중양(2021), 198쪽.

名 · 解蔽). 순자는 지식 일반을 논하며 그 인지의 작용원리를 설명한 것이다. 플라톤은 인식의 주체로서 영혼을 탐구하였는데, 중국 사상에서는 마음이었다.

전국시대 종식기에 성립한 『예기(禮記)』에 포함된 『대학』에는 격물 · 치지(格物致知), 정심 · 성의(正心誠意), 수신 · 제가(修身齊家) 및 치국 · 평천하(治國平天下)라는 8조목이 나온다. 이 격물치지는 유학 인식론에서 중심적인 위상을 가진다. 주자는 격물을 사물의 이치를 궁리하여 지식을 지극히 한다고 풀이했다. 왕양명은 대나무를 대상으로 주자식 격물에 실패한 후에, 격물이 의지[意]가 소재한 마음을 바로잡는 것이며, 지가 양지(良知)이고 마음 밖의 지식이 아니라고 하였다.[79] 왕양명처럼 격물을 정심으로 풀이하면, 다른 8조목과 중복이 되니, 『대학』 저작자의 취지와 달랐다. 왕양명의 사유 여정은 객관적 사물과 도덕적 가치판단을 구별하지 않는 중국의 사유방식의 문제점을 잘 드러낸다. 사실 대나무와 같은 사물은 주자식 직관적 방법론인 격물로 분석될 수 없다. 그래서 왕양명은 객관적 사물의 구명을 포기한 채 도덕 지식에 국한하여 주관적 인식론을 제시한 것이다. 아무튼 주자와 왕양명 모두 맹자의 전통에 따라 도덕 지식론에 치중하였다.

4세기 전반의 위작으로 보이는 『서경』 고문에서 "천지는 만물의 부모이고 오직 사람이 만물의 영장[靈]이니, 진실로 총명한 사람이 원후(元后)가 되고 원후는 인민의 부모가 된다."(周書, 泰誓上 3장)고 했다. '영명(靈明)'은 여기서 유래한 것으로 보인다. 위작자는 총명의 대상을 지식 일반으로 삼았다고 보이는데, 주자의 제자인 채침(蔡沈)은 영장

---

79 시마다 겐지(1986/1993), 150-156쪽.

의 총명을 인간의 도덕 지각으로 풀이하였다. 주자는 『대학』의 '명덕(明德)'에 대해 "사람이 하늘로부터 얻은 바로 허령불매(虛靈不昧)하여 중리(衆理)를 갖추고 만사(萬事)에 응하는 것이다. 단, 타고난 기(氣)에 구애되고 인욕(人欲)에 가리어 때때로 어두워지나 그 본체(本體)의 밝음은 일찍이 쉬지 않는다."라고 풀이하였다. 주자의 '명덕' 개념은 제4절에서 살펴볼 조선 주자학자의 '영명한 마음'을 규정하였다. 그것은 덕(德)을 밝히는 데에서 드러나듯이 인간의 도덕적 인지능력을 말한다. 영명한 마음은 플라톤의 영혼에 더욱 가깝고, 이성의 성격을 가진다. 왕양명은 『전습록(傳習錄)』에서 맹자의 생각하지 않고도 아는 양지(良知)에 대해 허령명각(虛靈明覺)이라 표현하였는데, 마찬가지로 도덕적 인지능력이었다. 주자는 영명한 마음의 선천적 지식과 격물을 통한 후천적 지식을 "하나의 시스템으로 통합"하고자 했다고 평가되는데,[80] 물리를 도리에 종속시키고 말았다. 인식의 기원을 어디에서 찾는가에 따라, 서양의 인식론은 이성의 합리론과 경험론으로 나누어지는데, 중국의 인식론은 전자에 편중되어 있고 그 정점에 주자가 있다.

조셉 니덤(1998/2003 : 319~322쪽)은 양명학의 도덕적 직관이 주자학과 달리 과학과 무관하고 "과학 발전에 아무런 도움이 되지 않았"다고 보았다. 그런데 왕양명이 주자 방식의 격물에 실패하여 그 한계를 인식한 점에 주목할 필요가 있다. 오늘날 과학에 의하면, 도덕도 주자학처럼 천리로 주어져서 천리의 공부로 습득되는 것도 아니요, 양명학처럼 선천적 양지로 알 수 있는 것도 아니다. 인간이 집단을

80 內山俊彦 · 馬淵昌也 · 坂元ひろ子(2001), 323쪽.

이루고 살아가면서 협력하고 질서를 유지하기 위해 터득하게 되는 경험적 지혜이며 그것을 토대로 발전한 지식이다. 양명학은 "경세에 필요한 지식을 포기한다고 비판받게" 되었으나,[81] 도리의 지식을 양지로 보면서 별도로 물리와 공리의 지식론을 중시할 길을 열었다. 황종희(黃宗羲)는 양명학파 문인이나 경학·사학과 6예에 통달하였고 공허하게 심성(心性)을 논하거나 조급하게 사공(事功)에 연연함을 비판하고 심성과 사공을 체용으로 합일하는 실학을 주장하면서 경세의 지식을 중시하여 경세치용학을 성취한 것으로 평가된다.[82] 조선에서는 양명학자 정제두와 그 문하에서 공부한 신경준이 물리의 지식론을 발전시켰다.

최석정·김석문과 동시대를 보낸 소론 정제두(鄭齊斗)는 1709년 강화도로 이주하여 양명학의 강화학파를 이루었다. 정제두는 「존언(存言)」에서 인·자(仁慈)라는 도덕은 "당연한 규칙이자 마음의 당연한 이치이고(所當然之則 心所以當然之理) …… 의리(義理)가 생겨 아는 것이며," 하늘이 높고 땅이 두터운 자연현상은 "자연적 이치이고 만물의 당연한 이치이므로 여기서 지식과 기예(技藝)가 나온다(所以然之理 物所以當然之理, 是知識技能藝之出者)."며, 도리의 인지와 물리의 지식을 다른 차원으로 논하였다. 양명학은 도리의 인지만 논하였으나, 정제두는 물리의 지식을 별도 차원으로 새롭게 논한 것이다. 그는 인·의·예·지라는 성(性)의 이(理)는 "다만 나의 심·성·정(心性情)에서 구할 수 있고", 기예 등과 같은 물종(物種)의 이가 물에 있지만 그것만

81 內山俊彦·馬淵昌也·坂元ひろ子(2001), 324쪽.

82 蕭公權(1998), 978~980쪽.

배워서는 인욕(人欲)이 더욱 자라서 물종의 이가 더욱 가려지나 심체(心體)의 이가 밝아지면 그 성을 다할 수 있으며, "명물·도수·율력·상수(名物度數律曆象數) …… 예·악·형·정(禮樂刑政)은 반드시 배운 후에 알 수 있고" 심리(心理)가 밝아진 후에야 천지만물의 이와 술기(術技)를 모두 얻을 수 있고 심체(心體)가 밝아진 후에야 예악형정의 마땅함과 서사(書史)를 모두 얻을 수 있다고 하였다. 정제두는 심리·심체를 밝혀 도리를 인식한 다음 과학·기술·제도의 지식을 배워 지식과 기예를 갖추자며, 양명심학 위에 물리의 지식론을 세웠다. 요컨대 정제두는 도덕 지식의 인식에 대해 심학의 합리론으로, 사물 지식의 인식에 대해 경험론으로 분리, 적용하여 인식론에 이바지하였다. 그 토대 위에서 물리 지식론을 발전시키면서 최대의 학술 성취를 이룬 제자는 신경준이었다. 정제두는 수시력과 시헌력이 관측·계산[測算]에 근거하여 정밀해졌다고 평가하고 지구설의 이치를 실측으로 논하였다. 그는 북극 고도 1도 차이가 지상의 남북 거리로 250리라는 리치의 설을 상수학에 따라 350리로 수정하였다.[83] 정제두는 서학 수용을 위한 철학에 이바지하였다.

성호 이익은 조선시대의 주요한 학술인 경학, 사학, 성리학, 그리고 경세학을 모두 탐구하여 성취를 이루었다. 성호는 자득의 경서 탐구에 의거해 주자학의 관점을 넘어선 새로운 해석, 서학의 물리의 수용, 지식 담론의 수준 향상, 그리고 현실의 가르침과 합리적 사유에 입각한 정책론이라는 성과를 거두었다. 성호는 처음으로 서학인 천문학·

83 김문용(2012/2013), 171~172쪽. 구만옥(2018b: 663~665쪽)은 조선후기 서양 '수학과 실측'의 우수성을 인정한 지식인이 나타났음에 주목하며 정제두를 "첫손에 꼽"았다.

수학 · 의학 · 기술학 · 지리학의 학문과 자연철학 · 도덕철학 · 기독교 신학의 스콜라철학을 모두 탐구하였다. 그 결과 성호는 사유구조의 변화를 경험하여, 마태오 리치를 성인(聖人)으로까지 불렀다. 성호는 동도서기론보다 서학으로 기운 것이다. 성호는 황종희와 고염무에 비견될 박학의 대유(大儒)였다.

성호는 수학 교육을 통해 정확한 사고력을 기르자는 마테오 리치와 서광계의 취지에 동조하였다. 성호는 수학을 기예로 천시하는 관점을 비판하였다.[84] 1770년 이현직은 천원법을 가르쳐준 이태창이 한 선비에게 배웠다고 했는데 성호라고 추측하였다.[85] 성호가 전수한 사실 여부를 떠나 수학애호가는 성호의 수학 조예를 평가하였다. 앞서 언급하였듯이, 1645년 김육은 시헌력 도입을 건의하면서 천문역법이 중국 고대 태초력으로부터 서양 역법인 시헌력에 이르기까지 지속적으로 발전하였음을 설명하였다. 성호는 그 관점을 일반화하여 과학 · 기술인 기수(器數)의 법(法)이 후대로 갈수록 증수(增修)하여 정교해지기 마련이며 성인(聖人)이 다시 나오더라도 시헌력을 따를 것이라고 하였다. 성호는 서양 역법이 "추산(推算)의 술(術)을 거의 대성하였다." 고 평가하였다.[86] 유가의 상고주의를 극복하는 과학 · 기술의 진보관은 서양 과학을 수용하는 동도서기론을 낳았다. 정제두, 신경준, 황윤석, 서호수, 박제가, 정약용 등도 서양과 중국의 과학 · 기술 도입을 합리화하는 논리를 진전시켰다. 이런 담론이 조선에서 발달한 것은 주자학의 강한 지배로 그 도입에 무관심하거나 적대적인 사대부가 많

---

84 안대옥(2012), 68~71쪽; "今人每以技數而賤之, 奚可哉."(『성호사설』「九章筭經」)
85 『頤齋亂藁』3책, 권14, 142쪽, 1770년 4월 13일.
86 韓沽劤(1980), 56~57쪽.

았기 때문이다. 황윤석은 성호학파가 아니고 그 영향을 거의 받지 않았는데, 서학관이 성호와 같았다. 성호는 서양 지리학을 통해 지리적 세계관을 확대하고 "중국 중심의 문화의식, 전통적인 화이관(華夷觀)에서 탈피"하고 있었다. 성호는 공자가 이단(異端)을 전공(專攻)함을 금지하나 엄하게 배척하지는 않았다며 소도(小道)로 볼 만하다는 여지를 두고 있다고 해석한 유연한 이단관을 세웠는데, 천주교에도 해당한다. 그는 천주교도 탐구하여 유교와 통하는 점이 있음을 인정하면서도 동정녀 마리아의 잉태, 예수 부활, 천당 · 지옥설 등이 믿을 수 없다는 합리적 의심으로 수용하지 않았다.[87] 박성래(朴星來 1985)는 성호가 "서양과학을 인용하면서도 그가 좀 더 편안한 전통과학으로의 회귀(回歸)에 거침이 없"다며 그의 서양 과학 지식을 높게 평가하지 않았다. 성호는 동서 과학뿐만 아니라 동서 철학의 회통도 추구한 것이다. 그 한 사례를 제3절 제7항에서 소개할 것이다. 성호는 과학자라기보다 과학 사상가였다.

1770년 7월 황윤석은 유익성으로부터 경상도 감영이 『반계수록』을 간행한 사실과 아울러 남인 중에 안정복이 '박학하여 저술하였고' 『성호사설』이 "지금 세상에 성행하고" 그 종손인 이철환이 "다식으로 유명하고", "그 문인인 윤동규도 다식하다."고 들었다.[88] 성호학파는 성호를 본받아 박학다식으로 노론에게도 유명하였던 것이다. 유익성도

87 韓沽劤(1980), 51~59, 65~70쪽.

88 "因逢監察柳翼星, 聞柳氏隨錄自嶺營刊畢, 方伯李瀰序之, 印送二件于本孫柳檵家. 又聞廣州前監察安鼎福, 故廣原君滉之奉祀孫, 博學著書, 當今南人中有名者. 又有李嘉煥, 故監役瀷從孫, 多識有名, 而瀷所著星湖僿說二十餘卷, 今盛行于世. 其門人尹東教(奎)亦多識, 今年七十, 居龍山江上云."(『頤齋亂藁』 3책, 권15, 321쪽, 1770년 7월 6일)

박학을 추구하며 당색을 초월하여 학문을 교유하는 점에서 황윤석과 통하는 인물임이 드러난다. 11월 황윤석은 안정복이 성호의 제자이며, "사학으로 유명하고 우리나라 고금(古今)의 사실부터 지리·관제까지 고증하여 일가(一家)를 이루었으며" 정일령·정운유·정철조 3대의 지리서를 정정(訂定)하면서 성호에 질의하였다는 말을 들었다.[89] 성호와 성호학파의 근기남인은 실학의 중요한 세력을 이루었다.

(7) 18세기 후반 박학·실학의 발전과 서양 과학 수용의 진전

1766년 홍대용은 의리학, '경제학' 및 사장학(詞章學)이 조선 세유(世儒)의 학문 분류라 하였다(『燕記』「吳彭問答」). 의리학은 주자의 성리학으로 집대성된 송대 이학을 말한다. 유학은 도의 의리를 밝힘을, 곧 도학 내지 의리학을 핵심으로 삼는다. 도와 의리는 경세제민을 구현하기 위한 이념이고, 사장학의 시문(詩文)은 도를 표현하는 도구이므로, 사대부에게 의리학뿐만 아니라 치인의 경세학, 그리고 사장학 모두가 필수적 교양이나, 홍대용의 분류는 의리학을 상대화하고 경세학을 중시하는 관점을 담았다. 홍대용은 의리를 버리면 '경제'가 공리(功利)로 빠지고 '경제'가 없으면 의리가 쓸모없다고 하였는데, 전자가 이학의 관점이라면, 후자가 경세학을 중시하는 홍대용의 관점을 담았

89 "近聞前監察安鼎福居廣州慶安驛西南十里地, 故監役李瀷門徒也. 以史學稱, 嘗考論東國古今事實, 以至輿地官制勒一家. 言又因鄭運維之父一寧及子喆祚三世所修輿地文字訂定, 而以浿水可疑者質之瀷. 瀷曰: 浿水何必求諸我國, 蓋我國或謂猪灘及大同鴨綠二江, 疑其爲浿水, 而實則正在遼東, 卽泥河, 當爲古浿水故也. 其所質正多類此. 近日文獻備考之役, 申景濬乃取鄭安二家私藁用之, 而不歸功於安, 安以此大慍云."(『頤齋亂藁』 3책, 권16, 462쪽, 1770년 11월 21일) 『국역 이재만록』(중), 71~73쪽에 번역문도 나온다.

다. 의리학으로 성심정의만 하면, 치인의 과제는 쉽게 처리된다는 것이 산당 등 조선의 많은 주자학자의 견해였기 때문이다. 경·사·자·집의 학문·문헌 분류는 서양 학문으로 대체되기 전까지 지배적이었다. 시문은 집에 포함된다. 경·사서가 도를 담은 점에서 경·사학이 유학에서 기본 학문이었다. 송학은 경·사학의 핵심 지향인 의리학을 유학 기본 학문으로 삼았다. 18세기에 경·사·자·집보다 진전되면서 박학의 성장에 부응하는 분류가 대두한 것이다.

18세기 박학은 명물도수학에 의해 성장하였다. 의리학은 도덕 담론이라면, 명물도수학은 지식 담론이다. 서형수(徐瀅修)는 홍대용의 학문 분류에다 명물학(名物學)을 추가하였다. 그는 한대 훈고명물, 송대 심성도기, 그리고 명·청대 훈고명물의 부활로 학풍 변화를 집약하였으니, 훈고·고증학을 명물학으로 불렀다.[90] 서형수는 도수학이란 용어를 몰랐을 리가 없으나, 그것을 주요 학문 분류에 넣지는 않았다. 경·사학 내지 의리학을 보조할 수 있는 명물학이 경세학을 보조할 수 있는 도수학보다 중요한 교양이어서 먼저 독자 분류가 되었다.

명물도수학이라는 용어는 19세기 전반에 이규경이 『오주연문장전산고(五洲衍文長箋散稿)』 서문에서 처음 사용하면서 "성명의리(性命義理)의 학문보다 덜 중요하나 일부만 시행하고 강론하지 않으면서 이단처럼 여겨서는 안 된다."고 하였다. 이 용어의 출현은 도수학, 곧 과학의 위상이 높아졌음을 반영한다. 18세기 수도권에서는 청나라 고증학뿐만 아니라 서양 수학·천문학을 공부하고 수용하는 인사들이 늘었으니, 명물도수학도 포괄하는 박학풍이 성장하였다는 유봉학

90 유봉학(1995), 121~123쪽.

(1995)의 주장은 타당하다. 김상현(金尙鉉)은 1864년 간행된 남병철(南秉哲)의 『규재유고(圭齋遺藁)』 서문에서 사장학인 시고문학(詩古文之學), 훈고 · 고증학인 전주학(箋註之學), '경제학' 및 과학인 성력 · 산수학(星曆算數之學)으로 분류하면서 이 모두를 겸비하여 관통한 통유(通儒)는 드문데, 남병철을 통유라 부를 수 있다고 했다. 수학 · 천문학의 과학이 독자 분류일 정도로 위상이 올라갔으나, 개항 직전에 나타난 분류이고 이 분류에 공감하는 인사가 극소수라는 한계도 지적할 필요가 있다.

황윤석은 명물도수의 박학으로 평가받았다. 『이재난고』는 18세기 조선에서 명물도수학을 추구하는 지식인의 활발한 동향을 보여주며, 과학계의 파악에 유용하다. 중국에서 송 · 명의 이학과 심학으로부터 명말청초 경세치용학과 청대 고증학으로의 전환은 도덕주의로부터 주지주의(主知主義)로의 사조 전환이라는 평가가 있는데, 18세기 조선에서 명물도수학의 성장은 주지주의의 사조 전환이 아니라도 성장이라 하겠다.

환국 당쟁의 시기가 끝나고 18세기에 들어와 개방적 박학풍, 나아가 실학이 성장하였다. 김창흡 형제처럼 주자학에 국한되지 않고 명물도수학도 포함한 박학을 하는 노론 경화세족(京華世族)도 늘었다. 경화세족뿐만 아니라 북학파 구성원인 박제가 · 이덕무 등 서자(庶子) 박학자도 늘었다. 수도권 이외에는 호남의 신경준과 황윤석이 대표적 박학자였다.

18세기 조정은 박학이 성장할 환경을 조성하였다. 숙종과 영조는 군역 개혁에 힘써 마침내 1750년 균역법이 성립하여 다음 해에 완성되었다. 이것은 경세제민의 정책 지식을 요청하였다. 영 · 정조의 탕평정치는 노론이 아닌 인사가 박학과 경세역량으로 조정의 정책사업과 학술사업에 활약할 수 있는 기회를 넓혔을 뿐만 아니라 당파간 학술 교류를 촉진하였다.

영·정조대 활발한 저술 편찬사업은 박학에 큰 힘을 보태었다. "1770년(영조 46)에 편찬된 『동국문헌비고(東國文獻備考)』는 중국의 유서학(類書學)을 수용하여 우리의 역대 문화, 곧 강역, 문물, 제도들을 역사적 관점에서 고증하여 전반적으로 정리한 백과전서적 저서[유서]들 중에서, 국가, 곧 군주가 주체가 되어 편찬한 본격적인 관찬 저서이다." 박학의 전문 지식을 요구한 "『동국문헌비고』 편찬 논의는 홍봉한이 영의정이었던 영조 45년 10월 중순경에 시작되었다. 당시 울릉도에서 나는 산삼 문제로 인하여 일어날지도 모를 왜인(倭人)과의 마찰 문제에 대비하기 위하여, 홍봉한이 울릉도 영유권에 관한 중요 문건으로 삼을 수 있는 『강역지(疆域誌)』를 편찬할 것을 건의한 데서 비롯되었다. 당시 신경준은 홍봉한의 천거로 이 사업 초기에 참여하였는데, 그는 이미 영조 32년에 국가 단위를 중심으로 도읍과 강계를 정리하여 저술한 『강계고(疆界考)』를 저술하였고, 이는 『동국문헌비고』 여지고(輿地考)에 대체로 반영되었다 한다. 영조는…『동국문헌비고』의 경우에도 신경준의 근본적인 기여가 있었기에 사실상 기능할 수 있었다고 여러 차례 반복해서 말하고 있다." 이 대사업을 대신들이 지휘하고 학문이 뛰어난 당상(堂上) 9명이 책임을, 낭청(郎廳) 9명이 실무를 맡았다. 서명응은 당상이고, 천문학의 상위고(象緯考)는 낭청 서호수가, 지리학의 여지고는 낭청 신경준이 맡았다. 그 외 황윤석 등이 자문을 하였다.[91]

18세기 성호에 이어서 명물도수학의 큰 성취를 거둔 학자는 신경준(申景濬, 1712~1781)이었다. 신경준이 9~12세에 양명학뿐만 아니라 서학도 겸비한 개방적 박학자인 정제두의 강화도에 유학한 것은 개방적 박학풍의 소북(小北)인 데다가, 신경준의 표현으로 '개물이용(開物利用)의 기구'인 군기 등의 기술학에도 조예가 깊은 박학자인 생가 조부 신선부(申善溥, 1667~1745)의 영향이 작용하였다.[92] 신경준을 가르친 외삼촌 심육(沈錥)은 정제두의 제자와 교유하였다. 신경준의 기술학은 신선부의 가학에 힘입었다. 가학과 강화도 유학은 신경준이 주자학을 상대화하면서 서학도 포함한 박학을 하도록 도왔다.

신경준의 정치적 후원자인 홍량호(洪良浩, 1724~1802)가 쓴 묘갈명에 의하면, 신경준은 "만물 중 하나라도 탐구해 그 이치를 터득하지 못하면 수치이고(一物未格恥也), 6예 중 하나라도 할 수 없으면 괴롭다."고 하였으며, 제자백가와 도교·불교를 섭렵하고 역대 제도와 문물에 해박하였다. 『후한서(後漢書)』 권58 「장형전(張衡傳)」에서 "공자는 만물 중 하나라도 모르면 부끄러워하였다(仲尼恥一物之不知)"라 하여, 공자의 박학은 유학자의 이상이 되었다. 조선에서는 그 외 율곡, 최석정, 안정복, 박지원, 황윤석, 이덕무, 이규경 등이 이 표현을 사용하거나 그런 평가를 받았다. 한 사물이라도 모르면 수치라는 박학의 자세는 박물학을 낳을 수 있다. '격'이나 '지'는 '격물치지'에서 나왔다. 주자는 '격물치지'를 지식의 정밀한 파악으로 풀이했으니, 만물의 격물치지는 박학의 정밀화, 곧 박이정(博而精)을 의미한다. 박이정은 유학자의 이상이었다. 소론 홍량호는 신경준처럼 특정 학풍에 구애받지

91 朴光用(2007); 신석호(1996), 239~241쪽.

92 고동환(2022), 38~48쪽.

않은 박학자였다.

묘갈명에 의하면, 학문의 "도는 자득에 있다(道在自得)"라는 학문 정신에 입각하여 "그 학문은 넓었으되 요체를 알았고 뜻은 높았으되 실(實)에 힘썼다."고 평가하였다. 한국고전종합DB에서 '자득'은 무수히 나오나 '도재자득(道在自得)'은 신경준 외에 달리 사용처가 보이지 않는다. 그리고 『맹자』와 『관자』를 논거로 자득의 학문 방법을 신경준처럼 강조한 인물은 달리 찾기 어렵다. 이 글에는 노론 박학자인 영의정 홍봉한이 신경준을 '경제의 인재'로 평가하면서 영조에게 천거하였다는 내용도 나온다.

신경준은 「사부절선서(四部節選序)」에서 이(理)는 하나로 같으나 기(氣)는 천만가지로 변하는데, 성인(聖人)의 기도 다르고 "성인의 제작(制作)도 세대와 더불어 변하여" 이는 하나이나 체(體)는 고금에 따라 같지 않다고 하였다. 기의 능동적 작용으로 문화의 변화와 과학·기술의 진보를 설명하는 논리였다. 신경준은 수많이 변화하여 서로 다른 기의 영역에서는 박학을 하고, 하나로 동일한 이의 영역에서는 "그 제약[約]을 지켜 기를 기르고 이를 밝혀 그 근원을 바르게 할 따름이다(學者必於不同者而致其博 於同者而守其約 養其氣明其理 以正其原而已)."라며 박학과 이학을 조화하는 뛰어난 논리를 제시하였다. 이학에 관련된 도리와 박학에 관련된 물리를 분리한 제시한 정제두의 인식론에 통한다. 기를 길러 이를 밝힌다고 했으니 기의 박학을 중시하는 관점이며, 서양과 중국의 과학·기술 도입을 기의 영역으로 합리화할 수 있고 다른 학문도 존중하여 다원적 학술 발전을 도모할 수 있는 논리였다. 신경준의 기론은 기예 내지 명물도수의 철학이었다. 신경준은 역학(易學)·음양오행설·상수학·이기론으로 자연철학을 삼았는데,[93] 수약하고 이를 밝히는 이학의 방법론이었다. 그는 이학의 자연철학으로 과학·기술학을 해석하였으나, 기의 영역인 객관 지식을 존중하였다.

묘갈명에 의하면, 신경준은 "먼저 지리(地利)를 인식해야 한다고 자임하였다." 신경준이 박학 위에 지리학 전문 지식의 구축을 목표로 삼았음을 지적한 것이다. 도로에 관한 연구를 결산한 『도로고(道路考)』(1770) 서문은 도량형에서도 기본이 되는 길이의 수치부터 시작하여 도로의 길이와 폭을 설명하였다. 그리고 "옛 성왕(聖王)이 경계(經界)를 정하면서 농지를 주고 도로를 다스림을[授田治道] 동시에 행하여 농부가 들에서 농사짓고 행려(行旅)가 도로에서 다니기를 원하게 하였으니, 모두가 인정(仁政)의 중대한 일임은 진실로 까닭이 있다."며 도로가 정사(政事)의 기초임을 논하였다. 다방면의 도로 정보를 제시하면서 거리도 적었다. 신경준은 지리 연구를 수행했던 덕분에 『동국문헌비고』 여지고를 담당하여 단기간에 수준 높은 지리 지식을 담았다. 『도로고』의 상당히 정확한 장시 조사 덕분에, 『동국문헌비고』 시적고(市糴考)는 1770년 전국 장시(場市)의 정확한 자료를 수록할 수 있었다. 이어서 서유구가 『임원경제지』 예규지(倪圭志)에서 두 번째로 1830년대 전국 장시의 정확한 정보를 담았고 상품 조사까지 겸하였다.[94]

신경준은 언어도 중시하여 1750년 『훈민정음운해(訓民正音韻解)』를 저술하였다. 그는 1756년 『강계고』부터 "언어학이나 금석학의 지식,

---

93 박권수(2022).

94 이헌창(2021).

음사와 이두의 자료를 활용하여 지명을 확인하고, 이를 통해 지명의 위치를 비정하고 있다."[95] 한글 등 음운학을 활용하여 중국 고증학에 비견할 고증법을 한국 지리·역사학에 구사한 선구적 업적은 최석정의 『경세정운(經世正韻)』(1678), 박성원의 『화동정음통석운고(華東正音通釋韻考)』(1748) 등이 있었다.[96]

신경준은 6예 중 하나라도 못하면 괴롭다고 했는데, 「시칙(詩則)」(1734년)에서 "무릇 시는 단지 한 문장의 기예(藝)이다. 이것을 아는 자도 드물다."라는 문장부터 시작하여 시를 짓는 기예를 체계적이고 상세히 설명하였다. 도학자는 시문을 의리의 도를 담는 도구로 삼았으나, 신경준은 기예의 지식이라고 선명히 천명한 점이 주목된다. 신경준은 언어·지리·기술 등 모두 가치판단이 개재하지 않은 지식을 격물 대상으로 삼아 전문적 지식을 구축하였다.

1766년 박학자 서명응은 "신경준의 박학에는 미칠 수 없다"며 감탄하였다.[97] 1770년 영조는 신경준이 '해박한 인재'라고 평가하자, 도승지 윤득우는 "다방면의 기예에 모두 능통하다"고 말하였다.[98] 신경준은 『동국문헌비고』 편찬에서 중심적인 역할을 맡으면서 전국의 대표적 박학자로 조정의 인정을 받은 것이다.

18세기 성장한 박학은 『동국문헌비고』의 편찬이라는 대사업을 9개월의 단기에 성취시켰다. 그리고 『동국문헌비고』는 박학을 조정의

95 류명한 편저(2014), 42~47쪽.

96 최전승(1994), 163~164쪽.

97 "舜民博學, 不可及也."(『頤齋亂藁』 1책, 권6, 552쪽, 1766년 3월 25일)

98 "上曰: 申景濬該博之才也. 得雨曰: 凡於諸技, 無所不通矣."(『승정원일기』 영조 46년 1월 6일 甲申)

주류 학풍으로 부상시키는 데에 이바지하였다. 박학은 『동국문헌비고』가 편찬된 1770년경부터 정조의 치세가 끝나는 1800년까지 정점에 달하였다.

황윤석은 1750년 이후 수차례 신경준과 만나 학문적 대화를 나누었다.[99] 그는 신경준의 동향에 깊은 관심을 가지고 일기에 자주 기록하였다. 1768년 황윤석은 신경준이 호남의 대표적 박학자라고 평가하였다.[100] 1770년 1월 12일 황윤석은 『동국문헌비고』의 편집당상과 낭청의 명단을 적고 『강역지』를 언급하였으니, 신경준의 역할을 잘 알았다. 27일 각 고의 담당자를 적고 박학자를 낭청으로 뽑았다고 하였다. 윤5월 16일 영조가 신경준의 특별한 공로를 치하한 내용, 8월 13일 새로 제작한 팔도전도(八道全圖)의 서문을 신경준이 쓴 사실을 기록하였다.

황윤석은 신경준으로부터 한글 언어의 중요성, 언어를 통한 지명 등의 고증 방법을 배운 것으로 보인다. 황윤석은 『성리대전』의 '지리(地理)'를 탐구하여 『이수신편』에 담았으니, 그의 지리 관심은 『성리대전』에서 발원하였다. 그는 신경준의 지리학에 자극을 받아, 신경준처럼 지도를 열심히 탐구하였다. 황윤석은 『도로고』뿐만 아니라 다른 자료에도 나오는 중국과 일본의 사행로(使行路) 기록을 남겼다.[101] 신경준은 황윤석의 박학에 큰 영향을 미친 인물에 포함된다.

1769년 3월 23일 김수항의 손자인 김용겸(金用謙)은 황윤석과 역

99 권오영(2007), 183쪽.

100 "以南中文官言之, 高低貴賤, 通共七十餘人. 見今生存文學則李基敬, 淹博則申景濬, 若其孝友而兼有文詞者, 安正言致宅是也."(『頤齋亂藁』 2책, 권11, 265쪽, 1768년 10월 6일)

101 구만옥(2022); 윤원호(1994), 245~249쪽.

학 · 상수학 · 음악 · 역법 · 관직 · 수학 등에 대해 대화하면서 홍계희 외에 처음 박학자를 만났다며 "먼 지방 고을에서 자랐으면서 어찌 이처럼 박식하고 정밀한가."라며 칭찬하였다.[102] 25일 황윤석은 김용겸의 박학에 경의를 표하였다.[103] 황윤석은 김용겸을 통해 서학서 등 여러 서적을 접하고 북학파 학자와 교유하여 서양 과학 지식을 넓힐 수 있었다.[104]

노론의 핵심 가문의 박학자인 김용겸의 평가는 황윤석의 박학에 대한 전국적 명성으로 연결되었다. 『동국문헌비고』 편찬 중에 황윤석은 조정에서 박학으로 평가받았다. 1770년 4월 15일 편집당상 정존겸(鄭存謙)은 "백가구류에 박식하고 정밀히 이해하는 인물은 나의 종부랑 황윤석뿐이다. 세상에서 신경준이 박식하다고 일컫지만 정(精)하지 못하니 어찌하리."라고 한 말을 들었다. 그 전 2월 홍계희도 황윤석에게 신경준이 박식하나 부정하다고 하였다.[105] 소북 출신으로 소론으로 분류되기도 하는 신경준이 『동국문헌비고』 편찬으로 영조의 신임이 두터워지자, 노론 고관들은 그를 폄하하면서 그에 비견할 인물로 노론 황윤석을 내세운 것이다.

---

102 "金丈援說古今事變, 因及易範律曆田兵官職算數, 種種說話. 余旣酬酢, 則金丈曰: 平生此等說話無可開口處, 惟一洪純甫[주:啓禧]差可相語耳. 不意今日, 得逢黃奉事一席問答 …… 且尊生長遐鄉, 安得博洽精密如此."(『頤齋遺藁』 2책, 권12, 365쪽, 1769년 3월 23일) 「이재선생연보」에도 나온다.

103 『頤齋遺藁』 2책, 권12, 369쪽, 1769년 3월 25일.

104 하우봉 · 이선아(2016), 40쪽,

105 "洪曰 …… 南中文官申景濬, 人稱博雅. 頃於榻前對面, 聞其說話, 似博而亦不精, 不知文字, 編輯之體裁矣."(『頤齋遺藁』 3책, 권14, 46쪽, 1770년 2월 6일); "百家九流, 博識精解, 惟吾宗簿郞官黃直長是耳. 世稱申景濬爲博, 而奈未精何."(『頤齋遺藁』 3책, 권14, 145쪽, 1770년 4월 15일)

1770년 5월 7일 황윤석이 영조를 만났을 때, 대신들은 일제히 '박학다문의 선비'라고 말하였다. 9일 영조가 신경준에게 황윤석을 물으니, "당대 유명한 하사(一代名下士)이고 뭇사람이 박학다식한 사람이라 합니다."라고 대답하였다. 10일 영조는 황윤석에게 대통력이 시헌력으로 바뀐 연유를 물어 대답을 듣고서, "공의(公議)가 그대를 엄박(淹博)이라 하는 것이 과연 거짓이 아니구나."라고 말하였다. 황윤석이 물러난 후 영의정 김치인(金致仁)이 "과연 소문대로 박학합니다."라고 말하자, 영조는 그렇다면 낭청으로 왜 뽑지 않았는가라고 물었다. 김치인은 "황윤석이 역학(易學)을 깊이 알고 백가에 두루 통하고 문장력도 갖추었다고 들어" 낭청으로 특별히 선정하려고 했으나, 그 속성(速成)을 위해 한 분야를 맡기가 어렵고 문신과 함께 임명할 수 없다는 것이 "비변사 편집청 당상·낭청들의 공의(公議)였습니다."라고 아뢰었다.[106] 8월 김치인이 "박식한 선비는 오직 호남의 황윤석과 신경준뿐이다."라고 한 말을 전해 들었다.[107] 하우봉(2018)이 말한 호남실학을 보여준다. 1771년 영조에 다시 불려갔을 때 서명응도 '박식한 선비(博識之士)'라고 평가하였다.[108] 1786년 전의현감에 임명되어 정조를

106 "大臣齊聲啓曰: 此乃博學多聞之士."(『頤齋亂藁』 3책, 권14, 1770년 5월 7일, 172쪽); "申進, 賜對曰: 臣識其人, 此是一代名下士, 衆稱博學多識人矣. …… 領議政, 先啓曰: 臣聞黃某深於易學, 旁通百家, 餘力能文章. 向來編輯郎廳啓下之初, 朝論欲特選黃某, 而文獻備考, 逐門逐條不可不分屬諸臣, 俾速董成, 黃某則不可只以一門一條屬之, 事當總而屬之, 而但念如此事未易速成, 故不得與文臣並差, 只自下私相往復商議而已. 此則臣聞諸備局及編輯廳諸堂郎公議耳. …… 又下敎曰: 此南中質實人, 不獨淹博而已."(『頤齋遺藁』 3책, 권14, 176~178쪽, 1770년 5월 10일)

107 "且言: 頃見領相則曰: 博識之士, 惟湖南黃胤錫·申景濬耳."(『頤齋遺藁』 3책, 권15, 354쪽, 1770년 8월 17일)

108 『頤齋遺藁』 3책, 권18, 624쪽, 1771년 4월 5일.

알현하였을 때, 영의정 정존겸(鄭存謙)은 '해박한 선비(該博之士)'라 평가하였다. 박학의 취향을 가진 황윤석은 다행히 박학이 성장하는 시기에 활동하여 조정과 학계의 높은 평가를 받아, 학문을 꽃피울 수 있었다.

이후 황윤석은 신경준의 학문을 비판하는 기록을 남겼는데, 호남 선배로서 출세한 신경준의 학문을 공부하면서도 대표적 박학자로 신경준과 자주 비교되는 가운데 학문적 경쟁의식을 길렀음을 드러낸다. 11월 황윤석은 1754년 호남 증광초시의 수위로 된 신경준의 「거제책(車制策)」, 그리고 그해 복시(覆試)의 기형(璣衡) 책문에서 장원한 양주익(梁周翊)이 『경세팔편유찬(經世八編類纂)』을 인용하지 않았으니, 이들과 출제 · 채점한 문신들 모두 학식이 부족하다고 하였다.[109] 12월 신경준이 편찬한 여지고는 "실제로 유형원, 김륜(金崙), 안정복, 그리고 한백겸의 제설(諸說)을 사용하였다."며 그 논거를 제시하였다.[110] 황윤석은 한국 역사지리학의 계보를 파악하고 있었다. 황윤석은 여지고의 '곶(串)' 설명을 우리말 음을 논거로 다르게 해석하였다. 1784년 근래 신경준의 『경세정음신해(經世正音新解)』를 얻어 보았다며, 일부를 비판하였다.[111] 황윤석은 신경준을 총평하기를 "시문(詩文)도 잘하나, 유가서(儒家書)에서는 고루(孤陋)를 면할 수 없어 오봉(五峯)이 박식하나 잡약(雜約)하고 고루하다고 말한 것은 까닭이 있다."고 평가하였다.[112] 황윤석은 신경준이 기예의 박학을 중시한 나머지 도의 이

109 『頤齋遺藁』 3책, 권16, 435쪽, 1770년 11월 1일. 『국역 이재만록』(중), 150~155쪽에 번역문도 나온다.

110 "文獻備考之輿地考, 卽申景濬所修, 而實用柳馨遠 · 金崙 · 安鼎福以至韓百謙諸說者也."(『頤齋遺藁』 3책, 권16, 481쪽, 1770년 12월 8일)

111 강신항(2007), 38, 84쪽.

학에 충실하지 않는다고 판단하고, 자신은 이학으로 바르게 수약(守約)한 박학을 지향하였다. 문호개방 이전 조선 학자는 거의가 황윤석이 아니라 신경준의 학풍을 별나게 생각하였겠으나, 황윤석보다 신경준의 학문 방법과 저술 업적이 근대에 가깝다.

서양 과학의 수용사에서 김육 가문, 성호 가문에 이어서 소론 서명응(徐命膺, 1716~1787) 가문이 중요하다. 서형수는 서명응이 "의리에 근본을 두고 명물을 참작하였으며 더욱이 선천역(先天易)에 조예가 깊었다."며 부친의 박학을 정리하였다. 서명응 가문이 중국 학술과 서학에 밝은 중요한 요인은 서명응과 그 부·조부, 그리고 아들 서호수의 4대가 중국 사행을 다녀온 사실이다. 서명응 4형제는 서울과 개성 사이의 장단(長湍)을 중심으로 거주하였는데, 개성에 거주한 서경덕과 그 학파의 개방적 학풍의 영향을 받았을 가능성이 있다. 서명응은 상수학을 자연철학으로 삼은 점에서 서경덕과 공통적이나 그와 달리 서양 과학도 접하였다. 서명응은 김석문보다 풍부하고 진전된 서양 천문학 지식에 접하면서 그것을 설명하는 상수학적 인식체계를 더욱 정교화하였다. 그는 역학·상수학의 견지에서 서양의 천문 지식 중 구법을 선호하기도 하였다. 김육·성호와 달리 과학에서 상고주의를 견지한 것이다. 서명응은 조선에서 서양 과학의 중국 기원설을 가장 체계적으로 전개하였다. 그는 『주역』을 체(體), 서양 천문학을 용으로 삼아 과학에서의 중체서용론을 견지하였다.[113]

---

112 "申景濬亦能詩文矣. 但於儒家書, 不免孤陋. 五峯所謂博似雜約似陋者, 有以也."(『頤齋遺藁』 3책, 권15, 326쪽, 1770년 7월 14일)

113 유봉학(1995), 122쪽; 임종태(2012), 195~198쪽; 문중양(2016), 242~251쪽; 김영식(2021), 204쪽.

서명응은 1769년 중국에 가서 『수리정온』, 『역상고성후편』 등 6종의 서학서, 그리고 마테오 리치에 의해 중국에 소개된 천문관측기기인 혼개통헌(渾蓋通憲), 곧 아스트롤라베를 구입하였다. 헬레니즘시대에 발명되어 이슬람세계에서 완성되고 유럽에 전해진 아스트롤라베는 구형의 하늘을 금속원반에 입체투사하여 천체계의 움직임을 제공한다. 서명응은 예수회 선교사로부터 그것이 더욱 정밀한 관측기인 망원경으로 대체되었다는 말을 듣고서도 망원경보다 뛰어나다고 주장하였다. 1608년 발명된 망원경은 1609년 갈릴레오에 의해 처음 사용되어 천문 관측의 정밀도를 획기적으로 높였다. 신법인 서양 과학이 구법보다 우월하다고 믿은 서호수도 아스트롤라베에 애정을 가졌는데, 『역상고성』 단계의 천문학을 완전히 이해하지는 못하였다.[114] 앞으로 언급하겠지만, 아스트롤라베에 관심과 애정을 가진 조선 학자는 상당수였다. 이것은 안대옥(2012)의 지적처럼 갈릴레오가 망원경 관찰로 코페르니쿠스 가설을 뒷받침한 사실을 모른 탓이지만, 문호개방 이전 그런 방법론을 명확히 자각한 중국인이나 일본인도 없었다. 그렇다면 조선 학자들이 아스트롤라베에 투영된 고대 그리스의 기하학적 천체 모형에 관심을 기울이게 된 긍정적 측면을 주목할 필요가 있다.

서명응은 서양 과학의 상수학적 변형을 정교화하는 동시에 과학 본령에 충실한 모습도 보였다. 그는 주자가 제시한 정사각형 선천방원도(先天方圓圖)가 지원설을 알던 복희의 의도와 다르다며 수정하였

114 데이비드 C. 린드버그(2009), 426~428, 432쪽; 안대옥(2012), 76~78쪽; 안대옥(2005), 131~132쪽.

다.[115] 서명응은 『고사신서(攷事新書)』 문예문(文藝門)에서 "유학 교육도 6예를 벗어나지 않는다"면서 제시한 한 항목인 「산수요략(算數要略)」에서 인도 수학에서 유래하고 최석정의 영향을 받은 필산(筆算), 그리고 서양 수학을 소화한 매문정의 책산(策算)을 정리하였다. 그의 『고사12집』은 『수리정온』을 참고하여 서양의 필산을 친절하고 자세히 설명하고 중국 수학서 『구장산술』의 수학을 설명하였다. 『수리정온』은 종이와 붓을 이용하는 필산을 기본 계산법으로 삼았다. 서명응은 조선에서 처음 서양 필산을 본격적으로 소개하여, 내심으로는 서양 수학이 중국 수학"보다 뛰어나다고 믿었던 것 같다."[116] 문호개방 이전 서명응 집안만 필산을 견지하였는데, 수학에서의 서학 우위를 믿었기 때문이다.[117] 서명응은 최석정처럼 수학을 역학 · 상수학으로 각색하려 하지 않았다. 서명응은 아들 서호수가 과학을 진전시킬 가풍도 마련한 것이다. 서명응 이후 선진적 과학자인 황윤석 · 서호수 · 홍대용 · 이가환은 서양 과학의 우월성을 믿고 서양 과학을 역학 · 상수학 · 기론으로 각색하지 않았다. 이들보다 과학 이해가 부족한 대부분 인사는 서명응의 관점을 벗어나지 못하였다.

영조는 『동국문헌비고』에서 가장 많이 참조한 『문헌통고』와 달리 서명(西銘)의 이학 이념에 입각하여 상위고를 처음에 두었다. 서양 천문학 지식을 담은 상위고가 『동국문헌비고』 처음에 수록된 것은 서양 과학의 확산에 이바지하였을 것이다. 황윤석은 1770년 6월 일기에서 신경준이 '야광이 뾰족하고 각이 졌다'는 설로 편집소에서 상위고

115 임종태(2021), 168~169쪽.
116 가와하라 히데키(2017), 323~344쪽.
117 안대옥(2012), 85쪽.

를 담당한 서호수와 논쟁한 사실을 적고, 신경준이 서양 역법에 의거하였으며, 『율력연원』은 신경준 설에 부합한다고 했다. 당시 신경준의 과학 지식도 서호수처럼 정상급이었다. 11월 일기에는 신경준이 여지고를 편찬하면서 정일령·정운유·정철조 3대의 지리서를 취하면서 그것을 정정(訂定)한 안정복에게 공적을 돌리지 않아 안정복이 화낸 일을 적었다.[118] 18세기 중엽 지식이 교류하고 논쟁이 전개되는 흥미로운 양상이다.

서양의 천문학과 수학은 지도 제작에 영향을 미쳤다. 중국에서 마테오 리치가 처음 서양식 세계지도를 그렸고, 강희제가 예수회 선교사를 동원하여 경위도를 측정하여 지도를 제작하기도 했다. 정상기(鄭尙驥, 1678~1752)는 100리척(百里尺)의 방안도를 도입하여 지도에서 거리를 계산할 수 있는 동국지도(東國地圖)를 만들었다. 1760년 서명응은 8도의 북극고도 관측치를 활용하여 각 도의 해가 뜨고 지는 시간 등을 계산하자고 주장하였고, 1776년 관측기구를 제작해 북극고도를 관측하였다. 이 주장은 아들 서호수와 손자 서유구에게 계승되었다. 정상기의 아들 정항령(鄭恒齡)은 서양 천문관측기구인 아스트롤라베를 제작하여 신경준과 함께 북극고도의 관측으로 위도를 파악하여 동국지도를 개선할 작업을 추진하다가 사망하였다. 1770년 1월 신경준은 중국인처럼 서양 천문학으로 북극고도의 관측 등을 활용하여 더욱 정밀한 지도를 만들자고 주장하였다. 그는 왕명으로 8월 동국여지도(東國輿地圖)를 완성했는데, 정항령과 계획한 방법론을 적용하지는 못했다. 김정호의 대동여지도는 정상기 계열의 지도보다 지도 방

118 『頤齋遺藁』 3책, 권15, 312쪽, 1770년 6월 25일; 권16, 462쪽, 1770년 11월 21일.

위(方位)를 개선하였으나, 거리 정보는 뒤졌다. 김정호는 지도 제작에 『기하원본』을 참고했다고 하였는데, 경·위도의 개념을 제대로 이해하지는 못하였다.[119] 신경준처럼 소북인 정철조·정후조 형제는 지리를 연구하면서 정항령과 교류하며 지도 제작에 이바지하여 "정상기의 지도를 발전시켜 19세기의 김정호로 이어주는 가교 역할을 했다."[120]

1750년경 정상기의 동국지도, 1751년 이중환의 『택리지』, 신경준의 1756년 『강계고』부터 1770년 『도로고』까지의 편찬은 지리학의 중요한 성과이다. 이어서 1770년 신경준이 담당한 『동국문헌비고』 여지고는 "왕명으로 한백겸 이래 개인들이 발전시켜온 역사지리학의 연구 성과를 종합하고 발전시킨 조선후기 역사지리학 발전의 중요한 결과물이자 발전의 지표라고 평가된다."[121] 공자는 "군자는 한 분야에 국한된 전문가가 아니라 다방면의 식견을 가져야 한다[君子不器]."라고 가르쳐, 경학·사학을 제외한 한 전문 지식의 학문 발달에 불리하였다. 그런 풍토에서 지리학이라는 전문 지식에 학문 역량을 집중한 학자들이 나타나 성과를 거둔 것은 18세기 학문의 새로운 동향과 발전을 보여준다.

청조는 1726년 『역상고성』의 시헌력으로 전환하고 이후 여러 차례 기본 수치를 변경하고 1742년 『역상고성후편』을 적용하고 1754년 자수와 삼수의 자리를 바꾸어, 조선은 그것을 따라잡는 데에 고생하였다. 대통력 운행의 관원은 줄고 시헌력 운용의 관원은 늘었다. 1760년대에 청나라와 비슷한 수준으로 역산을 운용할 수 있게 되었다. 정

119 정기준(2013); 박권수(2022), 387~396쪽.
120 안대회(2007), 167~170쪽.
121 류명환·김기혁(2013), 21~22쪽.

조대에 국가천문학은 완성되었다. 1782년 편찬된 미래 역서인 『천세력(千歲歷)』은 시헌력 운영 능력이 완전해진 자신감의 발로이다. 문광도는 천세력 간행에 중추적 역할을 하였다. 세종대 수시력에 의한 『칠정산』처럼 『칠정보법(七政步法)』(1798)은 서울을 기준으로 삼아 시헌력으로 모든 역산을 수행한 본국력이었다. 『신법중성기(新法中星紀)』와 『신법누주통의(新法漏籌通義)』(1799)는 서울 기준 시각 표준의 정립과 실용화를 의미한다. 『국조역상고(國朝曆象考)』(1796)는 팔도의 경·위도, 해가 뜨고 지는 시각, 밤·낮의 길이를 산정하였다.[122] 서호수(徐浩修, 1736~1799)는 상위고를 작성한 1770년부터 정조대 전기간에 걸쳐 시헌력 운용 체제의 완성 사업을 책임진 문신 관료였다. 서호수는 상위고에서 서울 경위도 기준으로 역서를 만들 수 있다고 하였다.

서호수가 저술한 서양 과학서 중 유일하게 전해지는 『수리정온보해(數理精蘊補解)』(1787년)에는 부족한 점도 확인된다. 서호수는 「역상고성보해인(曆象考成補解引)」에서 서양 "역법이 법과 수를 말하면서 반드시 그렇게 되는 원리[所以然之理]를 밝혔다. 그것은 서광계의 『숭정역서』에서 시작하였고 매문정의 『역법전서(曆學全書)』에서 상세해졌으며 하국종·매각성의 『역상고성』에서 집대성되었다. 그 수와 이는 모두 서양 학자 티코 브라헤의 실측에 의거한다. 무릇 법과 수를 말하는 것은 중국과 서양이 같으나, 서양 역법이 중법보다 우월한 것은 수를 말하면서 반드시 그 이를 밝힌 점이다."라고 하였다. 서호수는 중국의 성리학·역학·상수학이 아니라 서양 과학이 역법의 이를

122 전용훈(2017), 234~250쪽.

밝힌다고 했으나, 그가 말한 역법의 이는 성리학의 이가 아니라 수리 과학의 원리였다. 서호수는 매문정처럼 상수역학이 가학(家學)이었으나, 과학과 상수역학을 분리하였다. 안대옥(2012)은 명말 서광계 등의 과학 성격을 '사변적 · 설명적'으로, 『율력연원』 단계의 과학 성격을 '문제해결적'으로 규정하였다. 서광계는 서법이 이를 밝혀 중법보다 우월하다고 하였고, 후자의 매문정은 서법이 측량 · 계산에 우월하나 중법과 서법의 이가 통하여 과학의 중서 회통을 추구하였다. 후자도 아는 서호수가 사용한 과학의 이는 중서 회통의 이가 아니라 서양 과학의 수리와 실측에 뒷받침된 물리였다. 서호수는 리치의 『기하원본』을 중시해 그 과학 방법론과 정신을 배우면서 문제 해결의 계산법에서는 『율력연원』과 『역상고성후편』의 신법을 따른 것이다. 서호수는 조선에서 처음으로 『기하원본』의 수학적 증명에 입각해 수학 문제를 풀이하였다. 서호수는 서양 과학인 신법의 우위를 확신하여 문헌학적 관점에서 과학의 중서 회통을 추구한 중국학자의 관점을 수용하지 않아서, 청의 대학자 옹방강을 만나고서 그가 신법을 이해하지 못한다며 비판하였다. 그는 부친과 달리 서양 과학의 중국 기원설을 믿지 않았다.[123] 그는 서양 과학이 매문정이 중시한 수학적 정밀성의 구현뿐만 아니라 마테오 리치와 서광계가 중시한 과학 원리의 구명에서 우월하다고 인식하여, 과학적 사유에서는 중국학자보다 앞섰다. 서호수의 과학 패러다임은 서구적으로 변해 근대에 접근하였다.

1766년 3월 15일 황윤석은 서명응 집을 찾아가 만난 서호수가 서양

123 가와하라 히데키(2017), 344~353쪽; 안대옥(2012), 64, 79~85쪽; 문중양(2016), 175~181쪽.

수학 · 천문학 저서를 "모두 섭렵한" 것을 보고 "정말로 사람은 번화한 서울[京華]에 살지 않을 수 없구나!"하며 한탄하였다. 황윤석은 서명응보다 13세 아래, 서호수보다 7세 위이다. 황윤석이 "근세 재상 중 김석주와 최석정이 서양 역법을 논하였는데 매우 소략하다."고 말하니, 서호수는 이들이 "근원에 도달해 보지 못해 억지 해석을 하였다." 고 동조하였다. 황윤석은 서호수가 "천문학 · 수학의 이치를 논설함이 상당히 정밀하다"고 평가하였다. 25일 황윤석이 『구수략』이 부족하다고 말하자, 서명응은 역법은 "먼저 수학을 밝힌 후에야 착수할 수 있다"고 수리천문학의 관점을 말하였다. 황윤석이 서양 수학 · 천문학이 "몹시 정교하여 고금에 으뜸이다"라고 하자, 서명응은 아들 서호수가 수학을 잘 하나 자신은 그렇지 않다며 아들과 대화를 권하였다.[124] 황윤석과 서호수는 서양 과학을 상수학 · 역학으로 각색한 일을 비판하고 서양 과학에 충실한 것을 바람직하게 보았다. 서명응은 서양 과학 지식이 있고 중요한 수학서를 남겼으나, 후학 황윤석과 아들 서호수에게 자신의 부족한 서양 과학 지식을 인정하고 그들이 서양 과학

124 "其子正言浩修在矣. 其人丙辰生, 頗有學識, 熟於經書, 又通西洋曆法. 如數理精蘊 · 曆象攷成此二書, 又并律呂正義者, 謂之律曆淵源, 合一百卷. 七曜表, 卽曆象攷成中一目也. 又如幾何原本 · 同文算指, 以至八線眞數, 三角比例, 莫不涉獵. 信乎人不可不居京華也. …… 余曰: 近世宰相中, 如金淸城崔相國集中, 有及西曆說話, 亦太略矣. 正彦笑曰: 此二相比他人有識, 而但未能窺到源頭, 直是强解耳. 因出所自爲者一小冊, 論說曆算之理頗精密."(『頤齋亂藁』 1책, 권6, 545~546쪽, 1766년 3월 15일); "余曰: …… 崔相錫鼎九數略亦嘗見之. 但此文字則出於章合, 不足觀耳. 徐令曰: 九數略之章合, 吾亦聞之矣. 大抵曆象諸法, 須先明算, 然後可以下手. …… 余曰: 近聞數理精蘊 · 曆象考成等冊, 祖述西洋, 而精絶冠於古今. 若得此冊, 因質於先覺, 則或可窺其一二矣. 徐令曰: 見我家徐浩修否? 余曰: 頃者欲拜令監, 雖不遇而得見令胤. 半日穩話, 今日又與談話, 所論算法, 甚是精通矣. 徐令曰: 此兒則能之, 吾則未能也. 倘得從容相議則好矣."(『頤齋亂藁』 1책, 권6, 551쪽, 3월 25일)

을 발전시키기를 기대한 것이다. 황윤석은 서명응처럼 상수학을 공부한 다음 서학을 접하였는데, 서명응과 달리 과학과 상수학을 분리하기 시작하였다. 황윤석은 나이뿐만 아니라 과학 관점도 서명응과 서호수의 사이에 있었다.

『이재난고』는 18세기 후반에 서양 과학의 소양을 갖춘 지식인의 성장을 보여준다. 1767년 황윤석이 이영옥으로부터 들은 말이다. 서호수가 북경 사행에서 서양 천문학·수학서를 사오자, 천문학·수학의 제1인자인 홍량해(洪量海)가 그것을 모두 보았고, 천문학에 밝은 주부(主簿) 문광도(文光道)가 홍량해에게 『기하원본』을 배웠고, 서호수는 문광도에게 배웠다. 관상감 24원 중 시헌력으로 일·월식을 계산할 수 있는 사람이 없는데, 문광도만이 계산할 수 있다. 우리 문중에는 임천(林川)의 이영유(李英儒)가 수학에 밝다.[125] 서형수는 「기하실기(幾何室記)」에서 "교수(敎授) 문광도가 유독 『기하원본』을 이해하여 나의 형 서호수와 함께 연구하고 전수하기를 명나라의 서광계처럼 하였다"고 하고 유금도 함께 배웠다고 하였다.

1770년 이현직은 수학 8문제를 보내면서 수학에 밝다고 알려진 사람은 양반 홍량해·이길환(李吉煥 : 이가환일 수 있다), 문신 관료로는

---

125 "李君英玉 …… 今雖初面, 便同舊識談及古今文章經禮, 轉至曆象算數之說. 而曰: 一自西洋人入中國以來, 其說又東來, 而今人鮮窺其涯, 惟洪量海當爲第一, 方居洪州. 徐浩修得燕市購來律(未詳)書, 及洪因人請借, 卽擧全遺之, 不獨暫借而已. 京城中路文光道曾經主簿, 能算交蝕者, 亦學算數於洪, 如幾何原本一書, 皆洪所敎, 而徐亦學於文光道, 略有聞見云矣. 方今觀象監二十四員, 無一人能算交蝕者, 相與聚合祿料, 以爲文光道衣食之資, 借手惟算, 渠輩則備員而已. 文光道年今丁未生, 若無此人, 則交蝕一節, 將無推算者矣. 但其性味不喜交遊, 如有相得甚驩者, 乃肯相從耳. 又吾門中林川李持平[주:鳳祥]之子英儒, 亦明於算學矣."(『頤齋亂藁』 2책, 권9, 51쪽, 1767년 12월 8일)

서호수, 그리고 중인 문광도이며 서명응·서호수와 홍량해가 가장 잘 한다고 하였다. 황윤석의 풀이를 본 후 이현직은 자기가 만난 사람 중에는 홍량해가 가장 뛰어나고 『수리정온』을 전공하였으며, 황윤석이 천원법 풀이에서는 문광도보다 낫다고 하였다. 17년간 수학을 탐구한 이현직은 『수리정온』이 수학의 최고 대저이나 "미비점이 있어서 보완하려고 하여 근래 초고에 유의하고 있고 조만간 완성될 것이다"라고 자부할 정도로 수학 실력을 가졌다.[126] 1778년 이덕무는 '서양 수학 전문가'는 서명응·서호수 부자, 이벽(李檗) 및 정철조 동생인 정후조라 했다. 정후조는 세계지도에 전념한다고 했다.[127] 문신 정철조는 과학·기술·예술 등에서 다재다능하였다.[128] 황윤석은 그와 교유한 소론 정경순(鄭景淳)의 아들 정동기와 그의 사촌 정동유로부터 천문역산학에 관련된 많은 자료를 접하였다.

김영(金泳, 1749~1817)은 수학 재능이 뛰어나 『기하원본』을 터득하였고 기하학을 중시한 『수리정온』 연구서를 집필하다 사망하였다. 그는 '역학(曆學)의 종장(宗匠)'으로 평가받을 정도로 천문학에도 뛰어났다. 그는 서호수의 아들 서유본(徐有本)과 서형수의 외손 홍길주에게 서양 수학을 전수하였다. 그는 서양 수차(水車)인 용골차를 제조하여 '민생일용(民生日用)'에 이바지할 포부도 가졌다. 김영은 서호수 등의

126 『頤齋亂藁』 3책, 권14, 96쪽, 1770년 3월 17일; 125쪽, 4월 2일; 142~143쪽, 4월 13일 "子敬又自言: 精蘊實古算家第一大全書也, 而猶有漏處, 吾欲補之, 近已留意出草, 早晩書成."

127 "李德懋言: 近日京中以西學數理專門者, 徐命膺及子浩修. 而又有李檗, 卽武人格之弟也, 廢擧不出, 爲人高潔, 方居紵洞. 又有鄭厚祚, 卽文官喆祚之弟也, 專意於天下輿圖之學."(『頤齋亂藁』 5책, 권27, 346쪽, 1778년 11월 26일)

128 안대회(2007), 141~170쪽.

추천으로 천문관원으로 승진하여 1799년 천문학겸교수(天文學兼敎授)가 되었다. 그는 관상감 제조 서호수를 도와 『칠정보법』·『신법중성기』·『신법누주통의』·『국조역상고』의 편찬에 이바지하였다.[129] 김영도 18세기 정상급 과학자에 포함된다.

1731년 태어난 홍대용은 15세 때의 글에서 노론 의리론에 충실하였다. 21세에 윤증의 글을 보고 노론도 잘못이 있다고 생각하였다. 그의 개방적이고 정직한 자세를 엿볼 수 있다. 1759년 전라도 나경적(羅景績)을 찾아가 그와 함께 자명종과 혼천의의 제작에 착수하여 1762년 완성하였다. 과학·기술에 관심을 가진 홍대용은 연행사 서장관인 숙부의 추천으로 자제군관 자격으로 1765년 사행길에 올랐을 때, 시헌력을 터득하려 동행한 관상관 일관(日官)인 이덕성(李德星)과 함께 일하기로 약조하였다. 홍대용은 연행(燕行) 이후 학풍이 크게 바뀌었다는 평을 들었는데, 탐구의 중심이 주자학에서 서양 과학과 자연철학으로 바뀌었다. 홍대용은 귀국한 1766년에 중국학자와 교유한 기록인 『회우록(會友錄)』을 내었고, 1755년경부터 사귄 박지원이 그 서문을 썼다. 홍대용은 연행 이후 조선 유학자의 주자 숭상이 경의(經義)의 자유로운 연구를 억압한다고 하였는데, 고증학의 수용을 바란 것이다. 이런 소문을 들은 김종후(金鍾厚)는 1767년 오랑캐 나라의 인사와 교유하였다고 비판하였는데, 홍대용은 청나라가 유학을 숭상하여 중화가 되었다고 응수하였다. 김원행의 문하에서 함께 공부한 김종후가 예서(禮書)를 권장하자, 홍대용은 "정심성의(正心誠意)가 학·행(學行)의 체(體)라면 개물성무(開物成務)는 용(用)이고" 예가 "개물성

---

129 전용훈(2004), 302~305쪽; 구만옥(2010), 342~346쪽; 전용훈(2017), 277쪽.

무의 급무(急務)라면 율력(律曆) · 산수 · 전곡(錢穀) · 갑병(甲兵)은 개물성무의 대단(大端)이다"라고 규정하고, 예설의 번쇄한 고증보다 과학 · 기술학이 경세제민에 유용하다고 주장하였다. 주자학자에게 과학 · 기술학은 소도(小道)이자 잡학이고 예설은 도학에 직결되는데, 문호개방 이전에 홍대용보다 과학 · 기술학을 적극 옹호한 조선인은 없다. 이 논쟁을 지켜본 김이안(金履安)은 청이 오랑캐, 조선이 중화라며 홍대용을 비판하였다.[130]

1767년 박제가가 백동수의 소개로 이덕무와 만나 백탑시파(白塔詩派)가 성립하였고 1768년 박지원이 합류하였다. 백탑시파는 1770년경 『회우록』에 자극받고 홍대용이 합류하면서 북학으로 이용후생을 도모하자고 주장하는 경세실학파로 발전하였다. 청나라에게서 배워 발전시킬 과제의 영역은 첫째로 시장과 기술을 중심으로 하는 경제, 둘째로 유학 · 문학 · 과학 학술을 포괄하는 문화였다.[131] 앞으로 언급하는데, 1776년경 성호 학맥의 서학파 연구회가 성립하였다. 두 뚜렷한 실학사 그룹의 성립은 18세기 후반 학술 발전을 보여준다.

유봉학(1995 : 95~97쪽)은 홍대용이 인성과 물성이 같다는 낙론→인 · 물균(人物均)→북학으로 나아가는 '획기적 사고 전환'을 하였다고 보았다. 박희병(2012 : 136~141쪽)은 인물균에서 북학을 이끌어내는 것을 논리 비약이라고 본다. 문석윤(2012)은 성리학을 기초로 18세기 심학 연구가 활발해졌고, 홍대용이 낙론을 발전적으로 변용하여 새로운 물학을 건립하였다고 본다. 윤봉구의 호론은 인 · 물성동론이

---

130 유봉학(1995), 102~105쪽; 한영호(2001), 70쪽; 박희병(2012), 163쪽; 이경구(2012).
131 이헌창(2011).

“사람과 짐승을 분별하지 못한다(人獸無辨)”며 비판하여 낙론보다 화이관이 투철하다고 보는 유봉학(1995 : 91~92쪽)의 견해, 그리고 낙론의 물성 중시가 박물학에 친화적이라는 문석윤의 견해는 설득력을 가진다. 마테오 리치는 곤여만국전도에서 지구설로 보아 상하가 없어 자기 사는 곳을 기준으로 삼을 수 없다고 하였다. 중화세계관을 무너트리는 이 주장을 규탄하는 중국인도 있었다. 이 주장에 동조하는 조선의 인사는 낙론계, 비판하는 인사는 호론계였다.[132] 낙론으로 북학 · 서학을 수용하는 논리를 편 인사는 있어도, 호론으로 그런 인사는 없었다. 그런데 호락(湖洛)논쟁 이전의 김육 등, 호락논쟁과 무관한 신경준 · 박제가 등도 북학사상을 가졌다. 그리고 인성과 물성이 다르다고 보아도 물성을 이용하여 인간에게 후생을 제공하자는 주장이 불가능하지 않았다. 유럽 과학자는 하느님을 닮은 인간이 열등한 만물을 지배한다는 기독교 신앙을 믿고서 과학혁명을 이루었다. 낙론보다 호론이 기를 중시하는 셈인데, 대체로 기 철학이 과학과 공리사상에 친화적이다. 1760년대 서양 수학의 최고 실력자인 홍량해는 호론 한원진에게서 유학 본령을 배웠으니,[133] 호론이 서학을 배제하지는 않았다. 황윤석과 동시대의 호남인 위백규는 호론 윤봉구의 제자인데 서학 공부가 부족하였으나 윤봉구의 배려로 황윤석처럼 박학을 하였으니,[134] 호론이 자연학을 포괄한 박학을 봉쇄하지는 않았다. 김원행의 아들로 석실서원의 핵심 학자인 김이안이 홍대용을 비판한 데서 드러나듯이, 홍대용 관점에 동조하는 낙론 인사는 드물었다. 홍대

132 임종태(2021), 170~176쪽.

133 전용훈(2004), 310쪽.

134 하우봉(2018), 419~423쪽.

용은 연행 이전 서양 과학·기술에 관심을 가지게 되었고 중국 견문을 통해 서양·중국의 과학·기술 수용론을 확고히 하였는데, 이런 변환은 낙론이 없이도 설명할 수 있다. 그는 주자학 독존주의의 질곡 아래 자신의 북학·서학을 합리화하고 낙론계 학자를 설득하는 방안으로 낙론 철학을 활용한 것이었다. 박지원은 홍대용의 영향, 박제가와의 공동 연구를 거쳐 북학파가 되었다. 황윤석은 낙론을 택하기 전에 개방적 박학풍이었다. 낙론이어서 개방적 박학풍이라기보다, 개방적 박학의 중심지인 수도권의 학자가 낙론계이고 그중 선진적 학자가 북학으로 나아가고 서학을 수용하였다고 필자는 인과관계를 달리 본다. 그런 점에서 노론 인사가 북학·서학으로 나아가는 데에 낙론이 도움을 주었다는 견해는 수용할 수 있어도, 홍대용·황윤석·박지원이 낙론을 통해 북학으로 나아갈 수 있었다는 유봉학의 견해에는 동의하지 않는다. 이들은 낙론이 없어도 서양 과학을 수용하고 북학을 추구하였을 것이다. 낙론이 북학과 서학과의 충돌을 줄이고 그 수용을 합리화하고 지원하여 북학과 서학이 준엄한 노론의 의리명분론을 헤치고 나가는 데에 도움을 주었지, 그 생성의 조건은 아니었다.

홍대용은 1766년 1월 북경에서 예수회 선교사인 흠천정감(欽天正監) 할레르슈타인[劉松齡] 및 부감(副監) 고가이슬[鮑友官]과 대화한 기록인 『연기(燕記)』「유포문답(劉鮑問答)」에서 중국 역법이 정밀해졌지만 끝내 그 상세함을 얻지 못한 까닭은 '망상(妄想)과 억측(臆測)'에 의거하고 그 방도[道]를 구하지 않았기 때문이며, 서양의 방법은 "산수로 근본을 삼고 의기(儀器)로써 참작하여 온갖 형태를 측량하고 온갖 현상을 관측하므로(本之以算數, 參之以儀器, 度萬形窺萬象.)" 중국 역법보다 정밀해졌다고 진단하였다. 박성래(朴星來 1981 : 178쪽)는 이 글에서 홍대용이 “서양과학의 내용과 본질을 잘 알”았다고 보았다. 그 후 홍대용은 “천지의 모습을 알려면 뜻으로 구명하거나 이(理)로써 찾을 수는 할 수 없고 오직 기기(器機)를 만들어 관측하고 수를 계산하여 추론한다.”고 했다.[135] 천문학은 중국식 성리학 · 역학 · 상수학의 억측이 아니라 서양의 방법처럼 천문기구를 이용한 관측과 그 수학적 설명에 의거해야 한다는 것이다. 홍대용에게 수학은 천문 현상의 관측을 수학적으로 설명하는 차원이고 관측을 토대로 수리적 이론을 만드는 차원으로 나아가지는 않은 것으로 보인다. 그런 점에서 홍대용의 과학은 한계를 가지나, 그 패러다임은 변하였다고 할 수 있다.

임종태(2021, 195쪽)는 홍대용의 「의산문답(毉山問答)」과 『주해수용(籌解需用)』이 수학자의 관점이라고 평가한다. 임종태(2022)는 “『농수각의기지(籠水閣儀器志)』가 『주해수용』에 포함됨으로써 “계산과 관측을 핵심으로 하는 그의 지적 프로그램이 분명히 드러”난다고 평가하고, 홍대용의 천문학 프로그램은 “기하학에 마음을 두어, (천체의) 궤도[躔度]와 운행 속도[遲疾]를 알려 했지만, 아직 이루지 못한” 사람이라는 1780년 박지원의 언급에서도 드러난다고 지적한다. 홍대용은 『농수각의기지』에서 서양 천문학이 삼대가 남긴 방법을 터득하고 발전시켜 “의기로 엿보고 산수로 헤아려” 천지의 온갖 현상을 온전히 구명하였다고 보았다. 서학의 중국 기원설은 사족으로 볼 수 있다. 이어서 서양 천문학의 성취를 ‘경성(經星)의 운행(運行)’과 지구설을 알아 역법이 정확해지고 천체의 구조와 행성 운행의 ‘항상적 법칙[常

135 “故欲識天地之體狀, 不可意究, 不可以理索, 唯製器以窺之, 籌數以推之.”(『籌解需用外編下』「測量說」)

度]'을 밝혔다고 평가하였다. 민간인 홍대용은 정밀하고 비싼 서양 관측기구를 마련할 수 없었다. 그 관측기구에 대해 서양 천문학자에게 문의하였으나, 상세히 알 수도 없었다. 그래서 홍대용은 간략한 측관의를 만들었다.[136] 김석문은 서양 천문학을 역학·상수학과 회통하는 데에 집중하고, 서호수는 그 이론 지식을 가지면서도 직책상 시헌력의 완벽한 소화에 주력하였다면, 홍대용은 서양 천문학에 입각해 행성 운행을 탐구할 프로그램을 세운 것이다. 동아시아 학자에게 드문 천문학 이론적 관심으로 홍대용의 과학정신을 보여준다.

그런데 홍대용이 이런 천문학 프로그램을 실행하기에는 관측기구가 미흡할 뿐만 아니라, 국가 천문사업에도 참여하지 못해 거의 독학하다시피 하고 연행도 한 번에 그쳐 서양 과학 지식도 부족하였다. 『농수각의기지』의 설명은 서양 천문학과 중국 전통 천문학이 혼재되었고, 행성 운행을 탐구하는 준거틀인 천문학 이론 모형에 대한 자각이 있었는지 분명하지 않다. 서양식 측관의는 아스트롤라베처럼 입체 의기가 아니라 평면 의기인 점에서,[137] 그 프로그램을 실현하기 어려웠다. 『주해수용』은 서양 기하학을 조선에 처음 본격 소개하였으나, "유클리드 기하학의 기본 정의 등 기초 과정에 대해서는 전혀 언급이 없고" "측량에 관한 내용을 주로 다루고 있다."[138] 그것이 평면삼각법

---

136 "盖自西法之出, 而機術之妙, 深得唐虞遺訣, 儀器以覰之, 算數以度之, 天地之萬象, 無餘蘊矣. 盖知經星之運行, 則百歲之間, 差分可齊, 知地體之正圓, 則同軌絶域, 授時不忒, 知列曜之大小高卑, 則遲疾分合, 常度燦然. 古云, 天子失官, 學在四夷, 豈不信歟. 惟其器數巧密, 工費劇繁, 下國匹庶, 靡力及此. 亦嘗一到燕都, 質于天官, 幷瞻臺儀, 終未得其詳. 今就舊法, 取其簡要易辦, 頗加損益, 粗成一器, 命之曰測管儀. 附以勾股測量之法."(『籠水閣儀器志』「測觀儀」)

137 韓永浩·李載孝·李文揆·徐文浩·南文鉉(1999).

138 한영호(2001), 73쪽.

의 이해에 머문 등, 홍대용의 중국·서양 수학 지식은 부족하였다.[139] 그래서 박지원의 언급처럼 홍대용은 포부를 이룰 수 없었다.

홍대용은 공리공담을 일삼는 조선의 주자학자인 허자(虛子)를 비판하고 실학의 실옹(實翁)을 옹호한 「의산문답」에서 지구가 둥글고 자전한다는 설을 제시하면서 하늘의 회전보다 지구의 자전이 운행 속도로 보아 합리적인 추론이라고 주장하였다. 박성래(1995 : 256쪽)는 "홍대용이 지전설을 확실하게 주장한 최초의 동양인"이라 보았다. 홍대용은 지구가 추락하지 않는 이유를 땅이 빨리 돌아 하늘의 기(氣)와 격하게 부딪치며 생긴 상하 세력 때문으로 설명하였다. 그 다음에 자석(磁石)이 쇠를, 호박(琥珀)이 지푸라기를 끌어당기니, "근본이 같은 무리의 상호작용은 물리이다(本類相感 物之理也). 이러므로 불꽃이 위로 올라감은 해에, 조수(潮水)가 위로 솟음은 달에, 만물이 아래로 떨어짐은 땅에 근본한다."라며 인력·중력법칙을 모호하게나마 설명하였다.[140] 홍대용은 5행설이 장황하고 그 이치[理]가 없다며 태양의 화, 땅의 수와 토, 그리고 하늘의 기를 기본 물질로 보아 예수회가 전한 4원소[行]설과 같아졌다. 그의 논리는 중국적 사유의 5행설이 아니라 그리스철학의 기본 물질인 4원소설과 같다. 알레니는 『만물진원(萬物眞元)』에서 천치창조론에 따른 지(地)·수(水)·기(氣)·화(火)라는 4원행(元行)의 층위(層位)를 설명하였다. 홍대용은 마테오 리치의 4행설과 알레니의 4원행설을 종합한 학설을 제시한 것이다. 아리스토텔레스는 무게로 인해 흙은 지구 중심에, 물은 흙의 표면에 내려앉고, 공

139 가와하라 히데키(2017), 251~255쪽.

140 박성래(1981: 173쪽)는 "인력 현상을 우주 속의 소용돌이(vortex) 현상으로 설명한 데카르트의 생각을 연상"하였다.

기는 대기로, 불은 그 위로 올라간다고 보았는데,[141] 그를 몰랐을 것으로 보이는 홍대용의 학설과 가장 닮았다. 나아가 홍대용은 만물은 "기의 찌꺼기로 생겨 햇빛에 도야되고 땅의 흙과 물로 살을 갖추니(萬物者氣之粕糟 火之陶鎔 地之疣贅)", 셋이 구비되어야 조화(造化)할 수 있다며, 만물의 본질에 관한 물리적 설명과 생성·발육에 관한 생물학적 설명을 종합하였다. 그러면서 기를 물질 근원으로 삼는 중국의 관점을 수용하였다. 홍대용은 서양 과학의 자극을 받아 합리적 추론으로 문호개방 이전 동아시아에서 가장 높은 수준으로 자연철학을 발전시켰다. 홍대용이 기론을 최한기처럼 거대담론화하거나 방이지 학파처럼 서양 과학을 능가하는 업적으로 과시하지 않은 것은 그의 과학적 사유를 드러낸다.

황윤석은 석실서원에 출입하면서 홍대용에게 주목하였고 1769년 4월 10일 그에 관한 소상한 정보를 들었다. 1776년 홍대용은 방문한 황윤석에게 『율력연원』을 보여주면서 "이것이 실로 평생 강론을 원한 바지만 대화할 사람이 없었다."며 기뻐하고 담소한 다음 그 책을 빌려주었다. 북학파에서 홍대용 외에 『율력연원』을 이해하는 인사가 없었던 것이다. 황윤석은 홍대용을 통해 이덕무·박지원·박제가도 만났다. 황윤석은 "이 세 사람은 모두 '숨은 인재(潛夫)'이고 다문박식(多聞博識)하므로 대화할 수 있다고 하였다."[142]

성호와 그 제자는 서양 과학·기술은 우수하나 천주교는 이단이라

---

141 데이비드 C. 린드버그(2009), 106~107쪽.

142 "轉訪洪監察大容德保渼上丈席, 改字弘之于大貞洞. 德保見余驚喜, 亟問易學留意處, 以至律曆淵源, 說話縷縷. 因以出示曰: 此實平生所願講者, 而無人可與開口."(『頤齋亂藁』 4책, 권22, 386쪽, 1776년 8월 5일); 권오영(2007) 195, 226쪽; 이경구(2012), 357~358쪽.

는 데에 의견의 일치를 보고 있었다.[143] 성호는 스콜라철학을 수용하고 기독교를 소도(小道) 이단으로 보아 배척하지 않고 볼 만한 내용도 있다고 본 반면, 제자인 윤동규·안정복·신후담은 기독교를 배척하고 스콜라철학에도 비판적이었다. 성호 사후 천주교까지 수용한 성호 학맥의 서학파가 나타났다. 이우성은 기독교를 배척한 성호우파와 수용한 성호좌파로 나누었다.

18세기 후반 서학을 공동으로 연구하는 성호 학맥의 학파가 나타났다. 정약용은 20대 초에 서학서를 즐겨 보았는데, “이 무렵에 천문·역상(曆象) 분야, 농정(農政)·수리(水利) 기구, 그리고 측량과 추험의 방법[測量推驗之法]을 잘 설명하는 사람에 대하여 해박하다고 지목하면서 서로 전하는 기풍[風氣]이 원래 있었으므로 신이 어릴 적에 마음속으로 이를 사모하였다.”라고 고백하였다.[144] 추험은 경험, 실험 또는 수리를 통한 추론으로 가설을 검증하거나 그 증거를 찾는 일로 풀이된다. 이 연구 그룹이 서양 과학과 기술, 그리고 그 방법론을 탐구하는 학풍을 가졌음은 주목된다. 이들 중에 홍대용처럼 서양 과학이 기기를 통한 측량과 수학·실험을 통한 추론을 종합한 방법에 의거함을 파악한 인물이 있다고 보인다.

성호좌파 연구회는 어떻게 성립하였을까? 그 출발점에 성호의 조카인 이용휴의 아들 이가환(李家煥, 1742~1801)이 있다. 1778년 2월 13일 정조는 이가환의 “박학에는 당할 수 없다”고 하였다. 뛰어난 학식의 정조에게 이 이상 학문적 찬사를 받은 인물은 찾기 어렵다. 다

143 구만옥(2018a).

144 『정조실록』 21년(1797) 6월 21일 庚寅. 여기서 ‘測量其推驗之法’이라고 나오는데, 『여유당전서』에 나오는 상소문처럼 ‘其’가 빠져야 뜻이 통한다.

음날 정조는 이가환을 불러 여러 가지를 묻는데, 서양 역법이 정묘한 까닭을 묻자, "서양인은 옛부터 전문가[專門]가 많아 서로 전수(傳授)해가며 책력을 만들면서 의기(儀器)로 측정하였습니다."라는 답변도 있다.[145] 이가환은 이미 서학에 밝았을 뿐만 아니라 서양 학술문화도 파악하고 있었다. 성호를 본받아 박학을 한 성호학파에서 대표적 박학자는 이가환과 정약용이었다. 정약용은 이가환의 묘지명에서 "9경(九經)·4서(四書)·23사(史)에서부터 제자백가(諸子百家)와 시(詩)·부(賦)·잡문(雜文)·총서(叢書)·패관(稗官)·상역(象譯)·산율(算律)의 학문과 우의(牛醫)·마무(馬巫)의 설과 악창(惡瘡)·옹루(癰漏)의 처방(處方)에 이르기까지 모든 학문·지식에 대해 물으면 막힘없이 쏟아놓는데 모두 연구가 정밀·충실하여 마치 전공자[專治者] 같다."며 박학을 극찬하였다. 그중에도 이가환은 "천지만물의 이치[理]를 세밀히 분석하였다." "역상서(曆象書)를 좋아하여 …… 그 원리를 모두 통달하였으며(悉通其本理) 아울러 지구(地球)의 둘레와 지름에 대해서도 별도로 도설(圖說)을 만들었다."고 하였다. 정약현(丁若鉉)의 사위인 황사영은 백서(帛書)에서 이가환이 "천문학·기하학에 정통하고" 기하학을 자부한다고 했다. 이가환은 서학 중에 과학의 탐구에 주력하였고 이론까지 탐구하였음이 드러난다. 서학을 폭넓게 탐구하여 서양과학의 우월함을 믿은 이가환의 과학 패러다임도 서호수·홍대용처럼 서양식으로 변했을 가능성이 높다.

황윤석이 1767년 2월 29일 들은 바에 의하면, 정철조(鄭喆祚, 1730~1781)는 "마테오 리치가 남긴 방법을 근본[宗]으로 삼아 20여 년간 천

145 『일성록』 1778년 2월 13일 甲辰; 『정조실록』 2년 2월 14일 乙巳.

문학·수학을 전공해왔고” 해시계 일구(日晷)를 만들어 그림자를 재고 있고, 거처하는 방에 서학서를 가득 채웠고, 소장하지 않은 서학서를 가진 모르는 사람도 찾아가 빌려보았다. 서광계는 『기하원본』이 ‘도수의 종’이라 하였다. 1768년 8월 23일 황윤석은 처음 만난 정철조가 “평생 서양 천문학을 전공한(一生專治西洋曆象之學)” 사실을 알게 되었다. 정철조는 방금 검토한 『수리정온』과 『역상고성』이 “『기하원본』의 범위를 벗어나지 않는데 그 책은 지금 매부인 이가환에게 있다.”고 했다. 정철조는 “자신은 산법을 공부하지 않지만 이가환은 근래 『기하원본』, 『수리정온』 등 여러 서학서에 전념하여 정통하고 또 혼개통헌(渾蓋通憲: 중국식 아스트롤라베)도 제작하였다.”고 하였다. 정철조와 유금도 아스트롤라베를 직접 제작하였다. 이가환은 27세 때에 서양 과학 지식에서 12세 연장의 정철조에 뒤지지 않은 것이다. 정철조는 또한 관상관 조홍규(趙鴻逵)와 천문기기인 지평경위상한의(地平經緯象限儀)와 관성반(觀星盤)을 제작하고 있다고 말하였다. 또 정항령 집의 동국지도를 더욱 정교화하는 작업을 하고 있다고 했다. 정철조는 10월 연행할 관상관 이덕성 편에 부쳐 흠천정감 할레르슈타인에게 “서양 역법의 의문점과 서학에서 말하는 천주교 대지(大旨)”를 문의할 글을 보여주었다. 9월 4일 황윤석은 정철조에게 서양 과학의 높은 지식과 천문기기의 정교함에 탄복하는 편지를 보냈다.[146] 1760년대 이가환이 서학을 함께 공부한 주된 상대는 정철조였다. 서학의 수학과 천문학뿐만 아니라 천주교까지도 논의 대상이었던 모양이다. 그렇다면 이들은 성호처럼 천주교를 이단 소도로 보았을 것이다. 안

146 『頤齋亂藁』 2책, 권11, 226쪽, 1768년 8월 23일; 229~230쪽, 9월 4일.

대옥(2012 : 66~68쪽)은 정철조가 서광계 계열과 매문정 계열의 수리 천문학의 차이를 파악하지 못하였다고 지적한다. 매문정도 “『기하원본』이 서양 수학의 근본”이고 완전히 이해하기 어렵다고 하였고,[147] ‘종’과 ‘근본’은 같은 의미이니, 필자는 정철조와 이가환이 1768년 이미 『율력연원』 단계의 과학을 습득하면서도 유클리드 기하학이 수학의 기초를 제공함을 파악하였다고 볼 수 있다.

황윤석은 1778년 8월 2일 “이가환과 종일 문장 · 전고(典故) · 글자 · 음운 · 율려 · 역법 · 수학을 논하였다.” 이가환은 중국 · 일본의 정보를 알려주고 천직(天稷)의 출처와 한글음의 고증을 말하였다. 50세 박학자인 황윤석은 13세 어린 이가환에게서 들은 박학 지식을 깊이 새겼다.[148]

이가환은 1801년 천주교 박해 때 처형되었는데, 그가 남긴 과학서는 없다. 서양 과학을 오래 탐구하여 터득하였으나, 창의적 업적이 없으니, 과학서를 남기지 못했어도 이상하지 않다. 1789년 이가환이 정조에 올린 「천문책(天文策)」은 그의 과학을 엿볼 수 있는 대표적 자료이다. 이가환은 「천문책」에서 정교(政教)와 문장(文章)과 달리 명물도수는 후대로 갈수록 진보하니, 서양 수학으로 역법 · 음악, 농 · 공 · 군사 기술 등에 이바지하자고 주장하였다. 그는 “오늘날 천문을 맡은 관원은 중국의 제도도 오히려 환하게 꿰뚫고 있지 못하다.”며 그 대책으로 “수리(數理)와 역상(曆象) 등의 서책에 대해서 속성으로 익히지 못하게 하고, 원리를 강명하게 하여, 이미 드러난 현상으로 인해서 그

---

147 안대옥(2010), 37쪽.

148 『頤齋亂藁』 5책, 권25, 243~244쪽, 1778년 8월 2 · 3일. 「이재선생연보」에도 나온다.

렇게 되는 까닭을 알게 한다면, 변통하는 도리가 저절로 생겨나서 예전의 고루한 것을 그대로 답습하는 폐단이 점차 없어질 것입니다."라고 건의하였다. 관상관이 역법의 계산법만 익히지 말고 그 이론도 공부하여 원리를 파악하게 하자는 절실한 대책이었다. 안대옥(2012, 67~71쪽)은 그 내용이 명말 "전해진 르네상스형 자연철학적 지식이었지 ……『역상고성』 수준의 전문 역산서의 학습을 통해 전문 지식을 습득"하지 않았다고 추론하고, 이가환이 "근대적 전문과학자라기보다는 르네상스형 지식인에 가까웠다"고 보았다. 그런데 전통적 우주관과 서양 천문학의 비교와 회통을 논한 대책에서 정책결정자에게 서양 과학 진흥책을 주장하려는 이가환의 목적에 비추어, 천문학 전문 지식의 구사가 바람직한 전략이 아닐 수 있다는 점이 고려될 필요가 있다. 150년 전 나온 시헌력을 터득한 시점에서 고법과 신법 중 무엇이 타당하고 어떻게 절충할 것이라는 시대착오적 문제에 대해, 신법을 강하게 신뢰한 이가환과 고법을 강하게 신뢰한 윤행임이 모두 높은 점수를 받았다.[149] 1768년 8월 23일 정철조는 황윤석에게 『수리정온』·『역상고성』을 검토하였고 자신보다 과학이 뛰어난 이가환이 여기에 정통하였다고 말하였다. 이가환은 지적 역량과 서학 연구에 쏟은 열정·기간으로 보아 과학 지식이 서호수와 대등하였을 것이다.

「자찬묘지명(自撰墓誌銘)」에 의하면, 정약용은 15세 때인 1776년 호조좌랑에 임명된 부친을 따라 서울에 살게 되었다. 그래서 학문 명성이 높은 이가환과 인품을 가진 매부 이승훈(李承薰, 1756~1801)이 "성호의 학문을 조술(祖述)한" 것을 알고 이들을 "따라" 성호 학문을

149 문중양(2016), 182~185쪽.

공부하였다. 이가환은 누이 아들인 이승훈과 함께 성호의 학문을 탐구하고 있었는데, 여기에다 서울에 살게 된 정약용 형제들이 가세한 1776년에 성호 학맥의 학자들은 성호학과 서학을 공동 연구하는 그룹을 이루었다. 정약전은 서울에서 이승훈 등과 굳은 친분을 맺고 성호의 학문을 전수받았으니(「先仲氏墓誌銘」) 네 살 아래 정약용과 함께 연구회에 참여하였다. 이벽(李檗, 1754~1785)은 정약현을 자형으로 맞이한 후에는 과거에 뜻을 두지 않고 그 형제들과 어울려 학문을 익혔으니, 연구 그룹에 합류하였다. 연구회는 처음에 성호의 학문을 공부하였는데, 성호도 탐구한 서학이 당시 선진적 · 진보적 지식인의 관심을 끌어 중요 탐구 대상으로 이어짐은 필연이었다. 연구 그룹에서는 이가환이 서양 과학을 지도할 위상과 역량을 가졌다. 이덕무가 황윤석에게 이벽이 서양 수학 전문가라 했던 1778년 11월에는 연구회가 서양 과학도 다루고 있었다고 보아야 한다. 정약전은 "이벽을 따라 교유하여 천문학 · 수학을 듣고는 『기하원본』을 연구하여 정밀하고 심오한 이치를 분석하였다. 마침내 천수교의 설을 듣고는 매우 기뻐하였으나 몸소 믿지는 않았다."(「先仲氏墓誌銘」) 정약전이 기뻐한[悅 : 『논어』의 첫 구절에서 공자의 학구열을 나타낸 한자] 것은 기독교의 도덕철학이고, 기독교를 접하자마자 신자가 된 것은 아니었다. 서양 수학을 좋아한 이승훈은 1783년 동지사행(冬至使行)에 따라갈 기회를 잡자, 서학서를 구매할 계획을 세웠으나, 재력의 부족으로 고민하였다. 이벽의 권유로 이승훈은 북경 선교사에게 수학 · 천문학을 배우고 그 책들을 얻으려는 희망으로 천주교 교리를 배우려 했고, 국왕에게 중국 황제처럼 과학 · 기술을 가르칠 유럽인을 초빙하도록 제의하겠다고 했다. 1801년 이승훈은 국문(鞫問)에서 "학문을 좋아하는 사람은 그 역상법(曆象法)이 공교해서 미혹되고, 우매한 무리는 천당·지옥설에 현혹됩니다."라고 자백하였다.[150] 여기서 알 수 있듯이, 서학자는 일반적으로 시헌력의 우수성에 이끌려 서양 천문학, 이어서 수학을 탐구하여, 서양 과학의 우월함을 확인할 수 있었다. 이상으로 보건대, 연구 그룹의 초기 서학 관점은 성호우파와 다르고 성호와 똑같아서, 아직 좌파라 할 수 없다.

중국이 시헌력을 채택하자, 조선의 조정은 곧바로 서양 역법이 종전 역법보다 우수함을 인식하여 채택하였다. 서양 과학의 수용은 주자학 독존의 송시열의 산당, 그것을 계승한 노론의 득세로 주춤하다 시헌력의 자극으로 18세기 꾸준히 진전하였다. 16세기 주자성리학의 지배력이 강화되는 시기에 과학은 중인의 잡학에 불과하였지만, 시헌력의 도입 이후 수학·천문학을 중시하여 공부하는 사대부가 늘었다. 정조대가 그 정점이었다. 세종대 과학 발달은 세종을 핵심 추진력으로 하여 관학에서 이루어져 세종 사후 쇠퇴하였다면, 18세기 과학은 사대부의 서학 탐구열이 핵심 추진력인 점에서 자생력이 강하였다. 18세기 중국의 최고 수준 과학서인 『율력연원』의 상당한 이해 수준에 오른 18세기 조선인은 홍량해·문광도·서호수·김영·신경준·황윤석·홍대용·정철조·이현직·이가환 등이었고, 문호개방 이전 19세기에는 홍석주 형제, 남병길 형제, 이상혁 정도로 보인다. 서호수의 예에서 드러나듯이, 이들은 문호개방 이전 중국·일본의 정상급 과학자보다 서양 과학의 전문 지식이 부족하였다. 그런데 『율력연원』의 상당한 이해 수준에 올랐다면, 큰 격차는 아니었다. 중국과 일본의

---

150 崔爽祐(1992); 김태영(2011).

과학자가 조선보다 훨씬 많고 지식이 앞선 것은 상주한 유럽인에게 배웠고 박학자층이 두텁고 주자학의 영향력이 약하였기 때문이다. 주자학의 지배력이 강고한 조선에서 중국을 통해 들어온 서양 과학을 소화한 학자들의 성과는 정당하게 평가받아야 한다.

처음 서양 과학을 접한 서광계는 그 우위를 믿고 수용하였으나, 그것을 중국식 '모형'에 넣는 프로그램이 진행된 결과 매문정 등은 더욱 진전된 서양 과학의 지식을 소화하고도 유학과 중화주의의 구속으로 과학의 중서 회통을 도모하고 그것이 대세가 되었다. 18세기로의 전환기에 최석정 · 김석문 · 정제두는 서양 과학을 수용하면서도 기론 · 역학 · 상수학의 상관적 사유로 각색하여 중국보다 심한 동서 회통을 하였다. 주자학의 강한 지배력 때문이었다. 이어서 성호는 서학을 포괄적으로 탐구하고 과학정신의 강점을 알았다. 정제두 · 서명응 · 신경준은 서양 과학을 역학 · 상수학으로 회통하였으나, 천체 관측과 역법 계산의 측산을 중시하였다. 정제두보다 후배인 신경준 · 서명응이 서양 과학의 지식이 풍부하고 그 강점을 더욱 잘 인식하였다. 황윤석은 서양 과학의 우월함을 확신하고 상수학으로 과학을 각색하지 않게 되면서도 이학 · 상수학과 서양 과학을 회통하려는 관점을 포기하지 못했다. 나아가 서호수, 홍대용 및 이가환은 서양 과학의 강점을 측산뿐만 아니라 수학 등으로 원리까지 파악하는 데에서 찾아 그 우위를 확신하여 과학의 동서 회통을 추구하지 않았다. 18세기 중국에서는 서양 과학 지식을 가진 인사가 조선보다 훨씬 많았지만, 과학의 중서 회통, 나아가 고증학화로 서양 과학의 강점을 측산으로 왜소하게 파악하여 과학 정신은 후퇴하였다. 그와 달리 18세기 조선 과학계는 과학의 동서 회통으로부터 점차 빠져나와 서양 과학정신에 충실해지는 추세였다. 주자학을 상대화할 수 있는 조선의 과학자는 중국보다 중화주의의 구속을 덜 받았기 때문이다. 그 반면 조선의 투철한 주자학자는 주자학을 중국보다 발달시켜 중시한 점에서 조선중화주의 자부심을 가져, 서학에 대한 경계심이 중국 주자학자보다 강하였다.

홍대용은 과학 지식이 조선의 정상급에도 못 미치나 문호개방 이전 동아시아의 누구보다 명료하게 서양 과학 방법론을 설명하고 서학을 수용한 자연철학을 발전시켰으며, 역법에 대한 관심을 넘어 천체의 운행을 탐구하려는 과학정신을 발휘하였다. 홍대용은 과학자로서보다 과학사상가로서 중요하였다. 조엘 모키르(2018)가 지적하였듯이, 유럽 근세의 과학 발전과 활용에서 뉴턴과 같은 과학자뿐만 아니라 베이컨과 같은 과학사상가도 중요한 역할을 하였다. 과학 지식에서 다소 미흡해도 과학정신에서 앞서는 것이 과학의 발달과 패러다임 전환에 유리하다. 주자학의 나라 조선의 과학이 발전하기 위해서는 학술 패러다임이 변해야 하므로, 홍대용과 같은 과학사상가의 역할은 더욱 소중하다. 그런데 주자학이 강고히 지배한 조선에서 홍대용이 과학사상을 전파하기 힘들었던 점은 문제였다.

서양 과학의 중국 기원설은 서명응을 필두로 남인 이헌경, 소론 홍양호, 손자 서유본 등으로 이어졌다.[151] 18세기 말에도 기론 · 역학 · 상수학으로 서양 과학을 수용하는 인사가 대부분이었을 것이다. 그런데 서호수는 소론의 핵심 인물로 국가 천문학을, 홍대용은 노론 명사로 북학파의 과학사상을, 이가환은 남인 핵심 인물로 성호학파의 과학 탐구를 주도하여, 이들은 조선 과학계를 이끌 학문 소양과 위상을

151 임종태(2012), 190, 198쪽.

갖추었다. 정철조는 소북 명사였다. 이들은 과학에 그치지 않고 주자학을 제외한 박학풍을 주도할 수도 있었다. 북학파에서 홍대용을 제외하고는 과학 지식이 부족하였으나, 박지원 · 박제가 · 이덕무 모두가 서양 과학 · 기술의 중요성과 도입 필요성을 인식하였다. 성호좌파 중 유일하게 방대한 저술을 남긴 정약용은 과학 수준이 높지 않았으나, 서양 과학 · 기술의 중요성과 도입 필요성을 인식하였다. 선진적 학술 풍토는 변화하고 있었던 것이다.

안대옥(2012 : 86쪽)은 1766년 서호수가 중인 과학자인 문광도를 만나보길 권하자, 황윤석은 "그가 사대부가 아니다"라며 만나길 꺼렸고, 1769년 노론 김원행은 소론 서명응과의 관계가 나빠지자, 제자에게 교유하지 말 것을 명하였던 사실을 들어, 서학자들도 "당색과 신분이 다른 탓에 상호 왕래가 극히 드물었다"는 한계를 지적한다. 그런데 과학자의 공동 관심사와 지식욕은 그 장벽을 완화하였다. 경화세족인 서호수와 달리 지방의 한미한 사족인 황윤석은 신분 관리를 위해 중인과의 교유를 꺼렸으나, 1768년 문광도가 영의정의 추천으로 천문학 겸교수가 된다는 소식을 듣고 그를 방문하였다.[152] 앞서 살폈듯이, 정승 김육과 중인 관상관 김상범의 시헌력 도입 사업 이후 문신과 중인 기예직의 합작사업은 진전하는 추세였다. 18세기 중인과 사대부의 교류 진전은 과학의 진전에 이바지하였다. 서호수가 18세기 후반 최고의 과학자가 되는 데에는 사대부 홍량해에게 배운 중인 문광도의 가르침, 홍대용이 1766년 연행으로 서양 과학의 소양을 증진한 데에는 중인 이덕성의 도움과 가르침이 중요한 역할을 하였다. 정철조는 서

152 『頤齋亂藁』 2책, 권11, 203쪽, 1768년 7월 29일.

양 역법과 천문학에 대한 질문을 이덕성을 통해 예수회 선교사에게 전달하고자 했다.[153] 최석정과 달리 역학·상수학으로 각색하지 않은 서호수·홍대용의 과학적 사유는 계산력을 중시한 중인의 과학 지식과 괴리하지 않고 통합될 수 있었다.

1791년 서명선이 남인 영수인 채제공을 성토한 일로 서호수·서형수가 좌의정 채제공과 공적 관계를 맺기를 거부하였으니,[154] 서명응 아들과 남인 학자의 교류는 지장을 받았을 것이다. 김원행과 서명응, 서명선과 채제공처럼 직접 대립하면, 집안·학파·당파 사이의 교류가 지장을 받았으나, 당색이 다른 자체만으로 개방적 박학자의 학문적 교류가 막히지는 않았다. 노론 황윤석은 소론 서명응·서호수, 소북 정철조, 남인 이가환 등 당색을 가리지 않고 교유하였는데, 지방의 한미한 가문으로 정쟁에 휘말리지 않은 점이 작용하였다. 소북 정철조는 소론 박고원과 남인 이가환이 매부이고 노론 학자 김원행에게 배운 적이 있고 노론 박지원과 절친하였다. 가장 열세의 소북은 정쟁에 말리는 것을 기피하였으며, 남인·소론과 가까웠다. 홍대용·박지원·이서구는 노론 명문가 출신이고 박제가와 이덕무는 서자 출신이고 박제가는 소북인 데에서 드러나듯이, 북학파는 신분과 당색을 초월한 개방적 학파였다. 1778년 11월 이덕무는 황윤석에게 이벽이 무인 가문이고 과거 공부를 그만두고 서양 수학 전문가이고 인품이 고결하다는 자세한 정보를 전했다. 이가환은 1793년 1월 사망한 이덕무를 그리는 만시(輓詩)를 지었고, 그 무렵까지 이서구와도 친하게 지냈

153 임종태(2021).

154 『정조실록』 15년 6월 30일 癸酉.

다. 북학파 인사와 성호좌파 인사는 모두 개방적 박학자여서 교류하였던 것이다. 성호좌파는 천주교와 중인에까지 개방적인 학파였으나, 노·소론 학자가 열세인 남인 공부 모임에 구태여 들어갈 필요가 없었고, 1784년 천주교 신앙을 가진 인사들이 생기면서 외부 인사가 참여하기 어려웠다. 1776년 8월 노론 홍대용이 찾아온 황윤석에게 『율력연원』을 함께 강론할 사람이 없었다고 말한 것은 그때까지 서양 과학 지식이 우월한 소론 서호수, 남인 이가환 등과 학문 교류를 하지 않았음을 드러내는데, 황윤석과 달리 소극적 성품 때문이었다. 서호수는 북경에서 구입해온 『율력연원』을 노론 홍량호에게 기꺼이 빌려주었고, 그 아들 서유구는 노론 박지원을 따르고 그 글을 좋아하였다. 박지원이 1780년 연행 이전 홍대용을 데리고 정철조 집을 방문하여, 홍대용과 정철조는 밤새도록 천문학을 논하고 박지원은 알기 어려워 잠잤다. 정인보는 『담헌집』 서문에서 "비록 문호(門戶)가 닫혔으나, 성기(聲氣)가 서로 통해 동류들끼리는 호응하였다."고 적었다.[155]

1706년 이가환의 종조부인 이잠(李潛)은 세자 책봉 논의 때 송시열의 태도 등을 들어 노론을 공격하며 세자 시절 경종의 보호를 주장한 상소를 올린 때문에 옥사하였다. 그래서 노론의 견제와 공격을 받던 이가환은 1793년 이잠이 충성심으로 순국하였다고 상소하자, 노론은 일제히 처벌을 주장하였다. 우의정 김이소(金履素)는 이잠이 1721·2년 영조의 세제 책봉을 도모하고 나아가 대리청정까지 추진한 노론 네 대신이 처형된 '신임사화(辛壬士禍) 때의 뭇 흉험한 역적의 선발대'라 규정하였는데,[156] 이가환을 노론이 내세운 신임의리(辛壬義理)에 대항

155 박성래(1981), 180쪽; 안대회(2007), 143, 166~167, 173쪽.

한 인물로 간주한 것이다. 이 상소로 "많은 사람의 노여움이 산처럼 쌓여 공공연히 역적처럼 매도하고, 이가환은 친숙한 민종현(閔鍾顯)·이서구 등과 갈라져 대화하지 않게 되었다."(『茶山詩文集』 권15, 「貞軒墓誌銘」). 이처럼 격렬한 당쟁에 휘말리면, 개방적 박학자의 교류도 막히게 된다. 이가환의 상소는 노론 계열의 견제를 받으면서 대리청정하다 죽은 사도세자의 아들로 순탄하지 않게 왕위에 올라 사도세자의 현창사업을 차근차근 추진하는 정조의 공감을 불러일으키려는 전략을 고려하지 않으면, 무모하게조차 보인다.

1767년 이영옥은 황윤석에게 『수리정온』의 소장자가 서명응, 홍계희 및 성호 아들인 이맹휴뿐이며, 한 질은 사라졌다고 하였다. 1768년 황윤석은 이중해로부터 이용휴 집에 『기하원본』이 소장되어 있다는 말을 듣고 그를 통해 빌리고자 하였다. 이용휴 아들 이가환이 한 달가량 보다가 정철조에게 돌려주었다고 했다. 황윤석은 이중해의 주선으로 정철조를 만나 『기하원본』이 아니라 『수리정온』이고 관상관 이덕성의 소유임을 알았다. 황윤석은 정철조에게서 『수리정온』과 『역상고성』을 빌려 볼 수 있었다.[157] 1768년 문광도는 『기하원본』이 "지금 계동 홍가와 이용휴 상사 집에 있고, 실로 지극히 귀해 얻기 어려운 책이다."라고 하였다.[158] 안정복은 「천학고」에서 "서양 서적이 선조 말년부터 우리나라에 들어와 유명한 재상과 석학[名卿碩儒]이면 모두 보았다. 이들은 서양 서적을 제자(諸子)·도학(道學)·불학(佛學)

---

156 『정조실록』 17년 1월 25일 己未.

157 『頤齋亂藁』 2책, 권9, 52쪽, 1767년 12월 9일; 안대회(2007), 164~165쪽; 구만옥(2009), 226~227쪽.

158 "方今桂洞洪家及李上舍用休家有之, 誠至貴難得之書也."(『頤齋亂藁』 2책, 권11, 233쪽, 1768년 7월 29일)

처럼 여겨 서실(書室)의 완물(玩物)로 비치하였으며 상위(象緯)와 구고(句股)의 기술만 섭취하였다."고 하였다. 상위는 천문학, 구고는 수학을 말한다. 18세기 중엽 진전된 서학 유행의 묘사인데, 안정복이 기독교의 전파를 우려하여 과장한 감이 있다. 서학은 양명학과 달리 박학을 뚜렷이 성장시켰으나, 주자학이 강고히 지배하고 서적시장이 미발달한 조선에서 서양 과학서가 소수여서 과학의 확산과 발달은 제약을 받았다. 서학자는 책을 빌려보고 필사하여 그 한계를 줄였다.

문호개방 이전 서학자 · 실학자는 대개 주자학자였고, 그 범주에 넣기 어려운 경우에도 주자학 소양을 가졌다. 서호수는 정조의 『홍재전서』 편찬 작업을 수행하다 사망할 정도로 주자학에도 밝았고, 홍대용과 박지원은 주자학자였다. 이들처럼 개방적 주자학자는 실학자가 될 수 있었다. 개방적이나 투철한 주자학자인 황윤석도 명물도수학의 업적을 남겼고 서양 과학의 지식과 식견이 높았다. 이들 실학자가 교조적 주자학자보다 주자의 학문정신을 더 잘 배웠는지도 모른다. 주자는 "학문의 범위가 대단히 넓었다 …… 당시 존재했던 지식의 거의 모든 분야들을 망라했다." 그는 『논어』에 나오는 소도(小道)를 '농업 · 원예 · 의료 · 점복 · 공업기술 등의 분야'로 풀이하여, 이런 소도가 이단이 아니고 도리(道理)라 하며, 역법 · 율려 · 지리 · 의료[醫] · 연단(煉丹) · 상수 · 점복(占卜) 등에 관한 전문 지식을 논했다.[159] 유수원은 주자는 "학문이 통달하지 않은 곳이 없고 세상을 다스리는 지식도 더욱 정밀하고 깊었다."라는 점을 평가하고, 조선의 학자가 "다만 정심성의 네 글자만을 주워 모아 임금에게 아뢰기를 힘쓰면서 스스로 주자를

---

159 김영식(2005), 26, 413, 422-423쪽.

배웠다고 말하지만 한 번이라도 국사(國事)를 맡게 하면 멍하니 이루는 일이 없어서 정무에 숙달한 재상보다 못하며, 조금이라도 계책을 시행할 때마다 꼭 삼대를 거론하여 시의(時宜)에 맞지 않다."라고 신랄하게 비판하고, "이들이 과연 주자를 잘 배운 사람이라고 할 수 있겠는가."라며 개탄하였다(「論變通規制利害」).

주자학 학술문화는 근세 실학의 진전을 제약하였다. 부친 서명응처럼 송학인 의리학에 근본을 두고 한학(漢學)인 고증학을 절충하려는 서형수가 서양 과학에 밝은 서호수에게 군자는 형이상(形而上)의 도(道)를 말할 뿐 형이하의 예(藝)를 말하지 않는데, 형이 좋아하는 것은 기예가 아닌가하고 따졌다. 서호수는 도란 형태가 없어 홀리기 쉽고 기예란 형상이 있어 꾸미기 어려우니, 내가 도를 좋아하나 도를 좋아한다고 내세우면서 실제로는 무도하고 6예를 터득하지 못하는 것을 싫어한다고 대답하였다. 서호수는 기예의 실증 지식과 달리 가치판단의 도를 학문적으로 탐구하기 어려운 점을 지적한 것이다. 서형수는 충분히 납득하지 못하였으나, 유금(柳琴)에게 「기하실기」를 지어주면서 터득한 서양 수학을 잘 활용하여 유학의 도에 접근하기를 권하였다. 서호수의 아들인 서유구는 23세 위인 유금에게 예(藝)가 도의 말단이고 수가 6예의 말단이니 그대의 수학이 작다고 핀잔하였다. 그런데도 유금이 서가에 수학·천문학서로 채워놓고 자득함을 즐기는 것을 보고, 서유구는 그를 뛰어나 우뚝한 인물로 평가하였다. 천주교 혐의로 유배간 정약용은 형 정약전이 해양 동물에 관한 책을 쓰고 있음을 알고는 "그것이 작다고 할 수 없다"면서도 도학이 근본이고 경세학을 겸하고 "농업·의약·역상·산수·공작의 기예로 둘러싸야 한다"는 '학문의 종지(宗旨)'에 따라야 "저서가 유용하다"고 충고하였다.

주자의 학문관과 다르지 않다. 서학·북학에 개방적인 대학자 서유구와 정약용도 과학·기술을 학문 말단으로 보는 관념을 확고히 가졌는데, 경세제민 내지 이용후생을 위해 기술학에 이바지하였다. 서유본(徐有本)은 서호수의 아들로 누구보다 서양 과학을 공부하기 유리한 환경에 있었다. 그런 그도 1808년에 쓴 기하학 저서에서 『기하원본』을 거의 독학하다시피 하여 힘들게 터득한 사실을 적었다.[160] 서호수는 아들에게 수학을 가르치지 않았으니, 과학자 제자를 배출할 수 없었다. 서형수의 외손자인 홍석주는 1810년경 동생 홍길주를 위해 박학의 요령을 적은 『홍씨독서록(洪氏讀書錄)』을 지었는데, 그중 『기하원본』에서 『역상고성후편』에 이르는 서양 과학서도 포함하였다. 천주교를 탄압한 신유박해 이후에도 시헌력의 학문인 수학·천문학은 용인되었음을 알 수 있다. 홍석주는 "수는 6예 가운데 하나다. …… 이 기예는 도에 참여할 수 있다."며 동년배의 서유구·정약용보다 과학에 우호적이었다. 홍길주만큼 서양 과학서를 권장 받은 사대부를 더 찾기는 어렵다. 조선인에게 서양 과학의 공부는 동시기 일본은 물론 중국보다도 훨씬 좁고 험난한 길이었다.

그런데 이들처럼 개방적 주자학자가 학풍을 주도하였어도, 조선 학술의 미래는 밝았다. 서양 과학에 대한 심각한 장애는 교조적 주자학자가 학문과 정치의 권력이 되어 북학·서학의 인사를 매도, 공격하는 풍토였다. 홍대용에 대한 김종후의 비판은 문호개방 이전에 그런 질곡 때문에 서학의 수용과 확산이 중국보다 훨씬 힘든 실정을 보여준다. 그래서 홍대용은 연행에서 획득한 식견을 알고지내는 극소수

160 전용훈(2004), 301~302쪽.

인사에게만 털어놓을 수밖에 없었다.

(8) 신유박해와 과학의 침체

예수회는 서양 과학 · 지리학 · 기술학으로 중국인의 관심을 끈 다음 유학과 통하는 스콜라철학을 소개하고 마지막에 기독교를 선교할 전략을 세웠다. 이 전략의 가장 성공적 결실은 서학 성립기를 대표하는 학자 서광계였다. 그는 전래된 서양의 학문과 스콜라철학 모두 습득하였을 뿐만 아니라 기독교까지 믿었다. 그는 서양 과학의 우월성을 확신하였고 유학 · 유교를 스콜라철학 · 기독교와 회통하였다. 서학 성숙기를 대표한 학자인 매문정은 과학의 중서 회통을 추구하고, 서양의 과학과 종교를 분리하면서 기독교를 거부하였다. 중국을 통해 서학을 도입한 조선 학계의 양상은 중국과 달랐다. 시헌력의 도입이 서학 수용의 결정적 계기로 작용하여 최석정이 수학, 김석문이 천문학을 주로 탐구하였다. 18세기 조선의 선도적 서학자들은 과학의 동서 회통을 추구하다 그로부터 점차 빠져나왔다. 성호는 처음으로 서광계처럼 서학 전반을 탐구하였다. 성호 이후 서학을 폭넓게 공부한 인사가 늘었는데, 대부분 과학을 위주로 하였고, 스콜라철학을 공부하더라도 자연철학 위주였다. 나아가 서광계처럼 서학을 폭넓게 공부하고 천주교도 신봉하는 성호 학맥의 학자들이 나타났다.

1779년 경기도 천진암(天眞庵)과 주어사(走魚寺)에서 성호와 이병휴(李秉休)의 문인인 권철신(權哲身, 1736~1801년)이 주도하고, 앞서 이가환 주도의 연구회에 참여한 그의 제자 정약전 · 이벽 등 남인계 학자들이 참여하여, 서학 연구회가 열렸다. 그 해 12월 이벽과 정약전은 천주교 신앙을 담은 시를 지었다. 여기서 천주교가 태동하였으니,

서학 중 스콜라철학이 중요한 탐구 대상이었음은 분명하다. 이가환 주도의 초기 연구회에서는 서학 중 천문학·수학 탐구가 위주였다가, 서양 과학이 중국보다 우월한 사실을 인식한 다음에는 그런 과학을 낳은 사상과 철학의 탐구로 이어지게 된 것이다. 1779년 천진암·주어사 모임에 참석한 인사들은 성호와 똑같은 서학관을 가지고 시작했다가, 스콜라철학을 전면 수용하고 기독교 종교에 대한 관심이 깊어졌다고 보인다. 유학이 스콜라철학에 통하는 도덕철학이고 유교가 기독교에 통하는 신념체계이니, 이것은 이상한 현상이 아니다. 정약전이 4행설을 수용하고 정약종의 『주교요지』가 천주의 존재증명과 속성으로 시작한 사실도 스콜라철학이 서양 과학과 기독교의 매개 작용을 하였을 가능성을 높인다.

황사영의 백서에 의하면, 기독교 서적을 몰래 읽던 이벽은, 선교사에게 세례를 청하고 기독교 서적 등 서학서를 받아오라고 이승훈에게 권하였다. 이벽은 이승훈이 가져온 많은 기독교 서적을 함께 열심히 읽고 "비로소 진리에 통하여" 1784년 정약전, 정약용, 권철신, 권일신 등에게 차례로 선교하였다. 이가환은 이벽 등이 천주교를 믿는다는 말을 듣고 비판하기 위해 토론을 벌였는데, 이벽의 논리에 말문이 막혀 기독교 서적을 모두 빌려 탐구하고는 "진리요 정도(正道)로다."라며 믿게 되었다. 성호학파에서 이가환은 서학을 가장 오래 많이 공부하였으나, 과학을 위주로 탐구하였고, 성호의 가르침대로 기독교를 이단(異端)으로 여겨 전공(專攻)하지 않고 소도(小道)로 공부한 정도였다. 그래서 기독교를 전공하여 이승훈이 가져온 서적까지 탐구한 이벽이 토론에서 압도한 것은 놀랄 일은 아니다. 좌장격인 이가환까지 천주교를 수용한 1784년에 성호좌파가 성립하였다고 할 수 있다. 이들은 중국문화권에 없던 진리 개념을 학문적 · 종교적 지침으로 삼았으니, 스콜라철학에 심취하였다.

안정복은 「천학고(天學考)」(1785)에서 "1783 · 4년간 재기(才氣) 있는 젊은이들이 천주학설을 제창하여 마치 상제(上帝)가 강림하여 일러주고 시키는 듯하였다."며 우려하였다. 그는 서양 과학의 우월함을 인정하면서도 천주교를 비판한 성호의 「천주실의발문(天主實義跋文)」을 수록하고서는 "선생도 일찍이 이것을 했다"면서 자신의 천주교설을 펼치려는 사람은 "스승을 무함(誣陷)하는 과목에 빠지게 된다"며 경고하였다. 안정복은 「천학문답(天學問答)」 부록에서 성호가 천주학을 했다는 세간의 의혹에 대해 성호가 서양의 과학 · 기술의 우월함을 인정하면서도 천주교를 믿지 않는다고 했다며 거듭 변호하였다. 성호 우파는 천주교를 배척하였지, 서양의 과학 · 기술학을 배척한 것은 아니다. 다만, 성호학파의 서학 탐구는 좌파가 진전시켰다.

성호 사후 성호학에서 출발하여 서학을 적극 수용한 학자들은 뚜렷한 학파를 이루고 연구회를 열었다. 이 연구회는 정해진 인원이 정기적으로 만난 모임이 아니라, 주제에 따라 자연스럽게 형성되어 인원이 바뀌고 집중적 논의의 기간을 가졌다. 주제는 성호학, 서양 천문학 · 수학, 스콜라철학, 기독교로 중심이 옮아가며 포괄 범위를 넓혔다.

1785년 중인 김범우(金範禹) 집에서 이벽과 이승훈의 주도로 권일신 부자, 정약전 형제 등 양반과 중인 수십명이 모여 천주교 집회를 열다가 형조에 적발되었다. 성호학파의 연구회로부터 기독교 신앙공동체가 자생(自生)한 세계사적 사건이 일어난 것이다. 이 적발 사건으로 유생의 서학 배척론이 대두하였다. 1791년 정약용의 외사촌인 윤지충이 천주교 신앙으로 제사를 폐한 사건은 조선의 유교사회에 경악과 분노를 일으켜, 정조는 천주교를 금지하였고, 천주교 탄압의 목소리는 높아졌다. 종교가 아닌 서학 논의도 비방과 정치적 공격의 대상이 되었다. 그해 4월 황윤석은 죽기 6일 전에 천주교가 이단사설인데 남인에게 유행함을 우려하면서 서양의 역법·수학 과학과 공업기술을 "전하지 않을 수 없으니 어찌 모두 일률적으로 금지할 것인가."라며 안타까워했다.[161]

1715년에 교황은 조상 제사 등의 전례(典禮)에 대해 중국 문화를 존중하는 예수회의 입장을 반대하는 교서를 내렸다. 그래서 옹정제(雍正帝)는 1723년 천주교 전도를 금지하였다. 그런데 천주교 금령 이전에 매문정 등이 과학의 중서 회통을 추진하였으니, 천주교 금령이 아니라 중화주의가 중국 과학의 진전에 근본적 장애였다. 교황의 유교 전례 부정은 중국이 아니라 조선의 과학에 심대한 타격을 가하는 계기를 마련하였다.

1795년 밀입국한 주문모 신부를 놓친 사건이 일어나자, 박장설(朴長卨)은 이가환이 조카 이승훈을 중국에 보내어 천주교 서적을 사오게 한 뒤에 "사학(邪學)을 주창하는" "교주(敎主)가 되어 그 요술(妖術)을 확장하며", 「천문책」에서 신법(新法)을 옹호하며, 1790년 동고관(同考官)으로서 오행(五行)을 책문(策問)한 증광시(增廣試)에서 5행을 4행으로 만든 정약전의 대책을 장원으로 선정하였다며 비방하였다. 정조는 박장설을 처벌했으나, 소북 박장설의 사실을 잘못 파악하고 무리하게 추론한 상소는 노론 벽파가 이가환을 사학 교주로 몰아가는

---

161 안대옥(2012), 87쪽.

물꼬를 텄다. 황사영은 악당이 내막을 모른 채 주문모 신부의 밀입국의 죄를 이승훈과 이가환에게 뒤집어씌웠다고 했다. 이가환이 성호좌파의 연장자이자 학술 모임을 주도하는 학문적 위상을 가졌기 때문에, '교주' 낙인의 명분이 설 수 있었다. 게다가 노론은 이가환을 '교주'로 옭아맬 정치적 동기를 가졌다. 이가환은 노론과 대립한 이잠의 종손(從孫)인 데다가 정조대 노론에 맞선 정승 채제공을 영수로 하는 남인 세력의 중추적 인물이었다. 1792년 이가환이 대사성에 임명된 이후 노론의 이가환에 대한 공격은 거세어져서, 심환지는 이잠의 종손에 대한 '청선(淸選)의 처분'이 합당하지 않다고 주장하였고, 이동직은 이가환이 채제공 당파인 점 등을 문제로 거론하였다. 그에 맞서 1793년 이가환이 이잠을 변호한 상소는 노론 벽파의 이가환에 대한 적개심을 키웠다. 정약용은 이가환의 "재앙[禍]은 여기서 이루어졌다"고 판단하였다. 1801년 대신 · 고관인 옥관(獄官)은 모두 심리(審理)하지 않고 다만 교주 "지목을 받았으니 어찌 벗어날 수 있겠는가."라며 심하게 고문하여 자백을 강요했으나 끝내 증거를 발견하지 못하였다.(「貞軒墓誌銘」) 물론 정황만으로 고문하여 자백을 강요하는 전근대적 사법 문화도 작용하였다.

정조 사후 1801년의 신유박해로 이가환 · 권철신이 옥사하고 이승훈 · 정약종 등이 사형당했고, 천주교를 믿지 않는다고 말한 정약용과 정약전은 귀양을 갔다. 북학론으로 밉보인 박제가도 귀양을 갔다. 1828년 의관(醫官)으로 북경에 갔던 이재흡(李在洽)이 『부연일기(赴燕日記)』 6월 25일자에서 "신유사옥 이후 조선 사람이 천주당에 들어가는 일이 없다고 한다."라고 증언한 데에서 드러나듯이, 신유박해로 인해 세계로 열린 조선의 작은 창이 거의 닫혀버렸다. 『열하일기』의 이

본(異本)에 관한 연구를 보면, 천주교 등 서학에 관련된 내용이 대거 삭제되었다.

이승훈은 국문에서 지식인은 서양 과학에, 무식자는 천당 · 지옥설이라는 종교적 욕구에 이끌려 천주교 신앙을 가지게 되었다고 증언했다. 이가환은 서양 과학 · 기술을 알려준 '서양 선교사[西士]'의 '전교(傳敎)'를 기독교의 증험으로 삼았으니, 서양 과학 · 기술이 기독교에 대한 신뢰를 높였다. 왜 성호좌파는 기독교와 서양 과학 · 기술학을 분리하여 후자에만 전념하지 못했을까? 이들은 도와 기 · 예가 본말관계라고 믿은 유학자여서 도에 관련된 스콜라철학이 기의 과학 · 기술과 분리할 수 없다고 보고 중시하였다고 보인다. 실제로 스콜라철학에 내재한 그리스철학은 서양 과학과 밀접한 관련을 가졌다. 스콜라철학은 과학에서 기독교 신앙으로 인도하는 통로였다.

그렇다 해도 왜 전도가 유망한 사대부가 사회적 명예와 지위, 생명 및 가족 안위(安危)를 무릅쓰고 천주교를 믿고 순교까지 선택하였을까? 유학 · 유교가 기독교처럼 당시로서는 좋은 도덕철학인데도 왜 그 큰 희생을 치렀던가? 주문모 신부가 처형된 후 동요하는 신도들에게 황사영 등이 신부가 널리 사랑과 은혜를 베풀어 사람을 구제하려[救人, 博施廣濟] 했다며 위로했는데, 유교와 불교가 중시한 덕목이기도 하다. 인간에게 원초적인 종교적 갈망이 있는데, 불교를 믿으면 안전하게 종교적 욕구를 충족하지 않는가? 필자는 유럽에서 기독교 사상의 의의를 다음같이 설명한 래리 시덴톱(2016)을 보고 의문을 어느 정도 풀 수 있었다. 『신약성경』은 신 앞의 인간 평등을 강조함으로써 자연적 불평등을 바탕으로 하는 고대 세계와 뚜렷한 대비를 이루며, 그로 인해 "개인의 자유를 누리는 데에 필요한 도덕적 바탕을 제시했다."(575쪽) 기독교는 유대교의 일신론과 그리스철학의 보편주의를 결합해 신과 계약을 맺는 개인들로 구성된 사회를 창조함을 목표로 삼았다. 체계적 기독교 사상을 수립한 바오로는 "그리스 철학의 잠재력에 보편적 도덕주의를 불어넣"어 "기독교인의 자유는 모든 인간에게 열려 있"다고 했다(103쪽). 유학도 인간 누구나 도덕을 가질 수 있다고 보나 도덕적 군자와 그렇지 못한 소인을 구분한 점에서 기독교에 비해 도덕적 평등의 보편주의가 불철저하였다. 정약용이 중시한 스콜라철학의 이성 · 지성[靈明 · 靈知]과 자유의지[自主之權能]는 유학 심성론(心性論)의 발전으로 간주될 수 있었다. 그런 점에서 진보적 유가로서 성호좌파는 기독교가 '진리'이자 '정도'라고 생각하지 않았을까? 이벽과 이가환의 논쟁을 거친 성호좌파의 기독교 이해 수준은 높았고, 삶의 문제로 씨름한 이들이 필자 같은 역사가보다 기독교의 의의를 잘 체인(體認)할 수 있었을 것이다. 기독교가 유학에 통하는 도덕철학과 불교에 통하는 종교를 동시에 충족한 점에도 이끌렸을 것이다. 이들은 위기(爲己)의 학문을 하고 "아침에 도(道)를 들으면 저녁에 죽어도 좋다"는 공자의 가르침(憲問25章; 里仁8章)을 실천한 것이다. 황사영은 1800년경 '10,000명 가까운[不下數千]' 천주교 신자의 2/3가 여자, 1/3이 무식한 천인이라 하였는데, 여성과 천민이 불교와 달리 금지된 종교인 천주교에 이끌 데에는 종교적 욕구뿐만 아니라 신 앞에 누구나 도덕적으로 평등한 보편주의도 작용하였다. 유학의 도덕적 준평등주의는 사대부뿐만 아니라 여성과 천민에게도 기독교로 접근할 발판을 제공했다.

그러면 천주교 탄압 · 박해에 직면하여 이가환 · 정약용 등이 천주교 신앙을 부정하거나 반성한 사실은 황사영처럼 '배교(背教)'라 표현할 수 있을까? 이들은 마테오 리치와 협력한 서광계처럼 유교와 회통(會通)하는 차원에서 기독교를 수용한 유가여서 두 도덕철학의 평가, 종교적 욕구, 천주와 천당 · 지옥의 신뢰도, 그리고 용기 · 신중 등 성품의 차이에 따라 순교를 선택하기도, 신앙을 포기하고 유교로 복귀하기도, 아니면 박해의 모면을 위해 표면적으로만 신앙을 부정하기도 했다고 생각된다.

황윤석은 1791년 사망하였는데, 아들이 1820년 행록을 짓고, 문인 송헌진이 1821년 행장을 썼다. 북학파에 참여하고 우의정까지 올라가고 천주교도 옹호 죄목으로 유배까지 당한 이서구가 1824년 묘갈명을 지었다. 1829년 『이재유고』가 완성되고 전라도관찰사 조인영이 그 서문을 썼다. 사망으로부터 묘갈명까지 33년이 걸린 것은 신유박해의 상처와 그 치유에 걸린 시간을 반영한다. 황윤석은 천주교를 배격하였으나, 서양 과학에 우호적이고, 천주교로 박해받은 인사와도 교유하였기 때문이다.

정조 치세에 창의적인 사상을 발휘하던 박제가와 정약용은 유배 이후 유학 경서 연구에 몰두하였다. 이들도 학문과 사상의 궁극적인 원천을 찾은 곳은 경학(經學)이었으니, 유학 학술문화의 강한 구속력을 보여준다. 정약용은 1802년 두 아들에게 보낸 편지에서 학문은 "반드시 먼저 경학으로써 토대를 확고히 세운 다음에 역사서를 섭렵해서 정치의 득실과 치란(治亂)의 근원을 알아야 하며, 또 실용 학문에 유의하여 옛 경세서를 즐겨 보고서 항상 모든 인민에 혜택을 주고 모든 사물을 기르려는 뜻을 두어야 비로소 독서하는 군자가 될 수 있다."(「寄二兒」)고 가르쳤다. 정약용은 유학 정통의 학문과 방법을 높은 수준으로 발전시켰으나, 경학을 학문의 토대로 삼는 방법은 근대에 통할 수 없다. 박제가는 『대학』을 탐구하면서 주자의 학설을 비판적으로 검토하였다.[162] 서양 학문에 대한 단편적인 이해를 가진 조선과 중국의 유학자가 서양식 학문 방법으로 전환하려는 발상을 하기는 어려웠다. 서호수 · 홍대용 등 극소수가 과학에서는 유학 패러다임에서 서학 패러다임으로 사실상 전환하였다. 그리스철학이 전면적으로 소개되었다면, 학문 전반의 패러다임 전환을 이룬 학자도 출현하였을 미쳤을 것이다.

노론 명문가 출신의 홍길주(洪吉周, 1786~1841)는 시헌력의 기초가 되는 서양 삼각법을 수학적으로 연구하고 뛰어난 응용수학의 알고리즘을 고안한 수학서를 내었다. 서명응 · 서호수 부자의 서양 수학 가풍을 서형수의 외손 홍길주가 이어 서양 수학의 "가치를 정확히 이해하고 『수리정온』의 내용을 상세하게 연구하"여 수학을 "새로운 단계로 진전시켰다." 이들의 "연구는 실용에 역점을 두는 응용수학적 성격이 강하다." 그 때문에 홍길주가 구면삼각법을 풀이하면서도 그 고도한 전개를 시도하지 않았다고 볼 수 있다.[163]

정조대 서양 과학이 확산된 여파로 정약용 · 서유구 · 김정희 · 이규경은 모두 서양 과학의 소양을 가졌으나 전문가 수준이라 하기 어렵다. 서유구와 정약용은 실용 과학인 의학의 성취를 이루었다. 김정희는 천문역산의 지식도 풍부하였는데, 매문정 등 과학자의 관점이라기보다 완원 등의 고증학자의 관점이었다. 김정희의 영향 아래 박규수와 남병철 · 남상길은 서양 과학을 습득하였다. 박규수는 상수학적 관

---

162 이헌창(2011) 97, 160쪽.

163 가와하라 히데키(2017), 355~370쪽.

념을 가졌는데, 남병철은 상수학과 구분하면서 천문역산학의 성과를 거두었다. 박규수는 서양 과학의 중국 기원설을 믿었으나, 남병철은 부정하였다. 노론 명문가의 남병철·남상길은 중인 이상혁(李相赫, 1810~?)에게서 수학을 배우고 그와 공동 연구하면서 1853년 이후 수학·천문학의 성과를 내었다. 정조는 관상감원의 시험 교과서를 『수리정온』과 『역상고성』으로 바꾸어, 관상감원의 공식적 계산법은 산목(算木) 계산에서 필산으로 바뀌었다. 그로 인해 산목 계산법과 더불어 천원술의 관심이 퇴조하였다. 남병길은 필산을 기초 지식으로 삼아 천원술을 이해하여 천원술이 필산의 차근방법(借根方法, 대수방정식)과 같다고 주장하였다. 이상혁은 필산과 산목 계산을 배합, 탐구하여 천원술이 차근방법보다 우월하다고 주장하였다. 이들은 서양 수학을 연구하여 구면삼각법의 이해를 진전시키고 업적을 내었지만, 서명응-서호수-홍길주와 달리 중국 수학 패러다임을 중시한 나머지 서양 필산의 혁신적 성격과 기호대수학으로 연결되는 서양 수학의 논리들 인식하지 못하였다. 이들의 수학 능력은 천문학의 수준을 높였다. 남병길은 수학이 격물치지와 경세제민을 위한 실학이라고 했다. 그의 『추보첩례(推步捷例)』(1861)는 '시헌력 중심의 역산과 작력(作曆) 매뉴얼의 완결판'이면서 천문학 원리를 중시하였고, 『시헌기요(時憲紀要)』(1860)는 『역상고성』을 본받아 시헌력산과 그 이론적 근거를 총정리하였다. 후자에서 천체운동의 원리를 기(氣)에서 찾았다. 남병철은 18세기 중국 최고의 서학자로 신법의 우월성을 주장하여 배척받은 강영(江永, 1681~1762)의 관점을 따랐고, "하늘의 징험[驗否]만 논할 뿐 사람의 화이를 논하지 않는다."는 천문학 정신을 천명하였다. 그는 천문 현상에 대한 이론적 검토를 하여 천문학적 근거를 중시하면서도,

서양 천문학의 강점을 정밀함과 정확함에 한정하고 방법론과 이론 모형의 강점을 발견하지 못하였다. 그는 강영처럼 서양인이 과학·기술의 강점을 가지나 중국 성인의 교화를 받지 못한 야만인이라 보았다. 그 연장선에서 남병철은 『시경』의 「독서사기(私記)」에서 해는 군도(君道)요 일식은 음이 양을 침범하여 군주를 경계하게 하는데도 후세 서학의 영향을 받은 산학자가 그것이 자연 현상이라며 재이(災異)임을 부정한다며, 그 학술은 정밀하나 중인인 "천문·역산 전문가[疇人]의 학문이 족히 되어도 사군자(士君子)의 학문이기는 부족하다"고 하였다.[164] 18세기 후반 선진적 과학자가 극복하던 상관적 사유를 천명한 것이다.

남병길 형제와 동시대를 보낸 최한기(崔漢綺, 1803~1877)는 한미한 사족이나, 왕성한 지식욕으로 중국의 문호개방 이후 서양 지식을 처음 습득하였다. 그는 이선란과 영국 선교사가 번역한 『담천(談天)』(1859)을 통해 1880년 이전 조선인으로서는 유일하게 뉴턴의 중력이론까지 알았다. 그는 최초로 유럽 입헌정체와 미국식 민주정치의 지식도 가졌다. 최한기는 "자연은 천지 유행의 이이고 당연은 인심 추측의 이이니, 학자는 자연으로 표준을 삼고 당연으로 공부를 삼는다(自然者天地流行之理也 當然者人心推測之理也 學者以自然爲標準 以當然爲功夫)."(「自然當然」)고 하여 "가치와 사실이 분리되기 시작한다"는 평가를 받는데,[165] 자연의 천리를 표준으로 삼아 인심의 당연을 공부해야 한다는 관점은 천리가 심성을 규정한다는 이학의 영향을 벗어나

---

164 가와하라 히데키(2017), 371~405쪽; 문중양(2016), 186~190쪽; 전용훈(2004); 전용훈(2017), 271~307쪽.

165 안병직(2021), 450~453쪽.

지 않았다. 최한기는 정치·교육[政教]의 운화(運化)와 자연의 운화가 연속적 통일성을 이루고 후자가 최종 준거라고 보았다. 그는 신·기·형·질(神氣形質)의 운화로 우주의 모든 변화를 '실측경험'할 수 있고 그러면 민생 일용과 과학에 유용하다고 주장하였다. 그는 기로 지전설과 중력이론을 설명하였다. 그는 자신의 학문을 기학(氣學)으로 명명하고 기수지학(氣數之學) 개념도 병용하였는데, 기 운행에 개재된 만물의 수적 질서로 우주세계를 이해하였다. 최한기는 자연계와 인간계의 현상을 '실측경험'할 수 있게 하는 기의 개념을 정의하지 않았으니, 가설의 과학적 검증은 없고 불가능하였다. 서학의 영향을 폭넓게 받고 수학의 중요성을 강조하였지만, 이수(理數)를 중시한 상수학을 대체하여 기수를 중시한 상관적 사유를 정교화하였다.[166] 최한기는 누구보다 풍부한 서양 학문 지식을 유학과 회통 내지 통섭하고자 한 것이다. 통섭의 기축은 유학의 기 철학이니, 과학과는 달랐다. 조선에서 황윤석·정약용·최한기처럼 학문의 통섭을 추구한 인물들이 나온 것은 주자 모범의 영향이라 보아야 한다.

18세기 진전하던 과학의 흐름은 신유박해로 인해 홍길주를 남긴 채 거의 단절되다시피 하고, 반세기가 지난 후에 주목할 과학자로 3명을 배출하는 데에 그쳤다. 문호개방 이전 한미한 사족인 최한기만 1850년대 이후 중국의 최신 서양 지식을 흡수한 것은 서학·북학 사조의 쇠퇴를 드러낸다. 최신 구미 지식을 얻은 최한기가 그보다 낙후된 지식을 흡수한 과학자 남병길 형제, 그리고 경세가 박규수와 교류하지 못한 것은 조선 학계의 불행이었다. 문호개방 이전 19세기에는

166 이우성 등(2016); 김문용(2012), 430~435쪽.

정조대처럼 교류하는 과학자 집단이 확인되지 않는다. 문호개방까지 과학은 신유박해의 피해로부터 충분히 회복하지는 못하였던 것이다. 신유박해로 위축된 실학의 회복이 더딘 원인은 경직적 주자학풍의 강고한 지배에서 찾을 수 있다. 그 결과 조선과 중국·일본의 과학역량 격차는 신유박해 이후 크게 벌어졌다.

(9) 중국과 조선의 공업기술학

전근대에 중국은 세계 최초로 여러 기술품을 발명하였으나, 최초 과학 발명은 자석이론의 나침반뿐이다. 중국은 과학보다 기술에 더욱 유능하였던 것이다. 자연학은 도학과 이학에, 기술학은 경세학에 봉사하니, 기술학은 자연학보다 경시되었다. 그래서 중국 과학은 사대부 지식인에 의해 주도되었다면, 사농공상의 문화 아래 공업 기술을 주도한 문맹·준문맹의 수공업자는 기록보다 전승된 경험적 지식에 의존하였다. 조선시대 과학인 의학·음양학·산학은 잡과(雜科)에 포함되나, 기술학은 잡과에도 오르지 못했다. 군사·교통 등 일부 기술은 국가의 지원을 받았다. 고대 그리스, 이어서 중세 유럽에서도 수공업자를 경시하였으나, 중국과 달리 그리스 수공업자부터 자신의 technē, 곧 기술에 대한 자부심을 드러내고 그들의 성취에 대한 사회적 평가가 중국보다 높았다. 유럽 중세의 수공업자는 중국과 달리 상당한 정도로 문자해독력을 가졌는데, 상공업 자치도시의 성장과 관련이 있다. 더크 보드에 의하면, 1668년경 유럽과 중국의 기술은 다 같이 근대 과학의 태동 직전에 도달할 수 있는 최고 수준이고, 이론보다는 경험적 실행에 기반을 두었다. 17세기 중반까지 중국의 기술이 서양과 큰 차이가 없는 수준에 도달한 것도 과학과 같은 논리로 설명할 수 있다. 중국에서는 유럽 전체에 해당하는 인구의 집단지식이 유럽·중동보다 연속성을 가지고 축적된 덕분에 과학과 기술의 지식은 높은 수준으로 발전할 수 있었다. 그런데 유럽에서는 17세기에 이미 학술 이론과 기술 기능의 결합이 시작되어 산업혁명의 돌파구를 열었다. 보드는 경험적인 수준이고 이론에 무관심한 기술학의 방법론적 약점이 중국이 여러 기술을 발명하고서 계속 진전시키지 못해 유럽에 뒤진 요인이라고 보았다.[167]

사대부는 과학과 기술이 종합된 의서(醫書)와 농서를 활발히 남겼다. 수공업 기술자는 거의가 문맹이거나 준문맹이어서 저술을 남기지 않았지만, 그들이 성취한 기술을 정리한 지식인이 있었다. 기원전 1세기에 수집되어 『주례』 동관(冬官)으로 편입된 고공기(考工記)는 30개 항목의 공업 기술을 세분화하였고 수레 바퀴 등에서 규격 표준화를 보여준다. 마크 엘빈(1989)은 당송변혁기의 '경제혁명'을 논하면서 왕정(王禎)의 『농서』(1313)에 나온 방적기가 17세기 말 유럽의 정교한 방석기와 비슷한 수준에 수복하여, 14세기에 중국이 세계 최고 기술을 갖추어 산업혁명의 가장 유망한 후보였는데 유럽에 뒤쳐진 원인을 탐구하였다. 송응성(宋應星)의 『천공개물(天工開物)』(1637)은 중국에서 1620·30년대 사용된 농산물 가공과 수공업의 재래 기술을 18항목 아래 망라한 가장 종합적인 공업기술서이며, 200매 이상의 삽화 도해도 제시하였다.

서학은 사대부의 기술에 대한 이론적 관심을 자극하였다. 마테오 리치는 『기하원본』 서문에서 수학이 음악·천문학·역법을 위한 기

---

167 Bodde(1991), pp. 222~235, 360~362, 367~368.

초 학문이라 하고, 기구 제작, 토목건축, 지리 파악과 지도 제작, 경제, 군정 등 다방면에 유용하다고 설명하였다. 중국 수학은 행정과 일상생활에 활용되는 실용 수학이며 『구장산술』은 수학 용도별로 9장을 설정하였는데, 리치는 그보다 체계적이고 광범위하게 수학의 효용을 정리하여 중국인 독자를 설득하였다. 서광계는 1629년 서양 역법으로 개정하길 건의하면서 리치를 본받아 서양 수학을 도입하여 수학의 실용적 활용을 증진하자는 취지로 수학의 실용 10분야를 언급하였는데, 기술도 포함하였다.[168] 우르시스(Sabbathino de Ursis)는 서광계 · 이지조의 도움을 받아 1612년 유럽 수리법에 근거해 『태서수법(泰西水法)』을 내었다. 여기에 자극을 받아 서광계가 『농정전서』를 저술하였다. 그런데 그 이후 문호개방까지 중국에서 주목할 기술서가 없었다. 중화주의뿐만 아니라 기술학에 대한 사대부의 관심 부족을 반영한다. 공업 기술의 경험적 지식과 이론의 결합이 사회적으로 확산되지 않고서 산업혁명의 돌파구를 열기 어려웠다.

조엘 모키르는 17세기 중반 중국과 서양의 기술이 대등하였다는 보드의 견해를 수용하고, 18세기 유럽이 과학 지식을 발전시키고 넓혀 기술에 적용하자, 중국의 기술을 압도하게 되었다고 본다. 18세기 일부 발명품은 과학에 의존하였으나, "19세기 기술의 진화에 결정적이던 과학은 18세기 산업혁명의 중심 추동력이 되기에는 대부분 기술의 주변부에 머물렀다." 18세기 섬유 · 철강 등 산업혁명의 기술적 돌파구를 연 것은 과학적 지식이 아니라 수공업 기술자인 장인(匠人)의 경험적 지식과 재능이었다. 이런 장인도 동시기 중국 장인에 비해 지

168 임종태(2021), 95쪽.

적 능력이 앞섰다. 과학의 기술적 적용이 점차 확대되어 산업혁명을 완수하고 지속적 경제성장을 낳았다. 산업혁명은 장인의 독창성과 과학적 방법이 "동시에 작동하면서 생겨난 결과"였다.[169] 요컨대 의술·농업을 넘어 공업 기술의 이론에 대한 관심, 그리고 과학혁명은 중국이 아니라 유럽에서 산업혁명이 일어난 학술 배경이다.

기술은 경제발전의 중요한 요인이므로, 근대경제의 성립에 이바지할 기술학과 기술 담론은 경세실학에 포함된다. 야마노이 유(山井湧 1980: 231-232쪽)는 『태서수법』·『농정전서』·『천공개물』을 경세치용학파 중 기술파의 업적이라 보았다.

조선보다 중국문명을 잘 배운 나라는 없다. 조선은 중국의 국가제도, 학문과 사상, 군사·의료·생산기술 등을 적극 수용하였다. 사대부가 깊은 관심을 기울인 기술은 농업·의학 분야여서 농서·의학서 등 기술학이 성장하였다. 『동의보감』은 중국에서도 인정받은 예외적 저서였다.[170] 그런데 공업 기술의 수용 실적은 성공적이지 않았다. 무엇이 문제였던가?

중국 견문에 자극받아 태종 이후 거의 모든 왕의 조정에서 물을 끌어올리는 수차(水車)의 도입을 논의하였고, 운송용 수레의 도입 논의도 빈번하였다.[171] 세종은 수차와 수레의 보급을 위해 적극 노력하였으나, 결국 좌절하였다. 1447년 세종은 "수차는 옛 제왕(帝王)이 남긴 제도로 중국에서 관개(灌漑)할 뿐 아니라 일본에서도 사용하기 때문에 백성에게 시행하려 했으나, 우리나라 토양이 거칠어 물이 쉽게 새

169 조엘 모키르(2018), 371~379, 432~433쪽.

170 김영식(2021), 184~187쪽.

171 윤용출(2013)은 조선시대 수레 보급 논의를 정리하였다.

서 실행되지 않으므로, 태종이 …… 중지하셨다. 내 대에 …… 수차 설치도 마침내 실패하였다. 우리나라의 인심이 본디 게을러 힘써 일하기를 꺼리고 놀기를 좋아한다. …… 내가 수레를 설치한 것은 본디 백성이 운수에 편하고 소나 말을 먹여 기르는 번폐를 없애기 위함인데, 설치한 지가 벌써 오래여도 백성이 사용하지 않으므로, 지난해에 시험 삼아 형제 자질(兄弟子姪)과 여러 대신에게 주어서 널리 시행하고자 하였더니, 뒤에 들으니 모두 매달아 두고 사용하지 않는다기에 명하여 도로 거두어 버렸다."(『세종실록』 29년 5월 1일 辛卯) 김육은 1644년 수레의 사용을 건의하고 1644년 의주까지, 1646년 중국에 수레를 타고 왕래하였으며, 박제가는 그 일을 높게 평가하였다.

서학은 중국과 마찬가지로 조선에서도 사대부의 기술학 관심을 낳았다. 그 결과 수공업자의 경험적 기술과 사대부의 이론적 기술 탐구가 결합할 조짐이 나타났고, 수공업 기술을 중시하는 사대부 지식인이 늘었다. 이것은 조선의 산업혁명을 위해 필요한 요소였다. 조선인이 서학에서 관심을 기울인 기술은 『태서수법』의 관개용 용미차(龍尾車)였다. 1635년 중국 심양에 다녀온 이원진(李元鎭)은 임경업 장군에게 용미차를 가르쳐주었다(『성호전집』「從祖叔父太湖公行錄」) 성호는 「논수리(論水利)」에서 "물을 퍼 올리는 기술은 고금에 많이 전하나 서양의 용미차 만한 것은 없다"고 하였다. 이후 용미차 보급을 주장하거나 시도한 인사가 상당수이나, 모두 성공하지 못하였는데, 그 도입론은 기술학 담론으로서 고찰할 가치가 있다.

고공기의 『주례』 편입은 사대부의 수공업 기술에 대한 관심을 낳았다. 고공기에 대한 훈고학적 성과는 대진(戴震)의 『고공기도(考工記圖)』(1746)에서 정점을 이루었다. 조선후기 고공기에 대한 관심은 갈

수록 늘었는데, 서학의 자극이 작용하였다. 유희는 1816년경 서유본으로부터 『고공기도』를 얻어서 보고 훈고학적으로 보완한 『고공기도보주보설(考工記圖補註補說)』을 지었다.[172] 기술 발전을 위해 고공기에 대한 훈고학적 탐구보다 중요한 것은 그 후 발전한 장인의 경험적 기술을 정리한 『천공개물』에 대한 관심, 그리고 그런 저서의 출간이다. 중국에서도 『천공개물』은 고공기만한 관심을 받지 못하였다. 조선인은 더 무관심하여, 한국고전종합DB에서 『천공개물』의 인용은 이규경만 확인된다. 『천공개물』을 활용한 『임원경제지』는 그 DB에 나오지 않는다. 기술학에 관심을 가져 누구보다 고공기를 많이 인용한 정약용에게서도 『천공개물』의 인용은 확인되지 않는다. 『천공개물』보다 고공기에 대한 관심이 훨씬 컸던 것은 기술서 측면보다 경서 측면의 관심이 우세하였음을 드러낸다.

홍량호는 1754년 호남 증광초시에 출제한 「거제책(車制策)」에서 중국의 부유한 상인이 전국으로 수레로 원활히 운송하는데, 조선에서는 소·말에 의존하여 비효율적이고 함경·황해도에서만 수레를 사용하며, 중국에서는 수차로 가뭄을 극복하는데, 조선은 그러하지 못하다며, 수레와 수차의 전국적 보급 대책을 "독서궁리하며 시무(時務)에도 두루 통하는" 응시자에게 물었다. 신경준의 장원 답안은 문호개방 이전 동아시아 최고의 기술철학으로 보인다. 조선인이 "고대(高大)한 담론을 즐기나 시무의 적용을 모르는데, …… 공업은 유학 격물의 한 일이다. …… 개물성무(開物成務)를 임무로 삼는 통유대인(通儒大人)은" 미미한 기구도 고찰하지 않음이 없다. "무릇 여러 형이하의 기(器)는

172 구만옥(2016).

반드시 형이상의 묘리(妙理)를 가지니," 그 이에 격물해야 한다. 신경준은 기술도 개물성무의 시무라며 중시하고 사대부가 도 · 이에 해당하는 그 이론적 탐구인 격물을 하여 기에 해당하는 수공업자의 경험적 기술과 결합하자고 주장한 것이다. "수차의 제도는 수레와 꼭 같지는 않다."고 하고, 서양 용미차의 기술이 최고라며 사용하자고 주장하였다. 중국 수레 · 수차 기술이 서적에 실려 있고 사신이 목격하는 데도 도입하지 못하는 까닭은 사가 과거용 사장(詞章)에만 힘쓰고 학자가 "명물도수를 말무(末務)로 삼아 공부하려 하지 않기" 때문이라고 판단하였다. 그런데 "본 · 말이 구비되고 덕(德) · 예(藝)가 모두 진전하면" 바람직하다. 이것은 『서경』에서 성인이 '정덕 · 이용 · 후생' 모두를 거론하고 공자가 덕을 지키고 예에 노닐어야 한다고 가르친 데에서도 알 수 있다. 중국에 사신단이 가서 배워와 "박예(博藝)의 사(士)를 뽑아 수레 제조 기술을 깊이 연구하여" 조선의 지형에 맞는 수레를 제작하자고 주장하였다. 신경준은 본-덕-정덕만큼 말-기예-이용후생인 기술도 중시하여 사가 기술의 이론적 탐구를 하자고 주장한 것이다. 신경준은 장인의 경험적 기술과 지식인의 기술 이론의 결합을 선구적으로 주장하였다.

박제가는 『북학의』(1778)에서 수레를 비롯한 중국의 여러 기술을 관찰하여 조선과 비교하면서 보고하였다. 그 전에도 수레 등 중국 기술에 관심을 기울인 사대부가 많았지만, 『북학의』처럼 자세히 관찰한 보고서는 없었다.[173] 중국과 조선의 유교 문화에서 공업 기술은 잡학의 말단 분야로 사대부의 과제가 아니라는 것이 통념이었기 때문이

173 임종태(2021), 228~231쪽.

다. 박제가는 “전문적 기술[藝]을 익히는 자는 오직 벽(癖)을 가진 사람만이 가능하다.”며(「百花譜序」) 유교 문화와 달리 기술 전문가를 높게 평가하였다. 그는 기술의 서적 지식을 중시하고 농·공인의 경험적 지식을 무시한 한계를 보였으나(「附李喜經農器圖序」·「老農」), 뛰어난 기술자를 관습에 따라 천시해서는 안 되고 사(士)로서 대우하여야 기술이 발전할 수 있고(「謝鄭吏議志儉求見李吉大書」), ‘한 가지 기예[一技一藝]를 가진’ ‘하류(下流)’도 천거하자고 주장하였다(「科擧論2」). 신경준은 폭넓은 기술 지식을 가진 사를 등용하자고 주장했는데, 박제가는 나아가 사가 아닌 전문기술자를 우대하고 등용하자고 주장하였다. 박제가는 1786년 서양의 과학·기술자를 초빙하여 관상감에 근무하게 하여 우수한 인재에게 과학·기술을 가르치고 중국 기술을 습득한 서울 기술자가 지방 기술자에게 전수하자고 건의하였다. 선진 기술의 도입론을 신경준보다 진전시킨 것이다. 그는 조선이 검소를 숭상하여 “기술[技藝]이 무너지고 …… 사민(四民)이 모두 곤궁해졌다”며(「市井」), 유일하게 기술의 공급 측면뿐만 아니라 수요 측면인 시장도 고려하였다. 박제가는 해로육성책 등 시장 육성이 경제발전을 낳는다고 주장하였는데, 그것이 기술 발전을 도모함을 인식한 것이다.[174] 필자는 박제가가 문호개방 이전 동아시아에서 가장 탁월하게 시장과 기술의 진흥책을 제시하였다고 본다.

1786년 박제가가 서양 과학·기술자의 초빙을 건의하기에 앞서, 1784년 이승훈이 북경 선교사에게 유럽 과학·기술자의 초빙을 건의하겠다고 말한 데에 주목할 필요가 있다. 이승훈의 발상은 선교사와

174 이헌창(2011), 23, 128, 173~179, 182쪽.

만나기를 제안한 이벽과 논의한 산물일 수도, 이가환 등과의 서학 연구회의 산물일 수도 있었다. 조선의 서학자는 상주한 유럽 선교사에게 직접 과학과 기술을 전수받는 중국인을 부러워하지 않을 수 없었다. 이승훈과 함께 성당에 간 사신들도 서양인 초빙의 건의를 약속했다고 하니, 서양 선교사의 초빙은 그 과학 · 기술의 도입을 희망하는 인사들의 폭넓은 희망 사항인지도 모른다. 고을희(2005)는 이런 등의 사례와 서학자를 보호한 정책에 미루어 정조도 서양 선교사를 초빙하여 과학 · 기술을 습득할 마음이 있었던 것 같다고 보았다. 그렇다 해도 박제가가 서양 과학 · 기술자 초빙안을 구체화하여 국왕에게 처음 건의한 사실은 높게 평가되어야 한다.

황사영에 의하면, 김상헌의 후손인 노론 김건순(金健淳, 1776~1801) 등 5~6인은 "배를 타고 바다를 건너 강소성 · 절강성[江浙]에 도착하고 북경에 가서 서양 선교사들과 만나 이용후생의 방법을 많이 배워 본국에 돌아와 전할" 계획을 세웠으나, 신유박해로 모두 순교하였다. 김건순은 1791년 이전부터 서학서를 보았다. 주문모 신부의 자백에 의하면, 김건순은 장래 바다 섬에 가서 군기와 큰 배를 만들어 청나라에 복수할 생각을 하다가 영세를 받았다. 영세 후에 생각이 바뀌었다고 보인다. 1797년 이들이 '양학(洋學)'의 '해랑적(海浪賊)'이라는 고발이 들어왔다. 정조는 "이처럼 등불에 날아드는 불나비 같은 무리를 번번이 역적 형률로 다스린다면 국가의 체통이 도리어 가벼워진다"며 처벌을 최소화하고, 발설자를 오히려 무겁게 처벌하였다.[175]

박제가는 중국 절강성 · 강소성의 항구에 배를 보내고 교역하여 나

175 『정조실록』 21년 11월 11일 丙子, 12일 丁丑; 崔奭祐(1983), 251-253쪽.

라를 부강하게 만들자고 건의하고, 그것이 실현된 다음 차례로 서양도 포함한 세계 각국과 해로통상을 하자고 주장하였다(「通江南浙江商舶議」). 박제가는 홍대용을 기리며 지은 시에서 "만약 우리 인생에 서양 배에 오른다면, 장사꾼이 되더라도 관내후(關內侯) 같은 높은 벼슬보다 나으리."라고 읊었다. 해로 개방과 서양 과학 · 기술자 초빙→선진 문물(기술 · 문화)의 도입과 교역 이익의 증대→부민(富民) · 부국강병이라는 구상에서 북학과 서학은 연결된다. 박제가는 이덕무 · 이서구처럼 성호좌파와 교류하였을 것이다.

박지원은 1781년에 쓴 『북학의』 서문에서 다양한 기술의 비교 관찰 보고를 높게 평가하고, 함께 논의했던 일이라 하였다. 그는 사(士)가 명농(明農) · 통상(通商) · 혜공(惠工)의 이치에 관한 실학에 종사하여 산업을 진흥하자고 주장하였다(『課農小抄』「諸家總論」). 명농과 통공의 핵심은 기술 발전이다.

서명응은 1782년 쓴 서문에서 박제가가 '기이한 선비[奇士]'라며 중국 기술을 관찰, 탐구하여 "기술을 상세히 설명하고 제작법을 명료히 밝혔다. …… 그 내용을 적용하여 시행할 만하다."고 칭찬하였다. 서명응의 서문은 "성곽 · 주택 · 수레라는 용기[器用]는 자연스러운 규격수치와 제작법[自然之數法]이 없을 수 없다."는 문장부터 시작하는데, 마테오 리치의 수학 효용관을 계승하여 수학으로 기술 발전을 도모하자는 관점이다. 서명응은 용미차를 알고서 서양인이 기술에서만 중국인을 능가하는 까닭을 수학에서 찾았다(『本史』「灌漑志」). 이어서 『주례』 고공기를 논거로 성인(聖人)은 기술 지식이 극진하였다며, 조선 사대부가 기술을 무시하는 풍조를 지적하였다. 한나라 이후 학자는 삼라만상의 수법을 모른 채 기술이 공인(工人)의 일이라며 무시한 문제점이 있지만, 중국에서는 직업 전문성, 그리고 기술을 스승으로부터 전수받는 관례가 있으며, 재능을 가진 사가 정교한 기술을 습득하여 전수해왔다. 그에 비해 조선은 기술학에 소홀하고 기술이 낙후되어 있는데, 조선의 가난이 그와 관련이 있다. 서명응은 조선의 사도공업 기술을 연구하자고 주장한 셈이다. 서명응은 『주례』를 참고하여 6조와 여러 관사(官司)의 직무를 정리한 서적의 편찬을 계획한 정조가 공업 기술의 규격 수치를 상세히 설명하고 제작법을 통달한 『북학의』를 채택하여 기술학을 진흥해주기를 희망하였다.

서유구는 16세경 서형수로부터 고공기를 배우면서 '대장부의 글'이라고 평가하였다. 그는 『임원경제지』에서 중국·조선·일본의 중요한 산업기술서를 거의 모두 참조하여 선진적 기술을 집대성하였다. 그것은 일본에서 공업 기술을 집대성한 『화한삼재도회(和漢三才圖會)』(1712)도 널리 참조하였다. 『천공개물』·『화한삼재도회』·『임원경제지』는 문호개방 이전 동아시아의 3대 공업 기술서이다. 서유구는 조선이 공업 기술의 낙후로 중국·일본보다 가난해졌다고 진단했는데, 서명응 관점의 계승이자 정확한 파악이다. 서유구는 사대부가 공업 기술 방도[便器利用之道]에 유의하여 중국의 기술을 학습하고, 향촌의 공장(工匠)에게 서울의 앞선 기술을 학습하게 하고 제조품에는 공장의 이름을 새겨 기술을 권장하자고 제안하였다(『임원경제지』, 贍用志 권4, 工制總纂, 「訓工」). 신경준·박지원·서명응·서유구는 사대부 학술문화가 변해야 한다고 주장하였으나, 인재 등용 이상의 실현 방안을 제시하지 않았다. 박제가는 해로무역 허용으로 개방체제가 되면, 사대부 사고가 변한다는 유효한 방안을 제시하였다.

서학을 집단적으로 공부한 성호좌파는 서양의 과학·기술·스콜라철학을 폭넓게 공부하였다. 그중 과학에 가장 정통한 이가환은 1789년 「천문책」에서 서양 수학이 역법뿐만 아니라 음악가의 율려 제작, 공업 기술, 농업 수리, 병가의 공수책 등에도 이바지할 것이라고 주장하였다. 이것은 수학을 진흥하여 경세제민에 이바지하자는 제안이고, 서명응의 관점에 통한다. 이것은 마테오 리치가 『기하원본』 서론에 수록한 수학의 효능이고 1629년 서광계의 건의와 같은 의의를 가졌다.

정약용은 1799년경 쓴 「기예론(技藝論)」에서 "성인(聖人)이라도 수많은 사람이 함께 의논한 것을 당해낼 수 없고, 하루아침에 문명을 완성할 수는 없다. 그 때문에 사람이 많이 모일수록 그 기예가 더욱 정교해지고, 세대(世代)가 내려올수록 그 기예가 더욱 공교하게 되니, 형세가 그렇지 않을 수 없다."며 집단지성의 축적에 따른 기술 진보관을 문호개방 이전 가장 수준 높게 제시하였다. 「기예론」은 기술만 다루나 과학도 기예에 포함된다. 성호는 과학 진보관으로 서양 과학을 옹호하였다면, 정약용은 기술 진보관으로 중국 기술의 도입을 주장하였다. 정약용은 『경세유표』에서 『북학의』와 『열하일기』를 거론하며 공조에 공업 기술의 향상을 도모할 이용감(利用監)을 설치해 국력을 신장하자고 제안하면서 "온갖 공업 기술자의 정교한 기술은 모두 수리에 근본한다(百工之巧, 皆本之於數理)"며 그들에게 수학을 습득하게 하자고 주장하였다. 마테오 리치－서광계－서명응－이가환의 주장을 계승하면서 공업 기술에 초점을 맞춘 의의가 있다. 천문역법에 사용되는 의기(儀器)·측기(測器) 등 과학 기구의 제작도 맡는 구상이었다. 중국에서 선진 기술을 배워오자고 주장하였는데, 박제가처럼 서양 과학·기술자의 초빙을 거론하지 못한 것은 신유박해 때문이었다.

신경준의 「거제책」을 1위로 뽑은 홍량호는 1783년 중국 사행 견문을 들면서 중국으로부터 배워 수레 · 벽돌 등을 사용하자고 건의하여, 정조가 승인하였다. 서명응처럼 소론의 개방적 박학자인 홍량호는 같은 주장의 『북학의』도 보았을 것이다. 수레 보급이 부진하여 1790년 정조는 중단하였다. 정조가 말에 짐을 실으면 되지 왜 말 수레로 운반해야 되고, 왜 소가 아니라 말이 끌어야 하는가라고 질문하자, 홍량호는 말 수레가 성능이 좋다고 답하였다. 정조는 우활하다고 평하였다.[176] 말 · 목재 · 수레 가격이 낮아지고 수송량이 늘어야 말 수레가 사용될 수 있는데, 홍량호는 기술을 위주로 고려하고 경제적 고려가 부족하였다. 홍량호 상소의 14일 전에 이조판서 서호수는 서광계의 『농정전서』에 실린 용미차의 이익이 많으니 '사고(思考)가 정교한 공장(工匠)'에게 농서 기록대로 만들어 전국에 보급하자고 주장하였다. 정조가 승인하여, "서호수에게 제작의 감독을 명하여 용미차가 만들어졌으나 반포되지는 않았다." 수공업자의 경험적 기술과 지식인의 기술 이론이 결합할 잠재성을 가진 정책이었다. 1799년 좌의정 이병모(李秉模)는 사도주부(司䆃主簿) 황정언(黃井彦)이 10냥 내외로 용미차를 만들었다며 그 보급을 건의하자, 정조는 우선 화성(華城)에 시험해보라고 하였다.[177] 정조는 수레 · 용미차의 시행책에서 가격경쟁력도 고려하고 있었다.

정약용은 화성 축조가 준비되던 1793년경 유형거(游衡車)와 기중기(起重機)의 사용을 건의하여 채택되었는데, 유형거는 명나라의 『무비

176 『정조실록』 7년 7월 18일 丁未; 『승정원일기』 정조 14년 3월 11일 辛卯.

177 『정조실록』 7년 7월 4일 癸巳; 『승정원일기』 정조 23년 2월 2일 庚寅.

지(武備志)』를, 거중기(擧重機)는 정조가 내려준 예수회 선교사 테렌츠(Johann Terrenz)의 『기기도설(奇器圖說)』을 참조해 제작되었다.[178] 수원성 축성에서 정교한 거중기와 유형거의 활용으로 보건대, 수레·용미차를 중국 수준으로 만들 기술이 결여된 것이 아니라 그것을 구매할 부유한 상인이나 농민, 곧 수요의 부족이 그 보급을 어렵게 하였다. 그런 점에서 기술 발전의 수요 조건인 시장도 고려한 박제가를 평가해야 한다.

18세기 가장 유명한 기술자인 최천약(崔天若)은 동래부 평민 출신인데, 기술력을 인정받아 무반직을 받았다. 중국식 수학서 『주서관견(籌書管見)』을 저술한 소론 영의정 조태구(趙泰耉)는 1713년에 이민철(李敏哲)이 늙고 병들었으니 옥(玉) 가공 기술이 뛰어난 최약천과 허원 같은 젊은이에게 천문기기 제작법을 터득하게 하자고 건의하여 숙종의 허락을 얻었다. 명문가 서자인 이민철은 송이영(宋以穎)과 함께 서양 시계 기술을 도입한 전통 시계인 혼천시계(渾天時計)를 만들었다. 황윤석은 최약천과 홍수해가 왜관에 들어가 자명종과 화기(火器) 제작법을 익혔고 호남의 나경훈도 자명종 기술자라 하였다. 1740년 우의정 유척기의 건의로 최약천은 자의 제작도 맡았다. 최약천은 영조대 악기와 물시계도 제작하였다. 최약천은 중국과 일본의 사신단에 따라갔고, 종2품까지 올랐다.[179] 조선 국가가 이처럼 평민이라도 특이한 재능의 기술자를 뽑아 우대하였으나, 박제가가 제안한 바와 같은, 그들을 선발하여 우대하는 제도는 없었다.

---

178 임종태(2021), 제3장 제4절.

179 안대회(2007), 375~406쪽.

이상으로 보면, 조선 조정의 중국 공업 기술의 도입 논의와 노력이 부족했다기보다 그 성과가 빈약한 점이 문제였다. 필자는 그 주요한 요인을 시장의 미발달에서 찾는다. 시장이 미발달하니, 정부가 시장을 고려한 수공업 진흥책을 잘 기획하지 못하였고, 정책의 효과도 낮았다. 요컨대 조선후기 시장이 중국과 일본보다 크게 뒤떨어졌기 때문에 공업 기술의 격차가 상당하였다. 그런 점에서 필자는 시장 육성과 기술 발전을 연계한 박제가의 정책을 높게 평가한다.

조선후기 사대부의 기술학 관심이 증대하였다. 18세기 후반 기술 담론은 높은 수준으로 발전하여, 동시기 중국과 일본보다 높다고 생각된다. 3국의 학술 역량은 대등한데, 조선의 기술이 가장 낙후되었기 때문이다. 해로무역 육성, 기술진흥관서, 기술자의 선발 · 우대제도, 외국 과학 · 기술자의 초빙 등 실학자의 기술육성책은 문호개방 이후 실현되었는데, 실학자의 선진적 정책이 그 전에 반영되지 않은 문제점도 있다.

선진 기술의 도입을 통한 기술진흥책은 정조조 진전하였으나, 신유박해 이후 후퇴하였다. 『경세유표』와 『임원경제지』는 정조대 학술의 유산이며, 이후 문호개방까지 중요한 기술론이 나오지 않았다. 그런 점에서 신유박해는 과학뿐만 아니라 기술발전도 억제하였다.

(10) 주자학과 고증학의 절충, 그리고 정조의 대일통

중국은 논리적 · 과학적 사유를 발전시키지 못하였으나, 학술간 유연한 절충 내지 회통(會通), 나아가 통섭의 사조를 발전시켰다. 그 기본 방법론은 박학을 하되 유학 내지 주자학으로 수약(守約) 내지 제약을 하는 박이약이었다. 명물도수학의 박학도 주자학 내지 이학으로 수약하는 것이 바람직하게 간주되었다. 중체서용론(中體西用論)은 회통론의 마지막 단계를 장식하였다. 과학에서의 회통은 상관적 사유와 관련을 가진다.

중국은 서양 과학의 충격을 받고 서광계 단계에는 유학과 스콜라 철학 · 서양 과학의 회통을 추구하다 이후 매문정 등은 과학의 중서 회통을 추구하였다. 조선의 김석문 · 최석정은 더 나아가 기론 · 역학 · 상수학을 서양 과학의 자연철학으로 삼았다. 18세기 중 · 후반 서양 과학의 이해를 진전하면서 역학 · 상수학의 각색, 나아가 과학의 동서 회통을 탈피하는 학자들이 나타났다.

명 · 청조가 정주학을 관학으로 삼은 것은 의리 · 명분관이 왕권을 옹호하는 이념이기 때문이었다. 건륭제는 그런 정책을 계승하면서도 정주학과 관료의 붕당적 성격, 그리고 도학정치 이념이 전제군주권을 견제하는 속성을 간파했기 때문에, 정주학 일변도의 문화정책을 넘어서 고증학의 이용가치를 인식하고 장려하였다. 그러면서 대일통(大一統) 이념으로 한족을 포섭한 영토적 · 문화적 전제군주가 되기를 의도하였다. "건륭제 조정의 국책에 따라 한 · 송학 절충의 학풍이 형성되기 시작했다. 고증학 방법에 기초한 경학 연구로 주자학 이념 체계를 보완한다는 고증학 우위의 한 · 송 절충 원칙이 채택되"었다. 이상적 절충은 "공맹의 선진 유교를 이념적 기준으로 설정하고 일체 학설 · 문헌의 극단은 잘라내고 유교적 진리와 관통되는 부분을 지지, 보강하는 방법론이"니, 결국 박이약의 방법이다. 조선에서와 달리 주자학 절대적 우위의 옹호론은 소수파였고 고증학 중심의 한 · 송학 절충이 학풍을 주도하였다.[180]

청대 한 · 송학 절충은 주자학을 공리공담으로 부정하던 고증학계에서 송학을 겸비하려는 사조라면, 주자학을 비판할 수도 없는 문호 개방 이전 조선에서는 주자학을 기본으로 삼으면서 고증학 등 명물도수학을 절충하는 것이었다. 황윤석은 명물도수의 박학을 이학으로 제약하고자 한 점에서 한·송학 절충의 선구를 이루었다. 김문식(1996)은 정조가 한학과 송학의 장점을 절충하려는 학문관을 가졌고, 그 영향 아래 성장한 경기 학인으로 19세기 전반 성해응의 경우 한학 중심, 홍한주의 경우 송학 중심, 그리고 정약용의 경우 경문(經文) 중심의 한·송학 절충이라고 유형화하였다. 조병한(2020 : 38쪽)은 신작(申綽)이 예외적 고증학 지지자로 성해응·정약용도 주자학 우위의 지배적 절충을 벗어나지 못하였다고 본다.

조선에는 17세기 말에 『상서』 고문(古文)이 위서라는 명대 고증학설이 전해졌으나, 그 옹호론이 먼저 나타났고, 진위 논쟁은 18세기 후반과 19세기 전반에 활발해졌다. 주자학의 나라여서 진위 논쟁이 늦었고 고문이 위서임을 인정하는 학자도 인심도심론이 주자학의 근원을 담기 때문에 그 출처인 『순자』 도경(道經)을 유가서로 보아 유효하다고 보았다. 정약용의 『상서』 고문에 대한 고증 방법은 청대 학자에게 없는 독창적인 내용이 있었고 조선에서는 가장 박학한 지식을 활용하였다.[181]

김정희는 조선에서 청조 고증학과 한·송학 절충론에 가장 정통하였다. 그에게 영향을 미친 완원은 고증학 중심의 한·송학 절충 사조를 주도했고, 옹방강은 주자 의리학의 절대적 우위를 옹호하면서 고

180 曺秉漢(1992), 54~55쪽; 조병한(2020), 51~52, 55쪽.

181 陳亦伶(2016).

증학 방법의 유용성을 인정하였다. 김정희는 이들의 영향을 받아 “가장 체계적이고 선명한 논설로 ‘실사구시’의 한학을 토대로 송학의 의리를 천명하기를 제창한 한·송학 절충론자였다.” 김정희는 상복례(喪服禮)나 6향(鄕)의 고대 제도에 대한 정현 주석의 고증에 대해 정약용에게 근거 없이 추측하고 자기 학설을 창작하는 것을 삼가라고 충고하였다.[182] 정약용이 추론에 입각한 새로운 학설을, 김정희는 철저한 고증과 신중한 결론을 선호하는 학풍차를 엿볼 수 있다. 김정희는 금석학에서 성과를 거두었는데, 고증학 성립 이전의 방법이다.

정약용은 「오학론(五學論)」에서 “성리학은 도(道)를 알고 자신을 알아서 올바른 도리를 실천하는 데 그 의의가 있”는데 지금 사변적 이기심성론의 소모적 논쟁을 벌이고 있어서 4서6경을 깊이 연구하여 그 깊은 뜻을 파악한 주자의 본래 취지와 다르며, “훈고학은 경서의 글자 뜻을 밝혀 도학과 명교(名敎)의 취지를 알게 하는데” 지금 한·송학 절충을 명분으로 삼으나 “장구(章句)만을 해석하여 이동(異同)에 대한 연혁(沿革)만 고찰할 뿐 옳고 그름을 판별하고 정(正)과 부정을 구별하여 체행(體行)하는 방법을 찾으려 하지 않는다”며, 주자학 기본의 고증학 수용을 주장하였다. 주자처럼 의리·경세·고거·문장의 네 분야를 상호보완적으로 재통합한 본·말 겸비의 학문이면서 ‘도·기 합일’의 실학을 하자는 장학성의 이상을 정약용 이상으로 성취한 인물은 찾기 어렵다. 한국고전종합DB에서 장학성과 그의 주저 『문사통의』를 거론한 인물이 나오지 않으니, 정약용도 그를 몰랐다. 장학성 이후 완원 등의 절충 사조가 조선 학계에 영향을 주었다.

182 조병한(2020), 50~53쪽.

정조대·순조대 학술에 가장 큰 영향을 미친 정조의 학문은 한·송학 절충에서 더 나아간 대일통(大一統)으로 총괄될 수 있다. 1799년 정조는 주자학을 중심으로 삼고 "『춘추』의 뜻에 맞추어 대일통의 문자를 만들" 구상을 밝혔고,[183] 그 말은 정조 행장에도 실렸다. 여기서 알 수 있듯이, 정조는 공자-주자의 도통(道統)을 이은 군사(君師)로 자임하며 학문과 사상의 대일통을 추구하였다. 청조 고증학이 주류인 학풍에서 정주학을 절충한 건륭제의 대일통과 달리, 정조가 추구한 대일통은 주자학을 중시하여 발달시킨 나라라는 자부심 위에 주자학을 주축으로 하여 그 논지에 위배 되지 않고 유학 사상에 포섭될 수 있는 영역만 포괄하는 순정(醇正) 절충의 성격을 가졌다. 정조는 한·당대 훈고명물학이 경서 장구의 파악에 공적이 있지만 순정하지 못한 점이 있고 자잘한 것에 지나치게 천착하는 폐단을 지적하였고 청대 고증학이 경서의 본지(本旨)를 도외시하고 송학을 비난한다며 비판하였다.[184] 정조의 대일통은 주자학을 정학(正學)으로 삼아 표준과 모범을 설정하며 경세학, 고증학, 서학의 과학·기술학을 포괄하는 것이다. 그것은 포용과 통합의 이념이었다.

학문의 대일통은 황극탕평(皇極蕩平)과 만천명월주인옹(萬川明月主人翁)의 군주관에 통한다. 1683년 박세채(朴世采)가 제기한, 군주가 의리(義理)의 표준을 세워 당쟁을 타개하자는 황극탕평론은 영·정조 탕평정치의 이론을 제공하였다. 1798년 정조는 황극탕평의 군사관을 만천명월주인옹 군주관으로 발전시켜, 이일분수(理一分殊) 원리의 세

183 『정조실록』 23년 7월 16일 壬申.

184 金文植(1996), 37~56쪽.

상에서 군주가 의리의 표준을 세워 다양한 개성과 재능의 국민이 조화롭게 능력을 발휘하도록 조정하고 통합한다고 했다. 북학과 서학도 포용할 논거가 마련된 것이다. 공자가 『주역』에서 태극(太極)을 내세우고 『춘추』로 대일통의 의리를 밝힌 것을 이론적 논거로 삼았다.

정조는 경학을 날줄로, 사학을 씨줄로 삼는[經經緯史], 달리 말해 경학을 주로 하고 사학으로 보좌하는[主經翼史] 관점에서 경사 강론을 신하와 이어갔다. 그는 여러 주자서를 편찬하였고, 주자학의 기본서인 『주자대전』과 『주자어류』에 많은 문제점을 발견하고 주자의 모든 저술을 '일통(一通)'하는 『주자전서(全書)』를 기획하였으나 편찬하지 못하였다. 정조는 주자학 연구에서 퇴계·송시열을 비롯한 조선 학자의 연구 성과가 가장 우수한 것으로 평가하여 그것을 『주자전서』에 담아 주자학 중심의 대일통을 하고자 했으니, 주자학자는 여기에 따르지 않을 수 없었다.[185]

정조는 주자학자이기 전에 유학자여서 공자 사상을 논거로 주자의 심리설을 성기설로 바꾸었으니, 주자 독존(獨尊)의 송시열과는 달랐다. 그는 도덕을 함양하는 성리학을 중시하면서도 "후세의 유학자가 마음[心]과 본성[性]을 잘 설명하지만 실질적인 사공(事功)에 이르러서는 캄캄하게 무엇인지 알지 못하는데, 이것은 체(體)는 있되 용(用)은 없는 학문이다."라고 하여, 당시의 일반적인 주자학자를 비판하였다. 그는 경세제민의 구체적인 방책을 제시한 구준(丘濬)의 『대학연의보(大學衍義補)』를 중시하였고, 경학과 역사를 겸비한 『춘추』로써 각국 정치의 득실을 파악하고자 했던 점에서 주자학 경세관을 기본으로 삼

185 김문식(2007).

으면서도 정도전·양성지·유형원·김육 등 개혁가에도 관심을 가진 데에서 알 수 있듯이, 경세의 사공도 중시하였다.[186] 정조는 조선에서 『대학연의』의 영향으로 대표적 간신으로 간주된 왕안석을 우호적으로 평가할 정도로 열린 주자학자였다.

정조의 시대에는 주자학 독존의 보수파와 북학·서학의 진보파가 대립하였다. 보수파는 북학사상을 경계하고 천주교의 강경 탄압을 주장하였다. 이단(異端)보다 부정적 표현인 사학(邪學)은 정조대 이후 천주학을 지칭하면서 정학(正學)과 더불어 자주 사용된다. 정조는 정학인 주자학을 부양함으로써 사학의 기세를 꺾어야 한다는 부정학론(扶正學論)으로 대처하였는데, 이는 사학 탄압의 척사학론(斥邪學論)에 비해 온건한 대처 방안이었다. 동시에 정조는 주자학 중심의 대일통 이념 아래 서양 과학·기술학도 포용하고자 했다. 정조는 1778년 이가환에게 서양인이 "수정한 역법이 지극히 정묘(精妙)하였다"고 평가하고, 1799년 수학·천문학의 원리[數理曆象之原]를 밝힌 책을 편찬하고자 북경에서 책을 구매하려는 포부를 천주교 혐의로 공격받던 이가환에게 상의하였다(「貞軒墓誌銘」). 정조의 학풍으로 보건대, 과학적 원리라기보다 서양 과학의 유학적 근원을 밝히는 회통론이었을 것이다. 정조는 시헌력 운용의 책임을 서호수에게 맡기면서도, 유학의 관점에서 서양 수학·천문학 원리를 밝히는 적임자는 이가환이라 판단하였던 것이다. 정조는 『기기도설』을 내려 서양 기중기를 수원성 축조에 활용하게 도왔다. 정조는 유학을 수호하되 이용후생에 도움이 되는 과학·기술의 도입을 의도한 점에서 북학파를 포용할 수

186 金文植(1996), 57~62쪽.

있었다.

신유박해로 정조가 양성한 우수한 인재가 다수 희생되거나 처벌받았다. 이런 결과에 대해 정조도 책임이 있다는 견해가 제기된다. 그런데 투철한 주자학자로 교육받고 자란 정조가 그 정도로 서양 과학·기술까지 포용한 개방적 박학자로 성장한 자체는 높게 평가되어야 한다. 정조가 상업·과학·기술의 진흥책을 적극 추진하지 않은 아쉬움은 있으나, 주자학 독존의 보수파가 정계·학계와 사회를 지배한 국가에서 학문과 정치력이 뛰어난 정조라도 학풍과 정책의 방향을 크게 바꿀 수 없었다. 박제가의 해로무역 육성론과 서양 과학·기술자 초빙론은 가장 탁월한 정책 제안이었는데, 정조가 수용할 생각이 있었더라도 거의 모든 사대부의 반대로 관철할 수 없었을 것이다. 정조는 대다수인 교조적 주자학자를 자신처럼 개방적 주자학풍으로 변화시키지 못하였으니, 서학과 북학으로 더 기울었다면, 이들의 심한 반발을 받았을 것이다. 게다가 천주교 문제는 정조의 운신폭을 좁혔고 정학(正學) 부양의 필요성을 높였다. 1795년 정조는 "공조판서가 이단(異端)을 전공(專攻)하면 해로울 뿐이라는 훈계에 깊이 징계하는 것을 근일 경연에서 목격하였다"며 이가환이 사학(邪學)의 '교주'라며 비방한 박장설을 유배형에 처하였다(「貞軒墓誌銘」). 정조는 이단을 경계하며 정학을 따른다는 자세를 보인 인사라면 그 서학을 허용, 보호하였던 것이다. 당대 유교문화에서 기독교를 금지하되 그와 무관한 서양 과학·기술·철학을 허용하는 정조의 정책은 차선이거나 현실적 최선이었다. 정조는 천주교 혐의의 남인 인사, 그리고 북학파에 대한 보수파의 공격에 대처하여 노론 문신까지 포함하여 문체 문제로 돌림으로써 그들을 보호하여, 천주교 탄압의 피해를 줄였다. 정조 덕분에 보수파의 질시 아래서도 서학과 북학이 성장할 수 있었다. 진보적 실학파의 성장으로 학술이 다변화되면서 사상이 분열된 상황에서 보수적 주자학자를 아우르면서 학술이 전진할 방향을 열어준 정조의 학술적 · 정치적 역량은 과소평가될 수 없다. 뛰어난 지성의 박제가 · 정약용 등이 정조에 기대를 걸고 그의 사망에 낙담한 까닭을 우리는 생각해볼 필요가 있다. 정조가 10~20년 더 살았다면, 북학파와 서학파가 성장하여 보수파에 대응할 수 있는 정치세력이 되어, 천주교 문제에 현명하게 대처하여 신유박해처럼 실학에 심대한 타격을 가한 사건을 예방할 가능성은 없었을까?

3. 조선 · 중국 · 일본 소분기(小分岐)의 학술 배경

왜 중국이 아니라 유럽에서 과학혁명과 산업혁명이 먼저 일어났던가라는 'Why not' 물음과 대분기 논의는 문호개방 이후 조선 · 중국의 (반)식민지화와 일본의 자주적 근대화라는 차이를 보인 원인에 관한 소분기 논의와 통한다. 중국의 서양 학술 수용의 성과와 한계, 그리고 조선 학술의 중국 따라잡기의 성취와 한계는 일본 학술과의 비교를 통해 잘 드러난다.

도쿠가와시대 초기인 17세기 전반만 하더라도 일본의 학문은 조선보다도 크게 뒤떨어져 있었는데, 빠르게 발전하여 18세기에는 중국 · 조선에 대등한 수준에 올랐다. 도쿠가와 막부의 성립 이후 평화의 시대가 도래하자, 먼저 유학이 발달하였다. 유학은 도쿠가와 일본에서

"학문적 사고방식을 가르"쳤고 "난학(蘭學), 이어서 영학(英學)이 비교적 용이하게 도입된 것에 대해서도 주로 유학의 학습에 의해서 배양된 학문적 소양 때문이었다."[187] 유학은 합리적 사유이고 배움과 학문을 중시한 사상이기 때문이다. 유럽 기독교도가 과학혁명을 수행한 것처럼, 유학은 중체서용, 동도서기 또는 동양도덕·서양예술이라는 방식으로 윤리학에 자신의 직분을 한정하고 서양 과학·기술의 수용을 승인할 수 있었다. 물론 과학 발전은 결국 무신론자를 늘리듯이, 서양 과학의 폭넓은 수용은 결국 유교 영향력을 약화시킬 수밖에 없다. 유학 자체는 기독교보다도 과학에 덜 적대적이었다. 그런데 문호개방 이전 유학은 윤리에 그치지 않고 사고방식을 가르치고 학술문화를 지배하여, 그 상식적·직관적 사유는 과학적 사유의 성장을 억제하였다. 그리고 이학의 형이상학적 자연철학은 과학적 사유와 충돌할 수 있었다.

중국문명권 지식인은 중국문명의 핵심을 유학으로 보았다. 주자학은 유학을 학술적으로 가장 높은 수준으로 발전시켜, 중국·조선·일본·베트남 모두에서 주류 학문이었다. 16세기 이후 조선은 주자학의 성리학·심학·예학의 연구를 진전시켜 중국을 능가하였다. 그런 면에 대한 조선 학자의 자부는 이상하지 않다. 문제는 조선이 주자학을 지나치게 편식하여 학술 다원성이 부족하고, 경직적 주자학풍이 대세를 이루어 과학·기술 등을 잡학(雜學)으로 경시하는 학술문화를 강화하고 도리(道理)의 공리(功利)와 물리에 대한 구속을 강화한 점이다. 주자학 독존(獨尊)의 송시열을 정신적 지주로 삼는 노론이 정국

187 堀江保藏(1981), 151쪽.

을 지배한 이후, 주자학은 교조화되어 당쟁의 무기로 사용되었다. 그 연장선에서 일어난 신유박해는 서학과 북학에 큰 타격을 입혀 외국 선진 문물의 도입을 저해하였다. 조선에서 중국처럼 유학 학술문화가 지배적이었던 요인은 중국식 중앙집권적 관료제 군주국가인 데서 찾을 수 있고, 중국보다 주자학의 지배가 문호개방까지 강고한 요인은 소국이어서 문화적 통일성이 높고 시장이 낙후된 데에서 찾을 수 있다.

조선의 학술은 중국보다 좋게 말해 투철하게, 달리 말해 경직적으로 유학의 모범을 따랐다면, 일본은 유학을 유연하게 수용하였다. 중국에서는 공자 비판은 금기이나 그 외 학자를 모두 비판할 수 있었다면, 조선은 정자와 주자의 비판도 금기였다. 일본에서는 유학이 중심 학문이나 주자는 물론 공자 비판도 가능하였다. 그래서 일본 학자는 조선·중국보다 공리와 물리에 대한 도리의 구속, 그리고 과학·기술학을 잡학으로 경시하는 문화로부터 자유로웠다. 조선에서 사변적·형이상학적 성리학이 중국보다 훨씬 성행한 반면, 일본에서는 주자학자도 그런 담론을 즐기지 않고 경험주의적·현실적 담론의 유학을 선호하였다. 주자학을 편식한 조선과 대조적으로 도쿠가와 일본에서는 주자학이 자리잡자마자 탈주자학풍도 나타나 양명학, 고학(古學), 고문사학, 국학의 순으로 대두하여 중국보다 학술이 다원화되었다. 주자학·양명학의 심학이 대두한 지 얼마 지나지 않은 17세기 중엽 이후 주자학과 달리 인간의 욕망을 긍정하면서도 양명학과 달리 성현의 서적 탐구를 중시하는 경험주의적 학풍인 고학이 성장하였다.[188]

---

188 조·일간 유학풍의 차이로 조선 통신사는 일본 고학을 이단처럼 여겼다(하우봉

중국과 같은 정치체제면서 더욱 안정된 왕조국가 아래 조선인은 중국인보다 유학 이상정치를 추구한 도덕지상주의의 도학 담론을 즐겼다. 반면 일본은 중국 중심부와 바다를 포함한 상당한 거리에 있고 통일국가가 성립하기 어려운 지리적 조건 때문에, 조선과 달리 중국과 정치체제가 달라졌고 중국의 조공책봉체제로부터 벗어났다. 그 때문에 중국 · 조선과 학풍이 달라졌다. 전국시대를 경험하고 무사가 지배하는 정치체제 아래 일본인은 실용적 담론을 선호하였다. 각 번(藩)=영국(領國)이 분립, 경쟁하는 중앙집권적 봉건제인 막번(幕藩)체제는 고대 그리스의 도시국가체제나 근세 유럽의 경쟁적 국가체제와 닮았다. 조엘 모키르(2018)가 경제성장에 유용한 지식의 성장을 낳은 요인으로 삼은 정치적 분열 · 경쟁과 다원주의 문화의 조건에 일본이 가장 근접하였고, 조선은 그것을 결여하였다.[189]

도덕 · 윤리도 정치발전과 경제성장에 필요하나, 조선의 도덕지상 · 독선주의는 불리하다. 과학 · 기술학은 경제성장과 근대 이행에 직결되는 지식을, 경세학도 유용한 지식을 제공한다. 경세학에서 18세기 조선과 도쿠가와 일본은 중국과 대등한 수준에 올랐다.[190] 명대 시작하여 청대 만개한 고증학은 한대 훈고학에서 나아가 경서의 진위를 판가름하고 고음을 이용하여 경서의 뜻을 정확히 파악하는 데에 나아갔다. 고증학은 근대 학문의 실증주의에 가깝지만, 문헌 고증에 머문

2005: 230～240쪽).

189 후쿠자와 유키치는 『문명론의 개략』(1875)에서 "일본은 중국과 달리 황실의 정신적 권위와 무가의 정치권력이 나누어져 있었고 또한 학문에 정통주의가 약했기 때문에, 실질적으로 사상의 자유가 있었다고 논하였다"(가루베 다다시 · 가타오카 류 엮음 2010, 203쪽).

190 이헌창(2018a).

한계를 가졌다. 오규 소라이(荻生徂徠, 1666~1728)는 40대까지 주자학자로 살다가 명나라 고문사학(古文辭學)을 접하고는 천명의 도(道)가 선왕이 만든 예·악·형·정(禮樂刑政), 군자가 그것을 구현한 정치적 사업, 그리고 학자가 그것을 구현한 문자라는 물(物)로만 남아 있다며, 직관으로 초역사적 도·이(道理)론을 편 송학을 비판하였다. 도를 구현한 물의 중시는 유형원과 서호수의 담론을 연상시킨다. 소라이 사상은 도쿠가와 일본 '사상사의 분수령'으로 평가된다.[191] 고문사학의 영향을 받은 국학(國學)은 일본의 수많은 고전을 모아 편집하고 주석서를 내는 업적을 이루었다. 그 성과는 중국 고증학에 비견할 만하다. 신경준·황윤석 등의 한글 등 음운학을 활용한 역사·지리 영역의 고증은 고증학에 비견할 방법이나, 조선의 고증학 계열의 성과가 중국·일본만큼 활발하지 않았다.

소라이가 유학을 역사적 산물로 상대화하고 송학의 초역사적 도리론의 구속을 해제하여 사물의 실증적 지식론을 뒷받침한 데까지는 바람직하였으나, 유학을 대신한 보편적 사상이나 철학을 구하지 못한 한계를 가진다. 그런 한계가 작용하여 국학자 모토오리 노리나가(本居宣長, 1730~1801)는 신의 도가 고대 일본에만 전해져 황국이 되었다고 하였다. 이것은 국수주의의 근거를 제공하였다.[192]

주자학자 아라이 하쿠세키(新井白石)는 6대 장군 도쿠가와 이에노부(德川家宣)의 재위기(1709~1712)에 유교식 문치주의 개혁을 주도하였는데, 1716년 8대 장군이 된 요시무네(吉宗)가 무가식 정치로 되돌

191 가루베 다다시·가타오카 류 엮음(2010), 155~160쪽.

192 가루베 다다시·가타오카 류 엮음(2010), 180~185쪽.

렸다. 요시무네의 정책은 소라이 사상과 결합하여 사상·학술의 전기(轉機)를 이루었다. 소라이 사상은 국학·난학(蘭學)의 발흥뿐만 아니라 일본식 수학의 발전도 뒷받침하였다.[193] 중국식으로 수렴하던 일본의 사상과 학술은 소라이학 이후 중국·조선과 경로를 달리하게 된 것이다.

소라이의 제자인 다자이 슌다이(太宰春台)는 '경제'가 제목에 들어간 일본 최초의 저서인 『경제록(經濟錄)』(1729)에서 '경제'를 논하는 자는 시(時)·이(理)·세(勢)·인정(人情)을 알아야 한다고 주장하였다. '시'를 고려한 취지는 중국에서는 봉건에서 군현으로, 일본에서는 군현에서 봉건으로 바뀐 시대에 맞게 치도(治道)를 논해야지 일률적으로 고도(古道)를 적용해서는 안 된다는 것이다. 슌다이가 "이는 도리가 아니라 물리의 이다"라고 천명한 점은 주목된다. 이 '물리'를 일종의 법칙 개념으로 보는 견해에는 동의할 수 없지만, 도리가 아닌 물리의 관점에서 경제를 논해야 한다는 주장은 중국과 조선에서 나오기 어렵고, 유학 학술문화의 구속을 벗어나 물리의 학술을 발전시킬 수 있는 논리이다.[194]

유학의 학술문화에서는 도학을 중시하여 기·예의 과학·기술 등 전문 지식을 잡학으로 경시하며 사대부는 기예의 전문가가 되기를 기피하였다. 그런데 무가사회 일본에서는 무예 등의 기예와 그 전문가를 존중하는 풍조가 내려왔다. 일본이 조선에게 배운 도자기술·인쇄술을 조선보다 발전시킨 사실은 외국 선진기술에 대해 조선보다 적극

193 吉田光邦(1987), 252쪽; 가와하라 히데키(2017), 506쪽; 임경택(2005), 58~59쪽.
194 이헌창(2015), 279~281쪽.

적으로 대응하여 유능하게 흡수하는 장점을 보여준다. 도쿠가와 일본에서 유학이 사상계를 지배하자, '무사의 도의화(道義化)'와 '유교의 무교화(武敎化)'를 도모하는 유가들이 있었다. 고학의 출발점을 이룬 야마가 소코(山鹿素行, 1622~1685)는 무사의 도덕을 '사의 직(職)'으로 설명하여 (무)사도가 성립하였다. 나아가 상인 학자인 이시다 바이간(石田梅岩, 1685~1744)은 도쿠가와 일본의 철저한 신분제사회를 긍정하면서도 사농공상이 직분(職分)이란 기능으로는 평등하다고 보며, "매매 이득은 상인의 도이다"라고 평가하였다.[195] 유학에서 도와 기예는 본말의 관계인데, 기예를 무도(武道), 상도(商道), 다도(茶道) 등처럼 도로 격상한 것은 중국·조선의 유교사회에서 보기 힘든 현상이다. 도쿠가와 일본의 과학과 기술이 중국·조선보다 훨씬 빨리 성장한 데에는 이런 문화적 차이도 작용하였다. 기예를 중시하는 문화와 시장이 발전하는 환경에 힘입어 수공업 기술자[職人]는 장인정신[職人魂]을, 상인은 상업 역량과 서비스정신을 기를 수 있었다.

중국 수학의 일본풍인 화산(和算)은 널리 보급되고 빠르게 발전하여 독창적 업적을 거두었다. 조선은 중국 수학의 소화에 그쳤다. 중국은 행정과 역법에 활용되는 관학 수학으로 출발해 그런 성격이 강하였고, 조선도 그와 닮았으나, 화산은 민간의 취미에서 출발하여 발전하였다. 시부카와 하루미(澁川春海)는 조선통신사로부터 배워 1685년 일본 최초로 자국 역법인 정향력(貞享曆)을 시행하였다.[196] 세종대 수시력의 완전 소화에 근접하는 업적이다. 시부카와는 서양 천문학을

195 源了圓(1973/1995), 제4·5장.
196 안대옥(2005), 116~124쪽.

단편적으로 수용하였는데, 화산의 발전에 도움을 받았을 것이다.

일본에서는 『본초강목』이 1604년 이전부터 신속히 수입된 것을 계기로 본초학, 나아가 박물학이 성행하고 발전하였다.[197] 난학의 발전으로 1822년 이후 서양 과학 방법의 식물학을 도입한 저술들이 나왔다.[198] 『본초강목』은 조선 학자에게도 중시되었으나, 조선의 본초학은 일본만큼 성행하지 않았다. 조선에서는 도덕 담론이, 일본에서는 지식 담론이 성행한 것이다. 『임원경제지』는 조선의 풍토에 맞는 본초학을 집대성하였다.[199]

일본의 과학 발전에 결정적 요인은 서양 학문의 성공적 흡수였다. 1543년 화승총이 전래된 이후 일본의 서양 교류가 확대되면서 세계지도와 지리 지식이 유입되고 서양 의학도 유입되고 기독교 신자가 늘었다. 그런데 유럽 국가와 기독교 다이묘·신자의 연합을 우려한 도쿠가와 이에야스(德川家康)는 1612년 이후 기독교 금지령을 시행, 강화하고, 1630년 서양 서적의 금지령, 1636년 쇄국령을 내렸다.

8대 장군 요시무네는 식산흥업의 실리(實利) 수단으로서 실학을 존중하였다. 그는 민간에게 정확한 역법을 제공하고자 수학자에게 자문하여 서양 천문학 연구가 불가결하다는 답변을 받고, 1720년에 기독교를 다룬 서적을 제외한 서양 서적에 대한 금령을 완화하고, 나아가 1740년 네덜란드어의 학습을 명하였다.[200] 화산이 서양 문물 도입에 이바지한 것이다. 요시무네가 무가식으로 회귀하였다 하나, 네덜란드

---

197 西村三郎(1999/2000), 제2장.

198 吉田光邦(1987), 284~285쪽.

199 오재근(2012).

200 吉田光邦(1987), 263쪽; 가와하라 히데키(2017), 506~508쪽; 임경택(2005), 62~64쪽.

에게서 천문 · 지리 · 의학 · 무기 · 선박 · 시계 등의 서적 · 기구, 음식물과 동식물을 구하려 했던 것은 정주학이 아닌 경세실학 정신이니, 무가식은 유가식의 발전적 적용이라 볼 수 있다. 요시무네의 실학은 경제성장에 유용한 지식을 격려하였다. 최고 통치자의 서양어 학습 명령은 조선에서는 물론 중국에서도 없던 일인데, 중화주의의 영향이 약한 반면 외국 선진 문물에 대한 관심은 컸기 때문이다. 1774년에 유럽 의학서를 번역한 『해체신서(解體新書)』가 출간되었는데, 문호개방 이전 중국도 이루지 못한 일본인 독자 번역이었다. 이 저서는 난학의 본격적 성립을 의미하고 그 발흥을 낳는 계기로 작용하였다. 영국 선박이 나가사키항에 들어온 다음 해인 1809년 막부는 영국 학습을 명하여 영학(英學)이 발흥하였다.

중국과 조선의 천주교 탄압은 유교 윤리를 수호하기 위한 이념적 동기였다. 조선이 중국보다도 천주교를 강력히 탄압하고 서학에 적대적인 것은 교조적 주자학의 지배로 이념적 경직성이 강한 데다가 천주교세의 성장이 빨랐기 때문이다. 일본은 정치적 · 군사적 동기로 쇄국을 단행하였기 때문에, 조선보다 천주교를 강력하고 철저히 탄압하면서도 실용적으로 기독교와 구별하여 서양 과학 · 기술을 가장 적극으로 수용할 수 있었다. 게다가 조선에서는 천주교 박해가 일본보다 2세기, 중국보다 1세기 가까이 늦게 시작되어 문호개방 이전 서학을 회복할 시간적 여유가 부족하였다.

난학의 중심은 의학과 천문 · 역법이었다. 난학에 힘입어 서양 의학의 흡수에서는 일본이 중국보다 앞섰다. 요시무네의 치세 이후 시헌력의 도입 노력이 계속되어 1798년 시행된 칸세이력(寬政曆)은 '최초의 서양식 계산법에 의한 역법'인데, 『역상고성후편』에서 채용된 케플러의 타원궤도를 적용하였다. 1844년 시행된 텐포력(天保曆)은 시헌력 범위를 벗어나지 않으나 동아시아에서 처음으로 5행성까지 타원궤도를 적용해 계산하고 중국 다음으로 태양의 실제운동에 기초하여 절기를 구분하였다. 아사다 고류(麻田剛立, 1734~1799) 이후 망원경이 천문 관측에 사용되었다. 일본 천문학은 조선, 이어서 중국을 따라잡은 것이다. 막부 정책으로 1821년 서양식 일본전도가 완성되었다. 이 지도는 다수 서양 관측기의 사용에 의한 경 · 위도 측정 등에서 김정호의 대동여지도보다 선진적인 기법을 사용하였다.[201]

일본이 중국 · 조선보다 1세기 늦게 1720년 이후 서양 과학을 배울 수 있었는데, 18세기 말에는 조선 · 중국을 따라잡았다. 18세기 후반 3국의 과학은 큰 격차가 없었다. 다만, 조선의 배타적 주자학자 비중은 중 · 일보다 월등히 높은 반면, 과학자는 훨씬 적었다. 그 여파로 조선의 과학은 신유박해 이후 위축되어 일 · 중과 격차가 크게 벌어졌다.

도쿠가와 일본은 중국과 조선보다 유능하고 신속히 서양 과학을 흡수하였지만, 과학적 사유에서는 한계를 가졌다. 일본에도 『기하원본』 등 중국에서 번역된 서양 수학서가 유입되었다. 난학은 중국 · 조선과 마찬가지로 삼각법과 로그 계산 같은 역법 계산에 필요한 실용수학 위주로 수용하였다. 중국 수학자는 구면삼각법과 로그 계산을 통해 서양 수학의 우위를 인정했고, 조선 수학자도 마찬가지였다. 그런데 일본의 다른 과학 분야와 달리 화산만은 서양이 우월하다는 "학적 긴장이 보이지 않"고 유럽처럼 수학을 "물리학이나 공학과 같은

---

201 안대옥(2005), 124~141, 154~155쪽.

과학기술의 토대를 이루는 학문으로" 격상하지 못하였다. "복잡한 도형과 극히 교묘한 해법만을 숭상한 기풍의 화산에게는 서양식 수학, 특히 그 논리적 체계는 거의 무시되었던 것이다. 네덜란드 서적에 의해 서양 과학을 배운 천문학자 가운데는 서양 수학을 직접 접촉한 자도 있었지만 그것도 단지 계산술에 불과하고 수학으로서의 가치와 체계를 발견하지 않고 말았다." 문호개방 이후 근대 서양 수학이 도입되자, 화산은 근대 수학으로 전환하지 못하고 소멸되었다.[202] 18세기 후반 서호수 · 홍대용 · 이가환의 과학적 사유는 동아시아 정상급인 것이다.

일본에서는 아사다 이후 망원경이 천체 관측에 널리 사용되었으나, 중국 · 조선과 마찬가지로 코페르니쿠스나 티코나 갈릴레오 같은 업적을 이룬 사람은 없었다. 일본에서는 난학을 통해 코페르니쿠스의 태양 중심 지동설이 소개되었으나, 천문학에 별 자극을 주지 못하였다.[203] 일본에서도 천문학 이론 모형에 대한 이해가 부족하여 그 관측 자료를 수학으로 분석할 생각을 하지 않았기 때문이다. 일본은 중국보다 발전된 과학 지식을 접하고 중국 학술문화의 구속이 약했으나, 그리스철학의 유산이 부재하고 그것에 대체할 자체의 철학이 없어 중국 학술문화에 의존한 문제점이 있었다. 그리고 1720년 이후 서학이 허용되어 개국까지 그것을 발전시킬 시간이 넉넉하지는 않았다. 엘먼(Elman 2006 : pp. 2~3)은 중국 과학의 진전을 제약한 원인을 예수회가 전래한 낙후된 지식에서 찾았는데, 일본의 사례로 보아 중국이 태양

202 안대옥(2005), 114~116쪽; 吉田光邦(1987), 307쪽.
203 안대옥(2005), 133~136쪽.

중심 지동설과 뉴턴의 중력법칙을 소개받았어도 학술문화의 구속으로 과학 패러다임을 변혁하기란 쉽지 않았을 것이다.

개국 이전 일본 자연학을 지배한 사상은 중국의 자연철학이었다. '최초의 자연철학자'인 미우라 바이엔(三浦梅園, 1723~1789)은 기 철학으로 물을 설명하고 조리(條理)의 학이란 자연철학과 변증법의 논리학을 전개하였다. 그는 만년에 난학을 접하고 서양 학문이 송학과 다르나 물의 이를 궁리하고 물의 성의 근본에 이르는 것이라며 이학과 서학의 자연철학을 회통할 수 있다고 보았다. 바이엔을 존경한 호아시 반리(帆足万里)는 『궁리통(窮理通)』(1789)에서 자연철학을 발전시켰는데, 유학을 우선하는 동·서 병용을 주장하였고, 뉴턴의 중력이론을 소개하면서 '백물(百物)의 기발(氣發)'로 보았다.[204] 시즈키 다다오(志筑忠雄)는 『역상신서(曆象新書)』(1798~1802)에서 방이지 학파의 기론적 우주론에 입각해 코페르니쿠스 천문학과 뉴턴 역학을 해석하기도 하였다.[205]

『해체신서』 저술에 참여한 마에노 료타쿠(前野良澤)는 1776년 글에서 중국 오행설의 상관적 사유를 비판하고 그리스의 4원소설이 물질의 근본을 설명한다며 수용하였다.[206] 난학을 배워 전기의 실험을 하는 등 과학적 방법을 아는 일본인도 나타났다. 아오치 린소(青地林宗)는 『기해관란(氣海觀瀾)』(1825)에서 "이과(理科)는 물칙(物則)의 학이다"라고 규정하고 기 철학의 물질관을 벗어난 뉴턴적 물질관, 그리고 물리학의 체계와 실증성을 그대로 소개하여 과학으로서 물리학을 처

---

204 吉田光邦(2021).

205 문중양(2021), 201쪽.

206 杉本勳編(1967), 257~258쪽.

음 이식하였다. 그 성과는 메이지 일본의 근대 물리학에 연결되었다.[207] 과학혁명 이후 과학까지 난학으로 습득한 일본인이 실험법을 알고 물리 법칙을 대강 이해한 점은 중국·조선보다 앞섰으나, 근대 과학의 성과가 없는 점에서 그 방법론을 충분히 알았다고 보이지는 않는다.

1793년과 1816년에 영국 외교사절단은 과학과 공업 기술을 보여주는 물품들을 가지고 왔으나, 중국 조정은 관심을 기울이지 않았다. 중화주의와 기술학 경시 풍조 때문이었다. 이런 문화를 수용한 조선도 다르지 않았으나, 기예의 학술도 존중한 일본에서 서양 과학의 기술적 활용은 가장 앞섰다. "난학의 학문적 특색은 과학과 기술의 연속적인 파악에 있었다."[208] 『화한삼재도회』(1712)에는 망원경과 그 제조술이 나온다. 망원경의 저명한 제작자들도 나왔다. 전국시대 이후 철포 생산지로 유명한 국우촌(國友村)의 직인(職人)인 잇칸사이 도베(一貫齋藤兵衛)는 공기총 제작 기술을 규격화하여 저서에 담았고 1835년 이후 네덜란드제에 뒤지지 않는 망원경을 만들어 태양을 관찰해 태양 흑점 지도, 달을 관찰해 분화구 지도를 작성하였다. 외국 시계 제작은 1598년 이전 처음 이루어졌다. 18세기 말 이후 어시계사(御時計師)가 만든 시계가 특권층에 팔리게 되었다.[209] 조선은 물론 중국에서도 수공업자가 공업기술서를 낸 일도, 망원경을 만들어 천체를 관측한 일도 없다. 산업혁명을 위한 기술 문화에 일본이 접근한 것이다.

중국은 1840년 아편전쟁과 1842년 남경조약으로, 일본은 1853년 페

207 吉田光邦(1987), 275~279쪽; 김성근(2014).

208 杉本勳編(1967), 272쪽.

209 吉田光邦(1987), 257~258, 280~281쪽; 吉田光邦(2021), 221~233쪽.

리의 개국 요구와 1854년 미일화친조약으로 문호를 개방하였다. 문호 개방 당시 중·일의 과학 등 학술 역량과 시장·기술 등 경제 역량은 대등하였음에도 불구하고, 그 후 일본이 자주적 근대화에 성공하고 중국이 반식민지화되었다. 1876년 이후 문호를 개방한 조선은 중국과의 학술·경제력 격차를 줄이지 못하였고, 일본과의 격차가 벌어졌다. 중국은 1840년대 이후 과학혁명·산업혁명 이후 과학·기술을 흡수하여 청일전쟁 당시 일본과 대등하였다는 엘먼(Elman 2006 : pp. 6~8)의 평가가 있다. 그런데 19세기 후반 일본의 과학적·산업적 발전은 서구 주요 국가와 대등하였다는 김영식(2013 : 158쪽)의 평가도 있다. 두 평가를 어떻게 종합할 것인가?

일본은 개국 이전 서양 과학·기술 지식이 당대 구미에 크게 뒤떨어져 그 후 새로 과학·기술자를 양성해야 하였다. 달리 말해 개국 전후 과학의 연속성은 크지 않았다. 본초학 내지 박물학이 문부성의 박물국 사업으로 계승된 것은 연속성의 현저한 사례였다.[210] 중국에서는 서양 수학을 흡수하여 일본과 달리 수학의 연속성이 있었으니, 문호개방 전후 과학의 연속성은 일본보다 약간 컸다. 1876년 문호를 개방한 조선은 중·일보다 과학·기술이 낙후되어 그 연속성이 없었다.

그런데 일본의 서양 언어, 그래서 번역 역량은 중국보다 월등히 앞섰고, 일본의 난학·영학인 양학(洋學)의 근대화 기여는 중국 서학보다 훨씬 컸다. 일본에서는 1740년 요시무네의 명을 받들어 아오키 곤요(木昆陽)가 1740년대 네덜란드어 습득의 성과를 거두었고 그 바탕 위에서 1774년 『해체신서』라는 독자 번역서가 나왔다. 1783년 대표

210 吉田光邦(1987), 307~331쪽.

적 난학 입문서인 『난학계제(階梯)』가 나왔다.[211] 중국인은 1868년 처음 한·중 사전을 내었다. 최초의 중국인 독자 번역은 1880년 동문관 부교섭(副教習)인 왕펑자오(汪鳳藻)가 출간한 『부국책(富國策)』으로 보이는데, 번역을 의뢰한 교습인 윌리엄 마틴(William Martin)의 도움을 받았을 것이다.[212] 중국이 일본보다 1세기 이상 앞서 서학을 수용하고 12년 앞서 문호를 개방하였음에도 불구하고 독자 번역에서 1세기 뒤졌다. 조선은 개항 전 서양인이 거주하지 않아 서양어 해독자가 없었다. 서양어 실력의 격차는 외국 문물의 수용 자세를 반영한다. 중국에서는 중화주의가 외국 문물에 대한 관심뿐만 아니라 외국어 학습 의욕을 억제하고 과학의 동서 회통이나 고증학적 연구를 조장하였다면, 일본은 중화주의로부터 자유로운 편이고 늘 선진문명을 배워왔기 때문에 서양 문물뿐만 아니라 서양어에도 중국보다 적극적인 관심을 기울였던 것이다. 문호개방 이후 조선인의 서양 문명 수용 속도는 중국보다 빠르고 일본보다 느렸다. 그런데 조선인은 식민지로 전락할 때까지 서양어 사전도 독자 번역서도 내지 못하였다. 이것은 서양어 역량이 부족할 뿐만 아니라 구미 학문을 늦게 수용한 후발주자여서 일본과 중국의 번역서에 의존할 수 있었기 때문이기도 하다.

제1차 아편전쟁 이후 서양 군사력에 대한 위기의식, 그래서 그 대응은 일본이 가장 빠르고 중국이 가장 느렸다. 서양 정보에 밝은 막부, 히젠번(肥前藩) 및 사쓰마번(薩摩藩)은 개국 전부터 서양의 군사·공업기술을 도입하였다.[213] 막부는 양학을 장악, 장려하였고, 양학은

---

211 임경택(2005), 64, 71쪽.

212 이헌창(2015), 165~166쪽.

213 堀江保藏(1981), 146~148쪽.

실용을 최우선 가치로 삼았다. 주자학 소양의 정통 유학자면서 난학자와 폭넓게 교류한 고가 긴이치로(古賀謹一郎, 1816~1884)는 개국 후 서양 학문이 새로운 시대의 지식이 되어야 함을 확신하고 막부에 건의하여, 1856년 번서조소(蕃書調所)라는 서양 학문 연구 · 교육 기관을 설립하여 서양 언어와 과학 · 기술을 교과목으로 채택하고 서양 서적을 번역하였다. 구미 학술의 도입 사업이 확충되는 가운데 번서조서는 1862년 양서조소(洋書調所), 1863년 개성소(開成所)로 개칭되었는데, "여기서 추진된 각종 연구나 양성된 인재는 모두 명치정부의 문화적 원동력"이었다. 이 사업은 명치정부에 계승되어 1877년 동경대학 설립으로 이어졌다.[214]

두 차례 아편전쟁과 태평천국난을 겪은 충격으로 1860년대 동치중흥(同治中興) 정책 이후 채택된 중체서용(中體西用) 원칙은 도 · 체인 유학과 기 · 용인 서양 과학 · 기술의 절충론인 점에서 종전 과학의 중서 회통론보다 진전되었다. 양무파가 번서조소와 같은 신식학교로 동문관(同文館)을 1862년 설립하였는데, 이후 중국 정부의 서양 학술사업은 일본에 못 미쳤다. 박규수는 고가처럼 유연하고 개방적인 유학자로서 조선의 1876년 문호개방에 이바지하고 개화파를 양성하였는데, 그런 인물이 일본처럼 많았다면 좋았을 것이다. 문호개방 직후 조선의 국왕과 개화파가 서양 과학 · 기술에 관심을 가졌는데, 중 · 일 문호개방을 알고 중국보다 중화주의의 애착이 약했기 때문이다. 그래서 1882년 동도서기의 정책 이념이 천명되었다. 조선은 1886년 최초 관립 근대학교인 육영공원을 열고 갑오개혁 이후 근대 학제를 마련하

---

214 吉田光邦(1987), 300~307쪽.

고 전문기술학교를 설립하여 중국보다 신속히 신식 학술사업을 추진하였으나, 그 성과는 중국에도 못 미쳤다. 학술 역량의 격차, 그리고 국가의 재정력·추진력의 부족 때문이었다.

도쿠가와 일본의 시장과 기술은 빠르게 발전하여 18세기에 중국을 따라잡았고, 조선은 낙후되었다. 일본의 재래(在來)공업은 개국 후 수출 등으로 일본 경제를 지탱하였고 근대이식공업의 제품을 사용하면서 성장하고 일부는 근대공업으로 성장하였다. 난학자는 개국 전부터 근대 군사기술을 습득하고 이후 근대 공업기술의 도입과 근대 기술교육을 개시하는 데에 이바지하였다.[215] 문호개방 전후 일본의 기술 연속성은 중국보다 커서 소분기의 한 요인으로 작용하였다.

주자학자로 자란 사쿠마 쇼잔(佐久間象山, 1811~1864)은 아편전쟁에 큰 충격을 받아 서양 학술이 성인의 도를 도와줄 실리(實理)라 평가하고 '동양 도덕과 서양 예술(藝術)'을 주장하였다. '예술'은 과학·기술 중심으로 하는 기·예의 학술을 말하니, 쇼잔의 사상은 동도서기와 중체서용과 같으나, 서양 학술을 '실리'라 규정하고 서양 과학·기술을 실험, 조작한 점에서 중국·조선보다 서구화로 기울었다. 요코이 쇼난(橫井小楠, 1809~1869)은 『해국도지』의 충격으로 주자학을 넘어 삼대의 학으로 복귀할 것을 주장하고 덕을 가진 인사가 통치하는 공화제를 정치이상으로 삼으면서도, 황국(皇國)의 신성(神聖)한 도를 무력으로 수호하여 펼치자고 주장하였다. 쇼잔의 영향을 받은 요시다 쇼인(吉田松陰, 1830~1859)은 서양 군사학의 우월성을 인정하고 천황제 국체(國體)의 존왕(尊王)사상을 천명하였다.[216] 쇼잔·쇼난·

---

215 中岡哲郎(2006), 제8장.

쇼인은 주자학 소양의 사무라이에게 서양문명을 수용할 사상을 제공하였다. 동도가 서양문명과 일본 고유의 정신·국체의 협공으로 위축되는 가운데, 쇼난과 쇼인은 동양도덕·서양예술 이념을 화혼양재(和魂洋才) 이념으로 전환하는 발판을 놓았다. 특히 쇼인은 대외 침략·팽창의 천황제 국가주의 사상과 야마토다마시(大和魂) 이념을 제공한 핵심 인물이었다.[217] 무로마치(室町)시대 이후 스가와라노 미치자네(菅原道眞, 845~903)가 '국학'에 '화혼한재(和魂漢才)'가 필요하다고 훈계하였다는 생각이 퍼져, 1858년 이후 미치자네를 모신 전국의 신사에 화혼한재의 비가 세워진 역사적 배경은 있었다. 천황·신도의 황국의 화혼은 정치적·종교적·군사적 이념 내지 구호로만 활용되고 국수주의의 부상이라는 대가를 치렀으나, 서양의 학문과 물질문명의 수용을 억제하지 않아, 일본은 중체의 중국과 동도의 조선보다 적극 서양을 모방하였다. 일본의 특수한 화혼과 달리 중체나 동도는 중국, 나아가 동아시아를 넘어 세계에 관철하는 보편성을 추구하였으므로, 인류에 보편성을 가신 서양 근대문명의 수용을 억제하는 힘으로 작용하였다.

주자학의 영향을 받아 개국을 반대한 사무라이들의 존왕양이(尊王攘夷)는 중국의 보수주의나 조선의 위정척사와 닮았다. 일본의 존왕양이파는 천황의 권위를 중심으로 하는 정치체제의 수호를 목적으로 삼았고, 그 수단으로 군사력을 중시하여, 서양 군사기술의 수용에도 적극적이어서, 공자와 주자의 도(道)를 수호하려는 조선의 위정척사

---

216 源了圓(1973/1995), 222~241쪽.

217 이태진(2022).

파나 중화주의에 고집하는 중국의 보수파와 달리 이념적 유연성을 가졌다. 그래서 존왕양이파는 1864년 영국·프랑스·미국·네덜란드 함대의 공격에 참패하자마자 양이를 포기하고 개명정책과 막부 타도 전략으로 전환하는 유연성을 보였다. 중국에서는 1900년 의화단 사건으로 더 쓴맛을 본 이후, 조선에서는 청일전쟁을 겪은 이후 양이파가 사라졌다. 1867년 왕정복고에 의해 탄생한 신정부가 1868년 내건 5개조 서약문 가운데 제4조는 "지식을 세계에서 구하고 황국의 바탕을 튼튼히 할 것"이었다. 지식을 세계에서 구한다는 정치 방침은 청조의 중체서용론이나 조선조의 동도서기론보다 진보적이다. 이어서 제시된 정체에 의하면, 율령제의 최고 국가기관이나 무가시대에 무력화된 태정관(太政官) 아래 사법·행정·입법 삼권분립의 세 관제를 두었다. 일본 막번체제가 중국·조선 왕조체제보다 서양 정치제도를 도입하기 쉬웠다. 신도를 국교로 삼아 신지관(神祇官)을 두고, 천황을 신격화하였다. 천황제 국체가 화혼이라면, 삼권분립·헌법 등 서양 제도는 양재였다.

왕정복고를 낳은 복고주의의 국학사상이 지도하여 1868년의 학제안은 중국식 고전주의를 채택하였다. 곧이어 막부의 양학 사업을 계승하여 1869년 유학과 서양 학문을 병행하는 학제가 성립하였다. 1872년 양학자가 주도하여 부국강병을 목표로 서양 학제를 채택하고 "실학을 장려해 공리허담(空理虛談)의 학을 배척하려고" 했다.[218] "새 학제는 프랑스 제도를 바탕으로 하고 미국의 교육사상을 가미"하였다.[219] 난

218 吉田光邦(1987), 300~305쪽.

219 閔斗基 編著(1976/1987), 223쪽.

학을 낳은 요시무네의 실학 장려가 1872년 서양 학제의 실학으로 발전적으로 계승된 것인데, 개국 후 양학자는 전통을 혁신할 의도로 단절적 의미의 실학을 내세웠다. 그와 보조를 맞추어 난학자 출신으로서 메이지 근대정신을 주창한 후쿠자와 유키치(福澤諭吉)는 『학문의 권유』(1872)에서 유학 등을 '실(實)이 없는 학문'으로 규정하고 '인간 보통의 일용에 가까운 실학'에 힘써야 한다고 역설하였으며, 자서전에서 '동양의 유교주의'를 '서양의 문명주의'와 비교하면 '수리적 물리학'과 '독립심'이 없다고 평가하였다. 마루야마 마사오(丸山眞男 : 1947)는 구미 근대학문을 수용한 후쿠자와 유키치가 "법칙을 규범으로부터 분리하여 물리를 도리의 지배로부터 해방하였다"는 의미를 부여하였다. 1872년 신학제와 『학문의 권유』는 문명개화론을 낳았다.

1871년 일본의 대규모 사절단은 1년 10개월 동안 미국 · 유럽을 돌며 체험하여 일본 근대화 방향을 정하는 데에 큰 역할을 하였다. 그 서기인 구메 구니타케(久米邦武)는 『특명전권대사 미구회람실기(特命全權大使 米歐回覽實記)』를 남겼다. 장덕이(張德彝)는 1866년 유럽 파견부터 1902~1906년간 영국대사 체험까지 7회 견문 기록을 남겼다. 중국의 해외 사절단의 근대화 역할은 일본에 비해 빈약하였고, 조선은 그 중간이었는데, 중화주의가 영향을 미쳤다. 구메는 서양 학자가 주장하는 도덕철학이 기독교에 불과하다고 보고, 서양인이 유학서를 번역해 탐구하여 도덕철학이라 규정한 사실을 지적하였다. 그런데 일본인은 "벌써 보급된 가르침을 다 버려서 지키지 않을 뿐만 아니라 다른 나라에서 독행(篤行)되는 가르침을 부럽게 여겨 바꾸어 지키겠다고 한다. …… 이 무슨 이익이 있겠는가."라며 개탄하였다. 장덕이는 『성경』이 "공자의 말에 부합한다"고 보면서도 유교가 기독교보다 우월하다고 확신하여 주장하였다.[220] 구메와 정덕이로 보건대, 서기의 우월성이 확고히 인식된 문호개방 후에는 서도가 갈수록 영향력을 강화하여 도의 동·서 회통이 이루어질 소지가 생긴 것이다. 장덕이는 유교의 우월성을 믿은 동도서기론자였다면, 구메는 유교와 기독교가 대등한 도덕철학이라 보았다.

막번체제를 해체하면서 국가통합을 이루고 불평등조약을 극복하면서 부국강병을 이루어야 하는 과제는 서양식 근대화의 동력을 제공하고 일본 고유의 사상·국체(國體)인 화혼을 부상시켰을 뿐만 아니라 화혼양재의 부상으로 위축된 유교의 이용가치를 제공하였다. 근대화와 전통적 가치가 복잡하게 관련되는 가운데, 문명개화의 선봉장인 후쿠자와조차 개인의 권리와 자유주의를 기초로 하는 국민국가의 건설을 주창하면서도 사족(士族)의 공적 마음과 황실의 권위가 필요하다고 생각하였다.[221] 전통을 고수하려는 사족의 불만과 서구화의 자유민권운동을 억누르면서, 명치정부의 핵심인 이토 히로부미는 천황 주도의 국가통합과 의회의 국민정치를 절충하는 1889년 헌법의 설계를 주도하였고, 성향이 다른 핵심인 야마가타 아리토모(山縣有朋)는 천황의 신민(臣民)을 만들기 위해 1882년 군인칙유(軍人勅諭)와 1890년 교육칙어(教育勅語)의 제정을 주도하였다. 천황 주권 국체는 신도(神道)를 국가 종교로 부상시켰고, 교육칙어는 유교의 충효(忠孝)를 신민 도덕의 핵심으로 삼았다. 일·중·서 도의 절충이 이루어진 것이다. 인문학과 사회과학은 이런 절충의 영향을 받았으나, 과학은 그런 구속을

---

220 미야지마 히로시(2009).

221 가루베 다다시·가타오카 류 엮음(2010), 201~206쪽.

받지 않았다.

조선에서는 1881년 대규모 조사시찰단이 대량 보고서를 남겼다. 유길준이 1895년 출간한 『서유견문』은 개인 견문도 포함하나 주로 일본 서적에 의존하였다. 문호개방 이전 조선인이 외국 견문록을 가장 풍성하고 수준 높게 발전시켜, 18세기 후반 홍대용·박제가·박지원·원중거의 견문록이 정점이었다. 이 전통이 신유박해로 약화되지 않았더라면, 문호개방 이후 구메의 보고서만한 우수한 견문기가 나왔을 것이다. 1881년 조사시찰단의 보고 이후 조선 국가의 모범의 중심은 중국에서 일본으로 이동하였다. 명치유신을 모범으로 삼은 변법(變法)개화파가 대두하여 1884년 갑신정변을 일으켰으나 실패하였다. 청일전쟁 이후 모범은 완전히 일본으로 바뀌었다.[222]

중국은 청일전쟁과 1900년 의화단사건을 겪고서야 1853년 페리의 무력에 의한 개국 요구와 1864년 4국 함대 공격으로 열세를 자각한 일본만큼 충격을 받고 대응하기 시작하였다. 중국이 세계의 중심국이 아니라 후진국이라고 인식하는 중국인은 점차 늘었다. 1898년 변법은 서양의 과학·기술을 넘어 제도까지 일부 수용한 개혁이었으나, 좌절되었다. 엄복(嚴復)은 토마스 헉슬리의 『사회진화론』을 1898년, 애덤 스미스의 『국부론』을 1901년, 존 스튜어트 밀의 『자유론』을 1903년 번역하여 서양 사상과 철학이 중국에 영향을 미치게 되었다. 변법사상가 강유위(康有爲)는 금문운동에서 출발하여 "진화와 진보라는 개념을 중국의 고전 전통과 융합"하였다. 그 제자인 "양계초(梁啓超)는 1890년대 사회진화론을 신속하게 받아들였다." 엄복과 양계초는 국가

---

222 이헌창(2004).

를 지지하는 수단으로서 개인주의를 옹호하였다. 1879년 이후 선교단이 1896년 청조가 처음 근대 학교를 설립하였다. 1901~1910년간 청조는 마지막 개혁을 하였는데, 1904년 신식학교 체제가 반포되고 1905년 과거제가 폐지되었다.[223]

1911년 공화혁명이 일어나고 다음 해 청조가 사라졌다. 남경 임시정부는 1912년 신식교육제도를 완성하면서 유학 경서 교육을 전면 폐지하였다. 1872년 일본 학제에 상응하는 개혁이었다. 공화혁명이 1913년 좌절되자, 선진적 중국인은 "문화 · 사회 차원에서 공화제의 내실을 찾으려 하"여 1915년 신문화운동이 시작되고 1919년 5 · 4운동으로 연결되었다. 진독수(陳獨秀)는 1915년 『청년』 창간호에서 진보적 · 세계적 · 과학적 등의 강령을 내세웠다. 호적(胡適)은 1917년 『신청년』에서 옛사람을 모방하지 않는 문학을 주창하고 문학의 역사성을 강조하며 유학적 문학을 비판하였다. 이들은 서양 근대문명을 수용하여 참된 공화제를 이룩하려는 시대정신을 대변하였다. 호적은 자유주의 이론을 마련하였고 스승 존 듀이의 영향으로 실험주의 방법으로 가설을 논증하는 과학의 방법론을 주창하였다. 호적은 국고(國故)를 절대불변이나 현창 대상이 아니라 역사진화적으로 보고 과학정신으로 탐구하여 고증학을 계승한 업적을 내었다. 호적의 강의를 듣고 학생들은 코페르니쿠스적 충격을 받았다.[224] 신문화운동은 서양문명의 충격에 대해 절충론 내지 회통론으로 미봉하던 유학의 학문 패러다임을 해체하려는 운동이라고 하겠다.

---

223 존 킹. 페어뱅크 · 멀 골드만(2005), 278~282, 296~297, 315, 321쪽.

224 민두기(1999), 258, 269쪽; 민두기(1997), 29~61, 75~77쪽.

1840년대부터 1890년대까지 중국에서 근대 과학은 정착하였다. 5경에 포함된 『주역』에서의 "자연현상의 개념에 대한 우주론적 형이상학은 청대 후기까지 지배적이었다. 그러나 근대 과학에 갈수록 돌아선 중국인에 대한 그 영향은 갈수록 약해졌다." 중국의 상관적 사유를 벗어나 서양 과학을 수용한 인물은 1800년경에도 소수였으나 1900년경 최첨단에서 과학을 주도하게 되었다. 1915~1919년간 신문화운동의 주체는 유학을 비판함과 동시에 전통적 자연학을 해체하여 근대 과학으로 대체하자고 주장하였다. 신문화운동을 거치면서 보편적이고 진보적인 과학이 유럽에서 처음 발명되었다는 관념은 서양 과학의 중국 기원설을 대체하였다.[225]

유키치가 유교를 비판한 『학문의 권유』(1872)는 5년만에 340만 부나 팔리고 사회적 영향을 행사했으나, 반세기 후의 신문화운동은 소수 지식인의 열렬한 호응을 얻는 데에 그쳤고, 유교를 비판한 호적은 죽을 때까지 보수적 인사의 비판을 받았다. 호적의 자국 자랑인 유교 비판정신이 유키치의 외래 사상인 유교 비판정신보다, 그리고 호적의 자유주의사상이 더욱 투철한 면은 있다. 호적의 개인주의사상과 유교관은 비판을 받았으나, 과학주의는 비판 대상이 아니었다. 국민당 정부 아래 전통주의의 사상·학술에 대한 구속은 전전 일본 국수주의의 구속 정도 수준이었다. 과학정신은 과학·기술학을 먼저 지배한 다음 사회과학, 이어서 인문학에 대한 지배력을 넓혀갔던 것이다. 한·일·대만에서 민주화는 전통주의의 구속을 해체하였다. 생활윤리로서 유교는 민주화 후까지 존속하여, 공업화와 경제성장에 이바지한

---

225 Elman(2006), pp. xii, 2~10.

아시아적 가치로 거론되기도 한다. 그런데 중국이 다시 경제적 · 군사적 강대국이 된 21세기에 중화주의가 부활하면서 자유주의의 성장을 제약하고 있으니, 역사문화적 · 지정학적 속박이라 하겠다.

1894 · 5년 갑오개혁은 1900년대 청조 개혁에 상응한다. 이후 서기를 수용하는 유가가 늘고 유교개혁사상이 진전하고 기독교 개화론자가 늘었다. 러일전쟁 이후 국권(國權) 상실의 위기에서 일어난 애국계몽운동은 신문화운동에 상응한다. 중화주의의 핵심 가치가 유교이고 조선이 중국보다 투철한 유교사회나, 조선인은 중국인보다 중화주의를 벗어나기 쉬웠다. 1910년대 망국의 조선인은 중국의 공화혁명에 자극받아 민주공화제를 정치 이상으로 내세웠다.

조선과 중국은 유교를 종교처럼 신봉하여 유학이 사상과 학술을 강고히 지배하였기 때문에, 유교문화를 변화하여 서구화에 적응하는 데에 상당한 시간과 진통을 필요로 했다. 중화주의와 결부된 유학 학술문화의 강한 구속은 중국 과학 · 기술의 발전, 나아가 근대화의 진전을 억제하였다. 그 구속은 아편전쟁, 청일전쟁, 신문화운동 등을 통해 점차 약화되었는데, 청일전쟁 이후 중국인에게 일본은 과학 등 학술을 포함한 근대문명의 학습처가 되었다. 도쿠가와 일본은 유학과 유교가 학문과 통치 · 생활윤리로서 유용하다는 실용적 관점에서 유연하게 수용하여 유학을 상대화할 힘을 가지고 과학 · 기술 등 기 · 예의 학술을 중시하는 문화를 가졌다. 그 문화는 개국 전 조선과 중국의 학술을 빠르게 따라잡고 그 후 신속히 서구화하는 데에 이바지하였다. 조선은 애국계몽운동기에, 중국은 신문화운동기에 유학을 상대화하는, 일본이 개국 전부터 갖춘 문화가 대두하였다.

앞서 언급하였듯이, 중국과 그리스의 지리 차이가 주된 요인으로 작용하여 각기 독특한 정치사를 경험하고 다른 정치체제를 낳아 학술문화의 차이를 낳았다. 이것은 과학혁명과 산업혁명이 중국에서가 아니라 유럽에 일어난 지적 배경을 이루었다. 일본은 지리 조건으로 인해 중국·조선과 정치체제가 달라졌고, 그로 인해 사상과 학술문화가 달라져 경제성장에 유용한 과학·기술학과 공리사상을 중국·조선보다 적극 수용하였다. 지리 → 역사 → 정치체제 → 학술문화라는 인과관계가 동·서양의 대분기뿐만 아니라 동아시아의 소분기를 낳은 한 요인이었다.

4. 황윤석 학문의 방법론과 성격

(1) 호남실학과 황윤석 학문 여정 초기의 박학풍

실학은 수도권의 산물이라 할 수 있는데, 하우봉(2018)은 호남실학도 논하고, 후자의 인물로 유형원, 신경준, 황윤석 및 위백규를 들었다. 동복에 거주한 하백원(河百源, 1781~1844)도 포함할 수 있다.[226] 수도권은 중국 학술의 자극이 먼저 전달되고 정책론이 전개되고 시장이 발달하여 실학을 낳을 환경을 가지고 있다. 하우봉(2018)은 호남실학의 성립 배경으로 전라도가 정치적으로 소외되고 곡창지대라 수탈

226 하백원은 30세에 서양 수차를 발전시킨 「自升車圖解」를 썼고 그 외 자명종, 방적기 등의 기구를 만들었다. 그는 시골 공부에 한계를 느껴 37세에 서울에 와서 『율력연원』을 공부하여 대체로 이해하고 시헌력을 탐구하였으며, 1811년 정상기의 동국지도를 모사하였다. 서유구는 1834년 전라감사로 하백원에게 자승차의 실용화를 권하였고, 「자승차도해」를 『임원경제지』에 실었다.(고석규 2022)

이 심하고 사상적으로 주류에 벗어나 있던 점을 들었다. 수도권을 제외하고 유학이 가장 성행하고 주자학이 가장 발달한 곳은 충청도와 경상도였다. 경상도에는 조선전기부터 주자의 도학을 추구하는 사림이 성장하여 조선후기에는 퇴계학파가 주류를 이루었다. 율곡의 제자인 김장생이 문인을 양성하여, 충청도는 송시열이 영수인 산당의 본거지였다. 1756년 김원행은 처음 찾아온 황윤석에게 전라도 사족이 과거 공부에 치중한다는 해남 수령의 말을 전했다. 충청도·경상도에 비해 주자학 공부가 부족하다는 취지이다. 황윤석은 선조대 이후 주자학풍이 성장하여 효종·숙종대에 융성해졌으나 아직 과거 공부 유풍이 있다고 말하였다.[227] 전라도는 충청도·경상도만하지는 않지만 유학이 발전하면서도 주자 도학의 구속이 덜하여 박학과 실학이 성장하기 유리하였다. 유학이 발전하면서도 주자학의 구속이 없는 일본에서 실학이 더욱 발전한 것과 같다.

수도권 학자 이외에 수학서를 편찬한 인물은 호남의 황윤석과 영남의 배상열(裵相說, 1759~1789)만 확인된다. 배상열은 15~20세간 역학·음양학·상수학·수학을 공부하고 밤에 천체를 관측하였다. 그는 22세에 주자성리학 공부에 뜻을 두고 퇴계학파 이상정(李象靖)의 지도를 받았으며, 열심히 공부하다 31세로 사망하였다. 그가 남긴 『서계쇄록(書計瑣錄)』은 주자학적 소학 교과서로 중국·조선 음운학과 수학도 포함하였다. 그는 『구수략』에 기초해 중국 수학을 개관하면서 그 정신을 설명하고 초등 산수를 수록하였다. 가와하라 히데키(2017: 281~318쪽)는 배상열의 사례로 주자학이 수학에 부정적 효과

---

227 『頤齋亂藁』 1책, 권2, 164쪽, 1756년 윤9월 28일.

뿐만 아니라 수학을 필수 학문으로 삼는 긍정적 효과도 가진다고 보았다. 필자는 19세기 전반까지 배상열 외에 수학서를 편찬한 경상·충청도 학자가 확인되지 않는 점에서, 부정적 효과가 더 컸다고 본다. 배상열은 황윤석처럼 박학을 하였으나, 서학으로 나아가지 못하였는데, 의리학의 지배력이 강한 경상도에서 활동하였기 때문이다.[228]

소북 유형원이 30세에 전라도 우반동으로 이거하여 저술한 『반계수록』은, 그의 스승이 재상 이원진과 김세렴인 데에서 드러나듯이, 수도권 학풍의 산물이었다. 그것은 신경준과 황윤석에도 영향을 미치면서 호남실학의 태동을 자극하였다. 소북 신경준은 8세에 공부하러 서울로 올라갔다가 9~12세에 강화에서 수학한 뒤 고향 순창으로 내려왔는데, 40세 때 서울에서 순창으로 이주한 친조부 신선부 학풍의 영향을 크게 받았다. 그런 점에서 신경준의 실학은 수도권 학풍의 영향을 받아 형성되었다.[229]

1943년 이후 편찬된 「이재선생연보(頤齋先生年譜)」에 의하면, 황윤석은 7세에 『소학』을 읽고 이후 『사기』, 4서5경 및 제가백가를 두루 공부하였다. 신경준도 제가백가를 공부하였는데, 주자학 지배력이 경상·충청도에 비해 약한 전라도의 특징일 것이다. 제자백가의 공부는 박학의 중요한 요건이다.

황윤석은 10세에 『통감절요』 등 역사서, 12세에 『맹자』와 『논어』,

---

228 윤지충이 제사를 폐한 다음해인 1792년 정조는 도산서원에서 퇴계의 제사를 올리고 과거 시험을 열었다. 이가환 등 서학 남인을 보호한 채제공은 그것을 기념한 「陶山試士壇碑銘」에서 "서양 邪學이 우리 동방에 유입되어 서울에 침투하고 畿湖에 미쳤으나, 유독 영남만 한 사람도 오염되지 않았다. 주상은 '이것은 퇴계가 남긴 교화(先正遺化)다'라며 감탄하였다."고 적었다.

229 고동환(2022), 40~41쪽.

13세에 『서경』과 『시경』을 읽었다.[230] 그는 14세 때에 『역경』, 이어서 전라도 박학자인 임영(林泳 : 1649~1696)의 『창계집(滄溪集)』을 읽고 그가 11살에 기삼백(朞三百)을 푼 것을 알았다. 『서경』에 나오는 기삼백은 천문학인 역법이며, 그것을 풀려면 수학을 알아야 했다. 황윤석이 『서경』을 다시 읽고 있을 때, 부친은 "우리나라의 많은 선현(先賢)이 어릴 적에 중성(中星) · 기삼백 · 기형(璣衡) · 율려(律呂)의 제주(諸註)를 궁구(窮究)하였는데, 너도 그렇게 할 수 있겠는가."하고 훈시하였다. 이 말을 계기로 황윤석은 "『주역』 · 『홍범경세서(洪範經世書)』 · 율려 · 역법 · 산수의 학설에 거의 모두 넘나들었다."[231] "황윤석의 아버지 황전은 역범(易範) · 예 · 악(禮樂) · 서수(書數) · 성력(星曆) · 병형(兵刑) 등의 설이 모두 선비가 힘써야 할 실리(實理)의 학(學)이라 생각하였다. 그는 당세에 학자들이 이러한 다양한 분야의 학문영역에 능하지 못하고 한 분야에 치우쳐 있다고 생각하였다. 그는 이학(理學) · 예학 · 수학 · 악학(樂學) · 병학(兵學) · 보학(譜學) 등 다양한 학문 명칭이 있는데, 이학과 예학 둘 이외에는 잡술(雜術)로 몰고 있으니 한심한 노릇이라고 하였다."[232]

황윤석은 『창계집』을 처음 읽은 이후 "임영에게 많은 영향을 받았음을 저술 여러 곳에서 밝힌 바 있다."[233] 졸기에 의하면 임영은 "학

230 권오영(2007), 185~186쪽.

231 「이재선생연보」; "小生十餘歲, 再讀書傳, 父親教之曰, 我國先賢少日, 多於中星朞三百璣衡律呂諸註究恒者, 儞得如此否. 小生遂生妄意, 究索有年, 不無一班之見, 故復因此逶迤旁通, 轉及於易範經世律曆算數之說, 殆悉汎濫."(『頤齋亂藁』 1책, 권2, 179쪽, 1757년 9월 5일)

232 권오영(2007), 224쪽.

233 최영성(2015), 189쪽.

문이 넓고 문사(文辭)가 바르고 넉넉하여 함께 출세한 명류(名流) 중에서 뛰어났다. …… 저작한 『창계집』이 세상에 유행한다."[234]라고 하였듯이, 전국적 명사였다. 투철한 주자학자라기보다 개방적 박학자가 지역 선비의 한 모범이 되는 풍토는 호남실학의 태동을 도왔다. 임영은 1667년 『일록(日錄)』에서 『지봉유설』을 읽은 소감으로 "배우는 사람은 깊이 연구하여 터득하는 실질[深造自得之實]이 없으면 글쓰고 말할 필요가 없다."라고 하였는데, 황윤석은 임영으로부터 박학뿐만 아니라 자득의 자세도 배웠을 것이다. 호남의 박학풍을 공유한 부친의 가학(家學), 그리고 왕성한 지식욕은 황윤석의 박학을 낳았다. 공자와 주자가 박학을 권장하였으니, 조선의 유교사회에서 황윤석이 박학을 하는 데에는 아무런 문제가 없었다. 다만, 공자가 말한 '박문약례'를 준수해야 하였다. 주자는 박학으로 이학을 집대성하였으나, 의리학으로 제약하지 않은 박학을 경계하였다.

사족 남자는 경학, 사학 및 시문(詩文)의 사장학을 기본 교양으로 배웠다. 조선시대 수많은 사대부는 학문을 추구하는 지식인[文人]임을 자각하여 문집을 남기는 것을 목표로 하였는데, 문집의 처음에 시문이 나온다. 1829년 완성된 『이재유고』 26권 중 권1~5는 시문이다. 사대부는 경학과 사학을 통한 의리학, 그리고 사장학의 공부가 일정 수준에 오르면, 경세학을 공부하고, 나아가 경학과 경세학의 자료로서 명물도수학을 공부한다. 대부분 사족은 경세학과 명물도수학의 본격적인 공부는 과거 급제 후나 20대 이후에 하나, 황윤석은 14세 이

234 "要之學問淹博, 文辭典贍, 爲同進名流翹楚. …… 有所著滄溪集行于世."(『숙종실록』 1696년 2월 6일 壬辰)

후 명물도수학을 왕성히 공부한 특징을 가진다. 그래서 박학자가 될 수 있었다. 황윤석이 학술 업적을 낸 명물도수학은 일반적 관행에 따라 문집에서 잡저(雜著)라는 항목에 실렸듯이, 잡학으로 분류된다. 문집을 남기는 문화는 수준급 지식인의 증가에 이바지하였으나, 문집의 이러한 체제는 학술 발전에 불리하였다. 그래서 황윤석은 박학의 잡학을 하는 학자로 불릴까 노심초사하였고, 의리학으로 제약하려고 노력하였다.

황윤석은 "『성리대전』을 읽으면서 비로소 과거 공부 외에 성현의 학문을 알았다."고 하였다.[235] 「이재선생연보」에 의하면, 황윤석은 『창계집』 독서와 부친 훈시가 발단이 되어 14세에 이수(理數)에 관심을 가지기 시작하여, 16세인 1744년부터 "『이수신편(理藪新編)』을 편찬하기 시작하였다. 선생은 『성리대전』에 가장 심혈을 기울여 공부하여 마침내 그 조례(條例)를 모방하여 『성리대전』을 근본으로 삼고 여러 책을 참고하고 자신의 견해를 덧붙여 거질(巨帙)을 편성하였는데, 평생의 정력이 모두 이 책에 있다."고 하였다. '평생 정력'을 담았다는 것은 황윤석의 「이수신편서(理藪新編序)」에 나온다. 『황극경세서』에는 "천하의 수는 이(理)에서 나오고 이에 위반하면 술(術)에 빠진다."에서 알 수 있듯이, 이수는 이를 나타낸 수란 뜻이고 미래를 아는 점과 같은 술수와는 다르다. 14세 때 이수에 관심을 가지게 된 것은 『성리대전』을 읽기 시작하자마자 상수학에 관심을 가지게 되었음을 보여준다. 『성리대전』에는 성리학의 이뿐만 아니라 상수학과 역법의 수도 나오는데, 황윤석은 상수학 자체라기보다는 만물의 수적

---

235 『頤齋亂藁』 1책, 권1, 1748년, 70쪽.

원리에 관심을 가졌다고 보인다.

공자는 "15세에 학문에 뜻을 두었다(志于學)."(爲政 4章) 공자를 모범으로 삼은 유가인 황윤석은 17세인 1745년에 '성인(聖人)의 도(道)'로 귀결할 각오를 다지면서 지은 「술지부(述志賦)」에서 "아래로 사람 일[人事]을 배우고서 위로는 하늘의 이치[天理]를 터득[通達]하고(下學而上達) …… 덕성을 함양하고 학문에 정진하여(惟涵養又進學兮) …… 성학의 요체를 굳건히 한다(固聖學之要率)."고 하였다.[236] 그는 이처럼 투철한 유가의 자세를 학문의 세계에서도 평생 견지하여, 서양 과학을 수용하면서도 유학 학술문화의 패러다임을 끝까지 고수하려 노력하였다.

1744년 겨울부터 『성리대전』 수편을 베끼다가 1745년 눈병이 걸려 고생하였다.[237] 『성리대전』은 황윤석에게 이학 공부와 박학 탐구의 길을 열었다. 황윤석은 『성리대전』을 20여 년간 연구하면서 "음양 · 성명 · 역학 · 상수학 · 율려 · 천문학 · 수학 · 음운학에 두로 통하게 되었나."[238] 1787년 지은 「자서설(自敍說)」에 의하면, "내가 어릴 때 독서하면서 베꼈고 천체를 관찰하였으며, 밤늦게까지 공부에 힘써 경 · 사 · 집 · 심성이기 · 성음 · 전예 · 도화 · 의약 · 상수 일체와 구류백가가 모두 사색 대상이었다."[239] 황윤석은 조선시대 학술을 구성하는 의리학,

---

236 『頤齋亂藁』 1책, 권1, 13쪽, 1745년.

237 "去冬寫出性理大全數編, 因得目病, 尙未祛根, 可悶."(『頤齋亂藁』 1책, 권1, 1745년, 15쪽)

238 "二十餘間就性理大全一帙, 不無用工, 而陰陽性命易範律曆算數聲音字書之微亦或因而旁通矣."(『頤齋亂藁』 2책, 권11, 216쪽, 1768년 8월 13일)

239 "余少時讀書寫字, 候星占月, 登高望遠, 明灯達夜, 勞心費力. 其於經史集心性理氣聲音篆隷圖畫醫藥象數一切九流百家, 無非思索之地."(『頤齋亂藁』 8책, 권41, 44쪽, 1787년 11월 21일)

예학, 사장학, 경세학, 명물도수학 등 모두를 공부한 지식을 갖추었다.

(2) 기론적(氣論的) · 자연철학적 성리학과 낙학의 선택

황윤석은 학문과 사상을 펴면서 유가이기 위해서는 불교와 천주교 신앙을 배척해야 하였고, 주자학자이기 위해서는 양명학을 배척하고 성즉리 학설을 고수해야 하였다.[240] 황윤석의 증조부 황세기와 조부 황재만은 송시열을 숭상하고 종조부 황재중은 송시열의 제자인 기정익과 김창협의 문인이 되어,[241] 그 후손은 노론이 되었다. "황윤석의 저술을 보면 노론의 당론에 배치되는 언설이 거의 없다."[242] 황윤석은 "주자설의 일언반구에 대해서도 왈가왈부를 허용하지 않는 교조주의적 태도를 드러"내었다.[243] 황윤석은 조선 유교사회와 가문의 존신(尊信)과 금기(禁忌) 원칙을 철저히 지킨 것이다. 그래서 투철한 주자학자라는 평가를 오늘날까지 받고 있다.

앞서 언급하였듯이, 유수원은 노론이 정계를 장악한 이후 성리 담론의 성행이 자득이 아니라 시세에 영합한 추종임을 비판하였다. 정약용은 「오학론(五學論)」에서 성리학은 인륜(人倫)의 실천에 의의가 있는데, 조선의 "지금 성리학자는…… 천 · 만 가지가지로 갈라져…… 터럭까지 세밀히 분석하면서 서로 자기의 주장이 옳다며 남의 주장을 배척하는가 하면…… 대단한 것을 깨달은 것처럼 목에 핏대를 세우면서 스스로 천하의 고묘(高妙)한 이치를 다 터득했다고 떠든다. 그러나

240 金基鉉(1994), 282~289쪽; 권오영(2007), 204~205쪽.
241 권오영(2007), 175~176쪽.
242 최영성(2015), 200쪽.
243 金基鉉(1994), 276쪽.

한쪽에는 맞지만 다른 한쪽에는 틀리고 아래는 맞지만 위가 틀리기 일쑤다."라며 비판하였다. 황윤석은 「이수신편서」에서 "용모는 어린이를 벗어나지 않으나 담론마다 성명(性命)에 이르구나."라는 주자의 훈계를 위반하지 않았는지 노심초사한다고 하였듯이, 유수원과 정약용이 비판한, 시세에 영합하여 고담준론을 하는 속유(俗儒)와는 달랐다. 그는 같은 취지로 황윤석은 "차라리 진실한 사대부가 될지언정 가짜 도학자가 되길 원하지 않는다(寧爲眞士大夫 不願爲假道學者歟)"는 명나라 유학자의 말을 명심하였는데(「이재선생행장」), 조선의 다수 가짜 도학자와도 달랐다.

나아가 황윤석은 존신과 금기의 원칙을 어기지 않는 범위에서 성리학에서도 자득(自得)의 논의를 펼친 점에 주목할 필요가 있다. 성리학은 조선에 들어와 발전하여, 퇴계는 기대승과 논쟁을 통해 주자의 이기이원설을 세련화하였고, 율곡은 서경덕의 독창적 기 철학에 영향을 받아 주자의 이기설을 수정하는 이통기국론이라는 독창적인 학설을 수립하였다. 그런 점에서 이기설에 대해서는 자득의 설을 펼칠 여지가 있었다.

황윤석은 『성리대전』을 공부하며 15세에 이미 그 근본[根]을 탐구하여 지은 시에서 "맑게 갠 밤 달 언저리 허연 태에 하늘가를 관찰한다(淸宵月暈觀天際)."고 하였다.[244] 부친의 훈시로 기삼백 역법을 공부하기 시작한 다음해 천문학을 공부하고 있었다. 1746년 상수학을 공부하면서 『화담집』을 공부한 자료를 남겼다. 송나라 장재는 주돈이의 태극에 통하는 태허가 기로 구성되고 기가 모여 만물이 되고, 만

244 『頤齋亂藁』 1책, 권1, 1745년, 15쪽.

물이 흩어져 기가 된다는 설을 제시하였다. 그것을 수용하여 황윤석은 1747년 19세에 "나는 한 원기가 태허에 가득찬 것을 본다. 무가 유에 포함됨을 믿고 실이 공에 있음을 비로소 안다."고 하였다. 이것은 서경덕의 천지 · 만물에 대한 격물 정신이, 명대 중기 이후 객관적 실제에 대한 관심이 기 철학을 낳은 현상에 통한다. 황윤석이 기 철학을 펼쳐도 괜찮았던 이유는 노론의 정신적 지주인 율곡이 기도 중시하였기 때문이다. 황윤석은 서경덕처럼 우주자연에 대한 탐구욕으로 물질 근원인 기를 중시하면서도, 기가 흩어져 다시 모인다는 서경덕의 기론은 말라죽은 꽃이 다시 핀다는 논리이고 불교의 윤회설과 같다는 율곡의 비판을 지적하였다.[245] 서경덕은 조선 성리학의 선구자임에도 불구하고 독창적 기 철학으로 퇴계의 비판을 받아 문묘종사도 되지 못하였다. 서경덕처럼 기를 중시하는 장재의 관점을 수용한 황윤석은 기 위주 이기론을 펼치면서 서경덕 비판을 빠트리지 않아 노론 학자로서 안전을 도모하였다.

그 직후 황윤석은 우주 · 만물이 이 · 기 · 질(理氣質)로 구성되며, 기가 쌓여 질이 되고, 형적과 찌꺼기가 없는 이가 기를 탄다고 논하였다. 사람으로 논하면, 신체혈육은 질, 한 · 열기와 호흡은 기, 인의예지는 이이며, 성즉리라 하였다.[246] 대부분 주자학자는 도덕 담론으로 기를 감정 근원으로서 거론하였는데, 우주 · 자연에 강한 관심을 가진 황윤석은 물질 근원으로서 기를 중시하고 질까지 고려하였다. 기와 질이 합치면, 현실의 물질, 보다 정확하게는 그 전의 물질인자(因子)

---

245 "吾觀一元氣, 充塞太虛中, 若信無涵有, 方知實在空."(『頤齋亂藁』 1책, 권1, 1747년, 54쪽, 「一氣吟二律」); 陳來(1997/2006), 100~101쪽.

246 『頤齋亂藁』 1책, 권1, 1747년, 55쪽, 「雜識」.

인 것이다.[247] 정이가 성즉리 학설, 그리고 기와 질을 합친 기질의 성을 처음 거론하여 주자가 수용하였다.[248] 그래서 주자처럼 천명의 성과 기질의 성을 대비하는 방식이 일반적이며, 기와 별도로 질을 설명하는 학자는 소수였다. 김창흡의 어록에는 '이 · 기 · 질 3층'을 거론한 내용이 나오나, 더 이상의 설명은 『삼연집(三淵集)』에 나오지 않는다. 홍대용은 서양 천문학을 깊이 공부한 후 1780년 이후에 쓴 「의산문답」에서 태허를 가득 채운 기가 모여 뭉쳐 질을 이루어 지구, 달, 해 및 별이 되었으며, 지구의 질은 물과 흙이라고 하였다. 질이 흩어져 기가 된다는 순환설도 추가된다. 그 영향으로 박지원이 형을 이루는 데에 질이 필요하다고 하였다. 조선의 자연학자는 물질 근원으로서 기를 중시하는 공통점을 가졌고, 신경준, 황윤석 및 홍대용은 기 철학으로 자연학을 전개한 조선의 대표적 학자였다. 기와 질을 합쳐 자연을 설명한 대표적 인사는 황윤석과 홍대용이었다.[249] 황윤석은 자연철학의 관점에서 이기론을 시작하고 발전시켜서, 『성리대전』과 『이수신편』 모두가 태극도에서 시작하지만, 이어서 전자는 성리설을, 후자는 우주와 자연을 배치하였다.

황윤석은 1748년 호론과 낙론의 논쟁을 접하고 1749년 편지에서 그것을 자신의 자연철학과 연계하였다. 먼저 "이는 허공에 독립할 수 없고 형과 질이 형성되기를 기다린 후에야 의지하고 머물 곳이 있게 됩니다. 이른바 기란 형을 이루는 근원이지 않습니까. 기가 유행하여

247 山井湧(1980), 150쪽.

248 陳來(1997/2006), 157~159, 257~258쪽.

249 황의동(2009: 54~56쪽)은 황윤석이 "질을 구별해 설명한 것이 특징적"이고 "전체적으로는 기론적 분위기"라고 보았다.

형을 이루면 하늘이 명한 이가 그 안에 떠나지 않습니다."라며 기로 이루어진 형과 질에 이가 머문다는 만물의 생성·존재론을 전개한다. 이어서 기가 맑고 바르면 이도 그러하여 사람이 되고, 기가 탁하고 치우치면 이도 그러하여 사람 이외 만물이 된다고 하여 율곡의 기발이승일도(氣發理乘一途)의 설에 접근시킨 다음, 기질의 성이 달라 만물의 성이 달라진다고 하였다. 여기서 낙론은 인·의·예·지·신(仁義禮智信)인 5상(常)이 음양오행의 이(理)이므로 사람과 물이 5상을 고르게 얻되 그 정·편·통·색(正偏通塞)으로 차이가 난다고 보는 반면, 호론의 한원진은 기질에서 나온 5상을 물이 고르게 갖출 수 없다고 보았다. 황윤석은 맹자의 성선이 본연의 성을 말하지만 기질의 성도 병행하여 서로 어그러지지 않는다는 점을 들어 한원진의 호론이 타당하지 못한 듯하다고 보았다.[250] 호락논쟁은 기본적으로 심성론인데, 황윤석의 자연철학적 이기론이 물질 근원·생성의 보편성을 중시하여 낙론으로 접근시켰다고 보인다.

황윤석은 17, 18세부터 스승을 구할 뜻이 있었다. 황윤석은 호론에 대해 거부감을 가지지 않아서 1758년 5월 윤봉구(尹鳳九)를 찾아가 고암서원 강회에 참여하고 싶다면서 존경의 마음을 표하였다. 그런데 「이재선생연보」에 의하면, 황윤석은 1759년 2월 낙론인 김원행(金元

---

250 "蓋陰陽五行化生萬物, 是則天之所命, 而人物之所同得也. 是其本肰之體, 固無有不善, 而亦無有同異之可言矣. 肰是理也, 不能懸空獨立, 而必待形質之成, 肰後斯有掛搭安頓之處. 所謂氣也者, 非所以成形者耶. 是氣流行, 旣已成形, 則天之所命之理, 於是乎亦隨而具於其中, 而不離乎這箇裏面矣. 雖肰, 理無爲, 氣有爲, 氣之淸也, 粹也, 正也, 而理亦如之; 氣之濁也, 駁也, 偏也, 而理亦隨之. 故人物之生也. 物得其濁者, 駁者, 偏者而爲物; 人得其淸者, 粹者, 正者而爲人. 是固人物之所以不同, 而其所以如此者, 端由於氣發而理隨之一途矣."(『頤齋遺藁』 권6). 『국역 이재유고 1』, 20~27쪽에도 나온다.

行)과 "사제의 의(義)를 정하였다." 낙론의 선택은 부친 황전이 윤봉구 문인의 경박함 등 폐단을 보고 우려한 점이 작용하였다 하나, 다음 요소들의 종합적 고려로 보인다. 첫째, 종조부 황재중의 스승인 김창협은 낙론을 주장하고 김원행의 조부였다. 둘째, 황윤석과 부친의 박학풍은 호론보다 낙론에 친화적이었다. 윤봉구가 "『성학집요(聖學輯要)』 한 책이 가장 보기 좋으니, 학자는 힘껏 공부하지 않으면 안 된다."고 말하자, 황윤석은 "『성리대전』도 『근사록(近思錄)』 편차(編次)를 본받았으니, 『근사록』을 읽을 때 참고하면 어떨까요?"라고 물었다. 윤봉구는 "이 책의 편차가 많이 정밀하지 못하여 『성학집요』만 못하다"고 하였다.[251] 『성학집요』가 수기치인을 집대성한 책이나, 황윤석이 13년간 작업을 해온 『성리대전』은 상수학 등 자연학을 포괄하여 황윤석의 박학이 펼치기에 더욱 좋은 책이었다.[252] 셋째, 낙론의 김원행과 그 제자인 수도권 학자가 호론의 충청도 학자보다 박학풍일 뿐만 아니라 중앙정계에 영향력이 더욱 커서, 김원행을 스승으로 삼는 것이 학문적 교유와 출세에 유리하였다.

황윤석은 김원행을 스승으로 삼은 후, 조선 유학의 학통(學統) 내지 도통(道統)을 율곡 – 송시열 – 김창협 – 이재(李縡) – 김원행으로 잡았다. 낙론의 선택은 수도권 박학자와 교유 기회를 확대하여 황윤석의 박학을 풍성하게 하였다. 김원행의 석실서원에서 황윤석은 정철조, 홍대

251 권오영(2007), 176, 187~191쪽.

252 최영성(2015, 206쪽)에 의하면, "조선 후기 성리학은 심성론 중심의 형이상학적 성격을 띠게 되었다. 全體大用을 추구하며 체용본말에 대한 균형 감각을 갖추었던 『성리대전』의 路脈과는 갈수록 거리가 멀어졌다." 최영성(2015, 208쪽)은 황윤석이 "체용본말을 갖춘 『성리대전』을 통해 조선의 유교 문화를 재건해 보겠다는 의지를 담은 것으로"보았다.

용 등 박학자와 교유할 수 있었다. 황윤석은 김원행을 스승으로 삼은 후에는 확고히 낙론을 견지하고 호론을 비판하였다. 선조와 스승의 뜻에 위반하는 것은 유가로서 심각한 결격 사유였고, 자신과 가문의 사회적 지위를 손상할 수 있었다.

1764년 석실서원의 『중용』 강의에서 황윤석은 "이 기가 모여 물이 형태를 이루면 이가 스스로 존재한다."는 자연철학적 이기론인 지론을 편 다음, 5상의 덕이 이로 말한 것이라는 낙론으로 연결하였다. 이 설은 홍낙진(洪樂眞)의 호평을 얻었다.[253] 호락논쟁은 기본적으로 심성론인데, 황윤석의 낙론은 자연철학의 성격이 강하다.

1769년 김원행이 강의 중에 호락논쟁(虎洛論爭)에 관한 의견을 묻자, 황윤석은 만약 인성과 물성이 다르다고 보면 이(理)가 하나라는 원칙에 어긋나며 "물의 성을 다한다는 옛 사람의 말"에 부합하지 않는다며 호론을 비판하였다.[254] 여기에 대해 유봉학(1995, 94쪽)은 황윤석이 "낙론을 물성 구명의 근거로 수용하고 있었"다고 보았다. 황윤석은 김원행의 제자가 되기 전에 자연학에 관심이 깊었고, 이후 낙론으로 자연학 탐구를 합리화한 것이다. 낙론이 어떻게 황윤석의 자연철학으로 기능하였는지는 앞으로의 탐구 과제이다. 아무튼 황윤석의 자연학 탐구는 낙론의 박물학에 부합하여 격려받을 수 있었다.

---

253 "胤錫曰: …… 陰陽五行, 生物之具也. 是氣所聚, 物各成形, 而莫不自有是理, 故曰: 理亦賦焉. …… 而至於各得其所賦之理, 以爲健順五常之德, 則是又以理言. 盖就氣上拈出本然之理, 以明天命之性, 爲萬物一原故耳."(『頤齋亂藁』 1책, 권4, 385~386쪽, 1764년 7월 16일)

254 "胤錫曰: 雖曰人與人則本性同, 人與物則本性異, 而性卽理也. 理一而已, 自天地本然者而言之, 一本而已.無論人物, 若曰本性不同, 則二本也. 卽此言之, 古人所謂盡物之性者, 顧何以哉."(『頤齋亂藁』 2책, 권12, 346쪽, 1769년 3월 11일)

『이재난고』 권26, 1778년 7월에 나오는 「호락이학시말기(虎洛二學始末記)」는 호락논쟁의 전개를 정리한 글로 문석윤(2006, 서론)의 주목을 받았다. 황윤석은 이 글에서 낙론을 옹호하면서도 스승 김원행이 "학문이 진전하면 지식이 진전하고, 그러면 도량도 나아간다(學進則識進 識進則量進)."는 정자의 말로 논쟁의 원만한 타결을 바란 사실을 넣었는데, 황윤석이 논쟁에 대처한 자세였다.

(3) 개방적 박학과 서학

황윤석은 선대가 존숭한 송시열, 그리고 스승인 김원행의 학설과 배치되는 견해를 일체 배척하였으나 경직적인 주자학자는 아니었다. 황윤석은 양명학이 존덕성만 중시하여 도문학에 소홀하고 지행병진이 아니라 지행합일을 주장한 점에 대한 주자학자의 비판을 공유하였는데, 지식론을 중시하는 지론이었다. 황윤성은 왕양명의 심학이 "나라를 멸망으로 이끄는 요사한 역적"이고 "오랑캐 세계로 빠트렸다"고까지 비판하였으나, "명대 10대가에서 왕양명의 문장은 새로운 생각이 있어서 애독하여 즐길 만하다."고 높게 평가하였다. 황윤석은 도교·불교서를 섭렵하여 이기론으로 윤회설을 비판하고 신앙으로 만복이 깃들고 부처의 사리를 신성시하는 불교 사상도 비판하였는데, 유가의 합리적 의심이었다. 그러면서 불교의 심성설과 권선징악설을 긍정적으로 보았다.[255]

황윤석은 전라도에서뿐만 아니라 서울에서도 주로 박학자와 학술 교류를 하였다. 황윤석은 당색을 가리지 않고 유명한 박학자를 찾아가

---

255 이 책에 실린 박순철의 논문을 참조하라.

배우거나 토론하였다. 그가 만난 서명응·서호수는 소론이고 이가환은 남인이고 정철조는 소북이었다. 황윤석은 8대조까지 벼슬에 오르지 못한 한미한 사족이어서 조부가 송시열을 구원하는 상소에 동참한 이외에는 노론으로서 정치활동을 하지 않았다. 그는 '당론적 이해가 약한 지방출신'이어서 처음 벼슬길에 나올 때 소론인 판서 정홍순과 영의정 서지수의 천거를 받았다.[256] 이러한 처지가 당색을 가리지 않고 교유하는 데에 도움을 주었다. 황윤석의 학문적 교류 인물은 당색이 아니라 순수한 학문적 필요로 결정되었다. 당색을 초월하여 서학을 포함한 박학자와 황윤석보다 활발히 교유한 인사는 찾기 어렵다.

황윤석은 1768년 6월 의영고봉사(義盈庫奉事)로 임명된 직후 남인 허목(許穆)의 『기언(記言)』을 공부하여 초록해두었고 그 책을 자주 참조하였다. 허목은 현종대 국장(國葬)에서 송시열과 다른 예설을 제시하여 남인의 통설이 되고 예송(禮訟)이 전개되었는데, 황윤석은 예송을 정리하면서 허목에 대체로 비판적이나 참고해 볼만한 것도 있다고 하였고, 당색이 다른 인물의 글을 무조건 배척하는 풍토를 비판하면서 주자를 본보기로 들었다.[257] 1770년 황윤석은 "근세 이익이 저술한 『성호사설』이 실로 대저로 볼 만한데, 남인 가문에 나와 애석하다." 고 하였다.[258]

---

256 정만조(2007), 299쪽.

257 "右許穆記言, 余所鈔錄者如此. 盖其中人物山川, 古跡故事, 有可法者, 有可戒者, 有可攷者, 要之亦可一覽也. 彼其說雖或不厭於公議, 而不一覽焉, 何以卞其是非哉. 近來以西人自命者, 一切屛東人文字而不肯過目, 以老論自命者, 亦一切屛少論文字而不肯過目. 噫! 不得贓物, 何以明其犯贓乎. 且後學所當繩準, 非朱子而誰也. 朱子嘗取淮南子, 楊子雲之言矣. 嘗採王介甫, 蘇子瞻之論矣. 盖於其中, 不以人廢言者有之耳."(『頤齋亂藁』 2책, 권10, 101쪽, 1768년 6월 8일) 『국역 이재만록』(상), 53~54쪽에 번역문도 나온다.

황윤석은 주자학과 스승 학설이라는 존신과 금기의 영역을 제외하고는 개방적으로 학문을 수용하였다. 그는 14세에 기삼백의 역법에 관심을 가지게 되었는데, 천문학과 수학에 대한 관심으로 이어졌다. 1770년 황윤석의 수학에 탄복한 이현직이 "전수자(傳授者)가 있습니까?"라고 묻자, 황윤석은 "어릴 적 가정에서 배우면서 『성리대전』 한 질을 즐겨보다가 그로 인해 이수 문자를 연역하여 점차 수학에 통하게 되었다."며 정력을 쏟다 질병을 얻었다고 하였다.[259] 『이재난고』 1745년과 1746년에는 『성리대전』에 수록된 상수학 공부의 「황극경세서해(皇極經世書解)」가 실렸다. 황윤석은 우주자연의 물질 근원을 탐구하는 데에서 나아가 만물을 수적 질서로 파악하는 상수학을 탐구하였다. 그는 상수학의 수비학에 만족하지 못하고 수학 자체를 공부하게 되었다.

『이재난고』의 처음에는 서학서에 실린 용미차와 서양 역법인 시헌력이 나오는데, 황윤석의 서양 과학 · 기술 관심을 보여준다.[260] 20세인 1748년 벽누의 일기에 시헌력 표기를 하여 그 관심이 생겼음을 드러내었다. 8월 9일 일기에는 시헌력까지 이어지는 중국 역대 역법을 정리하였다. 1765년 윤2월 18일 시헌력 책자를 빌렸다. 황윤석은 14세 때 부친이 기삼백을 풀 수 있는가라는 훈시를 듣고 중국 역법을 공부

258 "近世李瀷所著星湖僿說, 實是大文字, 可觀, 惜其出於南人家中耳."(『頤齋亂藁』 3책, 권14, 126쪽, 1770년, 4월 2일)

259 "余笑曰: 少也學于家庭, 愛觀性理大全一帙, 因之演繹理數文字, 漸通數學, 而首從事于算學啓蒙, 不待先覺, 大費心力, 以至天元一法, 瀾漫透悟之境. 而思索之過, 疾病生焉."(『頤齋亂藁』 3책, 권14, 125쪽, 1770년 4월 2일)

260 하우봉 · 이선아(2016), 40~43쪽과 정성희(2007)는 황윤석이 열람한 서양 과학서를 정리하였다.

하였으나, 만족하지 못하여 수년 내 서양 과학서 약간을 보게 되었다고 하였다.[261] 황윤석은 1746년에 서양 자명종 시계를 처음 보고 그 형태와 구조에 관한 자세한 관찰 기록을 남겼다. 그 후에도 자명종 관심을 버리지 않았고 1774년 큰 돈을 주고 자명종을 구입하였다. 자명종이 고장나자, 그는 수리에 몰두하였으나 실패하였다. 그래서 전주의 장인에게 수리비를 주고 고쳤다.[262]

황윤석은 10대 후반 천문학·상수학 공부에 이어서 곧바로 수학 공부도 시작하여, 1748년 지은 시는 송·원 수학의 최고 성과인 천원술을 이해하였음을 드러낸다.[263] 1758년 서양 수학서 『동문산지(同文算指)』를 보았고 1766년 3월까지 『기하원본』, 『구고의(句股義)』, 『환용교의(圜容較義)』 등도 보았다. 1768년에야 원하는 『수리정온』과 『역상고성』을 드디어 볼 수 있었고 그 탐구 결과로 「호현약설(弧弦約說)」이라는 글을 자성하여 이 책들의 요지가 '용선(用善)'과 '비례'에 있고 삼각법이 온갖 변화를 포괄할 수 있다고 보았다. 그래서 후에 나온 서학이 더욱 우수하다고 확신하였다.[264] 1769년 문광도는 서명응에게 황윤석이 "수학에 정통하다"는 소문을 말하였다.[265] 앞서 언급하였듯이, 1770년 이현직은 황윤석이 천원술에 정통한 데 감탄하였다. 황윤석은 『동국문헌비고』 편찬과정에서 신경준과 서호수의 논쟁을 『율력연원』을 통해 검토하였다. 황윤석은 상위고에서 "서양의 전

261 『頤齋亂藁』 1책, 권6, 551쪽, 1766년 3월 23일.

262 『頤齋亂藁』 1책, 권1, 38쪽, 1746년 8월; 하우봉·이선아(2016), 44~45쪽.

263 구만옥(2021), 229쪽.

264 구만옥(2009), 223~228쪽.

265 『頤齋亂藁』 2책, 권12, 461쪽, 1769년 7월 23일.

문적인 역산학에 있어서 제일 중요하다고 할 수 있는 삼각측산(三角測算)에 대한 설명이 통째로 빠져 있는" 결함을 저적하였다.[266] 1760년대 후반 황윤석은 중·서 수학을 겸비한 정상급 수학자가 되었다.

이상에서 황윤석 학술의 초기 여정은 '1742년 14세 기삼백 훈시→역법 공부와 상수학 이수(理數) 관심→15세 천문학→중국 수학 공부→18세 자명종 탐구→19세 기론적 자연철학→20세 시헌력 관심과 송·원 수학 터득→서양 수학 탐구'로 정리된다. 14세 때 부친 훈시가 학풍의 방향을 결정한 첫 계기이고 자연학 적성의 강한 지식욕이 작용하여 20세까지는 향후 학문 궤적이 거의 정해졌다. 호남에서 실학이 자생(自生)한 것이다. 황윤석의 주저인『이수신편』의 처음 명칭은 '중리굴(衆理窟)'이었다가 '이굴(理窟)'로 바뀌고 마지막에 '이수(理藪)'를 서명으로 정하였다.[267] '중리'에서 이의 통일적 원리로, 나아가 만물의 수적 원리로 황윤석의 관심이 변하였음을 보여줄 것이다. 나아가 상수학에서 수학으로 관심이 옮겼을 것이다.

1764년 황윤석은『천주실의(天主實義)』를 보니 천당·지옥과 영혼불멸설이 믿기 어렵다며 불신하였다. 유학자들이 천주교에 대해 공유한 합리적 의심이었다. 그러면서 성현의 성리학설이 송대 주돈이·정호·정이·장재·주희보다 나은 것이 없듯이 서양의 천문학·수학·수리기술이 역사상 가장 탁월하다면서, 이것은 아마 불변의 정론일 것이라고 하였다. 황윤석은 성호보다 뚜렷하게 동도서기론을 제시한 것이다. 황윤석은 과학·기술이 진보하여 서양 과학이 최고라는 김

266 안대옥(2012), 79쪽.

267『頤齋亂藁』1책, 권1, 44쪽, 1746년.

육 · 성호에서 출발한 관점을 수용하면서 기독교를 배척하고 성리학과 서양 과학의 양립을 추구하였다. 황윤석은 1764년의 서학관을 평생 견지하여 1788년에도 천주교를 이단으로 규정하면서도 그것 때문에 서양 천문학 · 수학 · 기술을 폐지할 수는 없다는 관점을 재천명하였다.[268] 1768년 『천주실의』에 실린 서양의 도는 보지 않고 『천주실의』에 실린 그 수는 취한다면 동도서기론을 재천명하였다.[269] 황윤석은 당시 환경에서 서학을 하는 안전한 방향을 제시한 것이다.

황윤석은 1766년 서호수와의 만남에서는 지식 차이에 충격을 받았다. 그는 1768년 정철조, 1776년 홍대용, 1778년 이가환 등과 대화하면서 과학을 중심으로 하는 박학 소양을 넓혔다. 황윤석은 이들과 교류하면서 그 학문적 자극을 수용할 자세와 역량을 갖추고 있었다.[270] 그런 점에서 황윤석의 실학은 호남에서 자생하였다. 그가 충청도나 경상도에서 자랐다면, 어릴 적에 지배적 주자학파인 김장생학파나 퇴계학파에 소속되어 서학을 포함한 박학의 포부를 키우기 힘들었을 터

---

268 "始余以天主實義謂有可觀, 及今攷之, 乃甚淺陋. 其謂天堂地獄人魂不滅之說, 尤極可駭. 不知李之藻何爲表章如此也. 大抵西洋之人, 其所謂天學之中, 惟曆算水法等卓絶千古. 盖聖賢性理學問之說, 莫尙於濂洛關閩, 而曆算諸法, 又莫尙於西洋, 此或可爲不易之論歟."(『頤齋亂藁』 1책, 권3, 330~331쪽, 1764년 2월 7일); "盖西洋人之曆象數理律呂工匠四家眞卓絶千古. 西洋所謂天主實義者, 乃所以包三教而立一宗, 惟以尊天爲務, 而其實則異端也. …… 然其曆象數理律呂工匠之法, 則有不容因彼而廢此爾."(『頤齋亂藁』 8책, 권41, 94~95쪽, 1788년 4월 26일)

269 "其道載乎實義, 而吾不觀. 其數具乎幾何, 而吾有取."(『頤齋亂藁』 2책, 권9, 66쪽, 1768년 2월 21일); 허남진(2003), 86쪽.

270 1776년 "황윤석이 홍대용을 통해 접한 내용은 그의 사고체계에 근본적인 변화를 가져올 만큼 충격적인 것은 아니었다. 그 이전에 황윤석은 이미 여러 경로를 통해 다양한 서양 과학의 내용을 숙지하고 있었고 그것을 자신의 학문체계 안에 소화하는 작업을 지속적으로 수행하고 있었다."(구만옥(2019: 269쪽)).

이다. 조선후기에 민간인이 백과사전류, 유학서, 문학서, 법률서 등을 판매용의 방각본(坊刻本)으로 간행한 첫째로 중요한 도시는 서울, 둘째 도시는 전주였다. 주자학 이외 박학이 수도권 다음으로 호남에서 발달하였음을 보여주는 한 지표이다.

(4) 이학과 박학의 절충 · 조화 : 박이약과 명체적용의 원칙

황윤석만큼 이학과 조화한 박학을 하는 방법에 고심한 인사는 드물다. 그는 이학과 명물도수학의 절충사조의 중요한 인물이다. 황윤석은 1742년 이후 『성리대전』을 공부하면서 과거 공부 외에 성현의 학문이 있음을 알고 성리학을 공부하다 박학으로 나아갔는데, 1747년 이학과 별도로 하는 박학이 "필경 잡학으로 흐르기 쉽고 성현의 정대(正大)한 중용의 도라 하기 어렵다."고 걱정하며 자신을 경계하였다.[271] 1751년 정사도(丁師道)가 "명 · 성(明誠)을 점차 병진(竝進)할 따름이고 박 · 약(博約)을 더욱 서로 어울리게 한다(只有明誠漸兩進 要須博約更相參)."라는 경계할 말을 주어, 황윤석은 명심하였다.[272] '명성양진'이라는 표현은 조선시대 종종 사용되었는데, 『중용장구』 21장에서 "성(誠)으로 말미암아 밝아지는 것을 성(性), 명(明)으로 말미암아 성실해지는 것을 교(敎)라 한다."는 구절에서 유래하였다. '박약상참'이라는 표현은 한국고전종합DB에서 달리 발견되지 않는다. '성(誠)'의 박학과 '명'의 이학을 병진하되 이학으로 박학을 제약한다는 관점이다.

---

271 "余讀性理大全書, 始知聖賢之學, 別在科學之外. …… 只知其二, 而未知其一也. 況只知其二, 則畢竟易流於雜學, 而未可謂聖賢大中至正之道也."(『頤齋遺藁』 1책, 권1, 70쪽, 1747년, 「感春詩四十韻幷序」)

272 『국역 이재유고 1』, 28쪽; 『頤齋遺藁』 1책, 권2, 105쪽, 1751년 3월.

1759년 9월 5일 황윤석은 김원행에게 부친의 훈시 이후 박학을 하고 『성리대전』을 공부한 편력을 말하고 자문을 구하자, 김원행은 "정자가 수를 한 마디도 언급하지 않았으니, 모른들 어떠하리."라면서도 주자가 수학과 율려를 두루 알았던 일, 그리고 송시열이 초학자에게 이 분야를 공부하라고 했던 점을 지적하며 '좋은 일(好事)'라고 말하였다.[273] 8일 김천근(金天根)을 방문하니 "김원행과 대화하다 그대에 미쳤는데, 상수의 학설이 역학(易學)에는 공효가 있지만, 지엽으로 흐르지 않게 해야 좋지 않겠는가."라 하였는데,[274] 역학 이해 정도의 상수학에 그치라는 충고였다. 황윤석의 부친 황전은 1762년 김원행을 만난 자리에서 학문은 박과 약을 아울러 갖추어야 하는데 황윤석은 박학 일변도로 흐르고 있다고 우려했다.[275] 부친은 박학을 장려하였으나, 황윤석의 왕성한 지식욕이 지나치게 박학으로 나아간다고 보아 이학으로 박학을 제약하기를 바란 것이다. 1766년 2월 17일 김원행은 황윤석에게 "실학에 힘써야 한다."고 당부하면서 "군이 사장(詞章)의 박학으로 사람들에게 알려져 있는데, 이것도 기뻐할 만하나 사장 박학은 소인도 할 수 있으니, 군자가 되어 명예를 잃지 않음만 하겠는가."라며 가르쳤다. 도학 내지 주자학이 위기(爲己)의 실학이라는 관점이다. 29일 김원행은 편지로 의리학 공부로 "앞으로 박잡(博雜)의 습관를 제거하라."고 훈시하였다. 4월 스승은 또다시 황윤석에게 의

---

273 『頤齋亂藁』 1책, 권2, 179쪽, 1759년 9월 5일.

274 "子健丈曰: 漢陰話及尊邊, 以略象數之說, 有功於易學, 若使不流於方技, 則豈不好乎云云."(『頤齋亂藁』 1책, 권2, 181쪽, 1759년 9월 8일)

275 "但聞學者於博約二者交下工夫, 可也. 渠則專以博一邊爲主, 舊習未盡去, 是可悶也."(『晩隱遺稿』 권3, 雜著, 日識 壬午) 권오영(2007, 224쪽)과 구만옥(2019, 265쪽)이 이것을 언급하였다.

리의 마음이 공리의 마음을 이기지 못한다며 소인유(小人儒)와 다를 바 없는 사장유(詞章儒)에 안주하지 말라고 훈계하였다.[276] 「이재선생연보」에서는 '군자유(君子儒)'가 되라고 훈계한 것으로 적었다.

1764년 황윤석은 「수홍극지서(酬洪克之序)」에서 다음과 같이 박이약의 방법을 천명하였다. 인간의 영명(靈明)한 마음은 모두 알 수 있어서 박식해질 수 있으나 돌이켜 제약할(反約) 줄 모르면 지엽적 지식이 되어 공을 이룰 수 없다. 학문을 박이약해야 고루하고 번잡해지지 않는다. 나는 어릴 적부터 박학을 하였는데, 스승 김원행의 가르침을 받아 그 병통을 깨달았다.[277] 그런데 앞서 언급하였듯이, 황윤석은 1747년 그 병통을 이미 피력하고 있었고, 1751년 정사도로부터 그런 충고를 받아들였고, 박학으로 흐르는 것을 걱정한 부친의 마음을 모

---

276 "君亦無爲區區留意於乞文, 只當勉勉實學也. 君以詞章博洽, 見稱於人. 此亦可喜, 然而詞章博洽, 小人亦有能之者. 孰若遂爲君子, 不失其令名也."(『頤齋亂藁』 1책, 권6, 526쪽, 1766년 2월 17일); 『頤齋續稿』 권6 「渼上錄」; "笑曰: 君之義, 理之心, 終不勝功利之心, 此說向者已言之. 此後則專意實地可也. 且人之請作大小文字於君, 雖若好事, 而以此得名, 終不若自作好人也. …… 旣是湖南豪傑之士, 豈可甘作詞章儒哉? 子曰: 無爲小人儒, 小人儒三字, 固非止爲詞章而言, 而其歸亦不大懸矣."(『頤齋亂藁』 1책, 권6, 561쪽, 1766년 4월 12일)

277 "物于天地間, 蓋多矣. 人亦物耳, 而謂之最貴者, 何哉. 心之靈明莫不有知, 大而六合, 小而一身, 遠而八蠻, 邇而一室, 凡諸色色形形, 靡數可紀之理, 惟是心具焉. 心之有知, 博哉. 苟篤充之, 方可以盡其量. 不然則心亦一肉團而已. 烏在其最貴, 烏在其靈且明也. 雖然, 徒知其量之不可不盡, 而不知反乎其約, 則是望夫枝葉之繁, 而無望一原之收功也. 顔孟所以致意於博約者, 厥有以哉. 然而學固不可惟博之務, 而亦不可徑約, 是求蓋嘗觀乎博者矣. 旁通汎覽, 非不淼瀰, 而不有以察焉, 其病也雜, 又嘗觀乎約者矣. 斂華就實, 非不丁確, 而不有以察焉, 其病也陋, 雜之與陋, 尙奚間焉. 自余之少也, 竊不自揣, 妄擬一究天人之際, 其於易範律曆書數之說, 山川郡縣風俗之志, 以至陰陽神鬼心性情意之辨, 謂未始留念, 則不可也. 顧乃駸駸然將流於雜, 而及夫就質於師敎, 始乃瞿瞿然覺其爲可病."(『頤齋遺藁』 1책, 권4, 379쪽, 1764년 6월 9일 「詶洪克之[주:樂眞]序」)

를 리가 없었다. 김원행의 가르침은 이학을 박학의 체로 삼는 관점을 더욱 확고히 하였으나, 황윤석의 박학 의욕을 약화시키지 못하였다. 김원행은 황윤석에게 "『소학』을 기본으로 하고 넓게 독서하라"고 거듭 교시하였는데, 황윤석이 "『소학』을 크게 강조하는 모습은 보이지 않는 것 같다."[278] 황윤석은 황혼기인 1787년 학문 편력을 회고한 「자서설(自敍說)」에서 "경서와 역사서, 집부(集部) 서적, 심성 · 이기, 성음(聲音), 전예(篆隸), 도서(圖書), 의약(醫藥), 상수, 그리고 제자백가[九流百家]에 대해 사색하지 않음이 없었다."라고 적었다.[279] 그래도 1784년 황윤석은 4서 · 6경 · 6예 · 백가의 제반 학술이 가지를 따라 근본에 도달하고 박학을 거쳐 집약되어야 한다는 원칙을 들었다.[280] 1790년 죽음을 대비해 지어 두 아들에게 준 「자제문(自祭文)」에서 "유학은 박학을 거쳐 집약함으로 돌아가야 한다(儒學將以由博反約)"는 원칙을 제시하고 젊은 시절 박학에 매진하다 스승과 부친의 훈계를 받고 유학 원칙에 따랐다고 적었다.[281] 『맹자』에서 유래한 '유박반약'은 한국고전종합DB에 수록된 문집총간 자료에서 26건 나온다. 황윤석은 '유박반약'을 명심한 결과, 지리학의 전문 지식을 높은 수준으로 올린 신경준의 학문을 박학하지만 '잡약(雜約)'하다고 혹평할 수 있었다.

박학을 이학으로 제약하는 방법은 명체적용(明體適用) 내지 전체대

---

278 정구복(2009), 5쪽.

279 "其於書 · 史 · 集 · 心性 · 理氣 · 聲音 · 篆隸 · 圖畫 · 醫藥 · 象數一切 九流百家, 無非思索之地, 已嘗若頭目眩暈矣."(『頤齋亂藁』 8책, 권41, 44쪽, 1788년 11월 21일)

280 "凡身心性命出處義利之輕重, 與天下理氣象數禮樂刑政之源委, 孰非六經四子, 六藝百家之爲吾輩有待者乎. 苟能沿枝而達根, 由博而入約, 一志所立, 安往而無成."(『頤齋遺藁』 6책, 권35, 504쪽, 1784년 1월 9일)

281 『이재전서』 I , 권7, 175쪽.

용(全體大用)에 통한다. 한국문집총간에는 '전체대용'이 이색부터 사용하여 574번 나오고, '명체적용'이 정도전부터 사용하여 265번, 명체달용이 22번 나오는데, 거의가 유학 내지 이학, 주로 주자학을 대상으로 하였고, 넓게 보면 수기치인(修己治人)을 의미하였다. 사대부가 '명체적용', '전체대용'을 지향해야 한다는 주렴계의 취지이다.[282] 『홍재전서』에서 전체대용이 18번이나 나오는데, 『근사록』 경연에서 정조는 "학문을 하는 전체대용이 수기치인 네 자 중에 모두 담겨 있다"고 하였고, 『주자대전』을 논하면서 전체대용의 학문이라고 하였다. 홍량호는 '정종대왕시장(正宗大王諡狀)'에서 정조의 학문이 "명체달용의 효과를 이룬다"고 하였다.

명체적용은 수기와 치인의 이념과 사상을 제공하는 이학을 근본으로 삼으면서 치인을 지원하는 박학을 겸하는 것으로 볼 수 있다. 유성룡은 유조인의 비판 상소에 대해 자신의 정책을 옹호한 「유조인상소회계(柳祖訒上疏回啓)」(1595년)에서, '제왕학'은 "반드시 본말(本末)과 체용(體用)을 겸비하여 안으로는 미세한 심 · 신 · 성 · 정(心神性情)부터 밖으로는 정사(政事) 조치에 미치기까지 순서 · 조리의 정 · 조 · 거 · 세(精粗巨細)에 모두 관통해야 하고 …… 그런 다음에야 바야흐로 명체적용의 학문이 되고 체가 있고 용이 있는 비난이 돌아가지 않는다"며, 수기의 심성학뿐만 아니라 치인=정사의 경세치용학을 겸비해야 명체적용의 학문이라 하였다. 명말 · 청초 경세치용학파가 내건 구호 중에 명체달용과 명체적용도 있었는데,[283] 수기에 치중한 정주이

282 시마다 겐지(1986/1993), 50쪽.
283 山井湧(1980), 227쪽.

학과 양명심학의 한계를 인식하여 치인의 경세에 유용한 정책론을 발전시키려는 자세를 담아, 유성룡의 용어에 통한다.

1779년 황윤석이 목천현감이 되어 감사를 처음 알현하니, 전임 목천현감 안정복이 명망가인데 근래 들으니 지나치게 부드러워 비난을 받는다며 그 까닭을 물었다. 황윤석은 "옛 명체적용의 현인에게 경학과 통치는 두 도(道)가 아닌데, 근래 인재는 점차 옛보다 못해져 경학을 잘하는 사람이 통치에 미숙하니 두 도가 됨을 면치 못하기 때문입니다."라고 답하였다.[284] 통치이념의 경학과 그것의 통치에의 적용, 곧 수기치인을 명체적용으로 본 것이다. 황윤석은 명체적용이 '유자의 완전한 학문'인데, 서양 과학서 『율력연원』이 국가를 다스리는 적용에 필요하다고 적었다.[285] 그는 치인을 위한 명물도수학도 적용에 포함한 것이다. 1786년 황윤석은 이학과 박학을 겸한 학식으로 '전체대용'이 평가를 받았다.[286] 황윤석에게서 전체대용과 명체적용이 이학과 명물도수학의 조화로운 통합을 의미하게 확장된 것이다.

(5) 박학의 정밀화를 추구한 사득과 과학적 사유

황윤석은, 「행장(行狀)」에 의하면, "옛날 군자는 만물 중 하나라도

---

284 "方伯曰: …… 且如向來安木川鼎福, 亦豈非望士, 而近聞人言, 多以爲偏於柔善, 未免譏議. 此何故也? 余曰: 古之明體適用之賢, 則經術吏治, 初非二道, 而輓近人才, 漸不如古, 長於經術者, 或短於吏治, 所以不免爲二道."(『頤齋亂藁』 6책, 권31, 123쪽, 1779년 10월 15일) 「이재선생연보」에도 나온다.

285 "夫體明用適, 方是儒者大全之學, 是不可不知也."(『頤齋遺藁』 2책, 권12, 「題數理精蘊寫本」)

286 "李奉事曰: …… 執事雖自謙如此, 而學識之名, 擧世自知. …… 執事則從理氣象數全體大用而入, 兼包諸人, 必有著述文字, 可垂百世."(『頤齋亂藁』 7책, 권38, 354쪽, 1786년 6월 24일)

모르는 것을 부끄럽게 여겼다(古之君子恥一物之不知).”라는 말을 좌우명으로 삼아서, 예악 · 서수 · 범주(範疇) · 태현(太玄) · 성력(星曆) · 병진(兵陣) · 삼식(三式) · 필화(筆畵) · 의약(醫藥) · 풍수 · 농형(農刑) · 선불(仙佛)의 책에서부터 우리나라의 도량형 · 방언(方言) · 보계(譜系) 및 천하 산천, 국가 인물 등에 대해 연구하지 않음이 없었다.[287] 이 좌우명은 42세인 1770년 일기에 나온다.[288] 제2절에서 살폈듯이, 이러한 학문 자세는 이전에 신경준 등 여러 사람이 천명하였고, ‘박이정(博而精)’의 추구였다.

오늘날 넓게 공부한 교양 위에 한 분야의 전문 지식을 높은 수준으로 올리는 방법이 권장된다. 신경준의 박학과 전문 지리학은 이 방법에 가깝다. 그런데 이런 방식은 ‘군자불기’라는 공자의 가르침과 상충할 수 있다. 그래서 조선시대 학자들은 넓은 범위의 학문을 고르게 높게 성취하기를 지향하였고, 그런 ‘박이정’은 조선시대 학문 성취에 대한 최고 찬양이었다. 관찬사료에 의하면, 1807년 조선의 조정에서 ‘박이정’으로 평가받은 유일한 조선인의 저술은 율곡의 『성학집요』였다.[289]

황윤석도 박학을 정밀히 하고자 노력하였다. 그는 『성리대전』을 공부면서 “『주역』과 『홍범황극내편』에 나오는 성 · 명 · 이 · 기(性命理氣)의 근원부터 율려 · 역법 · 수학(律曆算家)에 이르기까지 광범히 섭렵하였다. 그러나 박학을 하더라도 정밀하지 않으면 박학이라 할 수 없어서 박학에 기초하여 학문의 정밀함을 추구한다(因博求精).”라고

287 『頤齋續稿』 권13, 附錄, 行錄.

288 “平日迂志, 恥一物不知者, 亦庶幾有遂爾.”(『頤齋亂藁』 3책, 권15, 258쪽, 1770년 6월 13일)

289 『승정원일기』 순조 7년 1월 15일 丁巳.

했다.[290] 황윤석은 주자처럼 "불교와 도교와 같은 이단의 서적도 빈말[空言]이라 배척해서는 안 되며 먼저 넓게 관찰하고 그것을 깊게 생각한[博觀而精思] 후에 그 병통의 소재를 구명할 수 있다."라고 하여,[291] 주자가 불교와 도교의 도전을 그것을 차용하여 물리친 사실을 평가하였다. 고전번역원의 한국고전종합DB의 한국문집총간에서는 '박이정'이 18번 나오지만, '박관이정사'나 '인박구정'은 발견되지 않는다. 황윤석은 '박이정' 방법을 누구보다 고심한 것이다.

그럼 박이정을 위한 방법은 무엇인가? 황윤석은 '일생 정력'을 담은 주저 『이수신편』의 서문에서 이 책은 지식의 유희(遊戲)가 아니라 '고인이 알고 내려온 학문'이고 '고인의 지극한 논의'라고 했다. 그는 여러 책을 널리 활용하되 정(精)하지 못한 것을 제거하였는데, "박물군자(博物君子)라는 비난을 면하지 못할까 두려워하였다." 도학 내지 이학에 배치되는 불순한 학설을 배제하는 박이정은 박이약에 통하였다. 황윤석은 「자경잠(自警箴)」에서는 "박학으로 천하 온갖 무성하고 촘촘한 이치를 지극히 파악하여 남김이 없게 하고, 돌이켜 집약하여 학문을 깊게 쌓아[蘊反乎約] 자기 본래의 정명(精明)한 식견을 다하여 남김이 없게 하련다. …… 천지간 삼라만상은 내 본분의 일이 아님이 없도다. 하나라도 구명(究明)하지 못한다면 나의 일은 끝나지 않으리

290 "蓋自少, 舊學于家庭, 已得妄意學古, 而先從周易以下諸經, 次第貫熟. 因就性理大全一帙, 尤加工夫, 或記管見, 或攥前輩說話, 微辭奧義, 疑文闕字, 一一各有箋註, 而上自易範性命理氣之原, 以至律曆算家, 亦庶幾汎濫矣. 雖然, 博而不精, 猶不博也, 今方因博求精."(『頤齋亂藁』 2책, 권11, 221쪽, 1768년 8월 21일) 『국역 이재만록』(상), 25~26쪽에 번역문도 나온다.

291 "若朱子博識, 誰能動之, 又誰欺之, 以故有聞有見, 觸事無所疑者. 蓋如佛老異端之書, 亦不可以空言斥之, 先須博觀而精思, 然後可究其病痛所在."(『頤齋亂藁』 3책, 권18, 650쪽, 1771년 4월 11일)

라."라는 각오를 밝혔다.[292] 박학의 정밀화와 집약 정신을 담았다. 이것은 유학 관점의 박이정이다. 박이약의 모범인 주자는 물리를 도리라고 하여 지식론을 도덕론에 종속시켰는데, 신경준과 황윤석의 박학은 물리에 대한 도리의 구속을 완화하였다.

근대 학술의 관점에서 황윤석 박이정의 의의는 자득(自得) 또는 사득(思得), 그리고 과학적 사유에서 찾을 수 있다. 황윤석은 『이수신편』 권21인 산학입문에서 양기의 "조방(漎旁) 계산법을 깊이 생각하였으나 오랫동안 깨닫지 못하였다. …… 달리 계산하니 단칼로 벤 듯이 신통하게 맞았다. 비로소 화담 선생이 말한 생각해 터득한다는 취지[思得之地]를 알게 되었다. 앞으로 지난날 의혹도 죄다 풀어 이치를 환히 알고자 하는 것이 나의 바램이다."는 각오를 다졌다.[293] 황윤석의 이전에 사득이라는 표현을 구사한 학자는 많았는데, 서경덕의 창의적 기 철학은 사득의 정신을 발휘한 선구적 사례로 율곡의 평가를 받았다. 황윤석은 서경덕 학문의 사득 장점을 정확히 파악하여 계승하고자 한 것이었다. 공자는 배우면서 생각하라(學而思)(爲政 15章)고 가르쳤으니, 묵수가 아니라 탐구하여 터득하는 자득 내지 사득의 학문 정신은 공자부터 유래한다.

성호는 회의를 통한 자득으로 확실한 지식을 얻어야 한다며, 제2절 (2)에서 살폈듯이, 성리학까지도 발전시켰으나, 황윤석은 주자설과 낙론 등에 대해서는 존신을 위한 사득에 그쳐 성호보다 사득의 정신이 불철저하였다. 그런데 황윤석은 존신과 금기의 대상을 제외하고는

---

292 『頤齋續稿』 권14(『頤齋全書』 1, 392쪽)에 나오고 金基鉉(1994), 294쪽에 번역문이 있다.

293 황윤석(2006), 33쪽.

서학까지 개방적으로 학문을 수용하였고, 이학의 자연철학에 대해서도 존신과 금기의 원칙을 위배하지 않는 선에서 사득의 학문정신을 발휘하여 서학과 회통하기도 하였다. 황윤석은 시세에 영합해 추종하고 학설을 당쟁의 도구로 삼은 조선의 다수 주자학자와 달리 개방적 학문 정신으로 성리학까지 사득을 실천하여, 실학자와 교류하고 그 대열에 합류할 수 있었다.

여기서 황윤석이 수리 논증에 대해 사득 정신을 천명한 데에 주목하자. 황윤석의 사득 자세는 훈고·고증의 실증적 방법과 수학 활용 등 과학적 방법으로 나아갔다. 실증적·과학적 방법이 확실한 사득의 길임을 자각한 것이다. 앞서 언급하였듯이, 황윤석은 자명종의 기술적 구조와 과학적 원리를 탐구하였다.

1768년 6월 20일 서양의 천문학 기구인 아스트롤라베에 관한 시에서 오랫동안 그것을 좋아한다고 하였다. 1770년 황윤석은 서명응이 예수회 선교사와 달리 아스트롤라베가 망원경보다 우월하다고 주장한 사실을 알고 "망원경은 눈으로 보기 어려운 천문을 관측하는 기구이니 아스트롤라베가 비할 바가 아니다."라며 서양 관측 기술을 이해하여, 서명응 부자의 천문학에도 미흡한 바가 있다고 적확하게 지적하였다.[294] 황윤석은 과학에 관한 한, 서명응과 달리 상고주의를 극복한 것이다. 물론 망원경 관측을 천문학 가설의 검증에 활용한 갈릴레오의 방법론을 인식하였다고 보기는 어렵다. 그렇다 해도 황윤석의 서양 과학 식견은 18세기 조선, 아니 동아시아에서 정상급이었다.

1770년 6월 일기에는 신경준이 '야광이 뾰족하고 각이 졌다(夜色尖

---

294 안대옥(2012), 73, 77~78쪽.

角)'는 설로 『동국문헌비고』 편집소에서 서호수와 논쟁한 사실을 적었다. 햇빛의 광학과 일·월식의 물리학에 관련된다. 황윤석은 신경준이 서양 역법에 의거하였으며[所據], 신경준의 견해가 『율력연원』에 부합한다고 했다. 황윤석 자신이 물체를 불에 비추는 실험을 해도[試之] 신경준의 설에 부합한다고 했다. 그래서 "이 실험으로 그 설명을 검증하니[以此驗彼] 더 무엇을 의심하겠는가."라고 하였다.[295] 황윤석의 실험 검증이 타당한지 필자는 알 수 없으나, 그가 문헌 고증을 할 뿐만 아니라 과학 가설에 대한 초보적 실험을 통해 검증하는 과학적 방법을 구사한 점은 주목된다.

(6) 상관적 사유의 역학과 과학의 갈등을 봉합하는 회통론

1768년 정지순은 『기하원본』이 계산법인 "산수에 그치지 않는가?"라고 묻자, 황윤석은 부정하며 "『홍범황극내편』에서 수가 만물의 벼리(紀)라고 말했다."는 것을 논거로 들었다. 정지순이 "성명·이수(性命理數)의 원천이 『주역』을 벗어나지 않는다."라고 말하자, 황윤석은

---

295 "春間, 聞申景濬擧夜色尖角之說, 與徐浩修對辨於編輯所, 徐則不以爲然. 盖申所據者, 西洋曆法也. 余觀康熙御製律曆淵源, 亦有此說具圖. 盖日軆之徑, 大於地體之徑百餘倍. 地居天心, 面受日光, 則其背所生陰影, 自成夜色. 是雖非有形質而長短之勢, 大小之度, 實默寓焉, 何也? 日行最高, 則地面距日遠而背影長, 其究也必爲銳體. 日行最卑, 則地面距日近而背影短, 其究也必爲鈍軆. 彌高彌遠而彌長矣, 彌卑彌近而彌短矣. 無論銳體鈍體, 又必皆爲尖圓而有角. 況月體距地亦有高卑, 故當其對日之際, 行入銳體之中, 則影徑小而掩月者少, 所以虧復時刻之速也. 行入鈍體之中, 則影徑大而掩月者多, 所以虧復時刻之遲也. 一縱一橫, 其理可測. 又況地背陰影之長短, 大約射及月天而止, 故過此以上, 各重天無復夜色矣. 余嘗以物映火而試之, 火光大而物體小, 則小爲大所包. 故距愈近而影愈小, 此則大能減小故也. 火光小而物體大, 則小不能包大. 故距愈近而影愈大, 此則小不能減大故也. 以此驗彼, 尙何疑哉."(『頤齋遺藁』 3책, 권15, 312쪽, 1770년 6월 25일) 『이재만록』(중), 64~66쪽에 번역문도 나온다.

역학이 '도학의 조종(祖宗)'이고 여기서 상수학이 나온다는 유학 통설을 천명하며 동조하였다.[296] 배우성(2009 : 187~190쪽)은 이 자료를 논거로 "수리에 관한 황윤석의 발상은 철저히 주자학적 기초 위에서 성립된 것이었다. …… 그에게 수리는 의리로 회귀되어야 했다."고 주장한다.

황윤석이 『주역』을 특히 중시하여 역학(易學)이 '도학의 조종(祖宗)'이라고 높인 까닭은 그것이 5경에 포함되면서 유학의 자연철학을 제공하기 때문이었다. 그래서 황윤석은 역학을 자연철학 탐구의 출발점으로 삼고 그에 의존하려고 끝까지 노력하였다. 역학을 중시하니, 상수학을 옹호할 수밖에 없었다. 『이수신편』의 서문에서 "지금 사람은 『주역』의 상수설을 깨닫지 못하고 도리어 무당이나 고사(瞽史)의 학문이라 비방하지만, 그 또한 잘못이다."는 주자의 말을 들어 상수학을 옹호하고, 본문에서 성리학과 상수학이 "옛사람이 미래를 알아내던 학문"이라고 하였다. 『이수신편』을 고찰한 가와하라(川原秀城 2020 : 423-424쪽)는 황윤석의 학문은 "사변적(思辨的)이고 술수학적(術數學的) 경향이 현저하다고" 보았다. 이수의 상수학을 사변적으로 본 것이다.

필자는 달리 본다. 황윤석은 5경에 포함된 『주역』과 주자를 존신(尊信)한 귀결로, 『주역』의 술수와 주자가 옹호한 상수학을 존신하였다. 황윤석에게 이것은 신념의 차원이었다. 황윤석은 학문 전개에서 술수

296 "鄭曰: 曾見幾何原本否? 余曰: 曾見一二卷, 而未究其說, 此所願見者也. 鄭曰: 此止算數否? 余曰: 豈止此也. 凡物有長短之度, 則有多少之數. 此書大旨, 有度而有數矣. 且洪範皇極內篇云: 數者, 萬物之紀也. …… 鄭曰: 從古性命理數之源, 無出周易, 而律曆諸家, 亦可因而推定耶? 余曰: 如坎离二卦, 誠明誠敬之妙, 豈非千古道學之祖乎. 易者, 意言象數四者而已. 既有數焉, 則律曆之數, 亦豈排出於此耶."(『頤齋亂藁』 2책, 권11, 221~222쪽, 1768년 8월 21일)

를 개입하지 않고, 상수학을 이학에 연계하는 주자를 포함한 이학자의 관점을 계승하여 사변적 성격을 가졌다. 이학은 자체가 사변적이다. 그러면서도 상수학과 수학을 구분하여, 자연현상의 계산과 논증에서는 수학을 적용하고 그런 점에서 서양 수학의 우월성을 믿었다.

황윤석은 역학·상수학의 상관적 사유까지 동원한 천문학의 동서회통인 김석문의 『역학도해』를 1766년 이후 빌려보고 1768년 "본원(本原)을 들어 그 소이연(所以然)의 이(理)를 밝혔으니 역사상 최고(卓絶千古)"라고 평가하였다. 1770년에도 황윤석은 율력산수학(律曆算數之學)이 『주역』·홍범과 표리(表裏)를 이루고 천지를 경위(經緯)하여 정주학에서 폐기하지 않는데, 김석문이 서양 신법을 포괄하여 『주역』·상수학과 회통하였다고 높게 평가하였다. 황윤석은 그 미흡함을 『율력연원』으로 보완할 포부를 밝혔다. 1779년 황윤석은 김석문이 수에 정밀하여 서경덕을 능가한다고 하였다. 황윤석은 10세부터 『주역』 점법에 관심이 많았고 죽을 때까지 다양한 점을 쳤다.[297] 황윤석이 5경에 포함된 『주역』을 논할 때에는 배우성의 관점이었다. 그런데 『주역』을 벗어나면, 황윤석은 배우성의 관점과 달라진다.

1766년 황윤석은 수년간 서양 과학·기술서를 늘 열심히 보았고, 사본만 본 『기하원본』을 빌릴 예정이라고 하면서, 최석정이 수학을 상수학으로 각색한 『구수략(九數略)』이 '보기에 부족하다(不足觀)'고 평가하였다.[298] 1770년 황윤석은 『구수략』이 "무리임을 점차 깨닫는

297 구만옥(2017), 7~11, 16, 18, 50쪽.

298 "數年來, 僅得西洋文字若干, 如渾盖通憲·泰西水法·表度說·句股義·圜容較義等文字, 已常熟閱, 而幾何原本, 則只看寫本, 方借唐本, 受諾於其主耳. …… 同文算指·算學啓蒙等書所嘗閱過, 而崔相錫鼎九數略亦嘗見之, 但此文字則出於章合, 不足觀耳."(『頤齋亂藁』 1책, 권6, 551쪽, 1766년 3월 25일)

다"고 하자, 이현직은 홍계희의 수학도 마찬가지라 했다.[299] 김문용(2012, 425~426쪽)에 의하면, 황윤석은 "누구보다도 리수 개념의 활용과 천착에 심혈을 기울인 인물임에도 불구하고…… 서명응 등의 경우처럼 천문·역산학적 사실에 대한 상수학적 왜곡에 나서지도 않았다. …… 대표적인 리수적 산학서라고 할 수 있는 최석정의 『구수략』에 대해 조리가 없고 견강부회에 기초한다고 하여 비판적인 관점을 견지하였다. …… 그는 분명히 리수론자였지만, 우리는 그의 논의 속에서 리수가 수비주의와 결별 수순을 밟아가고 있었음을 어렵지 않게 간파할 수 있다."

구만옥(2009)은 황윤석이 『성리대전』을 학습하면서 상수학의 연장선으로 수학에 관심을 가지게 되었고, 전통 수학서에서 출발하여 서양 수학서에 대한 공부로 이어졌으며 후자 공부가 압도적이었음을 밝혔다. 황윤석이 『성리대전』 공부를 시작할 때에는 "수리는 의리로 회귀되어야" 한다는 '철저히 주자학적 기초'에 입각하였음은 명백하나, 이후 점차 변하였다. 황윤석은 서양 수학·천문학을 공부하여 역학의 상관적 사유와 상수학의 수비주의(數秘主義)와 무관한 과학적 사유와 이론 지식을 습득하였다. 그 결과 1764년 서양의 천문학·수학·기술이 가장 탁월하다는 것이 불변의 정론이라고 보고, 이후 이런 결론을 바꾸지 않았다.

시헌력이 시행된 이후 서양 역법의 우월성은 통념이 되었다. 황윤석이 습득한 송·원 수학의 계산력은 서양 수학에 대등한데, 황윤석

---

299 "余曰: 曾見崔相錫鼎所輯九數略否? 少日嘗錄一通, 攷之, 近日漸覺無理. 李君笑曰: 此與桂山洞洪啓禧算法, 魯衛耳."(『頤齋亂藁』 3책, 권14, 126쪽, 1770년 4월 2일)

은 무엇을 보고 서양 수학이 우월하다고 보았을까? 황윤석은 1768년 『수리정온』을 보고 구면삼각법을 이해하고서는 서양 수학이 우월함을 확신하였다.[300] 그러면 1764년 서양 '역산(曆算)'이 우월하다고 본 사실을 어떻게 이해해야 할까? 시헌력 때문만이 아니라면, 서양 수학의 원리 설명, 논리적 구조 및 증명의 방법이 우월함을 인식한 것이 아닐까. 1767년 정술조(鄭述祚)가 "옛 말에 수학으로 앞날을 알 수 있다는데, 이 설이 맞습니까?"라고 질문하자, 황윤석은 "천하에 어찌 이(理)를 벗어난 물이 있습니까. 점은 예측할 수도 있겠지만, 수학은 오직 근거에 의거하여 확실한 지식을 압니다."라고 말한 다음 서양 수학이 최고이고 "사론(邪論)을 사기로 배척합니다."고 답하였다. 여기서 황윤석이 미래를 알 수 있는 『주역』 점 및 상수학과 구분하여 수학이 명제 지식의 논증 방법임을 인식하였음에 주목하자. 황윤석은 이학 영역에서도 술수를 배격한 것이다. 정술조가 동의하며 면적이나 양기도 수학으로 파악할 수 있다고 하자, 황윤석은 "이것이 고대 성인이 도량형을 통일한 이치이다."라고 하였다.[301]

황윤석은 "지원설이 지닌 과학적 타당성에 대한 신뢰"를 가졌다.[302] 1769년 서양인의 분야설 배척에 대한 의견을 구하자, 황윤석은 "『좌전(左傳)』 이후 역대 답습한 분야재상(分野災祥)이 …… 논란스럽고 증

---

300 구만옥(2009), 228쪽; 구만옥(2021), 231쪽.

301 "鄭令云: 聞尊精通算學, 旁及星曆, 古云算學可以前知, 此說是否? …… 余曰: …… 天下豈有理外物哉. 若曰: 卜筮測知則幾矣. 算數則惟據其可據者, 知其可知者. 近世西洋算法, 千古所罕, 而其說亦痛斥邪論, 以爲欺誣矣. …… 此古聖所以同律度量衡也." (『頤齋亂藁』 1책, 권8, 717쪽, 1767년 4월 19일) 『국역 이재만록』(중), 89~91쪽에 번역문도 나온다.

302 정성희(2007), 474~480쪽.

명될 수 없는 것이 많다."고 답하여,[303] 중국의 상관적 사유의 천문학을 비판하고 서양의 논증되는 과학적 천문학을 지지하였다. 황윤석은 이학을 체, 서양 과학을 포함한 박학을 용으로 삼아 이학으로 서양 과학을 제약하는 박이약의 원칙에 충실하려고 힘썼지만, 도리와 물리를 점차 구분하고 물리에 대한 도리의 구속을 완화 내재 해제하게 된 것이다.

요컨대 과학자로서 황윤석과 이학자로서 황윤석은, 구체적으로 말해 역학·상수학의 수비주의·상관적 사유와 서학의 과학적 사유는 갈등을 겪었다. 황윤석은 도학·의리학에 직결된 역학·상수학과 물리의 서양 수학·천문학을 사실상 구분할 수 있는 식견을 가지게 되었다. 전자는 가치판단 도덕의 영역이고 후자는 명제 논증의 영역이다. 필자는 황윤석이 상수학을 역학·이학에, 수학을 과학에 결부하여 사실상 양자를 분리하면서 절충점을 찾았다고 본다.

그런데 황윤석에게 사득보다 상위의 원칙은 유가로서 서양 과학을 도학 내지 이학으로 제약하는 박이약이다. 그래서 황윤석은 도학·이학이 과학 등 박학을 제약한다는 유학 정신에 충성하기 위해 수리 자체를 존중하면서도 의리와 회통하고자 노력하였다. 1768년 황윤석이 정지순에게 말한 "수학은 만물의 벼리이다."는 관점은 상수학뿐만 아니라 수리과학에도 통할 수 있다. "『주역』이 의·언·상·수(意言象數) 넷뿐이다. 이미 수가 있으면 율력(律曆)의 수도 여기서 배출되지

---

303 "李某又言: 西洋士人排斥分野之說, 何如? 余曰: …… 盖左傳以後, 歷代沿襲, 分野災祥, 大槩有驗, 而或以在南之地, 上配在北之宿, 或以在東之地, 上配在西之宿, 糾紛不可徵者多矣. 况我國八道各邑亦自有分野新法, 此又何自而出也."(『頤齋亂藁』 2책, 권12, 353쪽, 1769년 3월 16일).

않은가."라고 하였는데, 한편으로 보면 역학·상수학의 주장이고 다른 한편으로는 수학이 음악과 천문학의 기초라는 마테오 리치의 관점에도 통한다.

황윤석은 유학·이학에 충성하기 위해 서양 과학의 물리와 유학의 도리가 통한다는 서광계 이래 서학자의 선언에 동참하였고, 그 연장선에서 서양 과학의 중국 기원설에 동조하였다. 1766년 황윤석이 『수리정온』과 『역상고성』 등 서양 과학서가 "매우 정교하여 고금에 으뜸이다."는 소문을 말하자, 서명응은 동의하면서 그것이 중국에서 기원하였으나 서양인이 조리를 충분히 명백하게 하였다고 말하였다. 황윤석이 1748년 『산학계몽』의 핵심인 천원술을 이해하였고, 1768년 『수리정온』을 본 다음 8월 그 차근방(借根方)이 천원술의 '유의(遺意)'라 하였다. 9월 황윤석은 『수리정온』을 공부한 성과를 담은 글에서 "그 천문 범위도 『주비산경』을 벗어나지 않는다. 그러니 그 설은 신기하나, 그 이(理)는 이미 고인이 말하였다."며 매문정과 서명응의 서양 과학의 중국 기원설과 중서 회통론에 동조하였다. 11월 김이안은 홍대용이 구매해온 『수리정온』의 "서양 계산법이 지극히 정밀하다"고 하자, 황윤석은 동의하면서도 "이 이는 고인이 이미 모두 말하였고" 중국과 서양의 "이는 마찬가지다"고 하였다. 1769년 5월 황윤석은 다시 서양 과학의 중국 기원설과 과학의 중서 회통론에 동조하였다. 그 직후 『수리정온』 전체를 공부할 수 있었다.[304]

---

304 "余曰: 近聞數理精蘊·曆象考成等冊, 祖述西洋, 而精絶冠於古今. …… 但西洋之法冠絶古今, 所謂出自羲和者, 恐得之. 此法出後, 始悟堯舜典立言維有條理, 十分明白也. 且如地圓之說, 今人所共致訝, 然而大戴礼中, 曾子所言已甚明白. 而惜乎秦漢以下無人提說, 直至西法出後, 乃覺恍然矣."(『頤齋亂藁』 1책, 권6, 551~552쪽, 1766년 3월 25일); "至其曆象範圍, 又不越乎周髀, 則其說雖若新奇, 而其理已有古人言之矣."(『頤

서광계 등 중국의 과학자처럼 황윤석은 동·서의 도·이가 통한다고 하였는데, 그 회통 원리는 우주자연계와 인간사회계를 관통하는 이학의 이(理)였다. 그 원류는 도가 도덕 원리일 뿐만 아니라 자연계의 원리이라는 유가의 통념이다. 이처럼 도·이는 몹시 광대한 개념이어서 정의하기에 따라서는 서양 과학의 원리를 포괄한다고 해도 무방하였다. 문제는 도·이의 개념을 정의하는 그리스철학의 방법이 구사되지 않은 점이다. 오늘날 우리는 자연계 원리와 도덕 원리가 통일될 수 없다는 것을 안다. 그런데 황윤석이 살던 시대에 그것은 증명할 수 없는 주장이어서, 믿거나 말거나 신념의 영역이었다. 황윤석은 "만약 이 이가 없다면 천지도, 사람도, 만물도 없으며 그 무엇도 존재할 수 없다. 이가 있음으로써 기가 작용하여 만물의 발육이 있게 하는 것이다."고 하였다. 그는 삼라만상이 하나의 근원이라는 이일분수(理一分殊) 학설을 믿은 것이다.[305]

황윤석은 『율력연원』를 열람하고 극찬하면서 중국을 능가한다고 평가하였는데, 상관적 사유가 아니라 수리과학의 관점이다. 그는 "이수(理數)의 은미(隱微)가 율려·역법[律曆]에 불과하니" 서양 수학·천문학 공부가 경세제민에 필수적이라 주장하였다. 상수학의 이수가 음악·천문학의 원리이고 서양 수학·천문학이 음악·천문학 등에 필요하다고 하니, 결국 이학·상수학과 서양 과학의 회통적 사고이다. 그래서 『수리정온』만 취해 동도의 원류를 찾고자 "번거로운 것을 절

齋亂藁』 2책, 권11, 237~238쪽, 1768년 9월 10일); "又言洪大容新購數理精蘊一帙於燕行, 此是西洋算法至精處耳. 余曰: 誠然, 但此理古人已皆言之, 假如古人竪說, 則西洋必橫說, 其好奇務新如此, 竪橫雖異, 而其理一也."(『頤齋亂藁』 2책, 권11, 299쪽, 1768년 11월 13일); 구만옥(2009), 228~229, 231~232쪽.

305 金基鉉(1994), 279쪽.

제하고 빠진 것을 보충하고 발하지 않은 것을 편다."고 하였다.(「題數理精蘊寫本」) 그가 보충, 발명할 수 있는 것은 수리과학이 아니라 유학의 도리와 과학의 물리를 회통하는 상관적 담론임이 분명하다.

가와하라(川原秀城 2020 : 425쪽)는 황윤석이 『율력연원』을 편찬한 강희제의 "도상(圖象) · 율력 · 성명 · 이기의 근원에 앞 사람이 창발하지 못한 데에 때로는 자기 뜻으로 절충하였다."는 과학의 중서 회통론에 가깝다고 보았다. 이런 관점을 매문정이 확립하였다. 황윤석이 매문정처럼 서양 과학의 우월성을 알고 그 방법론의 강점을 알았으나 유학 학술문화에 순응하기 위해 동서 회통에 동조하였다. 황윤석은 김석문 · 최석정보다 진전된 과학 이해로 역학 · 상수학으로 과학을 각색하는 데에 문제점을 발견하면서도 역학과 과학의 회통을 추구하였다. 그 다음 단계로 서호수 · 홍대용 · 이가환은 과학적 사유를 진전하여 서양 과학의 우위를 더욱 확신하여 과학에서는 동서 회통을 추구하지 않게 되었다.

황윤석의 학술은 서양 과학에까지 개방적인 학문정신과 유학 학술문화의 강한 구속력이 상호작용한 산물이다. 황윤석의 과학은 유학 학술문화의 구속을 받으면서도 그것을 헤치고 상당한 진전을 이루었다. 달리 보면, 유학의 합리성 덕분에 황윤석은 투철한 유가를 지향하고서도 서양 과학의 식견이 당대 동아시아 정상급에 오를 수 있었다.

(7) 자연학과 서학의 이학에 미친 영향

황윤석은 도덕 담론의 이학을 본 · 체, 지식 담론의 박학을 말 · 용으로 삼는다고 천명하였으나, 주로 박학을 탐구하였다. 그의 박학의 중심을 이루는 자연학은 이학에 영향을 미쳤다. 앞서 언급하였듯이, 자연학에 대한 관심은 물질 근원인 기와 질을 중시하는 이기설을 낳았다. 1764년 황윤석은 「수홍극지서(諏洪克之序)」에서 박이약의 방법론을 천명하기 전에 먼저 만물 중에 인간의 가장 귀한 까닭을 "마음의 영명함(心之靈明)이 모르는 것이 없다. …… 마음의 지(知)가 넓구나!"라는 점에서 찾았다. 여기서 영명한 마음은 박학에 대한 것으로 지성으로 풀이될 수 있다. 한국고전번역원DB의 문집총간에서 '심지영명'은 17번, 같은 의미의 '영명지심'은 11번 검색된다. 황윤석을 제외하고는 거의 모두 도덕적 인지능력에 초점이 있다. 제2절에서 살폈듯이, 이것은 주자의 관점이었다.

호락논쟁은 인간의 의리를 구명하고 함양하기 위한 도덕적이고 사변적인 논의였으나, 인식론에도 관련된다. 낙학은 지각(知覺)을 심(心)의 용(用)으로 보고 성(性)의 작용인 지(智)의 용은 시비(是非)이며 지각이 아니라고 하였다. 시비의 가치판단을 지각과 분리한 점에서 주목된다. 호학은 지각이 지의 용으로도 심의 용으로도 볼 수 있으며, 지의 용이 심의 용을 포괄한다고 하였다. 호학은 낙학이 심과 성을 분리시킨다며 비판하였는데, 낙학은 "심 활동의 독자성, 주체적 능동성의 측면을 더욱 강조한 것이라 해석할 수 있다." 문석윤은 낙론이 "조선 성리학의 역사에서 독자적 심학이 전개된 것으로 평가"한다. 이 심학 논쟁의 원류인 송시열의 글에는 주자설에 따라 심의 용으로 보는 감각지각과 지의 용으로 보는 의리지각(義理知覺)으로 나뉘었고, 그 논쟁을 발전시킨 성호는 심장이 있는 금수도 가진 지각의 마음과 인간만이 가지는 의리의 마음이 있다고 하였다.[306] 성은 이성 개념에 가깝다. 왕양명의 격물 풀이처럼 심은 의지[意]를 관장하니, 심의 작용을 중시한 낙학이 능동적 인식론이다. 황윤석 이전에 마음의 능동적 작용을 중시한 낙론의 김창협과 김창흡은 영명한 마음에 적극적 의미를, 본성에 절대적 의의를 부여한 호론의 한원진과 윤봉구는 소극적 의미를 부여하였다. 박학을 중시한 황윤석의 지성적 인관관은 영명한 마음에 능동적 의미를 부여한 낙론과 친화적이었다. 황윤석의 영명한 마음은 유가가 초점을 둔 도덕 지각을 배제하지 않으나 박학에 관련된 자연계의 객관적 질서에 대한 인지능력에 중심을 두었다.[307]

유학은 인간이 존귀한 까닭을 도덕성에서 찾는데, 황윤석은 지성에서 찾았으니, 이 관점은 이학의 기본 학설인 성즉리라는 도덕적 인간관보다 서양의 이성적 인간관에 가깝다. 앞서 언급하였듯이, 신경준, 황윤석 등 박학자는 "만물 중 하나라도 모르는 것을 부끄럽게 여겼다(恥一物之不知)"고 하였는데, 여기서 '지'는 도덕 지식에 국한되지 않는 일반 지식이다. 황윤석의 박학 중시관은 「수홍극지서」의 지성적 인간관에 연결된 것이다. 황윤석은 만물을 탐구할 포부의 천명에 그치지 않고 그런 지식 탐구 정신에 입각하여 지성적 인간관을 제시하였다는 데에 주목받을 필요가 있다. 공자가 "아는 것을 안다고 하고 모르는 것을 모른다고 하는 것"이라고 정의한 지(知)는(爲政 17章)은 도덕 지각이라기보다 오늘날 지성에 가깝다. 황윤석의 '지'는 공자가 말한 지에 가깝다. 맹자의 양지(良知)를 거쳐 이학은 도덕 지각에 초점을 두었다. 「수홍극지서」를 쓰기 직전에 황윤석은 마테오 리치의 『천주실

306 문석윤(2006); 문석윤(2013), 95-96, 301, 341쪽.

307 황의동(2009, 62-63쪽)이 여기에 주목하였다.

의』를 보았는데, 자연학을 포함한 박학에 대한 관심뿐만 아니라 『천주실의』도 지성적 인간관에 영향을 미쳤을 가능성이 있다. 그 책에는 이성[靈才], 의지[靈志], 영혼 등의 용례가 있다. 제4편에 한 번 나오는 '영명'은 신(神)의 이성적 · 지성적 능력을 의미하며, 여기서 하느님을 '닮은' 사람의 이성 · 지성이 유래한다. 황윤석의 지식론은 공자사상으로 회귀하고 서학에 접근하였다. 황윤석은 창조신을 믿지 않고 이학의 이지적 천관을 가졌으나, 이학의 천으로부터 부여받은 영명한 마음을 『천주실의』의 영명 용례와 결부할 수도 있었다. 그런데 『천주실의』를 읽은 정약용이 사용한 '영명지심'은 주자와 마찬가지로 도덕 지각이다. 서학의 영향을 크게 받은 최한기가 『추측제강(推測提綱)』「불가이지자허(不可以知自許)」에서 "혹 마음이 영명함을 지로 삼고 온갖 이(理)를 갖추어 그 마음을 극진히 하면 모르는 것이 없다는 담론"을 거론하였는데, 황윤석과 같은 맥락이다. 황윤석의 지성적 인간관은 도덕에 국한되지 않은 폭넓은 지식의 욕구를 드러낸다. 황윤석은 가치판단과 형이상학의 이학 담론에서는 선대와 스승을 가르침을 따르면서 박학의 사물 지식에 관한 논리적 · 경험적 탐구욕을 왕성히 발휘하였는데, 학문적 공헌과 처신의 관점에서 현명한 전략이었다.

1771년 황윤석은 만물을 논하면서 지각(知覺) 능력에 따라 사람-조수(鳥獸)-충어(蟲魚)-초목-금석(金石)의 순으로 매기고 인간이 가장 영명[靈]하다고 했다. 이어서 "이가 있으면 기가 있고, 기가 있으면 질(質)이 있고 이는 기에 갖추어져 있고 기는 질과 엉겨 천지간에 가득차서 어디 간들 이것이 아닌가."라는 자연철학적 이기론을 제시하였다. 그는 금석도 분해되어 불을 일으키기도 하니, 정(情)이 있으므로 지각도 있으니, 만물이 지각을 가진 점에서 동일하다고 하였다.[308] 공·맹 이후 유가는 사람이 인륜을 가지는 점에서 금수와 다르다고 보았는데, 황윤석이 제시한 사람－조수－충어－초목－금석의 서열은 도덕 지각보다 지성으로 매겨야 잘 설명될 수 있다.

1787년 2월 21일 일기에는 『성호사설』을 네 군데 발췌하며 공부한 기록이 나온다. 성호는 「순자(荀子)」에서 "순자는 대유(大儒)다"라고 평가하고 "물·불[水火]은 기(氣)가 있어도 생명[生]은 없고, 초목은 생명은 있어도 지[知]가 없으며, 금수는 지가 있어도 의리[義]가 없다. 사람은 기·생명·지도 있고 또한 의리도 있으므로 천하에서 가장 귀하다."라는 왕제편(王制篇)의 구절이 심학에 크게 유익한 독창적 견해라 찬양하였다. 성호는 "지는 기에, 의리는 이(理)에 속한다. 의리가 있음은 지 밖이 아니나, 지를 가질 때 형기(形氣)의 심(心)에 불과하다. 비록 이와 같더라도 문득 자기의 사욕을 버리고 이에 따라서 의리가 있다고 한다."라며 성리학과 결부하여 설명하고, 인심도심설을 정밀하고 해박하게 밝힐 수 있다고 보았다. 성악설로 유학의 비주류가 되어 조선에서 존중받지 않는 순자에 대해, 성호는 '대유'라는 높은 평가를 처음 내린 것으로 보인다. 순자는 '지'가 동물에게도 있는 원초적 지성, '의'가 인간의 도덕 지각을 의미한다며 분리하였는데, 성호는 '의리'의 도덕 지각이 이로서 '지'의 지성인 기 속에 포함되며, 지성의 기

308 "萬物之中, 惟人最靈, 人在地上, 何事不在知覺. 自人以外, 漸遠漸塞. 故鳥獸之知覺, 不及於人. 蟲魚之知覺, 又不及於鳥獸. 而草木金石, 尤以次不及. 蓋有膏血脂澤者, 乃靈爲其爲生氣故也. 惟金石則質而已, 故最無情, 而反不及於草木之以時榮悴矣. 雖然, 苟細推之, 有理則有氣, 有氣則有質, 理具於氣, 氣凝於質, 盈天地間, 安往而非是. 故金熔之則流, 石破之則碎, 又其相遇而戞, 則火爲之生焉, 是尙可謂終無情而已乎, 有情則知覺之理存焉, 由是以往, 日月星辰之出入順逆去留遲疾, 風雲雷雨水火之作止動靜升降顯晦, 亦無非知覺之理, 不可以其與人相遠, 而遽以無情句斷也."(『頤齋亂藁』 3책, 권18, 646~647쪽, 1771년 4월 11일)

속에서 이가 발현되어 도덕적 인간이 된다며 성리학으로 지성과 도덕성의 상호관련성을 설명하였다. 인간은 지성과 도덕성을 가지는데, 성호의 설명대로 도덕성은 지성에 포함된다. 도덕성에서 인간이 동물보다 우월한지는 몰라도, 황윤석의 1771년 글처럼 도덕성이 아닌 지성에서는 인간이 동물보다 우월하다. 성호는 진서산(眞西山)이 그것을 표출했다고 적어, 황윤석은 『성리대전』에서 그 구절을 확인하였다. 황윤석이 이 글에 주목한 것은 그의 지성적 인간관에 통하기 때문으로 보인다. 황윤석은 자신의 1771년 글과 달리 순자가 초목이 '지'를 가지지 않는다고 하고, 성호가 인·물이 기를 공유하나 이를 공유하지 않는다 하여 낙론보다 호론에 가까운 견해를 제시하였음에도 불구하고, 반박하는 글을 추가하지 않았다. 열린 학문 자세를 가진 황윤석은 학문과 더불어 지식과 도량이 진전한다는 김원행의 가르침을 스승의 학설인 낙론의 고수보다 중시한 것이다. 황윤석이 말한 인간의 가장 영명한 지각이 순자와 성호의 '지'보다 지성적 인간관에 잘 부합한다.

황윤석은 순자와 성호의 글을 다음에, 예수회 선교사 프란시스코 삼비아시(Francisco Sambiasi 1582~1649)가 구술한 『영언여작(靈言蠡酌)』에 나오는 "혼은 세 가지이니, 생혼(生魂)·각혼(覺魂)·영혼(靈魂)이다. 초목은 생혼만 있고 각혼과 영혼은 없으며, 금수는 생혼과 각혼은 있으나 영혼은 없는데, 사람에게는 생혼·각혼·영혼이 다 있다."라는 구절을 적고, 이 "학설이 진실로 순자와 같으니, 어찌 멀리 떨어진 서양인이라고 소홀해서야 되겠는가."라며 수용하였다.[309] 아리스토텔

---

309 "又其王制篇曰: 水火有氣而無生, 草木有生而無知, 禽獸有知而無義, 人有氣有生有

레스는 만물을 질료・형상・운동인(運動因)・목적인으로 설명하였는데, 혼을 만물의 성격을 규정하는 실체적 형상으로 보았다. 그가 제시한 식물・동물・인간의 혼삼품설(魂三品說)은 토마스 아퀴나스의 스콜라신학에 수용되었다. 이 설은 『천주실의』, 이어서 『영언여작』에 수록되어, 조선의 서학자에게도 영향을 주었다. 『영언여작』의 소개가 자세한데, 생혼은 양육・성장・번식 능력을 가지고 각혼은 운동・감각[覺] 능력을 추가하고 영혼은 기억・이성[明悟]・욕구[愛欲] 능력을 더 추가한다.[310] 지(知)를 감각과 이성으로 계층화하여 중국 학설보다 명료하고 체계적이다. 황윤석이 그것에 주목한 것은 지각 등급에 따라 만물을 계층화한 1771년 담론을 진전시킬 수 있는 내용이라고 보았기 때문일 것이다. 성호는 『잡저(雜著)』「심설(心說)」에서 혼삼품설을 자세히 설명하였다. 그는 '각'이 '지각의 마음'으로 추위・더위를 느끼는 감각과 살고 싶고 죽기 싫어하는 욕구라 보았다. 그는 '명오'를 '이의(理義)의 마음'으로 풀이하였는데, 서양의 이성을 도덕성으로 보았으니 맥락이 다르다. 심의 기가 치우쳐 성의 이가 어두워지면 '지각의 마음'만 있어서 금수와 같아지고, 이가 기를 제어하면 지각이 '이의의 마음'이 된다고 하였다. 성호는 스콜라철학을 이학적 관점으로 각색하였는데, 황윤석의 지성적 인간론에서는 서양 철학에서 인식

知, 亦且有義, 故最爲天下之貴也. 此發前未發, 大益於心術之學. 有知屬氣, 有義屬理, 其有義亦非知竟之外也. 當其只有知竟, 時不過形氣之心, 雖如此而却矣. 已從理所謂有義, 便是人心道心之說, 精窮該擧, 無復遺憾, 非有得於心學者能然乎. 眞西山已表出此一段, 今見于性理大全矣. 西洋人牛萬濟所着靈言蠡酌有曰: 魂有三, 生魂, 覺魂, 靈魂, 草木之魂有生無覺無靈, 禽獸之魂有生有覺無靈之, 人之魂有生有覺有靈. 此說正與荀子同, 豈可以遠人而忽之也. 此本僿說而余所脩補者也."(『頤齋亂藁』 7책, 권40, 618쪽, 1787년 2월 21일)

310 김철범(2008); 김선희(2012), 312~314쪽; 문석윤(2013), 339~343, 357~358쪽.

의 주체인 영혼과 이성이 명확히 이해될 수 있다. 안정복은 「천학문답(天學問答)」에서 마테오 리치의 말이라며 혼삼품설을 소개하면서 "진서산이 『성리대전』에서 표출하였다"고 하였다. 「심설」은 혼삼품설의 원문도 출처도 나오지 않는다. 안정복은 영혼불멸설이 "불교와 다르지 않고 유가가 말하지 않는" 점이라 비판하였는데, 황윤석은 순자를 거론하며 긍정한 데에 주목할 필요가 있다. 안정복과 달리 황윤석은 스콜라철학에 우호적임을 보여준다. 황윤석은 낙론에도 구애받지 않고 유학 비주류의 순자설과 서학의 스콜라철학을 개방적으로 수용하였다.

중국과 조선의 유학자가 가장 큰 관심을 보인 서양 자연철학은 5행설에 상응하는 4원소설이었다. 마테오 리치는 기(氣)를 공기라 정의하며 4원소 중의 하나에 불과하다고 보았다. '공기'는 모든 기체를 가리키는 그리스어였으니, 중국의 기에 통한다. 마테오 리치는 이 설로 이기철학을 무너트리려고 했다.[311] 중국·조선인은 서양 역법의 우수성을 신속히 인정하였으니, 선교사의 의도대로 4원소설, 한역으로 4행설로 전통적 5행설을 대체하려는 사람은 소수였다. 4행이나 5행의 차이를 별로 느끼지 못한 데다가 그 근본에 기가 있다는 믿음을 가졌기 때문이다.[312] 에테르나 제1차 질료의 설명이 누락된[313] 서학서의 4행론이 기(음양)→5행→만물이라는 중국의 자연철학보다 우월하지는 않다. 예수회 선교사가 에테르나 제1차 질료를 설명하지 않은 것은 공기를 기로 번역하였는데 중국학자가 에테르나 제1차 질료가

311 G. E. R. 로이드(1996), 66쪽; 김선희(2012), 264~265쪽.

312 임종태(2012), 153~158쪽.

313 김문용(2012/2013), 147~148쪽.

기에 상응한다고 반론할까 우려했는지 모른다. 다만, 중국과 조선의 기론자들이 기 개념을 정의하지 않고 기론을 전개한 결점은 지적할 필요가 있다.

1770년 황윤석은 중국의 5행설, 상수학의 4상(象)설, 불교의 4대(大)설, 그리고 서학의 4행설이 통한다며 회통을 추구한 학설을 제시하였다. 그는 "행이란 그 기가 운행할 수 있음을 말한다."고 정의하고, 바람[風]이 서양 학자가 말한 기이나 충분한 설명이 되지 못한다면서, "저 태허(太虛)의 사방 일체 공간[空界]을 기라고 한다면, 물과 불만 기가 아니라고 할 수 있는가. 금속, 나무 및 흙도 기의 질(質)이 아닌가."라고 하였다.[314] 엠페도클레스의 4원소설은 만물 본질의 탐구라면, 중국의 5행설은 사물의 변형 과정·국면에 관심의 초점을 두었는데, 황윤석은 서양 학자처럼 만물의 본질을 논하고 있다. 황윤석의 기와 질은 아리스토텔레스의 자연철학을 발전시킨 이슬람 주석가의 제1차 질료와 제2차 질료에 상응한다. 기와 질의 운동 원리인 이는 플라톤의 형상에 상응한다. 황윤석은 제1차 질료의 설명이 빠진 4원소설이 중국의 5행설보다 우월하지 않음을 지적하고, 두 학설을 회통하

314 "五行之目, 以水火木金土者, 昉于禹謨, 禹貢, 詳于洪範, 而史家五行志因之. 邵子經世書乃改以水火土石, 稱爲地之四象, 盖先天四行耳. 先是, 佛家有地水風火四大之說, 而明末西儒又稱氣火水土, 謂之本行有四. 盖行者, 謂其氣能運行耳. 雖然, 金木土皆已成質, 而不可謂之氣. 惟水火則氣也, 未及成質, 若謂其能運行, 不可捨水火而他求. 此四家所以皆氣水火也. 但邵子以爲後天本乎先天, 而木生乎土, 金生乎石, 所以不言金木而言土石耳. 佛家之地, 卽西儒之土, 佛家之風, 卽西儒之氣. 然此氣之一字終滯一邊, 盖彼指太虛中上下曲方一切空界謂之氣矣, 水火獨非氣乎, 金木土亦非氣中之質乎. 豈以金木土, 其質已著, 水火亦近乎質, 而惟太虛一團, 謂無非無, 謂有非有, 比水火更精更微者, 方可專謂之氣乎. 然則亦或庶幾成一說矣."(『頤齋亂藁』 3책, 권15, 283~284쪽, 1770년 6월 18일) 『국역 이재만록』(중), 97~99쪽에 번역문도 나온다.

고 발전시켜, 4원소설을 발전시킨 이슬람 학자의 설명에 접근하였다. 황윤석의 자연철학이 서학에 접근한 것은 그리스철학자처럼 객관적 자연질서의 탐구를 지향하였기 때문이다.

(8) 훈고 · 고증의 실증적 명물학과 수학을 기초로 삼는 과학

황윤석의 주요 업적은 명물도수학에 있다. 명물학은 훈고 · 고증학, 도수학은 좁게는 수학, 넓게는 과학을 말한다. 황윤석의 명물도수학은 『성리대전』 탐구과정에서 성립하였다. 황윤석은 『성리대전』을 공부하면서 전주(箋註)를 달았다.[315] 1746년 일기에는 「전한서율력지해(前漢書律曆志解)」가 나온다. 황윤석은 "『한서』 「율력지」를 교정하면서 논리적 추론[意推]과 산학(算學)에 의한 검증[算驗], 다른 책을 통한 방증[旁證他書]의 방법을 사용했으며, 이를 통해 다른 사람들이 쉽게 「율력지」의 내용에 접근할 수 있게 했다고 자부했다."[316]

황윤석은 『성리대전』의 주해(註解) 작업을 1779년 '일생가계(一生家計)'라고 할 정도로 힘썼다.[317] 주해는 한대 훈고학의 방법이다. 황윤석의 『성리대전』 탐구가 도덕 담론이라기보다 지식 담론의 성격이 강함을 드러낸다.[318] 문인 송헌진이 1821년 쓴 행장의 말미에 황윤석의 저술이 나열되어 있는데, 『이수신편』이 처음, 『성리대전주해』가 여섯째에 나온다. 이 자료를 논거로 구만옥은 『성리대전주해』가 현

---

315 『頤齋亂藁』 2책, 권11, 221쪽, 1768년 8월 21일.

316 구만옥(2009), 222쪽.

317 『頤齋亂藁』 6책, 권31, 97쪽, 1779년 9월 15일.

318 권오영(2007: 222쪽)은 "황윤석이 『성리대전』에 깊은 관심을 갖고 주석 사업을 한 것은 그의 학문이 박학에 기초하고 있다는 것을 의미한다."고 지적한다.

존하지 않는다고 본다.[319] 배우성(2009, 185쪽)은 "송시열이 『주자대전』에 자신의 견해를 보완한 『주자대전차의(朱子大全箚疑)』를 편찬했던 것처럼, 자신 또한 『성리대전차의』와 같은 책을 펴내고 싶어 했다"고 지적한다.[320]

황윤석은 명물학의 기초로서 언어학을 중시하여, 『이수신편』 권20은 운학본원(韻學本源)이라는 제명 아래 한글 및 한자의 한글 표기를 다루었다. 황윤석의 수학은 중국과 유럽 수학의 수용이나, 언어학은 업적이 되었다. 황윤석에 관한 국어사 연구는 축적되어 있는데, 그 평가의 차이가 있지만, 어휘 연구의 업적은 누구나 인정한다.[321] 황윤석의 언어학 업적은 문자·음운 연구와 약 150항목의 어원 연구로 나뉠 수 있다. 지명, 관직명, 인명 등 고유어의 어원을 한자·산스크리트·몽고어의 어원과 변천과정이나 중국말이나 우리말의 새김[訓·釋]을 통해 밝히고자 하였다.[322] 1767년 황윤석은 "삼국문자(三國文字)는 때때로 방언(方言)의 본음(本音)을 썼으니, 지명·산명(山名)·물명과 같은 것은 이러한 예이다. 후세 번역어를 사용하여 중국음으로 고쳤다. 이 때문에 지금 사람은 삼국 고사(故事)를 잘 모른다. 단군이 아사달산(阿斯達山)에 들어갔다는 기록에 대해 역사서의 주는 지금의 구월산(九月山)이라고 한다. 후세 사람은 이름이 바뀌었다면서 그 잘못을

---

319 이 책의 구만옥 논문 참조. 구만옥은 『성리대전주해』가 집안 화재로 사라졌던 것으로 추측한다.

320 "余言平日, 用力於性理大全, 將依尤翁朱子大全箚疑例, 從頭至尾, 窃識淺見, 以成註語, 今已過半. 如漢之律曆志, 亦被古今傳印之訛, 以至字誤簡錯, 而千載無一人釐正者, 甚可恨也. 吾旣釐正, 思欲質於當世識者尊或不鄙, 則幸矣."(『頤齋亂藁』 2책, 권9, 51쪽, 1767년 12월 9일)

321 최전승(1994).

322 강신항(2007).

모른다. '구'자는 우리말로 '아사'이고 '월'자는 우리말로 '달'이다. 이러한 유는 한둘이 아니다."[323] 1770년 황윤석은 '중국 역대 전사(全史)'에 나오는 동이전(東夷傳)과 『고려사』에 나오는 각종 명칭을 한글 등 음운학을 활용하는 방법으로 고증해보니, 모두 착착 맞았다고 자부하였다.[324] 황윤석은 명물학의 일환으로 우리나라 언어 · 역사 · 지리에 관한 국학(國學)의 업적을 남긴 것이다.[325]

한글 등 음운학을 활용하여 고증학에 비견할 방법을 한국 지리 · 역사학에 구사한 선구적 업적은 최석정의 『경세정운(經世正韻)』(1678), 박성원의 『화동정음통석운고(華東正音通釋韻考)』(1748) 등이 있었다.[326] 황윤석의 『자지록(資知錄)』에는 최석정, 신숙주, 최세진 등의 저술이 나온다. 『이수신편』에 나온 중국어 차용 중에 『반계수록』을 옮긴 것들도 밝혀졌다. 신경준이 1750년 『훈민정음운해』를 저술하고 1756년 『강계고』 이후 우리말 · 사투리 · 이두 지식을 활용한 지명 연구를 제시하였으니, 황윤석의 언어학 연구에 큰 영향을 미쳤다.

황윤석과 동시대 인물로서 안정복의 『동사강목(東史綱目)』, 이긍익의 『연려실기술(燃藜室記述)』, 그리고 한치윤의 『해동역사(海東繹史』는 실학3사(三史)라 하여 주목을 받았다. 이들 실학 역사서로 평가되

---

323 "蓋三國文字, 往往直以方言, 從本音書之, 如地名, 山名, 物名, 皆用此例. 後世乃用譯語翻作華音, 故今人鮮知三國故事. 且如檀君入阿斯達山, 史註云: 今之九月山, 後人只謂改名, 不知其非也. 蓋九字者, 方言阿斯, 而譯之則九也. 月字, 方言達, 而譯之則月也. 若此之類, 非止一二."(『頤齋亂藁』 2책, 권11, 208쪽, 1768년 8월 4일) 『국역 이재만록』(중), 99~100쪽에 번역문도 나온다.

324 『頤齋亂藁』 3책, 권15, 217~219쪽, 1770년 6월 5일; 『국역 이재만록』(중), 101~107쪽에 번역문도 나온다.

325 하우봉(2018), 417~418쪽.

326 최전승(1994), 163~164쪽.

는 저술은 성리학적 명분론과 도덕사관에서 벗어난 역사의 객관적 서술과 고증학적 문헌 비판, 고조선 · 고구려 · 삼한 · 발해의 한국사의 독자적 인식이라는 점에서 평가받았다. 이들이 광범한 자료를 섭렵하여 종전 사서보다 고증에 충실하였으나, 문헌 고증에 그치고 『동사강목』의 경우 고증의 성과는 고대 지명의 정리에 그친 한계가 있었다.[327] 신경준 · 황윤석 등의 음운학을 활용한 고증은 한국사 연구에 새로운 방법을 제공하였다.[328]

황윤석은 『성리대전』의 명물학적 탐구뿐만 아니라 자연학적 탐구도 하였다. 그는 『성리대전』 공부의 성과로서 1744년 일기에 「기삼백전해(朞三百傳解)」, 1745년에 「황극경세서해」와 「주자명서찬해(朱子明筮贊解)」, 1746년에는 「율려신서해(律呂新書解)」, 「역학계몽해(易學啓蒙解)」 등을 실었다. 성리학과 역법 배후의 유학 철학인 역학과 상수학에 관심을 가지게 되는 것은 당연한 귀결이었다. 이서구는 황윤석이 "역학을 잘 하였고 특히 상수에 정통하였다."고 적었다. 황윤석은 소옹의 상수학 선통을 소선에서 서경덕, 김석문 뒤를 자신이 이었다고 자부하였다.[329] 나아가 황윤석은 상수학과 관련되고 역법과 율려 음악의 기초인 수학에 관심을 가지게 되었다. 서양 역법에 대한 관심은 서양 과학 공부로 이어졌음은 앞서 언급하였다.

황윤석은 『이수신편』의 서문에서 이 박학서가 지식의 유희(遊戲)가 아니라 '고인이 알고 내려온 학문'이고 '고인의 지극한 논의'라며 유학 학술문화에 충실하다고 천명하고, 상수학을 옹호하였다. 황윤석은

---

327 정만조(2015); 이강한(2015).

328 유득공도 언어 고증법을 이어받았다(孫惠莉(2021: 420~423쪽)).

329 최영성(2009), 100~101쪽.

『이수신편 』에서 성리학의 이와 상수학의 수를 내세우면서 서양 과학의 물리와 수리를 편입하여 양자를 회통하고자 했다. 그러면서 서문에서 자연학을 도학 내지 이학에 봉사하고 이학에 직결된 상수학을 존중한다는 취지를 내세웠다. 그래서 자신의 수학 담론이 유학의 철학을 결여한, 중인 잡학의 기예와 다르게 보이도록 노력한 것이다. 그리고 그 본문에서 서학을 극히 일부만 담았다. 황윤석이 부친 · 스승 등의 충고를 받아 박학을 하면서 잡학으로 흐르지 않도록 이학으로 제약하려고 노심초사하는 모습은 이 서문에서도 드러난다.

황윤석은『이수신편』에서 우주자연계에 관한 내용이 권1~7에 나오도록『성리대전』을 재편하였다. 황윤석은 자연학에 깊은 관심을 가지면서 그것을 학문 출발점으로 삼은 것이다.『이수신편』은 자연학－성리학－상수학－경세학－음운학－산학의 순으로 구성된다. 이 목차는 자연학의 기초에 성리학이, 성리학의 기초에 상수학이 있음을 보여준다. 그리고 성리학의 기초인 상수학과 수학을 분리하고 있음은 주목된다. 음운학과 수학을 뒤에 배치해 중요도가 떨어지게 한 것처럼 보이나, 음운학이 기초적인 학문이고 수학이 만물과 모든 학문의 기초임을 드러낸다고 볼 수도 있다.[330] 그리고 모든 학문이 가운데 경세학에 이바지하는 것으로 귀결된다는 관점을 담지 않았을까. 가장 기초 학문이 수학이고 그 다음이 언어학이라는 관점은 오늘날에도 수용될 수 있다. 음운을 수학적으로 설명하는 내용도 있어서, 수학이 음운학의 기초가 될 수 있음도 보여주었다. 주자는 음들 사이의 수적 관계와 그 악기를 다루는 율려도 공부하였는데, 12율려의 길이를 1/3

330 川原秀城(2020, 422쪽)은『이수신편』에서 "특히 수의 원리를 중시했다"고 보았다.

씩 줄여나가는 채원정의 학설을 지지하였다.[331] 황윤석은 율려의 공부 결과 그 정론(定論) 이후 원·명대 그것을 벗어나려는 여러 견해가 있지만, 주자-채원정의 정론이 '바뀔 수 없는 수(不易之數)'라고 보았다.[332] 그 타당성 여부를 떠나 수학적 설명을 선호하는 황윤석의 관점이 엿보인다. 황윤석의 학문 방법론은 언어를 중시하여 역사와 지리를 탐구한 명물학을 하며, 서양 과학을 수용하고 수학을 학문의 기초로 삼은 점에서 우수하다.

『이수신편』 권21·권22의 산학입문은 중국의 1세기까지 수학을 집대성한 『구장산술』의 개요를 소개한다. 권23의 산학본원은 박율(朴繘, 1621~?)의 저서로 천원술인 송·원 수학을 담고 있는 『산학원본(算學原本)』을 대본으로 삼아 그 오류를 바로잡고 『수리정온』 등으로 보완한 것이다. 황윤석이 이보다 발전한 중국 수학서뿐만 아니라 서양 수학서를 알았음에도 불구하고, 두 책을 채택한 이유는 무엇일까? 첫째, 당시 조선에서는 송·원 수학이 주류여서 『구장산술』이 거의 잊혀지고 있었는데, 『구장산술』이 중국 수학의 원류일 뿐만 아니라 수학의 다양한 용도를 정리해 수학이 만물의 벼리라는 관점을 잘 보여주기 때문이었을 것이다. 둘째, 동양 수학의 자부심이 천원술임을 보여주어 조선 학계의 수학 관심을 높이고자 한 것으로 보인다. 산학본원은 당시 잊혀져가던 박율의 저서를 보존한 공적을 가진다. 중인 기예직 홍정하의 『구일집』은 산목을 움직이면서 천원술의 알고리즘을 기술적으로 발전시켰다면, 박율은 고차완전제곱식에서 생성된 계

---

331 김영식(2005), 444~453쪽.

332 『頤齋亂藁』 2책, 권11, 322쪽, 1768년 12월 16일. 「이재선생연보」, 그리고 『국역 이재만록』(중), 96~97쪽에 나온다.

수들의 원리를 추구하였고, 황윤석은 그것을 추상적 도형으로 표시하였다.[333] 산학입문과 산학본원은 수비학과 무관하다. 장혜원(2009)에 의하면, 산학입문과 산학본원은 중국과 유럽의 다양한 문헌의 내용을 수집, 정리하면서 오류를 수정하고 복잡한 현상의 기본 구조를 파악하고 "수학적 절차에 대한 일반적 설명을 시도"하고 "수학적 엄밀성을 추구"하여 "수학적 사고의 전형을 보여준다." 이상으로 보아 황윤석은 한국 수학사에서도 족적을 남겼다.

황윤석은 서양 수학이 우월하다고 보면서도 『이수신편』 권21~23에서는 중국 수학을 중심으로 하여 서양 수학을 보충하였다. 황윤석은 『이수신편』을 소수 서학 애호가에게 인정받기보다 투철한 주자학자도 포함하는 넓은 유학자층에게 인정받는 전략을 추구하였다. 이것은 시골의 미미한 양반인 자신의 학문을 세상에 인정받고 나아가 가문을 현창하는 길이었다. 중국보다 경직적인 학술문화의 조선에서 서양 수학을 주로 삼고 중국 수학을 보완하는 형태를 취하였다면, 대다수 주자학자의 관심을 끌기 어려웠을 것이다. 『이수신편』 권21~23은 상수학 등 수비학과 무관한 순수 수학이니, 황윤석은 이학에 봉사하기 위해 상수학을 중시한다고 천명하면서도, 그런 명분으로 수리과학을 옹호하였다고 볼 수도 있다.

황윤석은 이학을 근본으로 삼아 서학을 수용한다고 표명하였지만, 실지로는 그의 학문적 패러다임은 이학에서 서학으로 이동하고 있었다. 그래서 상수학과 수학을 구분하고 서양 과학의 우월성을 의심하지 않았다. 황윤석은 또한 중국문화권의 천인감응설의 재상적 천문

---

333 가와하라 히데키(2017), 176~182쪽; 오영숙(2021).

관으로부터 서양의 과학적 천문관으로 옮겨가고 있었다. 이학을 체로 삼고 명물도수학을 용으로 삼는 통념을 신봉하였지만, 주자처럼 도리를 기축으로 삼는 통섭 원칙이 약화된 반면 수학 · 언어학 등에 의한 과학적 · 실증적 사유가 점차 중요해졌다. 그리고 용의 영역에서 유럽 과학의 수용이 진전된 결과는 체의 이학에 영향을 미쳤다.

『이재유고』 마지막 23~26은 잡저(雜著)인데, '변(辨)'으로 끝나는 글이 6개로 가장 많고 '변증(辨證)'으로 끝나는 글도 하나 있다. 비슷한 의미인 '해(解)'로 끝나는 글이 2개 있다. '고(考)'로 끝나는 글이 1개, '도(圖)'로 끝나는 글이 2개, '설(說)'로 끝나는 글이 4개, '사의(私議)'로 끝나는 글이 하나이다. '의증수동국여지승람예인(擬增修東國輿地勝覽例引)'도 『증수동국여지승람』에 대한 학술 담론을 지향한 제명이다. 『이재속고』 권6~9의 잡저에는 '변' 1개, '해' 7개, '고(攷)' 4개, '설' 6개, '논(論)' 1개이다. 명대 후기 도덕 담론의 지식 담론으로의 전환과정에서 명물학과 변류가 대두하였는데, 이 분야에 대한 황윤석의 업석은 잡저에 남긴 것이다. 황윤석 부진이 다양한 학문 중 이학과 예학 이외에는 잡술(雜術)로 몰아 한심하다는 지적을 후손들은 모를 리가 없으나, 시속(時俗)에 어긋나지 않게 관행을 따르는 것이 미덕인 시대였다.[334]

황윤석의 명물학은 명말 사조처럼 '도학적 해석의 장막 속에서 벗어나려는 시도'라기보다는 장막 너머의 지식을 탐구하려는 시도이나,

---

334 정약용은 1822년 쓴 「自撰墓誌銘」에서 "6경 · 4서로써 修己를 하고 1표 · 2서로써 천하 · 국가를 다스리게 하였으니, 본 · 말을 구비한다."라고 자부하였는데, 사망하기 2년 전 자신의 저서를 최종적으로 經集 250권, 문집 87권, 그리고 雜纂 166권으로 나누어, 1표 · 2서의 경세서를 잡학으로 분류하였다(안병직 2021: 20쪽).

실질은 다르지 않다. 명청교체기에 실사구시(實事求是) 학풍의 학자들은 송·원대 선배들을 따라 공정한 비평의 변(辨)체를 중시하였는데, 황윤석의 '변'·'고'·'설'·'도'·'해'도 실사구시의 학풍이었다. 여영시(余英時)는 경세치용학파와 고증학자가 "박학(博學)을 강조한 것을 청대 주지주의(intellectualism)의 성장이라고" 인식하였는데, 황윤석의 박학도 18세기 후반 조선의 주지주의(主知主義) 성장에 동참하였다.[335]

5. 황윤석의 경세관과 경제론

(1) 황윤석의 경세관

유학에서 수기(修己)의 과제가 의리학인 본(本), 치인(治人) 과제가 경세학인 말(末)로 규정된다. 본과 말의 관계는 체와 용의 관계로 표현되기도 한다. 앞서 언급하였듯이, 황윤석은 "옛 명체적용(明體適用)의 현인에게 경학과 통치는 두 도(道)가 아니니" 모두 능해야 한다고 보았다. 의리에 관련된 경학이 체, 통치가 용인 것이다. 『이수신편』 23권은 대략 우주·자연－성리－상수학－경세－명물도수학이다. 이 편차는 성리학·상수학이 경세학의 체이며, 명물도수학을 담은 권20~23이 경세학을 위한 지식임을 드러낸다.

황윤석은 29세인 1757년 8월 30일 일기에 "평생 경제에 뜻을 두고(平生經濟志)", "쌀값이 비싸" 걱정이라는 구절을 담은 시를 남겼다. 한자어 경제는 경세제민을 말하며, 번역어 경제와의 혼동을 피하기

---

335 벤저민 엘먼(2004/2008), 166~167, 180쪽.

위해 직접 인용이 아닌 경우에는 경세로 표기한다. 황윤석은 경세제민의 뜻을 평생 견지하여, 열심히 과거에 응시하였고, 관직을 열망하여 내려준 관직을 사양하지 않았다. 그는 정치가나 관료보다 학자가 적성에 잘 맞았다. 그래서 만약 그가 학자의 길로 스승 김원행 정도의 명망을 가질 전망이 있었다면, 그런 길을 택했을지 모른다. 그런데 이 길은 과거 급제의 문보다 훨씬 좁았다. 게다가 한미(寒微)한 가문 출신의 그가 전국적 명망의 산림이 되기는 불가능에 가깝다.

부친은 "사가 관직에 나가지 않더라도 여력(餘力)으로 법문(法文)을 밝게 익혀서 어기지 않도록 해야 한다. 훗날 벼슬할지도 모르지 않은가."라고 훈시하여 황윤석 형제는 국조법전서(國朝法典書)도 구입하여 싫증을 내지 않고 공부하였다. 황윤석은 훗날 목천현감이 되어 소장한 『결송유취(決訟類聚)』의 머리에다 이 사실을 기록하였다.[336] 황윤석은 1768년 의영고봉사로 임명된 직후 이조 서리(吏曹胥吏)에게 의뢰하여 『경국대전』과 『속대전』을 구해 재직기 동안 통독하고 집중적으로 탐구하였다. 외교서인 『통문관지(通文館志)』도 공부하여 초록해 두고 일기의 여러 군데에 인용하였다. 그는 1778년 동부도사(東部都事)로 부임한 후에 법전을 집중적으로 익혔다. 1785년 『대전통편』이 반포되자, 황윤석은 다음 해 그것을 빌려 공부하였다. 1786년 전의현감이 되어서도 법률서적을 공부하였다.[337] 황윤석은 이처럼 법률에 관한 공부를 많이 하였지만, 그것을 탐구한 글을 남기지는 않은 것 같다. 그는 법률을 학문적으로 탐구한 것이 아니라 치인의 관직에 필

336 『頤齋亂藁』 6책, 권32, 243쪽, 1780년 4월 17일.

337 노혜경(2006), 43~49쪽.

요한 지식으로 습득하였다.

1626년 진인석(陳仁錫)은 구준(丘濬)의 『대학연의보(大學衍義補)』를 비롯한 명나라 경세서 8종을 항목별로 분류해 수록한 285권 100책의 『경세팔편유찬(經世八編類纂)』을 편찬하였다. 1770년 7월 22일 황윤석은 『경세팔편유찬』을 구경하고 "대저로 볼 만하다(一大文字 可觀者也)."고 평가하였다. 8월 12일 편지로 책을 빌리려 하였고, 19일 그 책을 처음 공부한 기록을 남겼다.[338] 『이재전서』 Ⅲ에는 『경세팔편유찬』의 초록이 있어서 황윤석 경세 공부의 중요한 자료였음을 보여준다. 『이재전서』 Ⅲ에 나오는 황윤석의 초록 중에는 숙종조 작자 미상의 『본국경제대요(本國經濟大要)』가 나오는데, 오늘날 경제 관련 항목은 군포(軍布) 폐단, 호포제가 어려움을 논함, 양전제와 조세법이 있다.

1757년 10월 황윤석이 "『반계수록(磻溪隨錄)』의 규모가 어떠한가?"라고 묻자, 박신원(朴新源)은 "왕도를 행하는 자는 반드시 이 법을 취할 것이다."며 극찬하였다.[339] 1766년 3월 9일 일기에는 의원(醫員) 문복광(文復光)이 『반계수록』에 나온 세종조 주척(周尺)제도를 본 사실을 적었다. 1770년 2월 22일 일기에는 영장(營將)의 서자인 박신원이 수학에 조예가 깊고 『반계수록』을 매우 좋아한다는 사실을 적었다. 중서층(中庶層) 지식인의 성장을 보여준다. 1769년 11월 20일 일기에는 경상도 감영이 『반계수록』을 간행하라는 왕명을 기록하였다. 1770년 7월 6일 『반계수록』 간행을 마쳤다는 말을 들었다. 8월 11일 간행된 『반계수록』을 보았다. 이후 『반계수록』을 공부한 모양이어서,

338 『頤齋亂藁』 3책, 권15, 331쪽, 1770년 7월 22일; 348쪽, 8월 12일; 355쪽, 8월 19일.

339 "又曰: 柳磻溪隨錄規模如何? 朴曰: 此老益知古人制作之意. 有王者作, 必來取法." (『頤齋亂藁』 1책, 권2, 186쪽, 1757년 10월 24일)

1771년 8월 황윤석은 '역상(易象)' 분야의 김석문과 함께 '경제' 분야에서는 유형원을 꼽았다.[340] 황윤석은 29세에 높은 평가를 듣고도 『반계수록』을 그 간행 후인 42세에 처음 보았으니, 능동적인 자세로 일찍부터 적극 공부한 명물도수학과 달리 경세학에 대해서는 유자의 책무라는 소극적인 자세로 임해 본격적인 공부가 늦었다.

1768년 장릉참봉 시절에 "경제 사무에 유의한 적이 있는가?"라는 질문을 받고, 황윤석은 "경제 사무는 세상 물정에 어두운 유자[迂儒]가 논할 수 있는 바가 아니다."라고 하였는데, 정사 경험의 부족을 의식한 말로 생각된다. 그러면서 경세의 근본을 말하길, "오늘날 허다한 전례문자(典例文字)가 많지만 대부분 말이고 본이 아니다. 국가는 먼저 사사로움[私]이라는 한 글자를 떨쳐버려야 한다."라는 군주를 정점으로 하는 치자의 성심정의가 우선할 기본 과제라는, 주자학을 포함한 이학 경세관의 제1원칙을 들었다. 이어서 이러한 "대강(大綱)이 이미 서면 온갖 조목은 저절로 펼쳐질 것이다."라고 하였는데, 송시열을 비롯한 조선 주자학사 내부분의 관점이고 구체적 절목을 중시한 김육·유형원과는 달랐다. "전제(田制)와 병제(兵制)를 논할 만한 것이 매우 많지만, 먼저 인민의 생업을 제도로 보장하여[制民之産] 나라의 근본을 굳건히 한 후에 나머지를 논할 수 있다."라는 맹자에서 유래한 이학 경세관의 제2원칙을 들었다. 황윤석은 아울러 5군문, 공상아문(供上衙門) 등의 문제점을 거론하였다.[341]

---

340 "彼易象之金大谷, 經濟之柳德夫, 似之相較, 奚止詡元羽乎."(『頤齋亂藁』 4책, 권19, 34쪽, 1771년 8월 25일)

341 "昨日鄭安峽又言, 經濟事務, 亦嘗留意否? 余曰: 此非迂儒所可議也. 雖然, 亦嘗思之, 惟大人先格萬化之源, 此固未易. 且以官制言之, 我國最大者, 旣有五衛, 又刱五軍門, 於斯二者, 當革其一, 而五衛之法, 實出前古兵法之善者, 前輩旣以存羊之義, 請勿去

경세제민을 위해 치자가 먼저 수기를 하여 성심정의를 가진 다음 인민의 생업을 제도로 보장한다는 유학의 모범적이고 원론적인 관점은 일기의 수처에서 발견된다. 1778년 김종후는 황윤석이 '박학다식'하니 '경제학'에 유의한 적이 있는가라고 물었다. 황윤석은 정치란『대학』에 나온 대로 군주의 마음을 바로잡는 정심이 근본이며, 군주가 성학에 힘쓰면서 재야의 현인을 부르면 균전·제산(制產)·인사행정·군정·교육·예악·법률에 유능한 인재를 부릴 수 있다고 했다.[342] 황윤석은 이런 '대강'을 논하였지『반계수록』처럼 제도의 조목을 제시하지는 않았다.

『이수신편』 23권 중 권16 군도(君道)와 권17 치도(治道)가 경세에 해당하는데,『성리대전』 70권 중 권65가 군도, 권66~69가 치도이다.『이수신편』 군도는 총론, 군덕(君德), 성학(聖學), 왕세자인 저사(儲嗣), 군신(君臣), 신도(臣道) 순으로 나온다. 치도는 총론, 예악(禮樂), 종묘(宗廟), 종법(宗法), 시법(諡法), 봉건(封建), 학교, 용인(用人), 인

之, 則與其徒置軍職虛名, 以費料米, 曷若悉革五軍門許多養兵之規, 而以其職歸之五衛乎? 又如弘文·藝文之誤爲二所, 供上衙門之謬, 分六司京外各陵之各置諸員, 若此之類, 不可不厘正者也. 自餘田制, 兵制, 可論者甚多, 而須先制民之產, 俾固邦本, 然後餘可議也. 今日許多典例文字, 非不夥然, 而擧皆末也, 非本也. 國家須先祛私之一字, 大綱旣擧, 則萬目自張矣."(『頤齋亂藁』 2책, 권11, 224~225쪽, 1768년 8월 22일)「이재선생연보」, 그리고『국역 이재만록』(중), 159~161쪽에도 나온다.

342 "旣博學高識, 早遊師友間, 豈亦留意於經濟之學乎? 余曰: …… 爲治之道, 必自人主一心上起手, 此童子所以有得於大學正心之說也. 人主而或未能先正其心, 則本之不正, 其末若何. …… 上而先勉聖學, 下而旁招群俊, 聚精會神, 期於嘉言罔伏, 而野無遺賢, 則於是乎有能於均田者矣, 有能於制產者矣, 有能於掌銓者矣, 有能於治兵者矣, 有能於敎胄者矣, 有能於典禮樂者矣, 有能於明法律者矣. 天下經綸, 孰盛於斯."(『頤齋亂藁』 5책, 권26, 290쪽, 1778년 8월 12일)「이재선생연보」, 그리고『국역 이재만록』(중), 163~167쪽에도 나온다. 균전은 제산의 방도인데, 황윤석은 양자를 분리하였다.

재, 구현(求賢), 논관(論官), 이정(莅政), 간쟁(諫爭), 법령(法令), 상벌(賞罰), 왕백(王伯), 전부(田賦), 이재(理財), 절검(節儉), 진휼(賑恤), 정이(禎異), 논병(論兵), 논형(論刑) 및 이적(夷狄)이 나온다. 그 목차는 『성리대전』과 같다. 그 내용은 『성리대전』을 그대로 베끼면서 약간 생략하기도 했다. 전부에서 상당량 추가는 주목된다.

『성리대전』 권38은 공자부터 맹자까지의 성현(聖賢), 권39~42는 송대 주자(周子)부터 원대 오징(吳澄)까지의 '제유(諸儒)'를 수록하였다. 흥미롭게도 순자는 권57의 제자(諸子)에 포함하였다. '제유'의 학문은 육상산(陸象山)의 심학(心學)을 제외하면 모두 이학 내지 주자학이었다. 군도와 치도는 거의 '제유'의 글을 수록하였는데, 대개 정자로부터 시작하여 주자를 중심에 두고 허형(許衡)으로 끝났으니, 이학적 경세관이다. 황윤석이 이학적 경세관을 가졌다는 통설 그대로이고, 『성리대전』의 영향도 작용하였다.

(2) 명물도수학의 특징을 갖는 황윤석의 경제론

황윤석의 경세관과 달리 경제론은 명물도수학을 활용한 성과를 거두었다. 『성리대전』의 내용을 그대로 옮긴 전부의 내용은 정전(井田)을 주로 설명하고, 그에 상응하는 균전(均田)을 우선해야 한다는 호굉(胡宏)의 견해도 보여주고, 아울러 농지세를 논하였다. 정전에 관한 논의는 군도와 치도의 도처에 나온다. 군도의 총론에 나오는 글로 정자는 정전제가 반드시 '성인(聖人)의 달도(達道)'라고 할 수는 없고 "성인은 그때의 이로움에 따라 이롭게 했을 따름이다."라고 하였고, 장재는 정전제가 인민의 부양에 필요하다고 보았다. 주자는 큰 난리를 겪어 인구가 격감하고 농지가 모두 국가에 귀속되어야 정전제를 시행할 수 있다며 당나라 구분전(口分田)과 세업전(世業田)을 예로 들었다. 그러면서 "평탄한 세상이라면 참으로 시행하기 어렵다"고 결론을 지었다. 필자는 이 견해가 탁월하다고 생각한다. 그래서 조선의 대다수 주자학자들은 주자의 견해에 따라 정전제를 어렵게 여겼는데, 실학자인 유형원과 정약용이 정전제를 중심축으로 하는 국가개혁론을 제시한 것은 흥미롭다.

『이재전서』 Ⅲ에서 황윤석이 초록한 자료 중에 정전제에 관련되는 『반계수록』의 전제(田制)와 한백겸의 기자정전설이 있다. 1771년 일기에는 한백겸이 발견한 기자 정전이 은나라 제도일 가능성이 있다며 회의하였다.[343] 황윤석은 정전에 대한 관심은 한백겸의 기자정전설에서 출발하였을 수도 있다. 1778년 6월 4일 정조는 대고(大誥)를 선포하면서 민산(民產)·인재·융정(戎政)·재용(財用)의 4대 과제를 들고, 민산의 방안으로 정전법과 명전법(名田法)을 먼저 거론하면서 조선의 지형과 농지를 사유한 토호의 반발로 시행이 어렵다고 하였다.[344] 황윤석은 7일자 일기에 이 대고를 수록하였다. 이 대고는 황윤석의 전제 관심을 높였다. 1778년 윤6월 일기에는 1725년 경연에서 "당나라 명전법에 의거하여 1품부터 서민까지 농지 결수의 상한을 정하여 서로 매매하되 절도를 두면 사대부가 넓게 차지하는 폐단이 없을 것이라고 청한" 사실을 적었다.[345] 정전법이 어려우니 명전법이라도 시행하자는 승지 이성조(李聖肇)의 건의가 뜻은 좋으나 수령이 잘 처리하

---

343 『頤齋亂藁』 3책, 권18, 767쪽, 1771년 7월 3일.

344 『정조실록』 2년 6월 4일 壬辰.

345 "又乙巳筵達請依唐時名田法, 自一品二品下至庶民, 定爲幾結之數, 或相轉賣, 亦不得無節, 則士夫可無廣占之弊."(『頤齋亂藁』 5책, 권26, 162쪽, 1778년 윤6월)

지 못할 것이라는 이유로 기각되었다는 『승정원일기』 영조 1년 1월 19일자 기사를 황윤석은 일기에 옮겼다. 1785년 황윤석은 박광일(朴光一)이 1782년 쓴 기정익(奇挺翼, 1627~1690)의 행장을 초록하였는데, 그가 남긴 "정전의(井田議) 1권은 그 기획이 지극히 상세하여 오늘날 행할 수 있다"는 구절도 있다.[346]

황윤석은 전부에서 『성리대전』의 내용에 이어서 정전제에 관한 내용을 상당량 추가하였다. 처음 추가한 주자의 글 전반부는 『맹자』에 나온 하(夏)의 공(貢), 은(殷)의 조(助) 및 주(周)의 철(徹)이란 전제에 대한 주자의 해설이다. 경계(經界)에 관한 설명도 『맹자』에 나온 구절의 해설이다. 이어 중국인 학자 4명의 글을 추가한 다음 『지봉유설』 권2, 지리부(地理部)에 나오는 한백겸의 기자정전에 관한 설명을 옮겨 적었다. 『주례』, 정사의 식화지(食貨志) 등에서 정전제의 설명 기록을 모았다. 그 다음 정전제의 남묘종횡도(南畝縱橫圖)를 도형으로 제시하고 설명하였다. 이어서 경계를 정하는 제도, 도비(都鄙)를 조성하는 제도, 수로인 구혁(溝洫)을 이루고 마차(車馬)를 부과하는 제도, 교외 6향(鄕)에서 인민이 풍속을 이루도록 권하는 제도, 교외 6수(六遂)에서 들판을 다스리고 농지를 주는 제도, 6수에서 인민을 병사로 모으는 제도, 그리고 9기(畿), 9복(服) 및 봉강(封疆)을 두었다. 기정익과 안정복의 정전제론은 말로 서술되었으나, 황윤석은 정전제와 그것을 기초로 하는 국토 설계를 모두 수치와 도형으로 체계적이고 일목요연하게 제시한 특징이 있다. 황윤석의 수학 취향이 드러난다. 황윤석의 말처럼 수가 국가제도의 벼리인 것이다.

---

346 "有井田議一卷, 其規畫詳盡, 可行於今."(『頤齋亂藁』 7책, 권36, 71쪽, 1785년 6월 21일)

황윤석이 공부한 『반계수록』 권5·6 전제고설(田制攷說)에서는 『주례』 이래 전제 글들을 수록하였는데, 주자의 「정전유설(井田類說)」이 자세하다. 『반계수록』 권1의 첫머리에는 "토지란 천하의 대본이다(夫土地者天下之大本也)"라는 「정전유설」의 구절을 인용하고 이어서 "대본이 이미 서면, 온갖 법도가 따라서 하나도 그 마땅함을 얻지 못함은 없다(大本旣擧 則百度從而無一不得其當)."라는 기본 정신을 담은 유명한 구절이 나온다. 그래서 "비록 정(井) 형태로 구획하지 않아도 정전의 내실이 모두 담긴" 농지제도를 설계하였다. 송시열의 제자인 기정익의 「사의정전(私議井田)」은 공들인 자세한 정전제의 기획안이다. 그는 맹자가 처음 정전법의 대략을 말하고 주자의 「정전유설」이 자세하다고 하였다. 여기서 가장 흥미로운 내용으로 "인정은 부귀를 욕망하지 않음이 없으니(人情莫不欲富貴)" 정전제를 위해 농지를 기부하는 부자에게 관직이나 신분 지위를 높여주고 농지 분배 때에 우대하는 조치로 민전(民田)을 왕전(王田)으로 만드는 방안부터 시작한다. 농지 분배 방식의 설명, 그리고 정전을 통한 상호부조의 도모, 그리고 학교와 공거(貢擧)에 관한 설명이 상세하다.[347] 성호는 「균전(均田)」·「전제(田制)」 등에서 "정치는 전제보다 중요한 것이 없다"고 하면서도 구혁(溝洫)이란 도랑을 깊게 파서 정전제를 만들 수도 없고 부강자의 반대 때문에 균전을 실현할 수 없다고 보면서 영업전(永業田)이라는 팔 수 없는 최소 보유 면적의 한전제를 주장하였다. 안정복은 정전제를 실현할 수 없다는 스승의 견해와 달리 1760년 "『주례』를 종주로 삼고 아울러 『맹자』, 『공양전(公羊傳)』 하휴(何休)의 주(註), 『한서(漢

347 기정익(2019)은 그 문집의 번역이다.

書)』 식화지 및 주자의 설(說)을 취하여" 「정전설」을 썼다. 19세기 초 『경세유표』에서 정전제를 기본으로 하는 국가제도 개혁의 가장 상세하고 진전된 기획안이 제시되었다.

유형원, 기정익, 안정복 모두가 주자의 「정전유설」을 중시하였는데, 황윤석은 『이수신편』에서 그 글을 소개하지 않았다. 황윤석은 기정익의 「사의정전」을 알고 기정익이 증조부의 대표적 벗이고 종조부의 스승인데도,[348] 그 내용을 반영하지는 않았다. 황윤석은 경세론에서 전제를 중시하였으나, 유형원 · 기정익 · 성호 · 안정복과 달리 정전제에 관한 공부가 부족하였다. 황윤석은 사(士)로서 경세학을 공부할 책무를 의식하였으나, 경세학 관심은 유학 학술에서 그보다 위상이 낮은 명물도수학 관심에 훨씬 못 미쳤다.

전부에 이어 경제 항목으로 이재, 절검 및 진휼이 있다. 이재는 재정 관리를 말하는데, 효율성이 아니라 의로움을 추구하는 이학적 관점이다.

황윤석의 경제정책론의 중요한 특징은 그의 장기인 명물도수학의 활용이다. 그는 『이수신편』에서 정전제를 정리하면서 그 장기를 잘 발휘하였다. 황윤석은 경세에 뜻을 둔 선비에게 "산수는 만물의 벼리이고 농지제도는 국가의 근본이니, 수령칠사(七事)는 그것과 모두 만난다."고 하였다. 그 앞에 양전을 하고 결부를 파악하는 국가 과제를 거론하였다.[349] 상수학이 아닌 수학이 측량학 등으로 벼리의 역할을

348 권오영(2007), 175~176쪽.

349 "士苟存心於經世, 則宇宙內事, 孰非己分之當爲者哉. 況算數者萬物之紀, 田制者有國之本, 而七事又其總會也. 讀書淸暇, 不可不旁通明矣."(『頤齋亂藁』 2책, 권10, 137쪽, 1768년 6월 26일)

하는 것이다. 황윤석은 서양 수학·천문학서인 『율력연원』를 극찬한 다음 "이수(理數)의 은미(隱微)가 율려·역법[律曆]에 불과한데도," 그 공부가 "급한 임무가 아니라고 고담준론을 하는데 …… 국가를 다스리고 천하를 관리하는 데에 이 책을 멀리해서야 되겠는가?"라며 안타까워하였다.[350] 황윤석은 이학·상수학과 서양 과학의 회통적 관점으로 주자학자에게 수학의 중요성을 일깨우고자 한 것이다.

『이수신편』 권21·22 산학입문에서는 『구장산술』에 나온 행정과 민간 생활에 필요한 실용 수학의 용도 9개가 나열된다. 첫째, 농지 측량의 양전법인 방전(方田)이다. 둘째, 포전(布錢)으로 쌀을 살 때 시장 거래의 계산인 속포(粟布)이다. 셋째, 다양한 품질의 조세와 녹봉을 균질한 가치로 환산하는 충분(衷分)이다. 넷째, 도량형에 관련된 넓이·부피·정사각형·원을 다루는 소광(少廣)이다. 다섯째, 토목공사에 소요되는 인부와 사물을 파악하여 공정을 헤아리는 상공(商功)이다. 여섯째, 물자 수송에 드는 비용과 노역을 산출하는 균수(均輸)이다. 일곱째, 잉여와 부족을 파악하는 영비(盈朒)이다. 여덟째, 행렬식으로 이익과 손실을 파악하는 방정(方程)이다. 아홉째, 도량형기로 잴 수 없는 높이, 깊이, 폭 및 먼 거리를 파악하는 구고(句股)이다. 황윤석은 수학이 이러한 실용성으로 경세학의 벼리임을 보여주려고 한 것으로 생각된다. 산학입문에서는 도량형이 상당한 비중으로 다루어졌다. 지율(地率)·전율(錢率)·잡률(雜率)이라는 항목이 있는데, 지율은 양전, 전율은 화폐, 잡률은 물시계와 역법을 다룬다. 이어서 수학

350 "乃若理數之微, 無過律曆. 而初未或過其門而窺其堂第, 大言曰非急務而已. …… 將以經國理天下, 此書詎在可略?"(『頤齋遺藁』 2책, 권12, 「題數理精蘊寫本」)

방법에 따라 문제와 답이 제시되어 있는데, 상거래에 관련된 문제가 가장 많고 9용도에서 제시되지 않은 채무와 이자, 분배, 생산 등에 관한 문제도 있다. 박율의 저서를 대본으로 삼은 권23 산학본원에서 면적 측량에 관한 문제가 많다.

윤원호(1994)는 상평조적(常平糶糴), 주척(周尺), 기자전(箕子田), 화폐, 도량형 등에 관한 황윤석의 '연혁고증(沿革考證)'을 언급하였는데, 명물도수학에 포함된다. 「완전변(畹田辨)」은 '완'이 밭 이랑 12묘(畝)라는 설과 30묘라는 설이 있어서 고증한 것인데, 시무(時務)가 아닌 명물학이다. 황윤석의 명물학은 「금옥토석초목고(金玉土石草木攷)」와 「온천초천급이적고(溫泉椒泉及異蹟攷)」에서 경제자원 기록을 남겼다. 전자에 금속 11종, 흙 10종, 돌 18종, 옥 14종, 나무 26종 및 풀 36종의 산지, 성질, 용도 등이 밝혀져 있다. 곡류도 나온다. 후자에서는 온천들, 산초처럼 시고 떫은 샘물들, 물맛이 좋은 샘물 등의 위치 · 연혁 · 상황이 정리되어 있다. 이런 경제자원 기록은 하우봉(2018)의 지적처럼 이용후생에 이바지할 수 있다. 윤원호(1994 : 271쪽)는 황윤석이 "궁극적으로 전통적인 성리학에 집착하여 당시의 지사층(志士層)에 널리 유포되어 있던 실학적 자세와는 관련을 가지고 있지 않다."고 하면서 "황윤석은 가치판단의 차원보다 차라리 경제사실의 존재 자체에만 집착하였다고 말할 수 있다."고 평가하였다. 도덕 담론보다 지식 담론을 선호한 점을 지적한 것이다.

1770년 『동국문헌비고』 편찬 때 편집청 당상 정존겸이 상평창(常平倉) 조적의 기원을 아는 사람이 없다며 고증해달라고 부탁하였으나, 해결하지 못하였다. 추후 『고려사』 등을 읽다가 1777년 그 연혁을 정리하여 적었다.[351] 『동국문헌비고』에는 그 연혁이 고구려 고국천왕

이후로 잘 고증되어 있다. 황윤석은 충선왕의 전농사(典農司)부터 출발한 것으로 보았는데, 이 부분은 정조대에 『동국문헌비고』를 보완할 때 보충되었다. 그 담당자인 이만운과 황윤석은 가까이 지냈다.[352]

황윤석의 도량형 관심은 수학과 경세에 관련되기 때문이다. 1770년 2월 정존겸이 "『문헌비고』 편집을 마친 후 무엇을 건의해야 할까요?"라고 묻자, 황윤석은 도량형 통일을 제안하면서 "관부에서 인민에게 거둘 때에는 긴 자, 큰 양기(量器), 무거운 저울을 사용하고 나누어줄 때에는 짧은 자, 작은 양기, 가벼운 저울을 사용하는 것을 보았습니다."라고 하였다.[353] 1769년 8월 26일 극심한 흉년이어서 광흥창(廣興倉)에서 녹봉으로 나눠주는 창두(倉斗)가 작아 13말로 받은 녹봉을 마질하니 10말에 불과하였으니, 황윤석이 체험한 일이었다.[354] 1769년 5월 좌참찬 신회(申晦)가 도량형 통일을 건의하여 영조가 승인한 사실이 『이재난고』에 나온 데서 드러나듯이,[355] 도량형의 통일은 빈번히 건의되어 국왕의 승인을 얻었으나, 조선말까지도 실효를 거두지 못하였다. 앞서 언급하였듯이, 1767년 4월 정술조와의 대화에서 수학이 도량형 통일에 필요하다고 하였다. 그 전 2월 정경순이 조정에서 논의되는 결전(結錢)을 결미(結米)로 바꾸는 방안에 대한 의견을 구하자, 황윤석은 각 읍마다 양기가 점차 커지고 있고 쌀로 2말 거두라 하면

---

351 『頤齋亂藁』 4책, 권23, 493쪽, 1777년 9월 14일; 『국역 이재만록』(하), 118~122쪽에 번역문도 나온다.

352 하우봉 · 이선아(2016), 42쪽.

353 "鄭存謙問余: 今當文獻編輯之後, 宜何建白? 余曰: …… 蓋嘗觀於官府矣. 斂之於民, 則用長尺大斗重衡, 散之於民, 則用短尺小斗輕衡."(『頤齋亂藁』 3책, 권15, 72~73쪽, 1770년 2월 27일) 『국역 이재만록』(중), 130~131쪽에 번역문도 나온다.

354 이헌창(2007), 385쪽.

355 『頤齋亂藁』 2책, 권12, 413~414쪽, 1769년 5월 25일.

필경 5~6말이 된다며 결전이 낫다고 답하였다. 그리고 도량형의 통일은 선왕이 중시하고 세종도 천명하였는데, 제도의 문란이 심해 고을마다 달라 민폐가 심하니, 엄하게 단속해야 한다고 주장하였다.[356]

1775년 쓴 「곡석설(斛石說)」은 양기인 곡석제의 연혁 고증이다. "중국에서는 10두가 1곡이나, 우리나라에서는 관부가 소곡(小斛)을 사용하여 15두 용량을 평석(平石)이라 하고 민간이 대곡을 사용하여 20두 용량을 전석(全石)이라 한다(관동의 영동은 민간도 소곡을 사용한다)."라고 하였다. 『반계수록』에서 중국 1두가 조선 2두라 하니, 조선의 대곡이 중국 1곡이라 하였다. 국사편찬위원회의 『신편 한국사 24』에 나온 박홍수의 도량형에 관한 설명에 의하면, 우리나라는 고대부터 1석이 중국과 달리 15두였고, 그 이유는 밝혀지지 않았다. 『조선왕조실록』 1407년 1월 12일(丁卯)자에 평석, 1418년 1월 25일(丙子)자에 전석이 나온다. 평석과 전석 규정은 『경국대전』 공전 「도량형」에 실렸는데, 각각 부피는 90리터, 120리터 정도로 추정된다. 황윤석은 1대곡이 20두로 정해진 유래에 대한 가실도 제시하였다. 어떻게 해서 관부는 소곡평석을, 민간은 대곡전석을 사용하게 되었는지는 밝혀지지 않았다. 그런데 관부가 소곡으로 주고 대곡으로 받는 폐단은 『조선왕조실록』에서 1479년 1월 8일(乙丑), 1668년 10월 25일(庚寅), 그리고 1793년 11월 11일(庚子)에 나온다. 소곡평석과 대곡전석의 경우 두의 크기는 동일하다. 『조선왕조실록』 1796년 8월 27일(己亥) 기사에는 "관두(官斗)가 시두(市斗)보다 작기 때문에 시두로 13두 남짓이면 관

356 『頤齋亂藁』 1책, 권8, 679~680쪽, 1767년 2월 14일. 『국역 이재만록』(중), 139~140쪽에 번역문도 나온다.

두로 15두는 될 수 있습니다."라고 하듯이, 조선후기 관두와 시두를 구분함이 일반적이었다. 1885년 전라좌도 암행어사 이만교(李萬敎)는 시두가 20두를, 관두가 15두를 1석으로 하며 관두 15두는 화인(火印)한 양기로 4두, 시두 20두는 화인 6두로, 관두와 시두를 같게 보았다.[357] 유형원은 『반계수록』에서 1곡을 15두로 하는데, 경법(經法)이 아니며, 회계를 위해서도 1곡을 10두로 정하자고 주장하였다. 정약용도 『경세유표』「정전의(井田議)2」에서 1석을 사조(私租)는 20두, 공세(公稅)는 15두로 하는데, 10두로 통일하자고 주장하였다. 그는 조세를 거두는 데에는 큰 말을 쓰고 양곡을 방출하는 데에는 작은 말을 쓰고, 관두·사두(私斗)·시두·이두(里斗)가 서로 다른데, 모두 같게 해야 왕제(王制)라고 주장하였다.

수학 취향은 도량형뿐만 아니라 농지 면적의 측량인 양전에 대한 관심을 낳았다. 1770년 정존겸에게 도량형 통일의 다음 과제로 양전을 들고, 반올림해서 부(負)까지 파악하는데 속(束)까지 정확히 파악해야 한다고 말하였다. 황윤석은 민산(民産)인 농지에 깊은 관련을 가진 양전 문제에 깊게 파고들지는 않고 양전척(量田尺)에 관심을 집중하였다. 1771년 일기에는 중국의 경묘법(頃畝法)과 달리 조선은 결부법을 사용하고 양전할 때 토지 등급마다 다른 척을 사용하다 1634년 같은 척의 사용으로 바뀐 것을 적고, 1653년 편찬된 『전제상정소준수조획(田制詳定所遵守條劃)』의 양전법을 소개하였다.[358] 1777년 일기에는 1719년 양전에서 사용한 갑술양척(甲戌量尺)이나 『경국대전』의 준

357 『승정원일기』 1885년 9월 22일 丁巳.

358 『頤齋亂藁』 3책, 권18, 767쪽, 1771년 7월 3일.

수구척(遵守舊尺) 대신에 정밀한 주척(周尺)을 구해 양전척을 만들자는 이이명(李頤命)의 건의문을 적은 다음, 황윤석은 그 세 자의 길이를 비교하였다. 그런데 이이명이 '고거(考據)한' 자료를 몰라 궁금해 하다가 그것을 발견하고 탄복하였다.[359] 황윤석은 1786년 전의현감이 되어 도량형을 점검하다 전의현에서 사용하는 양전척이 중앙정부에서 내려온 준수법척(遵守法尺)과 차이가 나는 것을 확인하였고, 사창의 곡자(斛子)를 포백척 기준에 맞추었다.[360]

황윤석은 재정에 관심이 깊었는데,[361] 이것도 세입, 세출, 비축 등 산수에 관련된다. 1767년 2월 정경순과 대화하면서 "지금 경비가 고갈되었다고 들었다"며 불필요한 관직과 군직의 제거 및 왕실 재정인 내수사 개혁을 들었다. 그리고 궁방이 면세 · 절수로 토지를 많이 차지하는 폐단도 들었다.[362] 특별한 견해가 아니나, 황윤석이 국정에 어두운 '우유(迂儒)'는 아니었다. 1774년 첫째 과제로 군주의 마음을 바로잡는 이학의 제1원칙을 제시한 다음, "국가에 비축이 없고 경비가 매우 궁핍하다(國無儲蓄 經費甚窘)"며 그 대책으로 급하지 않은 관직 폐지, 과거제 간소화, 군현 합병, 영장(營將)의 계수관(界首官) 겸직, 군제 개혁, 공상아문(供上衙門)으로 사옹원(司饔院)만 남겨둘 것, 능관(陵官) 개혁, 종부시(宗簿寺)와 종친부(宗親府)의 병합, 예문관 · 승문관 · 춘추관의 홍문관으로의 병합을 들었다.[363] 1767년보다 더욱 광범

---

359 『頤齋亂藁』 4책, 권23, 491~492쪽, 1777년 9월 11일. 『국역 이재만록』(중), 131~137쪽에 번역문도 나온다.

360 노혜경(2006), 201쪽.

361 尹源鎬(1994), 230~236쪽에서 정리되어 있다.

362 『頤齋亂藁』 1책, 권8, 680~681쪽, 1767년 2월 14일. 「이재선생연보」, 그리고 『국역 이재만록』(중), 167~169쪽에도 나온다.

한 제안으로 재정 전문 관료 수준의 식견을 보여주었다.

황윤석이 활동하던 영조대 가장 중요한 경제정책은 화폐정책과 균역법이다. 황윤석은 20세 때인 1748년에 지은 시 「시사감흥(時事感興)」 6수에서 백관 · 과거 · 천거 · 동전 · 병제 · 명분의 시무책에 관한 의견을 제시하였는데, 사기와 관리 농간을 이유로 폐전론(廢錢論)에 동조하였다. 동전 폐지론은 18세기 초에 맹위를 떨쳤다. 영조는 즉위 직후 폐전정책을 추진하다 좌절하고 1731년 동전 주조로 정책을 바꾸었다. 동전 주조가 재개된 후에도 폐전론을 주장하는 주자학자들이 있었는데, 황윤석은 그 영향을 받았다. 황윤석은 1758년 홍덕현의 요청으로 현에서 발견된 '조선통폐지인(朝鮮通幣之印)'이라는 인장(印章)을 고증한 「홍덕현고인설(興德縣古印說)」을 썼다. 동전 통용책이 실패로 돌아간 1460년 이후 포화와 저화를 국폐(國幣)로 삼아 정포(正布)=5승포[1승=80가닥] 1필=상포(常布) 3승포 2필=저화 20장=쌀 4두라는 시세를 정하여 『경국대전』 호전에 실었다. 국폐에 인장을 찍은 것이다. 황윤석은 이 사실에 접근하는 고증을 하였다.

황윤석은 일기 『이재난고』에다 1759년 서울에 왕래하면서 처음 물가 기록을 남겼고 이후 물가 기록이 늘었는데, 물가는 동전 가치로 측량되었다. 그런 가운데 화폐의 유용한 기능을 자각하게 되면서 폐전론을 바꾸었을 것이다. 앞서 언급하였듯이, 1767년 쌀보다 동전으로 조세를 받는 것이 도량형 농간이 없어 낫다고 보았다. 1771년 이자경은 새로 주조된 동전이 점차 가볍고 작아져 탐관오리가 발호하고

---

363 『頤齋亂藁』 4책, 권20, 179쪽, 1774년 8월 12일. 「이재선생연보」, 그리고 『국역 이재만록』(중), 161~163쪽에도 나온다.

민생이 고갈되고 가난한 선비도 동전을 가지고 서울로 유람해 순박한 풍속이 훼손된다며 폐전론을 주장하자, 황윤석은 동전이 폐단을 가지나 가치 측정과 거래에 이바지하고 삼대 이래 없었던 적이 없으니, 국가가 동전을 통용시키고 민간이 수용한 데에는 이유가 있다며 논리정연하게 반대하였다. 황윤석의 화폐관은 크게 진전하여 1771년에는 당대 수준급 식견을 가지게 된 것이다. 나아가 황윤석은 당천(當千)·당백(當百)과 같은 대전(大錢)을 주조하자고 주장하였다.[364] 1791년 4월 황윤석은 동전을 폐지할 수 없으니 다시 당백이나 당천의 대전의 주조를 주장하였다.

18세기에 동전 수요에 비해 공급이 부족한 전황(錢荒)이 나타났다. 1742년 전황 대책을 논의하는 가운데 예조참판 김약로(金若魯)가 당십전(當十錢)·당백전(當百錢)이라는 고액전 병행을 제안하여 동의자가 있자, 영조는 민심을 조사하여 반대 여론을 알고 채택하지 않았다. 은화 주조론도 나왔으나, 채택되지 않았다. 1798년 호조판서 김화진(金華鎭)이 두 차례 당십전·당오전 주조를 건의하였으나, 호응자가 없었다. 1788년 우정규(禹禎圭)가 올린 개혁책 가운데 당천전 주조가 있었으나, 허락되지 않았다. 당백전이나 당천전이 중국 역사책에는

---

364 "李子敬言: …… 當今救急之方, 銷錢爲良. 蓋聞馬一匹駄舊錢二百兩, 而今新錢漸輕漸小, 可駄二百五十兩, 以故貪官汚吏, 裝運甚便, 民生膏澤由此而竭矣. 且如遐鄕人, 舊當無錢用布之日, 不能常往來都下, 雖大富亦多未及遊京者, 以此風俗淳厖. 今則雖貧士, 未有不遊京, 爲其一二兩錢, 足以儲槖便行故也. 都下本自浮薄, 百弊所由起, 而遐鄕之人轉相傳染, 熙熙穰穰, 莫非爲利, 時俗安得不益弊哉. 余曰: 錢固有弊. 但是所以與物相爲輕重, 以通有無者也. 三代以下, 皆不得無此. 故仁祖以後, 識者漸議用錢, 而肅廟朝始大行, 良有以也. 今且因鑄大錢, 長其徑而厚其體, 如古人所爲當千當百之類, 使不得便用於逐日許多之費, 則錢雖行用, 而尙可以減弊矣."(『頤齋亂藁』 3책, 권17, 574~575쪽, 1771년 3월 13일)

나온다는 언급은 있었다.[365] 그러다 갑자기 1866년 소재가치와 크게 괴리된 당백전을 주조하였으나, 인플레이션이 격심해져 그 정책은 참담한 실패를 보았다. 황윤석은 대전의 주조를 전황과 결부하지 않았으나, 1770년 편지에서 "지금 동전이 매우 귀하여" 재목 구매에 애로를 겪는 상황을 전하였던 것으로 보아도,[366] 전황 대책을 의식하였다. 황윤석이 폐전론을 반대하고 나아가 고액권 주조론에 동참한 것은 화폐론의 진전으로 평가할 수 있다. 그런데 조정에서 당오전 주조론도 반대로 거부되는 상황에서 황윤석은 중국 역사서에 나온다고 당백전이나 당천전을 주장하면서 심한 인플레이션이나 위조 동전의 우려를 생각하지 못하였으니, 화폐정책론이 성숙하지는 않았다.

1775년 「전초설(錢鈔說)」에서는 중국 동전제도에 관한 문헌을 참고하여 한반도의 동전제도를 정리하고 상평통보와 중국 동전의 관련성을 탐구하였다. 황윤석은 중국과 일본의 동전에 대한 관심이 중국 지폐에 대한 탐구로 이어져 "중국 기록의 고증을 토대로 조선의 『경국대전』에 미와 저화의 상준가가 정해진 것이 바로 『대명률』에 근거한 결과라고 주장했다." 송대 태환되는 지폐인 교자(交子)가 "지금 우리나라의 이른바 환전수기(換錢手記)와 대략 비슷하다."는 지적은 흥미롭다. 국가 지폐인 교자와 달리 환전수기는 민간신용에 입각한 환어음이다. 황윤석은 1791년 1월 「전화경중설(錢貨輕重說)」을 지어 동전이 점차 가볍고 작아지는 폐단을 지적하였다. 상평통보의 무게가 『속대전』에서 2.5전, 곧 9.4g이었는데, 영조 중년 이후 1.66전으로, 정조

---

365 『조선왕조실록』 영조 18년 6월 4일 辛卯; 16일 癸卯; 정조 22년 3월 28일 壬辰; 5월 2일 乙丑; 『비변사등록』 정조 12년 1788년 8월 18일.

366 『頤齋亂藁』 3책, 14권, 18쪽, 1770년 1월 13일.

원년에는 다시 1.3전으로 줄은 것을 황윤석이 측량한 것은 경제사적 가치를 가지는 사료이다. 황윤석은 화폐정책론에서 뛰어나지는 않았으나, 화폐제도의 연혁에 관한 고증 수준이 높았고 나아가 측량 기록까지 남겼다. 황윤석은 동전이 점차 가벼워지는 폐단이 동 가격의 상승 때문임을 지적하지는 못하였다.[367]

균역법(均役法)은 오랜 논의를 거쳐 1750년 시행되고 다음 해까지 보완되었다. 황윤석은 1757년 10월 균역법에 대한 비판 여론을 처음 듣고, 1769년 11월 다시 들었다. 1767년 균역법 결전(結錢)의 폐지 건의를 들었다.[368] 1770년 일기에는 1750년 균역법 시행을 설명하고 “이로 말미암아 물고기와 소금이 매우 비싸져 농민은 피해를 입는다. 관부는 비용을 잃어 무명잡세(無名雜稅)를 인민에게 거두지 않을 수 없다.”라는 여론을 적었다. 관부와 궁방이 거두는 어염세를 폐지한 대신 어염선세(漁鹽船稅)를 거둔 영향이라는 것인데, 관찬사료에도 자주 나오는 널리 유포된 견해이다. 그런데 18세기 후반에는 어염선세가 10만냥 정도이고 쌀로 환산하여 2~3만석 정도에 불과하였다. 이전에 지방관청, 궁방 등 권세가가 거둔 양보다 많다고 할 수 없다. 균역법의 어염선세로 물고기와 소금이 비싸졌다는 견해는 타당하지 않거나 과장된 견해였다. 그리고 양역(良役) 군포(軍布)를 2필에서 1필로 줄였으니, 농민에게는 이득이었다. 황윤석은 균역법에 대한 이해가 부족하였다. 황윤석은 이 사례로부터 폐단이 없는 법은 없으니, “구법을 고치지 말고 신법을 창안하지 말라는 속담이 역시 이치에 맞

367 화폐관은 정수환(2017)을 주로 참조하고, 이헌창(2007)과 이정수(2021)로 보완한다.

368 『頤齋亂藁』 1책, 권2, 186쪽, 1757년 10월 24일; 권8, 667쪽, 1767년 2월 4일; 2책, 권13, 607쪽, 1769년 11월 2일.

다.”고 결론을 지었다.[369] 황윤석은 기(器)의 과학 · 기술이 진보한다고 보나, 도는 고대 성인과 주자가 완성하였다고 보는데, 그 가운데 영역인 국가제도에서는 구법을 선호하였다. 황윤석은 송시열처럼 조선초 농민이 병사가 되는 구법으로 복귀하기를 바랐다. 그러면 훈련도감의 직업군인제가 폐지되어, 황윤석이 목표한 경비 절감을 이룰 수 있다. 황윤석은 병농일치의 구법이 와해되고 군역 폐단을 낳아 균역법에 이른 역사에 대한 이해가 부족하였다. 1771년 4월 황윤석은 승려를 점차 환속하고 거사(居士) · 사당(社堂)의 무리들을 금지하면, 군역을 늘릴 수 있다고 하였다.[370] 7월 3일자 일기에는 조정의 양역변통 논의를 자세히 적었는데, 공부용이다. 황윤석은 1779년 목천현감이 되어 『균역사목(均役事目)』이 분실된 것을 알고 천안군으로부터 빌려 베껴 비치하였으니,[371] 그것을 검토하고 행정에 실행할 기회도 가졌다. 그렇지만 1789년에도 균역법에 대한 같은 비판을 적었다.[372]

황윤석은 1770년 삼척의 울릉도와 거제의 금당도(金堂島)에서의 거주를 허가하지 않는데, 거주를 허용하면 목장과 농지를 만들고 해적 방비에도 도움이 된다는 국방과 경제에 모두 유용한 제안을 하였다.[373] 1771년 그는 “근래 서 · 남해 도서에 마을이나 진(鎭)이나 읍을

---

369 “由是魚鹽極貴, 而農民受病. 所在官府既失所用, 不得不夤緣造名號, 取之於民, 故衆物並踊價. …… 蓋古今未有無弊之法. …… 俚諺曰: 無改舊法, 無創新法, 斯言亦有理哉.”(『頤齋亂藁』 3책, 권14, 109쪽, 1770년 3월 27일) 『국역 이재만록』(하), 206~209쪽에 번역문도 나온다. 배우성(2009: 179쪽)은 이 자료에 의거하여 균역법이 실패한 정책이라는 황윤석의 평가를 지적한다.

370 『頤齋亂藁』 3책, 권18, 647쪽, 1771년 4월 11일. 『국역 이재만록』(상), 79~81쪽에 번역문도 나온다.

371 노혜경(2006), 201쪽.

372 『頤齋亂藁』 8책, 권43, 273쪽, 1789년 윤5월 24일.

둘 만한데도 애초 사람이 없는 곳이 매우 많습니다."라며 해적의 발호를 우려하였다. 이어서 "조선조 사람은 고상한 논의를 좋아하여 고려시대 인물을 배척하는데, 고려조에서는 바다에 일찍이 흑산(黑山)·압해(押海) 등 여러 현(縣)을 두었고 신라도 그러하였습니다. 『삼국사』 이하에서 분명히 고증할 수 있습니다. 이로써 보건대 조선조의 멀리 경영하는 계책은 앞 시대에 크게 미치지 못한 듯합니다."라고 말하였다. 김용겸은 동의하였다.[374] 황윤석의 역사학 지식이 활용된 도서(島嶼) 개발론은 조선후기의 절실한 정책론에 포함된다. 1769년 10월 영의정 홍봉한이 울릉도 영유권을 둘러싼 일본과의 마찰에 대비하여 강역지(疆域誌) 편찬을 건의하고 신경준이 『도로고』(1770)에서 해안 도로와 해로를 설명한 데에 자극을 받았을 가능성이 있다.

황윤석이 관심을 기울인 기술은 경제에 중요하다. 그는 조선초에 대포 제조 기술을 배워 익혔다고 할 때 기술을 예(藝)로, 조총 제조 기술을 전수받아 정밀해졌다고 할 때 기술을 기(技)로 표현하였다.[375] 기술은 기예로 표현되기도 한다. 황윤석은 명물학에 대한 관심으로 많은 물건을 소개하였는데, 그중 다수는 기술을 포함하였다.[376] 제2절

---

373 "我國海中諸島, 大者無過濟州三邑. 此外尙多設堡, 或無堡而民戶盛者. 獨三陟之鬱陵島, 巨濟之金堂島, 等閑棄之, 不許民居, 何也. 鬱陵猶可諉以風高船危. 金堂則不然, 圍三百餘里, 甚至不置牧場, 而沃土荒黃, 地有遺利. 此在太平時已可惜者, 如有海賊出沒, 將復奈何."(『頤齋亂藁』 3책, 권15, 288쪽, 1770년 6월 19일)

374 "余言: 近聞西海南海二沿諸邑以外, 島嶼之可村, 可鎭, 可邑, 而初無人物者甚多. …… 余曰: 我朝人好爲高論, 詆斥麗世人物, 而麗朝則於海中嘗置黑山, 押海諸縣. 新羅亦然. 三國史以下, 當班班可考. 以此觀之, 我朝經遠之謨, 殆不及前代遠矣. 瓠丈曰: 然."(『頤齋亂藁』 3책, 권17, 606~607쪽, 1771년 3월 26일)

375 『頤齋亂藁』 3책, 231쪽, 1770년 6월 8일; 『국역 이재만록』(중), 118~120쪽도 나온다.

376 윤원호(1994), 250~270쪽.

(9)에서 언급하였듯이, 중국 · 조선인이 가장 관심을 기울인 서양 기술은 자명종과 관개용 용미차였다. 1766년 3월 25일 황윤석이 서명응과 처음 만나서 읽은 서학서를 열거하는 가운데 용미차가 실린 『태서수법』도 들어 있었다. 『이재난고』에서 『태서수법』의 저자 우르시스가 여섯 번 나오나, 우르시스의 수리법을 높게 평가한 1770년 6일 17일 기록도 주로 오행설과 역법을 설명하였다. 황윤석이 수차보다 깊은 관심을 기울인 서양 기술은 제4절 (3)에서 언급한 자명종인데, 『이수신편』(하)에도 자명종 기록을 담았다. 『이재전서』 III에는 서광계의 『농정전서』에 관한 황윤석의 초록도 있는데, 주척(周尺), 화포(貨布), 전제정전고(田制井田攷) 및 전화(錢貨)로 황윤석의 관심을 보여준다. 그런데 『농정전서』의 중심 내용인 농업 기술에 관한 초록이 없어서 생산기술에 대한 관심이 크지는 않았다. 요컨대 황윤석의 기술에 대한 관심은 지적 호기심의 발로였고 산업 발전을 위한 동기가 약하였다.

(3) 경세의 실천으로서 수령 행정

황윤석은 29세에 진사(進士)가 되었으나, 문과 최종 시험에는 합격하지 못하였다. 그는 학문적 명망에 힘입어 관직을 받았다. 문과에 급제하지 못한 그가 바라는 최상의 자리는 수령직이었다. 수령은 국왕을 대리하여 관할지역을 통치하며 행정 · 치안 · 재판을 주관하는 중요한 자리였다. 황윤석은 1778년 2월 사복시 주부, 이어서 한성부 남부 도사에 임명되어 수령이 될 수 있는 요건을 갖추었다. 7월 조기진이 수령에 임명되면 경륜을 어떻게 펼칠 것인가라고 물었다. 황윤석은 수령7사 중 "농 · 잠업과 학교를 우선하여 교양의 근본으로 삼고 부임하는 날에 먼저 중대한 윤리 · 명의(名義) · 법제를 열거하여 ……

인민이 예속(禮俗)으로 나아가고…… 형벌을 피해야 한다는 것을 알게 한 다음에야 나머지 절목(節目)이 바야흐로 정돈될 것입니다."라고 대답하였다. 조기진이 "이것은 속리(俗吏)가 할 수 없으니, 우활하지 않는가요?"라고 묻자, "내가 배울 바를 행할 따름입니다. 달리 무엇을 논하겠습니까."라고 답하였다.[377] 황윤석은 생업을 안정시킨 다음 도덕 교육을 하여 예로 다스리고 형벌을 피하게 유도한다는 공자·맹자 이래 유학의 이상 정치관을 피력한 것이다.

황윤석은 마침내 1779년 8월 23일 목천현감(木川縣監)에 임명되었으나, 다음 해에 6월 15일 파직당하였다. 1786년 6월 29일 다시 전의(全義)현감에 임명되었으나, 다음 해 4월 8일 파직당하였다. 황윤석은 목천현에 부임하여 전임자 안정복이 저술한 『대록지(大麓誌)』 등 통치 자료를 참조하였다. 부임지마다 관문에 방문(榜文)을 붙여 통치의 기본 방침을 공지하였다. 목천현의 경우 윤리 교화에 관련된 14조 금지 사항을 먼저 적었는데, 소송장을 가져오는 민의 관문 출입을 허가하되 사속도 소송건과 조세 납부와 같은 부득이한 일을 제외하고 출입을 금지하였다. 두 번째 부임지 전의현의 '유속방(諭俗榜)'은 한층 충실해져 선을 권장하는 17사항과 악을 경계하는 12사항을 적었다. 전자를 보면, 먼저 나오는 10조는 윤리 교화에 관련되고 이어서 법령 준수와 상하 기강을 제시한 다음, 농업과 양잠에 힘쓰고 조세를 힘써

---

377 "頃日趙奉事器鎭言: …… 如左右名望情勢, 公議所歸, 早晩必得一養, 未知心上經綸, 發諸施爲, 將何如哉? 余笑曰: 此非先事輕說者. 然七事之中, 當以農桑學校爲先, 以爲敎養之本, 而上官之日, 先須列錄倫理名義法制之大者, 如古象魏布令古靈諭俗之文, 使之曉告曰: 如此則無罪, 不如此則有罪, 庶幾民知禮俗之可趨, 刑辟之可避, 然後其餘節目間事, 方可擧措耳. 趙曰: 此非俗吏所能, 然不幾於迂乎? 余曰: 行吾所學而已, 他復何論."(『頤齋亂藁』 5책, 권26, 223쪽, 1778년 7월 16일) 「이재선생연보」에도 나온다.

납부하고 공장(工匠)은 기술을 익히라는 경제 조항 3조가 나온다. 공장에 관한 것은 수령7사에 나오지 않으니, 황윤석은 공업 기술을 중시하였다. 그 사이에 예를 지키고 무예를 연마하라는 내용이 나온다.[378] 안정복이 1776년 목천현에서 내건 효유문인 권장 사항 6조, 경계사항 6종보다 한층 구체화되어 있다. 황윤석은 목천현 향리를 타이르고 경계하는 글을 사창(司倉)의 벽에다 붙였는데, "고을에 유망민이 많아 녹봉 받기가 부끄럽다"라는 구절이 주목된다. 목천현에서는 '제동헌자경(題東軒自警)'이라 하여 수령7사를 포함하여 스스로 지켜야 할 원칙과 조항을 적어두었다. 학자인 치자답게 유학 통치이념에 입각하여 체계적인 행정을 추구한 것이다. 황윤석은 상부 문서를 공지할 필요가 있을 때 읍의 장시에 나가 인민을 불러 모아 직접 전달하고 타일렀다. 황윤석은 목천현 향약을 활성화하고자 향약신칙전령(鄕約中飭傳令)을 내렸는데, 살옥(殺獄)·산송(山訟)·군정(軍丁)·전지(田地)·노비(奴婢)의 5대사는 수령이 직접 처리하고 그 외 윤리 교화와 명분에 관련되는 각항 사건은 향약의 책임자인 상·부존위(上副尊位)가 처리하게 했다. 황윤석은 앞장서서 동약(洞約)을 만들도록 독려하였다. 서면속공비(西面屬公婢)의 자속전(自贖錢) 30냥으로 궁핍한 관노(官婢)의 계(契)를 조직하고 관비계안(官婢契案)의 제문(題文)을 써주었다.[379] 1780년 황윤석이 새해 인사를 올리니, 감사는 "근래 군현에서 윤리 교화로 인도하는 사람이 적었는데 오직 목천수령만 부임일

---

378 "忠于國. 孝于親. 敬于師. 恭于兄. 友于弟. 和于妻. 順于夫. 睦于族. 信于友. 恤于鄰. 奉法令. 畏公上. 勤農桑. 謹租稅. 服詩禮. 練弓矢. 習工匠.[주:以上十七勸善]戒酗酒. 戒毆辱. 戒博奕. 戒姦婬. 戒偸竊. 戒爭訟. 戒勒葬. 戒越禁. 戒詐僞. 戒干謁. 戒記情. 戒怠惰.[주:以上十二警惡]"(『頤齋亂藁』 7책, 권38, 376쪽: 1786년 7월 10일)

379 노혜경(2006), 제3장 제3·4절.

에 여기에 유의하니, 세속의 관리가 아닙니다."라며 칭찬하였다.[380]

경제적 행정을 살펴보자. 황윤석은 부임 직후 중기(重記) 등을 통해 읍내 재정 상황을 정확히 파악하고자 노력했다. 황윤석이 목천현에 부임했을 때 『대동사목(大同事目)』과 『균역사목』이 분실되어서 천안 수령으로부터 빌려 베껴두었다. 그는 『양안행심책(量案行審冊)』을 직접 점검하여 착오가 없게 하였다. 그럼으로써 '과세 균등화[均賦稅]'라는 수령 임무에 충실하고자 하였다. 1786년 7월 준수법척(遵守法尺)이 내려왔는데, 전라도 광주의 1634년 양전 때 1등척 견본인 전의현의 양전척(量田尺)이 준수책에 나온 포백척(布帛尺)보다 1촌 2분 길었다. 그래서 포백척을 기준하여 사창의 양기를 정하였다. 황윤석은 평소 관심사인 도량형·양전·과세 등에 유의한 것이다. 황윤석의 과세 공정화 노력은 부임전 향리들의 포흠(逋欠)과 미납 조세의 누적으로 실효를 거두지 못하였다. 황윤석은 진휼(賑恤)과 환곡 분급에서 향리의 농간을 막아 서민에 혜택이 가도록 노력하였다.[381]

황윤석은 유학 이상에 충실한 행정을 하려고 노력하였으나, 목천현에서는 향리가 창곡(倉穀)을 훔친 일을 처리하는 과정에서 국법에 저촉한 일로, 전의현에서는 병으로 진휼을 직접 감독하지 못한 일이 있었던 데다가 사족과 마찰을 빚어 암행어사의 보고로 파직되었다. '조선시대 최고의 경제발전안을 제시한' 박제가는 1792년 8월에 검서관에서 물러나고 부여현감에 임명되었으나 "굶주린 사람의 대책에 정밀하지 못하고 조세와 채무의 징수에 가혹했다는 암행어사의 보고로

---

380 "方伯曰: …… 但近年郡縣, 少以倫理風教爲訓者, 而惟木川到任之日, 卽能留意於此, 實非俗吏."(『頤齋亂藁』 6책, 권32, 172쪽, 1780년 1월 8일)

381 노혜경(2006), 제4장 제3절.

1793년 7월에" 파직되었다. 그는 "1796년부터 1801년까지 경기도 영평의 현령으로 근무하였다. 이번에는 장기간 재직한 것으로 보건대, 수령 업무를 순조롭게 수행한 것으로 보인다. 그래도 오래 고을을 다스리면서 공이 없이 녹봉을 축내는 것을 부끄럽게 생각하였다."[382] 홍대용은 1777년 7월 태인(泰仁)현감으로 외직에 나갔고, 1780년 1월 영천(榮川)군수로 승직하였다가 1783년 10월 사직한 지 며칠 지나지 않아 갑자기 사망하였다. 12월 황윤석은 사망 소식을 듣고 "잘 다스린다는 소리를 날마다 들었다"며 안타까워했다. 그가 다음 해 8월에 들은 소문에 의하면, 홍군수가 감사에게 1000석을 얻어 반은 진휼에 사용하고 반은 1석을 나누어준 다음 2석을 받으려 했는데, 민간이 1석만 납부하였다. 감영이 이 사실을 알자, 홍대용은 "고민하다 병들어" 급사하였다.[383] 홍대용은 6년간 지방관직을 잘 수행했는데, 말미에 선의의 진휼 행정이 재정 손실을 낳아 죽을 정도로 근심한 너무나 양심적인 인물이었다. 이처럼 조선시대 수령직이 결코 쉽지 않고, 사소하고 억울한 일로 문책과 파직을 당하는 일이 비일비재하였다.[384] 서유

382 이헌창(2011), 82~83쪽.

383 "頃因金應卿聞洪大容德保自泰仁旣移榮川, 治聲日聞, 不幸下世.(『頤齋亂藁』 6책, 권35, 501쪽, 1783년 12월 22일); 朴君言: 洪榮川大容德保, 自榮川遞歸京第, 以昨年癸卯夏暴逝. 蓋聞在郡請得賑財千石于巡使李秉模, 半用于賑, 半則逐石翻作二石, 發之民間, 付吏房收殺. 旣歸則民間只納本色一石, 抵賴之甚. 事發于巡營, 以此憂悶成病, 竟不救云. 嶺民之梗强應然, 而亦其疏於事故也. 若以其半逐石作二石者, 用本色作錢取分, 則一石自可成二石有餘, 而不此之爲, 以致大乖. 朴君之言如此, 故記之以俟其的報耳."(『頤齋亂藁』 6책, 권35, 593쪽, 1784년 8월 6일)

384 조선시대 지방관에 대한 감찰이 약하지 않고 지방관의 파직이 빈번하였으나, 지방행정은 문란하였다. 그 까닭은 정치·관료·감찰제도, 언론·통신 등이 전근대에서는 발달한 편이나 오늘날 기준으로는 미흡하였기 때문이다. 도쿠가와 일본은 강력한 처벌로 관료의 부정을 줄였다. 오늘날 지방자치시대에 민주화되고 현대적 관료

구나 정약용처럼 성공적으로 지방관직을 수행한 실학자도 있지만, 실학자라고 해서 뛰어난 행정가나 정치가가 된다는 보장은 없다. 황윤석은 자신이 지향한 명체적용에서 '적용'의 명물도수학에서 성취를 거두었으나, 지방행정 실적이 초라하였다. 학문이 정치 · 행정에 도움을 주나, 정치 · 행정의 성공을 위해서는 별도 역량이 필요하다. 황윤석은 안정복의 『임관정요(臨官政要)』와 같은 목민서를 저술하지는 않아 경세에 직결된 정치 · 경제 · 행정의 저서가 없다. 그 학문적 관심이 크지는 않은 것이다.

6. 맺음말

여말선초 주자학과 경세의 박학이, 16세기 주자성리학이 학술 발전을 주도하였다. 율곡 이후 경세실학이, 1645년 시헌력 도입 결정 이후 과학을 중심으로 하는 서학이 발전하였다. 학술은 18세기 후반 정점에 도달하여 중국 · 일본에 대등한 수준이었다. 그런데 주자학 독존(獨尊) 학풍이 부상한 연장선의 천주교 박해는 학술의 다원적 발전을 저해하여, 문호개방 당시 주자학을 제외하고 침체하여 일본 · 중국과의 격차가 커졌다. 학술의 침체는 문호개방 이후 근대화 대응력을 약

제도와 언론 · 통신을 갖추었음에도 불구하고 지방행정의 부정부패가 심각한 것은 선출직 단체장과 의원에 대한 견제와 감찰이 조선시대 지방관에 대한 것보다 약해 법적 제재를 잘 받지 않기 때문이다. 조선시대 감사의 정기적 고과(考課)에서 하(下)면 수령이 파직당하는데, 오늘날 우리는 지자체 선출직 단체장과 의원을 잘 견제하고 있는가?

화시킨 한 요인이었다.

18세기 의리학, 경세학, 사장학 및 명물도수학이라는 분류가 성립하였는데, 황윤석의 학문은 모두를 포괄하되 명물도수학을 중심으로 하는 박학이었다. 조선이 한글 등 음운을 활용한 명물 고증으로 중국 고증학에 비견할 성과를 거두는 데에 황윤석은 동참하였다. 황윤석의 중국·서양 과학의 지식과 과학적 사유는 당대 정상급이었다. 황윤석의 경제론은 명물도수학을 활용한 성과를 거두어 이용후생에 이바지하는 지식을 제공하였다. 황윤석은 18세기 명물도수학이 성장하는 조선 학계에 동참한 것이다.

황윤석은 조선사회의 금기와 선대·스승의 가르침에 따라 주자학을 존숭(尊崇)하면서 양명학·불교·기독교를 배척하였고 낙론을 따르면서 호론을 배척하였다. 그는 이런 기본 원칙을 제외하고 왕성한 지식욕과 개방적 학문 정신으로 서양 과학까지도 적극 흡수한 박학을 하였다. 황윤석의 학술은 서양 과학과 자연철학에까지 개방적인 학문 정신과 유학 학술문화의 강한 구속력이 상호작용한 산물이다. 유학 학술문화는 황윤석의 공부를 장려하면서도 과학적 사유의 진전을 제약하였으나, 그의 과학은 그 구속을 헤치고 상당한 진전을 이루었다. 그는 주자만을 존숭(尊崇)한 송시열을 존숭하였으나, 학문 방법론에서는 서경덕처럼 자득(自得)을 추구하고 그 귀결로 과학적 방법을 인식하고 구사하기도 했다. 수·언어·지리를 학문의 기초로 삼은 그의 방법론은 근대 학술에 통한다. 주자는 물리가 도리라며 자연학을 도덕론에 종속시켰는데, 황윤석은 유학의 이(理)와 과학의 이가 통한다는 상관적 사유를 표명하였으나, 그런 선언이 과학을 왜곡하지는 않았고 물리 자체를 존중하였다. 황윤석은 상관적 사유의 역학과 수비학의 상수학을 옹호하였으나, 그것과 수리과학을 사실상 구분하였다. 황윤석은 자연철학 관점에서 성리학을 하여 기 위주 이기론을 전개하였다. 그는 이학(理學)을 체, 박학을 용으로 삼았으나, 박학 지식을 이학에 반영하여 이기론의 자연철학을 그리스의 4원소설과 회통하고 진전시켰다. 그는 이학의 도덕적 인간관과 달리 지성적 인간관을 제시하고, 그 연장에서 순자설과 스콜라철학에 주목하였다. 황윤석은 성리학도 개방적으로 탐구한 유연한 주자학자여서, 이학을 묵수하지 않고 진전시킨 것이다. 이학은 도덕 담론을 위주로 하는데, 황윤석의 성리학 탐구는 도덕 담론의 사변철학이라기보다 『성리대전』 주석과 자연학 탐구의 지식 담론 위주였다. 황윤석은 도에서는 성리학설이, 기에서는 서양의 천문학 · 수학 · 수리기술이 가장 우월하다고 주장한 선구적 동도서기론자였다. 문호개방 이전 조선 학계에 가장 절실한 것은 서학에까지도 개방적 학문 자세, 과학 · 기술 지식, 그리고 과학적 사유인데, 황윤석은 그런 장점을 갖추었다.

필자는 황윤석의 학문 방법론과 명물도수학(구체적으로 과학 · 사인철학과 고증학)에서의 성과로 보건대 그를 실학자로 평가하는 데에 조금도 주저하지 않는다. 이 주장을 황윤석이 투철한 주자학자라는 점과 어떻게 조화할 것인가? 필자는 주자가 박학자이고 유학사에서 공자 다음으로 학문 성취를 거둔 대학자라는 점에서, 무조건 주자학자면 실학자일 수가 없고, 주자학을 비판하거나 반대하면 실학자라고 생각하지 않는다. 주자학을 묵수하면서 그 테두리를 벗어나지 않은 사람은 실학과 무관하나, 황윤석과 같은 개방적 주자학자에게 실학의 길은 열려 있었다. 유형원 · 황윤석 · 박지원 등은 주자학자로서 실학의 업적을 내었고, 주자학을 상대화한 실학자로 유성룡 · 김육 · 신경준 · 유수원 · 박제가 · 서유구 등을 들 수 있고, 정약용은 장학성의 학술 이상인, 주자학을 업그레이드한 도기합일론을 성취한 실학자였다.

성즉리(性卽理)라는 이학의 핵심 학설을 수용하면 실학자일 수 없는가? 그리스 철학자라면 성과 이의 개념을 정의하고 나아가 성즉리가 참과 거짓을 논증할 수 있는 명제인가를 따질 터인데, 그런 일이 선행되지 않은 문제는 성즉리가 맞고 틀리고보다 중요한 논점이다. 그런데 유교문화권에는 서학을 수용한 이후에도 문호개방 이전에 이런 문제를 지적한 사람이 없었고, 명제란 개념 자체가 주목받지 못하였다. 필자도 이 글을 집필하면서 그리스철학을 공부한 후에야 그것을 명료히 지적할 수 있게 되었다. 천리(天理)라는 이학의 관념론을 배제하면, 인간 본성이 선하다는 주장은 명제이다. 맹자는 우물에 빠지려는 아기를 본능적으로 구하려는 행동을 기본 논거로 삼아 성선설을 주장하였는데, 그런 공감(共感, sympathy)이 본능의 성격을 가지며 선행을 낳을 소지를 가지는 점에서, 그 주장은 근거가 없지는 않다. 그런데 진화생물학의 발전 위에서 윌슨(Edward O. Wilson)이, 나아가 유전자학의 발전 위에서 도킨스(Richard Dawkins)가 20세기 후반에야, 성선설과 달리, 인간 본성이 기본적으로 이기적이라고 과학적으로 구명한 학설을 낼 수 있게 되었다. 그래서 필자는 조선시대 사람이 20세기 후반 알려진 과학 설명과 다른 견해를 수용한 사실로 실학자의 필요조건을 박탈하지 않기를 바란다. 전근대인도 경험적으로 인간이 악하고 이기적이라 말할 수 있지만, 본성이 그런가는 별도의 문제이다. 황윤석 같은 조선시대 사람이 성즉리 학설을 믿고 여부는 신념의 문제에 가깝다. 물론 제2절 제2항에서 살펴본, 도덕적 인간관의 성리설을 욕망도 고려한 인간관의 성기설로 수정한 정조의 성취는 평가할 필요가 있다.

황윤석이 끝까지 수비학인 상수학을 부정하지 않고 상관적 사유의 역학을 견지한 점에서 그의 과학적 사유를 평가절하할 수 있지만, 그런 점에 너무 구애받을 필요도 없다. 뉴턴은 수비학을 믿고 전능한 신의 존재를 탐구하면서 과학혁명을 완수한 불멸의 업적을 성취하였는데, 과학적 방법을 구사한 덕분이었다. 뉴턴의 업적이 수비학을 붕괴시키고 나아가 종교와 충돌로 인도하듯이, 황윤석은 자연학을 상수학으로 출발하였으나 서양 과학을 탐구한 후에는 상수학을 이학에 연계하고 물리 영역에서는 과학 설명을 추구하는 방향으로 나아갔다.

최영성(2009, 110쪽)은 황윤석이 "『반계수록』과 같이 평생의 학문과 경륜이 응축된 결정체를 이룩하지 못하였던" 아쉬움을 지적한다. 황윤석은 『이수신편』과 『성리대전』 주해를 필생의 작업으로 삼았는데, 오늘날 학계는 그것을 『반계수록』이나 신경준의 『도로고』만큼 평가하지 않는다. 그런 점에서 황윤석이 신경준 방식으로 그의 장기인 명물도수학의 전문서를 남기는 데에 혼신의 힘을 기울였더라면, 오늘날 학계의 더욱 높은 평가를 얻을 것이다. 그런데 조선시대 『도로고』는 잡학이고 『이수신편』은 이학을 기본으로 삼으니, 당대 주자학자는 대부분 후자를 높게 평가하였을 것이다. 그래서 전문 지식을 높게 쌓은 신경준에 대해 박이부정(博而不精)의 평가가 있었고, 황윤석도 여기에 동조하였다. 소수의 선진적 지식인만 달리 평가하였는데, 서유구는 『금화경독기』 「저서(儲書)」에서 수집해둘 근래 조선인 저서를 열거한 가운데 신경준의 『동국지리고(東國地理考)』를 포함하였으며, 『도로고』로 보인다. 그런 점에서 자신이 기여할 수 있는 전문 학술을 높은 수준으로 성취한 신경준·서유구가 조선시대 학술문화에서 특이하고 시대를 앞선 인물이다.

부친이 내린 가문을 번창시키라는 유훈은 황윤석 일생의 좌우명이었다.[385] 황윤석은 "조선조 세족(世族)은 일세에 문장과 도학으로 이름이 알려진 사람이 있은 후에야 명가(名家)라고 불린다."고 했는데,[386] 자신의 문장과 도학으로 명가를 세우는 것이 목표였다. 북학파 박학자인 이덕무는 황윤석이 '도학과 문장이 우뚝한 대유(大儒)'라 높게 평가하였다.[387] 황윤석의 명성은 후대에도 이어졌다. 경화세족으로 북학파의 일원이면서 우의정까지 오른 이서구는 1824년 쓴 묘갈명에서 황윤석이 박학으로 유명하면서도 성리서를 탐구하여 주자를 으뜸으로 삼았다고 적고, 그의 부친도 명유(名儒)가 되었다고 평가하였다. 1829년 경화세족 호남감사인 조인영(趙寅永)은 황윤석 문집의 서문에서 본·말을 갖추어야 학문, 체·용을 갖추어야 도(道)라 하고 학문과 도에 해박하면 통유(通儒)이며, 돌이켜 제약하는[反約] 공력(工力)을 더하면 '성인(聖人)의 법문(法門)'에 가까운데, 황윤석이 거의 성취하였다며 극찬하였다.[388] 황윤석이 받기 원한 이상의 평가였다. 그 전에 1821년 송현진은 스승이 많은 분야를 두루 꿰뚫고 회통한 박학자이면서 '반약(反約)의 공력'을 더하고 의리학에도 충실하여 '널리 통하고 정밀히 관찰하여(博通精察)' '여러 세대에 걸쳐 드물게 나오는 통

---

385 하우봉·이선아(2016), 26쪽.

386 "我朝世族, 有以文章道學知名一世者然後, 乃稱名家."(『頤齋亂藁』 3책, 권15, 273쪽, 1770년 6월 16일) 『국역 이재만록』(하), 224~225쪽에 번역문도 나온다.

387 『頤齋亂藁』 6책, 권31, 105쪽, 1779년 9월 23일; 「이재선생연보」에도 나온다.

388 "本末該而謂之學, 體用備而謂之道. 博於斯二者, 而謂之通儒. 雖然, 不加之以反約之工, 則實與聖人法門相差, 此眞正吾儒之難也. 以余所聞黃頤齋先生, 殆庶幾焉."(「頤齋遺藁序」)

유[間世之通儒]'라고 높였는데, 이런 고을 학자의 평가를 전국적 명사인 조인영이 승인한 것이다. 황윤석이 신경준 식으로 명물도수학의 전문 지식서의 저술에 전념하였다면, 후대의 평가는 더 높아졌겠지만, 당대의 평가와 가문의 현창에는 불리하다.[389] 황윤석은 박학의 주자학자로서 당대의 평판을 얻어 가문을 높이고, 또한 명물도수학으로 오늘날 실학자로 평가받게 되었으니, 그가 의도했건 아니건, 자신 학문과 가문을 당대뿐만 아니라 후대에도 빛내기 위한 최선의 전략을 선택한 셈이다. 그래서 번창한 후손은 이재연구소의 설립과 학술 활동을 후원하여 황윤석 연구를 활성화하였다.

389 최영성(2009: 88쪽)은 황윤석이 주류 학통을 고수하고 사상을 선도하지 않는 박학풍에 머문 요인으로 시골 미약한 가문의 무명 선비임을 거론한다.

參考文獻

강신항(2007), 「황윤석가의 국어인식」, 『이재난고로 보는 조선지식인의 생활사』, 한국학중앙연구원.

고동환(2022), 「여암 신경준의 생애와 사상」, 『여암 신경준 연구』, 학자원.

고석규(2022), 「조선의 마지막 실학자, 규남 하백원(河百源)의 과학적 성취들」, 『풍경의 기억』(모바일 전용) 39 · 40, 한국학호남진흥원.

高英津(1996), 「성리학의 연구와 보급」, 『한국사 28 : 조선 중기 사림세력의 등장과 활동』, 국사편찬위원회.

고을희(2005), 「정조대(正祖代) 서양 선교사와 양박(洋舶) 영입 시도」, 『교회사연구』 25.

구만옥(2009), 「이재 황윤석(1729~1791)의 算學 연구」, 『한국사상사학』 33.

_____(2010), 「마테오 리치(利瑪竇) 이후 서양 수학에 대한 조선 지식인의 반응」, 『韓國實學研究』 20.

_____(2016), 「柳僖의 '度數之學'에 대한 인식과 『考工記補註補說』」, 『韓國實學研究』 32.

_____(2017), 「18세기 후반 김석문(金錫文)과 『역학도해(易學圖解)』의 발굴 : 황윤석(黃胤錫)의 『이재난고(頤齋亂藁)』를 중심으로」, 『한국사상사학』 57.

_____(2018a), 「조선후기 西學 수용과 배척의 논리 : 星湖學派의 西學觀을 중심으로」, 『동국사학』 64.

_____(2018b), 「조선후기 과학사 연구에서 '실학'의 문제」, 『韓國實學研究』 36.

_____(2019), 「이재 황윤석의 박학적 학문 경향과 자연학」, 『이재 황윤석의 생애와 학문』, 전북대학교 이재학연구소.

_____(2021), 「『이수신편(理藪新編)』의 편찬과 내용 구성」, 『한국사상사학』 69.

_____(2022), 「18세기 후반 黃胤錫의 '地理' 탐구」, 『韓國實學研究』 44.

권오영(2007), 「황윤석의 학문생활과 사상 경향」, 『이재난고로 보는 조선지식인의 생활사』, 한국학중앙연구원.

기정익(2019), 『송암집』, 이선아 역, 한국학호남진흥원.

金基鉉(1994), 「이재 황윤석의 학문체계 분석」, 『이재 황윤석 : 영·정조시대 호남 실학』, 민음사.

金文植(1996), 『朝鮮後期 經學思想硏究』, 一潮閣.

______(2007), 『정조의 제왕학』, 태학사.

김문용(2012), 「조선 후기 서양 수학의 영향과 수리 관념의 변화」, 『한국실학연구』 24.

______(2012/2013), 『조선후기 자연학의 동향』, 高麗大學校 民族文化硏究院.

김선희(2012), 『마테오 리치와 주희, 그리고 정약용』, 심산.

김성근(2014), 「일본의 난학과 뉴턴적 물질관의 수용 : 物(matter) 개념의 번역을 중심으로」, 『한국동서철학회』 74.

김영식(2005), 『주희의 자연철학』, 예문서원.

______(2013), 『동아시아 과학의 차이』, 사이언스북스.

______(2021), 『한국 전통과학의 배경』, 들녘.

김철범(2008), 「서학의 중세철학과 근기실학계의 수용」, 『한문학보』 18.

김태영(2011), 「이승훈을 중심으로 본 천주교 수용과 유학자로서의 정체성 혼란」, 『지역과 역사』 29.

노혜경(2006), 『朝鮮後期 守令 行政의 實際 : 黃胤錫의 『頤齋亂藁』를 중심으로』, 혜안.

류명환·김기혁(2013), 「『여지고』와 『동역노』의 9대로 비교 연구」, 『문화역사지리』 25-1.

류명환 편저(2014), 『여암 신경준과 역주 도로고』, 역사문화.

문석윤(2006), 『湖洛論爭 形成과 展開』, 동과서.

______(2012), 「湛軒의 哲學思想」, 실시학사 편, 『담헌 홍대용(湛軒 洪大容) 연구』, 사람의무늬.

______(2013), 『동양적 마음의 탄생』, 글항아리.

문중양(2016), 『조선후기 과학사상사 : 서구 우주론과 조선 천지관의 만남』, 들녘.

______(2021), 「동도서기론적 과학 인식 : 17-19세기 중국과 조선에서 만난 이질적인 두 과학」, 『문명의 오만과 문화의 불만』, 일조각.

미야지마 히로시(2009), 「'화혼양재'와 '중체서용' 재고 : 일본·중국과 구미와의 만남」, 『동아시아 근대이행의 세 갈래』, 창비.

閔斗基 編著(1976/1987), 『日本의 歷史』, 知識産業社.

민두기(1997), 『中國에서의 自由主義의 實驗 : 胡適(1891~1962)의 사상과 활동』(제2판), 지식산업사.

_____(1999), 『중국의 共和革命』, 지식산업사.

朴光用(2007), 「『東國文獻備考』 편찬의 역사적 배경」, 『진단학보』 104.

박권수(2022), 「여암 신경준의 과학사상」, 『여암 신경준 연구』, 학자원.

朴星來(1981), 「홍대용(洪大容)의 과학사상」, 『한국학보』 7(2).

_____(1985), 「星湖僿說속의 西洋科學」, 『震檀學報』 59.

_____(1995), 「洪大容 《湛軒書》의 西洋科學 발견」, 『震檀學報』 79.

박종현(2005), 「플라톤의 생애와 철학」, 『플라톤의 국가(政體)』, 서광사.

朴忠錫(1982/2002), 『韓國政治思想史』, 三英社.

박희병(2012), 「湛軒의 社會思想의 論理와 體系」, 실시학사 편, 『담헌 홍대용(湛軒洪大容) 연구』, 사람의무늬, 105-184쪽.

배우성(2009), 「黃胤錫의 현실 인식과 數理論」, 『頤齋 黃胤錫의 학문과 사상』, 이재연구소 편.

孫惠莉(2021), 「유득공의 검서관 활동과 고증학적 면모」, 『진단학보』 136.

송갑준(2000), 「성호학파의 분기와 사상적 쟁점」, 『인문논총』 13.

신동원(2020), 『신동원 교수의 한국과학문명사 강의』, 책과함께.

신석호(1996), 「『증보문헌비고』(국역)」, 癡菴申奭鎬先生全集刊行委員會 편, 『申奭鎬全集 中』, 解題, 新書苑.

안대옥(2005), 「근세 일본의 과학」, 『에도시대의 실학과 문화』, 경기문화재단.

_____(2010), 「마테오 리치와 普遍主義 : 『幾何原本』 公理系의 東傳과 그 受容을 중심으로」, 『명청사연구』 34.

_____(2012), 「18세기 正祖期 朝鮮 西學 受容의 系譜」, 『동양철학연구』 71.

안대회(2007), 『조선의 프로페셔널 : 자신이 믿는 한 가지 일에 조건 없이 도전한 사람들』, 휴머니스트.

안병직(2021), 『茶山經世學에 관한 연구』, 동서문화사.

오영숙(2012), 「조선후기 산학(算學)의 일면(一面) : 최석정(崔錫鼎)의 산(算) 읽기」, 『韓國實學硏究』 24.

_____(2021), 「조선 후기 천원술과 산목 계산법의 변화」, 서울대 이학박사학위논문.

오재근(2012), 「『본초강목』이 조선 후기 본초학 발전에 미친 영향 : 미키 사카에의 『임원경제지』 본초학 성과 서술 비판」, 『의사학』 21(2).

유봉학(1995),『燕巖一派 北學思想 硏究』, 一志社.

유형원(2017),『반계유고』, 임형택 외 편역, 창비.

윤사순(2009),「이재(황윤석)의 학문 범주화 문제」, 이재연구소 편,『頤齋 黃胤錫의 학문과 사상』, 경인문화사.

윤용출(2013),「조선후기 수레 보급 논의」,『민족문화연구』 47.

尹源鎬(1994),「이재 황윤석의 경제관 및 경제관련 자료」,『이재 황윤석 : 영·정조시대 호남실학』, 민음사.

이강한(2015),『실학시대의 역사학 연구』, 사람의무늬.

이경구(2012),「湛軒의 知識人 交遊와 知性史的 位置」, 실시학사 편,『담헌 홍대용(湛軒 洪大容) 연구』, 사람의무늬.

이경룡(2015).「『성리대전』 편찬의 명 초 경세학과 정주학 확정」,『지식의 지평』 19.

李丙燾(1987/1989),『韓國儒學史』, 亞細亞文化社.

李勝洙(2003),「17세기 후반 지식인의 소옹(邵雍)·륙구연(陸九淵)·진량(陳亮) 수용 양상 연구 : 졸수재(拙修齋)와 삼연(三淵)을 중심으로」, 한국어문교육연구회,『어문연구』 31-4.

李佑成(1963),「18세기 서울의 都市的 樣相 : 燕巖學派·利用厚生學派의 成立背景」,『鄕土서울』 17.

_____(2010),「西匡와 學問方法과 '新意'論」,『이우성 저작집 4 : 실시학시산고』, 창비.

이우성·손병욱·허남진·백민정·권오영·전용훈(2016),『혜강 최한기(惠崗 崔漢綺) 연구』, 사람의무늬.

이정수(2021)「사회경제사에서 본『이재난고』의 사료적 가치」, 제14회 이재연구소 학술대회.

이태진(2022),『일본제국의 '동양사' 개발과 천황제 파시즘』, 사회평론아카데미.

이헌창(2004),「개화사상의 대외 인식과 그 대응」『泰東古典硏究』 20.

_____(2007),「18세기 황윤석가의 경제생활」,『이재난고로 보는 조선지식인의 생활사』, 한국학중앙연구원.

_____(2011),『조선시대 최고의 경제발전안을 제시한 박제가』, 민속원.

_____(2012),「다산 정약용의 국가제도론에 관한 일고찰」,『韓國實學硏究』 24.

_____(2015),『경제·경제학』, 小花.

_____(2016), 「實學 개념들의 통합적 이해를 위한 試論」, 『韓國實學研究』 32.

_____(2018a), 「문호개방 이전 동아시아의 經世濟民學」, 『韓國實學研究』 36.

_____(2018b), 「實學의 개념과 학술사적 · 현재적 의의」, 『韓國實學研究』 36.

_____(2020a), 『김육 평전 : 대동법을 완성한 조선 최고의 개혁가』, 민음사.

_____(2020b), 「『林園經濟志』에서의 지식 담론의 발전」, 『韓國實學研究』 39.

_____(2021), 「『임원경제지』 倪圭志의 경제사상과 경제정보」, 『경제사학』 77.

_____(2022), 「비교세계사 시야로 고찰한 문호개방 이전 조선 · 중국 · 일본의 학술 : 과학 · 산업혁명의 동 · 서 대분기와 조 · 중 · 일 소분기의 지적 배경」, 낙성대경제연구소 working paper 2022-06(www.naksung.re.kr/work/work1).

임경택(2005), 「일본에 있어서 난학의 발달과 근대 실학의 성립」, 『에도시대의 실학과 문화』, 경기문화재단.

임종태(2012), 『17, 18세기 중국과 조선의 서구 지리학 이해 : 지구와 다섯 대륙의 우화』, 창비.

_____(2021), 『여행과 개혁, 그리고 18세기 조선의 과학기술』, 들녘.

_____(2022), 「홍대용의 농수각(籠水閣), 유학자의 천문대」, 조선과학사 집담회 발표문.

장혜원(2009), 「산학본원, 산학입문을 통해 본 이재의 수학 연구」, 『頤齋 黃胤錫의 학문과 사상』, 이재연구소 편.

전용훈(2004), 「19세기 조선 수학의 지적 풍토 : 홍길주(1786~1841)의 수학과 그 연원」, 『한국과학사학회지』 26-2.

_____(2017), 『한국 천문학사』, 들녘.

全海宗(1991), 「朝鮮朝 實學論의 比較小論」, 『震檀學報』 71 · 72.

정구복(2009), 「頤齋 黃胤錫의 생애와 이재난고의 자료적 성격」, 『頤齋 黃胤錫의 학문과 사상』, 이재연구소 편.

정기준(2013), 『고지도의 우주관과 제도원리의 비교연구』, 경인문화사.

정만조(2007), 「영조말 · 정조초 정국 동향」, 『이재난고로 보는 조선지식인의 생활사』, 한국학중앙연구원.

_____(2015), 『실학시대의 역사학 연구』, 사람의무늬.

정성희(2007), 「조선 후기 서양 과학의 수용」, 『이재난고로 보는 조선지식인의 생활사』, 한국학중앙연구원.

정수환(2017), 「頤齋 黃胤錫의 錢文에 대한 관심, 고증 그리고 실험분석」, 『전북사학』 51.

曺秉漢(1992), 「淸代 後期 經世思想과 洋務論의 形成」, 서울대문학박사학위논문.

______(2020), 「김정희의 고증학과 경학」, 『추사 김정희 연구』, 학자원.

陳亦伶(2016), 「『古文尙書』에 대한 朝鮮時代 학자들의 認識과 考辨」, 고려대 문학박사학위논문.

崔奭祐(1983), 「천주교 박해」, 『한국사』 15, 국사편찬위원회.

______(1992), 「한국 교회의 창설과 초창기 李承薰의 교회 활동」, 『교회사연구』 8.

최영성(2009), 「黃胤錫 實學의 特性과 象數學的 基盤」, 『頤齋 黃胤錫의 학문과 사상』, 이재연구소 편.

______(2015), 「頤齋 黃胤錫의 학문 본령과 성리학적 경세관」, 『溫知論叢』 43.

최전승(1994), 「이재 황윤석의 「화음방언자의해」와 『이수신편』 등에 반영된 어휘 연구의 성격」, 『이재 황윤석 : 영 · 정조시대 호남실학』, 민음사.

하우봉(2005), 「조선후기 통신사행원의 일본 고학 이해」, 『에도시대의 실학과 문화』, 경기문화재단.

______(2018), 『호남실학의 전개양상과 성격」, 『韓國實學硏究』 36.

______(2020), 『동아시아의 백과전서파 실학과 황윤석」, 『韓國實學硏究』 40.

하우봉 · 이선아(2016), 『백과전서파 실학의 거목 이재 황윤석』, 전북대학교 이재학연구소.

한영호(2001), 「서양 기하학의 조선 전래와 홍대용의 주해수용」, 『역사학보』 170.

韓永浩 · 李載孝 · 李文揆 · 徐文浩 · 南文鉉(1999), 「洪大容의 測管儀 연구」, 『역사학보』 164.

韓㳓劤(1980), 『星湖 李瀷 硏究 : 人間 星湖와 그의 政治思想』, 韓國文化硏究所.

허남진(2003), 『이재(頤齋) 황윤석(黃胤錫)의 서양과학 수용과 전통학문의 변용」, 『철학사상』 16.

黃胤錫(1976), 『頤齋全書』, 黃瑞九 編, 景仁文化社.

황윤석(1994~2003), 『頤齋亂藁』(제1~9책), 한국정신문화연구원.

______(2006), 『산학입문(이수신편 권21)』, 강신원 · 장혜원 역, 敎友社.

______(2011), 『국역 이재유고 I』, 박순철 · 노평구 · 김영 역, 신성출판사.

______(2012), 『국역 이재만록』(상) · (중) · (하), 박순철 · 노평구 · 김영 역, 신성출판사.

황의동(2009), 「頤齋 黃胤錫의 성리학 연구」, 이재연구소 편, 『頤齋 黃胤錫의 학문과 사상』, 경인문화사.

가루베 다다시 · 가타오카 류 편(2010), 『일본사상사』, 고희탁 · 박홍규 · 송완범 역, 논형.

가와하라 히데키(川原秀城)(2017), 『조선수학사 : 주자학적 전개와 그 종언』, 안대옥 역, 예문서원.

川原秀城(2020), 「黃胤錫과 『理藪新編』」, 『韓國實學研究』 40.

堀江保藏(1981), 『日本經濟史』, 黃明水 譯, 教學研究社.

데이비드 C. 린드버그(2009), 『서양과학의 기원들 : 철학 · 종교 · 제도적 맥락에서 본 유럽의 과학전통, BC 600~AD 1450』, 이종흡 역, 나남.

래리 시덴톱Larry Siedentop(2016), 『개인의 탄생』, 정명진 역, 부글북스.

마크 엘빈(1989), 『中國歷史의 發展形態』, 李春植 · 金貞姬 · 任仲爀 共譯, 新書苑.

벤저민 엘먼(2004/2008), 『성리학에서 고증학으로』, 양휘웅 역, 예문서원.

蕭公權(1998), 『中國政治思想史』, 崔明 · 孫文鎬 譯, 서울대학교출판부.

시마다 겐지(1986/1993), 『朱子學과 陽明學』, 김석근 · 이근우 역, 까치.

야마다 케이지(1991/1996), 『朱子의 自然學』, 김석근 역, 통나무.

이반 라이스 모루스(2019), 「서문」, 『옥스퍼드 과학사 : 사진과 함께 보는, 과학이 빚어낸 거의 모든 것의 역사』, 임지원 역, 반니.

李儼 · 杜石然(2019), 『중국수학사』, 안대옥 역, 예문서원.

장 피에르 베르낭Jean Pierre Vernant(2006), 『그리스 사유의 기원, 김재홍 역』, 길.

錢　穆(2006), 『전목 선생의 史學名著 강의』, 李潤和 역, 신서원.

조셉 니덤(1998/2003), 『중국의 과학과 문명 : 사상적 배경(축약본 1)』, 김영식 · 김제란 역, 까치.

__________(2000), 『중국의 과학과 문명 : 수학, 하늘과 땅의 과학, 물리학(축약본 2)』, 이면우 역, 까치.

조엘 모키르(2018), 『성장의 문화 : 현대 경제의 지적 기원』, 김민주 · 이엽 역, 에코리브르(Joel Mokyr, 2016, A culture of growth : the origins of the modern economy, Princeton University Press).

존 킹. 페어뱅크 · 멀 골드만(2005), 『新中國史』, 까치.

존 헨더슨(2004), 『중국의 우주론과 청대의 과학혁명 : 상관적 우주론의 형성과 발전, 그리고 부정의 역사』, 문중양 역주, 소명출판(John B. Henderson,

1984, *The Development and Decline of Chinese Cosmology*, Columbia University Press).

존 헨리(2019), 『과학혁명』, 『옥스퍼드 과학사 : 사진과 함께 보는, 과학이 빚어낸 거의 모든 것의 역사』, 임지원 역, 반니.

陳 來(1997/2006), 『송명 성리학』, 안재호 역, 예문서원.

칼 야스퍼스(1986), 『역사의 기원과 목표』, 백승균 역, 이화여자대학교 출판부.

칼 야스퍼스 · 헨리 리 토머스(1980/1986), 『소크라테스 · 佛陀 · 孔子 · 예수 · 모하메드 : 歷史의 主役 다섯사람』(증보판), 황필호 역, 종로서적.

토마스 쿤(1999/2010), 『과학혁명의 구조』, 김명자 역, 까치.

풍우란(1989/1996), 『중국철학사』, 정인재 역, 형설출판사.

______(1999/2007), 『중국철학사(상)』, 박성규 역, 까치.

G. E. R. 로이드(1996), 『그리스 과학사상사 : 탈레스에서 아리스토텔레스까지』, 이광래 역, 지성의 샘.

源了圓(1973/1995), 『德川思想小史』, 中公新書.

加地伸行(1990/1996), 『儒教とは何か』, 中公新書.

加納喜光 · 神塚淑子 · 林文孝(2001), 「道」, 溝口雄三 · 丸山松幸 · 池田知久 編著, 『中國思想文化事典』, 東京大學出版會.

林克 · 麥谷邦夫 · 馬淵昌也(2001), 「氣」, 溝口雄三 · 丸山松幸 · 池田知久 編著, 『中國思想文化事典』, 東京大學出版會.

內山俊彦 · 馬淵昌也 · 坂元ひろ子(2001), 「知」, 溝口雄三 · 丸山松幸 · 池田知久 編著, 『中國思想文化事典』, 東京大學出版會.

杉本勳編(1967), 『科學史』, 山川出版社.

中岡哲郎(2006), 『日本近代技術の形成』, 朝日新聞社.

西村三郎(1999/2000), 『文明のなかの博物學 : 西歐と日本』(上), 紀伊國屋書店.

丸山眞男(1947), 「福澤における「實學」の轉回」, 『東洋文化研究』 3.

山井湧(1980), 『明清思想史の研究』, 東京大學出版會.

吉田光邦(1987), 『日本科學史』, 講談社.

________(2021), 『江戶の科學者』, 講談社.

Bodde, Derk(1991), *Chinese Thought, Society, and Science : The Intellectual and Social Background of Science and Technology in Pre-modern China*, University of Hawaii Press.

Chemla, Karine(2012), "Prologue : Historiography and history of mathematical proof : a research programme," ed. by Karine Chemla, *The History of Mathematical Proof in Ancient Traditions*, Cambridge University Press.

Elman, Benjamin A.(2006), *A Cultural History of Modern Science in China*. Harvard University Press.

Lloyd, G. E. R(2004), *Ancient worlds, modern reflections : philosophical perspectives on Greek and Chinese science and culture*, Oxford University Press.

부록

- 이재 황윤석 연보
- 이재 황윤석 연구 저술, 논문 목록
- 『이재 황윤석 연구』 집담회
- 찾아보기

이재 황윤석 연보

1세(1729, 영조 5년)

호남(湖南) 홍덕현(興德縣) 구수동(龜壽洞) 집에서 부친 만은공(晩隱公) 황전(黃㙻)과 도강(道康) 김씨의 사이에서 1729년 4월 28일 신시(申時)에 둘째 아들로 태어났다. 태어나기 1년 전(1728년) 7월에 모친은 태인(泰仁) 친정에서 태몽을 꾸었다. 동남쪽 강건너 황방산(黃榜山) 꼭대기에서 떠오른 해가 휘황찬란하게 창벽(窓壁)을 통해 방안을 밝게 비추는 가운데 온 몸이 붉은 빛에 감싸이는 꿈이었다고 한다. 또한 고현(古縣) 동북쪽 용두산(龍頭山)에 있는 조부 산촌공(山村公, 黃載萬)의 묘소 아래 계곡 풀들이 모두 말라 죽었다고 한다. 자는 영수(永叟)이며, 호는 이재(頤齋), 서명산인(西溟散人), 운포주인(雲浦主人), 월송외사(越松外史), 순양자(純陽子), 소요산인(逍遙散人), 소요주인(逍遙主人), 산뢰노인(山雷老人) 등이다. 본관은 평해(平海)이다. 평해황씨세계에 의하면 호남으로 내려와 홍덕에 입향한 사람은 황수평(黃守平)이고 정착한 사람은 황뉴(黃紐)이나. 이후 고조 황종혁(黃宗爀, 1612~1670) 처사(處士)로부터 증소 취은(醉隱) 황세기(黃世基, 1628~1680), 조부 산촌(山邨) 황재만(黃載萬, 1659~1711), 종조(從祖) 구암(龜巖) 황재중(黃載重, 1664~1718), 부친 만은(晩隱) 황전(黃㙻, 1704~1771)에 이르기까지 문행(文行)이 전해진 명문이었다. 종조 구암은 김창협의 문인으로 당대(當代)의 고사(高士)였고, 부친은 자가 사후(士后)이고 호는 애일재(愛日齋), 만은(晩隱)이다. 15세 이전에는 숙부 황재중에게 배웠고 이후에는 백계(柏溪) 은정화(殷鼎和)의 문하에서 수학하였다. 모친은 김백형(金伯衡, 김약우의 5대손)의 따님이며 순홍 안수(安璲)의 외손녀이다.

2세(1730, 영조 6년)

영특하고 눈이 빛나서 모친이 두려워 할 정도였고, 호암(湖巖) 안치택(安致宅)이 기특하게 여기며 집안을 융성하게 할 것이라고 하였다.

5세(1733, 영조 9년)

조모 김씨에게 글을 배우기 시작하였다.

6세(1734, 영조 10년)

조모에게 소시(小詩)를 배웠고, 난해한 곳이 있으면 계집종에게 업혀 가서 이웃 마을 수촌(壽村) 백시덕(白時德) 선생에게 물었고 백공은 그를 몹시 사랑하였고 사제 관계는 지속되었다.

7세(1735, 영조 11년)

부친의 훈도 아래 『소학(小學)』, 『사기(史記)』, 사서오경(四書五經)과 제자백가서를 두루 읽었는데 3~4일 동안 밤새워 읽었고 순식간에 4~5장을 읽고 잊어버리지 않았다고 한다.

8세(1736, 영조 12년)

4월, 부친 만은공(晩隱公) 황전(黃壥)을 따라 구암사(龜巖祠, 숙부 구암(龜巖) 황재중(黃載重)의 사당)에서 제사를 봉안하였다. 이 때 이재가 벽에 '구암서원(龜巖書院)'이라고 크게 쓰자 모두 크게 놀랐다고 한다. 또한 부친이 한치명(韓致明) 등과 연기사(烟起寺, 소요산 소재)의 문회(文會)에 참가했을 때, 이재가 명왕전(冥王殿)에 있는 판관 소상에서 붓을 빼내어 들고 나와 스님들이 크게 놀라자, 한공(韓公)이 웃으며 "이 아이가 뒷날 명사를 판결할 것이니 놀랄 것이 없네."라고 하였다고 한다.

9세(1737, 영조 13)

홍덕 현감이 실시하는 시사(試士)에서 고풍(古風)을 지어 수석으로 선발되었다. 이때 고부 현감이 또 시사(試士)를 실시하였는데, 이사정(李師程)이 "이재를 현감에게 왕발(王勃)이라고 일컫자 즉시 불러 여러 시체를 시험하고 매우 기이하게 여겼다. 7월, 조모 김씨가 죽으며 이재에게 "너의 성취를 보지 못하는 것이 한스럽다."라고만 말하였다고 한다.

10세(1738, 영조 14년)

문장을 이미 성취하여 심영도(沈泳道)가 큰 솜씨(大手段)가 있다고 평하였다. 이 해부터 일기를 쓰기 시작하였다. 날씨의 청탁, 풍비에서부터 일상의 행사와 독서, 작문에 이르기까지 보고 들은 모든 것들을 날짜별로 자세히 기록하였다. 신해년(1791)에 죽기 이틀 전 4월 19일까지 하루도 거르지 않고 써서 60여 책을 남겼다.

12세(1740, 영조 16년)

8월, 고창현(高敞縣)에 가서 식년시(式年試)에 응하였다. 부친의 명으로 경전을 하루도 멈추지 않고 읽었다.

14세(1742, 영조 18년)

12월, 묵당(默堂) 백시명(白時明), 수촌(壽村) 백시덕(白時德)을 따라 백씨 태산(台山) 분암(墳菴)에 가서 글을 읽었다. 이수(理藪)에 관심을 가지기 시작하였다. 임영(林泳)의 『창계집(滄溪集)』을 읽고 그가 11살에 기삼백(朞三百)을 풀었다는 것을 보고 이수에 관심을 가지기 시작했다고 한다. 또 만은공이 계축년(癸丑年) 봄에 복시(覆試) 답안지에 우연히 점획을 잘못 찍었는데도 선발이 된 일을 계기로 자학(字學)에 관심을 가지고 익혔다.

16세(1744, 영조 20년)

9월, 『이수신편(理藪新編)』을 편찬하기 시작하였다. 『성리대전(性理大全)』에 심혈을 기울여 공부하였는데 마침내 그 조례를 모방하고 『주자대전(朱子大全)』을 근본으로 하여 여러 책을 참고한 뒤 자신의 견해를 덧붙여 평생의 정력을 다 쏟아 부어 편찬한 책이다.

17세(1745, 영조 21년)

봄 정월, 관례(冠禮)를 행하였다. 새로 건축한 사당의 상량문을 지었다.

18세(1746, 영조 22년)

여호(黎湖) 박주필(朴周弼, 박세채(朴世采)의 문인)을 스승으로 모시려고 편지를 작성했으나 그가 죽는 바람에 보내지 않았다. 고암서원(考巖書院)을 찾아가 우암(尤菴) 선생의 진상(眞像)을 배알하였다. 8월, 상사(上舍) 이언복(李彦復)의 집에 가서 자명종을 보았다. 이후에 비싼 가격으로 다른 사람에게서 자명종을 구입하여 그 전체를 해체하여 구조를 관찰하고 기문(記文) 한 편 지었다. 정후(丁垕)와 호락심성설(湖洛心性說)의 차이를 논하였다.

19세(1747, 영조 23년)

구암서당(龜巖書堂)을 유람하였다.

20세(1748, 영조 24년)

정월, 창원(昌原) 정씨(丁氏)에게 장가들었다. 정씨(丁氏)는 통덕랑(通德郎) 정원혁(丁遠爀, 丁南爀)의 따님이며 충간공(忠簡公) 유헌(游軒) 정황(丁熿)의 후손이다. 3월, 남원(南原) 월곡(月谷)에서 처가살이를 하였다. 남원부사가 개최 한 문회(文會)에서 장원을 하고 돌아오는 길에 고암서원의 우암선생의 영정(影幀)을 배알하였다. 8월, 남원의 문회에서 다시 장원을 하였다.

21세(1749, 영조 25년)

8월, 순시(巡試)에서 합격하였다. 10월, 처갓집에서 정후(丁垕)에게 편지를 보내 호락학심성설(湖洛學心性說)의 득실에 대하여 논하였다. 이재는 개의 성과 소의 성이 다르고 소의 성과 개의 성이 다른 것은 하늘이 명한 본연의 성이 달라서가 아니고 기질 속에 있는 것이 어쩔 수 없이 다르기 때문입니다. 이것이 바로 만물이 각기 하나의 태극을 가지고 있다는 이치이니 이는 또 오행이 각기 하나의 성을 가지고 있다는 설과 노선은 다르지만 귀착점은 같다고 하였다. 이는 노론낙학계열의 학설을 추종한 것으로 인물성동론의 입장이다.

22세(1750, 영조 26년)

정월, 부친이 장동(壯洞)에서 승지(承旨) 김문행(金文行)을 방문하니, 그가 이재를 칭찬하고 과문(科文)은 자신이 지도하고 경학(經學)은 6촌 동생인 미호(渼湖) 김원행에게 지도하도록 하겠다고 하였다. 11월, 가승(家乘)을 완성하였다.

23세(1751, 영조 27년)

3월, 월곡(月谷)에서 정사도(丁師道)에게 명성(明誠)을 통하여 박문약례(博文約禮)로 나아가는 것이 중요하다는 경어(敬語)를 들었다.

24세(1752, 영조 28년)

6월 13일, 아들 일한(一漢)이 태어났다. 9월, 정시(庭試)에 응시하였다. 그 때 장동(壯洞)에서 교리(校理) 김문행(金文行)과 그 아들 김이탁(金履鐸) 등 여러 사람을 만났다.

25세(1753, 영조 29년)

8월, 고부(古阜) 동당시(東堂試)에서 책문(策文)으로 입격(入格)하였다.

26세(1754, 영조 30년)

3월, 금산(錦山) 동당시(東堂試)에 응시하였다. 그곳에 있는 의단(義壇), 의총(義塚), 종용사(從容祠)를 둘러보았다. 6월, 남원(南原) 승보시(陞補試)에 응시하여 장원을 하였다.

28세(1756, 영조 32년)

2월, 고암서원(考巖書院)의 우암 영정을 배알하였다. 윤 9월, 부친의 명으로 미호(渼湖)에서 운루(雲樓) 김원행 선생을 배알하였다. 이 때 학문하는 규모와 한천(寒泉) 이재(李縡)와 남당(南塘) 한원진(韓元震)의 심성변(心性辨)에 대하여 물었는데 「미상록(渼上錄)」에 기록되어 있다. 12월, 담양(潭陽) 승보시에 응시하여 장원을 하였다.

29세(1757, 영조 33년)

9월, 다시 미호 김원행을 배알하고 사충서원(四忠書院), 죽림서원(竹林書院), 팔괘정(八卦亭)을 둘러보았다.

30세(1758, 영조 34년)

3월, 부친을 모시고 고암서원 소학강회(小學講會)에 참석하였다. 이때 두호(杜湖) 조정(趙晸) 태인 군수가 강회를 개설하여 이재에게 강의의 문답 내용을 기록하여 유척기(兪拓基)에게 질정하도록 하였다. 5월, 부친의 서찰을 가지고 전주에 가서 병계(屛溪) 윤봉구(尹鳳九)를 배알하였다.

31세(1759, 영조 35년)

2월, 백수(白水) 양응수(楊應秀)에게 글을 올려 고암서원 강의의 부첨(付籤)을 논하였다. 진사복시(進士覆試)에 합격하였다. 동생 주석(冑錫)과 함께 미호 김원행에게 납폐(納幣)하고 사제의 의리를 맺었다. 4월, 고암서원 강회에 참석하였다. 5월, 순창에서 다시 양응수를 방문하였다. 정신재(靜愼齋) 김시찬(金時粲)이 흑산도(黑山島)로 폄적(貶謫)되었다는 소식을 듣고 정읍에서 만나려고 이튿날 새벽에 달려갔으나 만나지 못하였다. 8월, 미호에게 『대학』을 수강하여 마쳤다. 다음 달, 병이 위태하여 집으로 돌아왔다.

32세(1760, 영조 36년)

정월, 정신재 김시찬을 장성(長城)의 폄적지에서 방문하고 꿩을 폐백으로 올렸다. 2월,

하서(河西)선생의 묘소를 배알하였다. 4월, 김방덕(金邦德, 하서 선생의 손자)을 방문하여 인종(仁宗)의 어필 묵죽과 하서선생의 수필(手筆)을 봉람(奉覽)하였다. 11월, 백양산(白羊山) 백련암(白蓮菴)에 들어가 『주역』을 읽었다. 『이재난고』의 수록된 내용에 의하면, 이재는 경진년(1760, 32세, 영조 36년) 11월 30일에 백양산에 들어가 12월 1일부터 백양산의 백련암에서 『주역』을 읽기 시작하여 3년 동안 『주역』을 읽고 계미년(1763, 35, 영조 39) 7월 22일에 기제괘와 미제괘를 읽어 완독하고 23일에 백양산을 나왔다. 그 사이 그는 1762(34세) 12월에 장성에 유배 중인 김시찬(金時粲)을 만나 역(易)과 천문(天文)에 관해 논하고, 1763(35세) 1월에 다시 김시찬과 음양변화, 서칠괘팔설(筮七卦八說)을 논하였다.

34세(1762, 영조 38년)

2월 21일, 둘째 아들 칠한(七漢)이 태어났다. 12월, 정신재 김시찬을 만나 주역(周易)과 성상(星象), 일식(日食) 등을 논하였다.

35세(1763, 영조 39년)

정월, 다시 정신재와 음변양화(陰變陽化), 서칠괘팔(筮七卦八)의 설을 논하였다.

36세(1764, 영조 40년)

2월, 정신재(靜愼齋)가 사면되자 전주까지 배웅하였다. 이 때 목산(木山) 이기경(李基敬)을 방문하여 호락심성이기변(湖洛心性理氣辨)에 대해 논하였다. 3월, 정시(庭試)에 응시하고 성균관에 남아서 주역을 읽었다. 4월, 미호 선생에게 문안을 올리고 석실서원(石室書院)에 묵으며 여러 선생들을 첨배(瞻拜)하였다. 5월, 박세채의 문묘배향의 특별 하교에 성균관을 나왔다. 미호에 다시 가서 『대학』을 읽고 동문들과 함께 석실서원(石室書院)에서 『중용』을 강하였다. 7월, 남쪽으로 돌아왔다. 12월, 장성부(長城府)의 적소(謫所)에서 정경순(鄭景淳)을 만났다. 『주역』의 제가(諸家)와 오례(五禮), 춘추삼전(三傳)으로부터 한당(漢唐) 이후의 문장(文章), 시가(詩歌), 국가 유현(儒賢)의 출사와 은거, 당론(黨論)의 본말에 대하여 논하였다. 이 때 정경순은 자신이 지은 고문과 고시 3책의 평론을 부탁하였다.

37세(1765, 영조 41년)

정월, 김수(金璲)와 『대학』의 명덕(明德)과 퇴계(退溪), 율곡(栗谷) 두 선생의 사칠이기

(四七理氣), 호락제현심성동이변(湖洛諸賢心性同異辨)에 대하여 논하였다. 4월, 화양동(華陽洞)을 방문하여 서원에서 우옹(尤翁)을 배알하고 환장암(煥章菴)에 묵었다. 미호 선생을 김리안(金履安, 미호의 아들)이 현감으로 재직하고 있는 보은(報恩) 군아(郡衙)에서 배알하였다. 6월, 선세(先世)의 행장을 찬하였다. 12월, 12월, 안형옥(安衡玉)과 외암(巍巖) 이간(李柬)의 심성이기설(心性理氣說)이 권상하(權尙夏)와 한원진(韓元震)의 설과 같지 않은 점에 대하여 논하였다.

38세(1766, 영조 42년)

정월, 미호 선생을 배알하고 춘천(春川)의 선산을 둘러보았다. 4월, 진사 이서(李恕)와 래지덕(來知德)의 역에 대하여 논하였다. 참판 서명응(徐命膺)과 역상(易象), 역학(曆學), 범수(範數), 자서(字書), 팔선구수(八線九數)에 대해 논하였다. 6월 28일, 장릉참봉(莊陵參奉)으로 제수되었다. 부임할 때 김원행선생을 방문하였는데 미호 선생이 기대하는 바가 크니 평범한 문자를 하는 사람으로 그치기 말고 정사의 여가에 독서하기를 권하였다. 그리고 4월에 언급한 『혼벽당유고(混闢堂遺稿)』의 교정을 부탁하였다. 또한 이 달에 서명응(徐命膺)과 역상(易象), 역학(曆學), 범수(範數), 자서(字書), 팔선구수(八線九數)에 관해 논하였다. 장릉참봉에 부임한 뒤 남당(南塘) 진백(陳柏)의 「숙흥야매잠(夙興夜寐箴)」을 벽에 써 붙여 놓고 읊었다. 9월, 미호 선생을 배알하고 수정한 『혼벽당유고』를 드렸다. 참봉 최수겸(崔守謙)과 함께 청냉포(淸冷浦), 어필비각(御筆碑閣), 창절사(彰節祠), 견루(鵑樓)에 올라가 참배하였다. 삼산(三山) 김이안(金履安)과 태현경서법본주(太玄經筮法本註)의 오류에 대해여 논하였다. 정동기(鄭東驥)와 육상산(陸象山) 학문의 잘못에 대하여 논하였다.

39세(1767, 영조 43년)

2월, 미호 선생의 부인상을 조문하였다. 정경순(鄭景淳)을 방문하여 구시책(救時策)을 논하였다. 3월, 정술조(鄭述祚)와 배례(拜禮)의 잘못 된 점에 대하여 논하였다. 4월, 청풍 민백순(閔百順)과 풍수설을 논하였다. 정경순(鄭景淳)과 성력(星曆)으로 미래를 알 수 있다는 설에 대해 논하였다. 6월, 안향청(安香廳)의 큰 병풍에 글씨를 썼다. 가을 윤 칠월, 숙직방 서루(西樓)의 벽에 자경문(自警文)을 썼다.

첫째, 자기가 하고 싶지 않은 것을 남에게 베풀지 말라. 둘째, 남을 해치지 않으며, 남의 것을 탐하지 않는다면 어찌 선하지 않겠는가! 셋째, 구품 관원이 만물을 사랑하는 마음이 있으면 사람들을 반드시 구제할 수 있을 것이다. 넷째, 마땅히 과실이 있는 가운데 과실이 없기를 구해야 할 것이다. 다섯째, 동료 보기를 형제처럼 하고 사졸(士

卒)들을 아들과 손자처럼 하라. 여섯째, 학문이 두예(杜預) 같으면 성벽(性癖)을 이루고, 문장이 사마상여(司馬相如) 같으면 배우(俳優)와 거의 같게 된다. 일곱째, 가련하다! 복숭아와 자두는 예쁘기만 하여 함양(涵養)이 없고, 오직 뽕나무(桑)와 마(麻)가 무성하여 스스로 닦아 나간다. 또 남벽(南壁)에 큰 글씨로 유연루(悠然樓)라고 쓰고, 왼쪽을 기오(寄傲), 오른쪽을 이안(易安)이라고 하였다. 9월, 동생 주석(胄錫)과 함께 알성시(謁聖試)에 응시하였다.

40세(1768, 영조 44년)

5월, 청주(淸州)의 표충사(表忠祠)를 배알하였다. 충주(忠州)의 충열사(忠烈祠)를 배알하였다. 6월, 의영고봉사(義盈庫奉事)를 제수 받았다. 7월, 두호(杜湖) 조정(趙晸)을 방문하여 방예(邦禮)를 논하고 감찰(監察) 윤창정(尹昌鼎)과 마테오리치의 지원설(地圓說)을 논하였다. 8월, 안협(安峽) 정지순(鄭持淳)을 방문하여 역상(易象), 율력(律律)과 경제사무(經濟事務)를 논하였다. 12월, 직장(直長) 이속(李涑)과 율려의 법에 대하여 논하였다.

41세(1769, 영조 45년)

3월, 수루(水樓) 김익휴(金益休)와 김원행(金元行)을 찾아가 『대학장구혹문(大學章句或問)』과 『중용혹문의의(中庸或問疑義)』에 대하여 논하였다. 5월, 교교재(嘐嘐齋) 김용겸(金用謙)과 『중용(中庸)』의 비은(費隱)과 역범(易範)·율력(律曆)·전병(田兵)·관직(官職)·산수(算數)·음악(音樂)의 설을 논하였다. 6월, 사포서직장(司圃署直長)으로 승진하고 얼마 후에 종부시직장(宗簿寺直長)으로 옮겼다. 7월, 칠석제(七夕製)에 변려문(騈儷文)으로 수석하여 왕명을 받들어 입시(入侍)하였다. 9월, 봉사 송정휴(宋鼎休)가 내방하여 재상 정홍순(鄭弘淳)을 만나 뵙기를 권했으나 따르지 않았다. 화양서원(華陽書院) 묘정비문(廟庭碑文)으로 인한 병계(屛溪) 윤봉구(尹鳳九)와 미호(渼湖) 김원행(金元行) 문인 사이의 갈등을 중재하였다. 11월, 과제경정(科制更定)에 관해 논하였다. 이형철(李衡喆)과 삼한고적(三韓古跡)에 대하여 논하였다.

42세(1770, 영조 46년)

2월, 김용겸(金用謙), 홍계희(洪啓禧)와 『주자대전(朱子大全)』을 교정하였다. 3월, 사릉(思陵) 제관(祭官)에 차임되다. 이현직(李顯直)에게 『산학입문(算學入門)』에 관하여 답하였다. 5월, 휴가를 청하여 부모님을 뵙고 1개월 후에 임지로 돌아왔다. 7월, 제관으로 임명되어 숙정문(肅靖門)에서 비가 그치기를 빌었다. 8월, 숭릉제관(崇陵祭官)으로 임명되었다. 9월, 국제(菊題)에 응시하여 급제하지 못하였다. 10월 18일, 예조판서 한광회(韓光會)와 어첩(御牒)을 적상산성(赤裳山城, 茂朱)의 보각(寶閣)에 봉안하였다. 12월, 방비어모지책(防備御侮之策)을 지었다. 『문헌비고』의 수찬(修撰)에 참여하였다.

43세(1771, 영조 47년)

1월, 익릉(翼陵) 제관(祭官)으로 임명되었다. 3월 김용겸(金用謙)과 병서(兵書)와 해방(海防)에 대해 논하였다. 4월 5일, 종묘(宗廟) 대제(大祭)의 예행연습에 참여하고 봉조관(捧俎官)으로 입시하였다. 영조는 봉조관 15인을 차례로 입시토록 명하고 각각 관직, 성명, 사는 곳을 물었다. 이에 이재가 종부시(宗簿寺) 직장(直長) 황윤석이라고 아뢰자, '다재(多才)하다고 들었다.'라고 하였고, 지경연(知經筵) 서명응(徐命膺)은 '참으로 박식한 선비이다.'라고 아뢰었다. 6월, 김성범(金聖範)과 김종순(金鍾純)이 찾아 와서 율력(律曆)의 세 명의 전문가와 예설(禮說)까지 함께 논하였다. 승륙(陞六)하여 사포서(司圃署) 별제(別提)가 되었다. 이조(吏曹)에서 사헌부(司憲府) 감찰(監察)로 의망(擬望)하였다. 7월, 부친의 병환으로 사직서를 올리고 차도가 있어 상경하였으나 낙직(落職)하였다. 11월, 고향으로 돌아갔다. 12월 14일, 부친 만은공의 상을 당하였다.

44세(1772, 영조 48년)

3월, 만은공의 장례를 거행하였다. 『만은유고(晩隱遺稿)』와 『구암유고(龜巖遺稿)』를 편찬하였다. 7월, 미호 선생(渼湖先生)의 부음을 듣고 심상(心喪)을 행하며, 9월, 미상(渼上)에 달려가 곡하였다.

45세(1773, 영조 49년)

윤3월, 이조에서 형조정랑(刑曹正郎)에 의망하였다.

46세(1774, 영조 50년)

7월, 미호 선생 묘에서 제사를 지냈다. 상경하여 호남의 문관(文官) 정언(正言) 기언정(奇彦鼎) 등 몇 사람과 구시책(捄時策)을 논하였다. 8월, 부솔(副率) 심정진(沈定鎭)이 찾아와 경전(經典)의 뜻 및 복서(卜筮), 역법(曆法), 산수(算數), 성위(星緯), 병진법(兵陣法)을 논하였다. 다시 고향으로 돌아왔다.

47세(1775, 영조 51년)

11월, 이조에서 사포서(司圃署) 별제(別提)에 의망(擬望)하였다. 12월, 이조에서 의금

부(義禁府) 도사(都事)에 의망하였다.

48세(1776, 영조 52년)

1월, 익위사(翊衛司) 익찬(翊贊)을 제수 받았다. 3월, 제문을 가지고 두호(杜湖) 조정(趙晸)의 궤연(几筵)에서 곡하였다. 다시 고향으로 돌아왔다. 8월, 상주(喪主) 조진택(趙鎭宅)을 조문하면서 국상(國喪) 중에 일반인을 조문하여 곡하는 것은 부당하다는 뜻을 논하였다. 참봉(參奉) 김이운(金履運)을 방문하여 삼대(三代)의 정치를 회복하는 것에 대해 논하였다. 8월 7일, 감찰(監察) 홍대용(洪大容)을 방문하여 역법(曆法), 상수(象數)에 대한 설을 논하였다. 이 때 홍대용은 이재를 만나 놀라워하면서 역학에서 유념할 곳을 묻고 『율력연원(律曆淵源)』, 『역상고성후편(歷象考成後編)』 7책을 보여주고 아울러 청나라 항주 사람 원육비(元陸飛)가 지은 「용수각기문」을 보여주었다. 8월 9일 아침엔 이재에게 죽을 보내왔고 이재가 다시 찾아가 홍대용이 소장하고 있는 『역상고성하후편』, 『수리정온(數理精蘊)』 등을 보았다. 이 때 이덕무, 박지원, 박제가를 만나서 많은 이야기를 나누었고, 그 뒤에 이덕무, 박제가와는 하룻밤을 지새우며 이야기를 나누기도 하였다. 9월 11일, 숙인(淑人) 정씨(丁氏) 부인상을 당하여 곡하였다.

49세(1777, 정조 1년)

7월 7일, 미호선생의 기일(忌日)에 재거(齋居)하고 맨밥을 먹으며 밤새 슬퍼하고 그리워하였다. 죽을 때까지 한결같이 한 번도 그친 적이 없었다. 11월 26일, 이재가 홍대용에게 「추답태인사군홍덕보대용서」라는 편지를 보내 안부를 묻고 『역상후편(歷象後編)』에 대해 언급하였다.

50세(1778, 정조 2년)

1월, 사복시(司僕寺) 주부(主簿)를 제수 받았다. 면앙(俛仰) 송순(宋純)의 묘를 참배하고 면앙정(俛仰亭)에 올랐다. 2월, 사복시(司僕寺) 일제조(一提調) 우상(右相) 서명선(徐命善)을 배알하였다. 사복시 이제조(二提調) 이조판서 김종수(金鍾秀)를 배알하였다. 동부도사(東部都事)로 옮겼다. 4월, 정언(正言) 한만유(韓晩裕)에게 『주역』의 건괘(乾卦) 단상(彖象)의 차례가 곤괘(坤卦) 이하와 같지 않다는 질문에 답하였다. 봉사(奉事) 박해수(朴海壽)가 『대학』의 명덕설(明德說)을 물어 명덕은 본심이라고 답하였다. 좌랑(佐郎) 김재진(金在鎭)이 호남(湖南)의 현걸(賢傑)한 선비에 대해 묻자 김익휴(金益休), 임홍원(林鴻遠), 신사준(愼師浚)을 거론하였다. 6월, 이조에서 공조좌랑(工曹正郎)에 의망되었다. 주부(主簿) 홍낙신(洪樂莘)과 『시전(詩傳)』, 『중용』 및 『대명률부례(大

明律附例)』 등에 대하여 논하였다. 윤대관(輪對官)으로 희정당(熙政堂)에 입시하였다. 좌랑(佐郎) 유협기(柳協基)와 『역(易)』, 「홍범(洪範)」, 역법(曆法), 경(經), 사(史), 시문(詩文)을 논하였다. 7월, 이조에서 호조좌랑(戶曹正郎)의 말망(末望)에 올렸다. 영광(靈光) 군수(郡守) 심유진(沈有鎭)과 백성을 교화하고 풍속을 바꾸는 방법을 논하였다. 봉사(奉事) 조기진(趙器鎭)과 경(經), 예(禮), 역법(曆法), 『역(易)』, 「홍범(洪範)」, 경륜(經綸), 제도(制度)를 논하였다. 한치명(韓致明)과 사기(史記)의 의의(疑義)을 논하였다. 「호락이학시말기(湖洛二學始末記)」를 지었다. 8월, 정랑(正郞) 이가환(李家煥)과 문장, 전고(典故), 글자, 그림, 성률(聲韻), 역법(曆法), 수(數)의 계산법에 대하여 논하였다. 본암(本菴) 김종후(金鍾厚)와 정치의 도(道)를 논하였다. 문재연(文在淵)과 『주역(周易)』의 괘륵(掛扐), 변점(變占)의 법을 논하였다. 12월, 장릉령(長陵令)으로 옮겼다.

51세(1779, 정조 3년)

정월, 김광한(金光漢)과 주자(朱子)와 육상산(陸象山)의 학술적 차이점과 사우(師友)의 의리에 대해 논하였다. 4월, 상사(上舍) 이동운(李東運) 및 상사(上舍) 이경신(李敬臣)과 이기(理氣), 상수(象數), 심성(心性), 예의(禮儀)의 설을 강(講)하였다. 김용겸(金用謙)과 『주자대전』의 「유집(遺集)」을 교정(校正)하였다. 7월, 직장 박해수(朴海壽), 정자(正字) 홍광일(洪光一), 전 문의현감 남명학(南溟學)이 찾아와 역학(易學)의 의문점을 질문하였다. 8월, 목천(木川) 현감(縣監)을 제수 받아 10월에 부임하였다.

52세(1780, 정조 4년)

1월, 도백(道伯)을 뵙고 새해 인사를 올렸다. 2월, 모친과 가묘(家廟) 선조(先祖)의 신주(神主)를 아중(衙中)으로 받들어 모셨다. 6월, 고과(考課)에서 도백(道伯) 심이지(沈頤之)의 포폄(褒貶)으로 인하여 하고(下考)를 받아 사직하고 돌아왔다. 10월, 건재(健齋) 문렬공(文烈公) 김천일(金千鎰)의 사당을 참배하였다.

53세(1781, 정조 5년)

면앙정(俛仰亭) 송순(宋純)의 행장(行狀)을 지었다. 12월 22일, 모친상을 상을 당하였다.

54세(1782, 정조 6년)

목천 현감 사직 후 소요(騷擾)가 일어나자 조진택(趙鎭宅)이 조정에서 인재를 등용할 때는 사람들이 우러러 보는 사람을 택해야 한다고 하였다.

55세(1783, 정조 7년)

8월, 도백(道伯)이 문학의 명망자로 천거하려다 거상(居喪) 중에 있음을 듣고 그만두었다.

56세(1784, 정조 8년)

정월, 장악원(掌樂院) 주부(主簿)를 제수 받고, 얼마 후 다시 창릉령(昌陵令)이 되었으나 부임하지 않았다. 9월, 이조에서 익위사(翊衛司)의 이망(二望)에 올렸다.

57세(1785, 정조 9년)

1월, 수루(水樓) 김익휴(金益休)를 곡하였다. 3월, 하서선생(河西先生)의 묘를 참배하였다.

58세(1786, 정조 10년)

4월, 전생서주부(典牲署主簿)를 제수 받았다. 6월, 전의(全義) 현감(縣監)을 제수 받고 7월에 희정당(熙政堂)에 입시하였다. 이 때 정조는 '문장지사(文章之士), 순실지인(淳實之人)'라고 하였다.

59세(1787, 정조 11년)

1월, 호서(湖西) 암행어사 심환지(沈煥之)의 논계(論啓)로 파직되어 고향으로 돌아왔다. 3월, 이득현(李得顯)이 내방하여 태극(太極), 선후천(先後天), 혼천의(渾天儀) 및 중국과 본국의 여러 현인들의 유사(遺事)를 물었다. 장성(長城) 유생들이 찾아와 모암사(慕巖祠)의 위차(位次) 개정(改正)의 시비를 질문하였다. 4월, 『만은유사(晩隱遺事)』를 찬하였다. 10월, 고암서원(考巖書院)의 강장(講長)이 되었다.

60세(1788, 정조 12년)

3월, 이득현(李得顯)이 내방하여 태극선후천(太極先後天), 혼천의(渾天儀) 등에 대하여 물었다.

61세(1789, 정조 13년)

2월, 김철환(金喆煥)이 『소학』, 『논어』를 배웠다. 10월, 꿈속에서 「자만시(自挽詩)」 한 수를 지었다.

62세(1790, 정조 14년)

1월, 조정에서 남대(南臺, 대간)에 의망하려고 하였다. 9월 13일, 영조(英祖)의 탄신일(誕辰日)에 규원시(閨怨詩)를 차운하여 영조의 은덕을 사모하였다. 11월, 자신의 제문(祭文)을 지었다. 병으로 여러 번 위험한 지경에 이르렀다.

63세(1791, 정조 15년)

3월 5일, 영조의 기신일(忌辰日)에 꿈속에서 시가(詩歌) 한 연(聯)을 얻었다. 4월, 김상집(金相集)이 와서 머물며 『대학』을 배웠다. 역학(易學), 서법(筮法), 병가(兵家) 및 성력(星曆), 삼식(三式), 음악의 설을 논하고 『천주실의(天主實義)』에 대해 물었다. 3월 15일, 가묘(家廟)를 배알하였다. 일기(日記) 쓰기를 멈추었다. 4월 21일, 만은재(晩隱齋)의 서쪽 별실에서 졸하였다. 6월, 고부(古阜) 후리(厚里) 선영에 묻혔다. 임인년(1842)에 순창군(淳昌郡) 죽동(竹洞)으로 이장하고, 고종(高宗) 무술년(1898년)에 다시 능주(綾州) 한천면(寒泉面) 천운산(天雲山) 계좌(癸坐)로 옮겼다. 2021년에 5월 2일 고부군 후리 선영으로 이장하였다.

1820년(순조 20)

아들 칠한(七漢)이 「행록(行錄)」을 완성하였다.

1821년(순조 21년)

7월, 문인 송헌진(宋獻鎭)이 「행장(行狀)」을 지었다. 선생은 자질이 크고 두터우며 지기(志氣)가 고매하며 체구가 크고 눈동자는 빛나며 풍채가 뛰어났다고 하였다.

1824년(순조 24)

10월, 강산(薑山) 이서구(李書九)가 묘갈명(墓碣銘)을 지었다. 명(銘)에 "선비는 멀고 가까움 따지지 않으니 오직 재목이 훌륭해야 하네. 보물을 품고 옥을 간직하고 있다면, 비록 숨어있더라도 반드시 드러나네. 아름다운 황공(黃公)은 남쪽지방의 호걸이네. 빛나는 신실함이 속에 있으니 그 빛이 두루 미치네. 영조와 정조가 훌륭하여 포상이 융숭하였네. 재주를 끝까지 펼치지 못했으나 이름은 끝없이 빛나네. 이에 명시를 지어져 후인들에게 알리노라. 다만 덕을 살피기 위함만은 아니니 이를 통하여 선비들을 격려하노라."라고 하였다.

1829년(순조 29)

유고(遺稿)가 완성되었다. 손자 황수경(黃秀瓊)이 『이재난고(頤齋亂藁)』에서 번잡한 것은 빼고 요긴한 것만을 뽑아 목판 13책 26권을 작성하여 상재(上梓)하였다. 문충공(文忠公) 운석(雲石) 조인영(趙寅永)이 전라도 관찰사로서 경비를 돕고 서문을 지었다. 그는 '본과 말을 갖추면 학(學)이라 하고 체(體)와 용(用)을 갖추면 도(道)라고 하는데 이 둘을 겸한 자를 통유(通儒)라고 한다. 이재(頤齋)선생은 거의 이에 가깝다.'라고 하였다.

1843년(헌종 9)

8월, 문경공(文敬公) 매산(梅山) 홍직필(洪直弼)이 묘지명(墓誌銘)을 지었다. 명(銘)에 "높은 저 방장산은 우뚝 솟아 영기가 모여 있네. 위대하도다, 황공이여! 맑은 기운을 타고 태어났도다. 널리 배워 요약하고 여러 말들을 절충하였네. 책력, 음악과 병농(兵農), 산수까지 섭렵하였네. 만약 등용되었다면 널리 크게 쓰였을 것이네. 만년에 벼슬하여 잠시 시용되었으니 군자가 무엇을 상심하리오. 뜻을 접고 초가집으로 돌아오니 운수(雲水)의 고향이로다. 솔개와 물고기가 위아래에서 노니니 기상이 성대하도다. 천명을 즐기고 따르며 나의 참된 즐거움을 보존하였네. 잠심하여 실견(實見)을 궁구하니 참으로 참된 학문이었네. 무덤이 우뚝 솟아있으니 군자가 묻힌 곳이네. 땅속에 지석(誌石)을 묻어 고인의 숨은덕을 밝히노라."라고 하였다.

1844년(헌종 10)

구동사(龜洞祠)를 세우고 위패를 봉안하였다.

1867년(고종 4년)

정묘년(1867)에 호남 유생 유경선(柳景善) 등이 왕에게 글을 올려 선생과 그 선대(先代)를 포상하고 증직하여 주기를 청하였다.

1909년(순종 3)

봄에 선생이 편찬한 서적들이 화재를 당했다. 구동(龜洞)에 불이 나서 마을 전체가 불타게 되어 선생이 대대로 소장해온 경적(經籍) 수천 권과 편찬한 책들 수십 종이 소실되었다. 오직 직접 쓴 『이재난고』와 『이수신편(理藪新編)』, 『자지록(資知錄)』, 『성씨운휘(姓氏韻彙)』 등이 화재를 면할 수 있었다.

1943년(순종 4)

유고(遺稿)가 간행된 114년 뒤 임오년 봄에 유고의 속편(續編)이 완성되었다. 후손 황서구(黃瑞九)가 여러 사우(士友)들과 함께 유고에서 빠진 정요(精要)한 시문을『이재난고』에서 다시 선별하여 완성하였다. 이재의 저술을 살펴보면,『이수신편(理藪新編)』,『산뢰잡고(山雷雜攷)』,『자지록(資知錄)』,『역대운어(歷代韻語)』,『성씨운휘(姓氏韻彙)』,『성리대전주해(性理大全註解)』,『구경잡록(九經雜錄)』,『군서정변(群書訂辨)』,『상위지요(象緯指要)』,『여지승람증수기례(輿地勝覽增修起例)』,『황극경세서사상체용성음괘수도해(皇極經世書四象體用聲音卦數圖解)』,『국조상예보편후본척도설(國朝喪禮補編後本尺圖說)』,『윤종기(輪鍾記)』,『화음방언자의해(華音方言字義解)』,『자의혼와변(字義混訛辨)』,『해동이적보(海東異蹟補)』,『소학강의(小學講義)』『이재난고(頤齋亂藁)』 등이다.

작성 : 박순철(전북대학교 중어중문학과 교수)

이재 황윤석 연구 저술, 논문 목록

1. 황윤석의 저술목록과 간행본

1) 저술목록

후학(後學) 김노수(金魯洙)가 쓴 〈행장(行狀)〉 소수(所收)

《이수(理藪)》, 《산뢰잡고(山雷雜考)》, 《자지록(資知錄)》, 《역대운어(歷代韻語)》, 《성씨운휘(姓氏韻彙)》, 《성리대전주해(性理大典註解)》, 《구경차록(九經箚錄)》, 《군서정변(群書訂辨)》 각(各) 몇 권[幾卷], 《상위지요(象緯指要)》 2권, 《여지승람증수기례(輿地勝覽增修起例)》 1권, 《황극경세서사상체용성음괘수도해(皇極經世書四象體用聲音卦數圖解)》 1권, 《국조상례보편후본척도설(國朝喪禮補編後本尺圖說)》 1권, 《윤종기(輪鐘記)》 1권, 《화음방언자의해(華音方言字義解)》 1권, 《자의혼와변(字意混訛辨)》 1권, 《해동이적보(海東異蹟補)》 1권, 《소학강의(小學講義)》 1권, 《난고(亂稿)》 근(近) 백 권(百卷), 《문집(文集)》 기(幾) 십 권(十卷) 등 총 300권에 달한다고 함.
(‘이수(理藪)’는 《이수신편(理藪新編)》을 말하는 것으로 23권이며, ‘난고(亂藁)’는 57권, ‘문집(文集)’은 현재 《이재유고(頤齋遺稿)》 12권, 《이재속고(頤齋續稿)》 14권으로 정리되어 있다. 이밖에도 10여 종 이상의 저술이 더 밝혀진 바 있다(정성희, 「이재 황윤석의 과학사상」, 『청계사학』 9, 1992)
『현학금보(玄鶴琴譜)』(『양금신보(梁琴新譜)』는 양덕수(梁德壽)의 작으로 1747년 이재가 이것을 필사하면서 자신의 견해를 덧붙여 『현학금보』라고 명명함)

2) 정리된 저서 목록

(1) 『이재난고』, 초서본, 57권.
(2) 『이재유고』, 목판본 26권 13책, 1829년(순조 29).
(3) 『이재유고』, 석판본, 12권 6책, 1943년, 조선춘추사.
(4) 『이재유고 속』, 석판본, 14권 7책, 1943년, 조선춘추사.
(5) 『이재전서』, 영인본, 3권, 1975년, 경인문화사.
(6) 『이재선생문집』, 영인본, 5권, 1999년, 경인문화사.
(7) 『이재유고』, 영인본, 1권, 2000년, 한국고전번역원.
(8) 『이재난고』, 활자정서본, 10책, 1994~2004년, 한국학중앙연구원.

(9) 『고문서집성 101, 홍덕 평해황씨 황윤석종가 고문서』, 2012, 한국학중앙연구원.

2. 연구저서(단행본)

(1) 최삼룡 외(1994), 『이재 황윤석 : 영 · 정시대의 호남실학』, 민음사.
(2) 노혜경(2006), 『조선후기 수령 행정의 실제 : 황윤석의 『이재난고』를 중심으로』, 혜안.
(3) 강신항 외(2007), 『이재난고로 보는 조선 지식인의 생활사』, 한국학중앙연구원.
(4) 이재연구소(2009), 『이재 황윤석의 학문과 사상』, 경인문화사.
(5) 이재연구소(2013), 『이재 황윤석 학문과 박학의 세계』, 신성출판사.
(6) 이재연구소(2015), 『이재학의 제 양상』, 신성출판사.
(7) 하우봉 · 이선아(2016), 『백과전서파 실학의 거목 이재 황윤석』, 이재연구소.
(8) 성영애(2016), 『이재 황윤석의 학문과 음악』, 학고방.
(9) 유기상(2017), 『조선후기 실학자의 풍수사상』, 경인문화사.
(10) 이재연구소(2017), 『문 · 사 · 철을 통해 본 이재 황윤석의 학문세계』, 신성출판사.
(11) 이재연구소(2019), 『조선후기 박학지사 이재 황윤석의 생애와 학문』, 흐름.
(12) 이재연구소(2020), 『이재 황윤석 연구의 새로운 모색』, 흐름.
(13) 한국실학학회(2021), 『동아시아의 백과전서파 실학 : 이재 황윤석을 중심으로』, 학자원.
(14) 이재연구소(2021), 『이재 황윤석의 서행일력과 과거』, 흐름.

3. 번역서 : 전북대학교 부설 이재연구소에서 주로 이루어짐

(1) 『국역 이재유고 Ⅰ』, 2011, 신성출판사.
(2) 『국역 이재만록 상』, 2012, 신성출판사.
(3) 『국역 이재만록 중』, 2012, 신성출판사.
(4) 『국역 이재만록 하』, 2013, 신성출판사.
(5) 『국역 이재선생문집』, 2014, 신성출판사.
(6) 『국역 이재난고 상 · 하』, 2015, 신성출판사.
(7) 『국역 이재난고 Ⅲ』, 2016, 신성출판사.
(8) 『국역 이재난고 Ⅴ』, 2017, 신성출판사.
(9) 『국역 이재난고 Ⅵ』, 2018, 신성출판사.
(10) 『국역 이재난고 Ⅶ』, 2019, 신성출판사.
(11) 『국역 이재난고 Ⅷ』, 2020, 신성출판사.

(12) 『산학입문 I, II』, 강신원 역, 2006, 교유사.
(13) 『산학본원』, 강신원 역, 2006, 교유사.
(한국수학사학회에서 『이수신편』 중에 수학과 관련된 2권을 번역 출간하였음)
(14) 부산대학교 한문학과 연구팀(2008), "황윤석의 『이재난고』 교감 · 번역 및 연구(I) -서행일력을 통해 본 18세기 한 향촌지식인의 삶과 그 사회"(발췌 번역하여 단행본으로 출간되지 않고 한국연구재단에 파일로 등록되어 있음)

4. 학위논문

1) 석사학위논문

강신항(1959), 「이조 중기 韻學史 시론 : 여러 학자들의 국어 고찰을 중심으로 하여」, 서울대학교 석사학위논문.
정성희(1992), 「이재 황윤석의 천문 역법」, 한국정신문화연구원 석사학위논문.
이상봉(2008), 「황윤석 한시에 나타난 孤意識 연구」, 부산대학교 석사학위논문.
김대하(2012), 「이재 황윤석의 시 연구」, 공주대학교 석사학위논문.
김창환(2012), 「야담 '명화적' 연구」, 고려대학교 교육대학원 석사학위논문.
김도형(2013), 「이재 황윤석의 문학론 연구」, 전북대학교 교육대학원 석사학위논문.
김종선(2016), 「황윤석의 사례로 본 18세기 수령의 운영 실태」, 전북대학교 석사학위논문.
배아영(2019), 「황윤석의 『해동이적』 '보'의 편술양상과 의미 : 홍만종 『해동이적』과의 동일인물을 대상으로」, 전북대학교 석사학위논문.

2) 박사학위논문

강헌규(1986), 「한국어 語源探究史 연구 : 대상어휘 및 방법론을 중심으로」, 경희대학교 박사학위논문.
노혜경(2005), 「18세기 수령 행정의 실제 : 황윤석의『이재난고』를 중심으로」, 한국학중앙연구원 박사학위논문.
정수환(2007), 「17세기 동전 유통의 정책과 실태」, 한국학중앙연구원 박사학위논문.
성영애(2012), 「황윤석의 음악관」, 한국학중앙연구원 박사학위논문.
유기상(2016), 「조선후기 호남파 실학자의 풍수인식과 풍수생활 : 황윤석, 위백규, 신경준을 중심으로」, 전북대학교 대학원 박사학위논문.
이상봉(2018), 「이재 황윤석의 西行漢詩 연구」, 부산대학교 박사학위논문.

5. 연구논문(저자 순으로 정리)

강관식(2004), 「조선 후기 지식인의 회화 경험과 인식」, 『이재난고를 통해본 조선후기 생활사 연구』, 한국정신문화연구원.

강신항(1985), 「실학시대 학자들의 업적에 대하여 : 李思質과 黃胤錫」, 『교육논총』 1, 성균관대학교 교육대학원.

______(1991), 「황윤석과 皇極經世聲音唱和圖」, 『동방학지』 71~72, 연세대학교 국학연구원.

______(2007), 「이재난고를 통해 본 황윤석의 국어인식」, 『『이재난고』로 보는 조선 지식인의 생활사』, 한국학중앙연구원.

高在宗(1965), 「'ㅇ · ㅇ'音價攷」, 『국어국문학논문집』 6집, 동국대학교 국어국문학부.

구만옥(2009), 「황윤석 : 성리학의 집대성을 위해 노력한 주자도통주의자」, 『내일을 여는 역사』 37, 내일을 여는 역사.

______(2009), 「이재 황윤석(1729~1791)의 算學 연구」, 『한국사상사학』 33, 한국사상사학회.

______(2009), 「조선후기 천문역산학의 주요쟁점 : 황윤석의 『이재난고』를 중심으로」, 『한국과학사학회지』 31권 1호, 한국과학사학회.

______(2010), 「동서의 만남과 실학 : 동아시아 지식세계와 마테오 리치 ; 마테오 리치(利瑪竇) 이후 서양 수학에 대한 조선 지식인의 반응」, 『한국실학연구』 20, 한국실학학회.

______(2010), 「『晝永編』을 통해 본 정동유의 자연인식」, 『진단학보』 110, 진단학회.

______(2012), 「How Did a Confucian Scholar in Late Joseon Korea Study Mathematics? HWANG Yunseok(黃胤錫) and the Mathematicians of Late Eighteenth-Century Seoul」, 『한국과학사학회지』 24권 2호, 한국과학사학회.

______(2013), 「황윤석의 '博學'」, 『이재 황윤석의 학문과 박학의 세계』, 신성출판사.

______(2015), 「황윤석의 '천문' 인식과 『象緯指要』」, 『한국사상사학』 51, 한국사상사학회.

______(2017), 「18세기 후반 김석문과 『역학도해』의 발굴 - 황윤석의 『이재난고』를 중심으로」, 『한국사상사학』 57, 한국사상사학회.

______(2018), 「조선후기 과학사 연구에서 '실학'의 문제」, 『한국실학연구』 36, 한국실학학회.

______(2019), 「이재 황윤석의 박학적 학문경향과 자연학」, 『조선후기 박학지사 이재 황윤석의 생애와 학문』, 흐름.

______(2019), 「황윤석의 『理藪新編』 권20 「韻學本源」 안의 「韻法直圖」 음운 특징

연구」, 『인문사회과학연구』 20권 2호, 부경대학교 인문사회과학연구소.
권오영(2007), 「이재 황윤석의 학문생활과 사상경향」, 『『이재난고』로 보는 조선 지식인의 생활사』, 한국학중앙연구원.
______(2019), 「이재 황윤석의 생애와 학문편력」, 『조선후기 박학지사 이재 황윤석의 생애와 학문』, 흐름.
김기현(1994), 「이재 황윤석의 학문체계 분석」, 『이재 황윤석』, 민음사.
김낙진(2000), 「황윤석의 동서양 자연학의 절충과 시대적 한계」, 『도설로 보는 한국유학』, 예문서원.
______(2002), 「황윤석의 동서양 자연학의 종합」, 『과학사상』 43, 범양사.
김도형(2010), 「이재 황윤석의 문학론 : 序跋을 중심으로」, 『국어문학』 49, 국어문학회.
______(2013), 「이재 황윤석의 문학론」, 『이재 황윤석의 학문과 사상과 박학의 세계』, 신성출판사.
______(2013), 「황윤석의 학문적 경향과 작품 양상 : 만록과 미상록을 중심으로」, 『한국언어문학』 84, 한국언어문학회.
______(2014), 「이재 황윤석의 記 연구」, 『한국언어문학』 88, 한국언어문학회.
______(2018), 「황윤석의 정체성과 글쓰기의 의미」, 『열린정신인문학연구』 19권 2호, 원광대학교 인문학연구소.
김동준(2010), 「콤플렉스 코드로 보는 도성과 국경의 길목－『해유록』, 『이재난고』, 『열하일기』를 중심으로」, 『고전문학연구』 38, 한국고전문학회.
김명순(1997), 「황윤석의 時調漢譯의 성격과 의미」, 『동방한문학』 13, 동방한문학회.
김문용(2013), 「한국철학 : 18세기 주자학적 천인관계론의 향방－이재 황윤석의 경우를 중심으로」, 『한국철학논집』 39, 한국철학사연구회.
김봉곤(2015), 「『이재난고』를 통해 본 16,17세기 호남사족의 동향」, 『이재 황윤석 사상 재조명, 이재연구소 제8회 학술발표회 자료집』.
______(2016), 「이재 황윤석의 여성관과 가족애」, 『이재학 연구의 새로운 모색, 이재연구소 제10회 학술발표회 자료집』.
______(2017), 「미호 김원행의 호남지역 문인 연구」, 『이재연구소 제11회 학술발표회 자료집』.
______(2017), 「하서 김인후의 문묘종사와 이재 황윤석」, 『문 · 사 · 철을 통해 본 이재 황윤석의 학문세계』, 신성출판사.
______(2020), 「18세기 平海黃氏家의 山訟의 전개과정－『이재난고』를 중심으로」, 『조선시대사학보』, 조선시대사학회.
김석득(1983), 「이재 황윤석의 華音方言字義解」, 『동방학지』 40, 연세대학교 국학연구원.

김수태(2009),「조선 후기 목천 지방 사회의 동향 : 천주교 신자의 정착과 관련해서」,『역사와 담론』 53, 호서사학회.

김수현(2014),「황윤석의 일기『이재난고』에 언급된 樂律에 대한 고찰」,『유교사상문화연구』 58, 한국유교학회.

김승대(2017),「전북지역 호남실학의 발굴과 과제 – 반계 유형원과 태평산인 강후진을 중심으로」,『문 · 사 · 철을 통해 본 이재 황윤석의 학문세계』, 신성출판사.

______(2019),「담와 홍계희와 이재 황윤석의 교류」,『한국사상과 문화』 100, 한국사상문화학회.

김승룡(2007),『이재 황윤석 연구의 추이와 과제 : '실학'에서 '일상'으로」,『동양한문학연구』 25, 동양한문학회.

______(2015),「이재 황윤석의 18세기 지식인 스케치 – 홍대용을 예로 하여」,『남도문화연구』 29, 순천대학교 남도문화연구소.

______(2019),「이재 황윤석의 '서행일기'에 나타난 18세기 지식과 지식인들」,『조선후기 박학지사 이재 황윤석의 생애와 학문』, 흐름.

______(2020),「『이재난고』와 새로운 18세기 지성사의 구도」,『이재 황윤석 연구의 새로운 모색』, 흐름.

______(2021),「황윤석이 남겨놓은 아름다운 선물,『이재난고』와 그 속의 지식인들」,『이재 황윤석의 서행일력과 과거』, 흐름.

김　영(2015),「'歸去來辭'와 황윤석의 '次韻歸去來辭' 비교 연구」,『이재학의 제 양상』, 신성출판사.

김영진(2010),「조선후기 서적 출판과 유통에 관한 일고찰 :『欽英』과『이재난고』를 중심으로」,『동양한문학연구』 30, 동양한문학회.

김지영 · 홍나영(2010),「『이재난고』에 나타난 18세기 족두리의 제법 및 사용」,「복식』 60권 8호, 한국복식학회.

김창주(2012),「『華音方言字義解』에서 보이는 중국음운론 1」,『중국어문학논집』 74, 중국어문학연구회.

김태주(2020),「『이재난고』를 통해 살펴본 시조작가의 진위 문제」,『이재 황윤석 연구의 새로운 모색』, 흐름.

김하나(2017),「목주잡가의 구조적 성격과 내적 의미」,『어문학』 137, 한국어문학회.

김　혁(2002),「조선후기 수령의 부임의례 : 이재난고를 중심으로」,『조선시대사학보』 22, 조선시대사학회.

______(2002),「이재난고를 통해 본 조선후기 사회사 – 조선시대 녹패 연구」,『고문서연구』 20, 한국고문서학회.

______(2008), 「조선시대 청탁문서의 특성」, 『고문서연구』 32, 한국고문서학회.
김효경(2002), 「조선후기 능참봉에 관한 연구 – 『이재난고』 장령참봉 자료를 중심으로 –」, 『고문서연구』 20, 한국고문서학회.
나일성 외(1978), 「황윤석의 항성황적경위표(恒星黃赤經緯表)에 대한 검토」, 『동방학지』 19, 연세대학교 국학연구원.
나일성(1979), 「17,18세기 한국의 천문관 – 역산에 기초가 되는 자료를 중심으로」, 『동방학지』 21, 연세대학교 국학연구원.
______(1979), 「17,18세기 이조학자들이 이해한 세차운동」, 『동방학지』 22, 연세대학교 국학연구원.
______(1979), 「18세기 한국학자들의 태양계에의 이해」, 『동방학지』 22, 연세대학교 국학연구원.
______(1979), 「이조의 천문학과 황윤석」, 『역사교훈』(월간중앙 2월호 별책부록), 중앙일보사.
______(1981), 「조선 영 · 정조 두 시대의 천문기록(I) 혜성편」, 『동방학지』 29, 연세대학교 국학연구원.
______(1987), 「영조의 측우기 복원」, 『동방학지』 54 · 55 · 56 합집, 연세대학교 국학연구원.
노수경(2000), 「嘐嘐齋 金用謙 연구」, 『한문학보』 2, 한국한문학회.
노혜경(2002), 「『이재난고』의 여행기 분석 – 서행일역(西行日曆)을 중심으로 –」, 『고문서연구』 20, 한국고문서학회.
______(2003), 「황윤석의 문헌자료 검토 : 문집을 중심으로」, 『장서각』 9, 한국학중앙연구원.
______(2004), 「안정복과 황윤석의 대민정책 비교 – 목천현을 중심으로」, 『한국사상사학』 23집, 한국사상사학회.
______(2005), 「18세기 후반 수령 – 향리의 갈등양상 – 목천현 향리 비리 사건을 중심으로 –」, 『고문서연구』 26, 한국고문서학회.
______(2008), 「18세기 전생서(典牲署)의 인적구성과 기능 : 황윤석의 『이재난고』를 중심으로」, 『고문서연구』 33, 한국고문서학회.
______(2008), 「조선후기 유행어의 특징과 의미 : 황윤석의 『이재난고』를 중심으로」, 『동북아문화연구』 14, 동북아시아문화학회.
______(2009), 「황윤석의 『평해황씨세계(平海黃氏世系)』 편찬 배경과 특징」, 『장서각』 22, 한국학중앙연구원.
문은배 · 김가람(2012), 「한국전통색의 상생간색과 상극간색에 관한 연구 : 이수신편과

규합총서를 중심으로」, 『한국색채학회 논문집』 26권 3호, 한국색채학회.
박동규(1998), 「황윤석의 국어 어원 탐구 : 「화음방언자의해(華音方言字義解)」를 중심으로」, 『천잠어문학』 13, 전주대학교 사범대학 국어교육과.
박명희(2007), 「이재 황윤석의 천문 관찰과 시적 함유」, 『고시가연구』 20, 한국고시가문학회.
______(2007), 「이재 황윤석의 시에 나타난 유기체적 자연관」, 『동방한문학』 33, 동방한문학회.
______(2014), 「이재 황윤석의 시조 한역시에 나타난 지향의 의식과 의의」, 『한국시가문화연구』 34, 한국고시가문학회.
______(2015), 「18세기 호남실학 문인의 시 세계와 지향 의식」, 『한국언어문학』 92, 한국언어문학회.
박석무(2017), 「경기실학과 호남실학」, 『문 · 사 · 철을 통해 본 이재 황윤석의 학문세계』, 신성출판사.
박성래(2011), 「천문 · 지리 · 역학 등에 탁월했던 황윤석」, 『인물과학사』 1, 책과함께.
박순철(2013), 「이재 황윤석의 출사 일고」, 『공자학』 24, 한국공자학회.
______(2013), 「이재 황윤석의 출처관(出處觀)」, 『이재 황윤석의 학문과 박학의 세계』, 신성출판사.
______(2015), 「이재 황윤석의 詩書畵觀 연구 – 중국 시서화관의 영향을 중심으로 – 」, 『중국학논총』 48, 한국중국문화학회.
______(2015), 「이재만록의 내용과 그 의의」, 『이재학의 제 양상』, 신성출판사.
______(2017), 「이재 황윤석의 周易 시 연구」, 『중국학논총』 55, 한국중국문화학회.
______(2019), 「이재 황윤석의 백양사 학술활동과 교류」, 『조선후기 박학지사 이재 황윤석의 생애와 학문』, 흐름.
______(2020), 「이재 황윤석의 『대학』 담론 일고」, 『이재 황윤석 연구의 새로운 모색』, 흐름.
______(2020), 「이재 황윤석의 경학 : 시경을 중심으로」, 『한국실학연구』 40, 한국실학학회.
______(2021), 「이재 황윤석의 서행일력과 가족시」, 『이재 황윤석의 서행일력과 과거』, 흐름.
박태권(1970), 「황윤석의 어학설에 대하여」, 『한글』 146, 한글학회.
박현순(2013), 「지방 지식인 황윤석과 경화사족의 교유」, 『한국사연구』 163, 한국사연구회.
배우성(2006), 「18세기 지방 지식인 황윤석과 지방의식」, 『한국사연구』 135, 한국사연구회.
______(2009), 「황윤석의 현실 인식과 수리론(數理論) – 홍계희와의 비교를 중심으로」, 『이재 황윤석의 학문과 사상』, 경인문화사.
배윤덕(1997), 「황윤석의 이수신편(理藪新編) 연구 : 사성통해(四聲通解)와 관련하여」, 『동방학지』 97, 연세대학교 국학연구원.
______(2010), 「한결 선생의 조선 시대 운학 연구」, 『애산학보』 36, 애산학회.
배현숙(1981), 「17-18세기에 전래된 천주교 서적」, 『교회사연구』 3, 교회사연구소.
백원철(2008), 「이재 황윤석 한시(漢詩)의 실학문학적 조명」, 『한문학보』 18, 우리한문학회.
서동일(2002), 「『이재난고 』에 나타난 조선후기 호락논쟁」, 『고문서연구』 20, 한국고문서학회.
서병국(1965), 「훈민정음 해례본 이후의 이조 국어학사 시비 : 훈몽자회(訓蒙字會)에서 언문지(諺文志)까지를 중심으로」, 『논문집』 9, 경북대학교.
서신혜(2008), 「삼정승 육판서가 두루 찾은 박물학자 황윤석」, 『조선의 승부사들』, 위즈덤하우스.
성영애(2010), 「『율려신서』에 대한 황윤석의 견해 – 『이재난고』를 중심으로」, 『온지논총』 26, 온지학회.
______(2021), 「이재 황윤석의 『현학금보(玄鶴琴譜)』에 나타난 자료적 성격과 풍류생활」, 『고창의 풍류문화 · 전통가요 전승과 문화적 활성화 방안』, 민속원.
손영란(2019), 「이재난고의 '부풍향차보'와 선운사 티 스토리」, 『조선후기 박학지사 이재 황윤석의 생애와 학문』, 흐름.
손찬식(1998), 「이재 황윤석의 시조 한역(漢譯)의 성격과 의미」, 『어문연구』 30, 충남대학교 어문연구회.
손혜리(2020), 「황윤석과 성해응의 학문세계 비교 : 『이재난고』와 『연경재전집』을 중심으로」, 『한국실학연구』 40, 한국실학학회.
송준호(1980), 「한국에 있어서 가계기록의 역사와 해석」, 『역사학보』 87, 역사학회.
송만오(2021), 「이재 황윤석의 응과보(應科譜) 작성을 위한 기초자료의 수집 및 정리(1)」, 『이재 황윤석의 서행일력과 과거』, 흐름.
송병우(2015), 「『이재난고』 속의 도둑과 군도담」, 『남도문화연구』 29, 순천대학교 남도문화연구소.
신동원(2006), 「조선 후기 의약생활의 변화 : 선물경제에서 시장경제로 : 『미암일기』, 『쇄미록』, 『이재난고』, 『흠영』의 분석」, 『역사비평』 75, 역사문제연구소.
______(2015), 「조선후기 의학사 자료의 보고로서의 황윤석의 이재난고」, 『이재학의

제 양상』, 신성출판사.
______(2020), 「정조와 그의 시대의 눈으로 본 '과학 · 기술'의 경세론적 범주와 성격」, 『이재 황윤석 연구의 새로운 모색』, 흐름.
신현남(2010), 「『양금신보』의 사료적 가치」, 『국악과 교육』 29, 한국국악교육학회.
심소희(2010), 「황윤석의 正音觀 연구 1 : 이수신편 권12의 〈經世四象體用之數圖〉를 중심으로」, 『중국어문학논집』 62, 중국어문학연구회.
______(2010), 「황윤석의 정음관 연구 2 : 이수신편 권20의 『韻學本源』을 중심으로」, 『중국어문학논집』 64, 중국어문학연구회.
심소희 · 구현아(2013), 「조선시기 최석정과 황윤석의 성음인식비교 – 『황극경세, 성음창화도』에 대한 훈민정음 표음체계의 분석을 중심으로」, 『중국언어연구』 45, 한국중국언어학회.
안대옥(2012), 「18세기 정조기 조선 서학의 수용 계보」, 『동양철학연구』 71, 동양철학연구회.
염정섭(1997), 「조선시대 일기류 자료의 성격과 분류」, 『역사와 현실』 24, 한국역사연구회.
오영숙(2013), 「황윤석의 算學」, 『이재 황윤석의 학문과 박학의 세계』, 신성출판사.
______(2019), 「조선후기 유학자들의 '천원술' : 『산학원본』과 『산학본원』을 중심으로」, 『한국과학사학회지』 41권 3호, 한국과학사학회.
옥영정(2021), 「『이재난고』의 서지적 특징과 가치」, 『이재 황윤석의 서행일력과 과거』, 흐름.
유기상(2015), 「이재 황윤석의 풍수지리 인식」, 『한국사상사학』 50, 한국사상사학회.
______(2017), 「주역점을 통해 본 이재 황윤석의 천명관」, 『문 · 사 · 철을 통해 본 이재 황윤석의 학문세계』, 신성출판사.
유영옥(2007), 「능참봉직을 통해 본 이재 황윤석의 사환의식」, 『동양한문학연구』 24, 동양한문학회.
______(2008), 「향유(鄕儒) 황윤석의 반촌(泮村) 기식(寄食)과 복첩(卜妾)」, 『동양한문학연구』 27, 동양한문학회.
______(2012), 「'폐가입진(廢假立眞)'에 대한 조선후기 사대부의 비판적 인식」, 『역사와 경계』 83, 부산경남사학회.
______(2015), 「향유 황윤석의 경과(京科) 응시 이력」, 『대동한문학』 44, 대동한문학회.
______(2015), 「이재 황윤석의 과장(科場) 출입 풍경」, 『역사와 경계』 97, 부산경남사학회.
______(2021), 「서행(西行) 시절 이재 황윤석의 교유 원칙」, 『이재 황윤석의 서행일력과

과거』, 흐름.
유재영(1968), 「이재 황윤석의 실학사상」, 『원광학보』 83, 원광대학교.
_____(1969), 「이조후기 국어학에 공헌한 실학사상(1) : 특히 이재 황윤석을 중심으로」, 『원광대학교 논문집』 4, 원광대학교.
_____(1970), 「이조후기 국어학에 공헌한 실학사상(2) : 특히 이재 황윤석을 중심으로」, 『원광대학교 논문집』 5, 원광대학교.
_____(1970), 「이재 황윤석의 木州雜歌에 대한 고찰」, 『한국언어문학』 7, 한국언어문학회.
_____(1989), 「이재의 打魚賦에 대한 고찰」, 『향토문화연구』 5, 원광대학교 향토문화연구소.
_____(1992), 「호남의 인물 – 황윤석」, 『春岡隨錄 : 춘강유재영박사화갑기념문집』, 이회문화사.
_____(1992), 「이재유고를 읽고」, 『春岡隨錄 : 춘강유재영박사화갑기념문집』, 이회문화사.
유창균(1989), 「황극경세서가 국어학에 끼친 영향」, 『석당논총』 15, 동아대학교 석당전통문화연구원.
윤사순(2009), 「이재(황윤석) 학문의 범주화 문제 – 그의 사상의 실학성격 규정을 중심으로」, 『이재 황윤석의 학문과 사상』, 경인문화사.
윤원호(1994), 「이재 황윤석의 경제관 및 경제관련 자료」, 『이재 황윤석 – 영 · 정 시대의 호남실학』, 민음사.
윤정화(2012), 「목주잡가의 창작 배경과 작품 세계」, 『한국문학논총』 60, 한국문학회.
이강오(1975), 「이재 황윤석」, 『실학논총 : 이을호박사 정년기념』, 전남대학교 호남문화연구소.
_____(1975), 「실학자 황윤석론」, 『비사벌』, 전북대학교 학도호국단.
_____(1988), 「『이재유고』를 보니」, 『금호문화』.
_____(2002), 「이재난고 해제」, 『전라문화논총』 5, 전북대학교 전라문화연구소.
이건식(2008), 「황윤석의 1775년 전국지리지 편찬 범례의 특징 분석 : 1775년 무렵 홍문관의 전국지리지 편찬 관례의 복원 시도」, 『지명학』 14, 한국지명학회.
이경언(2010), 「황윤석의 『산학입문』과 학교수학에의 응용」, 『교육과학연구』 12권 1호, 제주대학교 교육과학연구소.
이상봉(2008), 「황윤석 詩論 연구」, 『동양한문학연구』 26, 동양한문학회.
_____(2014), 「청년 황윤석의 한시에 나타난 경세 포부와 자기반성」, 『동양한문학연구』 39, 동양한문학회.

______(2015), 「이재 황윤석 한시의 두보시어 활용 양상」, 『대동한문학』 43, 대동한문학회.
______(2015), 「황윤석과 民魚, 그 授受의 의미」, 『남도문화연구』 29, 순천대학교 남도문화연구소.
______(2015), 「황윤석 한시에 나타난 가족애의 양상 - 「월주가」를 중심으로 -」, 『한문교육연구』 45, 한국한문교육학회.
______(2016), 「이재 황윤석의 아내와 小室에 대한 사랑」, 『남명학연구』 49, 경상대학교 경남문화연구원.
______(2017), 「이재 황윤석 한시에서의 '絲' 意象 연구」, 『동양한문학연구』 47, 동양한문학회.
______(2017), 「황윤석과 김원행의 사제관계 맺기」, 『문 · 사 · 철을 통해 본 이재 황윤석의 학문세계』, 신성출판사.
______(2019), 「'월주가'로 살펴본 황윤석의 가족에 대한 사랑」, 『조선후기 박학지사 이재 황윤석의 생애와 학문』, 흐름.
______(2020), 「황윤석 한시에 나타난 관직에 대한 고뇌와 그 극복 양상」, 『이재 황윤석 연구의 새로운 모색』, 흐름.
______(2021), 「황윤석의 한시에 나타난 '客'의 이미지」, 『이재 황윤석의 서행일력과 과거』, 흐름.
이선아(2010), 「영조대 정국 동향과 호남지식인 황윤석의 학맥과 관료생활」, 『지방사와 지방문화』 13, 역사문화학회.
______(2011), 「18세기 후반기 정국동향과 호남 향유 황윤석의 관직 임면」, 『전북사학』 39, 전북사학회.
______(2012), 「18세기 실학자 황윤석가의 학맥과 호남 낙론」, 『지방사와 지방문화』 15권 2호, 역사문화학회.
______(2017), 「전라도 흥덕 평해황씨의 가계와 사회적 관계」, 『문 · 사 · 철을 통해 본 이재 황윤석의 학문세계』, 신성출판사.
______(2018), 「18세기 호남의 노론계 서원과 흥덕의 평해황씨 - 흥덕의 동산서원과 정읍의 고암서원을 중심으로 -」, 『전북사학』 54, 전북사학회.
______(2020), 「18세기 호남의 노론계 서원과 흥덕의 평해 황씨」, 『이재 황윤석 연구의 새로운 모색』, 흐름.
이선희(2008), 「조선후기 수령의 출퇴근과 근무방식」, 『사학연구』 92, 한국사학회.
이숭녕(1964), 「황윤석의 『이수신편』의 고찰 - 특히 어학연구를 중심으로」, 『도남조윤제박사회갑기념논문집』.

이은주(2016), 「이재 황윤석의 卜姓詩연구」, 『한국문화』 76, 서울대학교 규장각 한국학연구원.
이정수(2021), 「『이재난고』의 사회경제적 자료 가치」, 『이재 황윤석의 서행일력과 과거』, 흐름.
이종묵(2007), 「이재난고의 문학적 가치」, 『『이재난고』로 보는 조선 지식인의 생활사』, 한국학중앙연구원.
이지양(2008), 「호남선비 황윤석이 본 '호남차별' 문제」, 『동양한문학연구』 27, 동양한문학회.
______(2008), 「황윤석, 仕宦을 위해 떠돈 시간의 내면풍경」, 『고전과 해석』 5, 고전문학한문학연구.
______(2008), 「『이재난고』로 본 18세기 各司 書吏의 존재양상」, 『한국실학연구』 15, 한국실학학회.
______(2011), 「18세기 호남선비 황윤석의 "호남 살리기" : 『이재난고』의 만년 기록(1787~1791)을 중심으로」, 『민족문학사연구』 47, 민족문학사학회.
______(2014), 「황윤석의 서적 필사 및 구입으로 본 京鄕 간의 지식 동향 : 1768년~1771년까지의 한양 생활을 중심으로 - 」, 『한국한문학연구』 53, 한국한문학회.
______(2015), 「황윤석의 한양생활과 隨從 奴子 금봉이」, 『이재학의 제 양상』, 신성출판사.
______(2021), 「황윤석, 養親의 꿈을 품고 떠돈 사환길」, 『이재 황유석의 서행일력과 과거』, 흐름.
이천승(2010), 「이재 황윤석의 洛學 계승과 호남에 대한 자의식」, 『동양철학연구』 63, 동양철학연구회.
이해준(2007), 「다산 정약용의 목민심서에 나타난 호남지방 : 지역사의 시각에서 바라본 다산과 그의 저술」, 『지방사와 지방문화』 제10권 1호, 역사문화학회.
이헌창(2007), 「18세기 황윤석가의 경제생활」, 『『이재난고』로 보는 조선 지식인의 생활사』, 한국학중앙연구원.
이형성(2000), 「이재 황윤석의 '數'에 기초한 실학사상 일고」, 『한국사상과 문화』 9, 한국사상문화학회.
______(2011), 「이재 황윤석의 洛學 계승적 性理說 일고」, 『한국사상과 문화』 60, 한국사상문화학회.
임미선(2008), 「음악학적 측면에서 본 『이재난고』의 사료적 가치」, 『한국음악연구』 44, 한국국악학회.

임화신(2013), 「木州雜歌의 창작배경과 시적인식」, 고려대학교 대학원 석사학위논문.
장혜원(2009), 「산학입문, 산학본원을 통해 본 이재의 수학 연구」, 『이재 황윤석의 학문과 사상』, 경인문화사.
전지영(2008), 「이재난고 중 梁琴新譜跋」, 『조선시대 악론 선집』, 민속원.
전재강(2003), 「황윤석 시조의 교술적 성격과 작가의식」, 『시조학논총』 19, 한국시조학회.
정구복(2009), 「이재 황윤석의 생애와 이재난고의 자료적 성격」, 『이재 황윤석의 학문과 사상』, 경인문화사.
정대영(2016), 「1768년 8월 23일, 황윤석과 정철조 지도를 말하다」, 『문헌과 해석』 75, 태학사.
______(2017), 「지식인이 바라본 조선 후기 관찬지리지 제작」, 『규장각』 51, 서울대학교 한국학연구소.
정만조(2007), 「『이재난고』에 나타난 영조말 정조초의 정국동향」, 『『이재난고』로 보는 조선 지식인의 생활사』, 한국학중앙연구원.
정성희(1992), 「이재 황윤석의 과학사상」, 『청계사학』 9, 한국정신문화연구원 청계사학회.
______(2007), 「조선 후기 서양과학의 수용」, 『『이재난고』로 보는 조선 지식인의 생활사』, 한국학중앙연구원.
______(2015), 「『이재난고』 역주본 간행의 필요성과 제언」, 『이재학의 제 양상』, 신성출판사.
______(2019), 「『이재난고』 디지털 역주본 간행의 필요성과 가치 제고」, 『청계사학』 21, 청계사학회.
정소연(2014), 「황윤석의 〈목주잡가〉에 나타난 시 지향성의 시조사적 조명」, 『고전문학과 교육』 28, 한국고전문학교육학회.
정수환(2002), 「18세기 이재 황윤석의 화폐경제생활－『이재난고』 1769년 일기를 중심으로」, 『고문서연구』 20, 한국고문서학회.
______(2008), 「조선후기 능참봉의 경제생활의 실제－18세기 황윤석의 『이재난고』를 중심으로－」, 『민족문화논총』 38, 영남대학교 민족문화연구소.
______(2012), 「18세기 황윤석의 매매정보 수집과 소유권으로서의 매매명문 활용」, 『민족문화논총』 52, 영남대학교 민족문화연구소.
______(2013), 「이재 황윤석의 매매경험과 관찰」, 『이재 황윤석의 학문과 박학의 세계』, 신성출판사.
______(2017), 「이재 황윤석의 錢文에 대한 관심, 고증 그리고 실험분석」, 『전북사학』

51, 전북사학회.
정순우(2020), 「이재 황윤석 실학의 사상사적 의미」, 『이재 황윤석 연구의 새로운 모색』, 흐름.
정승혜(2006), 「『이재난고』의 국어학적 연구 : 권27의 국어학 관련 기사의 어휘를 중심으로」, 『한국여성교양학회지』 15, 한국여성교양학회.
정연식(2006), 『조선시대의 여행조건－황윤석의 「西行日曆」과 「赴直紀行」을 중심으로」, 『인문논총』 15, 서울여자대학교 인문과학연구소.
조규희(2008), 「家園眺望圖와 조선 후기 借景에 대한 인식」, 『미술사학연구』 257, 한국미술사학회.
조성산(2006), 「18세기 영호남 유학의 학맥과 학풍」, 『국학연구』 9, 한국국학진흥원.
조해숙(2002), 「시조의 한역화 양상과 그 의미 : 18세기의 한역 경향을 중심으로」, 『국어교육』 108, 한국어교육학회.
천기철(2008), 「이재 황윤석의 서학인식과 특징」, 『동양한문학연구』 27, 동양한문학회.
______(2021), 「황윤석, 서행에서 얻은 서학과 서학 인식의 특징」, 『이재 황윤석의 서행일력과 과거』, 흐름.
川原秀城(2020), 「황윤석과 『理藪新編』」, 『한국실학연구』 40, 한국실학학회.
최강현(1990), 「시조 작가로서의 황윤석을 살핌」, 『홍익어문』 9, 홍익대학교 국문학과.
______(1990), 「황윤석론」, 『시조학연구총서 2』, 백산출판사.
최범호(2012), 「『이재난고』를 통해 본 황윤석의 한국 고대사 서술 유형 분석」, 『전북사학』 40, 전북사학회.
최삼룡(1993), 「황윤석 문학의 도교적 측면에 대하여」, 『도교문화연구』 7, 한국도교문화학회.
______(1994), 「이재 황윤석의 문학 연구」, 『이재 황윤석－영 · 정 시대의 호남실학』, 민음사.
최영성(2008), 「황윤석 실학의 특성과 상수학적 기반」, 『유교사상연구』 32, 한국유교학회.
______(2015), 「이재 황윤석의 학문 본령과 성리학적 경세관」, 『온지논총』 43, 온지학회.
______(2016), 「18세기 노론 낙학파의 현실인식과 대응논리－『성리대전』에 대한 황윤석의 인식을 중심으로」, 『한국철학논집』 50, 한국철학사연구회.
______(2019), 「이재 황윤석의 정치활동에 대한 고찰－제정파에 대한 견해를 겸하여」, 『율곡학연구』 38, 율곡연구원.
______(2019), 「황윤석의 성리학과 『성리대전』」, 『조선후기 박학지사 이재 황윤석의 생애와 학문』, 흐름.

______(2020), 「이재 황윤석의 정치활동에 대한 고찰」, 『이재 황윤석 연구의 새로운 모색』, 흐름.
최전승(1994), 「이재 황윤석의 「화음방언자의해」와 『이수신편』 등에 반영된 어휘 연구의 성격」, 『이재 황윤석－영 · 정 시대의 호남실학』, 민음사.
하성래(1983), 「이재 황윤석의 서양과학사상 수용－담헌 홍대용과의 관계를 중심으로」, 『전통문화연구』 1, 명지대학교 전통문화연구소.
______(1984), 「이재 황윤석의 서양 과학사상 수용」, 『담헌 홍선생 서거 200주년 기념 특집 18세기의 실학파와 동아시아』, 명지대학교출판부.
하우봉(1994), 「이재 황윤석의 사회사상」, 『이재 황윤석－영 · 정 시대의 호남실학』, 민음사.
______(2015), 「이재 황윤석의 사상과 사회개혁론」, 『건지인문학』 14, 전북대학교 인문학연구소.
______(2017), 「황윤석의 사회사상」, 『문 · 사 · 철을 통해 본 이재 황윤석의 학문세계』, 신성출판사.
______(2017), 「이재 황윤석의 대외인식」, 『건지인문학』 20, 전북대학교 인문학연구소.
______(2019), 「호남실학의 전개양상과 성격」, 『한국실학연구』 36, 한국실학학회.
______(2020), 「동아시아의 백과전서파 실학과 황윤석」, 『한국실학연구』 40, 한국실학학회.
하태규(2009), 「이재 황윤석의 역사탐구와 이해」, 『이재 황윤석의 학문과 사상』, 경인문화사.
한국철학연구회 편(2002), 「수리에 기초한 실학사상－황윤석」, 『한국실학사상』, 다운샘.
한문종(2021), 「『이재난고』의 연구 현황과 과제」, 『이재 황윤석의 서행일력과 과거』, 흐름.
함영대(2020), 「이재 황윤석의 목민행정」, 『이재 황윤석 연구의 새로운 모색』, 흐름.
허남진(2003), 「이재 황윤석의 서양과학 수용과 전통학문의 변용」, 『철학사상』 16, 서울대학교 철학사상연구소.
홍성덕(1992), 「전북실학의 전개」, 『전라문화논총』 5, 전북대학교 전라문화연구소.
황원구(1953), 「황윤석－그 유고의 정리」, 『학림』 2, 연희대학교 사학과.
황의동(2008), 「이재 황윤석의 학풍과 성리학」, 『범한철학』 48, 범한철학회.
______(2009), 「이재 황윤석의 성리학 연구」, 『이재 황윤석의 학문과 사상』, 경인문화사.

작성 : 하우봉(전북대학교 사학과 명예교수)

『이재 황윤석 연구』 집담회

- 일시 : 2022년 3월 26일 금요일 오후 2시~오후 6시

- 장소 : 실시학사

- 참석자 : 하우봉(사회자), 구만옥, 박순철, 이헌창, 최영성

하우봉 실시학사 실학연구총서 '이재 황윤석(頤齋 黃胤錫) 연구'에 관한 집담회를 시작하도록 하겠습니다. 조선 후기 실학사의 재조명이라는 목표 아래 2012년도부터 실시학사에서 연구총서를 발간해 왔습니다. 우리가 진행하고 있는 '이재 황윤석 연구'도 이에 해당합니다. 우리보다 앞서 '여암 신경준(旅庵 申景濬) 연구'가 진행 중이고, 그 다음으로 황윤석을 선정하여 연구를 우리가 진행하고 있습니다.

이재 황윤석이 호남실학을 대표할 수 있는 만큼 실학의 지역사적인 전개 양상을 조망할 수 있는 기회라고 생각이 듭니다. 그동안의 경과를 간단히 정리해보면, 2019년도에 처음 '이재 황윤석 연구팀'을 구성하고, 2020년 1월에 상견례를 통해 연구 방향에 대한 협의를 거쳤고, 2021년 11월 중간 발표를 진행하고 오늘 집담회에 이르렀습니다.

황윤석은 다방면에 걸쳐 연구하고 많은 저술을 남겼습니다. 따라서 문(文)·사(史)·철(哲), 자연과학, 경세학(經世學) 등의 분야로 나눠서 그의 사상을 면밀히 살펴보자는 의도로 이 기획 연구를 시작했습니다. 학계에서 활발하게 관련 분야 연구 활동을 하시는 5분을 모셔서 이 연구팀을 꾸렸습니다.

약 2년에 걸쳐서 각자 연구한 내용을 점검하는 발표회도 가졌고, 원고도 다 작성해서 제출하셨습니다. 일반적인 연구 논문보다 거의 두 배 가까운 분량의 논문을 작성하신 분도 계시고, 더 방대한 분량을 작성한 분도 계시는데 모두 수고 많으셨습니다. 통상적인 연구 논문보다 좀 많은 분량을 요청한 까닭은 단순히 하나의 개별 논문을 넘어서 '실시학사 연구총서'라는 취지에 맞게 기왕의 연구를 검토해 종합하고, 또 나아가서는 앞으로의 연구에 대한 전망이나 과제도 정리해보자는 차원이었습니다. 따라서 보통 개별 연구 논문 이상의 내용들을 포함하게 되었습니다.

오늘 집담회는 우선 각자 연구하신 내용에서 추구하고자 했던 취지와 주요 내용을 10분 이내로 설명해 주시고, 주제별로 자유롭게 토론하는 형식으로 진행하겠습니다. 다섯 분이 모두 위의 설명을 마치면 종합토론 성격의 전반적인 문제나 전망을 자유토론의 형식으로 진행하겠습니다. 내용상으로는 제가 먼저 시작해야겠습니다만, 통상적인 순서에 따라 문 · 사 · 철로 진행하겠습니다. 박순철 선생→하우봉 선생→최영성 선생→구만옥 선생→이헌창 선생의 순서대로 설명하겠습니다. 박 선생님 시작해주시죠.

박순철 저의 코로나 감염으로 인하여 집담회 일정이 미루어지게 되어 죄송하다는 말씀을 먼저 드리겠습니다. 제가 준비한 논문의 취지 · 내용 · 결론에 대해 말씀드리겠습니다. 저는 일찍이 『이재난고(頤齋亂藁)』 번역에 참여하면서 이재 황윤석의 시와 문장을 접하였습니다. 이때 이재 황윤석의 전체 시문을 관통하는 특색이 무엇인가에 대한 고민을 했습니다. 조선시대 어떤 학자는 "이재 황윤석의 시는 출당입송(出唐入宋), 당시(唐詩)에서 나와 송시(宋詩)로 들어간다."라고 했습니다. 제가 이 문구를 보고 용기를 얻어 과연 이와 같은지 이재 황윤석 시문의 전체적인 특색을 규명하고자 연구를 시작했습니다.

기왕에 전북대학교 국문과에 재직했던 최삼룡 교수가 『이재유고(頤齋遺稿)』와 『이재속고(頤齋續稿)』를 통해서 시의 내용을 분류했는데, 저도 이 연구에서 도움을 많이 받았습니다. 현재는 논문의 제목을 어떻게 붙일 것인지 고민하고 있습니다. 「이재 황윤석의 시풍」으로 할 것인지, 「이재 황윤석의 시가」로 할 것인지 고민 중입니다. 연구의 전체적인 부분에 있어서는 「이재 황윤석의 시풍」이 적절하다고 생각하지만, 「목주잡가(木州雜歌)」와 같은 몇몇 시를 살펴보면 일정한 시의 형식을 탈피한 모습이 보여 「이재 황윤석의 시가」라고 붙이는 것은 어떨까 생각하고 있습니다.

이재 황윤석 시에 관한 선행 연구를 검토한 결과 전체적인 시풍, 시의 특색을 연구한 논문은 없었고, 시문 또는 시조의 한역에 대한 논문은 많았습니다. 제 연구와 관련해서는 이상봉 교수가 이재 황윤석의 의상에 대해서 언급을 했다는 점을 말씀드립니다. 이재 황윤석의 전체적인 시풍·시가에 관한 연구가 부족하다는 생각에서 제 연구를 시작했습니다.

이재 황윤석은 시에 진심(眞心), 진정(眞情)을 담아야 한다고 봤습니다. 진정은 농암(農巖) 김창협(農巖 金昌協)의 영향이라고 보고 있습니다. 농암은 삼진(三眞)을 말하는 가운데 진사(眞事)를 중시하는 문학관을 가지고 있었는데, 그러한 영향을 받은 것으로 보입니다. 아울러 전겸익(錢謙益)의 영향도 받은 것으로 보입니다. 전겸익은 진선(眞善), 진심과 선함을 표현해야 한다고 이야기했는데, 황윤석도 이러한 생각을 하고 있었던 것 같습니다.

또한 이재 황윤석은 전통 시를 모범으로 삼으면서도 시대에 대한 반영이 필요하다고 보았습니다. 제가 검토해보니 『시경(詩經)』에서 주장한 시교(詩教)를 긍정했습니다. 즉, 시를 교화하는 수단으로 사용할 수 있다고 본 것입니다.

다음으로 도(道)와 문장의 관계에 대해서 말씀드리겠습니다. 이에 대해서는 제가 일전에 논문을 쓴 적도 있습니다. 도체문용관(道體文用觀), 도를 본체로 문을 용으로 하여 문과 도가 똑같이 중요하다는 관점을 가졌던 것으로 판단됩니다. 또한 문운수시관(文運隋時觀)은 전겸익의 영향으로 보이는데, 문장이나 시는 운수에 따라 부침이 있기 때문에 시대에 따라 각광받거나 선호되는 시문이 있다고 보았습니다.

이재 황윤석의 시풍 혹은 시가를 연구하려면 학시 과정과 시를 쓰면서 어떠한 것을 전범으로 삼았는지 살펴야 그 특색을 규명할 수 있을 것 같았습니다. 이번 제 논문에서 조금 이야기할 수 있는 부분은 사승 관계입니다. 학시 과정을 내적 과정과 외적 과정으로 나누어 살펴볼 수 있겠는데요. 내적 과정은 농암－숙부 황재중(黃載重), 은정화(殷鼎和)－부친 황전(黃壥)－이재로 이어지는 계통입니다. 부친 황전은 황재중에게 배웠는데, 부친 황전이 14세 때 황재중이 사망했고 이후에는 태인 출신 은정화에게 배웠습니다. 부친과 조모가 이재를 가르친 내용이 『이재난고』에 수록되어 있습니다. 외적 과정을 살펴보면 수촌 백시덕(壽村 白時德) 선생의 영향이 우리가 생각하는 것보다는 컸다고 할 수 있겠습니다. 이재가 4살, 5살 때 종에게 업혀 이웃 마을에 사는 수촌과 그 형 백시명(白時明) 두 분에게 가서 배웠고, 시에 대해 의문이 있으면 여쭤보았습니다. 이분들은 반계 유형원(磻溪 柳馨遠)의 외손으로, 자연적으로 그 영향을 받았을 것으로 여겨집니다. 그리고 우리가 잘 알고 있는 것처럼 미호 김원행(渼湖 金元行)의 영향도 컸습니다.

그렇다면 이재가 제자라고 할 수 있는 사람들에게 어떠한 영향을 미쳤는지도 살펴보아야 할 것 같습니다. 이 역시 가족을 중심으로 한 내적 계통과 외적 계통으로 분류해 검토했습니다. 내적 계통은 황일한(『수촌유고』), 황칠한(『위헌유고』)－황수경(『단옹유고』)－황중섭－황재진(간재 종유)－황상익(간재 종유)－황서구(『율파유고』, 간재 문인과 교류)로 정리해 볼 수 있을 것 같습니다. 주목할 것은 간재 전우(艮齋 田愚)와 관련이 있다는 점인데, 호남 유학에서도 유학과 실학의 만남이 있지 않았나 생각해 볼 수 있을 것 같습니다. 외적 계통은 홍덕 출신 김성은(金性溵), 행장을 쓴 송원진, 임홍원 등을 거론할 수 있을 것 같습니다. 이번 논문을 쓰면서 김철환에게 『시전(詩傳)』을 이재가 62·3세 때

가르친 내용이 확인이 되었습니다. 김상집(金尙集)에게는『대학(大學)』을 가르쳤는데, 김상집과는 생각보다 많이 학문을 토론했고, 역(易)과 상수(象數)에 대해서도 이야기한 것으로 보입니다.

다음으로 시를 배우는 과정에서는 이재 황윤석이 어떤 책을 배우고 어떻게 학습했는가를 살펴보았습니다.『당시품휘(唐詩品彙)』,『당시선(唐詩選)』, 두율(杜律), 송율(宋律), 명율(明律)이 대표적입니다. 두율, 송율, 명율은 과거를 보러 가면서도 가지고 다니면서 봤다는 기록이 있습니다. 이식의『두보비해(杜甫批解)』,『성리대전(性理大全)』「문편(文編)」,『염낙풍아(濂洛風雅)』, 명대(明代) 호응린(胡應麟)의『시수(詩藪)』, 청대(淸代) 전겸익의『초학집(初學集)』,『열조시집(列朝詩集)』,『전주두시(錢注杜詩)』등과 같은 책들을 보면서 시를 익히고 영향을 받은 것으로 보입니다.

다음으로 사상분야로 유가 · 도가 · 불가로 나누어 살펴보겠습니다. 유학은 이미 많이 규명되었습니다. 율곡(栗谷) 이이(李珥) – 우암(尤庵) 송시열(宋時烈) – 농암 김창협 – 이재(李縡) – 미호 김원행, 숙부 황재중 – 황전 – 이재 황윤석으로 이어지는 계통입니다. 도가의 영향을 살펴보면, 권극중(權克中)의『참동계(參同契)』를 반계 유형원이 필사하여 보았는데, 이는 아마도 반계의 외손인 수촌 백시덕에게 영향을 미쳤을 것입니다. 그리고 홍만종(洪萬宗)의『해동이적(海東異蹟)』에 대해서『해동이적고』라는 책을 썼기 때문에 이재의 도가적 영향을 추정해 볼 수 있습니다.『이재난고』를 보면 이재 황윤석이 젊었을 때부터 도가에 대하여 관심을 가지고 있었던 것을 알 수 있습니다. 불가의 영향을 살펴보면, 이재는 1760년(32세)에 백양사, 백련암에 들어가 주역을 읽고, 많은 승려와 교류했던 사실을 확인할 수 있습니다. 이때 불서를 사들여 읽으면서 주석을 붙인 것이『이재난고』에 있습니다. 이렇게 볼 때 황윤석은 삼도(유가 · 도가 · 불가)의 통합적인 사상이 있었다고 말할 수 있습니다.

이와 같은 학시 과정, 학시 전범, 사상을 통해서 이재의 시풍이 만들어졌습니다. 제가 최삼룡 교수가 분류한 시의 내용을 참고하면서 당시와 송시의 특징이 이재 시에서 어떻게 나타나고 있는지에 대하여 분석해 본 결과, 다음과 같이 정리할 수 있었습니다. 시에 나타난 형상(形象)과 홍기(興寄)는 당시의 특색입니다. 설리(說理)와 이취(理趣)는 송시의 특색입니다. 그리고 비애(悲哀)의 지양 또한 송시의 특징이고, 생활의 밀착 역시 마찬가지입니다. 용사(用事)와 조어(造語)도 송시의 특징이라고 할 수 있습니다. 결론적으로 형상과 홍기는 당시의 특징이고, 그 나머지는 송시의 특징이라고 말할 수 있습니다. 구체적인 내용은 논문을 참고하시면 좋을 것 같습니다. 설리와 이취는 한 번 더 설명해 드리고 싶습니다.

설리는 시에서 이치를 곧바로 설명하여 표현하는 것이고, 이취는 자연 현상이나 사물의 어떤 모습과 현상을 보고 비유적으로 표현하여 이치를 함축하는 수법입니다. 아울러 형상과 홍기에 대하여 간략하게 설명드리겠습니다. 자연물의 원래 형태을 물상이라고 하는데 이를 시에서 표현하면 형상이 됩니다. 이 형상은 자연물의 물상과 같으면서도 다릅니다. 형상이 되는 순간부터 비유성을 가지게 됩니다. 형상을 통해서 희노애락(喜怒哀樂)을 표현하게 되면 거기에 홍기가 기탁됩니다. 황윤석은 이런 수법을 많이 썼는데 저는 이런 특징을 목차에서 형상과 홍기로 명명했습니다.

참고로 명말에는 많은 유파가 있었는데 전겸익은 명말 청초의 사람입니다. 명대의 전후칠자(前後七子)의 의고주의(擬古主義)를 반대하고 경릉파의 섬교(纖巧)를 비판하고 묘오설(妙悟說)을 반대했기에 그는 여러 측면에서 공안파(公安派)에 가까웠습니다. 그는 시에 대하여 명대의 전후칠자의 '시필성당(詩必盛唐)'의 태도를 반대하고 새로운 시의 국면을 개척하여 공안파와 당송파의 성과를 모아 새로운 시세계를 열었습니다. 시문에는 진선(眞善)이 구비되어야 시문에 생명력이 있다고 역설하였고 송·원시를 높이 평가함으로써 '종송파'의 시발이 되었습니다. 그는 이 때문에 소식(蘇軾)와 원호문(元好問)의 시를 좋아하였습니다. 끝으로 전겸익은 『전주두시(錢注杜詩)』라는 책을 써서 주로 사회와 역사 배경을 조사하여 역사와 시를 결합시켜 작품의 의의를 설명함으로써 새로운 견해를 제시하였습니다. 이런 점에서 전겸익이 두시를 상당히 좋아했다고 할 수 있습니다. 결론적으로 전겸익은 당대까지 있었던 모든 시파를 검토하고 비판하면서 법고창신(法古創新)의 자세로 새로운 시 세계를 모색하여 시에 심령(心靈)과 진선을 표현해야 한다고 보았습니다. 이상에서 이재는 결국 당대(唐代)의 두보와 명말 청초의 전겸익을 좋아함으로써 당·송시를 동시에 섭렵하고 동시대의 전겸익의 시풍까지 수용하는 방법을 취했다고 할 수 있습니다.

다시 결론을 정리하여 말씀드리겠습니다. 시의 특색은 법고창신의 실용 정신에서 기인하였다. 즉, 당·송시의 장점과 동시대 조선과 명의 시풍을 파악하여 융합했습니다. 이 때문에 당·송시의 특색을 겸비하였다고 말할 수 있습니다. 이상으로 마치겠습니다. 감사합니다.

하우봉 박 선생의 논문은 기존 소주제 중심의 내용 분석에서 탈피해서 이재 황윤석의 시와 시풍에 대한 종합적인 특성을 발견하려는 연구라 할 수 있겠습니다. 박 선생은 이재 황윤석 문학에 대한 10편 이상의 연구 논문을 이미 발표하시기도 했습니다. 박 선생의 논문에 대해서 자유롭게 토론을 부탁드립니다.

이헌창 박순철 선생의 논문에서 황윤석이 왕양명(王陽明)의 문장을 평가하고 불교의 심성설과 권선징악설을 긍정적으로 보는 점을 지적한 것이 흥미롭습니다. 이것을 황윤석이 개방적 주자학자임을 보여주는 한 논거로 삼을 수 없을까요?

박순철 이재는 왕양명을 긍정적인 시각으로 보았습니다. 『이재난고』에는 '십대가즉양명신도(十大家則陽明新都)'라는 말이 있습니다. 십대가는 명대의 십대가로 육홍조(陸弘祖)의 『황명십대가문선(皇明十大家文選)』에 의하면, 왕양명도 십대가에 들어가 있습니다. 인용문에 나오는 '신도(新都)'라는 글자는 왕양명의 문장 특징을 설명하는 말로 중요한데, 인용문대로 하면 해석이 잘되지 않습니다. 이 때문에 탈초의 오류로 생각되는데 두 글자 중 '도(都)'자가 잘못 탈초된 듯합니다. 원문의 초서를 살펴보면 '고(考)'자인 듯합니다. 따라서 원문의 글자는 '신고(新考)'로 정정해야 하는데, 그 뜻은 새로운 생각입니다. 또한 전체 문장의 뜻은 '양명의 문장에는 새로운 생각이 있어서 애완(愛玩)할 만한 것 같다.'입니다. 그런데 이재는 성리학자로 주자를 존숭하고 왕양명의 '지행합일(知行合一)'을 논하면서 주자와 비교하여 "주자가 있고 육상산(陸象山)이 있는 것은 부처가 있고 마귀가 있는 것과 같아서 하나가 사라지면 하나가 자라서 상대적으로 성하고 쇠하는 것이니 주자를 존경하는 자는 나라가 다스려지고 집안이 편안하지만 주자를 배척하면 나라가 어지럽고 집안이 위태롭게 된다. 예컨대 송나라 말에 주자의 학문을 위학(僞學)이라 하더니 송나라가 마침내 진작되지 못하였고, 원나라 사람들은 비록 바깥 오랑캐이지만 또한 주자를 존중할 줄 알았기에 90년간 통일의 성대함을 이루었다. 명(明)조 200년 동안에는 설경헌(薛敬軒) 이외에 모두 육상산의 여파에서 벗어나지 못하더니 양명 이후에 이르러 괴이하고 요상한 논설이 이루다 헤아릴 수 없이 많아져 천하는 마침내 다시 오랑캐로 돌아갔다."라고 육상산과 양명을 비판하였기 때문에 양명의 문장에 대하여 높이 평가하고 좋아한 것은 쉽게 납득이 가지 않습니다. 그러나 이재는 같은 문장에서 양명의 문장에 대하여 "양명(陽明)의 문장, 훈업, 학술은 비록 명조 중엽 이후에 일시적으로 세상을 주도한 불교 같았지만, 시종 간이(簡易)와 경첩(輕捷)을 주장하였으니 상산 육구연(象山 陸九淵)과 백사 진헌장(白沙 陳獻章)의 여론(餘論)을 얻은 것이다"라고 하였기 때문에 이를 보면 이재는 양명의 심학과 문장을 분리하여 평가하는 태도를 가지고 있었고, 양명의 간이(簡易)하고 민첩한 문장 특색을 선호하였던 것 같습니다.

최영성 저는 한 두어 가지만 말씀을 드릴까 합니다. 황윤석의 시와 문을 이렇게 종합적으로 살핀 예도 없었습니다. 아마 처음으로 생각됩니다. 그런데 진액을 뽑아서 제시하는 것이 좋다고 생각하는데, 좋은 것을 늘어놓는 듯한 기분이 들었습니다. 왜냐하면 시의 특성을 이야기하면서 황윤석과 동시대에 살았던 사람이 출당입송(出唐入宋)이라 이야기를 한 것에도 알 수 있는데, 출당입송이란 말은 다른 말로 하면 당시를 어지간히 공부했지만 구애받지 않고, 송시로 들어갔다는 이야기입니다. 저는 이게 정확하다고 생각합니다. 박 선생은 당시와 송시의 장점을 아우르고 겸비했다고 보셨는데, 정확한 특색이 드러난 것인지 의문입니다. 또한 지금 형상(形象) · 흥기(興寄) · 설리(說理) · 이취(理趣) 이런 것들 보면 대체로 당시보다 송시에 가깝다는 느낌을 저는 받습니다. 황윤석이 『성리대전』에 대해 평생을 경주했고 「문편」, 「시편」에 굉장히 심취했는데, 이것들을 보면 대체로 도학자들 시가 많습니다. 따라서 정확히 당 · 송시로 나누긴 어렵지만, 나중엔 (이재가)

당시에서 나와서 송시로 가지 않았나 생각되고, 전겸익이 그러한 영향을 많이 주었다고 보입니다. 박 선생은 어떻게 생각하십니까?

박순철 제가 전겸익을 주목했던 이유는 '시필성당, 문필진한(詩必盛唐, 文筆秦漢)'에 반대했기 때문입니다. 전겸익은 시대에 따른 문체를 창출해야 한다는 관점을 견지했고, 따라서 당시와 송시를 따질 것 없이 융합해서 새로운 시문을 만든다는 견해였습니다. 이 때문에 이재 황윤석도 당시든 송시든 그게 중요한 게 아니고 나의 진심을 표현하려면 거기에 맞는 형식과 표현을 해야 한다고 생각했습니다. 이 때문에 저는 김리안(金履安)의 출당입송에 대해서 약간 반대합니다. 전겸익과 호응린도 마찬가지입니다. 호응린의 『시수(詩藪)』도 당시든 송시든 시체가 중요한 것이 아니라 인간의 희노애락을 그대로 표현하는 것을 중시했습니다. 그렇기에 마음을 표현하는 것을 중요하다고 했습니다. 이 때문에 이재 황윤석도 두 사람의 영향을 받아 당시든 송시든 그것이 중요한 게 아니라 그 장점을 융합해서 내 시에 표현해야 한다고 생각했습니다. 김리안은 본인 할아버지 김창집(金昌集)은 융합에 실패했는데, 황윤석은 성공했다고 본 것 같습니다. 사실은 모든 시인, 문장가들이 당시와 송시를 융합해서 그 두 가지 특색을 드러내는 시를 쓰면 얼마나 좋겠습니까. 그러나 그게 쉽지 않고, 결론적으로 종당파(從唐派) 혹은 종송파(從宋派) 이렇게 나누어지게 됩니다. 저는 이재 황윤석은 이것을 극복하여 성공했다고 보고 있습니다. 저는 출당입송의 말에 대해서는 시기적으로 40세를 전후해서 40세에는 당풍 시를 주로 쓰다가 40세 이후에 송풍의 시로 약간 기울어졌다고 생각합니다. 그래서 기묘한 현상이 나왔다고 봅니다.

최영성 딱 잘라서 당시와 결별하고 송시로 들어갔다는 이야기는 아닙니다. 전겸익의 '시필성당, 문필진한'은 구체적으로 꼭 집어 특정 시대의 것만 본받는 것이 아니라 그 시대에 맞추어 써야 한다는 이야기입니다. 그래도 전체 시풍을 보면 완벽한 융합이 쉽지 않습니다. 당풍의 영향이 강한지, 송풍의 영향이 강한지 그런 것을 볼 수 있습니다. 박 선생이 보시기에 이재 황윤석은 어떠한 영향이 더 강하다고 생각하십니까?

박순철 네. 저는 그래서 그냥 융합해서 겸했다고 주장합니다. 저는 한국 한시사에서 호남 3대 시인으로 이재 황윤석을 자리매김할 필요가 있다고 생각합니다. 사실은 지금 황윤석이 실학자, 성리학자로 불리지만 제가 볼 때 이재가 내세울 수 있는 것은 시문이라 생각합니다. 사실은 유학자이기에 감추지만 시문이 제일이고, 미호 김원행도 그걸 좀 감추라고 조언을 했습니다. 당대 사람들도 이재가 문장을 잘 쓰는 것은 인정을 다 한 부분입니다. 그런데 현재는 생각보다 주장을 안 하고 있습니다. 저는 이재 황윤석의 정체성에 대해서 실학자나 성리학자도 내세워야 하지만, 시인으로서의 정체성도 명백하다고 봅니다. 따라서 한국 한시사에서도 이재 황윤석이 자리를 하나 차지해야 한다고 생각하고, 당시와 송시를 비교적 성공적으로 겸했다고 평가받아야 한다고 생각합니다.

하우봉 예. 일단 이 정도로 하고 다음으로 넘어가겠습니다. 다음은 제 차례입니다. 저는 제목을 「이재 황윤석의 생애와 사상」으로 했습니다. 처음에는 사회사상이나 사회개혁론 쪽으로 하려고 했는데, 우리 연구팀의 기획을 설명하고 서론 격에 해당하는 글이 될 것 같아 포괄적인 제목으로 바꾸었습니다. 또한 이 과정에서 연구사 정리를 충실하게 해보려 노력했습니다.

우선 연구사 검토에 대해서 말씀드리겠습니다. 이재의 저술 목록과 편집 정리된 저서, 연구 저서, 번역서, 연구 논문을 나누어 조사했습니다. 주목할 만한 것은 연구 논문입니다. 박사학위 논문 6편을 포함하여 총 225편에 이릅니다. 전체적으로 한 개인에 대한 연구 논문의 숫자를 조사한 바가 없어 순위를 매기기는 어렵겠지만, 225편이면 개인 연구치고는 상당히 많다는 느낌을 받았습니다. 저도 조사하면서 약간 놀랐습니다. 연구 논저에 대해 주제별, 시기별 연구 동향을 분석해 보았습니다.

이재 황윤석 연구는 1950년대 해방 직후 어문학 연구에서부터 출발했습니다. 1970년대 실학 연구가 활발해지면서 이재를 자연과학, 백과전서파 등과 같은 실학적 측면에서 주목했습니다. 그다음에 1980년대에는 『이재난고』에 대한 정리가 시작되었습니다. 이것이 하나의 중요한 계기가 됐을 것으로 생각합니다. 1990년대에는 전북대 교수들 5명이 『이재 황윤석』(1994)이라는 단행본을 간행했습니다. 아마 이것이 최초의 학술서라 볼 수 있을 것입니다. 2000년대 한국학중앙연구원(이하, 한중연)에서 『이재난고』 활자본 10책(2004)이 간행되었는데, 이 작업이 결정적인 계기가 되었다고 보입니다. 2007년도에 『이재난고』 활자본 간행과 연결되어 한중연에서 강신항 외 8명이 『이재난고로 보는 조선 지식인의 생활사』(2007)라는 연구 저서를 냈습니다. 이 두 작업이 나름대로 의미가 있다고 생각됩니다. 기왕에 이재의 실학자적 면모에 초점을 두었다면, 한중연에서 나온 『이재난고로 보는 조선 지식인의 생활사』는 실학 논의에서 벗어나, 생활사적인 차원에서 접근한 연구 성과입니다. 이후 2005년도부터 부산대학교 『이재난고』 역주 연구단에서 『서행일력(西行日曆)』을 발췌 역주했습니다. 그 후 이 연구단에서 상당히 많은 연구 논문들을 생산했습니다. 2007년 전북대학교 부설로 이재연구소가 설립되었는데, 이후 연구 활성화에 큰 역할을 하게 됩니다. 이곳에서 '이재 연구총서'와 '국역총서'가 각 10책이 간행되었습니다. 그래서 2010년대 들어와 연구 성과가 폭발적으로 증가합니다. 주제도 다양한 분야로 확산하고, 이재에 대한 평가도 기존에 실학자에서 보다 복합적인 사상가로 재조명하는 변화가 일어나게 됩니다.

두 번째로 생애와 학문의 형성 과정을 좀 살펴보았습니다. 연보와 행장을 중심으로 이재의 생애를 상세히 고찰했습니다. 가문 배경과 가학(家學), 수학(修學)과 사환(仕宦), 학문 형성 과정, 실학적 지식인 14인과의 교류를 새롭게 살펴보았고, 정리했습니다. 또한 인간적인 면모와 이재에 대한 세평(世評)도 상세히 분석하고 정리했습니다.

이재의 학문 체계와 특성을 세 가지로 정도로 나누어 정리했는데요. 첫째는 성리철학, 둘째는 박학 지향, 셋째는 국학 연구로 나누었습니다. 성리철학에서는 송시열의 사상을 계승하는 충실한 주자학자로서, 평생을 『성리대전(性理大全)』 주해에 몰두한 학자로 보았습니다. 이재는 성리학을 넘어 실학자의 길을 모색했는데, 이 실학은 주로 박학을 지향하는 모습입니다. 이것은 가학 즉 집안의 학문과 미호 김원행의 가르침, 석실서원의 학풍 등을 이어받고 앞서 말씀드린 실학자 14인과의 교류를 통해 독자적인 학문 체계를 구축하지 않았나 생각합니다. 이재는 상수학(象數學) 연구를 통해 박학의 세계를 지향했는데, 그 목표는 경세치용과 이용후생의 실용 정신으로 파악할 수 있습니다. 특히, 자연과학을 중시하고 서양과학을 과감하게 수용했는데, 양자를 포괄·종합하기 위해 '박학반약(博學反約)' '유박구정(由博求精)', '명체적용(明體適用)'을 목표로 추구했습니다. 또한 국학의 연구, 즉 한국의 역사와 지리에 상당한 조예가 있었습니다. 언어학에서도 좀 독창적인 방법론을 제시하고, 음악과 율려(律呂)에도 상당한 조예를 지니고 있었습니다.

네 번째로 역사와 사회에 대한 인식을 정리했습니다. 이분이 역사에 대해서 통상적인 유학자들이 가지는 정도의 관심이 아니라 상당한 독서 편력을 가지고 있었습니다. 다른 사람과 비교가 되지 않을 정도로 많은 역사서를 읽었습니다. 많은 독서 위에 언어학적인 지식과 조예를 바탕으로 「방언역자지설(方言譯者之說)」이라고 하는 독자적인 연구방법론을 제시했습니다. 사료의 비교 분석을 통해 역사해석을 독자적으로 시도해서 성과를 내기도 하는데, 기자팔조(箕子八條) 중에 5조를 복원하기도 합니다. 이재의 호 중에 '월송외사(越松外史)'가 있는데, 자호(自號)입니다. 외사라고 하는 것이 겸손한 표현이기도 하지만 동시에 자부심을 표현하는 방식이 아닌가 생각합니다. 본인이 쓴 몇 편의 전(傳)에서 논평할 때만 이 호를 사용했는데, 본인이 전문적인 역사가는 아니지만, 사가로서의 자부심을 표현한 것이 아닌가 싶습니다.

보학(譜學)에도 깊은 조예가 있었던 것으로 보입니다. 그가 편찬한 『기성황씨내외보(箕城黃氏內外譜)』, 『평해황씨세계(平海黃氏世系)』는 상당한 가치를 인정받고 있습니다. 특히, 『평해황씨세계』에서는 조선 전기와 같이 아들과 딸, 내·외손을 동일시하는 관념을 세계도에 표시했는데, 당시로서는 보기 드문 사회의식을 가진 것으로 보입니다.

호남에 대한 의식도 주목할 만한데요. 서울에 올라온 이후에 시골 선비로서 느낀 여러 가지 어려움과 소외감 또 호남 유학에 대한 편견을 알게 되면서 극복 방안에 대해 상당히 많이 고심하고, 노력도 기울입니다. 후반기에 『호남인물록(湖南人物錄)』을 편찬하고, 호남을 대표할 수 있는 사람으로 하서 김인후(河西 金麟厚)의 문묘종향에 노력하였고, 『하서사우록(河西師友錄)』을 편집하기도 했습니다. 그 외에 호남의 문화와 의병 등 호남 문화 창달에 굉장히 노력을 많이 기울입니다. 이재의 호남에 대한 의식을 나름대로 평가하자면 호남에 대한 차별적인 편견을 변호하고자 주력했지만, 차별 자체를 구조적으로 해결하는 수준에 이르지는 못했습니다. 오늘날의 입장에서는 이렇게 쉽게 지적할 수 있을지 몰라도 당시 호남에 대한 여러 차별과 편견에 극복 방안을 제시한 이는 이재가 유일한 것 같습니다. 신경준, 정약용(丁若鏞) 등도 이에 대한 언급이 없습니다. 이런 측면에서 그의 호남 의식도 상당한 의미가 있다고 생각합니다.

그 다음에 이재의 사회개혁론을 정치개혁안, 사회관습개혁론, 국방개혁안으로 나누어 살펴보았습니다. 정치개혁안은 저술의 형태로까지 나아가지 못했고, 주로 토론하는 과정에서 '구시책(救時策)'의 형태로 제시되었는데, 총체적으로 평가하면 체계성이 부족하고, 전인미발(前人未發)의 독창성이 미흡합니다. 그리고 전반적으로 위로부터의 의식개혁이 이재 정치개혁안의 본질이 아닐까 생각합니다. 사회관습개혁론은 재가 금지, 서얼 차대, 노비세습제 등을 들 수 있겠습니다. 각각의 사회적 악습의 폐해를 논하면서 철폐를 주장했는데, 연원 고찰을 바탕으로 강력하게 문제 제기했습니다. 국방개혁안은 을묘왜변과 임진왜란 이후 변칙적으로 설치·운영되던 군사제도 정비와 수도권 수비를 주장했는데, 축성법, 관진(關津) 수비, 해방론(海防論) 등에서 여러 대안을 제시했습니다.

마지막으로 이재 사상의 성격과 의미에 대해서 정리했습니다. 즉, 18세기 조선 지식사회의 박학과 그 사상적 의미를 살펴보는 것입니다. 17세기 이후 동아시아 삼국은 실증과 고증을 중시하는 조류가 퍼져나가고, 유서의 저술로 표현되게 됩니다. 명에서는 1607년 왕기(王圻)의 『삼재도회(三才圖會)』, 곧이어 1614년 조선의 『지봉유설(芝峯類說)』, 한 100년 뒤인 1713년 일본의 『화한삼재도회(和漢三才圖會)』와 같은 대표적인 유서가 나오게 되고요. 이어서 청대 고증학, 한역서학서, 서양과학이 전래되어 상수학과 자연학 분야에 대한 재인식이 이루어지게 됩니다. 아울러 18세기에 들어오면 조선 사상계가 도덕 담론인 주자성리학에서 지식 담론인 고증학 혹은 명물도수학(名物度數學)의 추구로 변화해 갑니다. 이재도 학계, 사상계의 이러한 경향에 적극적으로 가담합니다. 이재 스스로도 '군자치일물지부지(君子恥一物之不知)'라 해서 격물치지적인 박학성을 중시했습니다. 나중에 "천지간 삼재(三才)의 하나로서 삼라만상(森羅萬象) 탐구를 평생 일로 자임(「자경잠(自警箴)」)" 했다든지, "나의 학문은 박학을 거쳐 축양함으로 나아갔다(「자제문(自祭文)」)"고 자평하고 있습니다. 박이약(博而約)과 실학을 지향했다고 스스로 회고하기도 합니다. 당대의 심정진(沈定鎭)이나 송헌진(宋獻鎭)과 같은 친구, 후학들의 평가도 "육경(六經)에 근본을 두면서 백가(百家)에 통달하였다. 규모가 크면서도 잡박하지 않고 세밀하면서도 번잡하지 않으니 세상에 보기 드물게 박학하다", "유용지학(有用之學)으로 세상에 드물게 보는 통유(通儒)"라고 평가합니다.

그래서 저도 이재학의 특징으로 성리학과 실학을 동시적으로 지향했다고 봅니다. 당대에도 한학(漢學)의 명물도수(名物度數)와 송학(宋學)의 이기심성(理氣心性)을 겸비했다는 평이 있는데, 저 또한 그렇게 보고 있습니다. 그런데 이재는 박이약을 지향했지만, 유형원·홍대용·정약용처럼 체계적인 저술이나 사회개혁론을 제시하지는 못했다고 생각합니다. 18세기 조선에서 성리학을 기본으로 삼으면서도 박학을 추구한 새로운 지식인의 한 유형이 아닐까. 즉 과도기적 사상가 혹은 제3의 길을 모색한 사상가가 아닐까 생각합니다. 이러한 평가 문제는 같이 토론해야 하는 주제라 생각합니다. 전체적으로 이재는 정말 성실하게 평생을 살아온 학인으로 보입니다. 이덕무(李德懋)의 별명이 간서치

(看書癡)라고 했는데 이재에게는 기록치(記錄癡)를 붙여볼 수 있지 않을까 싶습니다. 옛날 일본의 죽전성직(竹田誠直)이라는 주자학자가 퇴계에 대해서 "걸어가다가 죽은 사람"이라 표현한 적이 있습니다. 죽기 직전까지도 한 걸음 한 걸음 나아간 사람이라는 뜻이겠습니다. 이재도 죽기 이틀 전까지 『이재난고』를 썼고, 이로 볼 때 굉장히 성실한 학인이 아닐까 생각합니다. 좀 길었습니다.

이헌창 황윤석이 양반 사족(士族)이긴 합니다만, 호남에서 가격(家格)이 어느 정도입니까? 또한 황윤석으로 인해 집안의 가격에 변화가 있었습니까?

하우봉 황윤석은 영조와 정조를 서너 번씩 만났으니 그것만 해도 가격이 굉장히 올라갔다고 볼 수 있겠습니다. 임진왜란 전후로 가문이 호남 고창에 자리 잡은 것으로 보이는데, 고위 관직으로 현달하지 못했지만 학행이 뛰어나다는 평가는 쭉 받았습니다. 증조부 황재중 때에 와서 농암 집안과 교류를 하고, 귀동사라는 사당도 만든 것을 볼 때 확실히 호남 지역에서는 인정받은 것으로 보입니다. 그 이후에 황전도 유명했지만, 특히 이재가 나오면서 명성을 얻은 것으로 보입니다.

이헌창 박 선생은 어떻게 평가하십니까?

박순철 이재 황윤석의 가계가 의심스럽다는 이야기가 있긴 합니다. 전시(殿試)를 본 사람이 한 명도 없다는 것입니다. 이재도 전시를 안 보았다고 이야기하는데, 전시는 안 봤지만 장원을 많이 하고 특별시를 많이 보았습니다. 이재 황윤석부터 과거를 본 것인데, 학행은 이전부터 인정받았지만, 관료로 진출해야 지역에서 행세를 할 수 있기에 이러한 점에 있어서는 이재가 역할을 했다고 봅니다.

이헌창 황윤석 이후에 이 집안이 군 일대 혹은 호남 전체에서 명문가로 올라갔습니까?

박순철 그것은 실질적으로 연구가 없습니다.

하우봉 관직으로는 명문가라고 볼 수 없습니다. 6품 정도까지 했습니다. 그런 면에서는 명문가라고 할 수 없고, 학행으로는 상당히 인정받았습니다.

구만옥 경제적으로는 상당히 윤택한 편이었다고 볼 수 있습니다.

이헌창 백 석(百石), 천 석(千石) 이렇게 이야기할 수 있습니까?

구만옥 실제로 이재가 과거를 보기 위해서든, 관직에 나오기 위해서든 여러 차례 서울에 올라오는데, 서울 생활은 비용이 많이 듭니다. 최근에 이런 부분을 연구한 논문을 보면 이재의 부친이 상당한 부를 축적하였던 것으로 보입니다.

하우봉 할아버지－아버지 대에 비해 오히려 이재는 재산을 많이 없앤 것 같아요. 서울 출입하는데도 금전을 빌리고, 책을 못 사서 또 금전을 빌리고 합니다.

구만옥 그렇게 보입니다. 이재가 시장을 다니면서 일본 책도 산 재미있는 사례도 찾아볼 수 있습니다. 예전부터 이재가 일본

글자에 관심이 있어서 일본 책을 샀는데, 본인이 사지 않았으면 어느 집의 대나무 상자나 바르는 용도로 쓰이는 액운을 면치 못했으리라고 말하기도 합니다. 그러면서 일기에 써 놓은 내용을 보면 이재가 책값이 풍부하지는 않았지만, 구매를 못 할 정도의 경제 상태는 아니었던 것으로 보입니다.

하우봉 천석꾼이었다고 기록에 보이기는 합니다.

박순철 그런데 이재는 『이재난고』에서 돈이 없다, 가난하다고 자주 이야기했습니다. 혹자의 이야기를 들어보면 과거 보러 갈 때 말 한 필에 종 두 명에서 한 명을 대동했다고 하는데, 이것은 부자여야 가능하다고 하더라구요.

구만옥 이재가 반촌에서 기식할 때의 상황을 살펴보면 이미 이전에 아버지 황전이 묵었던 집에 선을 대서 상경을 합니다. 기식하는 비용이 많이 들어서 주변 사람들에게 돈이 없다고 말하니까, 주변에서는 그 비용이면 첩을 들이라고 권유하기도 했습니다. 물론 그렇게 하지는 않았지만. 이런 사례들을 보면 이재의 부친 입장에서는 우리 집이 경제적으로 여유가 있기는 하지만 아직까지 출사한 인물을 배출하지 못했으니, 이재가 과거 합격을 꼭 해서 가문을 빛냈으면 좋겠다는 바람이 있으셨겠죠.

박순철 구만옥 선생 말을 들으면 사실은 부자인데 간단한 찬으로 부모님을 모셔야겠다는 기록들이 보이는 것은 명예 때문에 그런 것일까요? 저는 처음에 집안에 돈이 없어서 제대로 봉양을 못해서 이런 기록을 남겼는가 생각했는데, 이제 들어보니 명예로 그랬다는 생각이 들기도 합니다.

구만옥 홍대용이나 박지원 이런 분들은 집안에 '저는 이제 과거 안 보고 제가 하고 싶은 공부를 하렵니다'라고 이야기하는데, 물론 나중에 출사를 하지만요. 근데 이재는 아버지가 원하시니 생전에 '저는 과거를 그만두겠습니다'라고 하실 수 없었던 것이 아닌가 싶어요. 부모님 뜻에 따라야 하니까요.

이헌창 조선시대 군 내에서 떵떵거리는 부자도 현재 박 교수보다 훨씬 가난합니다. 그 당시 소득이 지금 소득의 5%에도 미치지 못합니다. 이재가 학문을 탐구하고 과거도 보고, 사교생활을 하면서 쓸 돈이 많았기 때문에 여러 비용을 생각할 때 빠듯했겠죠. 당시로서는 부자여도 넉넉하지는 않았을 듯합니다. 흉년 들면 더 힘들고요.

하우봉 고택을 보면 크고 훌륭합니다. 시간이 좀 지나서 최영성 선생이 이야기하겠습니다.

최영성 저는 갑자기 시 두수가 생각이 났습니다. 수백 년 동안 사람들의 입에 회자(膾炙)하는 시 두수를 먼저 소개하겠습니다.

소나무 아래서 동자에게 물으니
스승님은 약을 캐러 가셨다 하네
물론 이 산중에 계실 테지만
구름이 깊어 찾을 수가 없다 하네

松下問童子　言師採藥去
只在此山中　雲深不知處

가로 보면 뻗어 나간 고개요 옆으로는 솟은 봉우리
멀리서 가까이서, 높고 낮은 곳에서 다르게 보이네
여산의 참모습을 알 수 없는 것은
내가 이 산속에 있기 때문이겠지

橫看成嶺側成峯 遠近高低各不同
不識廬山眞面目 只緣身在此山中

위의 것은 중국 당나라 때 시인 가도(賈島 : 779~843)의 '은자를 찾았으나 만나지 못하고(「심은자불우(尋隱者不遇)」)'라는 제목의 시이고, 아래의 것은 북송 때의 문호 소식(蘇軾 : 1037~1101)의 '서림사 벽상에 쓰다(「제서림벽(題西林壁)」)'이라는 제목의 시입니다.

두 시에서 '부지(不知)'와 '불식(不識)'이란 글자가 두드러져 보입니다. 한쪽은 '산에 사람이 있는 줄은 알지만 구름이 깊어 볼 수 없다'는 것이고, 한쪽은 '산속에 있어 산의 참모습을 보지 못한다'는 것입니다. 보거나 알고 싶어 하는 대상은 다릅니다. 그렇지만 보지 못하는 것은 같습니다. 그 이유는 무엇일까요? 한쪽은 사람이 산 밖에 있고, 다른 한쪽은 사람이 산속에 있기 때문입니다.

저는 위의 두 시를 읽으면서 '황윤석에 대한 연구'를 떠올렸습니다. "이재학이라 불릴 만한 황윤석의 학문과 사상이 과연 확고한 체계로 짜여 있을까"라고 반신반의 하거나, 황윤석의 철학과 현실 인식이 정합적 구조로 짜인 것으로 보면서도 그것을 제대로 탐색하여 체계화하지 못하고 있는 것이 오늘의 현실입니다. 또한 숲속에서 숲을 보지 못하듯이, 주관의 숲에 빠져 각자 자기의 연구 영역만을 최고인 양 말함으로써 '이재학의 객관화' 문제를 소홀히 한 측면이 있는 것도 사실입니다. 위 소동파의 시에서는, 여산이 보는 방향에 따라 다르게 보이는 데다 늘 구름에 가려져 있어, 좀처럼 그 참모습을 볼 수 없다고 하였습니다. 여기서 말한 '여산의 진면목'을 '이재학의 진면목'에 비유할 수 있을 듯합니다. 저는 그 진면목을 발견할 수 있고, 찾아내야 한다고 생각하는 사람입니다.

이재 황윤석은 조선 후기 학술사에서 부동의 위치를 차지하는 인물입니다. 이와 같이 자리매김 되기까지 실로 오랜 시간이 걸렸지만, 그를 평가할 수 있도록 뒷받침을 든든히 해준『이재난고』가 탈초(脫草), 출판된 시점으로부터 치면 기실 오래되지 않습니다.『이재난고』가 전하지 않았다면 황윤석에 대한 다방면에서의 연구가 어려웠을 것입니다. 삼불후(三不朽) 가운데 입언수후(立言垂後)의 중요성을 새삼 느끼게 됩니다.

그동안 황윤석에 대한 연구가 많이 집적되었습니다. 최근에 나온 하우봉 교수의 조사가 가장 자세합니다. 황윤석의 관심 분야, 연구 영역이 넓었던 만큼 다양한 연구가 나오는 것은 자연스런 현상입니다. 제가 보기에, 가장 연구가 더딘 분야가 철학이나 경학 분야가 아닌가 합니다. 물론 여기에는 이유가 있습니다. 가장 큰 이유를 들자면 황윤석이 성리학이나 경학과 관련하여 독립된 논설을 적게 남겼다는 점이 아닐까 합니다. 대개 조각글이나 부속형(附屬型)의 글이 많은 게 사실이니까요.

철학은 근본학으로서의 성격이 강합니다. 철학 관련 논고가 많지 않다고 해서 간과하면 문제가 발생하게 됩니다. 무엇보다도 황윤석의 학자적 특성을 규정하는 데 착오가 생기기 때문이죠. 오늘날 황윤석을 박물학자(博物學者)로 자리매김하는 사람들이 적지 않습니다. 물론 잘못된 평가는 아닙니다. 다만 무엇을 위한 '박물'이냐, 그 목적의식에 주목하지 않는다면, 황윤석은 그저 '지식 잡화상'을 연 학자 정도에 불과할 것입니다.

제가 본 바로는, 황윤석이 추구했던 박물은 궁극적으로 경세치용(經世致用)을 위한 것이었습니다. 세상을 경영하는 데 응용하기 위한 것이었지요. 현실에서의 응용을 의미하는 '치용(致用)'은 본디 성리학자들이 자주 사용하는 말입니다. 치용에 앞서 궁경(窮經)이 선행되어야 함은 더 말할 나위가 없습니다.

황윤석은 기본적으로 성리학적 사유구조를 지닌 사람이라고 말할 수 있습니다. 성리학자들이 가장 이상적인 것으로 여기는 '체용해비(體用該備)'를 제대로 실천한 사람이 황윤석입니다. 그는 성리학을 '체'(기본)로, 박물학을 '용'(응용, 적용)으로 여겨 조선 후기의 당면한 과제를 해결하고자 했던 것 같습니다. 체로 수렴되고 용으로 발산하는 것은 학문과 정치를 둘로 나누어 보지 않는 유학의 기본정신에 잘 들어맞는 것입니다.

우리는 한때 성리학과 실학을 서로 다른 것으로 인식한 적이 있었습니다. 실학을 반성리학 내지 탈성리학으로 여겼고, 지금까지도 그런 시각을 가진 학자들이 적지 않습니다. 저는 이에 대해 잘못되었다고 말하지는 않겠습니다. 그렇게 볼 논리적 근거가 있기 때문입니다. 그러나 황윤석의 경우는 다릅니다. 황윤석이야말로 실학과 성리학이 서로 다르지 않다고 하는 점을 잘 보여주는 인물이기 때문입니다.

이(理)와 실(實)의 상함(相涵)을 강조하는 성리학은 철학에 그치지 않습니다. 성리학이 '현실'을 외면하거나 소홀히 했다면 유학의 본래 정신에서 벗어난 것입니다. 따라서 그 생명력을 담보할 수 없었음이 당연합니다. 성리학은 전통이 오래되고 뿌리가 단단한 학문입니다. 조선 사상사에서 성리학계의 학풍이나 말폐를 비판한 경우는 허다하지만, 성리학을 전면 부정한 사람은 찾아보기 어렵습니다. 성리학의 정신을 제대로 체득한 학자는 거의 현실 문제에 적극적이었습니다. 황윤석은 당시 『주자대전』에 밀려 뒷전으로 물러난 『성리대전』에 특별히 주목하였고, 이 『성리대전』의 편찬 의도를 되새겼습니다. 황윤석이 보는 『성리대전』은 체용과 본말(本末)이 잘 구비된 교재였습니다. 그는 종래 성리학자들이 지나칠 정도로 '체'를 중시하고 '용'을 소홀히 하던 폐단을 자각하고, 체용해비의 본래 정신을 되찾을 것을 강조하였습니다.

황윤석의 학문과 사상을 연구하면서 성리학과 박물학을 둘로 나누어 보는 것은 정당한 관점이나 시각이 아니라고 봅니다. 체만 있고 용이 없는 것은 공허하고, 용만 있고 체가 없는 것은 그 뿌리가 부실합니다. 조선 후기 이른바 '실학자' 중에는 용만 있고 체가 없는 경우가 적지 않습니다. 철학성과 이념성이 없는 학문은 오래가지 못합니다. 이것은 역사적으로 증명된 사실입니다. 그런 점에서 황윤석의 경우는 돋보인다고 하지 않을 수 없겠습니다.

제 글에서는 황윤석의 철학과 경세학-박물학을 상호 유기적으로 연결하여 이재학의 철학적 구조를 밝히고자 하였습니다. 순수한 철학의 차원이 아니라, 철학과 현실 간의 관련성을 고려하면서 논술한 것입니다. 이재학의 철학적 구조를 밝히는 문제는 황윤석의 학문과 사상의 실체를 바로 보는 데 그 목적이 있습니다. 아무리 꽁꽁 묶인 보자기라도 매듭의 고리를 찾아서 풀면 금방 풀리듯이 '철학적 구조'를 밝히는 문제는 이재학 연구에서 선행되어야 할 주제라고 저는 판단합니다. 금번 단행본 출간을 계기로 이재학의 성격과 위상이 제대로 정립되기를 바랍니다. 제가 쓴 글이 얼마나 도움이 될지는 모르겠지만, 이러한 방면으로 도움이 됐으면 좋겠습니다. 이상입니다.

하우봉 제목이 「이재학의 철학적 구조」였습니다. 논리적으로, 정합적으로 작성해주신 논문이라고 생각됩니다.

박순철 제가 이재 황윤석에 대한 연구를 하면서 느끼는 점이 무엇인가 하면, 박문약례에 대한 이야기를 많이들 하시는데 박학을 통해서 약례로 가는 것은 꿈이라고 생각이 듭니다. 그렇기에 제가 궁금한 것은 이재 황윤석이 학문 방법론에 있어서 약간 문제점이 있지 않았나. 일리만수(一理萬殊)라는 말도 있듯이 어떤 한 분야에 박학을 통해 일정한 수준으로 나아갔다면, 수렴되어서 학문 체계를 완성하고 체계적인 논술도 쓰지 않았을까 하는 생각이 듭니다. 또 어떤 사람은 이재가 과거를 준비하느라 시간을 다 보내 실제로 공부하는 시간이 많지는 않았다고 하고, 이런 측면에서도 학문의 완성도를 이야기할 수 있다고 합니다. 결론적으로 저는 최 교수께서 이재의 학문 방법론을 어떻게 보고 계시는지 궁금합니다.

최영성 저는 '이재의 방법론'이 상당히 아쉽다고 생각합니다. 원래 '박'을 통해 '약'으로 가는 것이지요. 넓게 공부해서 단단한 거 하나 딱 내놓는 거 아닙니까. 이재는 '박'의 과정을 밟긴 했는데, '약'으로 가는 과정에서 제자들과의 관계도 없고 하니 혼자서 열심히 한 것으로 보입니다. 여러 사람이 같이 공부하는 과정에서 토론도 하면서 학문의 핵심이 나오는데, 그 단계가 없이 세상을 떠났으니 아쉬운 일입니다. 저는 '약'으로 가는 단계에서 세상을 떠난 것으로 생각하고 있습니다.

박순철 시간을 다 허비했고, 시간 계산을 잘못한 것으로 생각할 수도 있겠습니다. 우리가 한정된 시간 속에서 살고 죽는데, '박'으로 '학문을 밟아' 가다가 시간이 없어서 '약'으로 변화하지 못하면 이것이 시간 계산을 잘못한 것으로도 보입니다.

최영성 근데 그러한 관점은 현재 사람들 관점이고, 옛사람들은 내가 끄덩이 하나 잡아놓으면 뒤에 똑똑한 사람이 나와서 이어갈 것으로 생각했습니다. 옛날 대부분의 유학자들이 거의 다 그렇지요. 양웅(揚雄)이 『태현경(太玄經)』을 지을 때 옆 사람이 관심을 가지지 않았거든요. 근데 양웅은 후대의 한 사람이 보더라도 내 책은 성공하는 것이라 생각했어요. 그러니깐 후세를 믿었다고 할 수 있습니다. 옛 학자들은 내가 죽으면 학문이 끊어지겠지라고 생각한 사람도 물론 있었겠지만, 생각 있는 사람이 나오면 계승될 것이라 보는 것이죠.

하우봉 이재는 과거 공부에서 벗어나서 참된 공부를 하고 싶어 하는 마음이 많았는데, 아버지가 살아계실 때는 과거 공부를 포기할 수 없었으니 여기서 시간 낭비가 너무 많지 않았나 생각됩니다.

최영성 그 부분이 너무 아쉽습니다. 이재가 제자가 많았다면 우수한 업적들이 나왔을 것입니다. 『이수신편(理藪新編)』같이 대단한 책도 완성을 못 본 것은 안타깝습니다. 현재는 이러한 것을 기대할 수 없는 세상이지만.

이헌창 최영성 선생은 제자 없이도 방대한 업적과 성취를 이루고 있지 않습니까?

하우봉 과거 시험 대신 연구실에서 수십 년을 공부할 수 있는 여건이 되지 않습니까?

최영성 아까 왜 이재가 양명학도 이야기해서 참 놀랍다고 하셨는데,

저는 자신감의 발로라고 생각합니다. 이 시기의 주자는 금강석 같은 존재거든요. 누가 깨려야 깰 수가 없는 존재입니다. 지부해함(地負海涵)이라고 하잖아요. 땅처럼 모든 걸 다 짊어지고 바다처럼 다 모든 걸 갖다 이렇게 품어주는 건데 누가 주자학을 건드려 흔들리지 않는다는 신념을 가지고 있고, 그 상태에서 양명학을 봤더니 그것도 좀 괜찮은 게 있어서 외연을 넓히는 차원에서 보지 않았나 싶습니다. 공부를 안 하는 것보다 낫다. 그렇게 보는 것이지요. 불가의 심성론도 그런 차원으로 접근을 하는 것이지요.

구만옥 이재 본인이 이단잡서(異端雜書)를 많이 보셨죠. 그런데 다른 사람들이 이런 책을 본다고 지적할 것을 염려해서 글을 써두신 게 있습니다. 그 글을 읽어보면 이단잡설(異端雜說)을 제대로 비판하기 위해서는 책을 보아야 한다는 취지로 이야기합니다. 예전에 주사께서도 불교를 공부하시고 올바른 비판을 통해 학적 체계를 구축하셨으니, 지금 나도 이런 글을 보고 비평을 남기는 것이다라고 말입니다.

최영성 비판하려면 공부를 제대로 해야죠.

이헌창 『이수신편』이나 『성리대전』 주해는 이재 본인이 생각하는 성리학의 정수들을 박학을 이용해서 설명한 것은 아닌가 생각됩니다. 현재에서 왜 『반계수록(磻溪隨錄)』과 같은 저술을 남기지 못했느냐 이렇게 생각하는 건 어디까지나 오늘날 우리 입장이라고 생각됩니다.

박순철 저는 철저하지 못했다고 생각합니다. 예컨대, 이재가 풍수(風水)를 비판했습니다. 주자의 이야기가 없으니 풍수는 믿을 것이 못 된다고 했는데, 정작 풍수를 이야기하고 집안의 묘도 풍수에 따라서 이장하고 그런 것을 보면 사실 철저하지 못한 것이 아닌가.

하우봉 본인은 목표를 분명히 세웠던 것으로 보입니다. 그런데 아버지나 미호 등 윗사람들이 박에 너무 치우치지 말고 약으로 좀 노력하라는 충고를 듣습니다. 나중에 동년배나 후학들은 박이약을 이룩한 대표적인 통유라 좋은 평을 하는데, 본인 스스로도 박이약을 하려고 추구했습니다. 근데 체계적인 저술로 나오지 못한 것이 유감이지요. 본인 스스로한테도요. 마흔 살부터는 눈도 좋지 않고요.

박순철 체력도 약하고, 눈도 안 좋고 그런데 이야기를 잘했던 것 같아요. 박람강기(博覽强記)한 면면이 보입니다.

구만옥 이재는 서울에 올라와서 성균관 유생들을 비롯해 여러 관료·학자들과 교류합니다. 그런데 대부분의 사람들이 이재를 평가할 때 항상 첫머리에 나오는 말이 '박학한 사람이다', '박람강기한 사람이다' 이런 것인데, 이재 본인은 이 평에 대해서 적잖이 불만이 있었던 것 같습니다. 사람들은 내가 다 박학만 추구하는 줄 안다는 불만이었던 것 같은데요. 본인은 자기 나름의 학문적 지향성이 분명히 있어서 자신은 약례(約禮)에서 벗어나지 않는다고 생각했던 것 같습니다. 유교 경전과 그 학적 체계에서 벗어나지 않았다고 본 것이고, 자신이 산출한 많은 연구 성과는 모두 그와 같은 지향성을 지니고 있다고 여겼던 것입니다.

하우봉 조선시대 선비들에게 '박'이 아주 좋은 의미로만 쓰이지는 않았죠. 오히려 이런 평가 자체가 낮춰보는 것처럼 인식되었던 것 같습니다. 저는 최근에 백과전서, 박학에 적극적인 의미를 많이 부여하고 있습니다. 이재뿐 아니라 그 당시에 소위 박학을 추구한 학자들이 많습니다. 그 정도의 학자들이 박학을 추구한 것은 우연한 일이 아니고, 이것은 하나의 사상운동으로 보아야 한다고 생각합니다. 최근에 더 이 점을 적극적으로 주장하고 있습니다. 단순히 지식의 양적 확대를 추구하는 게 아니고, 정학과 잡학, 상학과 하학, 본과 말 즉, 학문 안에 있어서 계급 구조를 해체하는 것이라 생각합니다. 그런 차원에서 볼 때 박학은 실천적인 사상운동이라고 볼 수 있겠습니다. 이렇게 좀 적극적인 의미를 부여해야 이 사람들이 제대로 평가를 받을 수 있다고 생각합니다. 또한 그 당시 사회상을 우리가 이해하는 데도 도움이 될 것으로 보입니다. 유럽 같은 경우는 백과전서를 추구하는 것이 굉장히 높이 평가받지 않습니까? 계몽운동이면서 프랑스대혁명의 사상적 기반을 마련했다고 보았는데, 우리나라 학자들은 스스로 그렇게 불리는 것을 싫어하기도 하고 그래서 평가 절하된 측면이 있지 않나 싶습니다. 최근에 저는 이런 면을 강조하고 있습니다.

구만옥 이재는 학문적 관심이 굉장히 넓죠. 군자는 한 가지라도 모르면 부끄럽게 생각한다는 마음으로 모든 분야를 포괄하려고 하셨죠. 이재가 다른 사람들에게서 책을 빌리고 필사하면서 읽는 과정을 보면 굉장히 집요한 분인 것 같습니다.

하우봉 그렇습니다.

이헌창 최영성 선생께 질문 드립니다. 유봉학 선생은 황윤석 등이 낙론(洛論)을 계기로 북학(北學)을 수용하였다고 주장하였습니다만, 여기에 동조하십니까? 황윤석과 동시대의 호남인 위백규(魏伯

珪)는 호론(湖論) 윤봉구(尹鳳九)의 제자인데 황윤석처럼 박학을 하였으니, 호론이 자연학을 포괄한 박학을 봉쇄한 것은 아니지 않습니까. 1760년대 서양 수학의 최고 실력자인 홍량해(洪量海)는 호론 한원진(韓元震)에게서 유학 본령을 배웠으니, 호론이 서학을 배제하지는 않았던 것이 아닙니까?

최영성 낙론과 북학의 관계에 관한 질문인 것 같습니다. 호론 쪽은 성리학과 북학이 잘 연결되지 않는 경향이 많습니다. 낙론 쪽은 북학의 논리를 낙론으로 끌어다가 설명하는 사람도 더러 있긴 합니다. 많지는 않지요. 제가 말씀드리고 싶은 것은 대체로 그렇다는 것이고, 일반화할 수 없다는 것입니다. 호론 쪽에서도 자연과학에 호감을 품는 사람이 조금 있었는데, 이런 측면을 대입해서 기철학하고 연관이 있다고 대번에 말하기는 어렵지 않겠습니까. 이렇게 말하면 이현령비현령(耳懸鈴鼻懸鈴)이지요. 황윤석은 분명히 밝히고 있는데, 서양 역법을 좋아하는 사람은 대체로 낙론이 많다고 이야기하고 있습니다.

구만옥 낙론과 북학을 연결하려고 할 때에는 우리가 북학파라고 이야기하는 소수를 제외하고 대다수의 낙론이 어떤 견해를 취했느냐는 것도 한번 따져볼 필요가 있습니다.

최영성 또 생각해 볼 것은 정치 현장에 있는 사람들과 재야에서 공부한 사람들의 분위기가 같지 않다는 것입니다.

이헌창 낙론이나 호론과 관계없는 북학파도 있는가요?

최영성 있죠. 당연히 있습니다.

이헌창 예. 감사합니다.

하우봉 예. 그럼 구만옥 선생이 이야기하겠습니다.

구만옥 지금까지 저는 이재의 자연학이 어떠한 내용으로 구성되어 있는지 밝히고자 연구를 진행하였습니다. 이재는 자연학 관련 저술도 있고, 자연학에 대한 담론도 많이 남겼습니다. 이재의 천문역산학(天文曆算學)에 대한 관점은 여러 사람과 주고받은 논설을 통해 재구성할 수 있을 것 같습니다. 또한 『상위지요(象緯指要)』와 같은 책을 통해서 이재가 천문학의 효용성을 어떻게 보았는지 이야기할 수 있을 것 같습니다.

아울러 앞선 선생님들의 이야기를 듣다 보니 이재의 여러 가지 면모를 밝히는 작업이 중요할 것 같습니다. 특히, 시인으로서 이재의 면모는 굉장히 중요해 보입니다. 자연학의 측면에서 보면 수학자로서의 이재가 주목됩니다. 『이재난고』에는 이재와 이현직(李顯直)이 주고받은 내용들이 꽤 있는데요. 주로 수학 문제에 대한 논의였습니다. 이현직도 나름대로 오랫동안 수학을 탐구했는데, 이재가 문제를 풀어내는 걸 보고 이 사람이 정말 수학을 잘하는 사람이구나 그런 생각을 갖게 되었던 것 같습니다. 또 『이수신편(理藪新編)』에 『산학입문(算學入門)』과 『산학본원(算學本源)』 같은 산서(算書)들이 수록되어 있는데, 이를 통해 이재가 어떠한 산학서를 토대로 자기 나름의 수학적 체계를 세웠는가 하는 점들을 따져볼 필요가 있을 것 같습니다.

제가 일련의 연구 과정에서 이번에 주목한 것은 『이수신편』입니다. 사실 『이수신편』이 학계에 알려진 건 오래전입니다. 이것이 이재의 학문 체계를 보여줄 수 있는 매우 중요한 저술이다라는 지적은 일찍부터 있었지만 실제로 『이수신편』을 가지고 깊이 있게 연구한 분은 드물다고 생각합니다. 수학자들은 『이수신편』의 산서에 집중했고, 국문학자들은 『이수신편』의 운학(韻學) 부분을 중심으로 음운학(音韻學)을 연구했습니다. 그렇지만 지금까지 이 책 전체의 체계나 구성에 대해서 깊이 있게 다뤄진 바는 없는 것 같습니다. 그래서 『이수신편』을 한번 검토해 볼 필요가 있다고 생각해서 이번 글을 구상했습니다.

『이수신편』의 핵심은 역시 『성리대전』입니다. 『성리대전』을 토대로 시대적 환경의 변화에 맞도록 리(理)와 관계있는 주요 논의를 모아서 새로운 책을 만들어 보겠다는 의도로 『이수신편』을 편찬하게 되었던 것입니다. '리수'라는 것은 이치의 모임이라는 뜻이고, '신편'은 새롭게 편집했다는 의미입니다. 기왕의 연구에서는 이재가 10대 때 『이수신편』을 작성하기 시작했다고 보았는데, 그것은 지금 남아 있는 서문의 내용을 토대로 이야기한 것입니다. 실제로 『이수신편』과 『성리대전』의 『주해(註解)』 작업이 별도로 진행된 것은 아니라고 생각합니다. 어차피 『이수신편』을 구성하려면 『성리대전』을 보면서 필요한 내용을 추려야 하니까요.

그 과정에서 본인이 주해를 붙이거나 노트를 한 것들이 있었습니다. 그것들이 본격적인 저술로 나타나게 되는 시점도 꼼꼼히 따져볼 필요가 있겠습니다. 저는 『성리대전』의 주해와 관련해서 대체로 이재가 40대 이후에 어떤 작업을 했는지 살펴보았습니다.

영조 45년(1769)에 당시 홍덕현감(興德縣監)이었던 오준근(吳濬根)이 황윤석이 주해한 『성리대전』을 보고 싶어 했습니다. 이때 이재는 오준근에게 11권의 책을 보냅니다. 권1의 『태극도』부터 권11의 『홍범황극내편(洪範皇極內篇)』까지였습니다. 이재가 소유하고 있던 『성리대전』은 40권짜리로 지금 우리가 알고 있는 70권짜리 『성리대전』과는 구성이 다릅니다. 이것도 따져보아야 할 문제입니다. 어쨌든 당시 이재가 보낸 11권은 현재의 70권짜리 『성리대전』으로 따지면 권1에서 권25에 해당하고, 거칠게 추산하면 전체의 약 3분의 1을 상회하는 분량입니다. 그래서 『성리대전』에 수록된 중요한 저서들에 대한 주해 작업이 대체로 영조 45년, 1769년 무렵에는 마무리되었다고 할 수 있겠습니다. 그런데 그 이후에도 이재는 주해 작업을 지속합니다.

이재는 우리나라의 선현들 가운데 『성리대전』의 빠진 부분에 대해서 거론한 사람이 없어서 자신이 이 같은 작업을 하는 것이다, 지난 20여 년간 차록(箚錄)하는 작업을 수행했다고 이야기합니다. 『성리대전』의 주해 작업과 관련해서 주목한 것이 율력학(律曆學)입니다. 『황극경세서(皇極經世書)』나 『역학계몽(易學啓蒙)』이나 『율려신서(律呂新書)』나 『홍범황극내편』과 같은 책을 주해하려면 율려(律呂)와 역산(曆算)에 대한 지식이 필요하기 때문입니다. 당대 이 분야에서 최고 수준의 참고문헌은 『율력연원(律曆淵源)』이었는데, 이재는 서명응, 서호수 부자를 만나면서 이 『율력연원』의 실체를 알게 됩니다. 이 시기가 대체로 영조 42년, 1766년 3월로 보입니다.

이때부터 이재는 『율력연원』을 기본 텍스트로 해서 『성리대전』을 새롭게 해석하는 작업을 시작합니다. 이러한 작업을 한 이유는 우리나라 유학자들이 경학 · 예학 · 문학 부분에서는 커다란 학문적 성취를 냈지만, 수학과 천문역산학 분야에서는 핵심을 파악하지 못해 도(道)의 경계에 다다르지 못했다고 보았기 때문입니다. 그래서 '산수역상(算數曆象)'의 분야를 드러내어 밝히고 세상에 널리 알려서 우리 왕조의 역사 기록에서 일대 고사(故事)를 만들어 보고 싶다는 바람을 가졌던 것입니다. 명말(明末)의 서광계(徐光啓), 이지조(李之藻) 같은 사람들이 국가에 건의해서 개력(改曆) 사업을 했는데, 이재는 이런 사람들을 역사적 전례로 생각한 것 같습니다. 본인이 조선에서 서광계, 이지조와 같은 그런 사람이 되고 싶다고 생각했던 것입니다. 그래서 『성리대전주해(性理大全註解)』의 편찬이 우리 왕조의 역사 전적[聖朝史典]을 빛나게 하는 데 도움이 될 수 있다고 여겼던 것이지요. 이재는 선배들이 율력산수지학(律曆算數之學)을 시급한 일이라고 여기지는 않았지만 역범(易範)과 표리(表裏)를 이루는 것이고, 천지(天地)를 법도로 삼은 것이며 낙건(洛建)의 여러 노선생들께서도 폐하지 않았던 것이라고 주장했습니다. 정자(程子)나 주자와 같은 학자들도 이 분야를 중시했다는 사실을 말하고 싶으셨던 것 같아요. 그런데 우리나라에서는 지난 3천 년 동안 이에 대해서 한마디도 언급한 사람이 없다고 하였는데, 이것은 물론 과장된 표현이지만 우리나라에서 아무도 하지 않았던 전인미답(前人未踏)의 경지를 개척해서 학문적 성과를 남기고 싶다는 자신의 포부를 분명히 드러낸 것입니다.

그리고 본인이 추구하는 학문의 전범으로 김석문(金錫文)을 이야기했습니다. 김석문이 『주역(周易)』과 상수학을 바탕으로 서양의 신법을 도입해서 『역학도해(易學圖解)』를 저술했듯이 본인도 그러한 작업을 하고 싶다는 것입니다. 이러한 작업을 통해서 이재는 선현들이 빠뜨린 전장(典章)을 수거(修擧)하고, 우리 왕조의 역사책을 보충하고 싶다는 포부가 있었습니다. 요컨대 이재는 『성리대전』의 주해 작업이 우리 왕조의 역사 기록에 고사를 만드는 일이고, 왕조의 역사 전적을 빛내며, 왕조의 역사책을 보충하는 작업이라고 생각했던 것이고, 이를 통해 자신의 이름을 역사에 남기고자 했다고 볼 수 있습니다. 이 때문에 『이수신편』에 자신의 평생 정력이 투여되었다고 했던 것처럼 이 작업을 자신의 '일생가계(一生家計)'로 생각했던 것입니다. 『이수신편』의 저술과 『성리대전』의 주해가 매우 밀접한 연관성을 지니고 있는 것이라 말할 수 있겠습니다.

이재가 말년에 지인들에게 보낸 편지를 살펴보면 자신이 이 작업을 진척할 수 없다고 안타까움을 피력하셨는데, 여기에는 원인이 있습니다. 아까 눈병도 말씀하셨지만, 이재는 각기병을 비롯해 고질병을 앓고 있었습니다. 자신은 노쇠하고 조력자도 부족한데, 시골에 거처하면서 참고문헌조차 확보할 수 없는 지경에 이르니 답답함을 토로한 것으로 보입니다. 이상입니다.

하우봉 구만옥 선생이 『이수신편』에 대해 이재의 평생의 작업이라 했습니다. 『이수신편』의 서술 목적, 내용, 구성 등을 상세하고 꼼꼼하게 이야기하고, 문헌들과 치밀하게 비교 검토하면서 실증적인 논문을 써주셨습니다. 오늘은 이재의 『성리대전』 주해에 대한 연구까지 추가해서 설명했습니다. 여러 가지 새로운 설도 제시하고, 논란의 여지가 있는 주장도 하셨는데 감사합니다.

이헌창 1764년 황윤석은 서양의 천문학 · 수학 · 수리 기술이 중국보다 우월하다는 것이 불변의 정론이라 하고, 이런 관점을 평생 견지하였습니다. 황윤석이 습득한 송 · 원 수학의 계산력은 서양 수학에 대등한데, 황윤석은 무엇을 보고 서양 수학이 우월하다고 보았을까요? 구만옥 선생은 어떻게 생각하는지요?

구만옥 이 당시에 들어오는 서양 수학의 가장 중요한 특징 가운데 하나는 구면삼각법입니다. 구체 위에 점 세 개를 찍으면 구면삼각형이 만들어지는데 그 변과 각의 관계를 삼각함수를 이용해서 나타내는 방법인데요. 제가 천문기상학과에 가서 3학년 때 구면천문학을 배웠습니다. 구면천문학은 이미 오래전에 학문적 완성을 이루었습니다. 제가 배웠던 교재도 영국에서 1962년에 출판된 것인데, 초판본은 1931년에 간행되었던 책입니다(Text-Book on Spherical Astronomy). 이 교재의 첫 번째 장이 구면삼각법(spherical trigonometry)이었습니다. 구면삼각법의 삼각함수는 우리가 아는 평면삼각법하고 다릅니다.

구면삼각법의 삼각함수 값이 『신법산서(新法算書)』나 『수리정온(數理精蘊)』에 이른바 팔선표(八線表)라고 하는 형태로 정리되어 있습니다. 『이재난고』 등에 등장하는 '팔선(八線)'은 구면삼각법의 삼각함수를 뜻하는 것으로, '팔선표'는 삼각함수의 값을 표로 정리한 것이라고 보시면 되겠습니다. 이재는 서울에 올라와서 『역상고성(曆象考成)』과 『수리정온』 등을 본격적으로 탐구하기 시작했고, 구면삼각법에 대해서도 글을 씁니다. 그 글을 보면 서양 수학에 대한 이재의 관점을 살펴볼 수 있을 것 같습니다.

이헌창 구면 삼각법을 본 것이 중요한 요인이라고 보시는 것이죠?

구만옥 이재가 「호현약설(弧弦約說)」이라는 논문을 썼는데, 『이재난고』, 『이재속고』를 참고하시면 좋을 것 같습니다.

이헌창 배우성 선생은 황윤석이 상수학을 수용한 것을 논거로 "그에게 수리는 의리로 회귀되어야 했다."고 평가하였습니다. 그에 반해 김문용 선생은 황윤석의 "논의 속에서 리수가 수비주의와 결별 수순을 밟아가고 있었음을 어렵지 않게 간파할 수 있다."고 보았습니다. 구 선생은 어떻게 봅니까?

구만옥 대체로 수학을 탐구하시는 분들은 리(理) – 기(氣) – 상(象) – 수(數)의 순차로 이야기를 하시지요. 리는 눈에 보이지 않고 기를 통해 발현되는데, 기를 파악하기 위해서는 상수(象數)에 주목해야 한다. 기의 작용에 따라 형상을 갖춘 구체적 사물이 만들어지면 사물에는 다소·경중·대소가 있게 되니 그것을 수로써 헤아린다는 것입니다. 그러니까 상수를 통해 기를 파악하고 그 기를 통해서 이치에 도달한다는 관점입니다. 실제로 성리학자들 가운데 수학 공부를 하는 분들은 수리가 의리와 분리되지 않는다고 생각하였고, 이재는 성리학에 대한 확고한 신념이 있었으니 더 그러했을 것입니다.

이헌창 배우성 선생의 평가에 대해서 동의하십니까?

구만옥 예

최영성 그런데 김문용 선생은 수와 의리가 결별 수순을 밟았다고 말씀을 하시는데요.

구만옥 수를 신비적으로 다루는 수비학(數秘學, nemerology)와 결별하고 있다는 이야기인 것 같습니다. 이재가 연구하는 수학은 오늘날 우리가 생각하는 수학과 정말 가까워지고 있었으니까요. 이재의 수학 연구가 수비학과 일정한 거리를 두고 있다고 볼 수 있지만, 이와 함께 다른 점도 고려해 보아야 할 것 같습니다. 실제로 이재가 노년에 자주 했던 일이 아침마다 주역점을 치는 것이었습니다. 그런데 오늘날 우리의 관점에서 보기에는 주역점에도 수비학적인 내용이 포함되어 있다고 볼 수 있지 않을까요?

하우봉 옛날 선생님들도 산가치를 많이 하셨지요.

구만옥 전 예전에 『주역』을 배울 때 서법(筮法)을 익혀야 한다고, 선생님들께서 시책(蓍策) 대용품으로 산가치를 가져오라고 하신 적도 있습니다.

이헌창 이것이 과학 작업으로 의미가 있습니까?

구만옥 황윤석이 생각했던 서법(筮法)은 주자가 이야기한 그것과는 좀 다릅니다. 시책(蓍策)의 숫자가 다릅니다. 이 이야기는 제가 「18세기 후반 김석문(金錫文)과 『역학도해(易學圖解)』의 발굴」이라는 논문으로 쓰기도 했습니다. 김석문의 『역학도해』가 현재는 남아 있지 않은데, 이재는 김용겸(金用謙) 등을 통해 『역학도해』를 지속적으로 빌려서 완독을 했습니다. 노년에는 『역학도해』의 서법에 특히 관심이 많았던 것으로 보입니다. 이재가 『역학도해』를 보니 김석문이 점을 칠 때 사용하는 시책도 달랐습니다. 그래서 그것을 만드는 재료를 확보하기 위해 김종수(金鍾秀)에게 편지를 보내서 함경도 바다에서 나는 용편초(龍鞭草)를 구해줄 수 있냐고 문의하기도 합니다. 아마도 이재는 스스로 김석문이 제시한 서법의 새로운 원리를 깨우쳤다고 생각하신 것 같습니다. 이재는 모든 공부의 핵심은 『주역』으로 귀결된다고 생각했고, 그것이 학문의 본질이라고 생각했던 것 같습니다.

이헌창 황윤석이 『주역』이 최종 귀결이 된다는 이야기를 자주 했습니까?

구만옥 본인의 학문 역정을 이야기할 때 『주역』이 도학(道學)의 근원이고, 율력산수(律曆算數)의 근원도 『주역』에 있다. 항상 그렇게 말씀하시죠.

박순철 저는 질문 하나 드리고 싶은 것이 있습니다. 결론적으로 주역도 수에서 미래 예측을 할 수 있지 않습니까? 수에 기반해서 역이 만들어지기 때문이죠. 그래서 이재 황윤석은 수를 기초로 만들어진 역의 그 미래 예측성을 믿고, 자신의 학문도 이제 의리와 수리로 회귀해서 가면 예측해서 대비할 수 있다는 것으로 생각한 것으로 보입니다. 그런데 『이재난고』에도 별자리를 가지고 미래를 예측할 수 있냐는 것에 대해 논란한 것이 보이는데, 결론은 미래를 알더라도 유출할 수는 없다. 천지의 기밀을 바꿀 수 없다고 했습니다.

구만옥 네. 그렇죠. 국법에서 금하고 있는 것을 할 수 없다고 한 것입니다.

박순철 제가 지금 생각하는 것은 점이 과연 과학성을 가지고 있느냐 이겁니다. 왜냐하면 현실과 이론이 딱 맞으면 『역경』이 맞아야 하지 않겠습니까. 근데 여러 가지 측면에서 불일치합니다. 풍수도, 사주도, 이론 체계는 그 자체로 맞지만, 현실과 부합할 때 괴리가 생기는 것이지요. 미래 예측에 오차가 있는 것이지요. 그럼 이재 황윤석은 수리가 의리이고, 의리는 예측이니 이 문제에 대해서 어떻게 생각했는지 궁금합니다.

구만옥 제가 사실 이러한 문제에 관심이 없어서 유심히 보지는 않았습니다. 이재는 점을 친 결과를 일기에 다 써놓으셨는데요. 며느리들 출산이 어찌 될지, 부모님을 묘에 언제 모실지 등등 일상생활과 관련된 많은 일들을 대상으로 점을 쳤습니다. 그게 현재의 우리가 보기에는 미신이고, 술수고, 수비학적인 것이라 할 수 있는데, 전통 사회의 사람들에게는 이것이 내가 추구하고 있는 합리적 학문과 분리되는 영역이다라는 생각이 별로 없었던 것 같습니다.

최영성 일상이죠. 사실 일상적으로 하셨던 거죠.

박순철 그래서 저는 황윤석 같은 경우는 그걸 부정해야 한다고 생각했습니다. 수리는 정확한 것이고 계산을 통해 정합성을 증명하는 것인데, 점을 치면 맞는 경우도 틀리는 경우로 있을 텐데 좀 더 학문적으로 철저히 나아가면 사실은 부정해야 하지 않나 이런 생각을 했습니다.

구만옥 현재 우리 논리로는 그런데 실제로 전면 부정하는 모습은 찾아보기 힘듭니다.

최영성 수신제가(修身齊家)에 도움이 된다고 보았던 것 같습니다. 학자들은 점을 쳐서 나쁘게 나오면 나쁘게 나오는 대로 조심하고, 좋게 나오면 교묘하게 받아들였던 것 같습니다. 정확성과 상관없이 수신제가 차원에서 보는 것이 좋을 것 같습니다. 또 황윤석은 술수지학(術數之學)으로 가지 않거든요. 현대 과학적인 입장에서 이 사람은 과학을 중시한 사람인데 점을 왜 볼까 하면 이해가 안 되겠죠. 이 점을 가지고 몸을 수양하는 데 이용한 것이라 생각합니다. 실제로 군자들 점치는 것이 그러한 목적으로 일상화된 측면도 있습니다.

구만옥 네 맞습니다. 사실은 제가 『주역』의 서법(筮法)을 배울 때도 그런 이야기를 들었습니다. 내가 어떤 일을 하려고 할 때 마음속에 이미 방향성은 정해져 있는데, 그 방향성을 검증 받기 위해 점을 친다는 것입니다. 내가 생각했던 방향으로 해도 되겠구나 하는 마음의 결정을 위해서 점을 친다는 것이지요.

최영성 점을 쳐도 나쁜 의도나 이상한 것을 추구하지는 않습니다. 예컨대 아무개가 저의 원수인데 언제 죽을지 알아보자는 이런 점은 치지 않거든요.

하우봉 시간이 좀 흘러서 마무리 격의 질문을 하겠습니다. 조선시대 과학사에서 『이수신편』은 어떠한 의미와 위상을 가지고 있을까요?

구만옥 질적 수준으로 따지면 아주 높은 수준은 아니라고 말씀드릴 수 있습니다. 『성리대전』과 같은 기본 자료를 바탕으로 이재가 기존의 여러 책에서 추린 내용들로 구성되어 있습니다. 즉, 당시 최신 자료라 할 수 있는 『수리정온』, 『역상고성』을 참조해서 새롭게 구축한 것은 아닙니다. 그래서 제가 40대 전후한 시점에서 이재의 작업이 방향을 전환한 것 같다고 이야기하는데요. 이재가 『한서(漢書)』 「율력지(律曆志)」를 보면서 그 내용을 이해할 수 없어서 본인께서 내가 가지고 있는 책은 우리나라에서 나온 것인데, 이게 전사 과정에서 잘못되었나보다 생각하고 당본(唐本)을 구해서 대조해봅니다. 그런데 그것도 동일한 내용이지요. 그러니깐 『한서』를 편찬하는 과정에서 무언가 잘못되었다고 생각하면서 작업을 진행했던 것으로 볼 수 있습니다. 실제로 이재는 서울에 올라와서 『역상고성』, 『수리정온』 등을 접하고 나서 이 책들이 최신 수학서 가운데 가장 좋은 것이라고 생각했습니다. 또, 그 안에 수록되어 있는 율력학 이론들이 기존에 본인이 보았던 것들과 다르니, 『성리대전』 주해 작업의 방향 전환이 필요하다고 생각하신 것으로 판단됩니다. 서울을 오고 가면서 늘 행장에다 이미 다 읽었을 『태극도』부터 짊어지고 다니시는데, 저는 이 같은 모습을 보면서 이에 대한 주석 작업을 다시 진행한 것으로 생각했습니다. 대략 『성리대전』 전체의 1/3 이상 작업이 진척된 것 같고, 홍덕현감에게 보여주었던 내용도 그 정도 분량이지 않았을까 생각합니다. 지금은 『성리대전주해』의 완질이 사라져서 그 내용이 궁금합니다.

하우봉 이재가 완성을 했습니까?

박순철 제가 지금 이재 연보를 작성하고 있는데, 『이수신편』을 시작한 나이는 가늠이 되는데, 완성을 한 것은 몇 세로 볼 수 있을까요?

구만옥 저도 정확히 어느 시점이라고 확정해서 말씀드릴 수는 없고, 30대 후반까지는 계속 수정 작업, 보완 작업을 했던 흔적들이 보이고, 완성된 시점을 특정하기 위해서는 『이수신편』 전체를 다시 꼼꼼히 살펴보아야 한다 정도로 말씀드릴 수 있겠습니다. 그래서 저는 『이수신편』의 필사본을 보고 싶은데, 종적을 찾을 수가 없네요. 기존의 연구에 따르면 황윤석의 친필본 『이수신편』은 4편으로 구성되어 있다고 했는데, 지금 어디에 있는지 알 수가 없네요. 현재까지 알려진 『이수신편』의 판본은 두 가지인데, 하나가 친필본 『이수신편』이고, 다른 하나는 1943년 조선춘추사에서 석판본으로 낸 지금 우리가 보고 있는 23권 10책의 『이수신편』입니다. 친필본을 찾아서 석판본 『이수신편』하고 꼭 한번 대조해보고 싶습니다.

(追記 : 집담회가 진행되었던 2022년 3월 무렵까지 황윤석의 친필본『이수신편』의 행방을 확인하지 못한 상태였습니다. 그런데 같은 해 7월 22일에 고창군에서 "『이재난고』의 문화유산적 가치와 활용방안"을 주제로 개최한 학술대회에서 뵙게 된 전경목 선생님을 통해서 국립중앙박물관에서 친필본『이수신편』을 구입했다는 사실을 전해 들었고, 곧바로 국립중앙박물관에 연락하여 소장 유물의 존재를 확인하였습니다. 현재 국립중앙박물관의 홈페이지를 통해 친필본『이수신편』(소장품번호: 구 5201)의 사진을 확인할 수 있습니다.)

하우봉 네. 마지막으로 이헌창 선생께서 진행해 주십시오.

이헌창 하우봉 선생으로부터 경제사상을 포함한 경세학에 관한 집필을 권유받고 좀 망설였습니다. 그 주제가 한 편 논문이 될지 자신이 없었죠. 게다가 황윤석이 철저한 성리학자라고 논문에서 읽었고, 그의 박학도 실학이기에는 함량 부족이 아닐까 하는 선입견을 가지고 있었기 때문이에요. 그래도 하 선생과의 친분, 그리고 연구비를 고려해 승낙했습니다. (웃음)

연구하면서 경제사상으로 한 절을 구성할 수 있어도 논문 한 편을 쓸 자신은 계속 생기지 않았습니다. 경제사상을 알기 위해 경세학을 알아야 하고 나아가 황윤석 학술의 전모를 이해할 필요를 느꼈어요. 전문인 경제사상 이외 분야는 맨땅에 헤딩하듯이 공부했습니다. 그러면서 제목을 네댓 번 바꾸었어요.

아직 최영성 선생이 소개한 소식의 시처럼 여전히 산 속에 헤매고 있어 산의 전모나 참모습을 알기 어렵지만, 이제 저는 황윤석이 이론의 여지가 없이 실학자이고, 주자성리학자라는 점이 그런 평가에 조금도 지장이 되지 않는다고 생각하고 있습니다. 조선이 한글 등 음운을 활용한 명물 고증으로 중국 고증학에 비견할 성과를 거두는 데에 황윤석은 동참하였습니다. 수 · 언어 · 지리를 학문의 기초로 삼은 그의 방법론은 근대 학술에 통합니다. 황윤석은 서양과학의 지식이 문호개방 이전 조선에서 정상급이었고 과학적 사유가 동아시아에서 정상급이었다고 생각합니다. 황윤석의 경제론은 명물도수학을 활용한 특징을 가지며, 그런 면의 성과를 내었습니다. 황윤석은 18세기 명물도수학이 성장하는 조선 학계에 동참한 것이지요.

황윤석는 주자학을 묵수한 조선의 대부분 주자학자와 달리 주자학을 낳은 박학을 대부분 검토하면서 그것을 터득하려고 노력하였습니다. 그는 주자만을 존숭한 송시열을 존숭하였으나, 학문 방법론에서는 서경덕처럼 자득(自得)을 추구하고(622) 그 귀결로 과학적 방법에 주목하고 그것을 구사하기도 했습니다. 그는 서경덕의 기 위주 철학에 대한 퇴계와 율곡의 비판을 수용하면서도 우주 · 자연의 탐구열로 물질 근원인 기를 중시하는 자연철학적 이기론을 제시하였고, 그것을 중국의 5행설과 그리스의 4원소설을 회통하였고, 심성론에 대한 관심으로 순자설과 스콜라신학에 주목하였습니다. 황윤석은 성리학도 개방적으로 탐구한 유연한 주자학자였던 것입니다. 이렇게 보면, 황윤석이 '철저히 성리학자'이면서 실학자라는, 김기현 선생이 제기한 '상충'의 문제가 해소될 수 있다고 생각해요. 황윤석은 도에서는 성리학설이, 기에서는 서양의 천문학 · 수학 · 수리기술이 가장 우월하다고 주장한 선구적 동도서기(東道西器)론자였습니다. 문호개방 이전 조선 학계에 가장 절실한 것은 서학에까지도 개방적 학문 자세, 과학 · 기술 지식, 그리고 과학적 사유인데, 황윤석을 그런 장점을 갖추었지요. 이상입니다.

하우봉　중간발표 때 비하면 글을 절반으로 줄여주셨는데, 조선시대 만 가지고 쓰셨어도 또 분량이 1,200매 정도이십니다.

이헌창　물론 많이 줄이겠지만, 나중에 좀 빼라고 요구가 들어오면 막아주세요.

하우봉　제가 처음이면 모르는데 중간에 글을 줄이는 과정을 거쳤는데 또 길어지셔서 약간 어쩔 수 없다고 보입니다.

하우봉　이헌창 선생은 조선시대 전반에 걸쳐서 동아시아까지 시야에 넣으면서 방대한 내용을 서술하고, 특히 이재 학문의 방법론에 주목을 해주셨습니다. 이 부분은 학계에도 큰 도움이 될 수 있는 중요한 부분이라 보입니다. 감사합니다.

이헌창 선생 논문에 관한 이야기는 그 자체가 바로 이재 학문 사상에 대한 전반적인 성격, 위상과 연결될 수 있기에 질문형식보다는 전체적으로 우리가 이번 연구를 통해서 본 이재학 혹은 이재 사상의 총체적인 성격이나 위상 또 과제에 대해서 이야기를 하면서 마무리를 하는 것이 어떨까 합니다.

박순철　저는 이번 연구를 통해서 이재 황윤석의 문학적인 사승 관계를 추적하여 그 특색을 규명하려고 했습니다. 이재의 가계, 외부 사람들, 후학들을 같이 규명해야 이재학을 이야기할 수 있다고 생각합니다. 18세기 호남 문학, 특히 전라도는 내세울 만한 사람이 많지 않은데 이재 황윤석을 한국 한시사에서 분명한 자리, 하나의 위상을 확보해야 한다고 생각합니다. 고맙습니다.

하우봉 이재의 위상은 18세기 조선에서 성리학을 기본으로 삼으면서도 박학을 추구한 지식인의 한 유형이라 할 수 있을 것 같습니다. 모든 사람이 시대적 제약 속에서 살고 있어 과도기적 성격을 띠고 있겠습니다만, 이재도 과도기적 인물이었던 것 같습니다. 또는 제3의 실을 추구한 사상가로 볼 수 있으면 보고 싶습니다. 이재에게 늘 따라다니는 박학의 문제도 저는 이것을 단순한 지식에 대한 호기심 차원이라고 생각하지 않습니다. 또 당시 박학을 지향하고, 백과전서파 계열에 속했던 사람들이 공통적으로 지향했던 것이 학문 안에서의 계급 구조를 해체, 해방시키려는 실천적 사상운동이었다고 적극적으로 평가하고 싶습니다.

최영성 저는 학문의 규모 차원뿐 아니라 이재학은 타와 구별되는 대목이 있다고 생각합니다. 또 앞으로 연구를 통해 '이재학'이라는 명칭이 붙여지는 데까지 가야한다고 생각을 합니다. 학문의 규모가 넓고 폭이 크다 보니 많은 사람들이 압도되는데요. 그러다 보니 그 실체와 다르게 과장된 모습도 보입니다. 지나치게 이재를 높이거나 하는 모습도 보이는데요. 앞으로는 그런 것을 걷어내고 제대로 그 모습을 살펴보아야겠다는 생각이 듭니다. 또한 지금까지의 연구는 수렴보다는 발산에 초점을 두고 이재를 살펴보았는데, 앞으로는 이재의 정신 구조, 철학 체계에 대한 연구가 필요하다고 생각합니다. 철학적 기반에 대한 연구가 있어야 이야기가 더 진척될 수 있다고 생각합니다. 또한 이재가 새로운 사조도 받아들이고 해서 '신(新)'에 방점이 찍혀있는 것 같지만 주자학 본래의 모습으로 돌아가는 것으로 저는 보입니다. 개혁은 모두가 새로운 것이라 생각하지만, 옛사람에게는 사실 제대로 복구를 하는 것이 개혁에 가깝습니다. 반계와 성호의 경우만 보아도 그렇죠. 이것을 복고라 표현할 수 있는데, 이때의 '고(古)' 자는 좋은 의미라고 할 수 있겠습니다. 이재도 이러한 점이 적극적으로 드러났으면 좋겠습니다.

구만옥 이재의 박학과 관련해서는 그 학문관이나 철학적 토대 위에서 해명할 필요가 있다는 생각이 듭니다. 다음으로 이재의 박학 가운데 자연학이 중요한 부분을 차지하고 있는데, 우리가 전통사회에서 과학기술이라고 이야기하는 다양한 분야들에 대해서 『이재난고』가 굉장히 중요한 자료적 근거가 될 수 있다고 생각합니다. 마지막으로 서학 수용의 차원에서 이야기해 볼 수 있겠습니다. 서학을 어떠한 관점에서 수용할 것인가, 서학 수용의 논리를 어떻게 만들 것인가 하는 점들이 중요하다고 생각합니다. 이재의 사망이 1791년인데 당시에는 천주학 문제가 중앙 정계에서 민감한 사안으로 다루어질 때입니다. 1780년대 중반에 조선천주교회가 만들어지고 을사추조적발사건(乙巳秋曹摘發事件)을 비롯해서 여러 가지 사건이 발생하고 결국 1791년 진산 사건이 벌어졌습니다. 이재의 노년 일기를 보면 이런 상황을 염두에 두셨던 것으로 보입니다. 그래서 종교적인 문제들 때문에 율(律)·역(曆)·수(數) 삼가(三家)를 포기할 순 없다고 했는데, 학술적 가치 판단을 하셨던 것이겠지요. 따라서 앞으로는 황윤석의 서학수용론도 우리가 주목해야 하지 않을까 하는 생각이 들었습니다.

이헌창 제가 보기에 이재 황윤석은 조선시대 학술뿐 아니라 세계 학술을 담고 있습니다. 그래서 황윤석이라는 창을 통해서 조선 학술과 세계 학술을 엿보고, 세계 학술과 조선 학술 위에서 이재 황윤석을 보는 방법론을 택했습니다. 저에게는 많은 공부가 되었고,

제가 잘 모르는 다른 분야들에 대해서 공동 연구를 통해 가르침을 받을 수 있어서 대단히 유익한 연구 모임이었습니다.

하우봉 예. 다양한 논의 감사합니다.

이상으로 집담회를 마무리하도록 하겠습니다

작성 : 편소리(경희대학교 사학과 대학원생)

바

아

차

카

타

파

하

집필진(원고 게재 순)

하우봉 · 전북대학교 사학과 명예교수
박순철 · 전북대학교 중어중문과 교수
최영성 · 한국전통문화대학교 무형유산학과 교수
구만옥 · 경희대학교 사학과 교수
이헌창 · 고려대학교 경제학과 명예교수

실시학사 실학연구총서 18

이재 황윤석 연구

1판 1쇄 발행 2023년 5월 30일

기　획 : 재단법인 실시학사
집필진 : 하우봉 · 박순철 · 최영성 · 구만옥 · 이헌창
펴낸이 : 김병환
펴낸곳 : 학자원
주　소 : 서울시 강동구 천호대로 1121
전　화 : 02) 6403-1000
팩　스 : 02) 6338-1001
E-mail : hakjaone@daum.net
등　록 : 2011년 3월 24일 제2011-14호

ISBN 979-11-6247-296-5 94810
979-11-87806-76-9 (세트)

값 59,500원